北京联合大学年鉴

（2016）

《北京联合大学年鉴》编纂委员会　编著

图书在版编目(CIP)数据

北京联合大学年鉴.2016/《北京联合大学年鉴》编纂委员会编著.—北京：北京大学出版社，2018.5
ISBN 978-7-301-29480-2

Ⅰ.①北…　Ⅱ.①北…　Ⅲ.①北京联合大学—2016—年鉴　Ⅳ.①G649.281-54

中国版本图书馆CIP数据核字(2018)第071529号

书　　　名	北京联合大学年鉴（2016） BEIJING LIANHE DAXUE NIANJIAN（2016）
著作责任者	《北京联合大学年鉴》编纂委员会　编著
责任编辑	颜克俭
标准书号	ISBN 978-7-301-29480-2
出版发行	北京大学出版社
地　　　址	北京市海淀区成府路205号　100871
网　　　址	http://www.pup.cn　新浪微博：@北京大学出版社
电子信箱	zyjy@pup.cn
电　　　话	邮购部 62752015　发行部 62750672　编辑部 62704142
印　刷　者	北京中科印刷有限公司
经　销　者	新华书店 787毫米×1092毫米　16开本　21.25印张　14彩插　791千字 2018年5月第1版　2018年5月第1次印刷
定　　　价	215.00元（精装）

未经许可，不得以任何方式复制或抄袭本书之部分或全部内容。
版权所有，侵权必究
举报电话：010-62752024　电子信箱：fd@pup.pku.edu.cn
图书如有印装质量问题，请与出版部联系，电话：010-62756370

① 2015年科技工作会开幕式（宣传部、科研处提供）

② 2015年科技工作会闭幕式（科研处提供）

③ 在2015年科技工作会闭幕式上，哈工大机器人集团向学校"德毅"机器人实验班捐赠服务机器人（科研处提供）

▲ 12月4—18日，学校召开2015年科技工作会

学科科研

▶ 10月27—28日,学校承办2015北京·台湾工艺美术人才培养与创作实践研讨会(广告学院提供)

◀ 11月18日,学校与IBM公司签约成立旅游大数据协同创新中心(旅游学院提供)

▶ 11月28日,学校承办人文社会科学学术创新高峰论坛(宣传部提供)

▶ 5月，学校获批首个北京市工程技术研究中心——北京市智能机械创新设计服务工程技术研究中心（机电学院提供）

◀ 6月14—15日，学校承办2015年北京数字博物馆研讨会（宣传部提供）

◀ 10月11日，学校承办数字动漫艺术与文化传播国际论坛，校领导为开幕式致辞（宣传部提供）

学科科研

▲ 2015年（下同）5月16日，全国科技活动周暨北京科技周主场活动开幕，刘延东副总理等领导驻足参观学校研发的无人驾驶智能纯电动汽车（宣传部提供）

◀ 5月16日，学校与中科院地理科学与资源研究所共建的"院士科研工作站"揭牌（应用文理学院提供）

编辑说明

一、《北京联合大学年鉴(2016)》[以下简称《年鉴(2016)》]是北京联合大学建校以来连续出版的第五本年鉴,是在学校党委的指导和年鉴编纂委员会的领导下,由档案(校史)馆和全校各单位共同完成的一部资料文献类工具书。

二、《年鉴(2016)》汇集了2015年度学校事业发展及重大活动的基本情况,是学校发展轨迹的历史记载,旨在为学校各部门及社会有关单位与个人了解、研究学校现状和发展轨迹提供参考。

三、《年鉴(2016)》以文章和条目为基本载体,条目为主,配文前彩图,栏目设置在《北京联合大学年鉴(2015)》基础上做了一些调整,全书设置北京联合大学概况、特载、重要会议与文件、2015年大事记、机构与队伍、教育教学、科学研究、国际及港澳台地区交流与合作、管理与服务、党群工作、直属教学部、学院、毕业生名录、表彰与奖励、人物、媒体报道、北京联合大学2015年各项统计资料17个栏目。

四、《年鉴(2016)》记述2015年1月1日至2015年12月31日学校在人才培养、科学研究、社会服务、队伍建设、学校管理、对外交流合作及党建和思想政治工作等方面的发展轨迹、重要活动、重大事项,各领域的新进展、新成果、新信息等,部分内容根据实际情况在时限上前后略有延伸。

五、《年鉴(2016)》中所用学校各单位简称,按机构与队伍栏目中关于各机构简称的注释。

六、《年鉴(2016)》中校级领导及各机构负责人任职时间,仅标注2015年有任职变动的时间,未标注的为起任时间在2015年1月1日以前、至2015年12月31日在任。

七、《年鉴(2016)》中的教育教学、科学研究、国际及港澳台地区交流与合作、管理与服务、党群工作、直属教学部、学院7个栏目内容由各单位确定专人提供基础资料,其他各类统计数据主要由党校办、校教务处、组织部、宣传部、校学生处、校团委、校工会、培训中心、校人事处、研究生部(处)、信息网络中心提供,档案(校史)馆专人负责组织编纂、审核,承担稿件收集、整理、分类,文字编辑、修饰,数据编排、整理、核对,文、图、表等资料的协调,交叉内容的处理,部分内容的撰写,以及全文统稿和体例协调完善等工作。

《北京联合大学年鉴(2016)》编辑人员名单

主　　编：韩宪洲　张　楠
执行主编：姜素兰　王建远　吴中平
副 主 编：王　岩　张　宇
编　　辑：(按姓氏笔画排序)

　　　　　王　岩　文　松　闫　奂　李　达　张　宇　张远利
　　　　　张树蕊　柳　鹄

特约编辑：(按姓氏笔画排序)

王　丹	王莹(网)	王莹(旅)	王　锐	王安琪
王利荣	王君卓	王晓蕾	王爱琴	韦秀玲	石　乐
史桂林	白　薇	仲计水	刘　欣	刘立平	刘春玲
刘振斌	许　静	孙砚林	孙俊青	孙雪松	李　白
李　壮	李　芳	李　超	李　敬	李　焱	李　静
李海文	李淑芳	李嘉胤	杨　哲	杨晓麟	何　芳
张　晓	张金辉	张宝秀	张春菊	张晓华	陈婷婷
邵　楠	范　维	和亚玲	周月朋	郑建全	孟佳宁
赵　宗	姚志敏	勇天奇	秦　霞	秦冬霞	贾艳飞
夏　莉	夏木美	徐冰心	徐丽英	高　燕	郭志青
郭玲娜	龚文婷	梁亚平	董　媛	虞思旦	谭　兵
黎松炎	薛　晶	操静涛			

《北京联合大学年鉴(2016)》编纂委员会

主　任：韩宪洲　李学伟
副主任：张　楠（常务）　付晨光　周志成　张连城　鲍　泓
　　　　杨　宜　张　辉
委　员：（按姓氏笔画排序）

于　深	于　熙	于水波	王　玮	王　琪	王　静
王　鹤	王文杰	王育红	王维国	牛爱芳	毛连生
孔　军	石美玉	丛　森	毕玉兰	仲计水	刘　庄
刘在云	刘宏哲	齐再前	劳凤学	苏幼香	李印伟
李志祺	李维一	杨　鹏	杨奇红	杨洪志	杨积堂
肖　芳	肖春林	沈　洪	张　有	张　伟	张文杰
张宝秀	张俊玲	张祖明	张健民	张殿恩	陈志刚
陈建斌	范　蓓	范宝祥	范清惠	周小华	庞　明
赵　辉	赵连稳	姜素兰	耿晓冬	夏　莉	黄　巍
曹长兴	谢职安	谭文丛	翟金忠	滕祥东	操静涛

人才培养

▶ 1月6日，应用文理学院"学知书院"揭牌仪式举行（应用文理学院提供）

◀ 4月10日，商务学院校企共建人才培养基地签约仪式举行（商务学院提供）

▶ 6月11日，团市委副书记杨海滨与校领导共同为学校青年就业创业见习基地"联合咖啡"揭牌（宣传部提供）

▼ 9月12日,"德毅"机器人实验班开班启动仪式举行(宣传部提供)

▶ 10月9日,学校与北京陈燕盲人钢琴调律公司共建的"北京联合大学盲人大学生就业基地"揭牌(特殊教育学院提供)

◀ 11月17日,学校首家校企共建创业学院——北京联合大学东软创业学院"蜂巢创意空间"揭牌(宣传部提供)

人才培养

① 3月6日，校滑雪协会代表队参加全国首届大学生滑雪挑战赛总决赛（应用文理学院提供）
② 5月30日，特殊教育学院学生领衔研制的国内首款手语机器人"联合一号"亮相第八届"挑战杯"首都大学生课外学术科技作品竞赛特等奖作品答辩会（特殊教育学院提供）
③ 6月24日，广告学院表演系学生演出毕业大戏《油漆未干》（广告学院提供）
④ 11月15日，校领导与参赛师生在2015年中国智能车未来挑战赛赛场（宣传部提供）

▲ 学生风采

▲ 7月11日，学校举行2015届毕业典礼（宣传部提供）

▲ 4月24日，学校师生聆听河北保定学院西部支教毕业生先进事迹宣讲团报告（宣传部提供）

▲ 6月18日，李德毅院士为师生做题为"对智能驾驶的再认识"的讲座（宣传部提供）

人才培养

▲ 8月8日，学校举办"四海一家·香港青年创新创业交流团'创新创业·问道马云'分享会"，阿里巴巴董事局主席马云现场分享自己的创业经历和体会（宣传部提供）

▲ 12月12日，敦煌网创始人兼CEO、校友王树彤应邀回校做报告（宣传部提供）

队伍建设

▲ 4月11日,学校举行第七届青年教师教学基本功比赛(校工会、宣传部提供)

  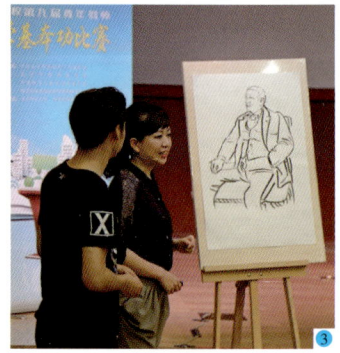

① 基础课教学部教师袁安锋
② 师范学院教师曹颖娜
③ 广告学院教师戴文俊

▲ 获北京高校第九届青年教师教学基本功比赛一等奖的教师(校工会提供)

▲ 4月24日,学校举行2015年高级人才系列研修班开班仪式(宣传部提供)

▲ 9月29日,学校举行2015年新教师研习营暨主讲教师资格培训认证试点启动仪式(人事处提供)

▲ 11月11—12日，学校承办全国高职高专院校思政课青年教师教学展示活动（宣传部提供）

▲ 11月27日，学校举行第一届辅导员职业能力大赛（宣传部提供）

合作交流

▶ 1月19日，北京联合大学–IBM大数据及分析技术中心签约仪式举行（信息学院提供）

◀ 1月29日，学校与莫斯科国立师范大学签约（宣传部提供）

▶ 4月8日，学校与中软国际有限公司签署校企战略合作协议（宣传部提供）

◀ 3月12日，全国政协委员、中南大学校长、中国工程院院士张尧学来校调研（宣传部提供）

▲ 9月10日，新西兰惠灵顿市长西莉亚·韦德布朗率政府代表团来访（宣传部提供）

▶ 12月1日，法国蓝带国际有限公司总裁安德烈·君度一行来访（宣传部提供）

服务社会

▶ 4月2日,点亮蓝色中国梦团队心系孤独症儿童(商务学院提供)

▲ 5月8日,学校主办的首都挑战杯"手拉手"科技普及活动启动(宣传部、校团委提供)

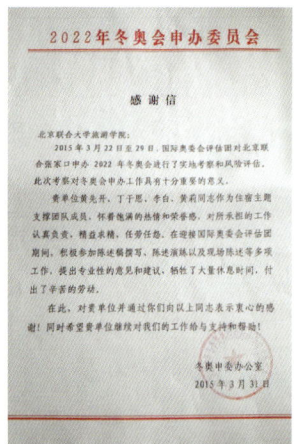
▲ 3月31日，2022年冬奥会申办委员会办公室给旅游学院发来感谢信（旅游学院提供）

▲ 6月11日，2015年"国际档案日"暨北京市第七届"档案馆日"主题宣传活动中，档案修复与装裱展示（应用文理学院提供）

◀ 8月26日，校领导慰问学校世锦赛志愿者（宣传部提供）

◀ 11月20日，关工委赴承德丰宁实验中学捐赠（宣传部提供）

党建思政

▲ 3月6日，学校召开四届十次全委（扩大）会（宣传部提供）

▲ 4月10日，学校召开"三个体系"建设工作交流会（宣传部提供）

▲ 4月29日，学校召开党风廉政建设工作会（宣传部提供）

5月26日,学校处级及以上领导干部学习郭金龙同志专题党课报告录像(宣传部提供)

6月19—27日,学校党校举办第一期教职工发展对象培训班(组织部提供)

9月4—5日,学校召开四届十一次全委(扩大)会(宣传部提供)

校园文化

▶ 1月16日,学校举办"喜洋洋"迎新春暨新婚教职工联欢会(校工会提供)

① 二次元社的汉服走秀展示　　② 轮滑社的轮滑技术展示

▲ 3月27日,学校举办第二届"百团大战"学生社团风采展示活动(校团委提供)

◀ 5月17日,学校举办"全国第25个助残日"暨北京联合大学残疾人大学生艺术团成立五周年文艺演出(宣传部、特殊教育学院提供)

▲ 6月30日，学校举办海棠音乐节闭幕式暨毕业晚会（宣传部提供）

▲ 7月9日，建校37（成立30）周年校庆网站发布（宣传部提供）

▲ 10月10日，学校举办庆祝建校37（成立30）周年暨纪念抗日战争胜利70周年教职工书法、摄影展（校工会提供）

▲ 10月24日，学校召开新生运动会（宣传部提供）

校园文化

◀ 11月16日，学校首届"竞业达杯"校园安全知识与技能大赛中，心脏复苏模拟演练（宣传部提供）

▶ 11月17日，学校举办"爱我中华，红色经典"音乐会（校团委提供）

◀ 12月3日，学校举办第四届"我与联大共奋进"宣讲活动（宣传部提供）

▶ 12月28日，学校举办2016新年音乐会（校团委提供）

基本建设

▲ 3月11日，建设中的图书馆新馆（校图书馆提供）

▲ 4月8日，学校举行校医院揭牌仪式（宣传部提供）

目　录

- 北京联合大学概况 …………………… (1)
  - 北京联合大学 2015 年概况 ………… (1)
  - 北京联合大学校名 ………………… (2)
  - 北京联合大学校徽 ………………… (3)
  - 北京联合大学校训 ………………… (3)
  - 北京联合大学 2015—2016 学年教学
    日历 ………………………………… (4)
- 特载 …………………………………… (5)
  - 打好"十二五"最后一年攻坚战！
    ——徐永利在校四届十次全委（扩大）会上的
    讲话 ………………………………… (5)
  - 用"工业 4.0"的思维办好联大的事
    ——卢振洋在校四届十次全委（扩大）会上的
    讲话 ………………………………… (8)
  - 坚持依规依纪治党　深入落实"两个责任"
    全面推进我校党风廉政建设和反腐败工作
    ——张楠在 2015 年党风廉政建设工作会议
    上的报告 ………………………… (10)
  - 凝心聚力　不断推进学校发展
    ——卢振洋在北京联合大学第三届教职工暨
    工会会员代表大会第五次会议上的报告
    ……………………………………… (14)
  - 把握大势　科学谋划　推动学校持续健康发展
    ——韩宪洲在校四届十一次全委（扩大）会上
    的讲话 …………………………… (16)
  - 做好"十三五"规划　构建核心竞争力
    ——卢振洋在校四届十一次全委（扩大）会上
    的讲话 …………………………… (19)
  - 深化科技创新能力提升计划　创新驱动科技工
    作新发展
    ——鲍泓在北京联合大学 2015 年科技工作
    会上的工作报告 ………………… (22)
  - 改革创新　真抓实干　开创应用型大学建设新
    局面
    ——韩宪洲在北京联合大学 2015 年科技工
    作会闭幕式上的讲话 …………… (26)
  - 北京联合大学 2016 年工作要点 …… (28)
  - 北京联合大学 2015 年上半年工作
    总结 ……………………………… (31)
  - 北京联合大学 2015 年下半年工作
    总结 ……………………………… (34)
- 重要会议与文件 ……………………… (38)
  - 北京联合大学 2015 年党政会议议题 ……… (38)
  - 北京联合大学 2015 年校发文件目录 ……… (41)
- 2015 年大事记 ………………………… (46)
- 机构与队伍 …………………………… (52)
  - 校级领导 …………………………… (52)
  - 中共北京联合大学第四届委员会 …… (52)
  - 中共北京联合大学第四届纪律检查
    委员会 …………………………… (52)
  - 常设专门委员会及领导小组 ………… (53)
    - 北京联合大学党务公开工作领导
      小组 …………………………… (53)
    - 北京联合大学校务公开领导小组 …… (53)
    - 北京联合大学学位评定委员会 …… (53)
    - 北京联合大学纪检监察信访工作
      小组 …………………………… (53)
    - 北京联合大学师资队伍建设领导
      小组 …………………………… (53)
    - 北京联合大学教师资格认定工作领导
      小组 …………………………… (53)
    - 北京联合大学人员公开招聘工作领导
      小组 …………………………… (54)
    - 北京联合大学干部工作领导小组 …… (54)
    - 北京联合大学专业技术职务聘任工作领导
      小组 …………………………… (54)
    - 北京联合大学专业技术职务聘任
      委员会 ………………………… (54)
    - 北京联合大学招生工作领导小组 …… (54)
    - 北京联合大学学生资助工作领导
      小组 …………………………… (54)
    - 北京联合大学学生申诉处理委员会 …… (54)
    - 北京联合大学德育工作领导小组 …… (54)
    - 《北京联合大学学报》编辑委员会 …… (55)
    - 《北京联合大学学报（人文社会科学版）》
      编辑委员会 …………………… (55)
    - 北京联合大学招标领导小组 ……… (55)
    - 北京联合大学安全稳定工作领导
      小组 …………………………… (55)
    - 北京联合大学财经工作领导小组 …… (55)
    - 北京联合大学网络与信息安全工作
      领导小组 ……………………… (56)

关心下一代工作委员会 ……………… (56)
校友会 …………………………………… (56)
北京联合大学第三届教代会常设
　主席团 ………………………………… (56)
北京联合大学第三届工会委员会 …… (56)
北京联合大学第三届工会经费审查
　委员会 ………………………………… (56)
北京联合大学工会第三届女教职工
　委员会 ………………………………… (56)
北京联合大学教职工爱心互助基金管理
　委员会 ………………………………… (57)
北京联合大学工会福利委员会 ……… (57)
党政管理机构设置及负责人 …………… (57)
党群团组织(机构)设置及负责人 ……… (58)
直属教学单位设置及负责人 …………… (58)
直属非教学单位设置及负责人 ………… (58)
校级(校管)科研机构设置及负责人 …… (59)
学院设置及负责人 ……………………… (59)

● **教育教学** ……………………………… (60)
　本科教育 ……………………………… (60)
　　概况 …………………………………… (60)
　　专业设置 ……………………………… (60)
　　人才培养模式改革 …………………… (61)
　　课程建设 ……………………………… (61)
　　教材建设 ……………………………… (62)
　　教学比赛及评选 ……………………… (62)
　　教改立项 ……………………………… (62)
　　教育教学奖励 ………………………… (63)
　　教学综合改革 ………………………… (63)
　　实验室建设 …………………………… (63)
　　校内外实践教学基地建设 …………… (63)
　　毕业设计(论文) ……………………… (63)
　　实习 …………………………………… (63)
　　创新活动 ……………………………… (63)
　　学科竞赛 ……………………………… (63)
　　本科教学运行 ………………………… (64)
　　教学质量监控 ………………………… (64)
　　附表 …………………………………… (65)
　学科建设与研究生教育 ……………… (67)
　　概况 …………………………………… (67)
　　研究生招生 …………………………… (68)
　　研究生思想政治教育 ………………… (68)
　　研究生培养 …………………………… (68)
　　研究生学位 …………………………… (68)
　　学科建设 ……………………………… (68)
　高职教育 ……………………………… (70)
　　概况 …………………………………… (70)
　　专业设置 ……………………………… (70)
　　综合改革 ……………………………… (70)
　　人才培养方案制修订 ………………… (70)
　　课程大纲制修订 ……………………… (71)
　　课程(含教材)建设 …………………… (71)
　　教学研究与改革 ……………………… (71)
　　学生实践能力提升训练计划项目 …… (71)
　　高职教学运行 ………………………… (71)
　　实践教学 ……………………………… (71)
　　专升本遴选推荐 ……………………… (71)
　继续教育 ……………………………… (72)
　　概况 …………………………………… (72)
　　获得奖励及表彰项目 ………………… (72)
　　成人学历招生与学籍管理 …………… (72)
　　成人学位英语考试 …………………… (72)
　　自学考试管理 ………………………… (72)
　　非学历继续教育 ……………………… (72)
　　合作办学 ……………………………… (72)
　　职教师资培训 ………………………… (72)
　　现代远程教育 ………………………… (73)
　招生与就业 …………………………… (73)
　　概况 …………………………………… (73)
　　招生计划 ……………………………… (73)
　　招生宣传 ……………………………… (73)
　　生源质量 ……………………………… (74)
　　特殊类型招生 ………………………… (74)
　　2015届毕业生情况 …………………… (74)
　　就业制度保障 ………………………… (74)
　　就业服务 ……………………………… (74)
　　学生职业发展 ………………………… (75)
　　就业情况统计 ………………………… (75)
　　附表 …………………………………… (78)
　高教研究 ……………………………… (79)
　　概况 …………………………………… (79)
　　院校研究 ……………………………… (79)
　　研究成果 ……………………………… (79)
　　课题申报 ……………………………… (79)
　　会议情况 ……………………………… (79)
　　附表 …………………………………… (80)

● **科学研究** ……………………………… (81)
　科研工作 ……………………………… (81)
　　概况 …………………………………… (81)
　　科研项目 ……………………………… (81)
　　学术论文 ……………………………… (81)
　　学术著作 ……………………………… (81)
　　科技合作 ……………………………… (82)
　　知识产权 ……………………………… (82)

科技成果推广与转化 ……………… (82)
　　大学科技园 ………………………… (82)
　　北京联合大学2015年科技工作会 … (82)
　　附表 ………………………………… (82)
科研平台 ………………………………… (88)
　　学报编辑部 ………………………… (88)
　　市级科研机构——生物活性物质与功能
　　　食品北京市重点实验室 ………… (88)
　　市级科研机构——北京市信息服务工程
　　　重点实验室 ……………………… (89)
　　市级科研机构——生物质废弃物资源化
　　　利用北京市重点实验室 ………… (89)
　　市级科研机构——北京学研究基地 … (89)
　　市级科研机构——北京市政治文明建设
　　　研究中心 ………………………… (90)
　　市级科研机构——京台文化交流研究
　　　中心 ……………………………… (91)
　　附表 ………………………………… (92)

●国际及港澳台地区交流与合作 …… (93)
　　概况 ………………………………… (93)
　　因公出国(境)、因公赴台 ………… (93)
　　交流合作 …………………………… (93)
　　国际合作 …………………………… (93)
　　学生交流 …………………………… (93)
　　引智工作 …………………………… (93)
　　港澳台事务 ………………………… (93)
　　来华留学生教育 …………………… (93)
　　孔子学院 …………………………… (94)
　　附表 ………………………………… (94)

●管理与服务
校务管理 ………………………………… (99)
　　概况 ………………………………… (99)
　　政务服务 …………………………… (99)
　　文书机要工作 ……………………… (99)
　　信息调研工作 ……………………… (99)
　　综合事务 …………………………… (99)
　　信访工作 …………………………… (99)
　　印信管理与使用 …………………… (99)
　　法务及公开工作 …………………… (100)
　　校友会工作 ………………………… (100)
　　教育基金会工作 …………………… (100)
人事管理 ………………………………… (100)
　　机构设置 …………………………… (100)
　　人员编制 …………………………… (101)
　　人才需求计划 ……………………… (101)
　　人才引进 …………………………… (101)
　　聘用合同管理 ……………………… (101)

　　师资培训 …………………………… (101)
　　教师发展与服务 …………………… (101)
　　人才强教项目 ……………………… (102)
　　留学资助 …………………………… (102)
　　专业技术职务晋升 ………………… (102)
　　教师发展中心 ……………………… (102)
　　酬金 ………………………………… (102)
　　社会保险工作 ……………………… (102)
　　工勤人员 …………………………… (102)
　　劳务派遣 …………………………… (102)
　　科级干部提任工作 ………………… (102)
　　科级干部档案审核工作 …………… (102)
　　人事档案管理 ……………………… (102)
财务管理 ………………………………… (103)
　　概况 ………………………………… (103)
　　财务状况 …………………………… (103)
　　会计核算工作 ……………………… (103)
　　财务信息化建设 …………………… (103)
　　财务管理体制改革 ………………… (103)
　　制度建设 …………………………… (103)
　　队伍建设 …………………………… (103)
　　收费管理工作 ……………………… (103)
　　卡务管理 …………………………… (104)
　　获奖情况 …………………………… (104)
资产管理 ………………………………… (104)
　　概况 ………………………………… (104)
　　采购招标工作 ……………………… (104)
　　房产管理工作 ……………………… (104)
　　固定资产管理工作 ………………… (104)
审计工作 ………………………………… (105)
　　概况 ………………………………… (105)
　　预算执行和财务收支审计 ………… (105)
　　领导干部经济责任审计 …………… (106)
　　基建修缮工程审计 ………………… (106)
　　校内绩效评价 ……………………… (106)
　　科研、收费专项审计 ……………… (106)
　　中介机构管理 ……………………… (106)
　　审计意见整改落实 ………………… (106)
　　三个体系建设 ……………………… (106)
　　审计队伍建设 ……………………… (106)
基本建设 ………………………………… (106)
　　概况 ………………………………… (106)
　　学校总体规划 ……………………… (106)
　　北四环校区教学用房项目的施工
　　　工作 ……………………………… (106)
　　北四环校区文化艺术广场项目 …… (107)
　　特教学院康复资源楼前期立项 …… (107)

推进市属高校三年基建规划项目的竣工
  结算工作 …………………………… (107)
后勤管理与服务 …………………………… (107)
  概况 ………………………………………… (107)
  修缮改造 …………………………………… (107)
  资源调配 …………………………………… (107)
  计划生育 …………………………………… (107)
  控烟工作 …………………………………… (108)
  伙食补助管理办法制定 …………………… (108)
  平抑资金管理 ……………………………… (108)
  节能管理 …………………………………… (108)
  学生通勤快车 ……………………………… (108)
  组织学生献血 ……………………………… (108)
  新生接站 …………………………………… (108)
  火车票优惠卡服务 ………………………… (108)
  电梯维护保养 ……………………………… (108)
  空调维保 …………………………………… (108)
  防汛工作 …………………………………… (108)
  山区绿化 …………………………………… (108)
  饮食服务 …………………………………… (108)
  学生宿舍管理服务 ………………………… (109)
  动力维修服务 ……………………………… (109)
  运输服务 …………………………………… (109)
  绿化保洁服务 ……………………………… (109)
  蒲黄榆校区后勤运行中心 ………………… (109)
  育慧苑商贸中心 …………………………… (109)
信息网络管理 …………………………… (110)
  概况 ………………………………………… (110)
  信息化统筹管理 …………………………… (110)
  资源整合 …………………………………… (110)
  综合信息服务 ……………………………… (110)
  网络学堂建设 ……………………………… (110)
  统一门户平台建设 ………………………… (110)
  网站群建设 ………………………………… (111)
  一卡通升级改造 …………………………… (111)
  网络基础设施建设 ………………………… (111)
  信息网络安全 ……………………………… (111)
  信息化建设"十三五"规划 ………………… (111)
  信息化防控体系建设 ……………………… (111)
  电子监察体系建设 ………………………… (111)
产业管理 …………………………………… (111)
  概况 ………………………………………… (111)
  科兴企业管理中心法人变更 ……………… (111)
  企业产权登记 ……………………………… (111)
  成寿寺校区租赁户清退 …………………… (112)
  企业国有资产自查自纠工作 ……………… (112)

北苑校区管理 …………………………… (112)
  概况 ………………………………………… (112)
  书院制建设 ………………………………… (112)
  校园文化建设 ……………………………… (112)
  学生社团建设 ……………………………… (113)
  中专遗留问题处理工作 …………………… (113)
  科研服务工作 ……………………………… (113)
  安全稳定工作 ……………………………… (113)
  沟通协调工作 ……………………………… (113)
离退休人员服务管理 …………………… (113)
  概况 ………………………………………… (113)
  服务管理工作 ……………………………… (113)
  党建工作 …………………………………… (114)
  老教协工作 ………………………………… (114)
  关工委工作 ………………………………… (114)
  老同志参与纪念抗战胜利70周年
    活动 ……………………………………… (114)
  附表 ………………………………………… (115)
机直党务工作 …………………………… (116)
  概况 ………………………………………… (116)
  思想建设 …………………………………… (116)
  专题教育 …………………………………… (116)
  组织建设 …………………………………… (116)
  作风建设 …………………………………… (117)
  党风廉政建设 ……………………………… (117)
  机关工会工作 ……………………………… (117)
  科学研究 …………………………………… (117)
  评选和推优 ………………………………… (117)
档案(史志)工作 ………………………… (117)
  概况 ………………………………………… (117)
  档案管理 …………………………………… (117)
  档案综合实验室建设 ……………………… (118)
  档案信息化建设 …………………………… (118)
  校史馆服务管理 …………………………… (118)
  年鉴编纂 …………………………………… (118)
  续编校志工作 ……………………………… (118)
  文集文选工作 ……………………………… (119)
  校史研究 …………………………………… (119)
图书馆服务 ……………………………… (119)
  概况 ………………………………………… (119)
  馆藏资源建设 ……………………………… (119)
  读者服务 …………………………………… (119)
  馆际互借 …………………………………… (119)
  新馆配套项目建设 ………………………… (120)
  读者信息素养教育 ………………………… (120)
  教学科研服务 ……………………………… (120)
  读者宣传服务月 …………………………… (120)

信息化建设 …………………… (121)
开发微信图书馆 ……………… (121)
馆际交流合作 ………………… (121)
党建工作 ……………………… (121)
搞好换届选举,履行工会职能 … (122)
落实教职工健康幸福工程 …… (122)
医疗服务 …………………………… (122)
概况 …………………………… (122)
日常医疗服务 ………………… (122)
预防保健和健康幸福工程 …… (122)
专业技术人员继续教育 ……… (122)
医疗保险和公费医疗 ………… (122)
校区医务室工作 ……………… (123)

● **党群工作** ………………………… (124)
组织工作 ………………………… (124)
概况 …………………………… (124)
教育实践活动专项检查 ……… (124)
"十三五"时期党建规划编制工作 … (124)
基层党组织示范引领作用 …… (124)
党员队伍建设 ………………… (124)
党内民主建设 ………………… (125)
党建工作调查研究 …………… (125)
党校工作 ……………………… (125)
培训 …………………………… (125)
宣传工作 ………………………… (125)
概况 …………………………… (125)
理论学习 ……………………… (125)
思想政治建设 ………………… (126)
新闻宣传 ……………………… (126)
舆情分析 ……………………… (126)
文化建设 ……………………… (127)
讲座报告 ……………………… (127)
纪检监察工作 …………………… (127)
概况 …………………………… (127)
党风廉政建设和反腐败工作 … (127)
师生防腐拒变思想防线建设 … (128)
重大决策部署的监督检查 …… (128)
纠正"四风" …………………… (129)
权力制约和监督 ……………… (129)
纪律审查和责任追究 ………… (129)
纪检监察队伍建设 …………… (130)
学生工作 ………………………… (130)
概况 …………………………… (130)
思想政治教育 ………………… (130)
学风建设 ……………………… (131)
基础建设 ……………………… (131)
资助工作 ……………………… (131)

心理素质教育 ………………… (132)
国防教育 ……………………… (132)
统战工作 ………………………… (132)
概况 …………………………… (132)
主要工作 ……………………… (133)
保卫工作 ………………………… (133)
概况 …………………………… (133)
内部管理 ……………………… (133)
信息工作 ……………………… (133)
维护校园稳定 ………………… (133)
治安防范 ……………………… (134)
消防管理 ……………………… (134)
交通管理 ……………………… (134)
宣传教育及培训 ……………… (134)
安全与保密工作 ……………… (135)
户籍管理 ……………………… (135)
安防基础设施建设 …………… (135)
设施检测维护维修 …………… (135)
工作研究 ……………………… (135)
平安校园建设 ………………… (135)
工会、教代会工作 ……………… (136)
概况 …………………………… (136)
教代会工作 …………………… (136)
劳模优抚及遇困职工走访慰问 … (136)
爱心互助基金工程 …………… (136)
健康幸福工程 ………………… (136)
福利费管理及"十送"温暖特色
　服务 ………………………… (136)
文体活动 ……………………… (137)
青年工作 ……………………… (137)
青年教师教学基本功比赛 …… (137)
庆祝教师节系列活动 ………… (137)
工会干部培训 ………………… (137)
建家工作 ……………………… (137)
教职工校园卡伙食补助管理推进
　工作 ………………………… (138)
职工保险工作 ………………… (138)
会籍管理 ……………………… (138)
女教职工工作 ………………… (138)
重要获奖 ……………………… (138)
附表 …………………………… (138)
共青团工作 ……………………… (139)
概况 …………………………… (139)
思想教育 ……………………… (139)
校园文化活动 ………………… (140)
科技活动 ……………………… (140)
社会实践 ……………………… (140)

基层团组织建设…………………………（140）
　　志愿服务活动…………………………（141）
　　北京联合大学学生社团联合会…………（141）
　　艺术教育………………………………（141）
- **直属教学部**………………………………（142）
　基础课教学部
　　概况……………………………………（142）
　　教学工作………………………………（142）
　　教学改革………………………………（143）
　　教师培训………………………………（143）
　　教研室建设……………………………（143）
　　实验室建设……………………………（143）
　　学科竞赛………………………………（144）
　　教科研工作……………………………（144）
　电子信息技术实验实训基地
　　概况……………………………………（144）
　　课程建设………………………………（145）
　　教学改革………………………………（145）
　　学科竞赛………………………………（145）
　　实验室建设……………………………（145）
　　科研工作………………………………（145）
　人文社会科学教学部………………（146）
　　概况……………………………………（146）
　　教学工作………………………………（146）
　　教研室建设……………………………（146）
　　教学改革………………………………（147）
　　学科建设………………………………（147）
　校体委、体育教学部………………（148）
　　概况……………………………………（148）
　　教学工作………………………………（148）
　　科研工作………………………………（149）
　　体质测试………………………………（149）
　　高校群体竞赛…………………………（149）
　　校内群体竞赛…………………………（149）
　　高水平运动队成绩……………………（149）
　　体育中心工作…………………………（149）
　　附表……………………………………（149）
　公共外语教学部………………………（155）
　　概况……………………………………（155）
　　教学工作及教学改革…………………（155）
　　教研室建设……………………………（155）
　　科研及学科建设………………………（155）
　　师资培养………………………………（156）
- **学院**……………………………………（157）
　应用文理学院…………………………（157）
　　概况……………………………………（157）
　　机构设置………………………………（157）

　　人才队伍………………………………（157）
　　学科建设与研究生工作………………（158）
　　教学工作………………………………（158）
　　科研工作………………………………（158）
　　实验室建设……………………………（159）
　　交流合作………………………………（159）
　　学术交流及活动………………………（159）
　　学生工作………………………………（160）
　　共青团工作……………………………（160）
　　党群工作………………………………（160）
　　宣传工作………………………………（161）
　　管理服务………………………………（161）
　　学知书院揭牌…………………………（161）
　　获中华人民共和国考古发掘资质………（162）
　　首届全国大学生滑雪挑战赛总决赛获
　　　佳绩…………………………………（162）
　　《学知学术文库》第一辑发布
　　　座谈会………………………………（162）
　　成立实训基地和检测中心基地………（162）
　　获摩纳哥公国兰尼埃三世亲王奖……（162）
　师范学院………………………………（162）
　　概况……………………………………（162）
　　机构设置………………………………（163）
　　人才队伍………………………………（163）
　　学科建设………………………………（163）
　　教学工作………………………………（163）
　　科研工作………………………………（164）
　　实验室建设……………………………（164）
　　交流合作………………………………（164）
　　学生工作………………………………（164）
　　共青团工作……………………………（165）
　　党群工作………………………………（165）
　　宣传工作………………………………（166）
　　工会工作………………………………（166）
　　学院图书馆服务………………………（167）
　商务学院………………………………（167）
　　概况……………………………………（167）
　　机构设置………………………………（168）
　　师资队伍建设…………………………（168）
　　学科建设………………………………（168）
　　教学工作………………………………（168）
　　科研工作………………………………（168）
　　实验室建设……………………………（169）
　　交流合作………………………………（169）
　　学生工作………………………………（169）
　　党群工作………………………………（169）
　　管理与服务……………………………（170）

AACSB 国际认证	(170)	第五届中国服务外包产业与人才培养峰会	(182)
生物化学工程学院	(170)	**机电学院**	(182)
概况	(170)	概况	(182)
机构设置	(171)	人才队伍	(183)
学科建设	(171)	学科建设	(183)
教学工作	(171)	教学工作	(183)
实践教学	(171)	科研工作	(183)
成人教育	(171)	实验室建设	(184)
科研工作	(172)	交流合作	(184)
实验室建设	(172)	学生工作	(184)
学生工作	(172)	党群工作	(184)
共青团工作	(172)	校友会机电学院分会	(185)
党群工作	(173)	**自动化学院**	(185)
管理服务	(173)	概况	(185)
旅游学院	(174)	机构设置	(186)
概况	(174)	人才队伍	(186)
机构设置	(174)	教学工作	(186)
人才队伍	(174)	学科建设	(186)
教学工作	(175)	科研工作	(187)
科研工作	(175)	实验室建设	(187)
交流合作	(175)	交流合作	(187)
学生工作	(175)	学生工作	(187)
党群工作	(176)	党群工作	(188)
继续教育学院	(176)	**管理学院**	(188)
概况	(176)	概况	(188)
机构设置	(177)	队伍建设	(189)
教学培训	(177)	学科建设与研究生工作	(189)
科研成果	(177)	人才培养	(189)
交流合作	(177)	招生就业工作	(190)
党群工作	(177)	科研工作	(190)
管理与服务	(178)	实验室建设	(190)
校区搬迁工作	(178)	校企合作	(190)
统计督导检查	(178)	交流合作	(190)
信息学院	(179)	学生工作	(190)
概况	(179)	党建工作	(191)
机构设置	(179)	管理工作	(192)
人才队伍	(179)	**特殊教育学院**	(192)
学科建设	(179)	概况	(192)
教学工作	(179)	机构设置	(192)
学生学科竞赛获奖	(180)	人才队伍	(192)
科研成果	(180)	学科建设	(193)
实验室建设	(180)	教学工作	(193)
学生工作	(180)	成人教育	(193)
党群工作	(181)	科研工作	(193)
宣传工作	(182)	实验室建设	(194)
第五届"赛佰特杯"全国大学生物联网创新应用设计大赛	(182)	实训基地建设	(194)

交流合作 …………………………… (194)
学生工作 …………………………… (194)
共青团工作 ………………………… (194)
党建工作 …………………………… (195)
宣传工作 …………………………… (195)
工会工作 …………………………… (195)
管理服务 …………………………… (196)
资源中心、文献室工作 …………… (196)
中国高等教育学会特殊教育研究分会
　工作 ……………………………… (196)
北京市特殊教育中心工作 ………… (196)
残联调研 …………………………… (197)
学生文体竞赛获奖 ………………… (197)
广告学院 ……………………………… (198)
概况 ………………………………… (198)
机构设置 …………………………… (198)
人才队伍 …………………………… (198)
学科建设 …………………………… (198)
教学工作 …………………………… (198)
科研工作 …………………………… (199)
交流合作 …………………………… (199)
学生工作 …………………………… (199)
党群工作 …………………………… (199)
附表 ………………………………… (200)
应用科技学院 ………………………… (201)
概况 ………………………………… (201)
人才队伍 …………………………… (201)
学科建设 …………………………… (201)
研究生工作 ………………………… (201)
教学工作 …………………………… (202)
科研工作 …………………………… (202)
实训基地建设 ……………………… (202)
交流合作 …………………………… (202)
学生工作 …………………………… (202)
党群工作 …………………………… (203)
国际交流学院 ………………………… (203)
概况 ………………………………… (203)
领导分工 …………………………… (203)
教学工作 …………………………… (203)
科研工作 …………………………… (203)
北京市外国留学生奖学金发放 …… (204)
学生活动 …………………………… (204)
附表 ………………………………… (204)
• 毕业生名录 …………………………… (206)
硕士毕业生名录 ……………………… (206)
毕业研究生名单 …………………… (206)
获得硕士学位的毕业研究生名单 … (206)

本科毕业生、结业生名录 …………… (206)
应用文理学院 ……………………… (206)
师范学院 …………………………… (209)
商务学院 …………………………… (211)
生物化学工程学院 ………………… (213)
旅游学院 …………………………… (215)
信息学院 …………………………… (216)
机电学院 …………………………… (217)
自动化学院 ………………………… (218)
管理学院 …………………………… (219)
特殊教育学院 ……………………… (221)
广告学院 …………………………… (222)
应用科技学院 ……………………… (224)
专科(高职)毕业生、结业生名录 …… (224)
师范学院 …………………………… (224)
生物化学工程学院 ………………… (225)
旅游学院 …………………………… (225)
特殊教育学院 ……………………… (226)
广告学院 …………………………… (227)
应用科技学院 ……………………… (227)
成人学历教育(夜大学)毕业生名录 …… (230)
本科层次 …………………………… (230)
专升本层次 ………………………… (230)
专科层次 …………………………… (232)
• 表彰与奖励 …………………………… (237)
北京联合大学 2015 年获得的表彰
　奖励 ……………………………… (237)
北京联合大学 2015 年各级各类教育教学
　成果奖 …………………………… (239)
2015 年校级教育教学成果奖 …… (239)
2015 年参加各级教学类比赛获奖教师
　名单 ……………………………… (242)
2015 年获得各类教学相关荣誉称号教师
　名单 ……………………………… (244)
2015 年校级优秀硕士学位论文 …… (245)
2015 年校级本科优秀毕业设计
　(论文) …………………………… (245)
2015 年校级专升本优秀毕业实务
　专题 ……………………………… (251)
2015 年校级高职优秀毕业综合实践
　报告 ……………………………… (252)
北京联合大学 2015 年学生学科竞赛市级
　及以上获奖名单 ………………… (253)
第六届中国大学生服务外包创新创业
　大赛 ……………………………… (253)
2015 年"高教社杯"全国大学生数学建模
　竞赛 ……………………………… (253)

· 8 ·

2015年美国大学生数学建模竞赛
（MCM/ICM） ……………………… (253)
2015年第五届"赛佰特杯"全国大学生物
联网创新应用设计大赛 ……………… (253)
2015年"尚和杯"中国机器人大赛暨
RoboCup公开赛 ……………………… (254)
第二届"大智慧杯"全国大学生金融精英
挑战赛 ………………………………… (254)
2015年第九届全国商科院校技能
大赛 …………………………………… (254)
第五届"远华杯"全国大学生会展创意
大赛 …………………………………… (254)
2015年第十一届全国职业院校"新道杯"
沙盘模拟经营大赛全国总决赛 ……… (254)
2015年第五届全国大学生市场调查与
分析大赛总决赛暨第四届海峡两岸
大学生市场调查与分析大赛大陆地区
选拔赛 ………………………………… (255)
第十四届"挑战杯"中航工业全国大学生课外学
术科技作品竞赛 ……………………… (255)
第六届"蓝桥杯"全国软件和信息技术专业
人才大赛 ……………………………… (255)
2015年全国大学生"西门子杯"工业自动化
挑战赛 ………………………………… (256)
2015年全国大学生电子设计竞赛 ……… (257)
第五届全国大学生电子商务"创新、创意及
创业"挑战赛 ………………………… (257)
2015第七届全国大学生广告艺术
大赛 …………………………………… (258)
2015年全国职业院校技能大赛
（高职组） …………………………… (258)
2015年第二届"大唐杯"全国大学生移动
通信技术大赛 ………………………… (259)
2015年第六届"外研社杯"全国高职高专
英语写作大赛 ………………………… (259)
2015年全国高校商业精英挑战赛 ……… (259)
2015年全国大学生英语竞赛 …………… (259)
2015年第十届全国大学生"飞思卡尔杯"
智能汽车竞赛（华北赛区） ………… (260)
2015年华北五省（市、自治区）大学生机器人
大赛及2015年北京市大学生机器人
大赛 …………………………………… (260)
2015年"鑫台华·康邦杯"华北五省（市、
自治区）及港澳台大学生计算机应用
大赛 …………………………………… (260)
2015年第三十二届全国部分地区大学生
物理竞赛 ……………………………… (261)

2015年北京市第二十六届大学生数学
竞赛 …………………………………… (261)
北京市第五届高职高专大学生数学
竞赛 …………………………………… (261)
2014年北京市大学生物理实验
竞赛 …………………………………… (261)
第七届(2015)北京市大学生英语演讲
比赛 …………………………………… (261)
2015年"外研社杯"全国英语演讲大赛北京
赛区比赛 ……………………………… (262)
2015年北京市大学生人文知识
竞赛 …………………………………… (262)
第四届北京市大学生物流设计
大赛 …………………………………… (262)
第七届北京市大学生模拟法庭
竞赛 …………………………………… (262)
2015年北京市大学生创业设计
竞赛 …………………………………… (262)

**北京联合大学2015年学生获得的表彰
奖励** ………………………………… (262)
2015年市级研究生优秀毕业生 ………… (262)
2015年市级本科、高职、专升本优秀
毕业生 ………………………………… (262)
2015年校级研究生优秀毕业生 ………… (263)
2015年校级本科、高职、专升本优秀
毕业生 ………………………………… (263)
北京联合大学2014—2015学年特等
奖学金 ………………………………… (267)
北京联合大学2015级新生入学
奖学金 ………………………………… (267)
北京联合大学2014—2015学年校长
特别奖 ………………………………… (267)
北京联合大学2014—2015学年优秀
学生干部 ……………………………… (267)
北京联合大学2014—2015学年
三好学生 ……………………………… (268)
北京联合大学2014—2015学年先进
班集体 ………………………………… (269)
北京联合大学2014—2015学年"我的班级
我的家"实践活动获奖集体 ………… (270)
北京联合大学2014—2015学年红色
"1+1"示范活动获奖集体 …………… (270)
北京联合大学2014—2015学年学生
"十佳党支部" ………………………… (271)
北京联合大学2014—2015学年学生
"十大标兵党员" ……………………… (271)
北京联合大学2015年"学生党员先锋工程"

优秀策划案 …………………… (271)
北京联合大学 2015 年教职工获得的表彰奖励 …………………………… (271)
 北京联合大学 2013—2015 年度先进基层
  党组织 ………………………… (271)
 北京联合大学 2013—2015 年度优秀
  共产党员 ……………………… (272)
 北京联合大学 2013—2015 年度优秀党务
  工作者 ………………………… (272)
 北京联合大学 2011—2015 学年度优秀教育
  工作者 ………………………… (272)
 北京联合大学 2014—2015 学年十佳
  辅导员 ………………………… (272)
 北京联合大学 2014—2015 学年优秀
  辅导员 ………………………… (272)
 北京联合大学 2014—2015 学年优秀
  班主任 ………………………… (273)
 北京联合大学第一届辅导员职业能力
  大赛 …………………………… (273)
 北京联合大学 2015 年教职工获得的其他
  市级及以上奖励 ……………… (273)

- **人物** ………………………………… (275)
 2015 年硕士生导师名录 ……………… (275)
 **2015 年正高级专业技术职务人员
  名录** …………………………… (275)
 2015 年新聘特聘教授 ………………… (276)
 2015 年认定的双师型教师 …………… (276)
 **2015 年担任各级人大代表、政协委员
  人员名录** ……………………… (277)
 2015 年"从教三十年"教职工 ……… (277)

- **媒体报道** …………………………… (278)
 媒体重要报道要目 …………………… (278)
 媒体报道选登（摘选） ……………… (287)
  北京联大获批国内首个视障生源
   硕士点 ……………………… (287)
  大学教师提议"提高全民媒介
   素养" ……………………… (288)
  搭建人民政协理论研究"智库" ……… (288)
  大学生原创音乐剧诠释梦想 ……… (288)
  北京联合大学：邀企业专家做学生创业
   导师 ………………………… (288)
  看《圆明园四十景图咏》的"文化
   回归" ……………………… (289)
  联大与七所小学开展科普合作 …… (289)
  "厕所革命"：如何让游客更"方便" …… (289)
  科技紧盯生活需求 ………………… (290)
  北联大师范学院学生原创"时装秀"

   迎毕业 ……………………… (290)
  2015 年全国科技活动周暨北京科技周
   主场活动圆满落幕 ………… (290)
  北京联合大学学生设计手语
   机器人 ……………………… (291)
  联大百名师生签名拒绝烟草 ……… (291)
  联大学生手绘抗战史 ……………… (292)
  北京用"高参小"增进优质教育
   供给 ………………………… (293)
  国产三维建模技术让文物"复活" …… (293)
  "记住乡愁"学术研讨会在京举行 …… (294)
  2015 年北京数字博物馆研讨会举办 …… (294)
  地域书院史研究的重要成果——
   《北京书院史》简评 ………… (294)
  少儿文化消费："暑热"能够热多久 …… (295)
  两委组织座谈会回应垃圾分类
   建议 ………………………… (295)
  校企合作培养工艺美术人才 ……… (295)
  《旅游学刊》中国旅游研究年会
   召开 ………………………… (296)
  "习马会"将为两岸青年带来更多
   红利 ………………………… (296)
  多国放宽对华签证"开抢"中国
   游客 ………………………… (296)
  华北五省大学生赛科技创意 ……… (296)
  发挥"以诗证史"在"三山五园"研究中的
   作用 ………………………… (297)
  协商民主既追求结果的合法性，更注重过程的
   合法性——基层协商民主建设的
   三重意义 …………………… (297)
  互释善意　相向而行——各界高度评价两岸
   领导人会面 ………………… (297)
  北京联合大学：企业高管现场"把脉"大学生
   求职 ………………………… (297)
  着眼旅游创新创业教育——北京联合大学
   旅游学院蓄势再出发 ……… (298)
  进一步做好新形势下高校纪检监察
   工作 ………………………… (298)

- **北京联合大学 2015 年各项统计
 资料** …………………………… (299)
 北京联合大学 2015 年基本情况 …… (299)
 **北京联合大学 2015 年校区分布及学院
  设置** …………………………… (299)
 北京联合大学 2015 年教职工情况 … (300)
 **北京联合大学 2015 年教职工及专任教师职称、
  学历结构** ……………………… (300)
 北京联合大学 2015 年学生情况 …… (300)

北京联合大学 2015 年科研机构设置 ……（301）
　　市级科研机构 …………………………（301）
　　校级科研机构 …………………………（301）
北京联合大学 2015 年硕士学科点 ………（302）
北京联合大学 2015 年本科专业设置 ……（303）
北京联合大学 2015 年专升本专业
　　设置 ……………………………………（304）
北京联合大学 2015 年高职专业设置 ……（305）
北京联合大学 2015 年成人高等教育专业
　　设置 ……………………………………（306）

北京联合大学 2015 年高等教育自学考试
　　专业设置 ………………………………（306）
北京联合大学 2015 年获批的校级校外人才
　　培养基地 ………………………………（307）
北京联合大学 2005—2015 年认定的双师型
　　教师 ……………………………………（307）
北京联合大学 2012—2014 年聘请的客座
　　教授 ……………………………………（308）
• 索引 ………………………………………（310）

北京联合大学概况

北京联合大学2015年概况

北京联合大学是1985年经教育部批准成立的北京市属综合性大学，其前身是1978年北京市依靠北京大学、清华大学、中国人民大学、北京师范大学等25所高校创办的36所大学分校中的24所。学校以培养适应国家特别是首都经济社会发展需要的高素质人才为己任，经过30多年的建设和发展，形成了经、法、教、文、史、理、工、医、管、艺等10个学科相互支撑、协调发展，以本科教育为主，研究生教育、高职教育、继续教育和留学生教育协调发展的完备人才培养体系，以北四环校区为中心，集中与分散相结合的办学布局，是北京市重点建设的应用型人才培养基地，也是北京地区规模最大的高校之一。北京联合大学网址 http://www.buu.edu.cn。

2015年，学校产权占地面积40.32万平方米，产权校舍建筑面积49.60万平方米，非产权校舍建筑面积14.43万平方米。全年教育经费投入162021.89万元，其中，国家拨款137908.40万元、自筹经费24113.49万元。固定资产总值24.28亿元，其中，教学、科研仪器设备资产值8.98亿元。图书馆建筑面积37081.35平方米，馆藏纸质图书249.64万册、电子图书10000GB。学校拥有计算机21928台。学校信息化经费投入1625.2522万元，拥有多媒体教室座位32042个，信息化设备资产39144.88万元，网络信息点数19400个，校园网出口总带宽4500Mbps，电子邮件系统用户数27480个，上网课程数5956门，数字资源量242042GB，管理信息系统数据总量283.63GB。

2015年，学校设置14个学院、5个直属教学部；开设本科专业69个，专科专业19个，覆盖10个学科门类；具有一级学科硕士点5个，硕士学位授权点6个和专业学位授权点4个。北京市重点建设学科6个。

学校有教职工2967人，其中，专任教师1555人，包括教授215人、副教授558人；硕士生导师156人。外籍教师58人，其中，长期外籍教师21人，教授5人、副教授3人。

2015年，学校在校学生29801人，其中，学历教育学生中全日制研究生303人，普通本专科生24522人（本科生20650人、专科生3872人）、成人教育本专科生4976人（本科生2998人、专科生1978人）。学校招生9440人，其中，学历教育学生中全日制研究生136人、普通本专科生6904人（本科生6062人、专科生842人）、成人教育本专科生2400人（本科生794人、专科生1606人）。在京录取二批本科提档线文史类为528分，理工类为495分。全校毕业生9383人，其中，学历教育学生中全日制研究生48人、普通本专科生7199人（本科生5495人、专科生1704人）、成人教育本专科生2136人（本科生657人、专科生1479人）。本科毕业生就业率99.00%。留学生毕、结业554人、招生937人次，在校生1173人次。

2015年，学校按照《北京联合大学2015年工作要点》部署，学习贯彻党的十八大及十八届三中、四中、五中全会和习近平总书记重要讲话精神，加强党的建设，坚持从严治党，认真开展了"三严三实"专题教育，系统总结"十二五"规划完成情况，积极谋划"十三五"改革发展蓝图，持续推进学校各项改革发展事业。

深化教育教学改革，提高人才培养质量。完成2015版培养方案制修订工作，成立"德毅"机器人实验班，筹备成立艺术学院，引入"三一"口语资格证书，启动首门慕课课程建设，完成4类重要通识教育必修课程和69个本科专业的评估工作，出台《北京联合大学新生研讨课建设与管理办法（试行）》，完成继续教育教务信息系统一期建设。参与的北京高等学校高水平人才交叉培养计划中，"双培计划"惠及学生75名，"实培计划"获批毕业设计题目13个。新增校级校外人才培养基地10个，获评2015年北京市级校外人才培养基地1个，建成大学生创业孵化基地，9支创业苗圃型团队入驻。1名教师入选首批"北京市高层次创新创业人才支持计划领军人才计划"，学生参加各级各类比赛获得国家级奖项17项，86人次获得创业教育相关资格证书，全校平均就业率为98.56%。2015年，学生体质健康标准测试达标率达98%；高水平运动队参加全国健美操比赛，获5金6银2铜的优异成绩；我校学生作为主力参加全国第九届残疾人运动会暨第六届特奥会获男子聋人篮球赛第二名,男子、女子盲人门球赛第三名,女子、男子聋人足球赛第五名。

加强学科专业建设和科研工作。形成学科建设评估方案,完成工商管理专项评估,对计算机科学与技术、食品科学与工程、软件工程、考古学、专门史5个学位点进行合格评估。召开"研究生教育暨导师培训会",实施"研究生新生引航工程"。召开2015年科技工作会,明确学校今后实施科研创新能力提升深化计划的主要任务。成立高精尖创新中心筹备工作领导小组,新增北京市智能机械创新设计服务工程技术研究中心和旅游信息化协同创新中心2个市级科研平台。无人驾驶智能纯电动汽车"京龙3号"参加"2015年中国智能车未来挑战赛"获综合道路环境单项测试第一名。2015年,学校获批国家自然科学基金项目12项、国家社会科学基金项目10项、各类省部级项目近50项;竞争性科研项目经费到账总额为5204万元。全年专利申请77项,授权103项。《北京联合大学学报(人文社会科学版)》进入"中国人文社会科学核心期刊(扩展版)";《旅游学刊》连续第四年获"中国最具国际影响力期刊"称号。

完善人事管理,增强师资队伍实力。出台《北京联合大学关于在部分专业技术岗位实行人事代理的意见》,成立学校职称聘任特殊评议组为做出突出贡献的人才搭建特殊通道,成立高层次人才服务办公室,出台《关于设立"北京联合大学特聘教授"的意见》,举办新教师研习营情解码等专题讲座23场次,举办教师发展名家讲坛5期,首次组织主讲教师资格认证试点,教师发展中心新增4个分中心。2015年,有2人通过评议被破格晋升为副教授;先后聘请8名知名学者为校级特聘教授;落实市教委"高层次人才引进与培养三年行动计划",资助各类高层次人才11名;落实"人才强校四项计划",资助培养创新团队等人才项目21个;招聘专任教师、辅导员、学术带头人63人,其中,具有副高级及以上职称的15人,博士后出站人员17人,教师中具有博士学位人员比例达30.1%;2015年新增副高级及以上职称人员69人,教师岗位中具有高级职称比例达50.2%;3位教师作为选手参加北京高校第九届青教赛全部获得一等奖,其中两位选手囊括所有单项奖。

强化思想引领,注重德育工作实效性。筹备成立马克思主义学院,开展对校史校情和"四个全面"战略布局重要论述融入思政课等方面的工作研究,开展残疾学生思政课教学和实验班思政课教学的调研与分析。引导学生践行社会主义核心价值观,开展"9·3"受阅退役士兵宣讲活动,举办"大使带你看世界"系列讲座。开展学生党员先锋工程和红色"1+1"支部共建等活动,获北京高校一等奖等21个奖项。举办首届辅导员职业能力大赛,获批2016年度首都大学生思想政治教育课题6项、北京市基层重点研究课题1项,获首都大学生思想政治教育优秀科研成果一等奖1项。完成心理中心虚拟现实训练系统建设;1人获大学生心理健康教育工作优秀工作者。依托微信公众平台开展宣传教育,全年推送信息664条,累计点击量约94万人次。开设各类讲座220余场,开展各种社团活动1700余次。

扩大对外合作范围,推进国际化办学。重点支持商务学院经济管理类课程教学,推进学院国际高等商学院协会资格认证工作;新增境外合作协议17项和2所台湾地区合作高校;完成外国专家公寓建设。2015年,共接收来华留学生658人,学位生比例达到55.7%,留学生中研究生47人,增幅为53.2%;有901名学生参加各类交流、交换、学位生项目,比2014年增加13%左右;共聘请外国专家59人次,开设了经济类专业课程19门,开展系列英语讲座30场。

北京联合大学校名

1984年6月,北京市人民政府报送教育部《关于在大学分校基础上成立北京联合大学的函》[①],提出将13所大学分校组成一所联合大学,学校名称定为北京联合大学,简称北京联大。1985年1月,教育部批复同意成立北京联合大学。

1985年5月,时任全国人大常委会委员长的彭真同志为学校题写校名。同月,学校发文《关于彭真同志为北京联合大学校名题字的通知》〔(85)京联字第010号〕指出,彭真同志为北京联合大学校名题字体现了彭真同志对学校改革、建设、发展的关怀和期待。彭真同志的题字,将作为学校和学校各学院校牌、校徽、校旗以及各种证件的统一字体。

---

① 由首任校长谭元堃代拟稿。

北京联合大学校徽

北京联合大学校徽的整体轮廓为圆形,象征学校"团结、和谐",传达学校的总体办学思想,表达了全校师生团结在"发展应用型教育、培养应用型人才、建设应用型大学"的办学宗旨下,携手共进,奋发图强,共创北京联大辉煌明天的信心与决心。

校徽正中的"麦比乌斯圈"组合形成北京联合大学的英文缩写 BUU,麦比乌斯圈循环往复的几何特征象征学校持续发展的不竭动力,体现坚韧、包容、奋进的精神。

校徽颜色采用蓝色,象征智慧和梦想,传达学校师生用智慧实现梦想的信念。

北京联合大学校训

自 2003 年以来,学校进行广泛征集和深入研讨。2005 年,经校党委三届五次全会审议,确定了"学以致用"的校训;7 月,学校发文《关于颁布北京联合大学校训的令》(京联校长令〔2005〕1 号),定"学以致用"作为北京联合大学校训。2006 年,学校邀请著名书法家、教育家欧阳中石为学校题写校训。

"学以致用"是"发展应用型教育,培养应用型人才,建设应用型大学"办学宗旨的核心内容,是"面向大众,服务首都;应用为本,争创一流"办学定位的精炼表达。

"学以致用"的"学",既是知识技能之学,又是理想道德之学;"学以致用"的"用",既是知识技能之用,又是理想道德之用。以学用之道,达又红又专,做四有新人。

"学以致用"的"学",是有用之学,能用之学;"学以致用"的"用",是学了能用,学了会用。在这里,用规定学,学了为用;学用一体,不可分离。

"学以致用"的"学",是勤奋好学之学,是讲究方法之学;"学以致用"的"用",是敢于运用之用,是善于运用之用。在这里,勤学善用,学用相长;学无止境,用无止境。

"学以致用",其意既在训导学生,也在勉励教师。教师之学、之教都在致用。要有学以致用之学生,须先有学以致用之教师;善于教人学以致用者,必先自己善于学以致用也。

北京联合大学 2015—2016 学年教学日历

学期	周次	月份	一	二	三	四	五	六	日
第一学期	0	9月	7	8	9	教师节	11	12	13
	1		14	15	16	17	18	19	20
	2		21	22	23	24	25	26	中秋节
	3		28	29	30				
	4	10月				国庆节	2	3	4
	5		5	6	7	8	9	10	11
	6		12	13	14	15	16	17	18
	7		19	20	21	22	23	24	25
	8		26	27	28	29	30	31	
	9	11月							1
	10		2	3	4	5	6	7	8
	11		9	10	11	12	13	14	15
	12		16	17	18	19	20	21	22
	13		23	24	25	26	27	28	29
	14	12月	30						
	15			1	2	3	4	5	6
	16		7	8	9	10	11	12	13
	17		14	15	16	17	18	19	20
	18		21	22	23	24	25	26	27
	19		28	29	30	31			
		1月(2016年)					元旦	2	3
			4	5	6	7	8	9	10
			11	12	13	14	15	16	17
			18	19	20	21	22	23	24
寒期	1		25	26	27	28	29	30	31
	2	2月	1	2	3	4	5	6	除夕
	3		春节	9	10	11	12	13	14
	4		15	16	17	18	19	20	21
	5		22	23	24				
第二学期	0					25	26	27	28
	1	3月	二月29	1	2	3	4	5	6
	2		7	8	9	10	11	12	13
	3		14	15	16	17	18	19	20
	4		21	22	23	24	25	26	27
	5		28	29	30	31			
	6	4月					1	2	3
	7		清明节	5	6	7	8	9	10
	8		11	12	13	14	15	16	17
	9		18	19	20	21	22	23	24
	10		25	26	27	28	29	30	劳动节
	11	5月	2	3	4	5	6	7	8
	12		9	10	11	12	13	14	15
	13		16	17	18	19	20	21	22
	14		23	24	25	26	27	28	29
	15		30	31					
	16	6月			1	2	3	4	5
	17		6	7	8	端午节	10	11	12
	18		13	14	15	16	17	18	19
	19		20	21	22	23	24	25	26
			27	28	29	30			
暑期	1	7月					1	2	3
	2		4	5	6	7	8	9	10
	3		11	12	13	14	15	16	17
	4		18	19	20	21	22	23	24
	5		25	26	27	28	29	30	31
	6	8月	1	2	3	4	5	6	7
	7		8	9	10	11	12	13	14
			15	16	17	18	19	20	21
			22	23	24	25	26	27	28

· 特 载 ·

打好"十二五"最后一年攻坚战！
——徐永利在校四届十次全委（扩大）会上的讲话

（联办通报〔2015〕第3期，2015年3月7日）

各位校领导分别就分管的工作进行了部署，就如何抓好党的建设都讲了意见。卢校长发表了很好的讲话。下面我讲几点意见。

一、关于去年的工作

2014年，从集中学习总书记讲话到群众路线教育实践活动总结整改，从北京高校党建先进校达标检查到高校党风廉政建设全面检查，从市委巡视组驻校督促检查到高校平安校园建设验收，全面深化改革一波接一波，学校事业发展一浪高一浪，学校各方面事业稳步推进，取得了标志性的成果：有突破性的进展，填补了工作空白，在推动全校的工作上起了重要的助推作用。从这个角度来说我们去年多项工作都具有参照性，一个部门一个单位一个学院如果干成这么一件事，就像一座大厦若某一个房间亮灯没有什么好看的，如果整座大厦都是灯火通明，那这个大厦的价值就体现出来了。

1. 党的建设有新突破，保障有力

过去的一年，学校通过各种方式，积极学习落实党的十八届三中全会、四中全会、中央文件及习近平总书记一系列重要讲话精神，积极努力学懂、吃透文件和重要讲话精神，做到真懂、会用。党建工作首次获得市委"北京市党的建设和思想政治工作先进普通高等学校提名奖"的表彰，标志着我校党建工作已迈进北京高校先进行列。在全校共同努力下，校领导班子群众路线教育实践活动49项整改任务全部完成。

这一年，学校各级领导干部积极落实"一岗双责"，尽心尽力做好工作，营造风清气正的良好氛围。学校采取切实措施，严明党的纪律，正风肃纪，取得了良好效果。

2. "学术立校"战略基础更加坚实

教学改革进一步深化。启动了2015版人才培养方案的制（修）订工作；有序推进生物化学工程学院完全学分制改革试点工作，完成了完全学分制改革的系列教学管理和学生管理文件的修订工作；进一步完善本科专业校内评估指标体系，完成了69个本科专业的校内评估；开展了大学数学、计算机基础等重要通识教育必修课程的合格评估。

学科建设和科研工作有新进展。金融学、教育学、法学和临床医学4个专业学位授权点获批并已开始招生，其中临床医学硕士学位授权点为国内首个面向视障生招生的授权点；全年获批国家级科研项目19项，其中，获国家自然科学重大计划项目1项，实现零的突破；获省部级科研项目45项；竞争性科研项目经费突破5000万元。国家智慧旅游重点实验室获国家旅游局批准。智能车研究取得重大进展，团队在2014年"中国智能车未来挑战赛"中创佳绩，中央电视台新闻频道进行全赛程直播。

3. "人才强校"战略稳步推进

积极酝酿、蓄意待发，学校人才培养质量进一步提高，对各层次人才、创新团队执行经费1884万元；入选2015年市教委"高层次人才引进与培养三年行动计划"中"长城学者计划"2名，"青年拔尖人才计划"8名，特聘教授1名；完成教师访学计划，全年推荐和派出国外的访问学者12人。加强对中青年教师专业发展建设，制定并实施了《关于对中青年教师专业发展培养和资助的实施细则》等四个配套实施细则；以提升教师执教能力为着力点，开展系列活动，两位教师获"北京市高等学校教学名师奖"称号。推进教师专业性发展，在旅游学院等学院建立教师分中心、教师俱乐部，开展了双语教学等紧密结合各学院专业教师发展的特色活动。

4. "开放兴校"战略内容更加丰富

以持续提升国际化办学水平为目标，国际化办学层次进一步提升。积极推动商务学院完成国际高等商学院协会资格（AACSB）的认证申请工作；因公出国（境）交流访问共派出114个团组436人次，接待境外校级团组40个137人次；对台合作高校范围进一步扩大，新增3所合作高校；加强引智工作，提升引智效益，全年聘请外国专家51人次，承担经济类专业课程19门，开展系列英语讲座28场；留学生教育进一步提高，有来自45个国家的留学生1497人次，其中在校留学生硕士人数达33人，较上一年度增加175%，全年共有795名学生参加各类长短期交流、交换、学位生项目，较上一年度增加11%。

搭建体制外平台，广聚校内外资源，填补历史空白。成立了北京联合大学教育基金会，2014年收到校内外捐赠款物共计1200余万元。

积极拓展政产学研合作范围，与北京卫星制造厂、故宫博物院、中央农产品北京管委会等单位签订校级协议9项。

5. 着力提升学校治理能力，管理科学化水平进一步提高

认真梳理事业发展核心指标，总结十年办学理教的成果和经验，挖掘学校未来发展新的增长点，初步撰写了《北京联合大学十年事业改革发展情况分析报告》。

持续推进校园基本建设，北四环校区教学用房项目主体结构封顶；应用文理学院第二教学楼项目建设竣工；特教学院康复资源综合楼一期工程全面启动等。建设学生心理素质教育中心，改造学生宿舍等场所3.88万平方米，改造水、热、气管线4800米。

学校信息化建设深入推进，建成总面积1000余平方米学校核心机房并投入使用；实现校本部和学院路校区等八个分校区的万兆互连；完成全校数据资源共享平台一期建设。

用好财政资金，继续完善了学校一级预算管理体系。学生管理工作取得实效。民生服务质量进一步提高，巩固食堂服务质量，优化了通勤车线路，调整、新增站点53个，服务校区增至10个；顺利通过"平安校园"检查验收；加强卫生保健服务硬件建设，完成医务楼升级改造；门诊部更名为"北京联合大学校医院"。

二、关于今年工作

学校2015年的工作要点（征求意见稿）已印发给大家，我再强调以下几点。

1. 加强意识形态工作

第二十三次全国高等学校党的建设工作会议传达了习近平总书记重要指示：高校肩负着学习研究宣传马克思主义、培养中国特色社会主义事业建设者和接班人的重大任务。加强党对高校的领导，加强和改进高校党的建设，是办好中国特色社会主义大学的根本保证。习近平同志指出，办好中国特色社会主义大学，要坚持立德树人，把培育和践行社会主义核心价值观融入教书育人全过程；强化思想引领，牢牢把握高校意识形态工作领导权；坚持和完善党委领导下的校长负责制，不断改革和完善高校体制机制；全面推进党的建设各项工作，有效发挥基层党组织战斗堡垒作用和共产党员先锋模范作用。

学校党委和宣传思想、组织等部门要加强对党的建设工作的领导和指导，坚持党的教育方针，坚持社会主义办学方向，全面加强和改进思想政治工作，切实把党要管党、从严治党落到：关键在"治"，要害在"严"。关键在"治"，得治理，得治理有方、治理有力、治理有效，不能不治；要害在"严"，规矩都有，严格了没有？严肃了没有？嬉皮笑脸、马马虎虎，那不叫严格，也不叫严肃。

要准确把握党的宣传思想工作的基本原则，坚决落实中央的《关于进一步加强和改进新形势下高校宣传思想工作的意见》。一是党员干部要担负起政治责任和领导责任，敢抓敢管、善抓善管、常抓常管，联合大学的发展需要干部具有良好的精神状态，一名管理者、一名干部，在任何一个平台上，都能干出好成绩，有的干不好，总是在埋怨条件、环境不好、领导不重视，挑肥拣瘦，其实这样的干部到哪里都很难干好。二是严格限制校外人员到校举办讲座，对确有需要的，要严格落实我校关于举办哲学社会科学讲座审批制度，不允许师生私自邀请校外人员到学校开办讲座。三是要加强师资队伍思想政治建设，尤其青年教师的培养工作，要从发展规划、经费投入、公共资源使用中给予重点考虑和优先保障。四是要加强党支部建设，落实"三严三实""十佳党支部"计划，选好配齐支部书记。

2. 落实好习近平总书记讲的"四个全面"

习近平同志在"省部级主要领导干部学习贯彻十八届四中全会精神全面推进依法治国专题研讨班"上指出，党的十八大以来，党中央从坚持和发展中国特色社会主义全局出发，提出并形成了全面建成小康社会、全面深化改革、全面依法治国、全面从严治党的战略布局。

"四个全面"是辩证的。全面建成小康社会是纲领性目标；全面深化改革，是经济社会发展的引擎，是生产关系适应生产力的大势所趋；全面依法治国是经济发展的稳压器，代表着社会正义和现代文明的指向；全面从严治党，为法治和改革提供组织保障、领导保障、政治保障，是中国特色社会主义事业的必然要求。

我们如何落实"四个全面"？从学术立校、人才强校、开放兴校的角度思考什么？全校党员干部要认真回答。

3. 着眼于京津冀协同发展，落实新定位、新目标

王安顺同志在政府工作报告中指出：深入学习贯彻习近平总书记系列重要讲话和对北京工作的重要指示精神，把适应经济发展新常态、落实"四个中心"的新定位、建设国际一流的和谐宜居之都的新目标贯穿于全市各项工作之中，更高水平、更富成效地推动首都科学发展。

京津冀协同发展是国家战略,是一项巨大的系统工程,特别要研究疏解北京非首都核心功能。北京要通过调整经济结构和空间结构,走出一条内涵集约发展的新路子,促进区域协调发展,形成新增长极。我们在这个工程中扮演什么角色?做点什么?关系重大。我们要在科技创新中心上动脑筋,在高精尖上想办法。

三、关于下一步的分析

北京联大下一步发展会更好的依据?

如今,我们下一步发展平台已经基本搭成:虽然是起步阶段,但有"大戏"唱,至于唱得好不好?关键还是看领导班子和干部队伍、教师。

(一)面临的机遇

1. 规模、数量微缩已成事实,但质量提升空间广,结构调整升级正逢时

我校现有21个硕士点,如果每个点保有量在30名学生,我们的研究生教育就可以保持500—600人,那就有一定规模了,不仅可以弥补量的减少,更能提高质量的规模结构。

基建任务重:校本部、学院路基本完成,下一步:生化等几个有基建任务的校区。

科研有潜力:纵向、横向课题方面都在培育上升阶段,大家积极性很高。目前还有很多正高没有课题,而且每年新增20—30名正高。

长期发展不可能单靠一两项因素,而是要靠综合因素,综合因素的效益会更大,改革开放不是刺激单项,实验室建设、学生竞赛、高水平运动员、青年教师培养等都可做新的增长点。

联人成立,解决了布局调整、抱团取暖的问题;2000年扩招,为大众化贡献,解决了规模发展问题;在北京市高等教育大众化的"战役"中,北京联合大学立下了汗马功劳,每年有十分之一北京考生进北京联合大学,自身地位提升,跻入市属高校核心圈。2006年以后,解决了内涵与质量发展的问题。下一步,中国教育要从大国走向强国,联大的任务更艰巨,也更光荣。

2. 体制坚强,保障有力

公办高校有政府的强力支持、公有制的保障,市财政的收入持续增加,可以安心办学、办教育。要尽快提高信誉,提高社会形象认可度。我们如何发挥好这个优势?集中人力、集中财力、集中精力,从全校的角度做几件增加基础设施改善办学条件的事、干几件影响学校长远发展的实事。每个学院、每个单位做一件有分量的实事,要治理不作为、混日子、马马虎虎、不讲效率的行为。

3. 需求旺盛,首都优势

人民群众上大学、接受高等教育的欲望仍然很强烈,目前仍然没能全面满足,这个机遇期还会持续很长时间。再加上首都的地域优势,我们在短期内招生还不会有太大的危机,现在关键是要在结构调整和错位发展上下功夫,不要等招生红利耗尽,不要与其更好,而要优而不同。

4. 质量提高,内涵升级,成为下一轮发展的要求

首都新一轮发展不仅是新台阶,更是经济发展潜力。劳动力市场、人才市场的需求变化,使得高校获得新一轮发展的新机遇、新市场。

要聚集"三大战略",围绕"三大战略"做文章。

学术立校:立内涵、立特色、立质量、立资源。抓学术精神、学术方法、学术追求、学术人才,抓出高水平有特色的标志性学术成果。

人才强校:积极酝酿、蓄势待发。强队伍、强团队、强带头人、强青年教师。抓人才培养、人才引进、人才待遇、人才政策,抓出高水平有特色的标志性人才强校成果。

开放兴校:不闭门造车、不关门办学,不拘于原有的利益。

格局方面,不固守已有模式套路。抓着眼需求、抓放眼创新、抓结构增长、抓国际合作,抓出高水平有特色的标志性开放办学的成果。

实现"三大战略"的基础在学校党建提高质量,干部提质控量、党风廉政建设常抓不懈。要继续加强作风建设,要整体合作、团结一致,也需要像马云那样敢赌、敢冲、敢试一把的勇士,在教学、科研上大胆实践一把,在学术方向、学术发展上有"看三步棋"的杰出人才。

(二)面临的挑战

两个不确定性,不容忽视。我们要理智、清醒地认识到自身的不足,联大是一所综合性大学,真实反映它的侧面很多:既有充满活力前景壮观,又有困难重重发展缓慢;既有师生员工众多,又有缺乏高精尖人才;既有稳定数目不小的财政收入,又有自身造血机能虚弱;既有单项学科专业很好,又有整体质量不强的"身躯";既有个别建筑功能齐全,又有资源紧缺、办学结构、学科布局不合理。总之,这些优势和不足同时并存,挑战严峻,机遇也诱人。

1. 我们的能力和动力到底有多强大?在哪里?决定我们能攀登多高的山峰?

学校的收入、学生规模、教职工总数是有限的,人员开支增长、生均消耗是刚性的,而且是不断增长的。几个学院的办学条件仍然不好,未能得到改善,不可预见的矛盾和问题也是客观的。下一步如何挖掘,一方面要有精神和物质的措施;一方面是建设性调动积极性和约束性的管理办法,如何交替使用,实现依法依规治校。只有深化综合改革,加强党的建设,走创新之路。

2. 在京津冀的发展中,市政府到底让我们扮演什

么角色、给多大支持,决定我们走多远的路?

走远路,还是要看大潮。当前的竞争形势很激烈,市属高校在"十三五"是否会有结构性调整?在央属院校重心下移后,市属高校会压力更大。在这个问题上,有的学者讲,"个人干不过团队,团队干不过体系,体系干不过趋势",最后还是看我们的实力,看我们的发展,看领导班子的精神状态,如果市里认为我们是能打硬仗的队伍、是能成功办好的一所大学,那结果可能是意想不到的好结果。

同志们:

资源,可以供给生活、保障生存。信念,可以统一意见,指挥行动。梦想,可以描绘宏图,铭刻历史。"高水平、有特色、应用型"是我们的梦,幸福生活是我们的梦。梦是靠实践实现的,我们可以暂时没有博士点,可以暂时不是重点校,但学校不能不实现小康的教育教学质量,师生不能不实现小康的生活待遇。这两点是需要树立发展信心、坚定改革决心,是需要努力艰苦奋斗、团结起来解决的。

用"工业4.0"的思维办好联大的事
——卢振洋在校四届十次全委(扩大)会上的讲话

(联办通报〔2015〕第4期,2015年3月6日)

刚才几位校领导发言,自己分管的工作做了认真的思考,这很重要,所有的工作,都需要深入思考很多问题。

我看过一张图表,是四个国家人均出口的对比。在国际上面的竞争力,德国比美国、日本、中国都高很多,尽管我们的GDP国际上排第二,但人员素质和竞争力水平还需要大幅度提高。

德国——出口机器。下图显示了德国是如何在21世纪击退其竞争者脱颖而生的。以美元计算,德国是世界第三大出口国(中国第一,美国第二)。但是以人口和GDP加权计算,德国是目前为止世界上最大的出口国。大约达到人均17000美元,德国的人均出口量要比中国、美国、日本三国的人均出口量总和都要多。

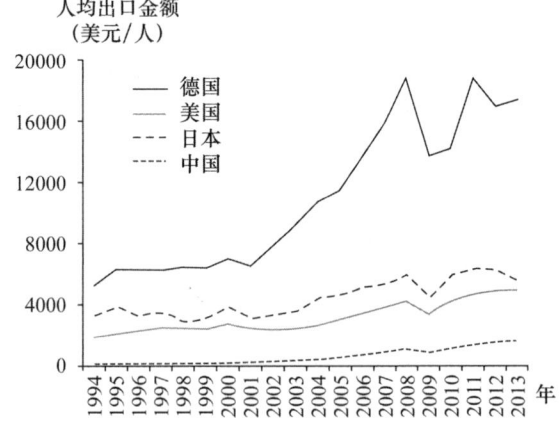

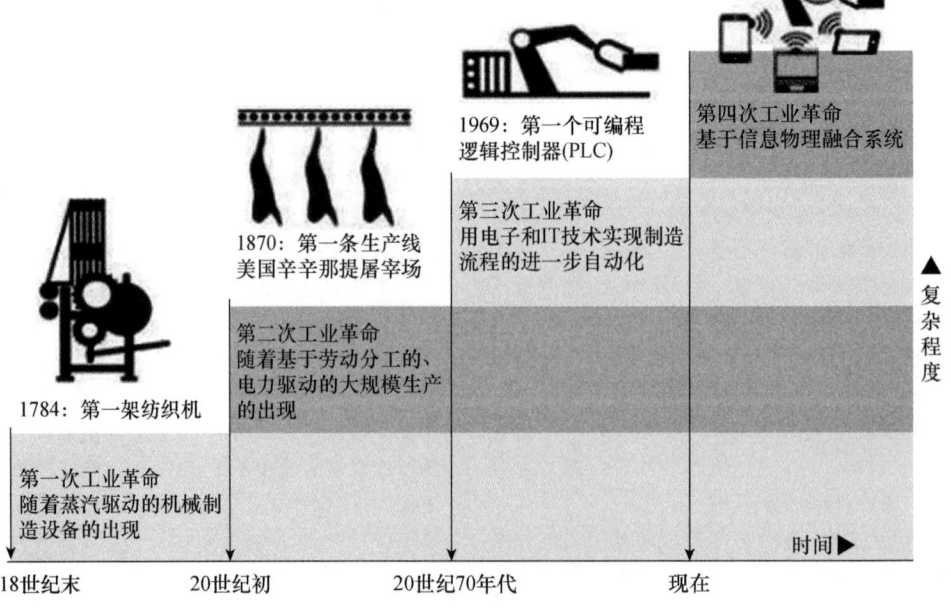

制造业有过三次工业革命,第一次是以蒸汽机为标志的动力革命,第二次是以电力普及应用为标志的自动化革命,第三次是以IT产业或者叫电子技术为基础的革命。现在,国际讨论非常热门的是德国提出并发起的工业4.0计划。

与工业4.0相关的制造业方面世界发达各国都在干什么呢?美国军方的一个机械狗,可以跟踪、可以蹦跳、可以爬山、可以适应各种环境,有很多功能,可以经得住侧力推不倒,冰面上行走不倒,可以负重一百几十公斤自动跟着士兵同步前进,你往前走就行,它自动跟着你,你走到哪它跟到哪,可以在海边行走,不怕水。还有一个机械人抛物动作,这个看起来简单,其实从技术角度非常难,诸如此类机械还比较多。这就是创新,创新不是像我们想象的,要搞一个什么高精尖的,别人看不懂的就自己明白的东西。

去年暑假后,李德毅院士给我出了一个课题,说我们能不能搞机械人学院?这个课题出完以后我一直在脑子里想,机械人学院怎么搞?怎么把这个想法落实下去?既符合中央精神又符合北京市需求,还符合学校人才培养定位,我们的老师也从中能得到一些自我锻炼和成长,几个要素都能够整合起来才把这个机械人学院办起来。结合北京的发展,结合城市的需要,我们真的有很多工作可以做,而这些工作那些985大学不愿做,他们的注意力、关注点和力量不在这里。这些方面,我们是有机会的,这里面有极个别点是需要高精尖的,总体上不需要。德国工业4.0概念的森林收割机,它伐一棵树,生产效率令人惊讶。德国人为什么人均出口量那么高?高出我们几十倍,什么道理?不是天上掉下来的,关键是动脑筋,我们办学也要去动这种脑筋,发挥我们的优势,这能够做出业绩又跟别人不冲突。那些机器复杂吗?其实不复杂,只要有人投入精力,没有不可攻克的难关。从办学的角度也是如此,没有什么干不了的事,关键是多动脑子,琢磨点事。

俄罗斯研制的一种军用摩托车,什么复杂装备都没有,就是一辆摩托车,可以随意爬楼梯。这个摩托车几乎没有不能走的路,沙滩、沼泽、楼梯,30度、40度的坡都没有问题,还可以做梯子用,更神奇的是扔到水里不沉底,直接就洗车了。还有更神奇的,不用工具,就两只手直接就拆成零件了。用两个布袋子一装就可以拿走了。我们所有的摩托车都是发动机经过链条或者传动轴,或者是皮带,把动力传导过去的,这个摩托车最大的创新思维就是把发动机装在了轮子里,动力和行走装置一体化是这个摩托车最大的创新点。

北京一直在搞老旧小区改造,老旧小区改造有一个致命问题,就是六层以下的楼没有电梯,要装电梯就要占一间房,占谁家的谁都不干。这个矛盾已经很大了。但可以爬楼梯的轮椅,给我们提供了一种新的电梯概念的设计思维。

我们的学术立校,可以贯穿在方方面面,不要把学术立校简单地理解为科研项目立校。学生培养工作也需要有这样的思维,去认真琢磨到底怎么培养。

关于工业4.0,去年12月19日《经济参考报》有一个报道,中德双方宣布两国将开展工业4.0合作,该领域合作有望成为中德产业发展的新突破。工业4.0涵盖的内容很多,核心是三个智能,第一个是建智能工厂,不是建资金密集型、人员密集型、技术密集型,现在需要智能,作为智能工具。第二个是智能生产,智能生产的概念是整个从原材料流程,要多厂多行业协作才能形成智能生产。第三个是智能物流。现在叫作物联网,互联网的时代正在过去,互联网是物联网的一部分。

什么是物联网?把所有跟人类社会有可能相关的人和物都联系在一起,跟人类社会可能相关的物体都联系在一起,就叫物联网。这样一种网络智能、物联网的存在,改变了人类社会的存在形态。现在我们总在抨击小孩天天看手机,我乘地铁时,看到几乎80%的人都在看手机,也就是说这些人时刻都在网上连着。我们不知不觉当中,已经是物联网当中的一部分,我们脱离不了这个网。作为大学的老师,作为一个大学的工作者,作为一个为未来几十年人生提供服务、提供技术支撑的工作者,需要对网络有充分的认识,要尽量利用网络技术和提供的方便来改进教学和人才培养模式。我希望各学院把这个概念传达给教师,大学必须主动地去适应这样的网络时代,否则我们就会落后。

联合大学如果在北京若干高校里有一席之地、一点特色让人家认可的话,到底靠什么?靠规模显然不行,现实在这摆着。第一,要建立一些"坚果仁",智能车牵头搞一个机械人研发中心再配套搞一个机械人的实验班,再跟其他的兄弟院校和社会的机构比如北京搞机械行业的,跟他们共同合作,搞一个高精尖中心去做一做的话,或许有可能。把人才培养、教师培养、技术革新、技术改进、技术研究和开发社会服务集为一体。第二,要在教学办学改革上、办学思路上有创新。你是办数学专业我也是办数学专业,我办的数学专业就是这个社会需求的,我的学生去了能干你那学生去了干不了的,这就是我们的优势。在2015版教学计划当中,在学生的实习实践活动中去发挥、挖掘学生的创意特点,我们需要的是手脑并用,知行统一,具有创新精神和实践能力的学生,而不是只会背书、考试的"机器"。

我们要用工业4.0的思维办北京联合大学的事,未来人有更多的时间和精力把自己的思维用在创新上,而不是用在重复记忆背诵过去的知识上。因为这些记忆都可以储存在电脑里、手机里、任何一张U盘里。我到一个学院跟学生聊天,学生问我说,校长你看看我适合干什么?将来我能有什么发展?我说你这个问题很复杂,我问你三个问题,回去自己反思一下就能预测你将来干什么。第一个问题你小的时候都跟什么人一块玩?这预示着你人生的特点。第二个和小朋友一起玩的时候你是什么角色?这也反映你人生的特点。第三个在日常生活当中,你搬一次家或者到一个新的单位工作,或者行走的过程中你是只走一条路,习惯于一条路就会一直走下去还是希望把所有的通路都探究一遍?你把这三个问题都想一遍就能基本判断你的人生适合干什么。我们要去想这些事,通过日常行为和习惯来分析学生的特点和未来的可能性,你才能有的放矢,才能把所谓工业4.0的这些思维用上去。

我们不能够因为会这门课,教了好多年就抱着这个课本一直教下去,这样的老师是很难受到学生欢迎的。

工业4.0在中国应该也做了很多工作,但全部是外资来做。所以,跟德国相比,中国工业4.0规划正在做。2013年中国万名工人拥有机械人量是23台,全球平均是58台,不及全球平均水平的40%,我们出口量不低,但是人均出口量很低。这样一个现实摆在我们面前,我们又地处北京,希望各个学院的院长书记、学科带头人、各位处长工作当中去琢磨这个事。

去年一年工作确实很辛苦,也取得了很好的成绩,感谢大家的努力。希望我们2015年能够取得更好的成效,也相信未来有更好的发展。

坚持依规依纪治党　深入落实"两个责任"
全面推进我校党风廉政建设和反腐败工作
——张楠在2015年党风廉政建设工作会议上的报告

(联办通报〔2015〕第7期,2015年4月29日)

这次会议的主要任务是:深入学习贯彻党的十八大、十八届三中四中全会和中央纪委五次全会精神,深入学习贯彻习近平总书记系列重要讲话精神,以及市纪委四次全会和全市教育系统党风廉政建设工作会议精神,总结回顾我校2014年党风廉政建设和反腐败工作,对2015年的主要任务进行部署。市纪委第四纪检监察室主任田明海作了专题辅导报告,充分体现了上级领导对我校党风廉政建设工作的关心、重视。徐永利书记将作重要讲话,我们要认真学习领会,坚决贯彻落实。

一、2014年党风廉政建设和反腐败工作回顾

2014年,在上级的正确领导下和全校上下共同努力下,我校各项事业都取得新的成效。2015版普通本科方案制(修)订工作启动并顺利推进,完全学分制试点改革有序推进;金融学、教育学、法学和临床医学4个专业硕士学位授权点成功获批,智能车研究取得重大进展;北四环校区教学用房项目主体结构封顶,应用文理学院第二教学楼项目建设竣工验收;北京市高校党建先进校评选中我校喜获提名奖,学校领导班子群众路线教育实践活动49个整改项目全部完成;接受市委第四巡视组对我校为期两个月的巡视,接受市教育两委对我校平安校园建设验收和党风廉政建设责任制落实情况检查。校党委和纪委紧紧围绕学校中心工作,积极落实主体责任和监督责任,坚守责任担当,党风廉政建设和反腐败工作取得明显成效。

(一)聚焦中心任务,"两个责任"落实有效

校党委、纪委认真落实《市委关于落实党风廉政建设责任制党委主体责任和纪委监督责任的意见》,党委当好党风廉政建设的领导者、执行者、推动者,纪委加强组织协调,积极发挥党内监督专门机关的作用。

及时传达上级精神,准确把握形势要求。2014年,学校传达上级党风廉政建设会议、文件精神18次,召开专题会议2次;在党风廉政建设工作会等层面组织学习上级有关精神11次,主责意识明显增强。

科学制定分工,全面部署任务。制定《2014年党风廉政建设和反腐败主要任务工作分工》《惩防体系2014—2017年工作规划实施办法》等制度,通过制定长期规划和分解年度工作任务,全面推进党风廉政建设和反腐败工作。

加强督促检查,确保任务落实。对各单位党风廉政建设责任制落实、"三重一大"制度执行、科研经费使用、制度建设和执行、"七公经费"使用、党的群众路线教育实践活动整改任务落实、处级干部外出请假报备执行、副局级学院纪检监察工作情况等8项内容进行专项检查,切实把惩治和预防腐败工作寓于学校改革发展的各个方面。

积极构建"五个一"宣传教育模式。依托党风廉政宣传教育联席会议平台,开展党风廉政宣传教育月活动,组织师生创建廉洁文化作品,推进廉洁文化进课

堂,改版党风廉政建设专题网站,党风廉政宣传教育和校园廉洁文化建设合力不断增强。2014年,学校开展19项宣传教育主题活动,3000余名师生创作3000余件作品参加中央纪委等部门组织的廉洁文化作品创建活动。召开2014年廉洁文化创建活动表彰大会,对321名作者、7个优秀组织单位进行表彰。编写出版《大学生廉洁文化教程》,建立北京联合大学廉政研究中心。以社会主义核心价值观为引领的党风廉政建设宣传教育不断深入。

(二)严明党的纪律,作风建设取得新成效

校党委、纪委把维护党的政治纪律放在首位,教育引导党员干部在政治上自觉同党中央保持高度一致。对各级党组织学习贯彻党的路线方针政策情况开展专项检查,各二级党组织共组织学习贯彻活动61次。学校领导班子群众路线教育实践活动43项整改任务、6项专项整治任务全部完成。《北京联合大学章程》编制、财务一级预算管理等重大决策部署顺利推进,学校政令畅通。

严明党的纪律,从严管理干部。规范干部档案管理,开展处级干部人事档案核查工作,对档案中"三龄两历一身份"存在问题的干部做出处理。开展领导干部个人有关事项报告抽查核实,全校共395名局级、处级干部进行了2013年度个人有关事项报告,对存在漏报问题的9人进行了谈话、批评教育;对4名存在配偶已移居国外的干部进行了谈话并做出相应处理。严格执行领导干部请假事宜报备制度,共有587人次处级干部办理了请假报备和销假手续。

巩固教育实践活动成果,持续深入改进作风。规范机关办文办会办事程序,加强文风、会风整治。2014年,学校召开各类会议较同期减少10%、文件同期减少23.7%、信息简报同期减少53.6%。基本完成校领导班子成员办公用房整治。加强公务用车管理,全校局级干部用车情况每季度在一定范围公示。公务接待费同比下降66.7%,会议费同比下降36.3%。

加强正风肃纪专项整治。监督检查中央八项规定精神和市委十五条实施意见的落实情况,学校领导班子群众路线教育实践活动49项整改任务完成情况。及时完成全校落实中央八项规定精神情况月报告工作。抓住元旦等重要时间节点,狠刹公款送贺卡、送节礼、公款吃喝、公款旅游和奢侈浪费等不正之风。开展借公务之名旅游、"庸懒散"、在公务活动中赠送或接受礼品等各项正风肃纪专项整治。加强"四风"问题警示教育,校纪委负责人面向中层干部、党员、教师、学生等1200余人讲授廉政主题党课;组织全校干部和教职工1000余人次参观"高等教育领域职务犯罪警示教育展",通过警示教育,进一步提升党员领导干部廉洁自律意识。

(三)落实"三严三实",干部队伍建设不断加强

校党委主要负责人管好自己、管好班子,与班子成员一道带好队伍,当廉洁从政的表率;校纪委严格监督《干部任用条例》的落实执行,防止出现选人用人上的不正之风。

严格执行《干部任用条例》,坚持按标准选用干部,制定实施《处级干部选拔任用工作实施办法》,实行干部考察预告制、干部考察工作责任制、干部任免票决制、干部任前公示制、干部试用期考核制,确保流程清晰、环环相扣。2014年,校党委调整46名处级干部职务(含18名到龄退休干部);落实市委巡视组意见,进一步规范对试用期满处级干部考核。

(四)防控廉政风险,"三个体系"建设稳步推进

深入推进廉政风险防控"三个体系"建设。2014年,在人事处、国资处、学生处和审计处等4个第一批试点单位完成试点工作的基础上,深入推进"三个体系"建设向学院纵向延伸,向机关职能部门横向扩展。监察、招投标平台获得立项并开工建设,党风廉政建设责任制网上考核体系一期建设完成并投入使用。通过细化办理流程,科学配置职权,分解防控责任,开发信息平台等,加大对招生、科研、基建、财务等重点领域权力运行制约监督,防控廉政风险。

持续推进党务公开、校务公开。通过学校网站、校内宣传栏、电子公告屏、校内OA网等方式,分别公开招生、财务预决算、职工奖惩等事项;定期向党风廉政监督员通报学校党风廉政建设工作情况,听取意见和建议。2013—2014学年度,学校共主动公开信息7060条。

(五)坚持从严治党,查办信访案件力度进一步加大

校党委领导和支持纪委查处违纪违规问题,坚持有腐必反、有贪必肃;坚持抓早抓小、治病救人。校纪委突出维护党的纪律和查办案件职能,加大查办信访案件力度,坚持有案必查、有腐必惩。

健全组织机构,成立学校纪检监察信访工作小组。坚持所有反映问题线索集体研究、集体决策。2014年学校纪检监察信访工作小组共召开6次会议,研究22个信访件。规范程序,依法依规安全办信,初步形成信访小组集体研究制、问题线索专人月报制、信访调查方案制、谈话提纲制、信访案件档案制等制度规范和运行模式。严肃信访工作纪律,采取办案小组负责制度,严肃回避纪律,坚决防止"跑风漏气"和失密情况发生。

落实重要信访举报和案件情况向上级纪委报告制度。加强对副局级学院信访线索管理,对副处级及以上干部涉嫌贪污等9类涉嫌违犯党纪政纪行为的线索进行统一管理。

严格责任追究。2014年,受理纪检监察信访举报

件25件,初核18件,初核率为72%。整合全校纪检监察干部力量,集中时间查办信访案件。截至2014年12月底,市委巡视组移交的问题线索调查工作基本结束。2014年对违反廉洁自律有关规定的11名干部进行了集体批评教育。为13名干部和1个单位澄清反映失实的举报问题。

(六)全面加快"三转",守土有责守土尽责

按照"三转"要求,校党委定期检查党风廉政建设各项任务落实情况,校党委加快"三转",强化监督的再监督、检查的再检查,进一步聚焦监督执纪问责。以加强再监督为主线,梳理调整议事协调机构。2014年,纪委负责人及纪检监察办公室主任从学校招投标领导小组及办公室中退出,从"三个体系"建设一线转变为组织协调角色,把牵头教育收费检查工作交还给主责部门。6月、12月对校党委全面自查党风廉政建设责任制落实情况、应用文理学院等6个学院履行主体责任情况进行全程再监督,对基建、行政管理、科研、财务处等22个(次)部门履行监管职责进行再监督,对处级及以上干部履行"一岗双责"情况进行再监督。

突出监督重点。继续加强全校所有因公出国(境)项目出访前后公示监督,2014年监督160件公示,并对有关具体内容提出要求和质询。对招生、基建、科研项目评审等12个领域的有关事项,派出313人次进行行政监察,对1.95亿元的161个政府采购项目,对3810万元的7个基建工程项目进行行政监察。行政监察由全领域覆盖、现场监督的模式转变为重点监督与审查备案相结合,切实转变监督方式,突出监督重点。

提升监督实效。对招生工作实行全过程监督,持续推进"阳光招生"工作,保持招生工作零投诉。定期开展科研经费执行情况检查,监督检查校、院科研部门履行监管职责情况。对21个科研项目开展审签,涉及经费156万元。

加强监督考核。党风廉政建设责任制网上考核体系一期建设完成,并在二级单位和处级干部年度考核中运用。

(七)加强队伍建设,纪检监察干部履职能力有效提升

学校重视纪检监察干部队伍建设。通过定期集中学习研讨、专业培训、挂职锻炼、专题研究等形式,逐步形成了"经常培训、以案代训、以研代训"干部培训模式。2014年,组织十八届四中全会精神等专题学习6次,派出1名干部到教育纪工委挂职锻炼。加强理论研究,完成《北京联合大学2009—2014年制度执行力研究》课题。校党委大力支持纪委工作,统一抽调副局级学院专(兼)职纪检监察员,集中查办信访案件。

校纪委加强纪检监察干部能力建设,用铁的纪律打造一支政治强、业务精、作风硬的干部队伍。2014年,1人被北京市纪委授予"2012—2014年度北京市优秀纪检监察干部"荣誉称号。

2014年,在全校上下共同努力下,我校党风廉政建设和反腐败工作取得新进展、新成效,为学校改革发展提供了强有力的保证。但是,工作中仍存在不足,如有的党员干部对当前反腐倡廉严峻复杂形势认识还不够足,二级单位抓党风廉政建设工作不够平衡,纪检监察干部队伍自身建设有待进一步加强等,需要今后不断改进。

二、2015年党风廉政建设和反腐败主要工作任务

2015年是落实学校"十二五"规划的收官之年。今年学校党风廉政建设和反腐败工作总的任务有以下几点。

深入学习贯彻党的十八大和十八届三中四中全会、中央纪委五次全会精神,深入学习贯彻"四个全面"战略,按照市委四次全会和市教育系统党风廉政建设的部署和要求,坚持从严依规治党、保持政治定力,加强纪律建设、严格执行党的纪律;围绕学校办学质量提升,推进纪检机制创新和制度保障;深入落实"两个责任",强化责任追究;深化作风建设,驰而不息纠正"四风";加大信访案件线索查办力度,保持惩治腐败高压态势;持续深化"三转",提高履职能力,坚定不移推进党风廉政建设和反腐败工作,全面落实学校第四次党代会精神,为打好"十二五"收官之战提供坚强保障。

(一)深入落实上级决策部署,严明党的纪律特别是政治纪律和政治规矩

深入学习贯彻党的十八大以来中央有关重要会议和习近平总书记系列重要讲话精神,坚持理论学习中心组反腐倡廉专题学习制度,深刻认识党风廉政建设和反腐败工作严峻复杂形势,切实增强党员干部反腐倡廉的自觉性和坚定性。

坚决执行党的各项纪律。严明党的政治纪律和政治规矩,把党纪党规贯彻落实到学校政策制定、教学科研管理等各项工作中。加强对课堂、报告会、研讨会、讲座论坛和校园网等意识形态阵地管控的监督检查,严肃查处违反政治纪律的问题,绝不允许自行其是、团团伙伙、乱评乱议等行为。严明组织纪律,加强对民主集中制、"三重一大"制度和干部请示报告等制度落实情况的监督检查。严明干部纪律,监督《干部任用条例》的贯彻落实,严肃查处跑官要官和"跑风漏气"等不正之风,强化选人用人的廉政审查。严明财经和工作纪律,加强对科研经费管理、国有资产监管、教育收费以及招生工作纪律执行的监督检查。

坚决从严管理党员干部和各类人员。认真落实领导干部述职述廉、提醒谈话、诫勉谈话、函询约谈等制度,加强审计监督和财务监控,落实《审计结果运用管

理办法(试行)》制度和干部离任审计制度。加强对党员干部、学科带头人、教师等人员的纪律监督和教育,坚决纠正无组织、无纪律问题,严肃查处欺骗组织、对抗组织行为。

(二)强化责任追究,深化"两个责任"落实

严格落实主体责任。党委要加强对党风廉政建设的领导和组织实施。学校、各二级单位和职能部门要把党风廉政建设的要求融入业务工作,同步推进。校院党政一把手要当好"第一责任人",做到"五个亲自";校院领导班子成员要坚持"一岗双责",抓好职责范围内的党风廉政建设工作,做到守土有责。学校、各二级单位和职能部门主要领导要坚持"管行业必须管行风"。加强党风廉政建设责任制网上考核体系二期建设,加强考核结果运用。

严格落实监督责任。校纪委要加强对各级党组织、各单位各部门落实上级和学校重大决策部署情况、对职能部门履行职责情况的监督检查,加强对党风和廉洁自律各项规定落实情况的执纪监督,加大正风肃纪和查办案件力度。严肃责任追究,坚持"一案双查",对违反党的政治纪律、政治规矩和各项纪律;对"四风"问题突出,发生顶风违纪问题;对接二连三发生腐败问题的部门和单位,既追究主体责任,又要严肃追究分管领导乃至一把手的领导责任。

建立二级学院党委定期向纪委汇报反腐倡廉建设情况制度,依规依纪加强对二级学院反腐倡廉工作的领导、指导和监督。探索建立对副局级学院实行巡视制度,重点监督民主集中制执行、党风廉政建设责任制落实和作风建设等情况。探索建立工作约谈制度,督促检查约谈对象落实党风廉政建设责任。探索建立对二级单位的监督检查长效机制,加强对各级党组织执行党风廉政建设法规规章执行情况的监督检查。

(三)深化作风建设,驰而不息纠正"四风"

监督检查作风建设各项制度落实。检查我校会议费、公务接待费、差旅费、因公出国(境)等各项规定的贯彻落实情况。加强对厉行节约、公务接待等制度规定执行情况的监督检查。将违反中央八项规定精神的行为列为纪律审查重点,对发生顶风违纪问题的部门、单位及个人进行责任追究。

强化重点问题专项治理。坚决查处公款吃喝、公款旅游的问题。抓住教师节等关键节点,严厉查处党员领导干部和教师违规收受礼品礼金、购物卡,参加有失公允的谢师宴、升学宴等突出问题。严肃查处各类评审评估评价中的违规违纪问题。

建立健全作风建设长效机制。督促推进建章立制,继续完善经费、领导干部因公、因私出国(境)等管理制度。监督机关19个支部(部门)作风改进情况,探索建立改进工作作风、密切联系群众经常性检查机制。

(四)严肃查处违规违纪案件,以零容忍态度惩治腐败

突出纪律审查重点。坚决查处严重违反党的政治纪律、组织纪律、保密纪律以及违反中央八项规定精神等行为;严肃查办滥用职权违反规定录取学生、选拔任用干部、使用科研经费等问题;严肃查办利用职务插手职称评定、基建工程、校办企业、招标采购等领域的问题;严肃查办领导干部违规兼职取酬、违规领取薪酬的问题;从严查处纪检监察干部违规违纪案件。

改进监督审查方式。严格按照拟立案、初核、谈话函询、暂存、了结五类标准分类处置信访件。对违反政治纪律、组织纪律的问题,要迅速查处,依规依纪给予纪律处分、组织处理、移送司法机关处理。

提高办信办案质量和效率。坚持重要案件线索统一管理、"一案两报告"、案件通报,坚持信访小组集体研究制等工作制度。加强纪检监察、审计、组织人事等部门之间的协调配合。坚持抓早抓小、快查快办,发挥查办案件的警示作用和治本功能。

严明审查工作纪律。严格执行初核、立案请示报批制度,依规依纪进行审查,遵守审查纪律和程序。严禁以案谋私、泄露秘密,规范管理涉案资料和款物。加强申诉复查复议工作,切实保障党员权利。严格执行办案纪律,保证办案安全。

(五)强化教育管理监督,扎实推进惩防体系建设

党委全力推进廉政风险防控"三个体系"建设工作,纪委加强对"三个体系"建设工作的监督检查。

突出监督重点,改进监督方式。围绕重大决策、招生考试、科研管理、工程建设、财务管理、校办企业、学术风气等重点领域和关键环节,切实防控领导班子、部门、岗位和个人在决策、执行、监督环节中的廉政风险。完善重点监督与审查备案相结合的监督方式,提升监督实效。推进电子监察平台建设,推动我校重点领域、重点环节涉权事项网上运行系统的建设。

加强党风廉政宣传教育。依托党风廉政宣传教育联席会议平台,以党风廉政宣传教育月为抓手,丰富教育内容和形式,推进校园廉洁文化建设。加强制度宣讲力度,组成纪检监察制度宣讲团,分类指导,宣讲纪检监察制度。多渠道多方式,重点加强党员领导干部纪律教育、廉政教育和警示教育。发挥学校廉政研究中心作用,加强廉政研究,指导工作实践。

(六)全面履行监督责任,持续深化"三转"

强化纪检监察干部责任担当。纪检监察干部要"敢于担当、敢于监督、敢于负责",用铁的纪律打造一支忠诚、干净、担当的纪检监察干部队伍。

切实加强监督执纪问责。持续深化"三转",强化运用会商、约谈、倒查、通报、监察建议等方式,增强监

督的针对性、权威性和实效性。

加强组织和制度创新。认真落实上级关于纪检体制机制改革的决策部署,落实查办腐败案件以上级纪委领导为主,线索处置和案件查办在向校党委报告的同时必须向上级纪委报告。

加强干部队伍建设。修订《关于进一步加强纪检监察干部队伍建设的意见》,健全"经常培训、以案代训、以研代训"纪检监察干部队伍培训模式,拓展"以挂代训"方式,多举措提高干部履职能力和水平。

同志们,让我们进一步提高对党风廉政建设和反腐败严峻复杂形势的认识,进一步增强责任感和紧迫感,主动适应反腐倡廉工作新常态,以踏石留印、抓铁有痕的精神扎实推进各项任务的落实,为学校改革发展提供有力的政治保证,为建设首都人民满意的高水平、有特色应用型大学营造山清水秀的育人环境。

凝心聚力　不断推进学校发展
——卢振洋在北京联合大学第三届教职工暨工会会员代表大会第五次会议上的报告

（联办通报〔2015〕第 10 期,2015 年 6 月 6 日）

我代表学校就 2014 年 6 月 21 日三届四次教代会以来,学校主要工作进展情况做报告,2014 年其他工作完成情况已在《2014 年北京联合大学下半年工作总结》中体现,在此不做赘述,请各位代表审议。

一、人才强校、学术立校、开放兴校战略进展顺利

1. 招生就业工作运行平稳。2014 年圆满完成高考和高职升本科招生录取工作,全校共报到新生 6907 人,报到率为 95.32%;继续稳定学历教育规模,录取 2489 人,超额完成招生计划;继续坚持实施"一把手"工程,积极开拓就业市场,2014 届毕业生共计 7603 人,研究生就业率为 100%,本科就业率为 97.76%,高职就业率为 96.87%。

2. 教育教学改革进一步深化。围绕落实"学以致用"校训,以市场需求为导向,以培养应用型人才为总体目标,推进 2015 版普通本科方案的制(修)订工作;在生物化学工程学院开展完全学分制改革试点基础上,进一步扩大学分制改革试点学院范围;积极推动商务学院国际高等商学院协会资格(AACSB)的认证申请工作。成功申报并获批国家级文化遗产传承应用虚拟仿真实验教学中心。

3. 学科建设稳步推进。积极申报硕士专业学位授权点,共获批 4 个点,其中,临床医学专业学位授权点获批后,已招收 4 名学生,该授权点为国内首个面向视障生招生的授权点;目前,我校硕士授权点已达 10 个,自主设置二级学科 12 个,覆盖绝大多数学院和市级科研机构,提前完成"十二五"该项目标;设立旅游信息化与文化遗产区域保护与综合利用两个博士培育项目。成功组织承办了 2014 全国大学生(含研究生)移动互联网创新应用大赛,我校 4 个队进入总决赛,并取得一、二等奖。

《北京联合大学学报(人文社会科学版)》获"全国高校精品社科期刊"称号;《旅游学刊》连续第三年获"中国最具国际影响力期刊"称号。

4. 科研项目和平台建设有新进展。2014 年学校获批国家级科研项目 19 项,其中获国家自然科学重大计划项目 1 项,取得零的突破,国家社会科学基金重点项目 1 项;获批省部级科研项目 45 项;竞争性科研项目经费突破 5000 万元,提前一年完成该项"十二五"单项目标任务;获批北京市智能机械创新设计工程中心;国家智慧旅游重点实验室获国家旅游局批准。智能车研究取得重大进展,团队在 2014 年"中国智能车未来挑战赛"中创佳绩,今年 5 月在 2015 年全国科技活动周暨北京科技周中参展,获得中央政治局委员、国务院副总理刘延东,中央政治局委员、北京市委书记郭金龙等领导的高度关注和肯定,入选全国科技活动周暨北京科技周主场最受公众喜爱科普项目。

5. 师资队伍发展进一步加强。2014 年以提升教师执教能力为着力点,开展系列活动,两位教师获"北京市高等学校教学名师奖"称号。今年 4 月举办了学校第七届青年教师基本功大赛,以赛带练促执教能力提升,13 名教师参加比赛;5 月召开青年教师座谈会,征集提升青教赛质量的意见和建议。持续推进教师专业性发展,2014 年在旅游学院等学院建立教师分中心、教师俱乐部,开展特色活动;支持"设计类教师产学研修工作坊"等教师自主性发展组织开展系列学术实践活动;今年 4 月,与中科院地理科学与资源研究所合作建立周成虎院士工作站暨博士后科研工作站,带动相关学科发展;5 月启动"教师名家发展讲坛"活动。

6. 创新育人模式,德育效应显现。学院路校区建立学知书院,其他学院将陆续建立书院,探索学生教育管理新模式。开展学生党员先锋工程和红色"1+1"支部共建活动,荣获 2014 年北京高校红色"1+1"示范活动优秀组织奖和1个一等奖等多个奖项,成功实现北京市三连冠。深入推动社会实践,首次荣获全国大中专学生志愿者暑期"三下乡"社会实践活动先进单位称号。扎实推进学生国防教育工作,承办了2014北京高校国防教育专题论文报告会,征招93名学生入伍,连续第四年获"北京市征兵工作先进单位"称号。

7. 国际合作范围进一步扩大。自去年6月至今,我校新与8个国家和地区的14所学校签署合作协议。共派出102个团组计394人次出国及赴港澳台交流,派出812名学生出国(境)交流学习。

二、加强集约化发展,管理与服务效能进一步提升

8. 积极总结"十二五"成果,谋划"十三五"规划。对学校"十一五""十二五"事业发展情况进行梳理、总结,形成《北京联合大学十年事业改革发展情况分析报告》初稿,为合理规划学校下一个五年各项工作奠定坚实基础;将"十三五"规划编制工作列为本年度要重点抓的十项工作之一,目前正在积极推进。

以学校"点"的发展带动"面"的共同发展,今年5月召开了学校2015年重点工作(10+1)汇报会,督促、检查11项重点工作的完成进度;6月份还将召开学校13个重点教学科研平台建设汇报会,督促、检查13个重点教学科研平台建设情况,并对各平台投入产出情况进行分析。

9. 校园基本建设、修缮改造持续推进,学校办学条件得到进一步改善。北四环校区教学用房项目主体结构封顶;应用文理学院第二教学楼项目建设竣工验收,并投入使用;特教学院康复资源综合楼一期工程立项工作全面启动,校园基本建设持续推进,师生工作、学习和生活环境得到进一步改善。

10. 学校信息化建设深入推进。学校信息化资源整合力度进一步加大,建成总面积1000余平方米的学校核心机房并投入使用;实现校本部和学院路校区等八个分校区的万兆互连;完成无线网升级改造工作,将连接性能提升4.6倍;完成全校数据资源共享平台一期建设;启动校级人、财、物一体化管理平台一期建设。

11. 大学章程建设推进顺利。以建立和完善现代大学制度为目标,按照市教委部署,依据国家教育法律法规,2014年9月向市教委报送了《北京联合大学章程》,今年3、4月先后两次根据市教委修改意见对章程进行了修改。

12. 发挥校友会作用,教育基金会成绩喜人。广聚校内外资源,通过认真筹备和联络,于2014年10月25日举行了北京联合大学教育基金会成立仪式,基金会的成立为学校发展再添助力。截至2015年5月25日,基金会收到校内外协议捐赠款物共计1300余万元。

13. 可支配收入创历史新高,经费管理更加科学。2014年学校积极争取上级资金支持,可支配收入达18.58亿元,创历史新高,其中当年财政补助收入13.52亿元,较"十二五"初期增长39%;及时修订规章制度,加大预算调整力度,提高预算科学性;严控"三公"经费;2014年较上年减少141.7万元,减幅达12.71%。

14. 持续加强民生建设,教职工幸福感进一步提升。以健康幸福工程为抓手,成功举办校第二届教职工运动会,尤其是今年5月举办的第二届教职工亲子趣味运动会,全校近200个家庭660多人参加,把服务教职工的理念延伸到促进教职工家庭和谐建设中;爱心互助基金工程2014年慰问教职工147人次,送达慰问金近42.6万元;贴近职工需求,完成门诊楼装修改造和软硬件设施升级工程,增加多个医疗服务项目;启用北四环两个地下车库,缓解了停车难。

三、以理论学习为指引,用党建成果助力学校发展

一年来,学校党委和行政将学习十八届三中、四中全会精神和习近平总书记一系列重要讲话作为最重要的一项政治任务。今年年初,召开党委全会,专门学习研讨习近平总书记对北京高校党建工作的重要指示;5月,启动处级以上领导干部开展"三严三实"专题教育活动。以理论学习为指引,加强党的建设,为全面推进学校各项工作保驾护航。

15. 推进党的群众路线教育实践活动整改任务落实。协助完成市委第四巡视组入校检查,并根据巡视组反馈意见积极采取有效措施,扎实推进各项意见的整改。同时,为巩固党的群众路线教育实践活动成果,持续做好教育实践活动整改任务的督促、落实工作,扎实推进并有效完成党委制定的43项整改任务、6项专项整治任务,兑现对群众的承诺。迎接市委群众路线活动办公室群众路线整改落实情况专项检查活动,对我校教育实践活动整改落实情况进行了认真梳理与自查。

16. 积极推进党风廉政建设。认真落实党委主体责任、纪委监督责任,圆满完成2014年北京高校党风廉政建设责任制专项检查工作。2014年9月、2015年4月先后召开党风廉政建设工作会,推进学校党风廉政工作的开展。加强作风建设,基本完成校领导办公用房调整工作;规范办信接访程序,构建信访案件查办工作模式,2014年至今共受理纪检监察信访举报39件,初核24件。

17. 加强社会宣传,学校社会声誉不断提升。我校2人入选2014年度北京市宣传文化系统"四个一批"人才建议人选。外宣质量进一步提升,累计在各媒体发表新闻报道300余篇,较2013年全年提升

130%,其中,在《人民日报》《光明日报》《中国教育报》《前线》等重要报刊及中央电视台等媒体刊发、播放关于我校报道、研究成果50余篇。

18. 确保了校园安全稳定。以迎接"平安校园"创建检查工作为契机,认真贯彻"讲政治、保稳定、促发展"的要求,不断完善校园安全管理的软硬件设施,顺利通过检查工作,并进一步增强了安全保障能力,有效维护了校园安全稳定。

各位代表、同志们,一年来所取得的成绩,是在校党委和各级党组织的坚强领导下,全校上下凝心聚力、锐意进取、不断创新、聚焦内涵建设的结果。我校正值"十二五"收官、"十三五"谋划的重要战略机遇期,学校事业的健康发展需要"双代会"的积极参与,需要大家的建言献策,愿我们共同尽智竭力,不断推进学校各项事业发展上新台阶!

把握大势　科学谋划　推动学校持续健康发展
——韩宪洲在校四届十一次全委(扩大)会上的讲话

(联办通报〔2015〕第17期,2015年9月4日)

今天八位校领导分别进行了发言,讲得很细致,干得很用心,这其实也反映了他们所分管部门、单位的工作,对他们表示感谢!卢校长对学校如何制定"十三五"规划,做了很理性的分析,我完全同意。下面,我谈几点想法,供大家讨论。

一、深刻理解和把握疏解北京非首都功能,促进学校发展

(一)深刻理解关于疏解的上级精神

去年2月26日,习近平总书记在考察北京时,讲了两件事,一是京津冀一体化,即京津冀协同发展;二是提高城市管理水平。他提出,要明确城市战略定位,坚持和强化首都全国政治中心、文化中心、国际交往中心、科技创新中心的核心功能,调整疏解非首都核心功能。这意味着以前北京市在不同场合提到的经济中心、金融中心、会展之都、体育赛事之都、总部之都等都要被疏解。

今年6月26日,中央出台的《京津冀协同发展规划纲要》也讲了两件事,一是京津冀协同发展,二是疏解北京非首都功能,明确规定了京津冀三地的功能定位,即北京是全国政治中心、文化中心、国际交往中心、科技创新中心;天津是全国先进制造研发基地、北方国际航运核心区、金融创新运营示范区、改革开放先行区;河北是全国现代商贸物流重要基地、产业转型升级试验区、新型城镇化与城乡统筹示范区、京津冀生态环境支撑区。核心是要有序疏解北京非首都功能,以解决北京"大城市病"为基本出发点,建设以首都为核心的世界级城市群,打造现代化新型首都圈。

7月10—11日,北京市委召开十一届七次全会,通过了《中共北京市委北京市人民政府关于贯彻〈京津冀协同发展规划纲要〉的意见》,明确规定了到2017年、2020年和2030年等不同时间节点的疏解目标和要求。

(二)清晰把握市属高校的疏解安排

关于北京市属高校的疏解,各种媒体都已公开报道,相信大家也都看到了。目前,涉及的市属高校主要是北京工商大学、北京建筑大学和北京城市学院。北京市落实《京津冀协同发展规划纲要》的意见明确规定,疏解工作到2017年要有实质性进展,到2020年已经确定的教育和医疗疏解项目要完成疏解任务。还有5年时间,我们也在下一步的疏解计划里。

(三)正确看待疏解对于联大的重要意义

"十一五"和"十二五"期间,学校坚持"就地整合、就地发展",通过资源整合,办学条件得到了相当程度的改善。但相对于学校未来的发展需求和兄弟院校而言,我们的办学条件还存在很大差距。因此,在疏解的时候,市领导明确要给我们找一个地方,解决学校的发展需求问题,这和我们多年的期盼实际上是一样的。怎么看待疏解?我谈几个想法。

第一,要从首都发展战略的高度看疏解。这是大的战略,不用质疑,没有讨价还价的余地,必须服从。机遇和挑战共存,从当前看大家可能觉得挑战大,但从长远看可能机遇更大,因此,一定要把自己的事想明白,积极应对。

第二,要从历史发展的角度看疏解。疏解对我校来说,是一次历史性的机遇,需要我们认真分析。什么是世界级的城市群?疏解后的北京是什么样?京津冀协同发展是一种什么状况?这都是我们未来发展所面对的客观环境和条件,得认真琢磨,争取不留下历史性遗憾。

第三,要从联合大学的使命看疏解。立足北京是联合大学的生命力所在,服务北京是我们的根本使命。从招生来看,北京高等教育的生源仍在逐年减少,加上因疏解北京非首都功能而限制京外招生的因素,北京高校的招生存在新的困难。这对于曾经长期在数量上为北京高等教育做出历史性贡献的我们来说,在"十三五"期间,必须科学准确研判形势,积极应对疏解,坚持内涵发展,提升办学品质,推动学校由规模大校向质量强校转变。将来疏解也不是简单的搬迁,要有质的变化,核心是如何提升学科专业建设与北京"四个中心"战略定位的契合度。

第四,要从疏解的部署看疏解。上级文件明确了有序疏解非首都功能的目标、任务和时间节点,要求要坚持分类指导、综合施策,不搞一刀切,确保平稳有序有效。对已经达成共识、易于操作的疏解项目,要加快实施,率先突破;对促进在较大困难、暂时不具备条件的项目,要在深入研究论证的基础上择机启动……

我们怎么办?我的认识是"三个情愿":第一个情愿是政府得情愿;第二个情愿是你搬到所在地的那个区县得情愿;第三个情愿是联合大学也得情愿。

郭金龙书记在市委十一届七次全会上的讲话中要求对《京津冀协同发展规划纲要》要认真学习,学出境界。什么境界?我想,一要学出创新。到底做成什么样?我们可以创新。到底京津冀协同做成什么样?我们也可以去琢磨。二要学出信心。疏解一定是在办好事,要把好事办好。这也是我们在座各位的责任。三要学出思路。按照现在形势要求,联大怎么想?联大怎么办?一定要经过充分沟通、协商、请示,形成可操作的方案。四要学出干劲。疏解要有利于学校发展,我们不能消极地等疏解,工作不能等,发展不能停,但是自身的调整整合和提质工作从现在就要抓紧,这是"十三五"的要点。任何条件下把自身做强做大人才是硬道理,才是关键。

二、加强顶层设计,科学谋划好"十三五"学校改革发展

(一)要做好"十二五"的收官总结

总结是发展的前提和基础,"十二五"的总结直接关系到"十三五"的科学谋划。"十二五"规划九大工程任务指标基本完成,改革发展成绩显著。刚才八位领导讲得都很好,能看出"十二五"期间我们办了不少事。要认真总结分析"十二五"的工作,搞清楚学校今天的实际情况是什么样?成绩在哪儿?不足在哪儿?哪些方面需要提质?哪些事儿能记到联合大学发展的大账上去?能记到大账上的事儿就是"十三五"期间发展的基础,也是在此基础上再上新台阶的基石。同时,还要明确怎样在"十二五"基础上继续稳步、大踏步地往前走、向上走。这是我们要想的事。

(二)要分析学校发展的大背景

"建设依法办学、自主管理、民主监督、社会参与的现代学校制度,构建政府、学校、社会之间新型关系",这是《国家中长期教育改革和发展规划纲要(2010—2020年)》中的规定,也是我们科学谋划学校"十三五"规划必须明确的大背景。

首先,要抓人才培养,将其贯穿学校发展的始终,融入学校发展各方面。我们平常做的很多事情怎么样用一条线串起来?这条线从根本来讲就是学校的人才培养,这是学校存在的价值。刚才讲到教育理念、教育观念等,那些东西不是天天挂在嘴边的东西,我们做的事能不能用人才培养这条线串起来?这是学校最根本的事。要始终坚持以学生为中心,学生不应该是我们的产品,我们的产品是为学生提供优质的教育服务。这就是串起我们所有工作的主线。

其次,要提高综合实力和办学水平。综合实力是学校提升的硬件,但学校的制度、风气、文化等软件的建设对于学校的提升同样至关重要。"十三五"期间一个重要任务,就是现代大学制度的建设。2010年,《国家中长期教育改革和发展规划纲要2010—2020年》规定了建设现代大学制度的任务,2013年,《中共中央关于全面深化改革若干重大问题的决定》提出要完善大学治理结构,同年,教育部公布《中共教育部党组关于进一步加强直属高等学校领导班子建设的若干意见》,出台《高等学校学术委员会规程》和《普通高等学校理事会规程(试行)》,印发《关于加快推进高等学校章程制定、核准与实施工作的通知》,2014年,中共中央办公厅印发《关于坚持和完善普通高等学校党委领导下的校长负责制的实施意见》。所有这些,都是在"十二五"期间,国家在推动建立现代大学制度方面出台的措施。因此,我们要站在建立现代大学制度的角度来看待和谋划我们的"十二五"规划。

(三)要明确"十三五"规划的方向

第一,要坚定目标。学校"十二五"规划和第四次党代会都对学校的发展目标做过明确规定,就是"建设高水平、有特色、首都人民满意的应用型大学"。"十三五"期间还要按照这个目标坚定不移地做下去。

第二,要明确任务。一是怎么推进高水平、有特色、首都人民满意的应用型大学建设;二是如何加大与北京"四个中心"的契合度;三是如何主动顺应京津冀协同发展的大势。作为综合性的大学,与其他非综合性的市属高校相比,我们的优势在哪?我们发展的难度又在哪里?当前,我们除了极个别专业外,多数学科专业在北京尚不突出,我们立足北京所表示的特点和优势还不明显,下一步发展,很大程度上要加大与企业行业的密切结合。我们要在建设应用型大学方面有所突破,浙江省为发展应用型大学采取了一系列措施,建立了以高质量就业能力、产业服务能力、技术贡献能力为重点的应用型高校评估标准和评价体系,值得我们关注。

第三,要措施明确、有力。要把我们高水平、有特

色、首都人民满意的应用型大学建设任务和服务北京"四个中心"的任务分解到各学院、各专业,要量化,这是我们的要求。一方面,校院都要强化对"应用型"的认识和实践,要深入落实,把"开放兴校"战略融入行业、企业和地方;另一方面,要谋划好专业建设布局。面对北京"四个中心"城市战略定位,我们的专业建设如何布局?这就要充分考虑在北京城市功能的优化调整中市长怎么想,市场有什么需要?我们怎么为之服务?我想,对现有优势专业要继续支持扶强,要像同仁医院打造他们"眼科"一样,打造我们联大学科专业的"眼科";对特色专业要继续扶特,给予一定的政策倾斜,同时要在新的领域和学科专业上寻找突破,培育新的增长点;对招生吸引力不强的专业要进行调整,要有指标,用数据说话。

第四,要全面提高学校建设水平。首先,要始终坚持以人为本、立德树人。大学的根本任务是人才培养,是培养中国特色社会主义事业的建设者和接班人。这是提高学校建设水平的核心。其次,要坚持培育和践行社会主义核心价值观,进一步加强和改进学校党建和思想政治工作。落实好上级《关于培育和践行社会主义核心价值观的意见》《关于进一步加强和改进新形势下高校宣传思想工作的意见》《普通高校思想政治理论课建设体系创新计划》《关于全面加强北京高校马克思主义理论学习研究宣传的实施意见》等文件要求,提升学校党建和思想政治工作水平。同时,还要继续加强"平安校园"建设、工会教代会建设等,这些都要通过"十三五"规划的制定进行专门研究。

三、落实从严治党,加强领导干部队伍建设

习近平总书记昨天在阅兵式上讲到,前进道路上,要坚持以马克思列宁主义、毛泽东思想、邓小平理论、"三个代表"重要思想、科学发展观为指导,还讲到了"四个全面"战略布局,即全面建成小康社会、全面深化改革、全面依法治国、全面从严治党。第一个"全面"是战略目标,后三个"全面"是三大战略措施,分别为全面建成小康社会提供动力源泉、法治保障和政治保证。其中,全面从严治党是关键,全面建成小康社会、全面深化改革、全面依法治国,都必须坚持党的领导。对于我们来讲,落实从严治党、加强干部队伍建设,要把握好三个方面。

(一)干部要识大体、顾大局

党员干部要识大体、顾大局。有的干部讲道理的时候都明白,但干事的时候就都忘了,这说明我们的政治敏感度和政治觉悟还不够。怎么办?再不加强平时的学习就更不行了。加强党的建设必须全面从严治党。这两年,中央先后出台了八项规定《党政机关厉行节约反对浪费条例》等重要文件,开展了党的群众路线教育实践活动,今年又开展了"三严三实"专题教育,特别是在中纪委五次会议上习近平总书记又提出了"守纪律、讲规矩"的要求,"讲规矩"也是首次提出来的,这些东西我们要清楚,不能忘,党员干部要知道识大体、顾大局。

(二)从严管理干部是关键

在党的群众路线教育实践活动和"三严三实"专题教育中,习近平总书记要求从严管理干部,对党员领导干部提出了一系列标准和要求:2013年在全国组织工作会上,提出了"信念坚定、为民服务、勤政务实、敢于担当、清正廉洁"的好干部的标准;2014年在十二届全国人大二次会议安徽代表团上,提出领导干部要"严以修身、严以用权、严以律己,谋事要实、创业要实、做人要实";同年10月,在对云南工作的重要批示里,要求党员干部要"对党忠诚、个人干净、敢于担当";2015年初,在与中央党校第一期县委书记研修班学员座谈时曾强调,"做县委书记就要做焦裕禄式的县委书记,始终做到心中有党、心中有民、心中有责、心中有戒。"6月30日,在会见全国优秀县委书记时,重申了"四有"要求,并进一步勉励大家做"政治的明白人""发展的开路人""群众的贴心人""班子的带头人"。

对于这些标准和要求,我们大家不仅要认真学习、深刻认识,更重要的是要努力做到,要增强思想和行动的自觉性,坚决执行好中央这两年在从严管理干部方面采取的一系列措施,例如,完善领导干部收入申报和个人重大事项报告制度,专项清理违规办理和持有出国(境)证件和出国(境)情况,清理"裸官",核实干部档案等。我们干部对这些事要敏感、要清楚、要做到。但有些干部却偏偏不听话、不照着做,不按要求申报、报告,违规持有出国(境)证件,未经组织批准擅自因私出国(境),擅自变更因私出国(境)行程和日期,等等。北京市委在反馈给我们的"教育实践活动整改落实情况专项检查"的结果中,也明确指出,我们"干部能力素质与新形势有差距"。

对这些问题,我们干部应该怎么看?应该有什么样的启示?我认为,首先要知道干部应该是什么样,应该干什么;其次,要明白干部不应该是什么样,不应该干什么;第三要清楚作为干部应该干什么,应该干成什么。在发给大家的学习资料里面,选了几篇文章,如《美国前众议长遭指控曾为掩盖不端行为付封口费》《两瓶酒毁掉一位部长》等,大家要学习和思考,更加深刻地理解我们对干部的从严管理,努力做一名想干事、会干事、干成事、不出事、好共事的领导干部。

(三)领导班子建设是保障

干部是落实工作的关键,领导班子是推进工作落实的保障。在座的同志都是学校二级单位与校机关和直属单位领导班子的主要成员,对联合大学的发展至关重要。

首先,要自觉认识领导班子的重要性。继续巩固和拓展党的群众路线教育实践活动的成果,落实好北京市委关于《北京联合大学党委教育实践活动整改落实情况专项检查反馈意见》;开展好"三严三实"专题教育,联系实际,把自己摆进去,起到示范作用;要带头把握形势,分析机遇和挑战,这就是我们这些人存在的重要性。

其次,党政正职、部门正职要从自己做起。要增强带班子的意识、带队伍的意识和主动做思想工作的意识。一个单位,班子弄不好,单位还有什么存在的价值?工作都推进不了,我们对得起教职员工吗?

最后,要有好的精神状态。工作中要进一步加强和改进作风建设,保持和发扬好的作风,不断取得新的进步,取得可以拿出来"晒"的成绩。

李克强总理在8月26日的国务院常务会议上强调,"我们要锲而不舍、狠抓落实,坚决克服不作为的懒政、庸政!""对于国务院确定的政策措施,一定要落实、落实、再落实!"当前联大面临的形势是严峻的,从眼前看,挑战大于机遇;从长远看,机遇大于挑战。这就需要在座的同志们,统一思想、提高认识,与我们的师生一同,团结、务实、奋进,落实、落实、再落实学校的各项工作任务,不断提升我们的品质、提高我们的生命力。

做好"十三五"规划　构建核心竞争力
——卢振洋在校四届十一次全委(扩大)会上的讲话

(联办通报〔2015〕第18期,2015年9月4日)

刚才八位分管校领导分别就所分管工作"十二五"完成情况和"十三五"的设想进行了交流,讲得都很好。下面,结合我对学校"十三五"发展的思考,和大家做一个交流。

我们科学谋划"十三五",首先要梳理总结好在"十二五"期间,特别是我们建校30年(办学37年)来,我们形成了哪些核心竞争力。所谓核心竞争力,是一个企业(人才、国家或者参与竞争的个体)能够长期获得竞争优势的能力,是企业所特有的、能够经得起时间考验的(即稳定性)、具有延展性的(即可扩展性),不仅对事物本身有很重要的作用,对相关的跟它能发生关系的很多事情都具有促进、带动作用),并且是竞争对手难以模仿的技术或能力。

一、"三圈理论"及其应用

"十三五"我们要思考两个问题:第一是干什么,第二是怎么干。"十三五"期间,在过去若干年学校发展的基础上,面对现在的办学环境和条件,我们到底干点什么?这是做"十三五"规划的核心内容,请在座各位认真思考。我重点要讲第二点,关于怎么干的问题,在这里向大家介绍一个"三圈理论"。

(一)关于"三圈理论"

哈佛大学教授达奇·李奥那多(Dutch Leonard)提出了一个"三圈理论",其核心价值就是构建了价值(Value)、能力(Capability)、支持(Support)三要素分析框架,突出强调了领导决策与执行的相关性、价值判断的根本性与创新的重要性。美国社会公共事务的决策基本上是按照"三圈理论"运行的。

"三圈理论"中的三个圈分别是"价值圈""能力圈"和"支持圈"。如图一所示,第一个圈是"价值圈",即目标的客观价值,也就是你要干的事情对于社会、单位以及周边人的客观价值;第二个圈是"能力圈",也就是对所要做的事情需进行能力评估与判断,选择你能干的事情;第三圈是"支持圈",也就是说干事情离不开各种资源和条件的支持,没有支持什么也干不成。

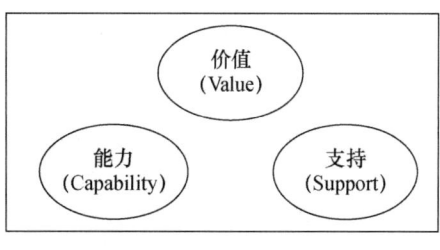

(图一)

这三个圈同时往中间聚拢、交叉、整合,就会形成七个区(如图二所示),代表着七种决策状态,分别是梦想、潜在、闲置、压抑、浪费、羡慕和成功。

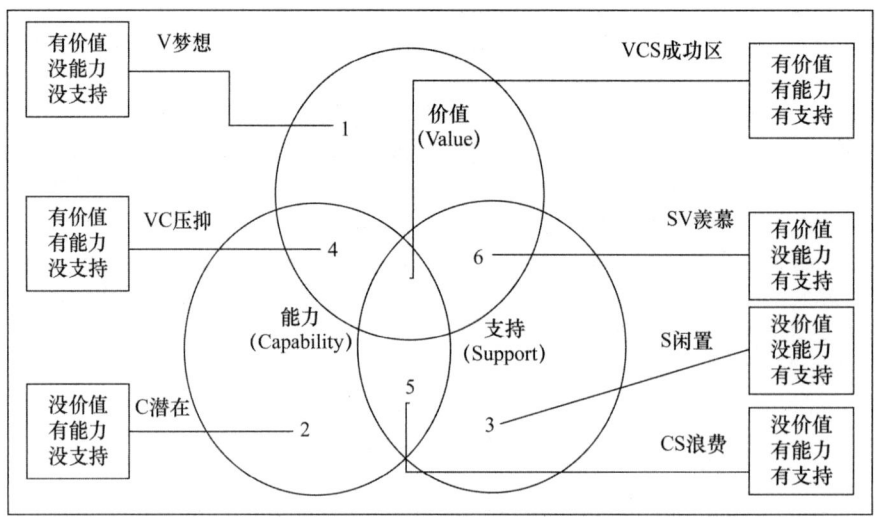

(图二)

第1个区域,是梦想区,特点是有价值,但没能力、没支持。所以说,天下有价值的事很多,但不是所有有价值的事情都要做。

第2个区域,是潜在区,特点是有能力,但没价值、没支持。说明你有这个能力,但缺乏机会和舞台,也没有吸引人的价值。

第3个区域,是闲置区,特点是有支持,但没价值、没能力。我们有很多资源都在这个圈里,闲置不用,包括人、财、物。

第4个区域,是压抑区,特点是有价值、有能力,但没支持。很多教授想干一件事情,事情也挺好,有学术价值,教授也有能力,就是干不起来,为什么? 因为没有把要做的事情放在更宏观的尺度上去分析,得不到政府、企业、社会包括同事的支持,形不成支持圈,所以只感到压抑。

第5个区域,是浪费区,特点是有能力、有支持,但没价值。有些事情我们干得很欢、很卖力气,也耗费了很多社会资源,但仔细想想却没有什么价值。所以,做事情一定要做价值分析。

第6个区域,是羡慕区,特点是有价值、有支持,但没能力。所以,做事情首先要认真分析自己的特长,不要只看着别人好,要思考自己的事。

第7个区域,是成功区,是三个圈的交集,特点是有价值、有能力、有支持。凡是能顺利干成的事情,一定在中间这个区域里。刚才鲍校长讲的李德毅院士的事,为什么能干成? 价值、能力、支持都存在,所以,这个事能办成。

因此,要真正做成功一件事情,取得事半功倍的效果,必须要做价值、能力、支持这三个方面的评估,使要做的事情处在"成功区"而不是其他区。这就是"三圈理论"给我们在决策时所提供的重要启示。

(二)"三圈理论"的应用

我们要学以致用,学着用"三圈理论"来分析我们的事情。今天,我们来分析两件我们正在做和要做的事情,一是特聘教授工作,二是"十三五"规划。

1. 关于特聘教授工作

对拟聘的特聘教授和要做的事情要用"三圈理论"进行认真分析,从价值、能力和支持三个方面做好全面评估。

首先,要做好价值评估。对特聘教授的聘请要做客观的价值分析,要定位准确、讲得清楚,不能只一厢情愿地强调主观价值;同时,至少要设计上、中、下三个方案,清楚了解聘请特聘教授的预期效果的理想状态、一般状态和保底状态。这样,才有可能赢得最大程度的支持。

其次,要做好能力判断。一件事能不能做、能不能做成,首先要做优劣势分析。要把优势和劣势分析清楚,用优势发展自己,并努力化劣势为优势。为什么我们能够请李德毅院士做我们的特聘教授,并把智能车项目搞得不错? 原因就在于,我们具有把30多位年轻博士教师组织起来的优势,这是其他学校不可能做到的。在特聘教授工作中,我们一方面要认清自己的作用和所扮演的角色;另一方面,对特聘教授的关键角色和核心作用也要认识清楚。在与特聘教授合作的过程中,只有把能力判断做好,把决策分析清楚,才能实现"1+1>2"的效果,并积极寻求更大成绩的突破。

最后,要做好支持资源分析。校内谁支持你? 政府谁支持你? 行业谁支持你? 社会资源谁支持你? 没人支持你,你做它干什么?因此,对要做的事情,要做好预研工作,通过预研争取最大范围、最大程度的支持,这就成功了。

2. 关于"十三五"规划

我们办学的资源、条件、精力、时间、机会都是有限的,有限条件下不能做无限的投入。对于"十三五"规划来讲,各学院各专业必须做出选择,做出规划,想好未来五年要做哪些事情才能培育好各自的"坚果仁",提高核心竞争力。这也是学院领导水平的最核心体现。

首先,要做好价值评估。要利用务虚的形式,从宏观、使命、社会角色、办学定位、区域定位、环境分析、未来预测等方面,对不同学科、不同学院进行分析,要集思广益,在价值评估目标确定上求大同。在"坚果仁"培育方面,"十三五"的核心目标要求大同,不要纠缠于微观的细枝末节,要着力解决涉及未来五年发展的大问题和宏观问题。

其次,要做好能力分析。确定"十三五"的目标后,要认真分析我们自身有什么能力,校内有什么可用能力?社会有什么可用能力?还有哪些可用能力?这些能力组合起来能不能完成"十三五"的各项目标?不能只看眼下和当前,要开阔视野,学会借势、借力发展。我们聘请李院士就是一个成功的例子,如果没有他,我们现在拿不着国家自然科学基金重大项目。

最后,要做好支持分析。做一件事情必须获得同事相关人员的支持、领导的支持、专家的支持、社会的支持。下半年,要重点谋划"十三五"规划,各学院回去以后要认真开好务虚会,认真琢磨,各系、各部门也要认真琢磨。

(三)"三圈理论"小结

通过前面的分析,我们可以对"三圈理论"做个小结。"三圈理论"的起点是战略分析。做战略分析时,要坚持宏观视野、中观把握,微观把握不行。做"十三五"规划也要中观把握,灵魂是塑造愿景。要通过务虚的形式对发展目标进行高度概括,并达成共识,形成宏观务实的发展战略。重点是争取支持。战略分析和塑造愿景的问题解决了,剩下的就是怎么办的问题了。具体说,就是要说服周边、整合资源。说服得越多,受支持力度就越大,就越容易把事情干成。基础是发展能力。组织愿景和组织目标的实现的关键取决于组织的各方面能力。各学院要按照"三圈理论"认真研究分析我们的能力状况,用有限的资源激发热情、形成团队,经过"十三五"发展以后,争取形成一两个"坚果仁",提升核心竞争力。核心是领导者。对我们来说,就是我们的书记、院长以及班子成员。领导者要扮演三个角色:分析师、倡导者和管理者。作为分析师,就是要集合大家的智慧,对要做的事情做目标选择、价值分析、能力判断、形势评估、环境评价等;作为倡导者,就是对已经分析清楚、达成共识的事情,要想办法把其变成一个说法,变成一个"坚果仁",变成一个价值点,变成一个战略,让大家逐渐接受,说服大家,争取大家的支持;作为管理者,要在项目实施的路径设计、组织实施、团队建设和能力发展等方面起到关键作用,以高水平的管理提供更高级的服务,解决好"坚果仁"培育过程中的各种问题。

二、用"能力三分法"分析和提高管理能力

为提供更高级的服务,作为管理者应该具备三种能力:第一种能力是干事的能力,第二种能力是把握机会的能力,第三种能力是调动资源的能力。

干事的能力是一种微观能力,就好比一个人会唱戏,可比作"唱戏"的能力,这是最简单的能力,大部分人都有点儿这种能力;把握机会的能力是一种中观能力,它不仅要会唱戏,还要能寻找到舞台,可以叫作"找台"的能力;调动资源的能力是一种宏观能力,你能"唱戏"、能"找台",但能不能"组班"演一场戏?这个能力比前两个能力更强,可以叫作"组班"的能力。

微观能力是一种局部能力、个体能力,是一种最基本的能力,是"智商+技能",是干事的基础,是通过训练和学习可以得到提高的。

中观能力是发挥个体能力的基础,是一种观察分析环境、把握规律的能力,是"智商+情商",只有通过思考研究、反复分析、不断反省,才能提高这种能力,才能抓住机会。

宏观能力是一种配置、组合资源的能力,掌握大局的能力,是"情商+智商",不仅能"唱戏"还能"找台",不仅能"找台"还能"组班",不仅能到大剧院唱,还能到村里唱。

作为领导干部,要不仅能发现自己的机会,还要能发现团队的机会,要有把握长远的、集体的、共同的利益的能力。这是一种宏观能力,与人的知识、人格、修养、思维模式、真知灼见等联系在一起,与为大局而牺牲自我利益的个人品质连在一起,表现为高风亮节、宽大胸襟和人格魅力,这是组织大家干一件事情的先决条件。

领导干部要有担当精神,要有牺牲个人利益的精神,微观能力、中观能力、宏观能力都要有,微观能力是必备,中观能力是基础,宏观能力需努力。毛泽东同志讲,"正确的路线确定之后,干部就是决定的因素",在座各位是学校未来"十三五"能不能发展好的"决定性"因素。

讲一个关于鸡蛋的故事:一个鸡蛋,如果从内部破壳,孵出的是小鸡,产生的是新生命;如果是从外部破壳,只能是食品;如果孵化没有成功,从内部破壳失败,最终还沦为食物或被扔掉。这个故事给我们的启示是:我们要敢于进行自我否定、自我革命,努力争取从内部破壳,进入一个新的生命轮回,上升到一个新的更高的层次;如果我们只是消极地等着从外部破壳,那终究会沦为食物或被抛弃。

有一句话叫作"你战胜别人一万次,不如战胜自己一次"。我加一句,"你不能战胜自己一次,就不可能战胜别人一万次"。我们现在正处在一个战胜自我的过程中。不仅干部,包括我们的教师,也需要听这句话。现在是需要否定自我的时代,一个教师不能否定自我就不能进步;一个教师不能把学生吸引到课堂,就是失败的教师,就是不合格的教师,这就是客观存在。

三、分享的三个信息

(一)北京大学教务部副部长兼北京大学元培学院副院长在我校文理学院暑期务虚会上的报告

他认为,关于专业分类,可以分为单一学科专业、跨学科专业和问题为中心的专业。北大实行辅修双学位、第二学士学位教育,2014年北京大学本科毕业2662人,其中1306人双学位,占49.1%,122人辅修,4.6%,两个加起来占一半以上。而我们才有十几个,今年才2个。在人才培养质量方面,北京大学、武汉大学的重要改革是减少本科毕业学分要求。1997年,由160—170学分减少到150学分左右,2003年又从150学分减少到130—140学分之间,现在武汉大学文科140学分,理工科150学分,目的就是减少结构化学习量,给予学生更大的学习空间和学习自由。美国的高校学分普遍在120—128学分之间,日本是124学分,台湾地区大概140学分。北京大学的重要改革是减少课堂内教学时间与学期制度改革。2012年,由17学时=1学分,减少为15学时=1学分,学期长度减少为18周。如此,我们再不寻求自我革命,就将被社会远远地甩到后面,也难以跟上高等教育发展的步伐。

(二)关于一本书——《教师的五重境界》

有个叫万玮的中学老师写了一本书——《教师的五重境界》,对教师的五重境界做了深刻分析:第一阶段是教知识,大部分教师处于这个阶段;第二阶段是教方法;第三阶段是教状态,要把学生的学习状态教会;第四阶段是教人生,就是你的学习跟你的一生有什么

联系?跟你未来20、30年人生有什么联系?最后一个阶段是教自己,教师在教学当中要把自己教好。

(三)"互联网+"生活服务调查

北京最近做了的一个"互联网+"生活服务调查,调查结果显示,市民对互联网提供的生活服务方式的接受程度,包括对使用过的互联网服务,被调查的满意度超过7成;上半年全北京市居民人均通过互联网购买的商品或者是服务支出是378元,同比增加了将近6成;全市居民人均购买移动电话支出的同比增加超3成,人均上网费的支出同比增长超过4成;近7成的被调查者偏好用网上银行来理财,使用缴费是2013年的2倍;6成以上的被调查者更喜欢网上购物,是2013年的2倍;超过8成的被调查者习惯网络阅读,比2013年提高了1成以上;对日常生活影响最大、改善最多的,排在前三位的分别是网上购物、互联网金融和互联网生活服务;互联网降低信息传递成本和信息不对称的程度,使得居民的自主消费的自主性和公平性增强了,比如利用实时的路况可以选择最优的出行路线来躲避拥堵,移动医疗实现了网上挂号、缴费、查询等这样一些自助的功能。

作为大学教育,现在不用互联网做教学、不知道利用网络的、不知道把学生组织起来通过网络完成这门课程的老师,基本上被淘汰了。

和君集团董事长王明夫认为,中国未来十年的三大趋势是:全面深化改革和市场化,新技术、新经济和新商业,社会重建。"改革、创新、规范将使中国的商业环境、竞争态势、机会与风险的分布发生历史性巨变",所以,"更新思维、更新观念、更新知识,甚至更新你的习性,打造一个Web3.0的'自我'升级版是我们每一个人的任务"。作为大学的老师,作为培养未来30年社会骨干的这样一个机构,必须要有这样的认识理念。

从学校"十二五"发展成果来看,发展还是很快的,大家对联大的发展付出了很多心力,相信我们会越办越好,特别是如果能把特聘教授这项工作做好,再加上"坚果仁"的规划、核心竞争力的规划,到"十三五"末,相信我们学校一定会大有改观。

深化科技创新能力提升计划　创新驱动科技工作新发展

——鲍泓在北京联合大学2015年科技工作会上的工作报告

(联办通报〔2015〕第21期,2015年12月4日)

在党的十八届五中全会通过《中共中央关于制定国民经济和社会发展第十三个五年规划的建议》(以下简称《建议》)不久,我校召开四年一次的北京联合大学科技工作会,具有重要意义。这次科技工作会的首要任务是结合我校实际,深入学习、深刻领会《建议》精神,准确把握其要求,转变观念,提高认识,增强信心,

指导行动。

本次会议将采取集中与分散相结合的方式进行，会期近半个月。除了大会开幕式和闭幕式集中开会外，其他时间由学院、部门、单位安排。请各单位负责人很好地利用这段时间，组织有关人员召开有针对性的、务实有效的座谈会、研讨会、报告会和成果展示等。广开言路，集思广益，充分发挥大家的聪明才智，共同完成本次科技大会的各项任务。

今天，我受校党委和行政的委托向大会做工作报告，报告自2011年科技工作会以来我校科研工作情况和"十三五"科技工作规划建议，题目是《深化科技创新能力提升计划　创新驱动科技工作新发展》。

一、2011年以来的工作回顾

2011年科技工作会召开时，正值"十二五"开局之年，主题是"实施科研创新能力提升计划，确保实现'十二五'学科与科研规划目标"，五年来，在上级主管部门、校党委和行政的正确领导下，在社会各界大力支持下，经过全校师生员工的真抓实干，奋力拼搏，我校的科技工作不仅在整体水平上有了很大提升，而且在不少方面迈出了大步伐，有了新突破，取得了可喜的成绩，实现或超额完成了"十二五"规划中科研和学科建设的目标，为我校今后科技工作持续发展，积累了经验，打好了基础。

（一）主要成绩

2011年（含）以来（截至2015年11月的不完全统计），我校科技工作和学科建设主要成绩按"十二五"规划提出的目标分为以下六方面。

1. 科研立项数量大幅增长和立项层次取得突破

近五年来，我校获批主持的国家级项目达100项，省部级课题150多项，其中，国家级重大、重点项目6项，北京市重大、重点项目21项，比"十一五"期间的立项数有了大幅度增加，很多学科领域在立项层次取得历史性突破。这次大会上，学校决定对"十二五"期间为学校的科技发展工作做出突出成绩的教职员工给予表彰。这次表彰的就是有突破或产生重大社会影响的项目，在国家级课题方面有国家社科基金重大项目、国家自然科学基金重大计划项目、国家艺术基金项目的突破等，这些项目的获得体现了我校在承担国家重大经济发展和重大应用研究方面能力的提高。

2. 科研经费有了较大幅度增长

"十二五"期间，我校每年从事业经费中投入科研提升常规和专项经费，从2010年的2600万元，每年平稳增长，五年总投入约1.5亿元，平均每年3000万元；科研竞争性经费从2010年的1097万元，2011年跃升至2573万元，并逐年快速增长，到2014年，全年到账经费总计5420万元，提前一年完成"十二五"规划中该项指标，预计近五年科研竞争性经费总额达2亿元，并实现首次科研竞争性经费超过事业费中的科研提升经费投入。二类来源的科研经费加起来约3.5亿元，标志着我校研发（R&D）经费投入占全校事业经费投入总数的比例呈上升趋势，到上一年度已超过5%（五年平均达4.67%）。

3. 科研成果数量和质量有较大提高

五年来，我校师生在国内外各类期刊发表论文5831篇，其中，中文核心期刊（C刊）1433篇，SCI/SSCI/EI检索期刊论文559篇，ISTP检索国际会议论文527篇，学术著作434部；我校相关知识产权授权的创新成果近500项，其中，专利380项，这之中的授权发明专利有185项，在北京市属高校位列前三；调研报告和建议100多项，其中大部分被各级部门、领导批示、采用或媒体报道；获省部级和行业及以上科研奖9项，其中，第一单位的有5项。考虑到社科和自科的成果形式的不同特点，C刊中不乏本领域权威期刊，还有一些优秀调研报告和著作、作品等，因此，学校完成了"十二五"的成果目标。很多成果服务北京、特色鲜明，达到国内或行业领先水平。例如，面向北京市中小企业地方立法研究，提交的《北京中小企业促进条例》立项论证报告及《条例》草案获市人大通过，并获批北京市哲学社会科学二等奖；《中国西北地区先秦时期的自然环境与文化发展》（学术专著）获教育部第六届高等学校科学研究优秀成果奖等；由特聘教授李德毅院士率领的智能车研究团队，在"轮式机器人"领域研发中，取得可喜成绩，获得重大社会影响，在"2014年中国智能车未来挑战赛"上获得佳绩，中央电视台新闻频道进行了直播，得到中央领导和北京市领导的关注和批示。

4. 科研平台和科技服务能力又有新增加和提高

学校创建两个院士科研工作站，新增市级科研平台北京市哲学社会科学基地"京台文化交流中心""生物质废弃物资源化利用北京市重点实验室""北京市智能机械创新设计服务工程技术研究中心""旅游信息化协同创新中心"，使我校市级科研机构平台数量达到8个，校级科研机构总量达到40个；国家级食品检测中心通过新一轮考评验收，《北京联合大学学报（人文社会科学版）》进入《中文社会科学引文索引》（CSSCI）来源期刊，《旅游学刊》获批国家社科基金资助期刊，2012—2014年连续三年被评为"中国最具国际影响力学术期刊"。这些平台不仅对学校科研工作和学科建设工作提供了良好的支撑，而且面向社会提供大量技术服务和咨询工作，取得一定经济效益和较大的社会影响。

5. 学科建设有新进展和突破

我校科研水平的提高，有力促进了学科建设的新进展。近五年来，一级硕士学位授权学科点由原来的空白增至5个，成功获批专业硕士学位授权点4个，使全校授权硕士学科总数达10个,自主设置二级硕士学科12个,不仅完成了"十二五"规划的学科点设立的目标,而且我校精心设计和组织设置学科点,使之已覆盖到我校所有有学历教育的学院和市级科研机构。此外,我校建立了与重点高校合作培养博士研究生项目,创建了国内第一个特殊教育临床医学(中医学)专业学位硕士点,是我国特殊教育史上的新突破,获批全国首批职业教育领域专业硕士试点,具有示范效应和鲜明特色,四个一级硕士学科通过了教育部组织的评估,其中,考古学学科评估成绩超过一些高校本学科博士学科点的成绩。

6. 人才培养层次和创新能力有了新提高

到2015年,我校直接培养的在校研究生已达361人,其中,外国留学研究生54人,符合条件的硕士研究生导师300名,兼职博士生导师13人,生均科研经费在市属高校中名列前茅。以科学任务和创新应用为导向,开展研究取得了高水平成果,在一些学科中研究生已成为创新队伍中的生力军。例如,考古学学科研究生在有考古挖掘资质导师带领下,到田野现场实地考古取得新发现,发表了考古报告,或发表在权威期刊上;食品科学学科导师指导的研究生,扎实进行生化科学实验,发表了多篇有较高影响因子的SCI论文;研究生智能车实验班、本科生"德毅"机器人实验班的学生不仅直接参加教师的科研课题承担科研任务,并且到城郊道路上进行智能车辆的科学试验,试验里程达上万公里,本科机器人实验班学生还参加了国家自然科学基金重大研究计划"脑机接口"的单项竞赛等,取得了好成绩。据不完全统计,近五年,在校研究生发表论文399篇,专利等知识产权成果75项,在教师指导下本科生也积极参加各项科技创新活动,每年达上千人次,获国家和省部级各种竞赛奖百项以上。

以上成绩表明,科技工作及其成果对学校社会影响力提升、人才培养质量提高和事业发展的作用已经凸显,这是全校师生共同努力的结果。这次大会,在各基层单位推选的基础上,评出的十大"突出贡献奖"项目人员就是其中的代表,这里,我代表校党委、行政对全体师生在"十二五"期间对科技工作的贡献表示衷心的感谢!

(二)主要问题与不足

必须看到,我校是规模大校,但科技工作底子薄,尽管近几年进步很大,但目前仍处于一个发展平台期,还存在很多问题与不足。

1. 应用型科研的优势还不显著。我校作为应用型办学定位的大学,以应用型为主要特色的科研创新体系目前尚未完全形成。主要表现为发表的论文和著作原创性的少,申请的专利等知识产权实现转化应用的少;科研走入社会实践与市场企业对接的少,重点实验室等平台的开放性和技术服务能力不够。当然,一些科技政策和评价体系还不能适应应用型创新体系的建立。

2. 科研工作发展不平衡。主要表现在发表的论文总数不少,但高水平论文数量偏少;相对纵向课题和人才项目,承担的企业或行业委托的横向课题较少,承担具有关键核心技术的协同攻关创新能力不足;高水平成果获奖特别是科技应用类奖较少;一些单位、学科、专业聚焦度不够或落实不力,因此特色突出、优势明显的研究领域和学科专业较少。

3. 高层次领军科研人才匮乏。部分师资队伍的科研创新能力还不能适应解决国家和北京市重大问题的需要,表现在一些单位相当部分的领导和教师科学研究视野不够宽阔,对国家和北京市重大需求不清楚,缺少高层次领军人才,青年拔尖人才也不足,协同创新意识和能力不够。学校的人员规模大,但师生人均创新性成果较少,不能适应创新型国家建设和对"双创"人才培养的要求。

这次科技大会,要客观全面地总结"十二五"期间我校科技工作状况,从正反两个方面为科学编制我校"十三五"规划和制定政策提供经验和借鉴,找到新的科研动力和潜力。

(三)经验和启示

"十二五"时期,学校针对科技工作发展的规律并结合我校实际,明确了目标,出台了科研工作量、成果认定办法、学科评估标准、科技人员考核办法和激励政策等一系列文件,并在实践中得到了认真贯彻执行,极大地调动了广大师生的科研积极性,一些有突出贡献的业绩也大大鼓舞了广大师生从事科研工作的自信,向包括院士在内的高层次人才学到了很多宝贵的经验。分析过去五年科技工作发展的基本特征和规律,总结经验,发现不足,目的是使学校今后的科研工作更加健康发展。归纳起来,有以下经验和启示。

1. 聚焦方向。就是谋事要实,在学校层面,应用型是我校科研工作的主导方向,实践证明,我校确立的办应用型大学的定位和"学以致用"的校训是准确的,是符合经济社会发展和时代要求的。应用型高校中的科研工作要坚持应用型的科研方向,研以致用。在各基层单位层面,以科学任务为导向带动科学研究和创新应用型人才培养,科学任务的确定应在社会需求和应用中找到聚焦点,把这个点(人或事)打造成为形成本单位特色的亮点,撬动本单位发展的支点。

2. 聚集资源。就是创业要实,在人财物各种资源中,人才队伍是保证科技工作和学科建设质量的第一要素。要有本领域的领军人才,还要有一支与之适配的创新团队,领军人才要引进和培养并重,市教委和我校特聘教授计划所采取的"不为我有、但为我用"的一种模式,是解决领军人才缺乏的一种经验,但要为特聘教授构建人才队伍,要注重培养创新人才和青年拔尖人才,给中青年教师派任务、压担子,同时要不拘一格选拔使用人才。配合相应政策支持,加大和落实对科研人员的经费投入和收益保障,整合物质资源,保证师生有充足的创新创业空间。

3. 聚合力量。经验证明,个人力量大不过团队,团队力量大不过体系,体系力量扭不过趋势。在世界性新一轮科技和产业革命浪潮中,要面向未来、审时度势,按中央的《建议》和北京市十一届八次全会的《中共北京市委关于制定北京市国民经济和社会发展第十三个五年规划的建议》制定我校目标,聚合各种力量形成合力。"政产学研用"结合,协同创新,是科研取得成果的坚实基础和有效途径。体系所具备的多元措施、制度和资源是科技工作取得发展的有力保障,今天的科技项目和学科建设往往是多元组合,涉及人财物和政策等诸多方面,重大项目需要举全校之力,形成合力,才能保证科研任务的出色完成,出高水平成果和人才。

4. 聚变成果。有一流的科研才会有一流的学科和人才,要使我校人才和成果进一步达到高层次、高水平的巨大变化,就要以特色求发展。前面提到我校取得具有一定优势的项目,是在融合跨界有特色或新兴领域中产生的,是协同创新的结果。旅游信息化协同创新中心平台是旅游业与信息技术融合跨界的产物,智能车项目则是集合了校外研究机构的院士作为特聘教授、有北汽集团等企业合作,校内集合了信息、自动化、机电、特教、实训基地、重点实验室等多个部门和学科专业的人员,交叉融合、协同创新,才能攻克具有高难度的科技项目,建立科研高地,攀登科研高峰。

综上所述,一个重要经验就是一个单位要达到高水平有特色的发展目标,首先要聚焦方向,之后聚集资源,在此基础上聚合力量,最后达到聚变成果的目标。

二、形势与目标

(一)形势

中共北京市委十一届八次全会《中共北京市委关于制定北京市国民经济和社会发展第十三个五年规划的建议》提出,北京"十三五"的目标是疏解非首都功能取得明显成效,"大城市病"等突出问题得到有效缓解,首都核心功能显著增强,经济保持中高速增长,到2020年地区生产总值和城乡居民人均收入比2010年翻一番,形成"高精尖"经济结构,成为具有全球影响力的科技创新中心。

过去以劳动密集型和资源消耗型为发展的主要方式,将转变为以智力密集型和环境友好型为发展的模式,这对高等教育是一个重大机遇,也使高等教育面临严峻挑战。因此,在新常态下,将创新作为引领发展的第一动力,科学谋划今后五年科技工作发展规划,聚焦目标,汇集资源,聚合力量,为形成"高精尖"经济结构,成为具有全球影响力的科技创新中心做出我校应有的贡献。

(二)指导思想与总目标

以党的十八届五中全会提出的《建议》为指南,全面指导我校科技工作发展;坚持创新驱动发展战略,把握现代科技和产业发展趋势,面向京津冀协同发展需求,服务首都"四个核心"功能建设为己任,坚持应用为本,协同创新,求真务实,真抓实干,再经过五年努力,为争创高水平有特色的应用型大学做出科技工作的新贡献。

三、深化科研创新能力提升计划的建议

中央和北京市已经出台了"十三五"发展规划的《建议》,学校"十三五"规划要与之相对接。未来五年我校科技发展的具体目标、任务和指标,正在征求意见中,《北京联合大学深化科研创新能力提升计划》《当前加强研究生教育工作的意见》等文件征求意见稿将发给大家讨论。在这里,我从应用导向、创新驱动的角度提出以下建议。

1. 坚持创新发展。创新驱动发展是国家发展战略,创新是驱动发展的第一动力,是我校"学术立校"发展战略的核心内容,要研究应用型大学学术立校的内涵和特色,学术领域包含了学科和术科、文科和理科、理论和实践、科研和教研,以及管理和服务等,学术立校就是在这些领域中勤于思考、勇于创新,不仅要开展知识创新、理论创新,还要鼓励理念创新、制度创新、集成创新、应用创新以及价值创新等。学术氛围就是要让创新驱动、创新发展蔚然成风,成为我们各项工作的自觉性和坚定性。

2. 坚持应用为导向。卢校长刚才的讲话中已就应用型大学的科技工作定位做了阐述。人类社会的进步与发展中,理论研究和应用型研究,构成了科学研究的全部内容。过去在科学研究过程中,很多从理论研究出发指导应用实践,推动了科技进步。当今世界,特别是进入互联网时代以来,实践和应用驱动带动理论突破和科学的发现,已成为新常态,例如大数据研究和应用的兴起,是从数据量激增到一个巨大数量级后产生的。最近党中央、国务院和北京市颁发的一系列文件都强调了科技活动、成果转化,要与市场对接,与企业对接,以及科技人员的贡献与收益对接,"三个对接"的本质是体现了应用的价值。科研政策和评价体系要符合应用型大学建设的标准。例如,科研项目和经费要鼓励对横向课题、成果转化、科技服务的认定,科技成果要体现对专利、实验与调研报告和实际社会影响的工作量的计算和层次认定等。

3. 坚持人才是第一资源。人力资源是一切资源中的首要资源,人是科研工作的主体,是创新活动和学

科发展的首要因素,"十三五"要深化落实"人才强校"战略,明确在高校的各种岗位承担科研任务中共同但有区别的要求。共同任务就是大学教师要承担教学、科研、社会服务和文化传承创新职能,有区别是不同岗位承担职能的任务量和考核标准有所区别,分类指导。例如,要体现自然科学、社会科学和艺术体育等不同学科和应用领域的不同评价标准,继续调整教学为主、教学科研和科研为主岗位职责,还可设立科技成果转化岗及其他专技岗,加强对"双创"师资培训和企业行业实践的力度,制修订相关人才评价标准,既要有少数"顶天"的高精尖人才和项目,也要支持大部分能"立地"人才和项目等。造就一支适应创新型国家建设、首都科技创新中心建设和"大众创业、万众创新"的师资队伍。刘延东同志最近发表的文章指出,"要为科研人员营造更加宽松的科研环境,改革科研评价和奖励制度,健全人才流动机制,赋予创新领军人才更大人财物支配权、技术路线决策权,实行以增加知识价值为导向的分配政策,提高科研人员成果转化收益分享比例,鼓励人才弘扬奉献精神。"

4. 坚持协同开放。当今的科技活动,涉及诸多领域,多个专业学科,具有综合性、集成性和跨界融合性特点。一些关键技术和难度较高的项目或任务,更需要多方协作才能完成。创新驱动发展,必须要有协同开放、联合攻关的机制,协同研发和协同创新应当成为我校科研创新工作的新常态。继续做实做好已有优势特色项目和平台建设,力争进入高精尖创新中心和项目,力争进入国家级科研平台和协同创新平台。有了这样的基础,就能为"十三五"期间创新驱动提供发展动力。

根据"十三五"时期创新发展要求,大会拟定了一些新的文件,将下发各单位进一步讨论和征求意见。在这些政策文件中,既保留了原有文件的成功之处,又加入了应用导向、创新驱动发展的新要求;既贯穿了上级新的文件精神,又结合了学校实际。在充分听取意见后,进行完善,经学校审批后,将陆续下发执行。在拟定过程中,虽然我们尽力做到这些要求,但限于文件多、涉及面广,难免有疏漏和不当之处,欢迎大家批评指正、建言献策。

各位领导、各位来宾、老师们、同学们:

全会精神和《建议》为我国高等教育的创新发展指明了方向。我们要在上级主管部门的指导和支持下,在校党委、行政的领导下,凝心聚力,把这次科技工作会开成改革创新的大会、团结奋进的大会,为我校的科技工作和学科建设再上新台阶而努力奋斗。

谢谢大家!

改革创新　真抓实干　开创应用型大学建设新局面
——韩宪洲在北京联合大学2015年科技工作会闭幕式上的讲话

（联办通报〔2015〕第23期,2015年12月18日）

为期两周的学校科技工作会即将结束。开幕式上,卢振洋校长强调,科技工作是我们建设应用型大学的前进动力,并指出我校的科技工作要适应人才培养定位的要求,把科技工作看作是学校人才培养的重要支撑和必要条件,贯彻好"学以致用"和"研以致用"。鲍泓副校长对2011年以来我校科技工作做了全面回顾,总结了成绩,指出了不足。提出"聚焦方向、聚集资源、聚合力量、聚变成果;坚持创新发展、坚持应用导向、坚持人才是第一资源、坚持协同开放"的开展科技工作的经验和启示。我完全赞同他们的报告。

李德毅院士"用任务带学科"的报告为我们指明了一条可行的应用型大学改革创新途径。

会议期间,各学院、部门和单位,组织召开了座谈会、研讨会和专题报告会,为大家提供了广开言路的平台。一些专家和教授发表了许多真知灼见,师生们提出了不少有益的建议。

可以说,这次科技工作会是一次成果丰硕、凝心聚力、继往开来的大会。

结合大家在讨论中提出的问题,借此机会,我谈几点意见。

一、"十三五"时期应用型大学建设面临新的机遇

当前有许多"热点"词汇,从国家层面看有:"创新驱动发展""中国制造2025""一带一路""互联网+""大众创业、万众创新",等等。具体到北京市属高校,当前我们面临的两件大事,一是北京"四个中心"的城市功能定位,二是"京津冀协同发展"。

这些背景,尤其是北京"四个中心"的城市战略定位和建设国际一流的和谐宜居之都的战略目标,要求我们的人才培养目标以及学科专业结构,要及时向着与首都城市战略定位相适应的方向进行调整,与首都产业结构调整的需求、与京津冀协同发展相适应和相一致,这些都是"十三五"期间,应用型大学发展必须面对的新形势,必须回答的问题。

近期高等教育发展的新举措,也为应用型大学的发展提供了新的机遇。2013年1月教育部部署了"应用科技大学改革试点战略研究项目",全国13个省、市、自治区的30余所本科院校入选该项目研究工作。在教育部推动下,由35所地方本科院校发起的应用技术大学联盟于2013年6月28日在天津成立,该联盟围绕建设应用技术大学的目标,探索推动中国高等教育分类办学和特色发展。2014年中国发展高层论坛上,教育部副部长鲁昕在演讲中谈到,中国高等教育结构调整的重点是1999年大学扩招后新设立的600多所地方本科院校,在培养模式上,这些高校将淡化学科、强化专业,培养技术技能型人才。2015年10月,教育部、国家发展改革委、财政部联合发布了《关于引导部分地方普通本科高校向应用型转变的指导意见》,中国教育科学院受教育部委托,正在研究制定应用型高校准入标准和评估标准。

二、关于应用型大学的科技工作

1. 认清应用型大学科技工作的特点

应用型大学同样要重视科研,抓好科研,这是我国《高等教育法》赋予所有高校包括应用型高校的社会责任和功能。应用型大学的科技是反映应用型大学"应用"特征的一个重要方面,同时,具有"应用"特征的科技又能促进、推动大学总体办学水平的提高,二者是相辅相成的关系。

学校的领导、职能部门、教师必须紧紧抓住"应用"不放手。这样才能有自己的特色,有发展。

2. 把握应用型大学科技工作与人才培养的关系

应用型大学的科技工作要有浓郁的应用型的氛围。

应用型大学的人才培养同样离不开具有应用型背景的师资队伍和具有应用型特征的科学研究的支撑。

学校要鼓励学生在课程学习的过程中动手、实践,尽可能参加到教师的项目中去。同时也要在政策上鼓励、支持教师在课下指导学生社团、指导学生创新和创业。

3. 重视应用型大学科技工作的内在要求

要推动应用型大学建设,就要探索、遵循应用型大学自身建设发展的特点和规律。要推动我校科技工作的发展,就要配合有效的政策予以保证。学校要针对创新、创业的新形势,结合学校的实际,制定和实施有利于激励应用型科研工作发展的政策和措施。

目前,应用型高等教育的评价体系和机制尚未建立,应用型大学科研工作的评价办法和考核机制也处于不完善或缺失状态。要边实践边研究,着手改变这一状态。

在教师的职务晋升、岗位聘任和业绩考核中,对于一线应用研究与学科前沿研究、学术论文与技术应用和创新成果,要给予同样的甚至更高的重视程度和价值评判。

要逐步改变只以论文和课题数量论英雄的局面,制定鼓励教师开展与应用型大学建设相适应的教研、科研评价办法,至少要建立起相应的通道。

要创造条件,聚集力量,用好北京市大学科技园、学生科技园、创业孵化基地、校外实践教学基地、校内创新实践基地等创新创业平台。

要广开渠道,通过学校自身能力、自行筹集资金、校企合作、风险投资等多种形式,扶持我校毕业生创新创业,对毕业生要切实做到"离校不离心、服务不断线",让我校有应用特长的毕业生在创新创业的起跑线上继续得到学校的支持。

三、积极做好我校科技工作,为建设应用型大学助力

北京联合大学在建校之初,就提出了培养应用型人才的办学目标。经过30多年的改革发展,在发展应用型教育、培养应用型人才、建设应用型大学等方面,积累了很多宝贵的经验,取得了一定的成果。在创新创业的新形势下,我们要坚定不移地恪守"学以致用"的办学宗旨,为我国应用型高等教育的发展继续做出新贡献。

在新形势下,如何推进应用型大学建设,是这次科技工作会期间很多同志关心的话题,也是我们当前在制订学校"十三五"规划过程中要研究、回答的问题。

1. 优化和调整学科专业结构

围绕"应用"、立足北京,建设应用型大学,需要我们以改革、创新的精神,根据首都和京津冀协同发展需求,积极优化我校学科和专业结构,把应用型大学的建设落在实处。

比如,浙江省对明确要建设的41所应用型高校提出要求,应用型专业占所在院校专业数的70%以上,在应用型专业中就读的学生占所在院校在校生的80%以上,前8位应用型专业就读学生占所在学校在校生的30%以上。辽宁省提出,(应用型大学)试点学校要建立紧密对接产业链、创业链的学科专业体系,应用型专业占比要达到70%以上。

我们要从中得到启示。如果学校、学院的"十三五"规划不回应专业调整这个问题,就不能说我们的规划是从当前学校面临的形势、从学校的实际出发的。

2. 努力探索应用型大学的办学体系

当前,国家开始引导部分地方普通本科高校向应用型转变,各省市也在制定自己的办法,鼓励、指导、督促高校按照应用型大学的特点、模式积极探索。"应用型"是北京联合大学建校之初就确立的办学定位,但我们对应用型大学特征、规律的研究也还不够。现在,要借国家大力推进部分高校应用型转型的东风,加快行动;否则,我们仅有的一点优势也会很快失去。

比如职称评审。我们总说现有的评价标准不能准确评价应用型的教师,应该建立相应的评价标准,我们搞了这么多年的应用型了,今天能提出一套自己的体系吗?可能还提不出来。这实际上也反映了我们应用型教育发展的实际。浙江省提出应用型教育在师资、聘任、薪酬、考核、评价等各方面都要尽快明确自己的模式,这也是我们要努力的。

比如教学改革。应用型大学的教学计划应该是什么样的?有的省提出,学生专业学习阶段要有30%—50%的课时不再是传统的课堂讲授方式。尽管不同的专业在教学的实施上有不同,但总体上应该能看出应用型教学的特征。我们这几年试点的"德毅机器人实验班"在这方面有些新意,在教学安排上课堂讲授和实际动手的学时比,第一年是7∶3,第二年是5∶5,第三年就成了3∶7。这就是试点的意义。

比如管理体系的保障。推进应用型大学的建设,相关的制度、机制十分重要,管理要先行。人事部门、教学管理部门、科研管理部门等要有领先的理念、积极的态度、有效的措施,这是推进应用型建设的必要保障;否则不是推进,而是拖后。

3. 积极探索、大胆试点,创新应用型大学的办学实践

浙江省提出了对应用型大学的评价。要注重考查应用型高校人才培养与地方经济社会发展需要的契合度、高校为地方经济社会发展的贡献度、毕业生对自身职业发展现状的满意度、用人单位对学生的满意度,这就把应用型大学建设落在了实处。

近日,教育部同意在天津中德职业技术学院基础上,建立天津中德应用技术大学,主要培养区域经济社会发展所需要的应用型、技术技能型人才,以适应和服务经济转型、产业升级、技术创新的需求,这是优秀的高职院校升格办应用型教育的典型,它们有自己的优势,对我们也是挑战。

一年前,李德毅院士提出了组建机器人学院的想法。两周前,在科技工作会开幕式上,李院士再次提出了这一"愿望",我们要积极呼应李院士的建议,尽快行动起来,大胆创新组建机器人学院。这所学院应该是全新机制的学院,在体现创新、体现应用型特征上,都应该是我们办学的典范,反映学校发展、改革的方向。

4. 践行"三严三实",推动学校发展

按照中央和市委的部署,从今年5月份开始,我们在各级党组织中开展了"三严三实"专题教育,目前准备召开民主生活会、组织生活会。专题教育的成果要落实到推动科技工作、带动学校全局工作上,这需要我们各级组织、各个单位、各个部门、每一名党员干部,按照"三严三实"要求,切实履行好职责,真抓实干,取得实效。

各级组织、各个部门,要把践行"三严三实"融入工作规划、运行、制度建设与保障的各个环节,为建设应用型大学提供科学有效的服务和管理;党员干部要强化责任担当,以"三严三实"的精神状态,发挥带头作用,推动学校工作任务的落实,把应用型大学的建设落实在教学、科研、管理的方方面面。

各位来宾、老师们、同学们:

北京的发展正处于重要战略机遇期,高等教育将面临新一轮分类发展的机遇与挑战,当前也是北京联合大学发展的关键时期,我们必须准确把握战略机遇期的深刻内涵,准确把握北京高等教育发展的阶段性特征。

"十三五"期间,北京联合大学的发展需要勇往直前的毅力,需要雷厉风行的作风,需要脚踏实地的干劲。把北京联合大学建成一所高水平、有特色、首都人民满意的应用型大学,这是时代赋予我们的重任,也是我们的责任,让我们积极改革创新,真抓实干,迎来学校发展的新局面!

北京联合大学 2016 年工作要点

(京联党〔2016〕32号,2016年3月2日)

2016年是"十三五规划"开局之年,学校将继续深入学习贯彻落实党的十八大和十八届三中、四中、五中全会以及习近平总书记系列重要讲话精神,深刻把握北京首都城市战略定位和京津冀协同发展大势,紧紧围绕"全面提高教育质量,加快推进教育现代化"这一主题,以新的发展理念为引领,科学制定"十三五"时期改革和发展规划,谋划切实措施,抢抓机遇,全面推进高水平、有特色、首都人民满意的应用型大学建设。

一、继续全面从严治党,为改革发展事业提供坚强保证

1. 加强思想理论建设。规范党委理论中心组学习,巩固马克思主义在学校意识形态领域的指导地位,坚定党员领导干部和师生的道路自信、理论自信、制度自信。落实《关于全面加强北京高校马克思主义理论学习研究宣传的实施意见》,成立马克思主义学院,加强学科建设和思想政治理论课建设。积极培育和践行

社会主义核心价值观,大力推广"原创联大",聘请理论宣讲员,说联大的人,讲联大的事,唱联大的歌,将宣传教育重点落在学校发展上、落在教师身上、落在人才培养上,切实增强校园文化建设实效。开展好建党95周年和红军长征胜利80周年纪念活动。深入挖掘校史资源,加强爱校荣校教育。

2. 做好组织工作。巩固"三严三实"专题教育成效,扎实推进校领导班子2015年民主生活会整改方案落实。按照中央和北京市委部署,在全体党员中开展"学党章党规、学系列讲话,做合格党员"学习教育。成立党建工作督导组,建立二级党组织党建工作考核体系,出台党支部组织生活指导计划。完成2015—2016年"十佳支部"评选工作,启动"十佳红旗党支部"创建工作,开展支部书记评优活动。制定《发展党员工作手册》,规范党员发展程序。继续完善干部选拔任用工作机制,稳步推进干部轮岗交流,注重多岗位锻炼青年干部。加强干部教育培训,加强后备干部队伍建设。

3. 抓好党风廉政建设。落实党委主体责任。严明党的政治纪律、政治规矩,加强以政治纪律为重点的纪律建设,着力保证学校重大决策部署贯彻落实。建立健全党风廉政建设相关制度,强化权力运行制约监督。加强对党员领导干部教育监督和管理。深化廉政风险防控"三个体系"建设,建立科学有效的权力运行制约和监督机制,营造风清气正的校园氛围。

强化纪委监督责任。深入学习贯彻十八届中央纪委六次全会精神。以《准则》《条例》为重点,加强党员领导干部廉政教育。加强经常性监督检查,对重点领域关键环节开展专项检查,督促制度执行与落实。加强和改进党的作风建设,驰而不息纠正"四风"。加强纪律审查,实践"四种形态",严格执纪问责,强化责任追究。把纪律挺在前面,持续深化"三转",强化队伍建设,配齐配强纪检监察干部。

4. 加强教代会、工会及离退休工作。贯彻落实中央群团工作会议精神,推动以"人"为本、以"文"为核的"人文联大"建设。做好"双代会"换届工作。深化爱心互助基金工程、教职工健康幸福工程和"十送温暖"服务工程,推进教职工文体协会建设。贯彻落实中央《关于进一步加强和改进离退休干部工作的意见》。

5. 持续做好校园安全稳定工作。明确责任、落实考评,扎实推进校园安全网格化管理,探索开展师生安全教育的有效方式,提升师生的安全意识和技能。加大安防基础设施投入,均衡各校区安防设施水平。加强信息收集和动态掌控,完善应急处置方案,做好敏感节点、敏感类案事件、大型活动等维稳工作。做实反恐日常工作,确保校园安全稳定。

二、加强顶层设计,科学谋划整体事业发展

6. 完成"十三五"规划编制工作。把握形势、抓住机遇,积极顺应、融入并服务于北京城市功能定位调整以及京津冀协同发展的大势,解放思想、集全校智慧,科学编制学校"十三五"时期改革和发展规划,深入推进高水平有特色首都人民满意的应用型大学建设。

7. 创新推动办学资源整合。树立和贯彻落实"创新、协调、绿色、开放、共享"的发展理念,结合学校实际,创新办学体制机制,推进马克思主义学院、艺术学院成立后的运行工作。筹建机器人学院。完成蒲黄榆校区总体规划和园区改造工作。

8. 规划特色智慧校园生态体系。探索新型教育服务供给方式,改造网络学堂,推进信息化与教学的深度融合。搭建环境管理与资源管理大数据平台,启动智慧教室建设,构建方便易用、服务全校的软视频会议系统。推进学校注册中心系统建设,规范各类人员电子身份管理,构建学校电子身份管理体系。启动教师数字素养提升工程,提高人力资源管理水平。加强资产管理信息化建设,推进全校资产数据库和招标采购信息平台建设。提高后勤管理信息化水平。承办高教学会信息化分会校长论坛。

三、继续深化教育教学改革,不断提高人才培养质量

9. 启动实施"教学品质深化计划"。制定"十三五"时期专业、课程和教材专项建设规划。完善专业评估指标体系,继续开展专业年度评估。开展学科大类必修课程合格评估,推进优质在线课程建设、引进及使用。推动课程教学模式改革,重点支持专业核心课程进行翻转课堂、案例教学等教学模式改革。

10. 继续推进教学综合改革。理清校院教学管理职责,构建责、权、利相适应的教学管理体制和运行机制。继续开展创新人才培养的教学综合改革。加强校级实验班建设,以"德毅"机器人实验班为依托,开展应用型复合型创新人才培养。依托"双培计划",搭建专业建设资源共享平台,探索人才培养新机制。

11. 推进创新创业教育改革。依托"实培计划",推动与科研院所、企业合作。加强创新创业实践平台建设,完善创新创业学分认定制度。开展校级示范性创新创业人才培养基地建设。继续完善学科竞赛体系,打造品牌赛事。

12. 推进招生就业工作。适应招生制度改革,做好招生与专业培养衔接,强化专业宣传,推进大类招生实践探索。落实好就业责任制和就业指导服务项目的基层延伸工作。采取措施,稳定基层就业队伍。依托专业,建立校院两级就业基地,推进专业教育与职业发展教育融合。发挥校院两级创业平台作用,协同推动创业工作。

13. 加强体育工作。丰富网络时代的体育课程评价体系,完善体质健康测试管理工作,测试率争取达到

98％以上。开展丰富多彩的课外体育活动,召开第十五届全校运动会。加强高水平运动队建设,力争在市级及以上比赛中获奖。进一步做好体育场馆的运行、管理及文化建设工作,为师生健身服务。

14. 做好继续教育工作。巩固成人高等学历教育招生成果,提升教学质量。完善国培项目培养方案,做好基地工作。巩固已有培训项目,努力开拓新项目。适时启动课程网络资源建设工作,加强继续教育教务管理系统建设。

四、加强学科专业建设,提升科研水平和研究生教育质量

15. 推进学科专业建设。对"博士人才培养项目"涉及的学科专业进行专项资助。遴选招生优势学科方向与团队,加强特色学科专业方向建设。加强职业技术教育专业硕士点建设,探索培养高端技术技能人才的模式,努力占领首都现代职业教育体系制高点。支持推进特殊教育和中医特色专业硕士点的建设。建立学科点动态调整机制。

16. 加强研究生教育管理。进一步理顺工作机制,发挥好基层培养单位作用。做好硕士学位点2016年度合格评估工作,建立成果库,撰写自评报告报备教育部学位办。做好2016年推免生接收工作和普通生复试、录取工作。制(修)订研究生培养方案。

17. 提升科研创新能力。落实《关于优化学术环境的指导意见》,推进学校科研管理体制改革创新。坚持应用导向,初步构建应用型大学的科研评估体系,推进试点学院的应用型科研评价工作。加强科研平台建设,提高协同创新能力,面向京津冀区域协同和首都经济发展重大需求,继续做实做好已有优势特色项目和平台建设,继续培育和力争进入高精尖创新中心和项目。完成学校学术委员会和科学技术工作指导委员会的换届调整和章程修订工作。

五、加强人才队伍建设,深化落实"人才强校"战略

18. 加强高层次人才引进和培养。完善高层次人才和团队建设及发展政策,加大人才引进力度。继续选派教师到国外做访问学者,组织优秀专业负责人赴美国进行培训,选派优秀青年教师和管理人员到国外攻读博士学位。

19. 加强教职工聘任和培训工作。做好2017年岗位聘任政策调研,进一步完善专业职务晋升必备条件制定工作。加强科级干部管理和培训及档案审核工作。继续做好教师发展中心工作,实现学院分中心全覆盖。建立教师发展指导专家队伍,研究制定新教师主讲教师资格认证标准。

六、加强思想政治工作,促进学生成长成才

20. 深化思想政治理论课建设。进一步加强马克思主义理论学科建设,围绕学生专业开展教学,增强思想政治理论课的实效性,提高教师队伍思想政治素质和育人能力。做好马克思主义学院学科建设布局以及规划、科研管理相关制度的增补和修订、教师队伍和学科团队的管理等工作。深化问题导入式专题教学改革,优化整合学科团队,争取高水平科研项目立项,切实加强马克思主义理论学习、研究和宣传工作。

21. 提升德育工作实效水平。完善深化应用型大学"学专融合"工作模式,推进全员育人。培育和打造"树人工程",搭建网络思想教育平台,推进书院建设。完善学生党员培养体系,建设学生党建活动品牌。实施学风建设提升计划,深化就业教育,探索学分制模式下评优奖励措施,推进发展辅导和学业辅导,规范德育研究会工作,加强大学生思想政治教育队伍建设。完善心理中心软件模块系统,打造心理素质教育品牌活动。

22. 提高共青团工作水平。深入推动思想、教育、体制创新,切实增强共青团工作活力和对青年学生的吸引力。加大支持和指导,推进学生理论社团建设。加强"青春联大"微信平台建设,增强舆论影响力。完成校、院团组织换届选举工作。加强学生创新科技活动,召开学生科技大会。开展学生创业训练和培训,运营好"联合咖啡"和"家乡的味道"学生创业实践项目。提高第二课堂活动质量,打造特色品牌活动。加强艺术团建设,开展校内巡演,面向社会开展艺术交流活动和比赛。

七、提高国际化办学水平,助力学校内涵发展

23. 做好国际交流工作。按照科学规划、合理安排、实事求是的原则做好因公派出工作,探索因公出访计划的执行机制,加强出访后成果共享和评估。积极参与"留学北京行动计划",抓住"一带一路"机遇,在欧洲国家选择合适的合作院校,逐渐形成有影响力的交流平台。办好孔子学院,创建对外文化输出品牌。

24. 开拓师生交流新渠道。探索成建制地开展学生学期交流的机制和项目,扩大对外合作院校规模,多方渠道筹措资金,设立出国(境)奖学金,鼓励并积极推动在校学生赴国(境)外学习交流。开展全英文教学资源建设。扩大留学生规模,提高层次,保证质量,办出品牌和特色。深化和港澳台地区的交流与合作,促进双向交流,加强特色专业学生对口交流。

八、完善管理机制,不断提升服务效能

25. 推进依法治校。在首都教育管办评分离背景下,探索深化学校内部管理体制改革。推进落实《大学章程》,完善学校内部治理结构,推进治理体系现代化。做好"六五"普法总结工作,研究制定学校"七五"普法规划。

26. 提升财务资产管理和服务水平。从人员保障、制度保障、技术保障、实施保障四个方面，做好财务统一核算工作。落实学校公务卡管理办法，扩大公务卡业务覆盖面，扎实推进支付方式改革。进一步完善预算管理，根据新的管理模式，调整预算编制时间，改革预算下达方式，推进预算评审工作。履行好财务廉政风险防控职责，加强财务监管。做好北四环、昌平等校区以及蒲黄榆校区资源配置和调整工作。

27. 严格审计监督工作。贯彻落实北京市《进一步加强内部审计工作的意见》，做好财务预决算审计和各项财务审计，助推学校财务统一管理服务工作。做好领导干部经济责任审计、基建修缮工程审计，开展审计结果运用与公开，推动审计整改意见落实。

28. 提高后勤服务品质。拓展后勤服务渠道，做好后勤服务保障工作，切实提升后勤服务内涵发展水平。推进标准化建设力度，新建设1—2个标准化宿舍楼、食堂。北四环校区通过北京市教育委员会"标准化校园环境"评审。

北京联合大学2015年上半年工作总结

（京联党〔2015〕43号，2015年9月14日）

上半年，学校按照《北京联合大学2015年工作要点》部署，认真学习贯彻十八届三中、四中全会以及习近平总书记重要讲话精神和"四个全面"战略布局重要论述，扎实开展"三严三实"专题教育，积极推进学校"十二五"规划目标的实现，进一步丰富了学校发展内涵，为"十三五"发展奠定基础。

一、以推进各项整改任务落实和"三严三实"专题教育为重点，党建工作推动有成效

1. 强化政治理论学习、研究和宣传，筑牢思想根基。持续打造校党委理论学习中心组高端品牌，先后邀请党建、教育等领域知名专家，围绕党的理论热点、高等教育发展等内容为全校级以上干部集中授课4次，解放了思想，开阔了眼界，增强了谋事干事的意识与能力。深入开展教职工政治理论学习特色项目申报培育及答辩评审活动；开展2015年党建和思想政治教育课题的立项评审工作，立项12项。弘扬主旋律，开展"原创联大"校园文化活动和先锋模范示范引领活动，上半年在社会媒体发表新闻报道较去年同期提升68%。教职工政治理论学习、宣传与研究的积极性、实效性进一步增强。

2. 巩固和拓展教育实践活动成果，扎实开展"三严三实"专题教育。积极推进校领导班子教育实践活动整改任务、巡视整改任务和2014年校领导班子民主生活会整改任务的落实，顺利通过市委第四检查组对学校教育实践活动整改落实情况的专项检查。面向处级以上领导干部，认真组织开展"三严三实"专题教育，坚持突出主题，以上率下，实现各级党委书记讲党课全覆盖，动员部署全覆盖，已完成两个专题的集中学习研讨。

3. 严守规矩，加强领导班子和干部队伍建设。贯彻落实《党政领导干部选拔任用工作条例》，严格执行《北京联合大学处级干部选拔任用工作实施办法》，根据工作需要，调整24名处级干部，并梳理全校处级后备干部库。开展干部人事档案专项审核工作，对全校342名处级干部的档案进行初审、复核。加强干部出国（境）管理，完成违规办理和持有因私出国（境）证件专项治理工作。修订完善《北京联合大学二级单位和处级干部2015年度考核工作方案》，并启动实施。

4. 加强基层党组织建设，增强凝聚力战斗力。深入推进"十佳党支部"创建工作，21个教工、离退休和学生党支部参加中期建设汇报会；召开全校"七一"表彰大会，表彰了28个先进基层党组织、54名优秀共产党员和27名优秀党务工作者；加强对发展党员工作的过程监管和指导力度，实行入党志愿书编号管理制度，完成了迎接市委教育工委对学校发展党员工作的专项检查；健全党员教育培训体系，制定《2014—2018年北京联合大学党员教育培训工作实施方案》，召开上半年党员教育培训联席会，举办第一期教职工党员发展对象培训班。

5. 切实落实"两个责任"，党风廉政建设常抓不懈。年初将党风廉政建设工作与教学、科研、组织、人事等学校重要工作一起研究和部署，制定了《任务分工》，明确责任；召开全校党风廉政建设大会，部署全年党风廉政建设工作，与二级党组织签订了《落实党风廉政建设主体责任承诺书》；开展全校党风廉政建设责任制落实情况中期检查，在全校自查基础上，对27个单位进行重点检查。开展党风廉政宣传教育"五个一"活动；坚持落实中央八项规定精神情况月报制度，开展"四风"问题监督检查；持续深化"三转"，对37个招投标项目实行备案监督，对重点领域14个行政事项开展80人次监察；实行工作进程备案制，督促检查"三个体系"建设工作，完成59件因公出国任务公示。加大信访案件线索查处力度，坚持案件线索月报制度。截至7月，受理纪检监察信访举报10件，办结7件，在办2件。为3个单位和8名干部澄清了反映失实的举报问题，对2人进行责任追究。

6. 校园安全工作进一步夯实。制定全年工作计划,抓好工作重点,落实安防责任,签订《2015年北京联合大学维护安全稳定责任书》和《2015年北京联合大学消防安全工作责任书》。选送10余名干部参加业务培训,强化内功,提升队伍素质。进一步完善安防、消防基础设施,消除安全隐患。扎实做好节假日、敏感期等突出节点的安全工作。

二、以重点工作为抓手,学校规划事业有新进展

7. 督办重点工作寻求突破,总结谋划学校改革与发展规划。对照年度工作要点,遴选涉及学校规划、教学改革、科研、学生管理、校园基本建设、教职工民生等方面的11项重点工作,作为推进学校持续发展的着力点。召开专门会议,听取11项重点工作汇报,督促、协调、推进各项工作进度,推动学校整体工作发展。启动"十二五"规划实施情况总结和"十三五"规划编制筹备工作。

8. 校园基本建设等办学条件进一步改善。基建项目进展顺利。完成学院路校区第二教学楼夹层扩建和市属高校三年基建规划项目竣工结算;北四环校区教学用房项目和艺术广场项目将于暑假完工;蒲黄榆校区康复资源综合楼前期立项进展顺利。基础设施改造协调推进,完成19号楼学生公寓改造一期工程;调研统计部分校区的房屋资源,为后续资源调整、搬迁做好准备。

9. 信息化建设整合力度进一步加强。健全学校信息化建设管理机制,加大统筹规划力度,制定了《北京联合大学关于进一步加强信息化建设统筹管理的意见》及《实施细则》。加强信息资源整合,完成网络中心机房与管理学院、图书馆、国际交流学院的硬件设备整合和学生相关数据整合等。提升网络环境和应用系统建设水平,完成无线网升级改造一期工程、Bb(Blackboard)网络学堂升级改造等。梳理关键业务流程,推进学校信息化防控体系建设。加强信息与网络安全管理,成立北京联合大学网络与信息安全工作领导小组,召开全校信息安全及风险防控工作会。

三、深入推进教育教学改革,办学质量进一步提升

10. 深化教育教学改革,优化教育教学管理。召开2次专题汇报会,全面推进并完成2015版人才培养方案制(修)订工作,进一步明确应用型人才培养理念,优化课程体系,凝练学院专业特色。对课程建设、学业考核及成绩管理等环节开展调研,重新梳理工作流程和管理办法,厘清校院两级管理体制,提升教学管理科学化水平。推进"高参小"项目,上半年选派师生3200余人次赴7所小学开设舞蹈、合唱、健美操、书法等近100门(项)次课程及活动,受到市教委肯定。

11. 加强教学质量监测评估和教学评优,提升教学水平。发挥教学督导专家和信息化管理的双重作用,利用随机听课和"多媒体听课系统"等方式检查全校课堂教学活动。完成普通本科第二批8门通识教育必修课程22个课程单位的评估,四类重要通识教育必修课程评估方案得到进一步完善。3名青年教师参加北京高校青教赛,全部荣获比赛一等奖,创我校历史最好成绩,1名教师获评北京市教学名师奖。

12. 探索人才培养新模式,人才培养质量进一步提升。落实北京市高等教育教学改革新要求,起草"双培计划"实施细则;总结梳理完全学分制改革、AACSB(国际高等商学院协会)认证、校级实验班和书院制改革等经验,为下一步推广奠定基础。推进"教学三年行动计划",实施"三个一"工程,努力创新人才培养模式,提升人才培养质量。承办第八届首都"挑战杯"大学生课外科技作品竞赛,获2个特等奖、1个一等奖,取得历史性突破。

13. 增进招生实效,联动推进就业。制定《北京联合大学2015年招生章程》,规范招生录取规则;改版《北京联合大学报考指南》,加强全媒体宣传力度;加强表演类专业、高水平运动员专业、残疾人单考单招以及高职升本科公共外语、专业课等招生考试管理。以毕业生就业质量年报为抓手,以召开毕业生就业推进会为契机,加强各级就业工作联动,强化责任落实,促毕业生积极、安全就业。与北京市人社局合作共同举办大型招聘会,共召开校园招聘会34场,提供18000余个岗位。为低保家庭、残疾和助学贷款毕业生发放一次性求职补贴共计51万余元。组织大学生创新创业大赛,共有42个团队参加。

14. 稳定学历教育规模,持续提升办学质量。完成2015级2403名新生的学籍注册工作。以免试专升本改革试点为契机,加大招生宣传力度,上半年录取293人。加强信息化建设,"联培中心"微信平台发挥作用显著;到中华女子学院等兄弟院校积极开展调研,推进培训中心信息系统建设。

四、加强学科和科研平台建设,实力水平进一步增强

15. 硕士点学科建设稳步推进。调整临床医学硕士专业学位授权点为中医硕士专业学位授权点,积极申报教育硕士(职业技术教育)专业学位授权点。巩固学术型硕士点建设成果,完成2015年学术型硕士授权学科点评估。大力支持学科体系建设,完成2015年学科建设立项工作。

16. 研究生管理培养不断规范。完成2015级研究生招生工作,录取136人;完成《2015版硕士研究生培养方案(学术型硕士)》的修订和《2015版专业学位硕士研究生培养方案》的制定、课程编码以及教学大纲编写等工作;完成2015年研究生人才培养质量提升项目的申报、评审和立项工作。

17. 科研平台建设有新突破。全面统筹谋划学校科研平台建设,认真梳理13个重点教学科研平台的队伍、学术成果与投入、产出情况,总结经验、分析不足,召开2015年校领导务虚会,专门听取13个平台建设工作汇报,挖掘亮点与优势,谋划"十三五"时期学校规划发展新的增长极。《北京联合大学学报(人文社会科学版)》影响力进一步提升,首次进入"中国人文社会科学核心期刊(扩展版)";获批学校首个北京市工程技术研究中心——北京市智能机械创新设计服务工程技术研究中心;与中科院地理科学与资源研究所合作,建立周成虎院士工作站暨博士后科研工作站;成功申报"北京市旅游信息化协同创新中心";积极筹备和培育北京市"高精尖"科技创新中心。

18. 高水平科研项目、成果有新增加。目前,已获批国家社科基金项目5项,教育部人文社科项目1项;组织和选拔新起点等校级项目91项;申请专利获批20项。科研成果影响力有新提升。智能车团队研发的"京龙2号"无人驾驶电动汽车亮相全国科技活动周暨北京科技周,入选主场最受公众喜爱科普项目,中央政治局委员刘延东、郭金龙等领导亲临展区对该项目工作给予充分肯定。科研成果转化机制进一步完善。落实"京校十条",出台《北京联合大学科技成果转化激励办法(试行)》和《北京联合大学设立科技成果转化岗位的实施意见》。

五、加强政策支持力度,进一步激发师资队伍活力

19. 人事管理制度进一步完善。为进一步引领师资队伍发展,重新制定了《北京联合大学专业技术职务晋升聘任必备条件》,并经教代会原则通过;探索建立"人才特区"和"特聘教授"聘任制度,制定《北京联合大学关于设立"北京联合大学特聘教授"的意见》,推荐遴选工作正在有序开展;出台《2015年奖励津贴使用指导意见》,规范奖励津贴的使用。

20. 人才引进和培养力度进一步加大。积极开展人才招聘工作,经校长办公会审议并公示,拟聘教师59人,其中博士50人。落实"北京市属高等学校高层次人才引进与培养三年行动计划",资助长城学者2名,青年拔尖人才8名,特聘教授1名。落实"北京联合大学人才强校四项计划",资助培养创新团队、专业负责人、教学骨干等人才项目21个。资助2015年度校派国外访问学者9名。

21. 教师专业化发展进一步增强。与北京市高校教师培训中心合作,系统优化面向不同职业发展阶段教师群体的专业化发展活动方案,组织学院、系(部)领导、新晋升教授和副教授等共计110人参加2015年高级人才系列研修班。开设教师发展名家讲坛,邀请李德毅院士等专家对中青年教师加强学术成长指导,实现教师发展培训周期化和常态化。加强新教师入职教育和执教能力训练,优化新教师研习营,启动新教师主讲教师资格校本认证制度试点方案设计。新增4个教师发展分中心。

六、加强学生的思想引领,德育工作有新进展

22. 思想政治理论课问题导入式专题教学改革推进效果明显。我校的"思想政治理论课问题导入式专题教学改革与应用"作为唯一市属高校项目,入选2014年度教育部高校思想政治理论课教学方法改革"择优推广计划"培育项目。我校受邀参加人民网访谈,全国性示范效应初显。积极推进马克思主义理论重点建设学科建设,1人获评"北京市先进工作者"和2013—2014年度"北京高校优秀德育工作者",1人获评2014年度"北京市青年岗位能手"。

23. 核心价值观教育持续推进。开展"中国精神民族魂""传递联大正能量"主题教育活动,实施"铸魂工程",组织"中华优秀传统文化讲堂""青春与价值的对话"系列活动,落实"核心价值观生活养成行动计划";启动"大使带你看世界"系列讲座,开展学生发展状况、勤工助学调研;举办第六期学生党员培训班;深化学专融合工作模式,组织全校毕业典礼,启动书院制试点工作。拓展国防教育,荣获北京高校国防教育工作突出贡献奖、先进会员单位和2014年北京高校征兵工作先进单位。分类召开辅导员座谈会,组织校内集中培训和校外交流,开展评优答辩,产生"十佳辅导员"6人、"优秀辅导员"34人。

24. 提升学生服务质量,做好共青团工作。推进学工系统和学生事务系统一体化建设,积极落实各项资助政策和措施。加强学生心理健康教育,承办第一届首都高校"最强大脑——心理技能比赛",荣获"2015年首都大学生心理健康节最佳组织奖"。深入开展"三全"活动,逐步形成各学院特色项目和品牌活动;顺利实施"联合咖啡"和"家乡的味道"学生创业实践项目;举办"牵手蓝天"首都大学生环保辩论赛;圆满完成"世界田径锦标赛"志愿者招募;成功举办"海棠音乐节"毕业生晚会;开展"无烟校园"宣传践行活动。

25. 体育工作成果丰富。继续推进校级实验班体育教学改革,体质健康标准测试率达到98%以上。继续推进学生"健康幸福工程"和"阳光体育"活动,累计获北京高校各类比赛7金8银6铜。组织校内赛事5项,共计180余场。充分开放体育中心资源,进馆锻炼师生累计2万人次。承办大学生体育协会组织的首都高校花样韵律跳绳教学培训班等。

七、加强对外交流合作,国际合作渠道进一步拓宽

26. 因公出国(境)、赴台工作规范有序。派出61个团组129人次,其中校级出访团组4个。因公出国

（境）、因公赴台访问团组主要由校际交流、学术研究和带学生学（实）习及演出等组成，出国（境）团组以学术出访为主，占总数的87.27%。接待境外校级访问团组19个41人次。

27. 学生国际（地区）交流项目有新进展。新增多个长短期交流项目，如纽约州立大学布法罗学院3+2项目、台湾地区东海大学长期交换生项目、波兰考明斯基大学暑期学习项目等。约450名学生参加各类长短期交流项目，交流范围进一步扩大，选择性进一步增强。

扩大留学生规模，提高留学生层次，我校留学生教育稳步发展。上半年，我校累计在校学习留学生达到662人次，其中本科毕业生35人、研究生毕业生5人，我校留学生教育不论是规模上还是层次上都居全市前列。

28. 引智效益进一步增强。上半年，共聘请外国专家50余人次，开设经济类专业课程19门，重点支持商务学院推进AACSB（国际高等商学院协会）认证。充分发挥外专特长，为全校师生开展系列英语讲座30场，3600余人次参加。

八、提高管理服务效能，保障能力进一步加强

29. 校友会和校教育基金会助力学校发展作用显现。编写2008—2014级校友名录；整理在公、检、法、司系统工作的375名校友信息，为建立行业校友分会做准备。截至7月17日，基金会新签捐赠协议8份，协议捐赠金额176.7万元，其中到账76.6万元，接受教职工和校友捐款约57万余元。善用捐款，审批项目书21份，已支出基金77万余元，其中用于奖助学约59万元、奖教金约13万元、师资培训约5万元。

30. 财务管理与服务水平进一步提高。严控拆分报销，严格执行会议、培训等管理制度，防范财务风险。加强财务人员业务培训，开展校内财经制度、办事指南等系列宣传与培训，完成全校财务专网整合，完善汇总账套功能，提升服务品质；完善财务制度建设，完成《校园卡管理办法》《提升经费管理办法》的起草和意见征求工作；继续推进公务卡制度改革工作，累计办理公务卡960余张，普及率达到60%；学费催缴工作进展顺利，从上年末到6月底，催缴学费351万元，无理由欠费人数由年初的495人降至47人。

31. 国有资产管理进一步规范。严把政府采购立项关、做好采购工作执行计划、强化采购制度落实、及时进行信息公示、加强政府采购政策培训，进一步规范采购工作流程。上半年受理项目67个，预算金额约10157万元；完成协议采购与非协议采购金额合计约698万元。合理制定售房方案，初步完成沙河高教园园区20套安置房申购排序工作。

32. 审计监督进一步严格。大力推进基建、修缮项目审计，完成外审项目29项，送审金额5180余万元，审减金额356余万元，审减率6.88%；完成自审项目20项，送审金额113余万元，审定金额101余万元，审减率11.06%。对4名领导干部进行经济责任审计，扩大了经济责任审计座谈会人员范围。加强科研经费审计，审签11项，涉及金额82万元。

33. 档案史志工作进一步丰富。提供各类档案查、借阅服务600余次，出具各类证明298份。参加北京市档案法制知识答卷活动，获评优秀组织奖。文件档案一体化管理系统初具雏形。校庆活动各项准备工作推进有序，《校志（2001—2010）学院篇》、年鉴2012和2013卷以及《李煌果文选》正式出版发行；校史画册已付印。

34. 后勤服务水平进一步提升。加强相关业务培训，多举措提升服务品质；拓展服务内容，新增车辆保养、维修业务，优化、调整通勤班车线路，满足师生服务需求；试装"员工服务公示牌"，加强规范管理，不断提升各项工作科学化和规范化水平。后勤服务公司获评"北京市模范集体"。

35. 加强工会、离退休和校医院工作。召开三届五次"双代会"，审议《北京联合大学专业技术职务晋升聘任必备条件》等与教职工切身利益紧密相关的文件，充分尊重教职工权益。贯彻落实全国离退休干部"双先"表彰大会要求，1名老干部获评2014年北京市离退休先进个人。积极规划推进"教职工之家"实体化建设。充分利用改扩建后的校医院资源，提升医疗服务品质。

北京联合大学2015年下半年工作总结

（京联党〔2016〕31号，2016年3月2日）

2015年下半年，学校按照《北京联合大学2015年工作要点》和《北京联合大学2015年下半年重点工作》部署，学习贯彻党的十八大及十八届三中、四中、五中全会和习近平总书记重要讲话精神，加强党的建设，坚持从严治党，认真开展了"三严三实"专题教育，系统总结"十二五"规划完成情况，科学研判形势，积极谋划"十三五"改革发展蓝图，持续推进学校各项改革发展事业。

一、全面加强党的建设，学校事业发展保障水平有新提升

1. 牢牢把握意识形态主动权，理论学习与宣传有实效。贯彻落实中央《关于进一步加强和改进新形势下高校宣传思想工作的意见》和《党委（党组）意识形态工作责任制实施办法》。结合"三严三实"专题教育，强化党委中心组（扩大）理论学习，全年组织集中学习10次，覆盖全校处级以上干部，3000余人次参加。加强教职工政治理论学习，武装头脑，增强了谋事干事的积极性。在《红旗文稿》《前线》和新华网、中国社会科学网等知名报刊、网络刊登政治理论学习文章30余篇，比上年增加15%。我校教师撰写的《如何看待当前网络意识形态安全的形势》一文被北京市委办公厅《领导参考》采编，市领导作了批示。2人获2015年北京高校宣传思想工作专项课题立项；1人获"北京市第十二届优秀思想政治工作者"称号；1人获第六批"首都市民学习之星"称号。

2. 扎实认真开展"三严三实"专题教育，作风建设持续加强。按照上级《关于在处级以上领导干部中开展"三严三实"专题教育的实施方案》的部署，有序开展专题教育。加强校地合作，建立首个校外干部教育培训基地，创新干部教育培训模式。巩固教育实践活动整改落实情况专项检查成果，重点推进2014年校领导班子民主生活会整改任务落实。认真梳理学校处级干部存在的9类"不严不实"问题，针对不严实问题，严肃认真进行整改。将专题教育与实际工作紧密结合，从征集的800多条意见建议中梳理出问题清单22项。召开了专题民主生活会和专题组织生活会，收到较好效果。

3. 夯实基层党组织建设，严格处级干部队伍管理。完成北京市委教育工委对我校贯彻实施《中国共产党发展党员工作细则》情况的专项检查。开展2014—2015年度"十佳党支部"评选工作，启动2015—2016年度"十佳党支部"创建工作，35个支部参加创建。加强全校基层党支部书记培训，参加北京市委教育工委举办的优秀教工支部书记示范培训班，开展优秀基层党支部书记专题党性教育。完善二级单位处级干部的考核办法，提高科学性。完成处级干部人事档案核查，规范了处级干部档案的管理。严肃组织纪律，严格干部监督，开展违规办理和持有因私出国（境）证件专项治理。

4. 贯彻落实"两个责任"，党风廉政建设不断推进。加强党员领导干部廉政教育和警示教育，开展《中国共产党廉洁自律准则》和《中国共产党纪律处分条例》的学习宣传教育，组成纪检监察制度宣讲团，开展5次制度宣讲；开展正风肃纪专项检查。完成党风廉政建设责任制网上考核体系二期建设，加强对责任制落实情况定期检查与考核。持续深化"三转"，强化再监督、再检查，深化"三个体系"建设。出台《关于进一步加强和改进副局级学院专职纪检监察员队伍建设的意见》。加大纪律审查和信访案件线索查处力度，共受理22件信访件。完成市委巡视组交办的10件问题线索和3件信访件的查办工作。加大责任追究力度，党纪处分1人，立案调查2人，诫勉谈话2人，批评教育1人。认真做好对反映失实问题的澄清，保护干部干事创业的积极性。

5. 结合纪念中国人民抗日战争暨世界反法西斯战争胜利70周年，积极组织开展了一系列丰富多彩的活动，进一步深化了对师生的爱国主义教育。

6. 巩固"平安校园"创建成果，维护校园安全稳定。通过了首都高校"平安校园"检查验收，获得"平安校园示范校"称号。持续推进校园技防基础设施建设，全校消防检测系统接入消防点位达9690个。加强节假日、敏感时间节点的安防工作，维护了校园安全稳定。

7. 工会、统战和离退休工作有序展开。完成了教职工之家实体化建设规划。2个二级工会获评北京市教育工会先进职工小家；以"爱联大、知联大、弘联大"和"勿忘国耻、圆梦中华"为主题组织教职工书法、摄影展和广场舞原创比赛。完善统战台账，进一步加强了党外干部培养。贯彻落实全国离退休干部"双先"表彰大会部署要求，有效推进基层党组织建设、离退休党员思想政治工作、落实老干部政治和生活待遇等工作。

二、持续深化教育教学改革，人才培养质量有新提高

8. 人才培养模式不断创新。完成2015版培养方案制修订工作。成立"德毅"机器人实验班。参与北京高等学校高水平人才交叉培养计划中的"双培计划"和"实培计划"，其中"双培计划"惠及75名学生，"实培计划"获批13个毕业设计题目。实践教学改革初见成效，新增10个校级校外人才培养基地，1个获评2015年北京市级校外人才培养基地；"艺术类校内创新实践基地"获评北京高等学校示范性校内创新实践基地；1名教师入选首批"北京市高层次创新创业人才支持计划领军人才计划"。学生参加各级各类比赛人次和获奖人次均比2014年有较大幅度增加，其中获得国家级奖项17项。

9. 课程建设稳步推进。启动首门慕课课程建设，完成了四类重要通识教育必修课程和69个本科专业的评估工作。出台《北京联合大学新生研讨课建设与管理办法（试行）》，确保新生研讨课质量。27件作品在第二届微课教学比赛北京市复赛中获奖，其中1件作品获决赛优秀奖。3件作品在首届北京高校数学微课程教学设计竞赛的华北赛区获奖。

10. 教育教学改革不断深化。认真筹备召开教学工作会。总结梳理完全学分制改革、国际高等商学院协会资格认证、校级实验班的经验，验收了2015年教学经费校内专项特色重点项目。整合资源筹备成立艺术学院。引入"三一"口语资格证书，加强高职英语口语改革。

11. 人才培养质量稳步提升。全校共报到新生6679人，总报到率96.74%，比2014年提高1.42%。学生国内外继续深造比率逐年提高，2015届达5.95%。全校平均就业率为98.56%，完成毕业生就业工作目标。创新创业教育工作取得新进展，86人次获得创业教育相关资格证书；建成大学生创业孵化基地，9支创业苗圃型团队入驻。学生体质健康标准测试率达98%；高水平运动队参加全国健美操比赛，获5金6银2铜的优异成绩；我校学生作为主力参加全国第九届残疾人运动会暨第六届特奥会获男子聋人篮球赛第二名，男子、女子盲人门球赛第三名，女子、男子聋人足球赛第五名；成功举办2015级新生运动会。

12. 继续教育工作稳中有进。学历教育规模持续稳定，录取1532人，超额完成招生计划。完成继续教育教务信息系统一期建设。完成94名中职教师培训任务，圆满完成师资培训基地"十二五"总结工作。获批教育部电子商务专业建设点建设项目。

三、加强学科专业建设和科研工作，成果有新突破

13. 学科建设有新进展。完善现有专业型硕士点建设，获批教育硕士（职业技术教育）专业学位研究生教育试点单位。巩固学术型硕士点建设成果，形成学科建设评估方案，完成了工商管理专项评估，对计算机科学与技术、食品科学与工程、软件工程、考古学、专门史5个学位点进行合格评估。

14. 研究生教育进一步加强。研究生招生录取136人，较2014年增长26%。加强研究生培养过程管理，组织召开"研究生教育暨导师培训会"，实施研究生教学质量评价。完善研究生党团思政和日常管理，实施"研究生新生引航工程"，建立健全各专业学位硕士生基层组织建设。

15. 成功召开科技工作会。以"推进科研创新能力提升计划，开创应用型大学科研工作新局面"为主题，召开2015年科技工作会，总结了2011年科技工作大会以来，学校科研工作取得的主要成绩与存在的问题，明确了学校今后实施科研创新能力提升深化计划的主要任务。

16. 获批科研项目质量进一步提高。全年获批国家自然科学基金项目12项，国家社会科学基金项目10项，各类省部级项目近50项；竞争性科研经费到账总额为5204万元。

17. 科研创新平台建设有新成果。成立高精尖创新中心筹备工作领导小组；新增北京市智能机械创新设计服务工程技术研究中心和旅游信息化协同创新中心2个市级科研平台；无人驾驶智能纯电动汽车"京龙3号"参加"2015年中国智能车未来挑战赛"获综合道路环境单项测试第一名。全年专利申请77项，授权103项。《北京联合大学学报（人文社会科学版）》进入"中国人文社会科学核心期刊（扩展版）"；《旅游学刊》连续第四年获"中国最具国际影响力期刊"称号。

四、不断完善人事管理，师资队伍实力有新增强

18. 高层次人才队伍建设进一步加强。成立高层次人才服务办公室。建立"人才特区"和"特聘教授"聘任制度，出台《关于设立"北京联合大学特聘教授"的意见》，聘请8名知名学者为校级特聘教授。落实市教委"高层次人才引进与培养三年行动计划"，资助各类高层次人才11名；落实"人才强校四项计划"，资助培养创新团队等人才项目21个。

19. 持续做好人才招聘和职务晋升工作。全年招聘专任教师、辅导员、学术带头人63人，其中，具有副高级及以上职称的15人，博士后出站人员17人；教师中具有博士学位人员比例达30.1%，比2014年提高1.9%。2015年新增副高级及以上职称人员69人，教师岗位中具有高级职称比例达50.2%，比2014年增长3.19%，达历年最高水平。

20. 师资培训力度持续加大。为培养新教师执教能力，举办新教师研习营校情解码等专题讲座23场次，举办教师发展名家讲坛5期。首次组织主讲教师资格认证试点，切实把好课堂教学入门关。扩大教师发展中心辐射力度，新增4个分中心。参加北京高校第九届青教赛的3位选手全部获得比赛一等奖，其中两位选手囊括所有单项奖，创参赛历史最佳成绩。

21. 完善人事管理制度。出台《北京联合大学关于在部分专业技术岗位实行人事代理的意见》，开展专业技术岗位人事代理工作。成立学校职称聘任特殊评议组，为做出突出贡献的人才搭建特殊通道，2人通过评议破格晋升为副教授。

五、强化思想引领，德育工作有新实效

22. 思想政治理论课教学有新突破。筹备成立马克思主义学院。深化问题导入式专题教学改革，开展了对校史校情和"四个全面"战略布局重要论述融入思政课等方面的工作研究。深化课程建设，开展了残疾学生思政课教学和实验班思政课教学的调研与分析。承办了2015年全国高职高专院校思想政治理论课青年教师教学展示活动。

23. 引导学生践行社会主义核心价值观。开展

"9·3"受阅退役士兵宣讲活动,举办"大使带你看世界"系列讲座,激发了学生爱国情怀。举办学生党支部书记和理论导师培训,完成学生"十佳党支部"评选,开展学生党员先锋工程和红色"1+1"支部共建等活动,获北京高校一等奖等21个奖项。加强书院建设,推进学专融合,实施学风建设行动计划,组织"我的班级我的家"实践活动,1个班级荣获北京高校"十佳示范班集体"。

24. 提升学生服务工作质量。举办首届辅导员职业能力大赛,辅导员集中培训等活动,推动辅导员队伍的职业化、专业化、专家化建设。德育研究有实效,获批2016年度首都大学生思想政治教育课题6项、北京市基层重点研究课题1项,获首都大学生思想政治教育优秀科研成果一等奖1项。心理素质教育工作有成效,完成心理中心虚拟现实训练系统建设;1人获大学心理健康教育工作优秀工作者。扎实做好学生国防教育,在兵棋推演竞赛中荣获北京高校优秀奖;组织114名学子光荣入伍,荣获"高校征兵工作先进单位"称号。

25. 扎实开展共青团工作。以微信公众平台为抓手营造良好的舆论氛围,全年推送信息664条,累计点击量约94万人次。继续加强"全天候、全方位、全覆盖"的第二课堂活动体系建设,开设各类讲座220余场,开展各种社团活动1700余次。学生实践活动成果丰富,荣获2015年首都大中专学生暑期社会实践先进单位;"联合咖啡""家乡的味道"实践项目投入运营;圆满完成北京2015年世界田联锦标赛志愿服务;艺术团赴新西兰巡演获得好评。

六、扩大对外合作范围,国际化办学有新推进

26. 规范因公出国(境)管理工作。以不断提升国际化办学水平为目标,开阔师生眼界,全年派出96个团组222人次,其中校级出访团组9个,学术出访团组占80%以上。全年共接待境外校级团组37个,211人次。

27. 交流项目进一步拓宽。全年接收来华留学生658人,学位生比例达到55.7%,留学生中研究生47人,增幅为53.2%,规模有新突破。出国(境)学生数稳步增长,共有901名学生参加各类交流、交换、学位生项目,比2014年增加13%左右,达到"十二五"时期最多数量。拓展合作范围,新增境外合作协议17项和2所台湾地区合作高校。

28. 引智工作效应进一步体现。完成外专公寓建设。全年共聘请外国专家59人次,开设了经济类专业课程19门,开展系列英语讲座达30场;重点支持商务学院经济管理类课程教学,推进学院国际高等商学院协会资格认证工作。

七、积极加强顶层设计,管理水平和效率有新提升

29. 系统总结分析了学校"十二五"规划目标的完成情况。围绕高水平有特色首都人民满意的应用型大学建设目标,成立了编制机构,科学研判形势,积极谋划编制"十三五"时期改革和发展规划。

30. 校园基本建设持续推进。北四环校区教学用房项目完成验收,文化艺术广场项目竣工,新增建筑面积约4万平方米,北四环校区功能基本健全。北四环校区东院投入使用,完成相关校区置换,增加土地面积约24亩。

31. 学校信息化建设进一步加强。全年信息化建设项目立项21项;推进人力信息资源和财务数据整合,实现了人事、组织、科研、教务等多个业务部门的协同服务。提升学生综合信息服务能力,形成以学生注册中心为核心的学生一体化服务框架,构建BUU书院平台,助推书院制建设。完善网络基础设施与环境保障条件,扩展校园网出口带宽至7G,实现校区间全万兆互联。成立网络与信息安全科,加强网络信息安全建设,提升全校网络信息安全防护能力。

32. 理顺财务和资产管理体制。推进财务管理体制改革,实现了全校财务集中核算。2015年学校可支配收入19.49亿,较2014年增加4.92%。完善财务制度,修订了差旅费、经费审批权限等管理办法,制定了公务卡管理办法。完善资产管理制度,规范招标采购,修订《北京联合大学招标管理办法(试行)》及《实施细则(试行)》等文件。

33. 审计工作作用进一步凸显。开展学校2014年度预算执行和决算情况审计,加强学校内控建设和制度执行力。完成7位领导干部的经济责任离任审计,增强了领导干部的守则意识。完成基建修缮项目审计218个,审计金额2亿多元,审减2500多万元,审减率11.33%;完善校内绩效评价,加强项目目标评价,增强项目绩效性。

34. 档案史志和校友、教育基金会工作稳步推进。开展庆祝建校37(成立30)周年系列活动。推进综合档案馆库房建设和档案信息化建设,引进文件档案一体化管理系统。《李敬文集》《张玉如文选》公开出版,《朱耀廷文集》送交出版社审稿,年鉴2012年版、2013年版出版。2015年教育基金会协议新增捐赠款物折合人民币860余万元。

35. 后勤与医疗服务水平进一步提高。后勤服务与时俱进,开通微信服务平台,新增车辆检测等服务,提高师生满意度。校医院结合教职工体检结果分析和需求,有针对性地安排专家进校区开展健康咨询和健康知识讲座,反响良好。

·重要会议与文件·

北京联合大学 2015 年党政会议议题

会议名称	会议时间	主要议题
2015 年第 1 次党委常委会	1月5日	传达上级加强安全生产和人员密集场所管理的指示精神;通报学校 2013—2014 学年本科专业校内评估结果,召开 2015 版培养方案修订中期检查汇报及专题报告会等事宜;审议通过关于变更企业法人事宜
2015 年第 2 次党委常委会	1月12日	听取学校 2015 年财务预算思路的汇报;审议并通过学校 2014 年教育教学获奖项目奖励方案;讨论干部工作、人事工作
2015 年第 3 次党委常委会	1月19日	审议通过 2014 年全校专业技术职务晋升聘任结果、第 6 批双师素质教师资格认定名单、关于在学校试行书院制育人模式的实施方案;讨论研究《北京联合大学 2015 年工作要点》等;听取关于学习清华大学思想政治理论课建设经验情况汇报、经济责任审计与绩效评价情况汇报;通报北京市高水平人才培养计划情况;讨论干部工作、外事工作
2015 年第 4 次党委常委会	1月27日	审议通过 2014 年度学校二级单位考核优秀名单、处级干部考核优秀名单、处级干部考核单项奖名单;通过 2014 年度二级单位考核一次性奖励的意见及 2014 年机关及直属单位专业技术职务晋升聘任结果;审议通过《北京联合大学基建工程开标评标管理暂行规定》《北京联合大学基建例会议事规则及相关规定》《北京联合大学基建项目前期工作管理办法》《北京联合大学基建项目施工阶段管理办法》《北京联合大学研究生管理暂行办法(修订)》;审议通过学校学习贯彻落实《关于进一步加强和改进新形势下高校宣传思想工作的意见》的工作方案、19 号楼学生宿舍改造 1—3 期工程审计方案、关于市属高校三年基建规划中学校第二批项目有关问题的请示等;讨论外事、党委扩大会安排建议
2015 年第 5 次党委常委会和第 1 次校长办公会	3月9日	审议通过《北京联合大学 2015 年工作要点(征求意见稿)》、学校 2015 年重点抓好的 10 项工作及 2015 年上半年党委中心组学习计划;听取 2014 年全校教职工考核工作情况汇报;审议通过成立师范学院、商务学院学生专业及住宿调整专项工作领导小组事宜
2015 年第 6 次党委常委会和第 2 次校长办公会	3月16日	审议通过成立学校注册中心领导小组的决定;审议第八届"挑战杯"首都大学生课外学术科技作品竞赛承办工作方案;传达上级有关文件精神;讨论外事工作
2015 年第 7 次党委常委会和第 3 次校长办公会	3月23日	传达"2015 年教育系统党风廉政建设工作暨全国治理教育乱收费部际联席会议视频会议"精神、市教委审计工作会精神及上级其他会议精神;审议通过《北京联合大学关于加强信息化建设统筹管理的意见》、学校 2015 年审计工作要点、2014 年度预算执行及财务决算审计工作方案;通报 2012 年财务预决算审计、2013 年经济责任审计意见建议整改情况;审议统筹做好全校民考民、民考汉学生教育管理工作等;讨论干部工作
2015 年第 8 次党委常委会和第 4 次校长办公会	3月30日	学习讨论市委教育工委马克思主义重点项目支持计划;传达全国学校安全工作电视电话会、北京市纪检监察信访举报工作会、2015 年北京教育系统党风廉政建设工作会及 2015 年北京市纪检监察案件工作会等会议精神;审议通过成立学校"双培计划"实施领导小组、高精尖创新中心筹备工作领导小组、调整学校计划生育委员会等机构成人员等;审议北四环校区南院围墙设计方案;讨论纪检监察工作、人事工作
2015 年第 9 次党委常委会和第 5 次校长办公会	4月7日	审议通过建校 37 周年(成立 30 周年)校庆系列活动安排,成立《张玉如文选》《朱耀廷文集》编纂工作领导小组,有关退休人员续聘、返聘等事宜;审议关于召开学校 2015 年党风廉政建设工作会的建议、2014 年校级教学成果奖评审结果等;讨论干部工作、外事工作

续表

会议名称	会议时间	主要议题
2015年第10次党委常委会和第6次校长办公会	4月20日	审议通过群众路线教育实践活动优秀教师与优秀典型案例评选推荐名单、2015年学校财务预算草案、北四环校区教学用房项目配套建设及艺术广场（三期）资金安排、有关校区资源调整、学校2015年招生章程、2015年本科招生专业调整、新生军事训练时间变更、有关人员返聘等事宜；听取《北京联合大学校史画册》制作情况汇报，通报关于对学校贯彻落实党风廉政建设责任制情况检查考核的反馈意见等；讨论干部工作、外事工作
2015年第11次党委常委会和第7次校长办公会	4月30日	传达《北京市关于在处级以上领导干部中开展"三严三实"专题教育的实施方案》；审议通过《北京联合大学处级干部人事档案专项审核工作实施方案》《北京联合大学教育实践活动整改落实情况专项检查工作方案》《北京联合大学2015年二级单位和处级干部考核方案》《北京联合大学科技成果转化激励办法（试行）》《北京联合大学设立科技成果转化岗位的决定（草案）》《北京联合大学2014年度本科教育教学质量报告》；审议通过关于对50万元以下工程进行结算审计，审议有关学生退学事宜等；讨论干部工作、外事工作
2015年第12次党委常委会和第8次校长办公会	5月11日	听取毕业生招录专项工作汇报，传达上级有关学生教育管理服务工作专题会议精神；审议通过评选表彰2013—2015年度先进基层党组织和优秀共产党员、优秀党务工作者工作方案，关于校医院改变行政级别的意见，参评第十一届市级教学名师奖候选人推荐名单，关于设立北京联合大学特聘教授的意见，2015年校园开放日建议方案等；听取关于信息学院、应用科技学院学生退学情况的调查报告；讨论干部、纪检、外事工作
2015年第13次党委常委会和第9次校长办公会	5月25日	审议通过《北京联合大学关于在处级以上干部中开展"三严三实"专题教育的实施方案》；听取学校在科技周参展情况及后续工作汇报、关于沙河高教园区管委会为部分高校配售园区二期安置房的情况汇报、关于2015年公开招聘工作情况汇报；审议关于专业技术职务晋升和聘任新版必备条件的说明和意见；讨论干部、外事等工作
2015年第14次党委常委会和第10次校长办公会	6月2日	审议通过2015年各二级单位考核观测点、基本工作及重点工作备案表等材料，关于2015年增加绩效工资的意见，关于2015届毕业典礼及学位授予仪式方案；听取学校信息安全及风险防控工作汇报；讨论干部、外事等工作
2015年第15次党委常委会和第11次校长办公会	6月8日	审议通过北京市有突出贡献人才学校评选推荐人选，关于设立"德毅实验班"的原则意见、北四环校区东院搬迁方案；讨论外事工作
2015年第16次党委常委会和第12次校长办公会	6月17日	审议通过学校2013—2015年度先进基层党组织、优秀共产党员、优秀党务工作者推荐评选名单，2014年教学成果奖补充申报评审结果，2015—2016学年、2016—2017学年教学日历，校学位评定委员会成员调整名单，关于在全校招聘酒店管理专业教师并资助进修的意见，关于评选2011—2015学年度校级优秀教师和优秀教育工作者的意见等；审议优秀硕士导师评选奖励事宜；讨论干部、外事等工作
2015年第17次党委常委会	6月23日	学习讨论《京津冀协同发展规划纲要》
2015年第18次党委常委会和第13次校长办公会	6月29日	审议通过学校2013—2015年度先进基层党组织和优秀共产党员、优秀党务工作者等相关决定及纪念中国共产党成立94周年表彰大会议程方案；审议通过学校2014—2015学年暑期工作安排，2015届市级、校级优秀毕业生评选结果；审议外事工作
2015年第19次党委常委会和第14次校长办公会	7月6日	审议通过学校关于落实2015年党风廉政建设和反腐败工作部署分工的意见、党风廉政建设责任制落实情况中期检查方案、关于进一步加强和改进学校专职纪检监察员队伍建设的意见；审议通过学校召开2015版培养方案制（修）订工作总结汇报会工作安排，2015年公开招聘第二批拟聘人员名单；审议干部、外事、违纪党员党纪处理等事宜
2015年第20次党委常委会和第15次校长办公会	7月14日	传达北京市委十一届七次全会精神；审议通过北京联合大学2014—2015年度领导干部个人有关事项报告随机抽查核实工作方案、2015年"万人计划"教学名师候选人学校推荐名单；审议干部、外事等工作

续表

会议名称	会议时间	主要议题
2015年第21次党委常委会和第16次校长办公会	7月20日	审议通过校四届党委十一次全委(扩大)会安排草案,2015年上半年工作总结和下半年重点工作,2011—2015学年度优秀教师、优秀教育工作者评选结果,2015年人员公开招聘第二批(补充)拟聘人员及接收安置军转干部情况的意见,有关科级干部聘任的意见;审议并原则通过《北京联合大学章程(正式上报稿)》《北京联合大学高职生医疗保险实施办法(修订)》《北京联合大学学生评优奖励条例(修订)》及《北京联合大学学生公寓管理规定(修订)》
2015年第22次党委常委会和第17次校长办公会	9月15日	审议通过《北京联合大学章程》(核准稿)上报稿,校工会、教代会换届工作方案,成立电子商务专业与教育研究所事宜;听取学校"双培计划"工作进展情况汇报;审议干部、外事等工作
2015年第23次党委常委会和第18次校长办公会	9月21日	审议通过启动学校"十三五"规划编制工作、关于选派人员进修韩国中源大学博士学位等事宜;审议并原则通过《北京联合大学人事代理实施办法》;传达2015年北京高校新生教育工作会议精神;审议干部、外事等工作
2015年第24次党委常委会和第19次校长办公会	9月28日	听取2015年学校党风廉政建设责任制落实情况中期检查情况的汇报;审议通过设立文化遗产传承应用虚拟仿真实验教学中心,2015年第三批人员招聘工作意见等事宜;传达北京市党风、政风监督重点工作推进会会议精神
2015年第25次党委常委会和第20次校长办公会	10月12日	审议通过信息网络中心增加一名副主任职数、学校部分常设专门委员会及领导小组人员调整、2015年中期财务预算调整、2014—2015学年国家奖学金和国家励志奖学金评选名单等事宜;审议并原则同意《北京联合大学规范教育收费治理教育乱收费工作实施方案》、《北京联合大学差旅费实施管理细则》等文件;听取体育工作汇报;审议干部、人事、外事等工作
2015年第26次党委常委会和第21次校长办公会	10月19日	审议通过筹备成立艺术学院、成立旅游信息化协同创新中心领导小组及制定的相关配套制度等事宜;传达全面加强北京高校马克思主义理论学习研究宣传工作座谈会会议精神;审议北四环校区南院西门改造方案;审议干部、外事等工作
2015年第27次党委常委会和第22次校长办公会	10月26日	审议通过调整校领导分工、管理学院召开党员大会等事宜,同意2014—2015年度"十佳党支部",2015年研究生国家奖学金的评选结果和特聘教授遴选结果等;传达北京市人事局关于进一步调节事业单位收入分配的口头通知精神;审议通过学校2014年在编在岗人员增发一次性绩效工资方案;听取党委宣传部、人文社科部工作汇报;审议有关干部事宜
2015年第28次党委常委会和第23次校长办公会	11月2日	审议通过生物化学工程学院和特殊教育学院召开党员大会、预备党员转正、成立北京联合大学创新创业教育领导小组、人事处设立高层次人才服务办公室等事宜;传达北京高等学校高精尖创新中心建设计划启动会会议精神;听取党委保卫工作部(处)、党委研究生工作部(处)的工作汇报,2015年校科技工作会筹备情况汇报,学校落实上级文件精神发放采暖补贴和物业服务补贴有关情况的汇报等;审议有关干部、外事工作等事宜
2015年第29次党委常委会和第24次校长办公会	11月9日	听取校工会、离退休人员工作处的工作汇报,学校迎接上级对相关重点实验室检查验收部署情况的汇报等;讨论通过部分科级干部的聘任;讨论外事工作等事宜
2015年第30次党委常委会和第25次校长办公会	11月16日	传达市委教育工委《关于做好民主生活会前几项工作的通知》;听取师范学院党委组成人员候选人初步人选考察情况汇报,2015—2016"十佳党支部"创建申报评选结果情况汇报,学校出席北京市党外知识分子联谊会的推荐人员和拟上报2016年全国无党派重点人物库保留及新推荐人选情况汇报等;讨论通过成立德育工作领导小组事宜;通过《北京联合大学干部工作领导小组会议事规则(试行)》《关于处级干部到龄办理退休手续有关问题》《关于学术休假到期的干部终止学术休假的说明》等相关文件;审议干部调整等事宜
2015年第31次党委常委会和第26次校长办公会	11月23日	听取处级干部人事档案专项审核工作情况汇报,师范学院党员大会筹备工作情况的报告,学校大学生思想政治教育工作情况汇报,学校2016年高职升本科招生有关情况汇报以及学校土地、校舍及拟安排建设项目调查表相关数据情况汇报等;讨论通过特殊教育学院延期启动党员大会和校信息网络中心增设网络信息安全科等事宜;传达第二次全国教育信息化工作电视电话会议刘延东同志讲话精神;审议干部事宜

续表

会议名称	会议时间	主要议题
2015年第32次党委常委会和第27次校长办公会	11月30日	听取学校2015年科技工作会相关情况汇报;讨论并原则通过二级单位和处级干部2015年度考核工作方案,2015年"三严三实"专题民主生活会方案,学校深化创新创业教育实践方案,北京市"高创计划"教学名师学校推荐名单以及2014—2015校级评优奖励项目获奖名单等;审议干部事宜
2015年第33次党委常委会	12月7日	传达上级有关领导干部办公用房及公务用车相关要求;讨论通过2015年学校基层党建工作述职评议考核实施方案,生物化学工程学院党委组成候选人预备人选,2015年学校党风廉政建设责任制落实情况检查方案;通报师范学院党员大会情况和新一届委员会第一次会议选举结果
2015年第34次党委常委会和第28次校长办公会	12月14日	讨论通过学校财务集中核算、校内预算调整以及管理学院新一届党委组成候选人预备人选等事宜;原则通过《北京联合大学经费审批权限管理暂行办法(修订稿)》和《北京联合大学公务卡管理办法(试行)》等相关文件;讨论2015年北京市实验教学示范中心学校遴选结果,学校学士学位证书、毕业证书设计方案以及非本人申请的学生退学情况有关处理意见等;讨论外事工作等事宜
2015年第35次党委常委会和第29次校长办公会	12月21日	讨论并原则通过《北京联合大学2015届毕业生就业质量年度报告》;审议有关干部事宜
2015年第36次党委常委会和第30次校长办公会	12月28日	学习传达刘云山同志在部分省市"三严三实"专题教育工作座谈会上的讲话精神;讨论并通过成立马克思主义学院、艺术学院有关事宜,学校"三八"红旗集体遴选结果、学校2016年审计工作计划和2015年度预算执行及财务决算审计工作方案等;听取生物化学工程学院和管理学院党员大会筹备工作、学校意识形态工作和2015年7位领导干部经济责任审计等情况汇报

北京联合大学2015年校发文件目录

分类	文号	文件名
京联党系列文件	京联党〔2015〕1号	关于杨鹏等六名同志职务变动的决定
	京联党〔2015〕2号	中共北京联合大学委员会关于公布2014年度二级单位和全校处级干部考核结果优秀及单项奖的通知
	京联党〔2015〕3号	涉密
	京联党〔2015〕4号	中共北京联合大学委员会关于巡视整改情况的通报
	京联党〔2015〕5号	涉密
	京联党〔2015〕6号	涉密
	京联党〔2015〕7号	中共北京联合大学委员会 北京联合大学关于印发《北京联合大学2014年下半年工作总结》的通知
	京联党〔2015〕8号	中共北京联合大学委员会 北京联合大学关于印发《北京联合大学2015年工作要点》的通知
	京联党〔2015〕9号	涉密
	京联党〔2015〕10号	关于高玉培等六名同志职务变动的决定
	京联党〔2015〕11号	关于范宝祥、黄莉同志职务变动的决定
	京联党〔2015〕12号	关于韩萍同志职务变动的决定
	京联党〔2015〕13号	关于王文杰、仲计水两名同志职务变动的决定
	京联党〔2015〕14号	中共北京联合大学委员会 北京联合大学关于举办第七届青年教师教学基本功比赛的通知
	京联党〔2015〕15号	中共北京联合大学委员会 北京联合大学 中国教育工会北京联合大学委员会关于表彰第七届青年教师教学基本功比赛获奖教师的决定
	京联党〔2015〕16号	关于程惠丽同志职务变动的决定
	京联党〔2015〕17号	关于张世清同志职务变动的决定
	京联党〔2015〕18号	中共北京联合大学委员会关于开展2015年党风廉政宣传教育月活动的通知
	京联党〔2015〕19号	中共北京联合大学委员会关于印发《北京联合大学教育实践活动整改落实情况专项检查工作方案》的通知

续表

分类	文号	文件名
京联党系列文件	京联党〔2015〕20号	关于张祖明同志职务变动的决定
	京联党〔2015〕21号	中共北京联合大学委员会关于印发《北京联合大学二级单位和处级干部2015年度考核工作方案》的通知
	京联党〔2015〕22号	中共北京联合大学委员会关于印发《北京联合大学处级干部人事档案专项审核工作实施方案》的通知
	京联党〔2015〕23号	关于顾志良、张志斌两位同志职务变动的决定
	京联党〔2015〕24号	关于夏莉同志职务变动的决定
	京联党〔2015〕25号	中共北京联合大学委员会关于评选表彰2013—2015年度先进基层党组织和优秀共产党员 优秀党务工作者的通知
	京联党〔2015〕26号	中共北京联合大学委员会关于校医院改变行政级别的通知
	京联党〔2015〕27号	关于召开我校第三届教职工暨工会会员代表大会第五次会议的通知
	京联党〔2015〕28号	中共北京联合大学委员会关于召开校领导虚会听取重点教学科研平台工作汇报的通知
	京联党〔2015〕29号	中共北京联合大学委员会关于印发《北京联合大学关于在处级以上领导干部中开展"三严三实"专题教育的实施方案》的通知
	京联党〔2015〕30号	中共北京联合大学委员会关于成立北京联合大学网络与信息安全工作领导小组的通知
	京联党〔2015〕31号	关于肖革芹同志职务变动的决定
	京联党〔2015〕32号	中共北京联合大学委员会关于公布各二级单位考核观测点指标等材料的通知
	京联党〔2015〕33号	关于滕长建等六名同志职务变动的决定
	京联党〔2015〕34号	中共北京联合大学委员会关于表彰2013—2015年度先进基层党组织和优秀共产党员 优秀党务工作者的决定
	京联党〔2015〕35号	中共北京联合大学委员会关于表彰党的群众路线教育实践活动深化整改优秀典型案例和活动中"发挥示范带头作用、传递正能量"优秀教师的决定
	京联党〔2015〕36号	中共北京联合大学委员会关于特殊教育学院班子成员分工调整的决定
	京联党〔2015〕37号	中共北京联合大学委员会关于杨积堂等三位同志职务变动的决定
	京联党〔2015〕38号	中共北京联合大学委员会 北京联合大学关于落实2015年党风廉政建设和反腐败工作部署分工的意见
	京联党〔2015〕39号	中共北京联合大学委员会关于印发《党风廉政建设责任制落实情况中期检查方案》的通知
	京联党〔2015〕40号	中共北京联合大学委员会关于于水波同志职务变动的决定
	京联党〔2015〕41号	中共北京联合大学委员会关于龚平同志职务变动的决定
	京联党〔2015〕42号	中共北京联合大学委员关于顾理昌同志享受副省(部)长级医疗待遇的请示
	京联党〔2015〕43号	中共北京联合大学委员会 北京联合大学关于印发《北京联合大学2015年上半年工作总结》的通知
	京联党〔2015〕44号	中共北京联合大学委员会 北京联合大学关于印发《北京联合大学2015年下半年重点工作》的通知
	京联党〔2015〕45号	中共北京联合大学委员会关于李白同志任职的决定
	京联党〔2015〕46号	中共北京联合大学委员会关于张颖同志任职的决定
	京联党〔2015〕47号	中共北京联合大学委员会关于孔繁潮同志任职的通知
	京联党〔2015〕48号	中共北京联合大学委员会关于孙颖、刘莹同志免职的通知
	京联党〔2015〕49号	中共北京联合大学委员会关于吴中平、李岩同志职务变动的通知
	京联党〔2015〕50号	中共北京联合大学委员会关于曲学利、徐英俊同志退休的通知
	京联党〔2015〕51号	中共北京联合大学委员会关于做好北京联合大学第四届教职工暨工会会员代表大会筹备工作的通知
	京联党〔2015〕52号	中共北京联合大学委员会关于刘庄、苗莉两位同志职务变动的通知
	京联党〔2015〕53号	中共北京联合大学委员会关于范蓓同志职务变动的通知
	京联党〔2015〕54号	中共北京联合大学委员会 北京联合大学关于调整部分常设专门委员会及领导小组人员的通知
	京联党〔2015〕55号	中共北京联合大学委员会关于王辉等三人职务变动的通知
	京联党〔2015〕56号	中共北京联合大学委员会关于马振龙职务变动的通知
	京联党〔2015〕57号	中共北京联合大学委员会关于调整学校党政领导班子成员工作分工的通知
	京联党〔2015〕58号	中共北京联合大学委员会关于同意师范学院进行党员大会筹备工作的批复

续表

分类	文号	文件名
京联党系列文件	京联党〔2015〕59号	中共北京联合大学委员会关于同意管理学院进行党员大会筹备工作的批复
	京联党〔2015〕60号	中共北京联合大学委员会关于冯霞职务变动的通知
	京联党〔2015〕61号	中共北京联合大学委员会关于张弛等三人职务变动的通知
	京联党〔2015〕62号	中共北京联合大学委员会关于同意生物化学工程学院进行党员大会筹备工作的批复
	京联党〔2015〕63号	中共北京联合大学委员会关于表彰2014—2015年度"十佳党支部"的决定
	京联党〔2015〕64号	中共北京联合大学委员会关于唐昊、王暄职务变动的通知
	京联党〔2015〕65号	中共北京联合大学委员会关于印发《北京联合大学干部工作领导小组会议事规则(试行)》的通知
	京联党〔2015〕66号	中共北京联合大学委员会关于处级干部到龄办理退休手续有关问题的通知
	京联党〔2015〕67号	中共北京联合大学委员会关于师范学院党委换届候选人预备人选的批复
	京联党〔2015〕68号	中共北京联合大学委员会关于王树兰职务变动的通知
	京联党〔2015〕69号	中共北京联合大学委员会关于孟燕、刘坚力退休的通知
	京联党〔2015〕70号	中共北京联合大学委员会关于汪明骏等五人职务变动的通知
	京联党〔2015〕71号	中共北京联合大学委员会关于李亚文任职的通知
	京联党〔2015〕72号	中共北京联合大学委员会关于杨宜等六人职务变动的通知
	京联党〔2015〕73号	中共北京联合大学委员会关于印发《北京联合大学2015年"三严三实"专题民主生活会方案》的通知
	京联党〔2015〕74号	中共北京联合大学委员会关于印发《北京联合大学二级单位和处级及以上干部2015年度考核工作安排》的通知
	京联党〔2015〕75号	中共北京联合大学委员会关于印发《北京联合大学2015年党风廉政建设责任制落实情况检查方案》的通知
	京联党〔2015〕76号	中共北京联合大学委员会关于师范学院新一届党委会选举结果的批复
	京联党〔2015〕77号	中共北京联合大学委员会关于生物化学工程学院党委换届候选人预备人选的批复
	京联党〔2015〕78号	中共北京联合大学委员会关于印发《2015年北京联合大学基层党建工作述职评议考核实施方案》的通知
	京联党〔2015〕79号	中共北京联合大学委员会 北京联合大学关于学校财务集中核算的通知
	京联党〔2015〕80号	中共北京联合大学委员会关于鲍晖等六人职务变动的通知
	京联党〔2015〕81号	中共北京联合大学委员会关于进一步加强和改进副局级学院专职纪检监察员队伍建设的意见
	京联党〔2015〕82号	中共北京联合大学委员会关于管理学院党委换届候选人预备人选的批复
	京联党〔2015〕83号	中共北京联合大学委员会关于开好基层党组织专题组织生活会的通知
	京联党〔2015〕84号	中共北京联合大学委员会关于李湛、杨亚军退休的通知
	京联党〔2015〕85号	中共北京联合大学委员会关于欧阳媛职务变动的通知
	京联党〔2015〕86号	中共北京联合大学委员会关于翟金忠职务变动的通知
	京联党〔2015〕87号	中共北京联合大学委员会 北京联合大学关于成立马克思主义学院的通知
	京联党〔2015〕88号	中共北京联合大学委员会 北京联合大学关于成立艺术学院的通知
	小计	88个
京联发系列文件	京联发〔2015〕1号	北京联合大学关于召开2015版培养方案制(修)订中期检查汇报及专题报告会的通知
	京联发〔2015〕2号	北京联合大学关于成立师范学院商务学院学生住宿及专业调整专项工作领导小组的通知
	京联发〔2015〕3号	北京联合大学关于自主设置"信息资源管理"等二级学科的决定
	京联发〔2015〕4号	北京联合大学关于印发《北京联合大学研究生管理办法》的通知
	京联发〔2015〕5号	北京联合大学关于进一步加强信息化建设统筹管理的意见
	京联发〔2015〕6号	北京联合大学关于成立"双培计划"实施领导小组的通知
	京联发〔2015〕7号	北京联合大学关于成立学生资助工作领导小组的通知
	京联发〔2015〕8号	北京联合大学关于印发《北京联合大学基建项目施工阶段管理办法》的通知
	京联发〔2015〕9号	北京联合大学关于印发《北京联合大学基建项目前期工作管理办法》的通知
	京联发〔2015〕10号	北京联合大学关于印发《北京联合大学基建工程开标评标管理暂行规定》的通知
	京联发〔2015〕11号	北京联合大学关于印发《北京联合大学基建例会议事规则及相关规定》的通知
	京联发〔2015〕12号	北京联合大学关于设立"北京联合大学特聘教授"的意见
	京联发〔2015〕13号	北京联合大学关于印发《北京联合大学科技成果转化激励办法(试行)》的通知

续表

分类	文号	文件名
京联发系列文件	京联发〔2015〕14号	北京联合大学关于印发《北京联合大学设立科技成果转化岗位的实施意见》的通知
	京联发〔2015〕15号	北京联合大学关于调整学位评定委员会组成人员的通知
	京联发〔2015〕16号	北京联合大学关于表彰2014年校级高等教育教学成果奖的决定
	京联发〔2015〕17号	北京联合大学关于召开2015版培养方案制(修)订工作总结汇报会的通知
	京联发〔2015〕18号	北京联合大学关于表彰2011—2015学年度优秀教师和优秀教育工作者的决定
	京联发〔2015〕19号	北京联合大学关于成立电子商务行业与教育研究所的通知
	京联发〔2015〕20号	北京联合大学关于印发《北京联合大学高水平人才交叉培养"双培计划"实施细则(暂行)》的通知
	京联发〔2015〕21号	北京联合大学关于成立"德毅"机器人实验班的通知
	京联发〔2015〕22号	北京联合大学关于印发《北京联合大学规范教育收费治理教育乱收费工作是实施方案》的通知
	京联发〔2015〕23号	北京联合大学关于成立旅游信息化协同创新中心领导小组的通知
	京联发〔2015〕24号	北京联合大学关于印发《旅游信息化协同创新中心管理办法(试行)》的通知
	京联发〔2015〕25号	北京联合大学关于印发《旅游信息化协同创新中心经费管理办法(试行)》的通知
	京联发〔2015〕26号	北京联合大学关于印发《旅游信息化协同创新中心岗位薪酬管理办法(试行)》的通知
	京联发〔2015〕27号	北京联合大学关于成立创新创业教育工作领导小组的通知
	京联发〔2015〕28号	北京联合大学关于成立高精尖创新中心筹备工作领导小组的通知
	京联发〔2015〕29号	北京联合大学关于召开2015年科技工作会的通知
	京联发〔2015〕30号	北京联合大学关于表彰2015年科技工作会十大"突出贡献奖"的决定
	京联发〔2015〕31号	北京联合大学关于印发《北京联合大学深化创新创业教育改革实施方案》的通知
	小计	31个
京联党办系列文件	京联党办〔2015〕1号	关于召开中共北京联合大学第四届委员会第十次全体委员(扩大)会议的预通知
	京联党办〔2015〕2号	关于召开中共北京联合大学第四届委员会第十次全体委员(扩大)会议的通知
	京联党办〔2015〕3号	中共北京联合大学委员会关于签订2015年北京联合大学维护安全稳定工作责任书和消防安全责任书的通知
	京联党办〔2015〕4号	关于组织参加保定学院西部支教毕业生先进事迹报告团宣讲活动的通知
	京联党办〔2015〕5号	关于组织在职局级干部健康体检的通知
	京联党办〔2015〕6号	关于报送学校2015年上半年工作总结及2015年下半年重点工作素材的通知
	京联党办〔2015〕7号	关于召开中共北京联合大学第四届委员会第十一次全委(扩大)会议的预通知
	京联党办〔2015〕8号	关于召开中共北京联合大学第四届委员会第十一次全委(扩大)会议的通知
	京联党办〔2015〕9号	关于启动《北京联合大学"十三五"时期改革和发展规划》编制工作的通知
	京联党办〔2015〕10号	关于报送学校2015年下半年工作总结及2016年工作要点的通知
	小计	10个
京联办系列文件	京联办〔2015〕1号	北京联合大学关于2015年清明节放假安排的通知
	京联办〔2015〕2号	北京联合大学关于印发《第八届"挑战杯"首都大学生课外学术科技作品竞赛承办工作实施方案》的通知
	京联办〔2015〕3号	北京联合大学校长办公室关于启用"北京联合大学产业管理委员会办公室"印章的通知
	京联办〔2015〕4号	北京联合大学校长办公室关于启用"北京联合大学京台文化交流研究中心"印章的通知
	京联办〔2015〕5号	北京联合大学关于2015年劳动节放假安排的通知
	京联办〔2015〕6号	北京联合大学校长办公室关于启用"北京联合大学生物质废弃物资源化利用北京市重点实验室"印章的通知
	京联办〔2015〕7号	北京联合大学关于组织编纂《北京联合大学年鉴(2015)》的通知
	京联办〔2015〕8号	北京联合大学关于2015年端午节放假安排的通知
	京联办〔2015〕9号	关于印发《2015届毕业生毕业典礼及学位授予工作方案》的通知
	京联办〔2015〕10号	北京联合大学关于2014—2015学年暑期工作安排的通知
	京联办〔2015〕11号	北京联合大学关于印发《2015年迎新工作方案补充说明》的通知
	京联办〔2015〕12号	北京联合大学关于2015年中秋节、国庆节放假安排的通知
	京联办〔2015〕13号	北京联合大学关于2016年元旦放假安排的通知
	小计	13个

续表

分类	文号	文件名
京联文系列文件	京联文〔2015〕1号	北京联合大学关于李志军等信访事项办理情况的报告
	京联文〔2015〕2号	北京联合大学关于吴广泉家长高艳信访事项办理情况的报告
	京联文〔2015〕3号	北京联合大学关于报送《北京联合大学2014年继续教育质量报告》的报告
	京联文〔2015〕4号	涉密
	京联文〔2015〕5号	北京联合大学关于追加"面向视障生源临床医学(中医)硕士专业学位授权点"单考单招计划的请示
	京联文〔2015〕6号	北京联合大学关于同北京科技大学以及对外经济贸易大学合作情况的报告
	京联文〔2015〕7号	北京联合大学关于科技成果智能电动汽车参加北京科技周主场活动的请示
	京联文〔2015〕8号	北京联合大学关于申请协调特殊教育学院康复资源综合楼一期工程的请示
	京联文〔2015〕9号	北京联合大学关于无人驾驶智能电动汽车研究和应用情况的报告
	京联文〔2015〕10号	北京联合大学关于无人驾驶智能电动汽车研究和应用情况的报告
	京联文〔2015〕11号	北京联合大学关于无人驾驶智能电动汽车研究和应用情况的报告
	京联文〔2015〕12号	北京联合大学关于崔巍同志信访事项办理的报告(由孔庆来归档2015.6.17)
	京联文〔2015〕13号	北京联合大学关于解决北京第三开关厂退休职工信访问题思路的报告
	京联文〔2015〕14号	北京联合大学关于申请继续教育学院增加法人证书业务范围的请示
	京联文〔2015〕15号	涉密
	京联文〔2015〕16号	北京联合大学关于崔巍同志信访事项办理的报告
	京联文〔2015〕17号	北京联合大学关于核准《北京联合大学章程》的请示
	京联文〔2015〕18号	中共北京联合大学委员会关于申请实习工厂(北京第三开关厂)为市属困难企业及解决离休干部医疗费统筹金问题的请示
	京联文〔2015〕19号	北京联合大学关于2015年春季教育收费自查工作的报告
	京联文〔2015〕20号	中共北京联合大学委员会 北京联合大学关于"六五"法制宣传教育总结验收自查情况的报告
	京联文〔2015〕21号	北京联合大学关于2010年基础设施改造追加项目经费完成情况的报告
	京联文〔2015〕22号	中共北京联合大学委员会关于报送《2015年处级干部人事档案专项审核工作总结》的报告
	京联文〔2015〕23号	北京联合大学关于报送《北京联合大学2014—2015学年度信息公开报告》的报告
	京联文〔2015〕24号	中共北京联合大学委员会 北京联合大学关于建立京津冀残疾人教育服务协同创新中心的请示
	小计	24个
京联函系列文件	京联函〔2015〕1号	北京联合大学关于申请2010年基础设施改造追加项目"特教学院周转校舍租赁"补充资金情况的说明函
	小计	1个
	总计	167个

2015 年大事记

1月

5日 应用文理学院黄宗英教授主讲的全英文国家级精品视频公开课《英美诗歌名篇选读》,在教育部的中国大学视频公开课官方网站"爱课程网"正式上线播出。这是北京联大首门在"爱课程网"上线的国家级精品视频公开课。至此,"中国大学视频公开课"文学类课程上线总数有89门。

5日 在2014年度北京高校心理素质教育工作年会上,北京联大获评2013—2014年度北京高校心理素质教育工作先进单位。

6日 应用文理学院"学知书院"揭牌仪式举行。校党委书记徐永利、副书记周志成、副校长兼学院党委书记张连城、应用文理学院院长张宝秀出席。

8日 教育部办公厅发布《关于批准清华大学数字化制造系统虚拟仿真实验教学中心等100个国家级虚拟仿真实验教学中心的通知》(教高厅函〔2015〕3号),学校"文化遗产传承应用虚拟仿真实验教学中心"获批国家级虚拟仿真实验教学中心。

15日 学校召开审计工作会暨内控建设与合同管理研讨会。校党委书记徐永利、校纪委书记张楠,应用文理学院院长张宝秀、师范学院院长顾志良等副局级学院分管审计工作院领导,处级学院院长、校机关和部分直属单位负责人参加。

15—16日 2015年北京市教育工会九届七次委员(扩大)会召开。校工会获得北京市教育工会2014年先进单位奖等多项荣誉,徐菊凤获得2014首都劳动奖章、陈战胜等4人获得2014年北京市师德先进个人荣誉称号。

19日 北京联合大学-IBM大数据及分析技术中心签约仪式举行。北京联合大学副校长鲍泓和IBM大中华区大学合作部总经理管连总经理代表双方签署合作协议,徐永利和管连为"北京联合大学大数据应用研究中心"揭牌,IBM中国政府创新研究院常务副院长孙岩琨、IBM大学合作部校园关系经理赵跃共同向学校捐赠了市场价值600万人民币的IBM大数据应用软件包。

22日 学校聘请中国工程院院士、副院长樊代明为特聘教授。当日,樊院士在生物化学工程学院为学校300名师生做了题为"医学与科学"的报告。校领导徐永利、张楠、鲍泓出席聘任仪式。

29日 徐永利会见来访的俄罗斯莫斯科国立师范大学副校长多岑科·康·彼、俄中文化教育发展基金会会长崔姗女士一行,双方签署了合作谅解备忘录。

1月 学校获得中华人民共和国考古发掘资质(考古发掘团体领队资质),这是学校在国家级平台建设上的又一项重大进展。北京联合大学是北京地区继北京大学、中国人民大学之后获得这一资格的第三家高校。

1月和3月 2022年冬奥会申办委员会两次给学校旅游学院发来感谢信,感谢副校长兼旅游学院院长黄先开教授带领的专业支撑团队为申办冬奥会所做的贡献。从2014年6月—2015年3月,黄先开、丁于思、李白、黄莉等同志作为冬奥会申办住宿主题支撑团队成员,协助北京市旅游委先后完成了《北京2022冬奥会申办报告住宿主题》的撰写(包括10个部分内容,19个数据表格,共11000余字),和评估团来京考察期间住宿主题的相关陈述工作。

2月

2月 应用文理学院张景秋教授在中华全国总工会组织的全国五一巾帼奖状(奖章)、全国五一巾帼标兵岗(标兵)评比活动中,获得"全国五一巾帼标兵"荣誉称号。

3月

6—7日 校党委召开四届十次全委(扩大)会。校党委书记徐永利传达了北京高校党建工作会议和北京高校领导干部会议精神。校长卢振洋发表题为《用"工业4.0"的思维办好联大的事》的讲话,指出,要结合北京发展新要求,找到提高学校办学质量、提升人才培养质量的新突破点,把学校的工作搞出名堂、搞出特色。徐永利发表题为《打好"十二五"最后一年攻坚战》的讲话,强调要加强学校意识形态工作,要落实好习近平总书记讲的"四个全面",要着眼于京津冀协同发展,落实新定位、新目标,要加强党的建设,培养一支能打硬仗的队伍,实现建设"高水平、有特色、应用型"大学的梦。

12日 中南大学校长、中国工程院院士张尧学来校调研。校党委书记徐永利、校长卢振洋、副校长黄先开、副校长鲍泓接待。双方表示,希望在科研方面开展合作。

21日 "中国服务外包领军者大会"在安徽合肥召开。学校再次获评"第二届中国服务外包人才培养与服务机构"最佳实践教育机构五强。鲍泓作为高校代表参加《寻找智能服务时代服务外包人才培养及服务模式的新未来》高端对话。

26日 学校与哈尔滨工业大学举行战略合作框架协议签约仪式。校长卢振洋、副校长鲍泓、哈尔滨工大大学副校长韩杰才、工业技术研究院院长路忠锋、机器人集团总经理王飞等出席。

3月 校人文社科部主任韩强教授、人民代表大会制度研究所常务副所长杨积堂教授入选北京市宣传文化系统"四个一批"人才(理论界别),北京学研究所张勃研究员入选北京市宣传文化系统"四个一批"人才(文艺界别)。

4月

8日 学校与中软国际有限公司校企战略合作签约仪式举行。副校长鲍泓、中软国际有限公司高级副总裁唐振明出席。

8日 校医院揭牌仪式举行。新建成的校医院位于北四环校区北院12号楼共三层,建筑面积2000余平方米。一层和二层主要满足日常门急诊工作及辅助检查项目,三层设有20张隔离病床,可为师生提供传染病的临时隔离。校医院设有急诊、内科、外科等10余个业务科室,可为全校师生提供各种一般检查;还可承担新生、毕业生体检、预防接种等医疗保健服务。校党委副书记付晨光,副校长乔东亮、古红梅出席揭牌仪式。

8日 在由北京高校国防教育协会组织的"北京高校国防教育协会2015年会员代表大会"上。北京联合大学分别获得"北京高校国防教育工作突出贡献奖"和"北京高校国防教育先进会员单位"荣誉称号。

9日 由学校与东软控股有限公司共建的"北京联合大学东软创业学院"战略合作签约仪式举行。校领导卢振洋、黄先开、古红梅出席。

16—18日 中国会展经济研究会第十届年会暨2015中国会展教育论坛在山东泰安举行。旅游学院会展专业负责人王春才副教授获得"2015中国会展教育优秀人物奖",并作为嘉宾参加对话活动。

29日 在北京市委、市政府庆祝"五一"国际劳动节表彰大会上,学校人文社科部主任韩强获得"北京市先进工作者"、后勤服务公司获得"北京市模范先进集体"。

29日 学校召开2015年党风廉政建设工作会议。北京市纪委第四纪检监察室主任田明海作反腐倡廉专题辅导报告。校纪委书记张楠作题为《坚持依规依纪治党,深入落实"两个责任",全面推进我校党风廉政建设和反腐败工作》的报告,回顾了学校2014年党风廉政建设和反腐败主要工作,部署了2015年工作。校党委书记徐永利发表题为《把握四个全面,抓好党风廉政》的讲话。

4月 学校获悉校长卢振洋主持的项目《变极性等离子弧穿孔立焊的关键技术研究与应用》获得2014年度北京市科学技术一等奖,《航天器舱体结构变极性等离子弧穿孔焊接技术及应用》获得2014年度中国机械工业科学技术二等奖。

5月

8日 学校与张家界武陵源风景名胜区和国家森林公园管理局(以下简称"张管局")签订项目合作协议并洽商战略合作。校长卢振洋,副校长兼旅游学院院长黄先开,张家界市政府副秘书长侯家骥,张管局副局长李柏海、秦进廷等参加签约仪式。双方将在景区预警模型及系统研发等方面开展实质性合作,在建立"智慧旅游"科研站、人才培养等方面进行全方位合作。

8日 召开干部宣布大会。张志斌任北京联合大学师范学院院长职务;免去顾志良北京联合大学师范学院院长职务,办理退休手续。

15日 北京联合大学第五届国际文化展暨"一带一路"上的文化与美食展在校海棠广场举办。来自19个国家的留学生进行了文化和美食的展示。

16日 学校与中科院地理科学与资源研究所共建周成虎院士科研工作站揭牌。北京市教委委员黄侃,中科院地理科学与资源研究所党委书记、副所长刘毅,副所长、中国科学院资源与环境信息系统国家重点实验室主任周成虎院士,校党委书记徐永利、校长卢振洋,副校长张连城、鲍泓出席。卢振洋和刘毅签署双方共建"院士科研工作站"协议。鲍泓和周成虎院士签署学校与院士科研团队合作协议。黄侃、徐永利和刘毅共同为院士科研工作站揭牌。徐永利为周成虎院士颁发特聘教授聘书,并授予院士工作站钥匙。

16日 2015年全国科技活动周暨北京科技周开幕。学校在2014年中国智能车未来挑战赛中获得佳绩的"京龙2号"参展。中央政治局委员、国务院副总理刘延东,中央政治局委员、北京市委书记郭金龙,全国政协副主席、科技部部长万钢,科技部副部长侯建国,北京市委常委、秘书长张工等领导亲临学校展区视察。鲍泓向刘延东、郭金龙等领导现场介绍了"京龙2号"无人驾驶电动汽车的研发过程与应用设想。刘延东充分肯定了北京联大在无人驾驶智能电动汽车领域的成果,建议应用于北京的城市服务中,实现产业化,且在中小学生中开展无人驾驶智能电动汽车科普展览。5月24日,学校"无人驾驶智能电动汽车"项目以第五名入选最受公众喜爱科普项目。

20日 由中国纺织工业联合会指导,中国服装协会、江苏省常熟市人民政府主办的第七届中国休闲装设计精英大奖赛决赛在常熟举行。师范学院服装与服饰设计专业学生周琦获最佳工艺制作奖、优秀奖两项大奖。

28日 俄罗斯奥林匹克大学校长别拉乌索夫·列夫先生、俄中文化教育发展基金会会长崔姗女士一行来校访问。

29日 中国残联第六届主席团副主席、党组书记、执行理事会理事长鲁勇,办公厅主任杨代泽、教育就业部主任张新龙等一行6人来特教学院调研。鲁勇指出,特殊教育学院要加快发展,抓住机会抢占制高点,为顶层设计提供支撑,发挥引领作用。

5月 机电学院申报的"北京市智能机械创新设计服务工程技术研究中心",被北京市科委认定为2014年度北京市工程技术研究中心。这是学校获批的第一个北京市工程技术研究中心。

6月

1日 波兰驻华大使塔德乌什霍米茨基一行来校访问。校长卢振洋、副校长黄先开,旅游学院党委书记曹长兴接待。双方就人才培养、旅游信息化、智能化、学生交流等方面开展合作进行深入交流。

24日 召开干部宣布大会。韩宪洲任北京联合大学校党委书记,徐永利不再担任校党委书记职务。

28—29日 由学校与《中国教师报》联合主办、师范学院承办的"2015全国小学拓展性课程建设研讨会暨首届高等学校参与小学体育美育发展工作会"在师范学院举行。中国高等教育学会会长瞿振元,教育部教师工作司副司长殷长春,北京市政府教育督导室副主任关国珍,中国教育报刊社副社长雷振海,校党委书记韩宪洲、副校长黄先开,师范学院党委书记陈志刚、院长张志斌出席。

7月

1日 学校电子信息技术实验实训基地袁家政教授承担的国家科技支撑计划课题"'多彩贵州'文化资源集成与文化旅游综合服务应用示范"(2015BAH55F03),正式启动实施。按照科技部相关规定,学校与贵州旅游投资控股(集团)有限责任公司共同申报了该课题。该课题属于旅游资源整合和互联网新营销模式的文化旅游公共服务平台搭建和科技成果转化类项目;课题总经费预算评估批1785万元、其中包括国拨经费815万元;学校获批课题国拨经费的50%。

7日 台湾云林科技大学侯春看校长、黄振家副校长一行4人到校访问,卢振洋校长等接待。

7—9日 2015年第三届中国军民融合技术装备博览会在北京国家会议中心召开。学校"京龙2号"、BUU智能语音交互机器人、BUU中国象棋智能博弈机器人、全向服务移动机器人以及履带式滑板车(单兵坦克)参展。

10日 旅游学院与河北省张家口市崇礼县人民政府签署旅游教育战略合作框架协议。副校长兼旅游学院院长黄先开、旅游学院党委书记曹长兴,张家口市教育局副局长陈红梅、崇礼县人民政府县长白银海等出席签字仪式。

16日 学校管理学院与中国标准化研究院、北京蓝天嘉城科技发展有限公司共建"低碳经济与管理研究所"签约及揭牌仪式在北四环校区举行。校长卢振洋,校科研处处长杨鹏,管理学院党委书记杨积堂、执行院长陶秋燕;北京市发展和改革委员会、北京市经济与信息化委员会、中国标准化研究院、北京蓝天嘉城科技发展有限公司、北京国际工程咨询公司节能与低碳研究中心等相关单位的领导出席签约及揭牌仪式。

21日 市委教育工委授予北京联合大学"平安校园"示范校称号,并支持学校"平安校园"示范校专项引导资金50万元。

28日 应用科技学院外语系教师赵燕婷在2015第三届外研社"教学之星"大赛中获得高职高专组一等奖。

7月 2015年首届全国高校数学微课程教学设计竞赛结果公布,基础教学部袁安锋、张莉两位老师获得华北赛区一等奖,生物化学工程学院黄春娥老师获得二等奖。

8月

19—28日 校健美操队选派15名优秀运动员参加了由国家体育总局主办,体操管理中心承办的2015年全国健美操锦标赛。学校运动员最终取得两金(男子单人操,孙小童;男子三人操,孙宏茂、乔伟瀚、罗思雨)一银(女子单人操,刘鹃)两铜(有氧舞蹈,张诗函等;有氧踏板,柳杨等)的优异成绩。

29日 学校无人驾驶智能车"京龙一号"参加全国智能车驾驶郑开大道试验,成功完成了整个路段的无人驾驶任务并顺利到达终点。

9月

3日 学校离休干部、抗战老兵顾理昌,校党委书记韩宪洲,人文社科部主任韩强、商务学院牛洁珍老师、特教学院陆忠华老师、组织部杨飞老师和信息学院刘鹏程同学(退伍学生代表)参加了纪念中国人民抗日战争暨世界反法西斯战争胜利70周年阅兵式观礼。(全校有3位老同志受邀,2位由于身体原因未能出席。)生物化学工程学院学生周柳,自动化学院学生宋维军、于海军,管理学院学生战立龙、吕君(女),共5名入伍学生参加阅兵方队。

学校有14位抗战老战士、老同志(其中一位上半年去世),平均年龄89岁。这14位抗战老同志中,有在冀中军区任连长、营长的丁龙潜和任县大队政委、营教导员的何作涛,有在江苏海安县参加新四军敌后武装斗争的顾理昌,有妇救会委员罗林,还有在西南联合大学电机系学习期间担任美国飞虎队第十四航空队翻译的朱平洋。

12日 北京联合大学"德毅"机器人实验班开班仪式举行。校长卢振洋、副校长鲍泓、"德毅"机器人实验班责任教授、中国工程院院士李德毅出席。

16日 在北京高校第九届青年教师教学基本功比赛表彰大会上,师范学院曹颖娜、广告学院戴文俊各自获文史类B组一等奖、最佳教案奖、最佳演示奖、最受学生欢迎奖;基础课教学部袁安锋获理工类B组一等奖、最佳教案奖、最佳演示奖;汪艳丽、张旗、楚天、戈西元、邢春峰5位老师获优秀指导老师奖;学校获优秀组织奖。

20日 泰国曼谷吞武里大学教育集团主席参猜·猜隆勒博士一行来访。校长卢振洋等接待。双方签署了框架协议,将在艺术专业研究领域以及学生交流、教师交流等方面进行合作,以推动两校进一步发展。

24日 机电学院王超老师应邀参加了北京市"十三五"规划编制——"加强城市治理与建设和谐宜居之都"公众建言会,副市长张延昆为其颁发北京市"十三五"规划建言证书。

10月

11日 学校举办"2015数字动漫艺术与文化传播国际论坛"。本次论坛关注微传播时代的数字动漫媒体艺术的业界形态和创新模式,探索中国数字媒体动漫艺术的产学研一体化发展,还推出了北京数字动漫艺术与文化传播创新团队成果展。校党委书记韩宪洲、中国动漫集团有限公司董事长庹祖海分别致辞。北京数字动漫艺术与文化传播创新团队负责人乔东亮汇报了创新团队三年创建的基本情况。著名文艺评论家仲呈祥、北京电影学院副院长孙立军等与会嘉宾围绕创意设计、创意媒体、创意内容,就数字动漫艺术传播的创意设计、商业模式、人才培养等问题进行了专题交流。本次论坛由师范学院承办。

16日 北京联大与北控智慧城市公司就"北京智慧城市大数据应用合作"举行签约仪式。北控智慧城市科技发展有限公司副董事长燕清,校长卢振洋、副校长鲍泓、旅游学院党委书记曹长兴出席。鲍泓与燕清代表双方在合作协议上签字。

16日 由北京市社会科学界联合会、北京史研究会和学校北京学研究所共同主办的北京史研究与北京学探索学术前沿论坛暨研究成果展,在北京社科活动中心举行。有6位专家学者分别做主题发言。

17—19日 2015中国机器人大赛暨RoboCup公开赛在贵阳举行。信息学院学生罗向阳、陈俊康、冯子豪和高晓磊组成的致远队获得"动作投影对抗项目一等奖",指导教师李月琴、张军。

21—24日 韩宪洲率学校代表团出席在伦敦举行的2015年全英孔子学院和孔子课堂年会。韩书记与中外大学以及英方孔子学院的负责人聆听了习近平主席的演讲,并与合作院校——威尔士三一圣大卫大学校长麦德文·休斯教授就双方下一步合作及孔子学院发展进行了会谈。

21—24日 2015年中国国际节能环保汽车展暨节能与新能源汽车成果展在国家会议中心举行,学校"京龙二号"无人驾驶电动汽车参展。副校长鲍泓接待了科技部万钢部长、工信部辛国斌副部长、北京市隋振江副市长、北京市科委党组书记呼文亮等领导,并接受了北京日报等多家媒体采访。

24—25日 由北京联大主办,旅游学院、《旅游学刊》编辑部承办的"2015《旅游学刊》中国旅游研究年会"在北四环校区举行。教育部、国家旅游局、北京市教委相关领导,卢振洋、黄先开、曹长兴出席,40余位国内外著名旅游专家、学者以及来自全国各高校的代表共300余人参加。

28日 由北京联合大学与北京工艺美术行业发展促进中心共同主办,北京联大文化创意创新中心承办的"2015北京·台湾工艺美术人才培养与创作实践研讨会"在京召开。学校向邱春林等3位教授颁发了北京联大手工艺研究院顾问证书;向田宝川等4位专家颁发了北京联大手工艺研究院客座研究员证书。

30日 学校图书馆已把自2007年学校招收研究生以来,毕业的所有硕士研究生学位论文录入完毕。学校图书馆从2014年开始,自建"北京联合大学硕士学位论文库"。硕士学位论文库的建设,为教师教学和研究生毕设提供了资源支持。

31日 由北京联合大学、天津大学和中共北京市海淀区委宣传部联合主办的"全球视域下三山五园文化遗产传承和保护"学术研讨会在京举办。与会专家学者围绕中西园林文化遗产和保护、数字化在园林文化遗产传承和保护中的作用等问题展开热烈讨论。

11月

3—7日 第11届中国大学生健康活力大赛暨中国大学生健美操艺术体操锦标赛举行。学校健美操队男子三人操、女子五人操、有氧踏板分获金牌;女子单人操、男子五人操、有氧舞蹈分获银牌;男子单人操、团体总分分获银牌。唐红斌获得"优秀教练员"称号,校健美操队获得"体育道德风尚运动队奖"。

4—6日 2015第十七届海峡两岸应用性(技术与职业)高等教育学术研讨会在上海第二工业大学召开,卢振洋在大会上做了题为《适应首都区域经济发展,探索高等教育新途径》的主题报告;周志成参加了"校长面对面"的两岸校(院)长师生互动交流环节,回答了两岸学子对北京联大创业课程设计和学生创新创业模式的关注和问题;北京联大师生代表还参加了论文发表(分会)和两岸校(院)长师生互动交流的学术活动。

14日 "鑫台华·康邦杯"2015年华北五省(市、自治区)及港澳台大学生计算机应用大赛总决赛在北四环校区隆重举行。本次决赛共有来自5个分赛区53所学校118支代表队500余名学生参加。最终北京信息科技大学的"墨痕"等33个作品获得一等奖,天津理工大学"老吾老"等66个作品获得二等奖。此项赛事已连续举办6届,北京联合大学是主要承办单位。

15—16日 学校派出"京龙1号"无人驾驶智能汽车和"京龙3号"无人驾驶智能纯电动汽车,参加在江苏省常熟市"2015年中国智能车未来挑战赛"。"京龙3号"获得综合道路环境单项测试第一名的佳绩;它承担了中央电视台实况直播车任务。"京龙3号"是在北汽集团今年新推出的纯电动汽车C70基础上改装而成,成功完成比赛和典型路段的直播任务。

17日 学校首家校企共建创业学院——北京联合大学东软创业学院"蜂巢"创意空间签约暨揭牌仪式举行。这是双方继共建"北京联合大学东软创业学院"后,在创新创业合作上的又一个里程碑。校党委副书记周志成、副校长乔东亮,东软控股副总裁、东软睿道教育公司总裁李印杲等出席。

21日 在北京外国语大学举办的第四届国际大学生新媒体文化节颁奖典礼上,学校选送的微电影《爱延续》获得第四届国际大学生新媒体文化节"最具传播价值提名奖"。

24日 邯郸学院党委书记杨金廷一行3人来访,与学校签订特殊教育协同创新中心战略合作协议,杨金廷书记和卢振洋校长代表双方签字。副校长张连城出席签字仪式。

28日 学校举办"人文社会科学学术创新高峰论坛"。中国社会科学院法学所、《新华文摘》杂志社、中国人民大学书报资料中心等国内高水平研究机构或期刊编辑单位的代表到会。与会者以"关于学术与智库的几点思考""学术评价机制与学术创新""人文社会科学学术文章评价之维""批评性学术研究成果的判断"等主题发表了演讲。论坛由管理学院与学报编辑部共同主办,鲍泓到会并致辞。

11月 学校图书馆新馆基建竣工。

12月

1日 法国蓝带国际有限公司总裁安德烈·君度(Andre Conitreau)一行来访。校党委书记韩宪洲、原副校长兼旅游学院院长黄先开、旅游学院党委书记曹长兴接待。双方就共同发挥资源优势、为旅游业培养优秀人才达成合作共识。

4—18日 北京联合大学科技工作会在学校举行。大会的主题是:推进科研创新能力提升计划,开创应用型大学科研工作新局面。大会总结了2011年科技工作大会以来,学校科研工作取得的主要成绩与存在的问题,提出实施"科研创新能力提升深化计划"的主要任务。卢振洋校长在开幕式上做了《行动起来,让科技工作成为应用型大学建设的强劲动力》的讲话,指出:学术立校是办好大学的根本所在;科技工作要适应学校的人才培养定位,学以致用是搞好我校科技工作的重心,要在技术应用和工程应用领域开展研究工作。鲍泓副校长做了《深化创新能力提升计划,创新驱动科技工作发展》的讲话,强调在新常态下创新是引领发展的第一动力;未来五年,联大的科技工作要聚焦方向,聚集资源,聚合力量,聚变成果。在大会上,学校向新聘请的 8 位国内知名学者颁发聘书。特聘教授、中国工程院李德毅院士做了题为《用任务带学科——谈高校基础研究和人才培养》的报告,重点阐述了以科研任务带动学科建设,以应用为导向,主动适应社会需求,推动应用型人才培养模式的改革创新等主要内容。本次活动中,学校向取得国家重大项目突破的科研获奖人员进行了表彰;特殊教育学院钟经华教授代表获奖者做了发言。18 日,韩宪洲书记在闭幕式上作题为《改革创新,真抓实干,开创应用型大学建设新局面》的讲话,对建设应用型大学的科研工作提出了新的目标和要求。

12 日 北京联大校友、"敦煌网"创始人兼 CEO 王树彤回母校做了"创新创业与跨境电子商务的未来"的演讲;还与学弟学妹们分享了自己在互联网领域的创业经历。之后,学校与敦煌网举行了合作洽谈会。双方在 APEC 跨境电商能力建设(CBET)项目、跨境电商人才培养、电子商务产业研究与服务、创新创业等方面达成初步合作意向。副校长鲍泓、古红梅出席演讲会和合作洽谈会。

16 日 校长卢振洋主持的《航天器舱体结构变极性等离子弧穿孔立焊关键技术与应用》项目,获得国家科学技术进步奖二等奖。

18 日 《旅游学刊》再次入选"2015 中国最具国际影响力学术期刊"(人文社会科学),排名第 9;在人文社会科学类 Top 5％入选的高校主办的中文刊中,名列第一。自 2012 年以来,该刊已连续 4 年获此荣誉。

26 日 由管理学院承办的中国行为法学会"金融法律行为研究会 2015 年会暨经济新常态·金融法制建设研讨会"在学校举办。与会者围绕"经济新常态下中国金融法治建设""警惕泛金融化倾向""经济新常态下反洗钱研究""新经济下金融业创新需求与创新驱动"等题目做了精彩演讲;围绕"金融创新与法治""金融安全与监管""金融犯罪与司法"3 个分题进行了讲演与互动。中纪委常委、最高人民法院党组副书记、副院长、中国行为法学会会长江必新出席会议并做了重要讲话。会前,校领导会见了参会的主要嘉宾,并就金融学、法学、大数据应用等人才培养及合作研究等话题进行了交流。会后,嘉宾与我校教师围绕金融大数据及金融反欺诈领域开展合作研究等事宜进行了座谈和交流。

31 日 韩宪洲书记会见了台湾"建国科技大学"陈繁兴校长一行。双方一致认为应在智慧物流、数字媒体等优势专业共同开发课程,互派教师授课,开展短期创新创业项目以及共同举办设计作品展等方面,更好地交流与合作,共同培养社会需要的应用型人才。

12 月 在 2014 年北京工艺美术创新设计大赛中,师范学院艺术设计系滕雪梅教授设计的《问鼎》系列手包设计获得二等奖,《裂变》系列手包设计、《牌戏》银手镯设计获得三等奖。

12 月 网络中心完成校园一卡通升级改造及功能扩展二期建设项目,全校教工和新生使用新版 CPU 校园卡。

· 机构与队伍 ·

校级领导

党委书记：徐永利（任职至 2015 年 6 月）
　　　　　韩宪洲（自 2015 年 6 月任职）
校　　长：卢振洋
党委副书记：付晨光　周志成
纪委书记：张　楠（女）
副 校 长：张连城　黄先开（任职至 2015 年 10 月）　鲍　泓　乔东亮　古红梅（女）
校长助理：杨　鹏　李志祺

中共北京联合大学第四届委员会

（2012 年 12 月 23 日换届）

党委委员（按姓氏笔画排序）：
　　尹福斌　卢振洋　叶　晓　付晨光　乔东亮　齐再前（女）　李志祺　杨　宜（女）　杨　鹏
　　张　楠（女）　张连城　张宝秀（女）　张恩祥　陈志刚　范宝祥　周志成　贾　方（女）
　　徐永利　黄先开（任职至 2015 年 10 月）
　　韩宪洲（自 2015 年 6 月任职）　韩建业　鲍　泓

党委常委（按姓氏笔画排序）：
　　卢振洋　付晨光　乔东亮　张　楠（女）　张连城　周志成
　　徐永利（任职至 2015 年 6 月）　黄先开（任职至 2015 年 10 月）
　　韩宪洲（自 2015 年 6 月任职）　鲍　泓

中共北京联合大学第四届纪律检查委员会

（2012 年 12 月 23 日换届）

纪委书记：张　楠（女）
纪委副书记：欧阳媛（女，任职至 2015 年 6 月）
纪委委员（按姓氏笔画排序）：
　　王　玮（女）　丛　森　张　楠（女）　张建林　张健民
　　欧阳媛（女，任职至 2015 年 12 月）　赵艳霞（女）
　　郭　堃（任职至 2015 年 6 月）　曹长兴

（以上由组织部提供）

常设专门委员会及领导小组

按照京联党〔2015〕54号文件规定,学校常设专门委员会及领导小组成员构成一般遵循"人岗对应"原则,即成员与相关岗位职务基本对应。自2015年10月16日文件发布之日起,各专门委员会及领导小组人员变更遵循"岗变人变"原则,即岗位人员变化,则委员会及领导小组人员随之对应变更,不再单独专门发布新成员名单。

一、北京联合大学党务公开工作领导小组(京联党〔2015〕54号调整)

组　　　长:韩宪洲

副 组 长:付晨光　周志成　张　楠

办公室主任:王文杰

办公室成员:王　玮　王维国　欧阳嫒　范　蓓　张文杰　沈　洪

二、北京联合大学校务公开领导小组(京联党〔2015〕54号调整)

组　　　长:韩宪洲　卢振洋

副 组 长:张　楠

成　　　员:张宝秀　张志斌　杨　宜　张恩祥　黄先开　张　辉　田景文　程　光　方建军　陶秋燕　滕祥东　张　旗　齐再前　庞　明　夏　莉

办公室主任:王文杰

成　　　员:王　玮　张文杰　叶　晓　范　蓓　杨　鹏　张健民　肖富宁

校务公开工作监督小组

组　　　长:张　楠

副 组 长:欧阳嫒　张俊玲

成　　　员:毕玉兰　教代会代表　民主党派和无党派代表　学生代表若干

三、北京联合大学学位评定委员会(京联党〔2015〕54号调整)

主　　　席:卢振洋

副 主 席:黄先开(常务)　鲍　泓(常务)　周志成

成　　　员(按姓氏笔画排序):

　　王　静　方建军　叶　晓　田景文　刘彦文　齐再前　许家成　劳凤学　杨　宜　杨　鹏

　　杨亚军　杨积堂　肖　芳　张　伟　张　辉　张　旗　张文杰　张志斌　张宝秀　张恩祥

　　张殿恩　范清惠　庞　明　钟经华　陶秋燕　韩建业　程　光　熊黑钢　滕祥东

学位评定委员会监督工作小组:

组　　　长:张　楠

成　　　员:欧阳嫒

学位评定委员会设办公室:

主　　　任:杨　鹏

副 主 任:叶　晓　王　静

四、北京联合大学纪检监察信访工作小组(京联党〔2014〕16号调整)

组　　　长:韩宪洲　卢振洋

成　　　员:付晨光　张　楠　纪检办主任

五、北京联合大学师资队伍建设领导小组(京联党〔2015〕54号调整)

组　　　长:韩宪洲　卢振洋

副 组 长:付晨光

成　　　员:黄先开　鲍　泓　杨　鹏　范　蓓　叶　晓　王　静　杭孝平

师资队伍建设领导小组办公室设在校人事处。

六、北京联合大学教师资格认定工作领导小组(京联党〔2015〕54号调整)

组　　　长:卢振洋

副 组 长:付晨光

成　　　员：杨　鹏　范　蓓　叶　晓　王　静　杭孝平

教师资格认定工作领导小组办公室设在校人事处。

七、北京联合大学人员公开招聘工作领导小组（京联党〔2015〕54 号调整）

组　　　长：韩宪洲　卢振洋

副 组 长：付晨光

成　　　员：张连城　黄先开　鲍　泓　张志斌　杨　宜　张恩祥　曹长兴　杨　鹏　范　蓓　叶　晓
　　　　　　王　静

人员公开招聘工作领导小组办公室设在校人事处。

八、北京联合大学干部工作领导小组

成　　　员：校党委书记　校长　分管干部工作的党委副书记　校纪委书记　校党委组织部部

九、北京联合大学专业技术职务聘任工作领导小组（京联党〔2015〕54 号调整）

组　　　长：卢振洋　韩宪洲

副 组 长：付晨光

成　　　员：周志成　黄先开　鲍　泓　杨　鹏　范　蓓　叶　晓　王　静

专业技术职务聘任工作领导小组办公室设在校人事处。

十、北京联合大学专业技术职务聘任委员会（京联党〔2015〕54 号调整）

主　　　任：卢振洋　韩宪洲

副 主 任：付晨光

成　　　员：周志成　张连城　黄先开　鲍　泓　乔东亮　古红梅　张宝秀　张志斌　杨　宜　张恩祥
　　　　　　田景文　程　光　方建军　陶秋燕　滕祥东　张　旗　齐再前　杨　鹏　范　蓓　叶　晓
　　　　　　王　静　姜招峰　龚　平　韩　强　谢职安　熊黑钢

专业技术职务聘任委员会办公室设在校人事处。

专业技术职务聘任委员会监察委员会成员：张　楠　欧阳媛　张俊玲

十一、北京联合大学招生工作领导小组（京联党〔2015〕54 号调整）

组　　　长：卢振洋　韩宪洲

副 组 长：黄先开（常务）　张　楠

成　　　员：张　伟

领导小组办公室设在校招生就业处。

十二、北京联合大学学生资助工作领导小组

组　　　长：主管学生工作校领导　主管研究生工作校领导

副 组 长：校学生处处长　研究生处处长

成　　　员：各学院主管学生工作院领导　校财务处负责人

工作小组长：校学生处处长　研究生处处长

工作小组副组长：校学生处　研究生处副处长

工作小组成员：各学院学生工作部门负责人

校学生处、研究生处学生资助工作人员和财务处相关人员

辅导员（班主任）和学生代表

十三、北京联合大学学生申诉处理委员会（京联党〔2015〕54 号调整）

主　　　任：张　楠

副 主 任：黄先开　鲍　泓

成　　　员：王文杰　欧阳媛　于　熙　叶　晓　张文杰　张　伟　王　静　黄　巍　谢庆阳（成员中另设法律顾问、教师代表、学生代表各一名）

十四、北京联合大学德育工作领导小组（京联学〔2015〕89 号调整）

组　　　长：韩宪洲

副 组 长：周志成（常务）　付晨光　乔东亮

成　　　员（按姓氏笔画排序）：

　　　　　　王文杰　王　玮　王维国　王　静　王　鹤　叶　晓　张文杰　范　蓓　韩　强

十五、《北京联合大学学报》编辑委员会(京联党〔2015〕54号调整)
主　　　任：卢振洋
常务副主任：鲍　　泓
副　主　任：黄先开　乔东亮　周小华
委　　　员(按姓氏笔画排序)：
　　　　　　于　深　马榴强　叶　晓　吕　科　刘培一　齐再前　齐铂金　杜　煜　李亚青　李红星
　　　　　　李紫薇　杨　鹏　佟建国　宋美娜　张　宁　张　旗　张恩祥　张景秋　陈后金　陈建斌
　　　　　　范晋伟　范清惠　林　强　赵晓红　荣　建　姜　明　姜招峰　袁其朋　徐胜利　徐常胜
　　　　　　黄　和　韩宪洲　程　光　熊黑钢　薛万欣

十六、《北京联合大学学报(人文社会科学版)》编辑委员会(京联党〔2015〕54号调整)
主　　　任：韩宪洲
常务副主任：鲍　　泓
副　主　任：黄先开　张连城　周小华
委　　　员(按姓氏笔画排序)：
　　　　　　王国华　王维国　卢振洋　冯玉军　朱松岭　乔东亮　仲伟民　刘　勇　刘凤景　许家成
　　　　　　杨　宜　杨亚军　肖东发　何广文　张　荆　张　旗　张宝秀　张凌云　陆　俊　赵忠秀
　　　　　　钟经华　徐　勇　陶秋燕　黄京平　黄宗英　蒋重跃　韩　强　韩建业　鲁卫东

十七、北京联合大学招标领导小组(京联发〔2013〕21号成立)
组　　　长：卢振洋
副　组　长：乔东亮(常务)　张　楠　张连城　古红梅
成　　　员(按姓氏笔画排序)：
　　　　　　毕玉兰　李志祺　肖富宁　张健民　欧阳媛　黄　巍
招标领导小组下设综合招标管理办公室、基建工程招标管理办公室和招标监督办公室。
综合招标管理办公室设在国有资产管理处,国有资产管理处处长兼任办公室主任。
成　　　员(按姓氏笔画排序)：
　　　　　　于　熙　王　彤　叶　晓　杨　鹏　肖富宁　沈　洪　张俊玲　范　蓓　欧阳媛　黄　巍
基建工程招标管理办公室设在基建处,基建处处长兼任办公室主任。
成　　　员(按姓氏笔画排序)：
　　　　　　于　熙　毕玉兰　肖富宁　沈　洪　张健民　黄　巍
招标监督办公室设在纪检监察办公室,纪检监察办公室主任兼任办公室主任。
成　　　员(按姓氏笔画排序)：
　　　　　　毕玉兰　张俊玲　张健民　欧阳媛

十八、北京联合大学安全稳定工作领导小组(京联党〔2015〕54号调整)
组　　　长：韩宪洲　卢振洋
副　组　长：付晨光　周志成　张连城　古红梅
成　　　员：陈志刚　张建林　范宝祥　曹长兴　张　辉　尹福斌　杨奇红　丛　森　杨积堂　滕祥东
　　　　　　张祖明　潘宏波　庞　明　夏　莉　王文杰　王　玮　王维国　李　湛　于　熙　范　蓓
　　　　　　张文杰　王　静　黄　巍　姜素兰　李宝贵　张俊玲　谢庆阳　肖　芳　沈　洪　于水波
领导小组办公室
主　　　任：周志成(兼)
副　主　任：王文杰　于　熙
成　　　员：范　蓓　张文杰　王　静　肖　芳

十九、北京联合大学财经工作领导小组(京联党〔2015〕54号调整)
组　　　长：卢振洋　韩宪洲
副　组　长：乔东亮　张　楠
成　　　员：张健民　毕玉兰　王文杰
领导小组办公室设在校财务处。

二十、北京联合大学网络与信息安全工作领导小组(京联党〔2015〕30号成立)
组　　长：校党委书记　校长
副 组 长：主管安全稳定　宣传思想　信息网络工作校领导
成　　员：各学院党委　国际交流学院党支部　北苑校区党支部书记　党委(校长)办公室
　　　　　党委宣传部　保卫工作部(处)　财务处　教务处　学生工作部(处)
　　　　　招生就业处　研究生工作部(处)　国际交流合作处　团委　信息网络中心负责人
　　　　　台湾研究院党支部书记
办公室主任：主管信息网络工作校领导(兼)

二十一、关心下一代工作委员会(京联党〔2015〕54号调整)
主　　任：张　铃
副 主 任：付晨光　周志成　郭淑敏　廖文国
委　　员(按姓氏笔画排序)：
　　　　　卜晨光　王　鹤　王希庆　王育红　牛爱芳　吕淑惠　刘光恩　孙晓鲲　李　湛　杨　飞
　　　　　张文杰　张秀国　骆武刚　袁　林　夏　莉　徐淑静　焦　阳　谢飞雁　廖琪丽
办公室主任：王育红
办公室副主任：张文杰
关心下一代工作委员会办公室设在校离退休人员工作处。

二十二、校友会(2014年6月28日,北京联合大学校友会第二次会员代表大会选举产生)
会　　长：徐永利
常务副会长：周志成
副 会 长：孔繁敏　顾伟达　高　东
监 事 长：张　楠
秘 书 长：张连城
副秘书长：王维国　张　伟　张文杰　范　蓓　范宝祥
办公室常务副主任：刘朝生

（以上由党校办提供）

二十三、北京联合大学第三届教代会常设主席团
主　　席：付晨光
委　　员：(按姓氏笔画排序)
　　　　　王希庆　尹福斌　付晨光　祁春利　劳凤学　李红星　李秀婷　杨　宜　张俊玲　张恩祥
　　　　　范　蓓　范宝祥　罗　丹　赵　红　赵艳霞　程雨琴　雷　红

二十四、北京联合大学第三届工会委员会
主　　席：付晨光
委　　员：(按姓氏笔画排序)
　　　　　王希庆　王建远　王爱民　毛连生　孔繁潮　付晨光　刘宝妹　祁春利　李宇红　李秀婷
　　　　　李沁芳　杨洪志　张　翔　张俊玲　张艳杰　林　晨　罗　丹　赵艳霞　茹秀华　高润泉
　　　　　黄　标　谢飞雁

二十五、北京联合大学第三届工会经费审查委员会
主　　任：张健民
委　　员：(按姓氏笔画排序)
　　　　　刘振斌　肖富宁　张晓华　张健民　鲍　晖

二十六、北京联合大学工会第三届女教职工委员会
主　　任：李秀婷
副 主 任：马　楠
委　　员：(按姓氏笔画排序)
　　　　　马　楠　王爱民　吕文彬　朱东星　朱传华　刘建平　李　青　李秀婷　李效春　闵莉艳
　　　　　孟祥萍　郝运瀛

二十七、北京联合大学教职工爱心互助基金管理委员会

主　　　任：付晨光

副　主　任：张俊玲

委　　　员：（按姓氏笔画排序）

王　玮　王文杰　王育红　王树兰　孔　军　孔繁潮　付晨光　祁春利　张立珊　张俊玲
苗　莉　欧阳媛　罗　丹　赵艳霞　荣　莉　唐小恒

二十八、北京联合大学工会福利委员会

主　　　任：付晨光

副　主　任：张俊玲　范　蓓　张健民

办公室主任：罗　丹

委　　　员：（按姓氏笔画排序）

王树兰　孔繁潮　付晨光　任小梅　刘宝妹　安传钢　祁春利　何天增　闵莉艳　张　翔
张立珊　张俊玲　张健民　范　蓓　罗　丹　屈文超　侯长存　袁安峰

（以上由校工会提供）

党政管理机构设置及负责人

机构名称	负责人
党委办公室、校长办公室	范宝祥（任职至2015年3月） 王文杰（自2015年3月任职）
党委组织部、统战部	王　玮
党委宣传部	王维国
纪检办公室、监察处	欧阳媛（任职至2015年12月）
党委学生工作部、学生处、党委人民武装部	张文杰
离休退休人员工作处	王育红
教务处	杨　鹏（任职至2015年1月） 叶　晓（自2015年1月任职）
人事处	曲学利（任职至2015年9月） 范　蓓（自2015年10月任职）
科研处	叶　晓（任职至2015年1月） 杨　鹏（自2015年1月任职）
研究生工作部、研究生处	王　静
财务处	毕玉兰（任职至2015年1月） 张健民（自2015年1月任职）
审计处	张健民（任职至2015年1月） 毕玉兰（自2015年1月任职）
党委保卫部、保卫处	于　熙
国际交流合作处、港澳台事务办公室	杨亚军（任职至2015年12月）
行政管理处	黄　巍
基建处	李志祺（任职至2015年1月） 肖富宁（自2015年1月任职）
国有资产管理处	肖富宁（任职至2015年1月） 李志祺（自2015年1月任职）
招生就业处	张　伟

注：各机构书中简称依次为党校办、组织部、宣传部、纪监办、学生处、离退处、教务处、人事处、科研处、研究生处、财务处、审计处、保卫处、国交处、行管处、基建处、国资处、招就处

党群团组织(机构)设置及负责人

机构名称	负责人
工会	张俊玲
团委	解庆阳
机关和直属单位党委办公室(机关党总支)	姜素兰
离退休党委	李湛

注:机关和直属单位党委办公室书中简称机直党办

直属教学单位设置及负责人

机构名称	负责人
基础课教学部	于深(主任) 任伟宁(党总支书记,任职至2015年11月)
电子信息技术实验实训基地	高润泉(主任) 苏幼香(党支部书记)
人文社会科学教学部	韩强(主任) 仲计水(党总支书记,自2015年4月1日任职)
体育教学部	范清惠(主任) 杨洪志(党支部书记)
公共外语教学部	张殿恩(主任) 谢职安(党总支书记)

注:各机构书中简称依次为基础部、实训基地、社科部、体育部、外语部

直属非教学单位设置及负责人

机构名称	负责人
北苑校区管委会	赵振江(党支部书记,任职至2015年3月) 夏莉(管委会副主任兼党支部书记,主持工作,自2015年5月任职)
培训中心(成教处)	肖芳
图书馆	刘坚力(党总支书记,任职至2015年11月) 翟金忠(党总支书记,自2015年12月任职) 程雨琴(馆长)
信息网络中心	沈洪
学报编辑部	周小华
档案(校史)馆	杜鸿燕
校医院	刘庄(党支部书记兼副院长)
后勤服务公司	肖春林
产业管理委员会	乔东亮

注:信息网络中心书中简称为网络中心

校级（校管）科研机构设置及负责人

机构名称	负责人
人民代表大会制度研究所	徐永利
北京学研究所	张宝秀
应用型高等教育发展研究中心	耿晓冬
台湾研究院	谭文丛
功能食品科学技术研究院	姜招峰
北京市信息服务工程重点实验室	鲍 泓
北京三山五园研究院	徐永利

注：人民代表大会制度研究所、北京学研究所、应用型高等教育发展研究中心、台湾研究院书中简称依次为人大所、北京学、高教研、台研院。

学院设置及负责人

机构名称	负责人
应用文理学院	张连城(兼院党委书记,副局级) 张宝秀(院长,副局级)
师范学院	陈志刚(院党委书记,副局级) 顾志良(院长,副局级,任职至2015年4月) 张志斌(院长,副局级,自2015年4月任职)
商务学院	张建林(院党委书记,副局级,任职至2015年10月) 杨 宜(院长,副局级)
生物化学工程学院	范宝祥(院党委书记,副局级) 张恩祥(院长,副局级)
旅游学院	曹长兴(院党委书记,副局级) 黄先开(兼院长,副局级,任职至2015年10月)
继续教育学院	张 辉(院党委书记兼院长,副局级)
信息学院	尹福斌(院党委书记,任职至2015年11月) 田景文(常务副院长)
机电学院	杨奇红(院党委书记) 程 光(院长)
自动化学院	丛 森(院党委书记) 方建军(院长)
管理学院	杨积堂(院党委书记,自2015年7月任职) 陶秋燕(常务副院长)
特殊教育学院	滕祥东(院党委书记) 汪明骏(常务副院长,主持工作,任职至2015年7月) 汪明骏(常务副院长,任职至2015年11月)
广告学院	高玉培(院党委书记,任职至2015年3月) 张祖明(院党委书记,自2015年4月任职) 张 旗(院长)
应用科技学院	潘宏波(院党委书记) 齐再前(院长)
国际交流学院	庞 明(院长兼直属党支部书记)

（以上由组织部提供）

·教育教学·

本科教育

【概况】 学校实施"十三五"人才培养专项规划,包括专业、课程和教材三个层面的专项建设规划。深化专业建设,进一步完善专业评估标准,加强专业建设相关管理制度建设,开展校内本科专业评估工作,在前两年专业评估的基础上,进一步完善了本科专业评估系统,组织完成了69个布点本科专业的评估工作。委托武汉大学中国科学评价研究中心(中国科教评价网)根据2015年《中国大学及学科专业评价报告》中的数据及评价结果,为学校开展诊断式的指标分析、学科专业分析、学校之间的比较分析等,形成了《北京联合大学及部分学科专业诊断分析报告》,为"十三五"规划提供依据。

依托"双培计划",搭建专业建设资源共享平台,探索人才培养新机制。继续开展2015版普通本科培养方案制(修)订工作,先后召开了中期检查汇报及专题报告会、协调会、经验交流会、培养方案规范性审核会、专家论证会、总结汇报会等多个会议,出台了《北京联合大学关于全面制(修)订2015版普通本科培养方案的原则意见》《2015版普通本科培养方案制(修)订工作实施方案》《关于对2015版普通本科培养方案制(修)订过程中相关问题的答复》《北京联合大学关于制订普通本科课程大纲的规定》《关于学校2015版普通本科培养方案课程编码办法的通知》等培养方案制定的系列文件,编制了《2015版培养方案制(修)订工作动态》,聘请校内外专家抽检、审核、论证,完成了2015版培养方案及课程大纲、课程简介的制(修)订工作。

继续推进学院教学综合改革,总结推广生物化学工程学院完全学分制,推进商务学院AACSB认证探索经验,加强实验班建设。支持学院开展创新人才培养的教学综合改革,继续推动各学院开展特色亮点项目的实施。

继续实施校外访学项目,有效落实北京市教委组织的"双培计划",积极推进试点学院综合改革。组织开展2015年校外人才培养基地校级遴选评选工作。组织"鑫台华·康邦杯"2015年华北五省(市、自治区)及港澳台大学生计算机应用大赛。

加强教育教学改革项目管理,对2015年立项的教育教学改革项目进行中期检查。开展2016年校级教育教学成果奖的评选工作,做好市级教育教学成果奖的培育申报工作。

组织中青年教师执教能力比赛,推进创新创业教育改革,组织开展"实培计划"相关项目。整合教育教学平台资源,加强数字化教学资源建设,核准教学巡控、正方教务系统中现有教室等基础数据。梳理校院两级管理体制修订,完善校院两级教学管理制度和管理流程,明确工作职责分工,继续修改和完善教务系统相关模块功能,提高教学管理科学化和信息化水平,继续开展学情分析研究,试点创建学生成长电子档案。继续推进教学过程管理,核心课程采用"3+X"考核管理办法。深化学分制改革,推进学生网上自主"选课制"。

(刘春玲)

【专业设置】 经教育部批准同意,新增设2个本科专业:小学教育、教育康复学。2015年,学校设置本科专业69个,涵盖教育部2012年颁布的普通高等学校本科专业目录中的10个学科门类(经济学、法学、教育学、文学、历史学、理学、工学、医学、管理学、艺术学),其中,经济学门类3个专业,法学门类1个专业,教育学门类4个专业,文学门类6个专业,历史学门类2个专业,理学门类5个专业,工学门类23个专业,医学门类1个专业,管理学门类16个专业,艺术学类8个专业。本科专业详情见"北京联合大学2015年各项统计数据"栏目中北京联合大学2015年本科专业一览表。

根据学校有关专业布局的规划,对6个布点本科专业进行调整,停招了这6个布点本科专业(含2个师范学院的非师范类布点专业),在商务学院新增了1个布点本科专业会计学(国际会计)。专业调整详情见本分页附表条目中"北京联合大学2015年本科专业调整情况一览表"。

此外,还根据学校以及北京市社会经济发展需求,组织完成了餐饮管理专业的专家论证、教指委审议、校园网公示等2015年新增本科专业的申报工作。

（冯爱秋　肖章柯）

【人才培养模式改革】 根据市教委总体安排，启动实施了"双培计划"工作，出台了《北京联合大学高水平人才交叉培养"双培计划"实施细则（暂行）》，并结合学校2015年本科专业招生的具体情况，对参加"双培计划"学生进行了遴选，最终确定计算机科学与技术、会展经济与管理、旅游管理、会计学、制药工程5个专业共75名学生参加"双培计划"，顺利完成学生的对接工作。"双培计划"实施详情见本分目附表条目中"北京联合大学'双培计划'实施情况一览表"。

为推进校级实验班教学建设与改革，促进应用型拔尖创新人才的培养，学校先后组织召开了多场实验班教师座谈会、学生座谈会。学校组织进行了2015级校级实验班新生的选拔工作。来自全校5个学院13个专业的88名学生进入校级实验班学习，其中旅游学院旅游管理实验班、信息学院软件工程实验班、管理学院金融学实验班分别选拔录取了32名、32名、24名。继续实施名校访学计划，从信息学院、管理学院和旅游学院的2013级校级实验班中分别选拔了15名学生，共计45名学生，赴北京科技大学进行为期一个学期的学习。组织召开了校级实验班教育教学建设与改革总结研讨会。实验班所在学院和直属教学单位相关领导、任课教师、学生代表以及校教务处相关人员等50余人参加了会议。会议还特别邀请到北京大学教务部副部长兼元培学院副院长卢晓东教授做了题为《超越"因材施教"的实验班》的报告。

在金融学、会计学两个专业，面向全校2014级本科学生实施双学位、第二专业和辅修专业制度，有来自10个本科学院的163名学生报名并被批准参加双学位、第二专业和辅修专业的学习，其中金融学96人、会计学67人。学院申请，教务处审批同意，停止了商务学院财务管理"双二辅"专业招生。

（冯爱秋　陈蓉　肖章柯）

【课程建设】 在2014年开展的首批普通本科重要通识教育必修课程评估工作基础上，组织开展了第二批通识教育必修课程评估工作。本次共有数学类、计算机类和思想政治理论类等3个类别的22个课程单位参加课程评估。至此已经全部完成对数学、英语、计算机基础以及思想政治理论课等四类重要通识教育必修课程的评估工作。2015年参加评估的课程有21个评估结果为合格、有1个评估结果为不合格，详情见本分目附表条目中"北京联合大学2015年普通本科部分重要通识教育必修课程评估结果（第二批）"。

新生研讨课作为2015版普通本科培养方案中新增加的全校通识教育必修课程，为保证其建设质量和开出质量，制定了《北京联合大学新生研讨课建设与管理办法（试行）》，并分两批组织进行了新生研讨课专题的申报及评审工作，先后批准开设150个专题和33个专题，共计183个专题。还邀请北京工业大学专家学者做了有关新生研讨课的专题报告。编制了新生研讨课手册1500余册，并会同现代教学技术中心开展了新生研讨课专题宣传片的制作工作。

为提高通识教育选修课程建设质量，学校组织专家对2014年立项建设的32门通识教育选修课程校级精品视频公开课建设项目进行了验收评审，其中7门课程验收结果为优秀，被授予"校级精品视频公开课"称号，分别为"IT服务外包英语""证券投资理论与实务""数学建模""项目管理""网络营销""旅游文化概论""自动化视界"，详情见本分目附表条目中"北京联合大学2015年获评校级精品视频公开课一览表"。

为丰富学校通识教育选修课程资源、拓宽通识教育选修开课途径、切实提高通识教育选修课程质量，学校组织进行了2015年通识教育选修课程精品视频公开课建设申报工作，共计申报21门课程，经专家评审，有8门课程被批准建设。

进一步规范通识教育选修课程的建设与管理工作，组织开展了2015—2016学年第二学期通识教育选修课程申报工作，共计受理了19个单位194门课程的申报，并组织专家对其中的48门新开课程进行了评审，同意46门新开课程。最终共实际批准开设190门。

作为教学共同体的成员高校，学校组织进行了学院路教学共同体校际选修课申报工作，共有8门课程批准作为学院路教学共同体校际选修课开设。针对2015版普通本科培养方案中有关专业（跨专业）任选课比例提升且可跨校区跨专业选课的新变化，为加强专业（跨专业）任选课的建设与管理，在广泛征求意见的基础上，制定了《北京联合大学普通本科专业（跨专业）任选课建设与管理办法（试行）》。为促进高校公共艺术课程和教师队伍建设、提高高校学生审美修养与人文素养，市教委组织开展了普通高校公共艺术课展评活动，根据市教委的相关工作安排，组织进行了参评课程的申报工作。学校广告学院申报的《影视音乐的情感表达作用》推荐参加展评活动，并最终获得三等奖。

根据《教育部办公厅关于公布第七批"精品视频公开课"名单的通知》（教高厅函〔2015〕11号），学校黄宗英教授主讲的《英美诗歌名篇选读》被评为第七批国家级"精品视频公开课"。为加快推进适合学校实际情况的在线开放课程建设，启动了学校首门慕课课程《英美诗歌名篇选读》的建设工作。

（冯爱秋　林琳）

【教材建设】 为确保"十二五"校级规划教材的建设质量,对"十二五"期间立项建设的231项教材建设项目和82项讲义项目建设情况进行了中期检查工作,对检查过程中发现的问题进行了及时总结和反馈。

2015年11月,学校组织完成了申请经费资助的"十二五"校级本科规划教材(含产学合作教材)的专家评审工作。全校共有23本校级规划教材(含10本产学合作教材)申请经费资助。根据校内外专家评审结果,对其中18本教材(含10本产学合作教材),分别按照普通规划教材3万元、产学合作教材7万元、4万元的标准予以经费资助。资助经费共67万元,其中普通规划教材资助经费共24万元,产学合作教材资助经费共43万元。获资助详情见本分目附表条目中"北京联合大学2015年获经费资助的'十二五'校级本科规划教材一览表"。

(冯爱秋　陈蓉)

【教学比赛及评选】 为遴选出一批教学效果好、受益面大且具有显著示范作用的教师,为教师搭建了一个相互学习、助力成长的平台,不断推动学校教师执教能力的整体提高,2015年9月中旬,学校启动了第四届教学优秀奖评选工作,10月中旬完成了初赛选拔工作,共有15个教学单位35名参赛教师进入半决赛。

为推进教师教学观念转变、教学内容更新和教学方法改革,提高课程质量,根据《关于举办第二届全国高校微课教学比赛的通知》(教培函〔2014〕19号)和《关于举办第二届全国高校微课教学比赛(北京市本科组)的通知》精神,学校遴选推荐出42件作品参加北京地区的复赛,其中27件在北京市复赛中获奖:一等奖1名,二等奖15名,三等奖11名,获奖率达到64.29%,获奖总数在北京地区高校中位列第1。曹颖娜老师主讲的《中国蒙古族民间舞——肩部训练》获得第二届全国高校微课教学比赛优秀奖。此外学校作为校级赛事组织单位,还获得全国第二届微课教学比赛优秀组织奖,在北京地区,仅有北京大学、北京协和医学院和北京联大三个单位获此奖项。

为推动北京高等学校大学数学课程教学改革,鼓励教师将信息技术与教育教学内容紧密融合,促进教师更新教学理念、改进教学方法、创新教学设计、提高教学质量,根据《关于举办首届(2015)北京高校数学微课程教学设计竞赛的通知》,会同基础部组织进行了《首届(2015)北京高校数学微课程教学设计竞赛》的校内遴选推荐工作,共推荐4件作品参评,其中获得华北赛区一等奖2件、二等奖1件。

为在"互联网+"的时代背景下着力提升思想政治理论课教师的教育教学水平,促进现代信息技术与思想政治理论课程教育教学的融合,推动课堂教学与网络教学的一体化建设,市委教育工委举办了首届北京高校思想政治理论课微课教学比赛,教务处会同社科部组织开展了相关的组织申报工作,并推荐3件作品参评。

在中国高等教育学会组织的《2014年信息技术与教学深度融合案例征集活动》中,学校提交的案例"运用信息技术,强化教学过程管理,提升教育教学品质"被授予"2014年优秀案例奖"。

为积极有效地促进教育教学质量和教学研究水平的提高,展示学校各教学单位近几年教育教学建设与改革成果,2015年1月学校组织开展了校级教育教学成果奖的评审工作,共受理全校19个单位申报教学成果奖96项,其中本科及综合类81项、高职及专升本类15项。评审分为网上函评和会议评审两个阶段进行。2015年4月,按照校长办公会的精神,组织开展了校级教学成果奖(德育教学成果奖专项)的补充申报评审工作。最终共评选出2014年校级高等教育教学成果奖一等奖16项、二等奖18项、三等奖20项,共计54项。

(冯爱秋　陈蓉　林琳　肖章柯)

【教改立项】 组织完成了2013年度校级教改项目、2014年校级通识教育教改项目结题验收工作。针对重点项目,组织召开了答辩评审会。本次参与本科及综合类结题项目125项、高职及专升本类项目31项。本科及综合类项目有111项通过结题,结题通过率88.8%。高职及专升本类项目28项,结题通过率90%。

为推动2015版培养方案的制(修)订,2015年1月,组织完成了2015版培养方案教育教学委托项目的申报评审工作,共立42个项目。

为继续深化教学改革,提升学校教育教学品质,2015年3月,学校组织开展2015年度教改项目申报评审工作,共受理申报本科及综合类教改项目153项,最终批准立项121个项目。此外,本次还协调人事处和研究生处将人才强教教改项目和研究生教改项目纳入校级教研项目统一进行了公布。

根据市教委《关于开展2013—2015年北京高等学校教育教学改革立项工作的通知》,组织开展了2015年市级教改项目的遴选申报工作,获批参与市级教改面上项目4项,其中作为第一单位联合申报面上项目1项。

为提高学校教师教育教学研究与改革能力,进一步提高学校教改立项质量和水平,组织召开了专题培训会。会议邀请了《北京大学教育评论》编辑部副主任范皑皑博士做了题为《一线教师如何做教育教学研究——基于北京市大学生发展监测项目的经验分享》的培训讲座。在研的各市级、校级教育教学研究与改革项目负责人等140余人参加了培训会。

(冯爱秋)

【教育教学奖励】 根据《北京联合大学教育教学奖励暂行办法》相关文件精神,对2015年取得显著教育教学成果的个人或集体进行奖励。共计发放奖金108万元。

(冯爱秋)

【教学综合改革】 2015年1月组织各单位进行了特色项目的申报,以推进教学综合改革。重点支持每个学院开展一项人才培养模式创新,凝练一项学科专业特色并与北京地区的一个主流行业对接,为开创学院办学活力、办学特色,毕业生毕业能够进入主流行业奠定坚实的基础。16个教学单位进行了申报,经专家评审批准了14个教学单位的特色亮点项目,并划拨了建设经费。2015年12月,学校组织完成了2015年教学经费校内专项——特色亮点项目验收工作,有7个项目验收结果为优,6个项目验收结果为良,1个项目验收结果为中。详情见本分目附表条目中"北京联合大学2015年特色亮点项目验收结果一览表"。

以学校召开2015年重点抓好的10项工作汇报会为契机,会同生物化学工程学院和商务学院分别对其实施完全学分制改革和AACSB认证的经验进行了总结梳理。

(冯爱秋)

【实验室建设】 2015年获批北京市教学类财政专项27项(含中央地方共建项目),项目金额共3916.8911万元。各教学单位制定实验室建设规划(2014—2016年),并以规划为依据,建设2015年校内实验室建设日28项,金额3831.7261万元。

根据2013—2015年中央地方共建项目计划,2015年中央支持地方专项——教学实验平台建设-大学生创新实践基地项目申报经费240万元,项目全额批复。根据项目实际,2015年执行完北京市配套部分内容。

2016年北京市教学类财政专项共申报8项,批复金额413.97万元,批复率达99.7%。旅游学院"2014年度实验室建设——综合实训楼酒店管理实践教学中心建设项目(新竣工楼配套)"进行2015年度北京市财政项目支出绩效评价,最终绩效评价为优。配合校审计处对北京联合大学教学类项目绩效考评指标体系进行修改完善,协助其对2014年11个教学类专项进行绩效检查。

(钟丽)

【校内外实践教学基地建设】 经北京市教委评审,学校"现代服务业创新实践基地"在2015年1月18日获批"2014年北京市示范性校内创新实践基地"。组织2015年校级校外人才培养基地遴选及市级基地推荐工作,经专家评审,共有"北京联合大学故宫博物院校外人才培养基地"等10个校外人才培养基地被评为2015年校级校外人才培养基地。推荐的"洲际酒店集团校外人才培养基地"获得2015年北京市级校外人才培养基地称号。组织2015年市级校内创新实践基地遴选推荐工作,推荐广告学院"艺术类校内创新实践基地"申报市级校内创新实践基地,目前正在教委评选过程中。

(钟丽)

【毕业设计(论文)】 利用正方毕业设计模块完成2015届及2016届毕业设计相关工作。组织2015届毕业设计(论文)中期检查,开展毕业设计答辩抽查及学术不端检测等,保证毕业设计质量。2015届共有6067名学生完成本科(含专升本)毕业论文(设计),在学院择优推荐的基础上,组织了校级优秀公开抽查答辩,共评选校级优秀本科毕业论文(设计)240篇。制定全校2016届本科毕业生毕业设计(论文)工作总体安排和要求,开展2016届本科毕业生毕业设计(论文)前期准备工作。组织学校2015年高水平人才交叉培养"实培计划"毕业设计项目征集和市级遴选申报工作。最终13个毕业设计题目获得北京市"实培计划"毕业设计(论文)(科研院所类)项目,项目将促进学校教师与科研院所的合作,进一步增强学生科研实践能力。

(钟丽)

【实习】 2015年继续组织暑期实习检查工作,重点检查了广告学院美术系绘画专业、信息学院计算机科学与技术专业、文理学院历史系和城市科学系相关专业的暑期实习实训,检查情况整体较好。

继续组织2016年度实习计划及实习经费预算申报和审核工作。为规范境外实习教学,教务处初拟《北京联合大学学生赴境外实习活动管理办法》,该文件正在征求意见中。

(钟丽)

【创新活动】 拓展创新实践学分获得渠道,继续组织各单位创新创业实践活动,充分发挥创新实践学分作用。组织完成2014—2015学年全校学生创新实践活动成果认定及学分的申报统计汇总工作。在统计时间内,全校共组织创新实践讲座400余次,受益学生超过4万人次,获得职业技能证书2987人次,参加课外创新实践活动1523人次。

(钟丽 张建国)

【学科竞赛】 2015年加强校级学科竞赛工作,继续举办校级电子设计竞赛、广告大赛、人文知识竞赛等二十余项校级学科竞赛,组织学生参加数学建模竞赛、电子设计竞赛、人文知识竞赛等市级、国家级学科竞赛。本年度累计共有4000余学生人次参加校级以上学科竞赛,截至11月底,共计获得国家级特等奖2项,国家级二等奖10项,三等奖12项,市级特等奖5项,市级一等奖21项,市级二等奖29项,市级三等奖69项,校级各级各类奖项1287项,累计获奖人次2588人次,获奖项数和人次比2014年有了较大幅度的提升。各级别学科竞赛学生获奖人数统计详见本分目附件条目中"北京联合大学2015年各级学科竞赛获奖学生人数统计表"。

成功组织"鑫台华·康邦杯"2015年华北五省(市、自治区)及港澳台大学生计算机应用大赛。本届大赛共有来自北京(含台湾地区团队)、天津、河北、山西及内蒙古五个赛区100所高校的411支本科、高职团队报名参赛,有效提交作品330个,参赛学生1500余人。最终有53所高校的118支团队入围决赛,近500名的学生进行公开答辩。经过评审,评出本科组一等奖28个、二等奖57个、三等奖87个,高职组一等奖5个、二等奖9个、三等奖15个,同时评出优秀指导教师33名,优秀组织奖15个。决赛当天下午在北四环校区实验楼报告厅举行了隆重的颁奖仪式,现场为获奖学生和学校颁发奖杯、证书和奖品。本次大赛较往届大赛参赛高校和作品数量、质量均有一定程度提高,决赛答辩专家组的组成也更加合理,竞赛影响力日趋扩大。开发北京联合大学学科竞赛管理模块,完善创新实践学分管理系统,充分利用信息化手段,加强对学生创新实践活动支持力度。

(张建国)

【本科教学运行】 安排全校2015—2016学年两个学期的教学任务下达及认领工作。教务处直接负责完成校本部本科(包括专接本)专业334个班级的教学任务下达及认领工作和小营校区本科(包括专接本)专业149个班级的排课工作。

2015—2016学年第一学期,全校普通本科、专升本统考课程共26门次。其中,普通本科通识教育必修课程共16门次,学科大类必修课程共7门次,专升本公共基础课程共3门次。共20门次统考课程采用了无纸化网上电子阅卷方式进行试卷评阅,其中,大学计算机基础课程为机考机阅。2015—2016学年第二学期,全校普通本科、专升本统考课程共24门次,其中,普通本科通识教育必修课程共17门次,学科大类必修课程共5门次,专升本公共基础课程共2门次。共15门次统考课程采用了无纸化网上电子阅卷方式进行试卷评阅。

2015—2016-1学期重修单开班55门次,2015—2016-2学期重修单开班110门次(含单学期的基础课程:物理、英语、数学等)。对2016级进行行政班编排工作,共有102个专业,135个行政班。对文理、商务、机电、管理等学院的大类班进行分流前的班级编排工作。2015—2016-2学期暑期进行了2013级本科生的小学期学习工作。对内地班、民考民、民考汉等享受学校政策的学生的期末、补考成绩按学校相关规定进行变动:2015—2016-1涉及文理、商务、旅游、特教、信息、自动化、管理等7个学院192个学生,共1480条成绩记录;2015—2016-2涉及文理、商务、旅游、特教、信息、自动化、管理等7个学院165个学生,共1545条成绩记录。管理学院体优班学生进行成绩乘系数工作:2015—2016-1涉及38名学生共74条成绩记录;2015—2016-2涉及33名学生共49条成绩记录。成绩导入工作:2015—2016-1导入超星尔雅1160条记录,学院路共同体181条;2015—2016-2导入超星尔雅1261条记录,学院路共同体630条,外语部与外校合作成绩613条。安排超星尔雅2015—2016-2学期6门课程共1261人次考试。与爱课程、堂堂在线等公司合作开展MOOC工作,开设了"计算机基础""建筑环境学"等课程,与校内课程同步进行。制定全校教学日历。

(刘波 刘佳 陈晓华 骆吕俊子 姜小军)

【教学质量监控】 2014年9月—2015年5月,举办第四届中青年教师执教能力比赛,有60名教师参赛,经在职和督导专家听课评选,评出一等奖5名、二等奖7名并给予表彰奖励。获奖名单详见本分目附表条目"北京联合大学第四届中青年教师执教能力比赛获奖名单"。

组织完成了第十一届北京市高等学校教学名师奖校内遴选及申报工作,推荐的应用科技学院张洪颖副教授(高职)获得第十一届北京市高等学校教学名师奖。

组织申报2015年北京高校高创计划教学名师,学校顾军教授获得2015年北京高校高创计划教学名师奖。

开展教学运行检查,包括开学初检查、学期初补考检查、期中教学检查和期末考试巡视等,采取重点检查、各教学单位自查及学校专项抽查相结合的方式,组织了2014—2015学年第二学期和2015—2016学年第一学期开学教学检查、期中教学检查、期末教学检查共计6次,编辑开学教学检查通报4期、期末考试通报17期。加强实践教学专项检查,组织开展集中实践教学环节检查2次,抽查本科毕业设计(论文)答辩、高职毕业综合实践答辩共计254人次,抽查2015届本科(含专接本)毕业设计题目2300个。

依托正方教务信息系统,2014—2015学年第二学期,完成对全校11个学院(生物化学工程学院学分制改革,教学评价由学院组织实施)、5个直属教学部及其他部门的1475名专、兼职教师的教学质量学生评价工作,有效评价课程3217门次。2015—2016学年第一学期,完成对全校11个学院(生物化学工程学院学分制改革,教学评价由学院组织实施)、5个直属教学部及其他部门1455名专、兼职教师的教学质量学生评价工作,有效评价课程3386门次。

2015年教学督导专家开展开学初随机听课、中青年执教能力比赛听课、新进教师听课、2014—2015学年第二学期评教后5%且分数在85分以下教师的听课和新生研讨课听课,共计400余人次。

(徐静姝)

【附表】

北京联合大学2015年本科专业调整情况一览表

序号	调整专业名称	学科门类	所在学院	设置同名专业学院	备注
1	英语	文学、外国语言文学类	应用文理学院	师范、旅游学院	停招
2	财务管理	管理学、工商管理类	商务学院	管理学院、旅游学院	停招
3	会计学	管理学、工商管理类	生物化学工程学院	管理学院	停招
4	信息管理与信息系统	管理学、管理科学与工程类	管理学院	商务学院	停招
5	汉语言文学	文学、中国语言文学类	师范学院	应用文理学院	停招非师范类学生
6	英语	文学、外国语言文学类	师范学院	应用文理学院、旅游学院	停招非师范类学生
7	会计学(国际会计)	管理学、工商管理类	商务学院	管理学院	新增布点

(冯爱秋 肖章柯)

北京联合大学"双培计划"实施情况一览表

学院	专业	对接高校	对接模式	双培计划(专业方向)	参加人数
信息学院	计算机科学与技术	北京邮电大学	3+1	计算机科学与技术(大数据)	15
旅游学院	会展经济与管理	北京体育大学	1+2+1	会展经济与管理(休闲体育)	13
旅游学院	旅游管理	对外经贸大学	3+1	旅游管理(旅游信息化)	32
管理学院	会计学	对外经贸大学	3+1	会计学	10
生物化学工程学院	制药工程	北京化工大学	3+1	制药工程(生物制药)	5
总人数					75

(冯爱秋 陈蓉 肖章柯)

北京联合大学2015年通识教育必修课程评估结果(第二批)

序号	课程名称	教学单位	评估结果
1	线性代数	基础课教学部	合格
2	线性代数	商务学院	不合格
3	线性代数	师范学院	合格
4	线性代数	应用文理学院	合格
5	马克思主义基本原理概论	人文社会科学教学部	合格
6	马克思主义基本原理概论	商务学院	合格
7	马克思主义基本原理概论	师范学院	合格
8	马克思主义基本原理概论	应用文理学院	合格
9	马克思主义基本原理概论	生物化学工程学院	合格

续表

序号	课程名称	教学单位	评估结果
10	Access 数据库应用	旅游学院	合格
11	Access 数据库应用	商务学院	合格
12	Access 数据库应用	师范学院	合格
13	Access 数据库应用	应用文理学院	合格
14	C 语言程序设计	电子信息技术实验实训基地	合格
15	C 语言程序设计	师范学院	合格
16	C 语言程序设计	应用文理学院	合格
17	VisualBasic 程序设计	电子信息技术实验实训基地	合格
18	VisualBasic 程序设计	师范学院	合格
19	多媒体技术与应用	电子信息技术实验实训基地	合格
20	多媒体技术与应用	师范学院	合格
21	网页制作设计技术	电子信息技术实验实训基地	合格
22	VisualFoxPro 程序设计	电子信息技术实验实训基地	合格

（冯爱秋　林琳）

北京联合大学2015年获评校级精品视频公开课一览表

序号	课程名称	负责人	教学单位	评估结果
1	IT 服务外包英语	何　芳	公共外语教学部	优秀
2	证券投资理论与实务	刘迎春	商务学院	优秀
3	数学建模	张　静	基础课教学部	优秀
4	项目管理	吕广革	应用科学学院	优秀
5	网络营销	王瑞丰	商务学院	优秀
6	旅游文化概论	刘志红	旅游学院	优秀
7	自动化视界	李红星	自动化学院	优秀

（冯爱秋　林琳）

北京联合大学2015年获经费资助的"十二五"校级本科规划教材一览表

序号	单位	教材名称	主编	经费/万元	类别
1	商务学院	金融营销案例教程	林妍梅	4	产学合作
2	商务学院	ERP 原理与应用	郭彦丽	4	产学合作
3	生物化学工程学院	现代企业人力资源培训与开发	汪昕宇	4	产学合作
4	生物化学工程学院	药物制剂与分析监测综合训练	韩永平	4	产学合作
5	旅游学院	旅游信息化导论	黎巎	7	产学合作
6	旅游学院	会展管理	王春才	4	产学合作
7	自动化学院	传感器检测技术与仪表	李永霞	4	产学合作
8	信息学院	Java 面向对象程序设计	孙连英	4	产学合作
9	管理学院	WEB 云项目生成式编程	刘在云	4	产学合作
10	管理学院	当代企业网络实战管理与应用	薛万欣	4	产学合作
11	基础课教学部	数学实验	张　静	3	普通
12	应用文理学院	圣经文学导读	黄宗英	3	普通
13	广告学院	综艺主持实训教程	刘　畅	3	普通
14	旅游学院	广告学教程	庚　为	3	普通
15	商务学院	商务英语情景模拟实训	刘国萍	3	普通
16	商务学院	商务网站规划与建设	石　彤	3	普通
17	商务学院	商业智能理论与实务	薛　云	3	普通
18	应用文理学院	信息法规教程	潘世平	3	普通

（冯爱秋　陈蓉）

北京联合大学2015年特色亮点项目验收结果一览表

序号	单位	项目名称	项目金额/万元	验收结果
1	应用文理学院	完全对接美国某所文理学院的人才培养模式改革	100	优
2	师范学院	卓越教师人才培养的教学资源库建设	100	良
3	商务学院	继续推进国际商学院认证	200	良
4	生物化学工程学院	继续推进完全学分制改革	200	良
5	旅游学院	推进国际旅游教育质量认证和旅游创意设计大赛	100	良
6	机电学院	推进工程教育专业认证	50	优
7	自动化学院	模块化课程改革	50	中
8	管理学院	对接台北科技大学的人才培养模式改革	100	优
9	特殊教育学院	无障碍教学资源库开发和建设	80	优
10	广告学院	剧目排演	50	优
11	应用科技学院	多层次复合型职业人才基础知识与能力培养	80	优
12	基础课教学部	大学数学模块化教学体系建设	35	优
13	人文社会科学教学部	思政课课程建设	30	良
14	电子信息技术实验实训基地	计算机基础课程题库建设	10	良

（冯爱秋）

北京联合大学2015年各级学科竞赛获奖学生人数一览表

单位：人

级别	获特等奖	一等奖	二等奖	三等奖	合计
国家级	2	0	10	12	24
市级	5	21	29	69	124
校级	—	219	412	656	1287
合计	7	240	451	737	1435

（张建国）

北京联合大学第四届中青年教师执教能力比赛获奖名单

序号	获奖等级	获奖教师	专业	所在单位
1	一等奖	杨 扬	声乐	师范学院
2	一等奖	王 慧	工业工程	机电学院
3	一等奖	李新娥	企业管理	生物化学工程学院
4	一等奖	周筱真	表演	广告学院
5	一等奖	玄祖兴	数学	基础部
6	二等奖	宗艳红	英语	商务学院
7	二等奖	赵 进	企业管理	商务学院
8	二等奖	申秋燕	体育教育	生物化学工程学院
9	二等奖	丁 莉	自动化	生物化学工程学院
10	二等奖	李雅宁	金融学	管理学院
11	二等奖	叶莎莎	图书情报档案管理	应用文理学院
12	二等奖	吕林雪	视觉传达设计	广告学院

（徐静姝）

学科建设与研究生教育

【概况】 根据国务院学位委员会、教育部相关文件的精神，启动了学校学术型硕士点进行合格评估，建立符合教育部合格评估要求的评价体系，起草《北京联合大学硕士学位授权点合格评估工作方案》，并通过校学位评定委员会后报教育部。完成工商管理专项评估工作，获批教育硕士（职业技术教育）专业学位研究生教育试点单位。

完善研究生教育二级管理体制，定期组织招生小组工作例会,建立招生工作自媒体群,及时沟通信息、解决问题,解决校区分散引起的管理问题。开展了研究生招生宣传"校园行"系列活动。2015年录取研究生136名,增长26%,报考学校2016年考生人数866人,增长27%。

组织实施研究生教学质量评价工作,组织教学检查、网上教学质量评价工作,加强过程监督,对出现的问题及时反馈、解决,以促进研究生教学质量提高;组织召开"研究生教育暨导师培训会",对研究生导师、任课教师和研究生管理人员共计130余人进行培训。完成2015年导师考核工作,协助国际交流合作处与国交学院制定教师薪酬标准。制定《北京联合大学研究生科研成果奖励暂行条例》(京联研〔2015〕10号)等文件,建立健全各专业学位硕士生党支部及团支部。组织研究生思想动态调研工作,通过导师、班主任和校研究生会做好学生的日常管理工作。实施"研究生新生引航工程",在入学教育、素质拓展训练、学风教育、安全教育等方面,邀请校领导和校保卫处、招就处、心理咨询中心等相关老师给予新生指导。通过职业生涯教育、形势政策教育、文明离校教育等配合招就处完成学生就业工作,就业率为100%。完成研究生各项奖助贷工作及学生档案、宿舍协调等日常工作。

(秦霞)

【研究生招生】 2015年共计招收136人攻读硕士学位研究生。五个一级学科中,考古学17人、计算机科学与技术15人、食品科学与工程17人、软件工程20人、工商管理13人;一个二级学科专门史17人;4个专业学位授权点中金融6人、法律10人、教育17人、中医4人。其中,少数民族骨干计划招生3人。

(李崇圆)

【研究生思想政治教育】 开展春季、秋季开学期初研究生思想状况调查,有针对性地开展研究生入学教育、毕业教育、形势政策教育。

下发《北京联合大学研究生管理办法》(京联发〔2015〕4号)、《北京联合大学研究生请假管理规定》(京联研〔2015〕5号)、《北京联合大学研究生科研成果奖励暂行条例》(京联研〔2015〕10号)等文件,加强研究生管理制度建设。

加强诚信治学和科研水平建设,开展研究生创新项目(后期资助)申报、结题工作,组织研究生科研奖励的申报、评审等工作。

实施"研究生新生引航工程"工作方案,邀请卢振洋校长在开学典礼上讲授"认识自我 助力成功"的专题讲座;邀请校党委韩宪洲书记为2015级全体新生讲授"谈谈信仰"的党课。

(秦霞)

【研究生培养】 2015年春季6个授权学科点共开设68门课程,秋季10个授权学科点共开设112门,全年共实际完成180门研究生课程的教学安排工作。

2015年春季组织各学位分委员会制定、修订《2015版北京联合大学专业硕士研究生培养方案》,并在2015级硕士研究生中执行。

使用"研究生管理信息系统"进行培养方案查询、个人培养计划制定、网上排课、选课、成绩管理、教学评价等工作,逐步实现研究生培养信息化管理。通过学期初教学检查、听课反馈、学生网上教学评价等环节对研究生教学质量进行评价和监控。

2015年研究生处组织各培养单位进行研究生人才培养质量提升项目申报,经过专家评审,共支持"研究生产学研联合培养基地项目"4项、"研究生科技创新实践教育项目"3项、"研究生教育教学研究与改革项目"校级立项9项。

2015年3月24日召开校学位评定委员会硕士学位评定组会议,新增硕士生导师资格65人,其中学术型硕士生导师7人(含4名校外导师),专业型硕士导师58人(含校外导师57人)。2015年10月组织学校130余名硕士研究生导师和任课教师进行培训并颁发培训证书。

(闫晔)

【研究生学位】 2015年6月26日,组织召开校学位评定委员会硕士学位评定组会议,审核授予硕士学位53人,并评选出优秀硕士论文4篇,优秀硕士论文详情见"表彰与奖励"栏目中"北京联合大学2015年各类教育教学成果奖"分目。

(秦霞)

【学科建设】 2015年6月,经国务院学位委员会审议通过,学校临床医学硕士专业学位授权点调整为中医。2015年7月,经国务院学位委员会批准,学校成为教育硕士(职业技术教育)专业学位研究生试点单位。

为提高学校学科建设水平,保证经费使用效率,每年研究生部(处)组织专家对学科建设经费的使用情况进行绩效考评。分别从省部级及以上科研项目数目、到校竞争性科研项目账经费金额,发表SCI、SSCI、A&HCI、EI期刊,权威期刊,国外核心,CSCD和CSSCI期刊论文篇数,获省部级及以上科研成果奖数目、获授权发明专利和出版专著数量10个方面进行考核。2015年考评结果详情见下文"北京联合大学2015年学科建设经费绩效考评情况统计表"和"北京联合大学2015年各单位学科建设经费拨付与绩效情况统计表"。

12月,对学校学科经费考评绩效结果为:14个单位为满意,4个单位为基本满意。

7月14日,在北四环校区召开"2015年北京联合大学学位点自我评估汇报会"。校研究生部(处)组织

9名校内外专家,对专门史、计算机科学与技术、食品科学与工程、软件工程和考古学5个学术型硕士学位授权学科点进行评估。评估结果详见下文"北京联合大学2015年学术型硕士学位授权学科点评估结果一览表"。

北京联合大学2015年学科建设经费绩效考评情况统计表

序号	类别	拨付经费/万元	省部级及以上科研项目/项	到校竞争性科研项目账经费/万元	SCI SSCI A&HCI/篇	EI(期刊)/篇	权威期刊/篇	国外核心/篇	CSCD CSSCI/篇	省部级及以上科研成果奖/项	发明专利/项	专著/部
1	硕士学位授权学科点	180.00	17	461.50	10	12	20	0	33	0	4	17
2	硕士专业学位授权点	114.00	7	131.04	2	0	1	1	13	0	0	10
3	自主设置二级学科点	146.00	14	728.60	6	6	5	0	28	0	10	7
4	市级重点建设学科	90.00	10	215.30	3	2	8	0	13	0	1	2
5	校级重点学科	30.00	10	333.50	1	6	0	0	19	0	3	5
6	校级重点建设学科	63.00	19	337.20	1	4	3	1	44	0	1	3
	合计	623.00	77	2207.10	23	30	37	2	150	0	19	44

北京联合大学2015年各单位学科建设经费拨付与绩效情况统计表

序号	单位	拨付经费/万元	省部级及以上科研项目/项	到校竞争性科研项目账经费/万元	SCI SSCI A&HCI/篇	EI(期刊)/篇	权威期刊/篇	国外核心/篇	CSCD CSSCI/篇	发明专利/项	专著/部
1	信息学院	68.00	3	334.00	4	8	0	1	10	7	0
2	旅游学院	17.50	4	96.80	1	0	3	0	2	0	2
3	自动化学院	20.00	3	205.30	3	4	0	0	4	2	2
4	应用文理学院	145.00	17	277.80	2	1	8	0	30	0	16
5	师范学院	46.00	4	115.54	1	0	1	1	8	0	7
6	商务学院	48.50	6	179.40	2	7	0	0	19	0	5
7	管理学院	30.00	10	201.50	0	3	0	0	24	0	8
8	特殊教育学院	60.00	2	23.50	0	0	0	0	2	0	1
9	广告学院	15.00	3	36.00	0	0	1	0	5	0	0
10	机电学院	20.00	1	42.00	0	2	0	0	0	0	0
11	应用科技学院	10.00	0	36.00	0	0	0	0	0	0	0
12	信息服务工程重点实验室	50.00	2	100.00	5	2	21	0	0	2	0
13	食品科学技术研究院	50.00	4	135.00	2	3	0	0	14	0	0
14	台湾研究院	6.00	6	70.20	0	0	0	0	7	0	1
15	外语部	6.00	2	28.00	0	0	1	0	1	0	1
16	社科部	6.00	6	44.00	0	0	2	0	14	0	0
17	人民代表大会制度研究所	5.00	0	0	0	0	0	0	2	0	1
18	生物化学工程学院	20.00	4	282.10	3	0	0	0	8	8	0
	合计	623.00	77	2207.14	23	30	37	2	150	19	44

北京联合大学2015年学术型硕士学位授权学科点评估结果一览表

序号	学位授权点名称	合格票数	不合格票数	评估结果
1	专门史	9	0	合格
2	计算机科学与技术	8	1	合格
3	食品科学与工程	8	1	合格
4	软件工程	9	0	合格
5	考古学	9	0	合格

(刘红)

高职教育

【概况】 2015年学校高职和专升本教育教学的工作思路是继续围绕"深化教育教学改革,提高高等职业教育教学质量"的指导方针,完成高职教育"十二五"规划的各项工作任务。加大专升本专业结构调整,调整范围涉及4所学院,是将3所学院的7个专升本专业调至应用科技学院。以应用科技学院为主体,探索构建,专科-专升本(-硕士)一体化贯通培养体系和人才培养模式,开展相关教学标准和各级教学资源的研究和开发,探索搭建有效提高办学效益的专本实践教学共享平台,进一步提升职业教育办学特色和优势。

深化人才培养模式改革,《北京联合大学关于制(修)订2015版高等职业教育(专科)培养方案的原则意见》和《北京联合大学关于制(修)订2015版高等职业教育(专升本)培养方案的原则意见》先后发布,全面开展2015版高职和专升本培养方案的制修订工作,组织各学院贯彻原则意见的指导思想,完成培养方案的制修订工作。

配合2015版培养方案的制修订,推动培养方案的主旨思想落实于课程大纲,组织各学院完成高职专科和专升本课程大纲的制修订工作。2门国家级精品资源共享课的建设工作稳步推进,迎接教育部检查验收。继续以立项为依托加强校内课程教材建设,组织2015年高职教育课程立项申报评审工作,对2014年立项建设课程进行中期检查,对2013年立项建设的特色实践类课程进行结题验收。一些教材认定为学校"十二五"职业教育国家规划教材。学校北京市高职英语课程改革试点成效突出,顺利通过市教委中期检查。

继续鼓励高职和专升本学生参与实践能力提升训练计划项目建设,该项工作已连续开展六届,旨在提升学生的综合能力和素质,如专业技能、就业能力、人际交往能力、写作能力、创新能力、分析问题和解决问题的能力等。实施专升本实务专题替代毕业设计的毕业实践教学。组织2015届高职毕业综合实践报告和专升本毕业实务专题校级评优。组织2016年高等职业教育(专科层次)优秀应届毕业生进入本科阶段学习的推荐选拔。

(罗映霞)

【专业设置】 2015年,全校高职共有19个专业招生,集中分布于以应用科技学院为主体的3个学院,其中,应用科技学院15个、旅游学院2个、特殊教育学院3个专业招生。高职招生专业详见北京联合大学2015年各项统计资料栏目中"北京联合大学2015年高职专业设置"。

2015年10月,教育部印发《普通高等学校高等职业教育(专科)专业设置管理办法》和《普通高等学校高等职业教育(专科)专业目录(2015年)》。学校教育教学督导组组长江小明研究员作为核心组专家,参与了2015年我国高职教育专业目录修订研究工作。学校认真组织落实上述管理办法和专业目录。经统计,本次调整,学校6个高职(专科)专业的名称发生变动,2016年招生将启用变动后的专业名称进行招生。

完成全国高职专业信息平台中学校2015年专业数据的填报工作。

2015年,专升本招生专业29个,分布于11个学院招生,主要教学模式为独立编班模式。专升本招生专业详见北京联合大学2015年各项统计资料栏目"北京联合大学215年专升本专业设置"。学校对专升本专业结构布局进行较大调整,包括商务学院的3个专升本专业(国际经济与贸易、市场营销、金融学)、管理学院的3个专升本专业(电子商务、工商管理、信息管理与信息系统)以及生物化学工程学院的会计学专升本专业,调整至应用科技学院。调整专业将于2016年由接收学院进行招生。

(罗映霞)

【综合改革】 支持学院综合改革,探索构建专本衔接一体化人才培养模式,提升职业教育办学特色和优势。以应用科技学院为主体,探索构建专科-专升本(-硕士)一体化贯通培养体系和人才培养模式,开展相关教学标准和各级教学资源的研究和开发,探索搭建有效提高办学效益的专本实践教学共享平台,完成了"3+2"专本连读人才培养模式试点的准备工作。

(罗映霞)

【人才培养方案制修订】 发布《北京联合大学关于制(修)订2015版高等职业教育(专科)培养方案的原则意见》(京联教〔2015〕9号)、《北京联合大学关于制(修)订2015版高等职业教育(专升本)培养方案的原则意见》(京联教〔2015〕9号)。在2011版基础上,2015版原则意见从进一步明确人才培养目标和培养规格、优化课程体系和教学内容、优化素质教育课程结构、强化实践教学、提高课程教学效能、精简毕业总学分等9个方面提出修订要求。《制(修)订2015版高等职业教育(专升本)培养方案的原则意见》还提出明确课程设置的原则,要求专升本课程与本科课程打通选用,促进校内课程资源实现高效共享。

为推进制修订工作按期顺利进行,制定了制修订工作实施方案,组织2015级高职专业和专升本招生专业开展培养方案制修订和新课程编码工作,完成培养方案的规范性审核。确保所有专业,包括插班专升本专业,均制定了完整的培养方案。首次实现培养方案中所有课程增列英文名称。

(罗映霞)

【课程大纲制修订】 配合2015版培养方案制修订,为将培养方案落到实处,组织开展高职和专升本课程大纲制修订工作。制定实施方案,组织全校2015年招生的高职和专升本专业开展课程大纲和课程简介的制修订。完成课程简介英文版。

(罗映霞)

【课程（含教材）建设】 2015年,学校《应用数学与计算》和《WEB技术应用基础》2门国家精品资源共享加紧课程资源更新和完善,编写教材并开展网络辅助教学,在教育部指定的"爱课程"网上继续做好课程教学服务。目前,2门课程网络教学讲解清晰,资源丰富。课程资源基数和更新率也已远远高于国家要求,其中《应用数学与计算》课程上线2年来,在线学习人数达1723人,累计校内外访问量达到16874人次,众多校内外师生从中获益。课程建设成效检查报告已呈报教育部,正在接受教育部的检查和验收。

按照学校《高等职业教育"十二五"课程（含教材）建设规划》（京联职〔2012〕1号）要求,本年度组织开展了2013年立项建设的21门实践类课程的结题验收工作,2014年21门立项建设课程建设成效进行了中期检查,所有课程通过结题验收和中期检查。组织2015年课程立项评审,共立项20门,其中大类平台课程3门、专业核心课程8门、特色实践类课程9门。至此"十二五"期间已资助课程建设立项101门,按公共基础课、大类平台课、专业核心课、特色实践类等四大类课程分类建设,基本覆盖到2011—2015年连续招生的所有专业点,立项课程在教师执教能力、课程网络教学资源、教材编写等方面取得良好成效,圆满实现"十二五"课程建设任务。教材建设方面,除继续督促高职教师依托课程立项建设按计划编写出版高质量高职教材外,还针对教育部公布的学校教师为第一主编的教材进行了梳理,形成高职"十二五"国家规划教材的认定方案,提交校教指委审议并获通过。

继续推进学校北京市高职英语试点改革,以应用科技学院商务英语专业为核心,引入三一口语资格证书,加强高职英语口语改革。试点以来,课程建设团队勇于探索积极进取,取得成果丰硕,学生考试通过率远高于其他试点院校。建设成效于10月份顺利通过北京市教委中期检查。

(罗映霞)

【教学研究与改革】 2015年中央财政专项先后投入经费1190万元,用于打造信息服务业、旅游类等专业群,通过专业群教学资源库、基础平台与课程、专业群体验及实训项目、专业综合实训平台、师资培训等方面的建设,进一步提升专业群内涵建设质量。

2013年教改项目部分完成结题验收。组织2015年教改项目立项评审,获批项目25项。受理学校规划外的纵横向教改课题备案和立入账工作。

组织进行2014—2015年高职和专升本各类教改项目和教材成果的系统审核,完成教研工作量的认定与统计工作。

(罗映霞)

【学生实践能力提升训练计划项目】 为提高高职和专升本学生实践能力和创新能力,2015年启动了第六届高等职业教育学生实践能力提升训练计划项目申报工作,确立项目40项,项目于年底组织验收,并将第七届申报组织工作提至年底同期进行,加长项目开展周期,以利于学生充分拓展实践能力,提高项目完成质量。十二五期间共立项近400项,参与学生1600余人。项目着眼于解决实际问题,成果涵盖调研报告、作品、手机App、网站开发等方面。项目的开展使得学生直接收益,提升了他们的综合能力和素质,如专业技能、就业能力、人际交往能力、写作能力、创新能力、分析问题和解决问题等。

(罗映霞)

【高职教学运行】 教务处直接负责完成校本部高职专业94个班级的教学任务下达及认领工作,安排全校2015—2016学年两个学期的教学任务下达及认领工作。

2015年全国高校英语应用能力A、B级考试共有5个学院学生报名参加,6月份考试报名人数为A级799人,B级106人,12月份考试报名人数为A级965人、B级154人。

(刘波 陈晓华)

【实践教学】 继续支持专升本试点专业以实务专题代替毕业设计。试点专业包括生物化学工程学院建筑环境与控制工程专业、应用文理学院档案学专业、旅游学院酒店管理专业、商务学院市场营销专业、国际金融与贸易专业、金融学专业。

有序推进高职和专升本学生毕业环节相关工作。组织2015届高职毕业综合实践报告和专升本毕业实务专题校级评优。共有52篇高职实践报告和9项实务专题列入校级优秀。

(罗映霞)

【专升本遴选推荐】 组织开展学校2016年高等职业教育（专科层次）优秀应届毕业生进入本科阶段学习的推荐选拔工作。该项工作由校教务处牵头、学生处和团委协助、招生就业处参与共同拟定工作方案。各学院,将专业学生综合学分绩点进行排序,按一定比例推荐各专业符合条件的学生参加专升本入学考试。为减少弃考等原因造成推荐指标浪费,本次选拔试行各专业按15%+5%的比例进行排序推荐,其中15%是正常参加考试报名的学生,5%为考试候补学生。考试候补学生将根据考试报名时本专业未报满的人数进行依次递补。共有238位学生获得考试资格。

(罗映霞)

继续教育

【概况】 北京联合大学培训中心(原名北京联合大学成人教育处)是学校继续教育的办学与管理部门。中心在北京联合大学继续教育管理委员会和主管校长的领导下开展工作,为学校的成人与继续教育改革提供总体方案和发展规划并组织实施。负责组织全校9个办学单位成人夜大学等成人学历教育招生、学籍管理、教学计划、毕业生资格审核和学位审核工作,协调教学计划落实和教学日常管理工作;负责成人非学历继续教育培训项目开发和运行、社会化考试考证,承担北京市高等教育自学考试部分专业的主考组织协调和自考助学工作。中心下设办公(财务)室、成人教育与自考管理办公室、师资培训基地与培训考试办公室、夜大学与远程教育办公室。中心共有员工13人,全部为本科以上学历,其中,硕士学位以上7人,党员8人。

2015年,在培训中心领导下开展继续教育工作的单位有应用文理学院、师范学院、商务学院、生物化学工程学院、旅游学院、继续教育学院、机电学院、特殊教育学院和校成人教育分自考管理办公室9个办学单位。其中,应用文理学院、师范学院、商务学院、生物化学工程学院、旅游学院、继续教育学院设有民办学校办学许可三级法人资质的培训中心。

(夏臻 郭志青)

【获得奖励及表彰项目】 组织成人夜大学生参加北京市教委主办的2015年北京高等学校学历继续教育大学生英语口语竞赛,学校继续教育学院获得非英语专业专科组团体优秀奖、竞赛组织奖和竞赛贡献奖。旅游学院获得成人高等教育英语口语竞赛组织奖。2015年学校获北京市高等教育自学考试一等奖。

(孙擘 郭志青)

【成人学历招生与学籍管理】 2015年学校录取总人数为1562人,其中专科788人、专升本716人、高起本58人。

根据《北京市教育委员会关于部分成人高校招生考试改革试点的通知》(京教函〔2014〕301号)要求,学校优秀全日制高等职业教育应届毕业生、应届成人专科毕业生(综合测评排名前15%)可以免试入学就读学校成人高等教育专升本的相同或相近专业。2015年录取应届成人专科毕业生135人,录取高职毕业生249人,共计录取384人。

根据教育部、北京市教委、北京市学位办关于学籍、学位管理数字化网络化的要求,2015年注册新生(2014年录取2015年入学)2400人,其中专科1606人、高起本99人、专升本695人;在校生共计4976人,其中专科2998人、高起本705人、专升本1273人。

成人学历教育(夜大学)有9个办学单位,开设专业涉及管理、艺术、计算机、旅游、针灸推拿等多个领域。学习形式为业余,分三个层次即专科、本科、专升本。在办专业37个,其中专科18个、高起本3个、专升本16个。

(孙擘 郭志青)

【成人学位英语考试】 2015年全校共有夜大学生963人参加考试,103人通过成人学位英语考试。

(孙擘)

【自学考试管理】 2015年5个主考专业,共组织阅卷教师84人次网上阅卷2317份。组织各类非笔试、实践课考试及论文评审744人次。网上审定、授予学位83人。全年共派出98位教师参加命题,完成命题50科次。

(孟岩)

【非学历继续教育】 2015年全校非学历培训共12521人次,培训种类51项。其中专业技能型培训22项5459人次,服务型培训19项5647人次;高层次继续教育培训6项1028人次。在常年开展项目的基础上,培训中心与招生就业处合作,举办国家公务员考试免费课程辅导活动,200名学生参加。协助校办开展"白银市招商引资领导干部操作实务培训",培训55人。

(郭向光)

【合作办学】 2015年12月,北京市教育委员会下发关于公布2015年高等学校在京学历继续教育校外教学站检查评估结果的通知(京教函〔2015〕639号)文件,北京联合大学现代管理大学校外教学站和应用文理学院通州校外教学点评估结果合格,北京联合大学首都师范大学科德学院自考部教学站复评合格。

(郭志青)

【职教师资培训】 2015年3—6月,全国教育重点建设师资培训基地共承担学前教育专业25人的中职骨干教师培训任务。2015年10—12月,完成学前教育专业、电子商务专业93人的培训任务。培训质量达到教育部网上评价要求。在培训过程中,改革培养方案,嵌入职业技能培训与认证模块,学员获得多项证书。2015年5月,基地组织申报并获批教育部2015年学前教育、电子商务专业骨干教师培训方案。

(郭向光)

【现代远程教育】 北京师范大学现代远程教育北京联合大学校外学习中心依托北京师范大学优质的教育教学资源,利用现代技术手段,面向北京市开展网络学历教育。2015年在校生595人,新招学生118人,毕业生71人,开设高中起点专科、专科起点本科和高中起点本科3个层次、18个专业,累计毕业学生1767人。

(张娟)

招生与就业

【概况】 学校招生就业处负责普通本科、高职及高职升本科学生的招生和毕业生就业工作。按照工作职责及分工,招生就业处下设综合办公室、招生办公室、就业办公室、学生就业指导教学科研中心和就业服务中心。截至9月30日,学校共报到新生5005人,其中普通本科4218人、高职787人,报到率为96.31%。此外,高职升本科报到新生1674人,报到率为98.07%。总体报到率为96.74%,略高于去年的95.32%。2015届毕业生共计7456人,其中研究生毕业生48人,本科生毕业生5614人,高职生毕业生1794人,截至10月31日,学校2015届毕业生就业率为98.56%,其中研究生就业率为100%,本科生就业率为99.00%,高职生就业率为97.16%。

(张伟)

【招生计划】 2015年学校计划招生5420人,其中本科计划招生4320人,高职计划招生1100人,相比较去年高职招生计划减少500人。实际录取新生5107人,其中本科4355人,高职842人。此外,高职升本科计划招生1589人,实际录取1593人,退役士兵免试推优录取114人,共录取1707人。详情见本分目附表条目中"北京联合大学2015年各层次招生录取情况统计表"。

(鲍桂莲)

【招生宣传】 学校继续执行《北京联合大学招生宣传工作细则》,进一步明确校、院招生宣传工作职责、组织实施形式、招生宣传地区分配、考核与奖励标准等,建立了科学有效地招生宣传工作机制,培养了一支稳定的招生宣传队伍,采取多种措施及手段开展招生宣传,不断扩大学校影响力,进一步提高学校生源质量。

2015年北京市高考志愿填报时间调整至高考后进行,学校紧紧抓住这个改革契机,积极有效地宣传学校招生政策。

着重优化北京联合大学报考指南,在2014年版本基础上继续进行大幅改版,从考生和家长需求的角度出发,着重突出考生想要了解的部分,对专业介绍进行重新编写,突出各专业的特色。使专业介绍变得通熟易懂,让考生了解到本专业的亮点与优势,能够吸引更多的考生报考。

对学校招生宣传短片进行内容更新,将最近一年收集的各种学校亮点和素材融入招生宣传片中,将更新后的宣传片在招生网站进行展示。

联合多家宣传媒体进行学校软实力的宣传,继续在《北京考试报》《北京高考志愿填报辅导读本》《教育面对面——2015年北京高招咨询汇编手册》《高校招生》等报刊、杂志上发布招生信息,进行学校软实力的宣传。

充分利用现代化数字手段宣传学校,积极利用网络、微信、微博等信息化手段,与考生进行实时互动,随时解答考生及家长提出的问题;同时将学校的招生信息、各类获奖等信息制作成微信订阅号,向关注学校微信的考生及家长进行宣传,扩大学校的知名度;积极参加教育部网上咨询周及北京市和其他省市组织的网上咨询活动十余场;参加北京广播电台"教育面对面"等招生宣传主题节目;在阳光高考信息平台高考首页发布文字访谈,突出显示学校名称。

组织在校中学生进联大校园参观。

6月22日举办校园开放日暨高招联合咨询活动,在北四环校区悬挂巨型招生计划横幅,吸引考生和家长的关注。

组织各学院主管院领导、专业负责人、专业教师、招生工作人员深入中学、区、高校参加各种招生咨询活动,面向各区县招办工作人员、中学老师、考生和家长宣传学校招生政策及学校发展现状。学校深入北京市17个区招办发送招生简章,参加5个区招办组织的招生咨询活动,3所区招办组织的面向中学老师的高考填报志愿辅导会,10所高校的高招联合咨询活动及中国教育在线和阳光高考信息平台组织的招生信息发布活动。

2015年学校共印刷报考指南1万余册、招生宣传简章3万余张。向北京市680多所中学、外省市500余所中学及各省市招办寄发简章宣传材料近3万余份。

在做好北京市招生宣传工作的同时,积极做好外省市招生宣传工作。通过收集各省市招办组织的招生咨询会邀请函，与外省市兄弟院校取得联系，参加部分院校组织的校园开放日活动。

（鲍桂莲）

【生源质量】 2015年学校在北京市投放二批本科招生计划2588人（含双培计划转入144人），其中文史类1018人、理工类1570人。学校在北京市二批本科提档线为文史528分（即北京市二本控制线上1分）、理工495分（即北京市二本控制线），平均分分别超出文史、理工控制线13分、10分。2015年学校在北京生源二批本科录取最高分为理工类551分，高出二本控制线56分，录取到旅游学院旅游管理专业；文史类588分，高出二本控制线61分，录取到师范学院的英语（师范）专业。

2015年学校在京外投放指标计划899人，实际录取966人。学校在京外录取一批本科文史类、理工类分别平均超控制线18分、36分，学校在京外二批本科文史类、理工类分别平均超控制线51分、48分。

2015年学校在各招生省份一本和二本录取分数线详情见本分目附表条目中"北京联合大学2015年各招生省市份一本录取分数线一览表"和"北京联合大学2015年各招生省份二本录取分数线一览表"。

（鲍桂莲）

【特殊类型招生】 在报到的6679名新生（含高职升本科）中，艺术本科377人（5.65%），单招师资14人（0.21%），残疾单招考生164人（2.46%），新疆内地班20人（0.3%），港澳台侨生3人（0.04%）去年预科生转入49人（0.73%），单招高职12人（0.18%），艺术高职101人（1.51%），残障高职生49人（0.73%），高职升本科1674人（25.06%），高水平运动员16人（0.24%）。

根据教育部有关招生执法监察工作的要求，为确保特殊类型新生的质量，加强特殊类型招生的监督检查，学校成立了北京联合大学特殊类型新生入学复核工作领导小组，对高水平运动员、艺术类（美术、音乐、表演）的全部本科新生的专业水平和身份资格进行了复核。

（鲍桂莲）

【2015届毕业生情况】 2015届毕业生共计7456人，其中研究生毕业生48人、本科生毕业生5614人、高职生毕业生1794人，分布在全校12个学院，覆盖经济学、法学、教育学等10个学科门类。

2015届毕业生中，男生2908人，占毕业生总人数的39%，女生4548人，占毕业生总人数的61%，男女性别比例为1∶1.6。

2015届毕业生生源分布在全国31个省、自治区、直辖市；毕业生中少数民族毕业生533人，包括回族、白族、达斡尔族等25个少数民族，占毕业生总人数的7.15%；毕业生中困难毕业生1482人（困难毕业生包括：就业困难，家庭困难，就业困难和家庭困难，残疾，就业困难和残疾，家庭困难和残疾，就业困难、家庭困难和残疾），占毕业生总人数的19.88%；毕业生中听障、视障学生141人，占毕业生总人数的1.89%。

2015届毕业生中，京外生源毕业生2705名，占毕业生总人数的36.28%；北京生源毕业生4751名，占毕业生总人数的63.72%。

（何霄雲）

【就业制度保障】 坚持"一把手"工程，完善就业制度保障。每年召开学校就业工作推进会，校长、书记作为学校就业工作负责人，与各学院书记、院长签订《就业工作目标责任书》，责任目标层层分解、落实，有效促进毕业生就业工作，同时确保毕业生就业工作"机构、人员、经费、场地"四到位。

学校就业工作制度保障体系包括就业工作联席会议制度、专人联系学院制度以及就业工作通报制度等。主管校领导牵头协调，各学院、相关职能部门分工负责；以就业工作简报为抓手，实行就业工作动态管理，实行学院排名预警机制，积极引导就业工作重心转移到提高就业质量上来；进一步规范贫困生资助制度，在保证家庭经济困难毕业生就业一般性费用的同时，支持各学院开展困难毕业生帮扶项目。

加强各类资源统筹，实现就业全员参与。依托学专融合育人模式，发挥人才培养各环节对毕业生就业的推动作用。加强专业教师在教育教学过程中对毕业生的就业指导和帮扶，总结校内试点学院导师制经验，将毕业生就业工作与专业发展相结合；充分发挥北京生源地缘优势，形成家校共同促进就业合力，在提高毕业生就业满意度方面效果较为显著；充分发挥基层就业工作队伍专业能力，鼓励开展个体咨询、团体辅导等个性化服务，提高就业服务工作的针对性和有效性；依托行业特点，建立自助式校友电子信息库和校友会网站，做好校友跟踪服务，鼓励校友为毕业生提供更多就业信息和就业岗位，发挥校友资源对就业工作的助推作用。

（何霄雲）

【就业服务】 完善就业服务指导，优化工作流程。进一步完善就业信息网功能，增设网上简历投递功能，解决校区分散带来的资源集约使用问题；优化微信平台信息供给，针对外地生源日渐增多趋势，更多加入外省市的招聘信息，帮助非北京生源毕业生顺利就业；设置毕业班就业助理，毕业班班主任有针对性推荐就业；试点开展网上档案跟踪查询，加快查档时间，提高工作效率；继续开展"就业下午茶"分享活动，本学年共举办13期，共有986人次参加，深受广大同学欢迎；针对"发展规划、助力就业"系列宣传折页，开展满意度调查,在校生对折页的满意度为85%;实施2年的就业指导个体咨询,已取得一定的品牌效应。

积极开拓就业市场,增加渠道供给。学校校园招聘会采取品牌建设策略,定期对用人单位跟踪回访,巩固了与用人单位的合作关系,为毕业生提供了充分、稳定的就业渠道;努力对外开拓资源,与北京市人力资源和社会保障局合作开展了"2015年北京地区毕业生就业服务月暨公共就业和人才服务进校园"活动;鼓励学院依托学科和专业方向,深化与对口企业的合作交流,有针对性的推荐学生,开展毕业生预签约活动,提高毕业生就业对口率和成功率。本年度,校院两级就业部门共为2015届毕业生提供岗位数40395个(其中,组织综合招聘会69场次,邀请单位1009家,提供就业岗位33510个;组织专场招聘会98场次,邀请单位257家,提供就业岗位6885个),人职比达到1:5.6。第三方调查机构数据——麦可思2014年《北京联合大学毕业生毕业半年后社会需求调查报告》显示,在诸多求职服务中,毕业生接受"大学组织的招聘会"求职服务的比例(54%)最高,比北上广非"211"本科院校(52%)高2个百分点。

加强就业政策宣传,抓住政策红利。针对学校毕业生总量多、专业多、层次多等就业工作特点,加大就业政策宣传力度,通过就业指导课程、各类会议培训、专题讲座活动以及新媒体助力等途径和方式,鼓励毕业生充分享受国家、北京市各项就业政策利好,实现充分就业、高质量就业;针对听障、视障等特殊毕业生群体,专门推出残疾人就业优惠政策汇编,推动学生对政策的了解;积极推荐优秀的应届毕业生到北京市基层培养锻炼,共65名优秀毕业生成为基层选调生;多渠道、多维度、全方位开展北京市村干部选聘政策宣传,动员更多毕业生积极参与报考,在北京市录取村干部人数核减的情况下,2015年学校共有86名本科毕业生、2名研究生毕业生考取村干部。

关注和扶持毕业生重点群体就业。积极关注家庭经济困难、就业困难、残疾生、少数民族毕业生等重点群体毕业生就业。今年"北京联合大学家庭经济困难毕业生帮扶基金"共下发30余万元,其中设立就业困难帮扶项目12个;组织332名困难毕业生申请北京市人力资源和社会保障局的求职补贴共计33.2万元,基本覆盖了家庭贫困、少数民族、残障等特殊群体毕业生;建立特殊群体毕业生就业工作台账,开展针对性帮扶活动,为经济困难毕业生免费提供面试服装、证件照等服务项目。学校2015届毕业生中共有听障、视障学生141名,其中139名顺利就业,就业率为98.58%;困难毕业生就业率98.65%,少数民族毕业生就业率为98.12%。

(何霄雯)

【学生职业发展】 职业发展教育课程体系覆盖大学四年全过程。职业发展教育贯穿于入学教育、职业生涯规划课程、专业技能大赛及社会实践活动、就业指导课、毕业季主题讲座及培训,努力提高毕业生就业竞争力,促进毕业生充分就业。为进一步推动就业指导多样化,学校组织开展了大型户外闯关式生涯体验周活动,以体验的方式唤醒在校生职业规划意识和行动力。第三方调查机构调查数据——麦可思2014年《北京联合大学在校生职业发展成熟度调查报告》显示,在校大二学生中,7成以上参与过实习实践,职业成熟度较好,但是职业自信评分相对较低;大三学生计划毕业去向情况良好,计划就业群体中,80.7%已经进行了求职准备,计划读研的群体中,有89.7%已经进行准备工作;在大四毕业生群体中,接受"辅导简历写作"求职服务的比例39%比上广非"211"本科院校21%高18个百分点(此项数据引自麦可思2014年《北京联合大学毕业生毕业半年后社会需求调查报告》)。

以提升就业力为导向推动职业发展教育课程建设。深化职业发展教育课程体系建设,建立以"职业发展与就业指导"和"就业指导"(北京市精品课)必修课为主体、以"学会做事""职业素质发展训练"等选修课为辅助的就业课程体系。北京市教委就业指导中心2015届毕业生就业状况调查问卷显示,75.3%的毕业生表示需要就业指导课,其中40.7%的毕业生表示满意,17.7%的毕业生表示很满意。为进一步提升教学效果,本年度开展教师听课、座谈等30多次课程教学督导活动;修订"职业发展与就业指导"课程教学大纲,增加课下实践活动,加强学生对专业和社会需求的双向认知;组织学校就业指导课教师参加"后现代取向生涯咨询"工作坊;申报并获批"专业融合视角中的大学生职业发展教育研究"校级教育教学研究与改革项目,全方位开启经济新常态下大学生职业发展教育新探索。

(何霄雯)

【就业情况统计】 截至10月31日,学校2015届毕业生就业率为98.56%,其中研究生就业率为100%,本科生就业率为99.00%,高职生就业率为97.16%。

2015届研究生毕业生中,北京生源就业率为100%,京外生源就业率为100%;本科、高职毕业生中,北京生源就业率为98.29%,京外生源就业率为99.02%;毕业生中,困难生就业率为98.65%。

2015届毕业生中,有32名研究生、3933名本科生和1282名高职生以派遣形式(派遣指毕业生落实接收单位,学校为其出具就业报到证的就业形式)进行就业;有390人升学,其中168名本科毕业生考取国内硕士研究生(有58人考取的是985或211高校),5名研究生毕业生考取国内博士研究生(有4人考取的是

985或211高校);有251名毕业生出国(境)留学攻读学位,占毕业生比例的3.37%;有88人考取北京村干部,其中研究生毕业生2人、本科毕业生86人。2015届毕业生就业情况分类统计如下。

北京联合大学2015届毕业生就业情况统计表

就业形势	研究生		本科		高职	
	人数	占比/%	人数	占比/%	人数	占比/%
参军(入伍)	—	—	25	0.45	12	0.67
单位用人证明	7	14.58	687	12.24	110	6.13
签就业协议	32	66.60	3933	70.06	1282	71.46
签劳动合同	1	2.08	452	8.05	32	1.78
出国(境)	1	2.08	207	3.69	43	2.40
升成人本科	—	—	—	—	34*	1.90
升普通本科	—	—	—	—	179	9.98
已上二学位	—	—	4	0.07	—	—
攻读硕士	—	—	168	2.99	—	—
攻读博士	5	10.42	—	—	—	—
志愿服务西部	—	—	1	0.02	—	—
自由职业	1	2.08	77	1.37	47	2.62
自主创业	1	2.08	4	0.07	4	0.22
总计	48	100.00	5558	99.00	1743	97.16

注:*号项为成人本科33人,网络本科1人

北京联合大学2015届毕业生就业签约单位性质统计表

单位性质	研究生		本科		高职	
	人数	占比/%	人数	占比/%	人数	占比/%
部队	—	—	2	0.05	—	—
城镇社区	—	—	7	0.18	—	—
高等教育单位	2	6.25	16	0.41	1	0.08
国有企业	7	21.88	669	17.01	117	9.13
机关	4	12.50	54	1.37	3	0.23
科研设计单位	1	3.13	21	0.53	—	—
农村建制村	1	3.13	88	2.24	—	—
其他	4	12.50	353	8.98	196	15.29
其他企业	9	28.13	2150	54.67	926	72.23
其他事业单位	4	12.50	109	2.77	7	0.55
三资企业	—	—	74	1.88	22	1.72
医疗卫生单位	—	—	22	0.56	5	0.39
中初等教育单位	—	—	368	9.36	5	0.39
总计	32	100.00	3933	100.00	1282	100.00

北京联合大学2015届毕业生就业签约单位行业统计表

单位性质	研究生		本科		高职	
	人数	占比/%	人数	占比/%	人数	占比/%
采矿业	—	—	18	0.46	3	0.23
电力、热力、燃气及水生产和供应业	2	6.25	92	2.34	15	1.17
房地产业	—	—	84	2.14	22	1.72
公共管理、社会保障和社会组织	7	21.88	291	7.40	30	2.34
国际组织	—	—	1	0.03	—	—
建筑业	—	—	220	5.59	71	5.54
交通运输、仓储和邮政业	1	3.13	145	3.69	25	1.95

续表

单位性质	研究生		本科		高职	
	人数	占比/%	人数	占比/%	人数	占比/%
教育	3	9.38	472	12.00	34	2.65
金融业	—	—	372	9.46	94	7.33
居民服务、修理和其他服务业	2	6.25	186	4.73	80	6.24
军队	—	—	2	0.05	—	—
科学研究和技术服务业	6	18.75	127	3.23	37	2.89
农、林、牧、渔业	—	—	94	2.39	23	1.79
批发和零售业	1	3.13	302	7.68	139	10.84
水利、环境和公共设施管理业	—	—	38	0.97	10	0.78
卫生和社会工作	—	—	75	1.91	39	3.04
文化、体育和娱乐业	4	12.50	348	8.85	150	11.70
信息传输、软件和信息技术服务业	3	9.38	490	12.46	258	20.12
制造业	2	6.25	332	8.44	67	5.23
住宿和餐饮业	1	3.13	80	2.03	94	7.33
租赁和商务服务业	—	—	164	4.17	91	7.10
总计	32	100.00	3933	100.00	1282	100.00

北京联合大学2015届毕业生出国(境)留学地区分布情况统计表

亚洲		北美洲		欧洲		大洋洲	
国家/地区	人数	国家	人数	国家	人数	国家	人数
日本	28	美国	31	英国	70	澳大利亚	52
韩国	9	加拿大	16	西班牙	10	新西兰	6
中国香港	3			德国	7		
中国澳门	2			法国	4		
泰国	2			意大利	2		
印度	1			瑞典	2		
新加坡	1			瑞士	2		
				爱尔兰	2		
				丹麦	1		
总计	46	总计	47	总计	100	总计	58

北京联合大学2015届毕业生各学院就业情况分项统计表

学院名称	就业率/%	签约率/%	北京生源就业率/%	京外生源就业率/%	困难生就业率/%
商务学院	99.66	98.66	99.46	100.00	100.00
管理学院	99.63	87.75	99.46	99.77	100.00
师范学院	99.46	85.62	99.26	100.00	100.00
广告学院	99.44	90.41	99.64	99.22	98.67
应用文理学院	99.08	89.18	99.08	99.07	98.44
旅游学院	99.05	89.70	99.58	97.50	95.95
自动化学院	98.86	62.22	94.81	100.00	99.31
特殊教育学院	98.41	43.82	98.45	98.36	98.60
生物化学工程学院	98.24	87.80	98.36	97.99	97.60
信息学院	97.71	66.13	97.73	97.70	98.28
机电学院	97.28	86.77	95.87	98.53	96.00
应用科技学院	96.65	91.09	96.45	98.47	97.94
总计	98.56	85.50	98.29	99.02	98.65

(何霄雲)

【附表】

北京联合大学2015年各层次招生录取情况统计表

层次	计划数	录取数	执行情况	计划完成率
本科	4320	4355	+35	100.8%
高职	1100	841	-259	76.5%
高职升本科	1589	1707	+118	107.4%
合计	7009	6903	-106	98.5%

（鲍桂莲）

北京联合大学2015年各招生地区一本录取分数线一览表

地区	一本控制线		学校一本录取分数线					
	文科	理科	文科最高分	文科最低分	超出控制线	理科最高分	理科最低分	超出控制线
山西	513	515	537	530	17	547	538	23
内蒙古	487	464	545	496	9	548	526	62
江西	528	540	552	540	12	567	556	16
山东	568	562	592	580	12	603	590	28
河南	513	529	544	531	18	569	559	30
湖南	535	526	562	554	19	555	549	23
贵州	543	453	576	559	16	519	503	50
云南	540	500	583	570	30	555	531	31
甘肃	517	475	545	532	15	518	504	29
青海	466	400	479	474	8	448	441	41
新疆	486	446	553	526	40	513	506	60

（鲍桂莲）

北京联合大学2015年各招生地区二本录取分数线一览表

地区	二本控制线		学校二本录取分数线					
	文科	理科	文科最高分	文科最低分	超出控制线	理科最高分	理科最低分	超出控制线
山西	462	442	518	504	42	516	504	62
内蒙古	385	336	526	470	85	471	430	94
江西	487	490	535	524	37	546	529	39
山东	510	490	574	558	48	618	550	60
河南	455	458	521	507	52	547	484	26
湖南	481	455	546	536	55	534	515	60
贵州	472	372	550	528	56	488	416	44
云南	470	425	547	528	58	505	447	22
甘肃	465	417	513	496	31	479	449	32
青海	420	363	462	424	4	364	364	1
新疆	414	381	507	495	81	414	410	29
天津	486	459	557	509	23	543	491	32
河北	496	474	565	550	54	578	546	72
辽宁	460	419	534	523	63	515	470	51
吉林	433	405	564	510	77	495	479	74
黑龙江	410	371	502	487	77	511	469	98
上海	372	348	412	381	9	373	360	12
江苏	313	310	332	326	13	333	319	9

续表

地区	二本控制线		学校二本录取分数线					
	文科	理科	文科最高分	文科最低分	超出控制线	理科最高分	理科最低分	超出控制线
浙江	472	428	573	571	99	538	522	94
安徽	558	511	607	596	38	584	550	39
福建	462	410	544	530	68	519	512	102
湖北	477	448	520	506	29	521	499	51
广东	524	519	570	556	32	566	542	23
广西	380	320	530	524	144	470	431	111
海南	588	546	672	666	78	614	596	50
重庆	532	527	574	552	20	576	555	28
四川	473	445	565	544	71	518	512	67
陕西	467	440	513	496	29	474	450	10
宁夏	478	416	509	485	7	446	425	9

(鲍桂莲)

高教研究

【概况】 北京联合大学应用型高等教育发展研究中心（简称高教研）成立于2004年12月，下设应用性高等教育研究所和高等技术与职业教育研究所。应用性高等教育研究所研究内容涉及学校发展规划、应用性人才培养模式、课程体系、双证书教育、实践教学研究等；高等技术与职业教育研究所以中微观研究为主，研究方向主要围绕高等技术与职业教育的课程与教学规律研究，教师教育研究，质量与评价研究，比较与发展战略规划研究等。

应用型高等教育发展研究中心作为北京市教育规划课题的二级管理单位，同时承担教育科研项目的管理工作。

应用型高等教育发展研究中心现有专职研究人员5人、行政管理人员3人。其中副研究员2人、助研5人、讲师1人。

(虞思旦)

【院校研究】 2015年，高教研完成《北京联合大学章程》及相关文件的修改上报工作。参与学校"十三五"发展规划的编制工作，并承担了学校"十三五"时期改革和发展规划社会服务专项任务实施方案的撰写工作。撰写"应用型大学发展趋势分析报告"。从国家政策、院校经验、学校动态三个方面编辑"十三五规划动态"供学校相关部门学习使用。撰写2015年海峡会议校长报告。与教务处配合完成学校2014年教学质量年报的撰写工作。完成校级委托课题《北京联合大学教学管理状况调研》和《北京联合大学对接台北科技大学的实践探索》的研究任务。编制6期内部学术刊物《高教研究动态》。

(虞思旦)

【研究成果】 高教研2015年发表C刊论文3篇、北大核心期刊论文1篇以及普通期刊论文7篇，出版1部学术专著《现代应用型大学与学科建设研究》。

(虞思旦)

【课题申报】 组织学校教师申报全国教育科学规划课题10项，获批教育部重点课题和青年专项课题各1项；组织申报北京市级教育科学规划课题60项，获批重点课题1项，青年专项课题3项，一般课题5项，获批课题数量连续6年位居北京市属高校第一名、北京市高校第二名；组织校级教育科研课申报36项，批准10项。

2015年获批课题详情见本分目表附表条目中"北京联合大学2015年获批市级及以上教育科学规划课题一览表"和"北京联合大学2015年校级教育科研课题一览表"。

(虞思旦)

【会议情况】 2015年，共组织课题评审会2次，课题开题会2次，组织参加学术研讨会1次。分别为：3月组织2015年北京教育规划课题评审会；7月组织2015年全国教育规划课题评审会；7月组织2015年校级教育科研课题开题会；10月组织2015年北京教育规划课题开题会；11月初，组织学校教师12人赴上海第二工业大学参加2015年海峡两岸应用性（技术与职业）高等教育学术研讨会；12月组织2015年全国教育规划课题开题会。

(虞思旦)

【附表】

北京联合大学2015年获批市级及以上教育科学规划课题一览表

序号	项目名称	负责人	工作单位	项目级别
1	基于产业链、教育链融合的职业教育区域合作机制创新研究	黄毓慧	应用科技学院	教育部重点课题
2	现代学徒制中利益相关者收益分配机制研究	赵　玮	应用科技学院	教育部青年专项
3	北京特殊教育学校教师工作生活冲突的实证研究	张俊玲	北京联合大学校工会	市级重点课题
4	北京市属应用型大学教学学术发展的制度保障研究	马立红	北京联合大学应用性高等教育发展研究中心	市级青年专项课题
5	基于大学生社交网络特征的创业学习支持体系构建	盛晓娟	北京联合大学管理学院	市级青年专项课题
6	高等职业教育院校毕业生就业质量评价体系研究	姜鹏飞	北京联合大学商务学院	市级青年专项课题
7	基于互联网的大学生创新创业能力培养路径研究	杨　冰	北京联合大学管理学院	市级一般课题
8	基于导师制的本科生科研能力培养模式研究	张远索	北京联合大学应用文理学院	市级一般课题
9	终身教育背景下应用型本科院校成人教育转型发展研究	张　娟	北京联合大学培训中心	市级一般课题
10	北京市中学心理健康教育教师胜任力测评工具研究	刘视湘	北京联合大学师范学院	市级一般课题
11	残疾大学生评教指标体系构建与实施研究	祝　平	北京联合大学特殊教育学院	市级一般课题

(虞思旦)

北京联合大学2015年校级教育科研课题一览表

序号	项目编号	项目名称	所属单位	申请人
1	Sk90201501	BUU-UAH合作项目中人才培养模式对接的实证研究	应用科技学院	张红颖
2	Sk90201502	"现代师承制与学历教育相结合"的文物保护与修复技术人才培养模式研究	应用文理学院	周　华
3	Sk90201503	基于CDIO模式的课程体系乐高式优化与整合的实践与研究	自动化学院	李永霞
4	Sk90201504	基于教学学术多维模型的应用型大学教师教学学术评价体系研究	应用型高等教育发展研究中心	马立红
5	Sk90201505	应用型大学教师对"学生评教"态度的研究——以北京联合大学为例	应用型高等教育发展研究中心	吴智泉
6	Sk90201506	凸显行业特色的表演专业"三重螺旋"实践教学体系构建与研究	广告学院	王彦霞
7	Sk90201507	移动微视频时代表演专业教学模式的创新与实践研究	广告学院	刘　畅
8	Sk90201508	AACSB认证背景下财务管理专业实践教学体系构建与评价研究	商务学院	索玲玲
9	Sk90201509	高职教育课程优化与整合的研究与实践	校教务处	罗映霞
10	Sk90201510	学校本科生课外阅读状况研究	人文社会科学教学部	贾真光

(虞思旦)

科学研究

科研工作

【概况】 2015年,校科研处进一步加强项目申报培训和有针对性的指导,组织完成国家自然科学基金、国家社会科学基金等各级各类项目的申报工作,科研项目申报质量和高水平项目的获批数保持稳定。学校获批国家自然科学基金项目12项;国家社会科学基金项目10项;获得教育部人文社科项目8项,北京市规划办项目26项(含基地项目),全国教育科学"十二五"规划教育部重点项目1项;北京市教育科学规划课题重点1项。竞争性科研项目经费目前到账总数为5204万元(数据截至12月22日)。学校申请专利77项,获得授权专利103项;其中申请发明专利34项,获得授权发明专利45项。

学校于12月4—18日召开2015年科技工作会,总结2011年科技工作大会以来,学校科研工作取得的主要成绩与存在的问题,提出实施"科研创新能力提升深化计划"的主要任务。科研处结合科技大会,总结学校"十二五"科研管理情况,谋划"十三五"科研工作发展战略规划,按照建设国内一流应用型大学的目标,不断完善科研评价和激励机制。一是开展校内调研,赴各学院、部门和机构调研,收集各方意见,了解掌握实际情况;二是不断学习总结,走访调研市属兄弟院校,如北京科技大学、北京工业大学、北京工商大学、中国音乐学院等学科门类齐全、特色明显的市属高校开展研讨交流,借鉴学习优秀科研管理工作经验;三是完善科研激励及评价政策,根据国家的双创政策,回归学校的应用型科研,扩大为地方社会经济发展服务能力,制定文件《北京联合大学科技成果转化激励办法(试行)》(京联发〔2015〕13号)、《北京联合大学设立科技成果转化岗位的实施意见》(京联发〔2015〕14号),营造有利于应用转化的政策环境。

2015年新增北京市科委工程技术研究中心1个——北京市智能机械创新设计服务工程技术研究中心,北京市教委协同创新中心1个——旅游信息化协同创新中心,校级院管科研机构1个——北京联合大学电子商务行业与教育研究所;成立高精尖创新中心筹备工作领导小组,组织申报北京"高精尖"科技创新中心。

组织学校"京龙2号"无人驾驶电动汽车亮相北京科技周,刘延东副总理等领导人充分肯定学校在无人驾驶智能电动汽车领域的成果;参加"2015年中国智能车未来挑战赛"比赛,无人驾驶智能纯电动汽车"京龙3号"获得综合道路环境单项测试第一名的佳绩,中央电视台新闻直播节目(CCTV13)对"京龙3号"的比赛进行了现场直播。

科研支持人才培养模式创新,筹划创立德毅机器人实验班,探索经验推进责任教授和责任教师选拔,实验班宣传、学生选拔和开班仪式,实验班学生课外活动、支持建设科研训练实验室等工作。建设实验班网站,实验班70余名学生跨4个学院8个专业,几乎完全利用课余时间和周末时间,在责任教师和指导教师们的指导下开展各种科研训练和参与专题培训。

与北京数字科普协会举办2015年数字博物馆研讨会,对学校无人驾驶智能汽车、机器人等科研成果进行了展示和演示。组建成立首届"德毅"机器人实验班,学生参加中国脑-机接口比赛并获奖。

(许静)

【科研项目】 2015年到校的各类科研项目经费超过5000万元,其中国家自然科学基金581.7万元,国家社科基金149万元,教育部人文社科基金46.3万元,北京市项目(教委/市规划办/市自然科学基金)903万元,横向课题2237万元。学校立项的省部级以上社科项目及自科项目详情见本分目附表条目中"北京联合大学2015年立项省部级以上科研项目(社会科学部分)"及"北京联合大学2015年立项省部级以上科研项目(自然科学部分)"。

(刘华伟 刘琳)

【学术论文】 2015年学校CNKI期刊论文发文量为1097篇,其中第一机构第一作者发表论文数为800篇,占总发文量的82.4%。C刊论文总数352篇,其中CSSCI 236篇,CSCD 116篇。三大检索论文(SCI、SSCI和EI期刊)总篇数136篇,以第一机构第一作者发表的检索论文58篇。

(陈婷婷)

【学术著作】 2015年学校共出版学术专著(含编著)111部,其中学术著作97部;编著14部,其中获得学校学术出版资助的著作10部。获得出版基金资助的著作名称及具体情况详见本分目附表条目中"北京联合大学2015年校级学术著作出版基金资助项目"。

（徐兵）

【科技合作】 2015年，学校与15家单位开展了17项科技合作项目，具体合作项目详见本分目附表条目中"北京联合大学2015年开展的科技合作项目"

（刘华伟 刘琳）

【知识产权】 在有效的政策支持下，学校知识产权工作稳步推进。2015年学校申请发明专利52项，获得专利授权50项；申请实用新型19项，获得授权27项；申请外观设计及软件著作权登记等其他知识产权56项，获得授权43项。详情见本分目附表条目"北京联合大学2015年获得授权的专利和知识产权"。

（徐兵）

【科技成果推广与转化】 学校制定并通过两个文件《北京联合大学科技成果转化激励办法（试行）》（京联发〔2015〕13号）和《北京联合大学设立科技成果转化岗位的实施意见》（京联发〔2015〕14号），激发教职员工积极性，助推京校十条在学校的开展，和科技成果的转化和应用〔京校十条指《加快推进高等学校科技成果转化和科技协同创新若干意见（试行）》（京政办发〔2014〕3号），全文共十条，简称"京校十条"〕。

2015年，学校共有12项科技成果转化项目，其中2项为北京市教委资助的科技成果转化项目，项目情况详见本分目附表条目"北京联合大学2015年科技成果转化项目一览表"。

（刘琳）

【大学科技园】 2015年，继续承担学校的创业培训工作，承担同北京市劳动服务管理中心、朝阳区职业技能管理中心和生化学院的沟通工作和上传下达工作。2015年共开设6个创业培训班，培训学生147人。

学校科技园管理公司2015年为生化学院计算机控制技术专业2014届毕业生杨晓东创办的凛冬（北京）科技有限公司和广告学院数字媒体艺术专业2015届毕业生张晓宇创办的北京顽石文化有限公司提供了工商注册服务和项目咨询服务，为入孵企业寻找孵化场地，提供相关支持。

（王春梅）

【北京联合大学2015年科技工作会】 12月4—18日，学校召开2015年科技工作会。校领导、各学院院领导、校机关各部门负责人，科研机构人员、科研管理人员、专任教师，以及研究生和本专科学生代表2300余人参加大会。本次科技工作大会的主题是：推进科研创新能力提升计划，开创应用型大学科研工作新局面。大会历时两周，规模为历届最大，中央教育电视台等新闻媒体做现场采访和报道，影响较大。会议采取集中与分散相结合的方式进行，除大会开幕式和闭幕式集中开会外，其他时间由学院、部门、单位安排。科技大会期间，对"十二五"期间取得的标志性的成果进行宣传展示，学院、科研单位和有关部门举办高水平学术报告会，组织各种座谈会。

大会总结了2011年科技工作大会以来，学校科研工作取得的主要成绩与存在的问题，提出了实施"科研创新能力提升深化计划"的主要任务。大会还表彰了自学校"十二五"期间，即2011年科技工作大会以来学校师生为科研事业发展做出的突出贡献，对为学校发展中取得国家重大项目突破、产生重大社会影响或经济效益、获得高级别重要科研奖项的人员，对"汉语盲文语料库建设研究"等10个项目的骨干成员给予表彰。在大会开幕式期间，举行特聘教授聘书颁发仪式；闭幕式期间，哈工大机器人集团向"德毅"机器人试验班捐赠科研训练设备及服务机器人。

会议期间，多位领导作重要讲话和报告。开幕式上，卢振洋校长以"行动起来，让科技工作成为应用型大学建设的强劲动力"为题讲话；主管科研副校长鲍泓教授作题为"深化创新能力提升计划，创新驱动科技工作发展"的报告；特聘教授、中国工程院李德毅院士做报告，提出以科研任务带动科学研究，以应用为导向，带动应用型人才培养的模式改革。北京市科委、市哲社规划办领导和哈工大机器人集团总裁出席闭幕式并分别致辞；韩宪洲书记以"改革创新，真抓实干，开创应用型大学建设新局面"为主题做总结报告，并对应用型大学的科研工作提出新的目标和要求。

（许静）

【附表】

北京联合大学2015年立项省部级以上科研项目（社会科学部分）

序号	项目名称	项目编号	项目负责人	项目来源
1	新生代农民工本地创业行为的东西部比较研究	15BJY029	汪昕宇	国家社科基金项目
2	中华传统节日的文化内涵及其传承研究	15BZW186	张勃	国家社科基金项目
3	比较视野下的赵萝蕤汉译《荒原》研究	15BWW013	黄宗英	国家社科基金项目
4	我国入境旅游内生增长机制及对策研究	15BGL112	孙梦阳	国家社科基金项目
5	中国共产党巡视制度研究	15CDJ004	王峰	国家社科基金项目
6	北京人民艺术剧院演出史研究	15BB028	罗琦	国家社科基金项目

续表

序号	项目名称	项目编号	项目负责人	项目来源
7	完全学分制下辅导员和专业导师协同育人模式的构建与实证研究	15JDSZ2073	许晓平	教育部人文社科项目
8	北京旅游服务贸易竞争力提升研究	15JGA032	刘敏	北京市哲社规划办项目
9	党内法规体系建设研究	15KDB023	韩强	北京市哲社规划办项目
10	北京新农人农业生产的互联网金融支持体系研究	15JGB095	张峰	北京市哲社规划办项目
11	北京市新蓝领负债消费行为研究	15JGB056	陈岩	北京市哲社规划办项目
12	京津冀化解产能过剩中企业劳资冲突风险的治理研究	15JGB058	何勤	北京市哲社规划办项目
13	微营销时代品牌营销渠道机制研究	15JGB082	韦恒	北京市哲社规划办项目
14	北京三山五园文化旅游价值分析评估及开发研究	15JGB112	田彩云	北京市哲社规划办项目
15	十八大以来美国对中国共产党执政方略的研究	15KDB031	周文华	北京市哲社规划办项目
16	民国时期三山五园历史变迁	15LSB010	赵连稳	北京市哲社规划办项目
17	协同创新视角下科技型中小企业绩效提升机制与路径研究	15JGC163	高书丽	北京市哲社规划办项目
18	旅游影响下北京历史文化街区保护中的合作网络治理研究	15JGC164	时少华	北京市哲社规划办项目
19	京津冀经济生态系统运作模式与实施对策研究	15JGC181	王仕卿	北京市哲社规划办项目
20	听力残疾学生的音乐韵律特点研究	15WYC079	闫征	北京市哲社规划办项目
21	新媒体时代政府信息传播的话语研究	15ZHC022	李彦冰	北京市哲社规划办项目
22	京津冀地区传统金属手工艺业态研究与行业信息数据库建设	SZ201511417027	韩澄	北京市教委社科重点项目

(刘华伟 刘琳)

北京联合大学2015年立项省部级以上科研项目(自然科学部分)

序号	名称	项目编号	负责人	项目来源
1	哈密顿系统L-Maslov型指标与哈密顿系统边值解若干问题的研究	11501030	李翀	国家自然科学基金
2	几类拟线性偏微分方程组解的定性研究	11501031	徐茜	国家自然科学基金
3	基于社交媒体地理大数据的叫感知情境的个性化旅游推荐研究	41501162	彭霞	国家自然科学基金
4	北京城市社会脆弱性空间特征识别及调控策略研究	41501182	黄建毅	国家自然科学基金
5	基于地貌背景的豫西晋南地区新石器早中期粟作农业发展过程分析	41501216	张俊娜	国家自然科学基金
6	建筑室内非均匀湿度环境营造中的在线控制优化算法研究	51578065	马晓钧	国家自然科学基金
7	图像内容的对象级语义标记及场景布局迁移	61502036	李青	国家自然科学基金
8	面向视频社交网站的视频内容理解与挖掘研究	61571045	袁家政	国家自然科学基金
9	基于稀疏正则化方法的盲图像复原关键技术研究	61572077	何宁	国家自然科学基金
10	知识异质度和知识协同绩效关系的量化研究——基于实践社区社交数据的实证分析	71572015	陈建斌	国家自然科学基金
11	联合注意在婴幼儿共情发生发展中的作用及机制	81501184	吴南	国家自然科学基金
12	转铁蛋白受体介导的类脂质体药物脑内递药特性研究	81511140298	霍清	国家自然科学基金
13	基于自适应稀疏正则化模型的图像复原研究	4152017	何宁	北京市自然科学基金
14	发酵麦胚对高脂血症大鼠脂代谢的调节及作用机制	5153025	张艳贞	北京市自然科学基金
15	基于视觉注意机制的3D视觉搜索研究	4152018	袁家政	北京市自然科学基金
16	海量社群图像语义分析与检索方法研究	4152016	刘宏哲	北京市自然科学基金
17	具有脉冲和时滞的微分方程边值问题	1152002	张莉	北京市自然科学基金
18	高灵敏监测室内空气中甲醛的传感技术基础研究	2152013	周考文	北京市自然科学基金

(刘华伟 刘琳)

北京联合大学2015年校级学术著作出版基金资助项目

序号	项目名称	申请人	所属单位	出版社
1	学习服务创新——基层党组织建设研究与实践(1)	丛 森	自动化学院	中国财富出版社
2	食品质量管理体系及方法探究	闫文杰	应用文理学院	中国原子能出版传媒有限公司
3	旅游发展测度体系及实证研究	荆艳峰	旅游学院	知识产权出版社
4	资产评估操纵的影响因素及经济后果研究	崔 婧	管理学院	知识产权出版社
5	特殊教育专业概论——我国特殊教育教师职前培养的问题与对策研究	刘全礼	特殊教育学院	中国轻工业出版社
6	明代"性灵"诗情观研究	李小贝	师范学院	中国社会科学出版社
7	基于碳足迹的旅游全过程碳排放研究	刘 啸	旅游学院	企业管理出版社
8	我国企业所得税税负及其效应分析	王 娜	管理学院	经济管理出版社
9	中美服务贸易研究	任 靓	商务学院	经济科学出版社
10	综合收益概念框架、信息特征及对财务行为影响的研究	索玲玲	商务学院	经济科学出版社

（徐兵）

北京联合大学2015年开展的科技合作项目

序号	项目名称	项目编号	负责人	合作单位
1	基于CAN总线的车身网络设计	H2015ZK004	李世刚	易家旅(北京)网络技术有限公司
2	先进溅射靶材料的制造技术	H2015ZK007	徐平国	燕山大学
3	保压测试设备研发	H2015ZK011	程 光	北京卫星制造厂
4	气泡传感器读取设备研发	H2015ZK010	马勇杰	北京卫星制造厂
5	大数据下高压中控盒测试系统及数据管理系统开发	H2015ZK013	杭和平	北京市意奈特科技有限公司
6	基于无线传感网络的环境参数检测系统	H2015ZK014	杨 萍	北京华赢天成科技有限公司
7	移动商务时代网络营销岗位技能体系研究与开发	H2015ZK017	陈道志	北京中鸿网络教育技术有限同公司
8	基于大数据和物联网的交通信息化研究	H2015ZK021	李月琴	北京福泽华农信息技术有限公司
9	煤化工超结构水网络模型构建与节水方案优化	H2015ZK024	黄静华	北京中宇浩博科技有限公司
10	北京市海淀区"十三五"知识产权规划研究	H2015SK012	鲍新中	中关村科技园区海淀园管理委员会
11	企业招聘培训、绩效薪酬管理咨询与研究	H2015SK014	龚秀敏	北京瑞斯福高新科技股份有限公司
12	民国三山五园档案文献整理和研究	H2015SK008	赵连稳	海淀区文化发展促进中心
13	创业教育网络模拟平台标准设计研究	H2015SK009	齐再前	校才科技(上海)有限公司
14	收视率系统开发及运营维护项目	H2015SK022	何 勤	北京华影文轩影视文化有限公司
15	北京农业产业化发展的互联网融资模式研究	H2015SK028	张 峰	首都经济贸易大学
16	盲文专项研究	H2015SK032	钟经华	中国残疾人联合会
17	中关村核心区知识产权商用化发展机制及政策研究	H2015SK045	鲍新中	中关村科技园区海淀园管理委员会

（刘华伟 刘琳）

北京联合大学 2015 年获得授权的专利和知识产权

序号	专利名称	第一发明人/设计人	专利类型	授权号
1	一种融合雷达和 CCD 摄像机信号的车辆检测方法	鲍 泓	发明专利	ZL201310530503.5
2	一种带首饰存放区的多功能组合家具	程 光	发明专利	ZL201110308041.3
3	一种五自由度数控机械手	程 光	发明专利	ZL201210025178.2
4	一种五自由度数控机械手的操作方法	季红益	发明专利	ZL201210025180.X
5	一种定传动比点接触曲线齿锥齿轮的修形方法	雷保珍	发明专利	ZL201310271139.5
6	行程可调推杆机构	雷 红	发明专利	ZL201310273846.8
7	污水絮凝排污系统	马勇杰	发明专利	ZL201410028222.4
8	一种负压滤膜微生物采样器	谭苗苗	发明专利	ZL201410194515.X
9	一种双保险手动器械	田 娥	发明专利	ZL201110453856.0
10	一种模拟煤矿掘进巷道瓦斯运移规律的方法以及实验系统	王淑芳	发明专利	ZL201110095250.4
11	一种基于平板电脑的模块化信息处理实验系统和方法	刘元盛	发明专利	ZL201210366488.0
12	一种汽车智能驾驶测试数据远程监测方法及系统	刘元盛	发明专利	ZL201310359760.7
13	一种耳机内置结构及相应设备	王雪梅	发明专利	ZL201210435274.4
14	带 WIFI 接收系统的电子公交站牌	姚淑娜	发明专利	ZL201210216877.5
15	一种利用植物多元醇合成聚氨酯泡沫材料的方法	程艳玲	发明专利	ZL201310627389.8
16	一种规模化微藻分离收集干燥设备	程艳玲	发明专利	ZL201310506933.3
17	一种利用温度诱导双水相体系分离纯化芦丁的方法	霍 清	发明专利	ZL201310339629.4
18	一种用于杀灭蚜虫的微囊农药的制备方法	霍 清	发明专利	ZL201310409373.X
19	一种原花青素微乳眼霜及其制备方法	霍 清	发明专利	ZL201310409435.7
20	一种从红薯叶中提取绿原酸的方法	霍 清	发明专利	ZL201310409736.X
21	一种植物驱蚊液及其制备方法	霍 清	发明专利	ZL201310495129.X
22	一种用于治疗心血管疾病的心血宁缓释片及其制备方法	霍 清	发明专利	ZL201310495330.8
23	一种双水相体系分离纯化表没食子儿茶素没食子酸酯的方法	霍 清	发明专利	ZL201410054314.X
24	基于主观感受的室内温度控制系统与方法	李春旺	发明专利	ZL201310178849.3
25	一种架空电缆除冰机器人除冰机构	杨志成	发明专利	ZL201210291444.6
26	一种电动机定时自动交替正反转双互锁控制电路	张念鲁	发明专利	ZL201210356317.X
27	一种电机正反转可定时自动转换运行控制的双互锁电路	张念鲁	发明专利	ZL201210356318.4
28	一种电动机正反转可定时自动转换运行控制的三互锁线路	张念鲁	发明专利	ZL201210356405.X
29	一种电动机正反转可定时自动转换运行控制的单互锁线路	张念鲁	发明专利	ZL201210356923.1
30	一种重金属汞富集材料的制备方法	周考文	发明专利	ZL201110192612.1
31	双对氯苯基三氯乙烷农药的纳米敏感材料	周考文	发明专利	ZL201110349737.0
32	一种监测一氧化碳的纳米敏感材料	周考文	发明专利	ZL201210014164.0
33	一种检测环氧乙烷的纳米敏感材料	周考文	发明专利	ZL201210014165.5
34	一种检测硫化氢的纳米敏感材料	周考文	发明专利	ZL201210014216.4
35	一种丙酮的纳米敏感材料	周考文	发明专利	ZL201310063839.X
36	用于监测二甲醚的纳米复合材料	周考文	发明专利	ZL201310067188.7
37	甲醇的催化敏感材料	周考文	发明专利	ZL201310067189.1
38	一种丙烯酸的纳米敏感材料	周考文	发明专利	ZL201310199378.4
39	用于监测乙醚的纳米复合材料	周考文	发明专利	ZL201310199379.9
40	一种湿度敏感材料及其制备方法	周考文	发明专利	ZL201310431782.X

续表

序号	专利名称	第一发明人/设计人	专利类型	授权号
41	用于监测苯和三甲胺的催化发光敏感材料	周考文	发明专利	ZL201310480286.3
42	一种盲文台历	钟经华	发明专利	ZL201310228885.6
43	制冷电器电子能效标识指示器	李月琴	发明专利	ZL201110093625.3
44	基于增强型混合功率控制的无线传感器网络的节点的通信方法	田景文	发明专利	ZL201210319775.6
45	基于嵌入式GPS模块时钟校正的无线传感器网络节点	田景文	发明专利	ZL201210320109.4
46	一种基于无人驾驶的实时动态红绿灯检测识别方法	袁家政	发明专利	ZL201310438726.9
47	儿童摇摆床	姜喜龙	发明专利	ZL201310037415.1
48	一种故障诊断实验教学方法	田文杰	发明专利	ZL201110263064.7
49	通用网络化预测模糊控制方法	佟世文	发明专利	ZL201310237834.X
50	一种双向止回阀	佟世文	发明专利	ZL201310246540.3
51	10bit 高精度低功耗 SAR ADC	修丽梅	集成电路设计	BS.155505157
52	智能车自主导航软件【简称：智能车导航】V1.0	鲍 泓	软件登记	2015RS073626
53	智能车自主导航软件	鲍 泓	软件登记	2015SR073626
54	智能车前方障碍物数据融合系统[简称：障碍物检测]V1.0	鲍 泓	软件登记	2015SR155177
55	基于"时间银行"理念实现的互助式养老平台系统V1.0	梁 磊	软件登记	2015SR132628
56	基于 Web 的专家信息系统 V1.0	王艳娥	软件登记	2015SR285724
57	汽车智能驾驶测试数据远程监测系统软件	刘元盛	软件登记	2015SR103778
58	基于移动终端的低速智能车交互和测试系统软件	马 楠	软件登记	2015SR103780
59	基于模糊认知图挖掘技术的影视收视率数据离散化预处理系统 V1.0	马 楠	软件登记	2015SR162089
60	基于栅格图像的矢量化软件	黄先开	软件登记	2015SR170484
61	基于视觉的景区沙盘动态目标定位软件	黄先开	软件登记	2015SR171112
62	半自动逆透视标定软件	黄先开	软件登记	2015SR171297
63	基于视觉的路口精定位软件	黄先开	软件登记	2015SR285698
64	景区客流仿真系统 V1.0	黎 巎	软件登记	2015SR032517
65	基于 RSS 的网络订阅系统软件	潘志红	软件登记	2015SR238930
66	学生补助发放管理软件	朱丽华	软件登记	2015SR266775
67	基于 PHP 的学生考勤管理系统 V1.0	朱丽华	软件登记	2015SR266779
68	新特视障人员考试系统软件(网络版)【简称：新特考试系统网络版】V2.0	安俊英	软件登记	2015SR087487
69	汉语盲文翻译拼音软件	钟经华	软件登记	2015SR118340
70	盲汉对照标注校对软件	钟经华	软件登记	2015SR118348
71	现行盲文隐性标调软件	钟经华	软件登记	2015SR118889
72	智能驾驶汽车中红绿灯自动识别软件	刘宏哲	软件登记	2015SR285702
73	图像浏览、标注和分类系统软件 V1.0	梁 晔	软件登记	2015SR161897
74	运维管理之巡检系统软件 V1.0	梁 晔	软件登记	2015SR162086
75	微练手机应用软件【简称：微练】V1.0	廖礼萍	软件登记	2015SR50555
76	树图自动生成应用系统 V1.0	刘 畅	软件登记	2015SR073563
77	虚拟旅游三维场景数据控制组件软件	刘振恒	软件登记	2015SR172673
78	糖大夫血糖监测软件	马小军	软件登记	2015SR032307
79	水泥生产设备的巡检仿真模拟系统 V1.0	宁淑荣	软件登记	2015SR019173

续表

序号	专利名称	第一发明人/设计人	专利类型	授权号
80	三维虚拟公路生成系统软件 V1.0	宁淑荣	软件登记	2015SR072462
81	路由协议优化算法模拟系统 V1.0	商新娜	软件登记	2015SR285718
82	一种基于Cult3D的产品网络展示系统 V1.0	薛 琳	软件登记	2015SR238487
83	XGML文档编译软件	袁家政	软件登记	2015SR155696
84	基于单目视觉的车道线识别软件	袁家政	软件登记	2015SR155701
85	矢量图形裁剪非自交多边形软件	袁家政	软件登记	2015SR285692
86	海量家电信息管理系统软件 V1.0	袁家政	软件登记	2016SR012062
87	贫困生助学金管理软件 V1.0	谢 鑫	软件登记	2015SR181607
88	基于ASP.NET的服装企业产销存管理系统	胡立栓	软件登记	2015SR019051
89	具有基础开度的位置式PID算法程序【简称：基础开度PID算法程序】V1.0	钱琳琳	软件登记	2015SR103773
90	具有积分饱和预处理功能的PID算法程序【简称：积分饱和预处理PID算法程序】V1.0	钱琳琳	软件登记	2015SR103776
91	多媒体乐器知识软件	吴 帆	软件登记	2015SR152351
92	一种毕业论文任务管理工具	王 超	实用新型	ZL201320719897.4
93	按钮开关	杨爱萍	实用新型	ZL201520485385.5
94	薄膜干涉测量装置	高兴茹	实用新型	ZL201520527929.X
95	一种电气控制技术实训装置底盘	高文习	实用新型	ZL201520494469.5
96	自动油条机	杨志成	实用新型	ZL201420732539.1
97	投影式电脑	张慧姝	实用新型	ZL201520484516.8
98	可实现手势、语音交互的电视机系统	张慧姝	实用新型	ZL201520484531.2
99	听障人士门铃装置	刘晓陶	实用新型	ZL201520122754.4
100	触摸台灯开关控制器	白丽媛	实用新型	ZL201420571368.9
101	电风扇自动调速温控器	王晓震	实用新型	ZL201420701667.X
102	电视机背景灯自动控制装置	赵 敬	实用新型	ZL201520436855.9
103	基于CC2530的可选择最佳增益的无线传感器网络数据采集系统	陈 锦	实用新型	ZL201420725796.2
104	基于CC2530的智能无线传感器网络数据采集系统	陈 锦	实用新型	ZL201420806101.3
105	一种智慧农业大棚远程监控系统	田景文	实用新型	ZL201420831025.1
106	一种用于智能车的逆透视标定装置	袁家政	实用新型	ZL201420709603.4
107	火灾报警器	陈旭升	实用新型	ZL201520224149.8
108	电梯抱闸电源控制器的延时电路	贺玲芳	实用新型	ZL201520295838.8
109	电梯控制器的通讯总线接口电路	贺玲芳	实用新型	ZL201520295840.5
110	公共电话通话限时装置	梁爱琴	实用新型	ZL201520436836.6
111	一种电气信号采样隔离电路	刘景云	实用新型	ZL201520332303.3
112	汽车空调温控装置	刘彦彬	实用新型	ZL201520359081.4
113	一种新型线性加法器	田文杰	实用新型	ZL201420769281.2
114	一种智能车行驶电机和舵机检测装置	田文杰	实用新型	ZL201420769283.1
115	延时照明节电开关	王利亮	实用新型	ZL201520169093.0
116	正十二面体全指向扬声器箱	吴 帆	实用新型	ZL201520352719.1
117	防盗门安防报警器	张益农	实用新型	ZL201420701273.4
118	定时电源插座	赵 飞	实用新型	ZL201520290162.3
119	虚拟投影电脑	张慧姝	外观设计	ZL201530266243.5
120	电视机(智能交互)	张慧姝	外观设计	ZL201530266246.9

(徐兵)

北京联合大学 2015 年科技成果转化项目一览表

序号	项目名称	负责人	项目所在单位	备注
1	科技成果转化—提升计划项目—基于黄连素植物源农药的创制与产业化（市级）	葛喜珍	生物化学工程学院	北京市教委资助的科技成果转化项目
2	科技成果转化—大学科技园—微波裂解纤维素类生物质多联产关键技术（市级）	程艳玲	生物化学工程学院	
3	有机磷农药降解菌的产业化应用研究	李祖明	应用文理学院	学校资助的科技成果转化项目
4	芳香醛席夫碱型低聚壳聚糖衍生物抑菌剂的开发	韩永萍	生物化学工程学院	
5	多舵面集束式电动舵机系统及其控制方法	郭洪红	机电学院	
6	电梯防坠落装置	张子义	机电学院	
7	盲文书写器的研究及产品开发	马密霞	特殊教育学院	
8	基于双环联振结构的无线输电技术	高兴茹	基础课教学部	
9	一种故障安全型继电器及其驱动方法	孙秀芳	机电学院	
10	事故现场、露营、夜间施工、夜钓多功能警示照明装置	田景文	信息学院	
11	智能物流系统开发	张兆莉	自动化学院	
12	图书档案馆图书档案管理机器人系统	方建军	自动化学院	

（刘琳）

科研平台

【**学报编辑部**】 学报编辑部负责学校主办的北京联合大学学报的编辑、出版、发行工作。北京联合大学学报分为综合版和人文社会科学版，均为季刊，大16开本。综合版为综合性学术理论刊物，国内外公开发行，标准刊号ISSN1005-0310/CN11-3224/N,96页；人文社会科学版为人文社会科学类综合性学术期刊，国内外公开发行，标准刊号ISSN1672-4917/CN11-5117/C,128页。

学报编辑部设有编辑部办公室、人文社会科学版编辑室和综合版编辑室，有工作人员5人，其中主编1人，人文社会科学版编辑室编辑2人（其中1人兼办公室工作），综合版编辑室副主编1人、编辑1人。2015年顺利完成全年出版计划。初审人文社会科学版学报稿件千余篇，约1000多万字；初审综合版学报稿件300余篇，约100多万字；出版网刊《区域文化研究》3期。2015年，人文社会科学版学报首次进入了"中国人文社会科学核心期刊（扩展版）"。在《新华文摘》《光明日报》《人大报刊复印资料》等刊登了人文社会科学版学报的"要目"和学报简介，对学报进行宣传。

2015年，人文社会科学版学报被《新华文摘》《中国社会科学文摘》《人大报刊复印资料》等二次文献转摘机构转载的文章10篇。据《中国学术期刊影响因子年报（综合性文科、社会科学·2015版）》统计，人文社会科学版学报的复合影响因子为0.716,在全国人文社会科学类学术期刊中排名第79位；据《中国学术期刊影响因子年报（自然科学与工程技术·2015版）》统计，综合版学报的复合影响因子达0.528,在全国自然科学与工程技术类期刊中排名第136位。

（孙俊青）

【**市级科研机构——生物活性物质与功能食品北京市重点实验室**】 实验室于2001年被北京市教育委员会和北京市科技委员会联合认定为市级科研机构，其运行管理由功能食品科学技术研究院负责。实验室以研究食品与人类健康关系为主要内容，以研究食品保健功能为重点，依托于"食品科学"北京市重点建设学科与"食品科学与工程"一级学科硕士点。实验室2015年有三个研究方向：生物活性物质制备及生理功能研究、功能食品的功能评价方法研究和生物活性物质的毒理学研究。实验室主任姜招峰教授，并聘请中国科学院院士陈可冀担任学术委员会主任。2015年，实验室科研固定编制为40人，其中教授15人、副教授16人，博士25人、硕士6人。

2015年新增科研项目30项，项目经费448.2万元，其中国家自然基金2项，分别为黄汉昌负责的姜黄素基于对APP表达和加工调节的神经营养作用及分子机制研究和郭俊霞负责的钙调蛋白磷酸酶信号途径在牛磺酸调节胆固醇代谢中的作用。

实验室的保健食品功能检测中心于8月顺利通过北京市质量技术监督局的计量认证和中国国家实验室认可委员会认证的监督评审。

12月7日，北京联合大学与北京农产品中央批发市场有限责任公司（以下简称"中央批发市场"）挂牌战略合作签约。

(郑建全)

【市级科研机构——北京市信息服务工程重点实验室】 实验室于2010年9月被北京市教育委员会和北京市科技委员会联合认定为市级科研机构。实验室下设信息技术研究所、微电子应用技术研究所、可靠性检测与传感网技术研究所及互联网应用创新平台示范基地、数字化技术创新基地、网络虚拟实验技术中心等多个研究所和研究平台,拥有北京市重点建设学科"计算机应用技术"和一级硕士学科"软件工程"、1个目录外二级学科"信息无障碍辅助技术"以及2个交叉学科"智能交通技术"和"移动商务"。实验室有5个研究方向,分别是依托"软件工程"一级学科的视觉计算与智能感知、可视媒体语义计算和定位技术与位置服务的3个研究方向,依托自设目录外二级学科信息无障碍辅助技术1个研究方向,以及依托自设目录外二级交叉学科的智能交通工程的1个研究方向。

2015年,实验室主任鲍泓,副主任杨鹏和刘宏哲,聘请中国工程院院士、欧亚科学院院士、指挥自动化和人工智能专家李德毅院士为特聘教授。实验室学术委员会为2014年推选出的第二届学术委员会,此外,还有重点实验室学术委员会委员、软件工程学科学位分委员会委员、硕士研究生导师、副导师等;院士科研工作站,软件工程学科核心科研团队、实验室校级开放课题、图像理解与可视化应用创新团队、智能驾驶技术创新团队、实验室开放课题、校外合作人员等兼职的研究人员。

2015年,实验室有新添和在研省部级及以上项目19项,其他横向项目和课题超过10项;专职人员在研经费超过2000万,兼职人员新增经费超过30万,在研经费超过300万;发表论文35篇,其中SCI 6篇、EI期刊3篇、EI会议4篇、核心期刊22篇;发明专利和软件著作6项。

实验室智能车项目组成员参加了2015年"中国智能车未来挑战赛",大赛于11月15—16日在江苏省常熟市举行。来自清华大学、中科院合肥研究所、北京理工大学、武汉大学、军事交通学院、同济大学、西安交通大学、上海交通大学、湖南大学等14所高校20支车队参赛。学校派出"京龙1号"无人驾驶智能汽车和"京龙3号"无人驾驶智能纯电动汽车参赛。"京龙3号"最终完成比赛并获得综合道路环境单项测试第一名,中央电视台新闻直播节目(CCTV13)对"京龙3号"的比赛进行了现场直播。本届比赛主要考核无人驾驶智能车辆完成指定区域特定任务的能力,包括典型城郊、城区、快速道路和居民小区等真实开放综合交通环境下自主驾驶的能力,着重考核无人驾驶智能车辆的安全性、智能性、平稳性和敏捷性等4S性能,赛程全长约15公里,难度大于往届比赛,其中一段在芦苇边上用碎石临时推出的越野路段,使得一些轿车很难通过。参赛师生在常熟全力以赴,日夜坚守在比赛路段现场,反复进行考核任务的测试,副校长鲍泓亲自参加测试全过程。本次比赛是学校第二次组队参加智能车比赛,学校是参赛单位中唯一的地方高校。比赛中,学校继续承担了中央电视台实况直播车任务,由"京龙3号"承载,它是在北京汽车股份有限公司2015年新推出的纯电动汽车C70基础上改装的。

(徐冰心)

【市级科研机构——生物质废弃物资源化利用北京市重点实验室】 生物质废弃物资源化利用北京市重点实验室于2014年6月经北京市科委批准认定的市级重点科研机构。该重点实验室依托北京联合大学,地点位于垡头校区北京联合大学生物化学工程学院。

重点实验室研究定位以生物质可持续、资源化利用制备绿色燃料和生物基产品、经济微藻选育和炼制与治污的藕联、合成气生物法合成液体燃料及化学品技术为切入点,开展基础理论、创新工艺、关键技术等方面研究,主要研究方向和内容包括生物质废弃物热解与生物催化、经济微藻筛选驯化与炼制技术、生物法利用合成气制备燃料和化学品。

重点实验室主任由生物化学工程学院院长张恩祥教授兼任,学术委员会主任由中科院天津工业生物技术研究所马延和研究员担任,实验室现有科研人员42人。实验室面积共计1700m^2,包括分析研究室500 m^2,生物质热解研究室500 m^2,微藻选育与培养驯化研究室500 m^2,生物合成研究室200 m^2。相关的仪器设备总价值超过1000万元,其中包括GC-MS、HPLC-MS、红外光谱仪、元素分析仪以及公共计算平台等。

2015年,重点实验室获批863联合和申报项目1项(生物质的快速气化与生物转化)、国家国际合作项目1项(秸秆快速裂解关键技术与装备合作研究)、国家自然基金委国际合作课题1项(转铁蛋白受体介导的类脂质体药物脑内递药特性)、北京市自然基金委青年项目1项(基于CRISPR技术探针研究肺炎克雷伯氏菌甘油代谢转录调控)、北京市教委科技能力提升计划项目1项(基于黄连素植物源农药的创制与产业化)、大学科技园项目1项(微波裂解纤维素类生物质多联产关键技术),以及北京市教委面上项目1项,重点实验室开放课题5项,发表论文16篇。

开展学术交流3次,学术委员会年会1次,重点实验室年会1次。组织全系师生参加科技周活动,共邀请7位专家。

(程艳玲)

【市级科研机构——北京学研究基地】 北京学研究基

地是北京市哲学社会科学规划办公室与北京市教委于2004年9月联合批准设立的首批北京市哲学社会科学研究基地之一，是以成立于1998年的北京联合大学北京学研究所为核心，整合校内外研究力量建立的市级跨学科研究平台。

2015年，北京联合大学应用文理学院院长张宝秀教授兼任北京学研究所所长、北京学研究基地主任，特聘教授李建平研究员接任基地学术委员会主任。

北京学研究所张勃研究员入选北京市宣传文化系统"四个一批"人才，并获学校科技大会"十大突出贡献"奖。

研究基地获批国家社科基金一般项目1项、北京市社科基金重大项目1项、北京市社科基金研究基地项目5项。设立基地开放课题15项。与政治文明研究中心和京台文化交流研究中心合作申请建设"北京文化智库实验室"，获批中央支持地方财政专项经费196.5万元。

2015年，北京学研究所科研人员以第一作者或通讯作者身份发表学术论文23篇，其中CSSCI/CSCD（含扩展版）期刊论文12篇。此外，2篇论文被人大书报资料中心复印报刊资料《文化研究》全文转载。与《北京联合大学学报（人文社会科学版）》编辑部合作举办"北京学研究"专栏，基地主任张宝秀先后主持本年度两期三个专题"北京中轴线""京津冀一体化发展"和"乡愁"的约稿、组稿工作。继续出版北京学系列出版物，包括《北京学研究2014》等辑刊、报告集3部，《北京文化史》丛书系列著作2部，专职科研人员研究成果、基地项目研究成果出版专著4部。与北京出版集团合作启动了《北京学学术文库》系列著作撰写计划。2015年，接受北京市政协文史和学习委员会委托，执笔撰写1份建议、1份研究报告；1份调研报告被民盟北京市委采纳并提交市委统战部。

与人文地理学学科合作设立的考古学目录外二级硕士学科点"文化遗产区域保护规划"开始招生，4名硕士研究生入学。举办"北京学讲堂"讲座9讲，累计听讲人数1257人次。北京学研究所科研人员在校外讲座5次。开设"北京地域文化""中国文化概论""民俗学""名人故居与北京城"等通识教育选修课程，承担"城市要素调研方法与实务"本科专业课程教学任务。

2015年，基地主任张宝秀在北京市哲学社会科学规划办公室组织的"2015年北京社科基金研究基地项目申报与研究工作辅导会"上做经验交流发言。研究基地组织"记住乡愁，传承文化——第十七次北京学学术年会""北京学研究基地发展暨文化遗产空间保护与文脉传承研讨会""北京学之我见"专家咨询研讨会等学术活动；与中国音乐学院、文化部民族民间文艺发展中心联合举办"城市化进程中节庆文化的变迁与发展"学术研讨会；承办对外经济贸易大学和德国洪堡基金会联合主办的"绿色经济、文化传承、材料创新——2015年北京洪堡论坛"分论坛之一的"绿色城镇化"；参与承办由北京市社会科学界联合会主办的"北京史研究与北京学探索学术前沿论坛暨研究成果展"；协助北京市方志馆举办"侯仁之眼中的古都北京"展览。支持专兼职科研人员参加国内外学术研讨会、论坛等学术交流活动40余人次。代表中国地方学研究联席会与扬州市历史文化名城研究院、扬州大学社会发展学院联合举办"城市的变迁——2015年中国地方学国际学术研讨会"，与鄂尔多斯研究会联合举办"地方学的应用与创新座谈会"，均在开幕式上致辞并作主题报告。

（张宝秀）

【市级科研机构——北京市政治文明建设研究中心】
北京市政治文明建设研究中心（以下简称中心）是依托北京联合大学建立的北京市哲学社会科学应用对策研究基地，成立于2006年4月。中心由人民代表大会制度研究所、人民政协理论与实践研究中心、北京社会建设研究院、北京膜拜团体与宗教文化研究中心、北京联合大学廉政研究中心等研究机构组成。

中心主任、首席专家由徐永利教授担任，现有专职研究人员7名，其中正高职称人员4名，副高职称人员2名、中级职称人员1名，同时聘有专家、学者、实际工作者担任顾问、特约研究员和特约观察员。

中心研究的主要领域包括中国特色社会主义政治文明、人民代表大会制度理论与实践、人民政协的理论与实践、北京社会建设与社区治理、膜拜团体与宗教文化、廉政与廉洁教育、首都法治等。

2015年，中心成功申报项目21项，获批项目经费192.3万，其中北京市社科基金项目8项，北京市教委项目2项，北京市社工委项目2项，北京市人大项目4项，北京市政协项目1项，北京市委610项目4项；出版学术著作3本；发表高水平学术论文17篇；主办学术会议3次，其中"膜拜团体与宗教文化国际学术研讨会"影响深远；参与学术交流活动7次；获得全国奖励1项，北京市奖励1项，举办学术讲座5次。

1月28日，北京市政治文明建设研究中心、人民代表大会制度研究所召开2015年科研工作会。同日，接受市委社会工委书记、市社会建设办公室主任宋贵伦，副书记、副主任张坚一行4人对学校北京社会建设研究院工作进展进行的调研指导。

8月15—16日，主办"膜拜团体与宗教文化国际学术研讨会"，会议主题为"膜拜团体与宗教文化以及邪教全球治理"。美国、英国、加拿大、德国、中国香港及内地多所高校、研究机构及民间团体的60余位专家学者参会。有22位专家学者针对"邪教与身心问题"

"邪教的变迁""邪教与法律""邪教与新媒体"等论题做学术报告,学校王维国教授、仲计水教授分别以"北京市门头沟区义工联合会防控膜拜团体的个案分析"和"当代中国邪教教主的个人欺骗性研究"为题作大会发言。

10月31日,与中国人民大学法律与宗教研究中心、中国社科院法学所法治宣传教育与公法研究中心共同主办"宗教法治的顶层设计与实践创新"学术研讨会,会议旨在深入探讨如何推进宗教法治的顶层设计和实践创新,提高宗教工作的法治化水平,实现宗教事务法律治理体系和治理能力现代化。国内相关学界、宗教界以及国家宗教局等主管部门的专家学者60余人参加。校原党委书记、北京市政治文明建设研究中心主任、北京膜拜团体与宗教文化研究中心主任徐永利教授出席大会并致闭幕词。

12月4—15日,政治文明建设研究中心、北京膜拜团体与宗教文化研究中心承办校学生艺术团赴新西兰参加的圣诞大游行活动。该活动经中央610批准,受市委610委托,由国家文化部组织。游行演出人员主要由校学生艺术团成员组成,政治文明建设研究中心主任、北京联合大学北京膜拜团体与宗教文化研究中心主任徐永利任出访团团长,校党委副书记付晨光任副团长。游行举办成功,反响强烈。事后,学校收到使领馆专门发来的感谢信。

研究中心2015年主要学术交流活动情况详见本分目附表条目中"北京市政治文明建设研究中心2015年主要学术交流活动情况一览表"。

(赵宗)

【市级科研机构——京台文化交流研究中心】 京台文化交流研究中心是经北京市哲学社会科学规划办公室批准成立的一家市级研究机构,以北京联合大学为依托,以台湾研究院为主体,整合北京联合大学相关部门及北京地区相关研究力量,开展京台文化交流相关议题的研究。中心学术委员会主任乔东亮;副主任孙升亮、刘文忠;学术委员会委员(18人):叶晓、田晓彦、乔东亮、刘红、刘文忠、孙升亮、孙建京、朱松岭、李振广、李逸舟、杨宜、杨亚军、陈立谦、高双进、高振生、谭文丛、汪艳丽、陈星;顾问:唐树备、汪明浩、王祥武、徐永利、卢పై洋。学术方向及其负责人分别是:京台文创产业研究,乔东亮;两岸关系研究,朱松岭、陈星;京台产业发展研究,刘文忠、杨宜;京台文教交流研究,李振广、汪艳丽。

研究中心有4个主要研究方向,分别是京台文创产业合作研究,京台经贸交流与合作研究,京台文化、教育交流与合作研究,京台交流中的法律问题研究。京台文创产业合作研究探讨进一步发挥台湾创意人才与经验优势在推动北京文化创意产业发展中的路径与方法,全面梳理和总结京台文化创意产业发展的积极经验,促进京台文化、人员、经济交流的深入与发展,丰富两岸交流的内容,加快京台两地的文化融合,不断提升中华文化在国际上的影响力;京台经贸交流与合作研究主要从区域经济学的研究视角出发,立足京台经贸交流历史、现状及趋势研究,常驻北京台商研究,北京市未来投资台湾领域及趋势研究,京台经济互动与社会整合、京台农业发展的交流与合作研究等,为首都北京的经济与社会建设服务;京台文化、教育交流与合作研究研究内容包括京台在教育、文艺、民俗、旅游、会展等领域合作和交流的发展态势、存在的问题,研究如何保持京台文化交流的连续性,推动京台文化交流的制度化;京台交流中的法律问题研究的研究重点是如何发挥北京涉台立法的先导作用、立法示范作用,完善涉台地方立法,做好法律服务,解决经济领域的立法空白,推动京台交流制度化和法律化。

研究中心2015年有9项科研项目,主要有北京市哲社规划办、京台文化交流研究中心和其他三类来源,项目详情见本分目附表条目中"京台文化交流研究中心2015年项目一览表"。

研究中心2015年出版学术著作3部,刊发内刊25期。著作分别为朱松岭主编的《2014台海观察》(九州出版社2015年6月出版,ISBN号9787510837197),刘文忠主编的《北京台研论坛(第七辑)》(九州出版社2015年10月出版,ISBN号9787510838880),王健全、刘文忠、朱磊、童振源主编的《投资台湾蓝皮书(2015)》(九州出版社2015年11月出版,ISBN号9787510838378)。

2015年开展的重要学术活动如下。

5月11日,举行汉青两岸关系研究奖学金颁奖仪式暨当前台湾问题与两岸关系研讨会。评出2014年度4名获奖学生,分别是研二年级王一鸣、长孙文正,研三年级王丰收、李光。名誉院长唐树备、副校长乔东亮、台湾汉青两岸基金会执行秘书彭志平、社科院台研所所长助理彭维学为获奖学生颁发了证书和奖金。研讨会上,师生就当前台湾热点问题进行了研讨,台研院外聘教师社科院台研所彭维学研究员,王鸿志副研究员,国防大学史晓东副教授,台研院宋淑玉教授等与学生进行了热烈的互动。

8月17日,参与主办两岸青年交流与两岸和平发展法律座谈会。来自海峡两岸40余位学者就两岸关系新形势下如何发挥青年一代的积极作用展开讨论。台研院刘文忠副院长和朱松岭教授出席了本次会议。

10月8日,召开2015年度北京市社会科学基金研究基地项目评审会,对通过初审的8个项目进行评审,经过评审专家和学术委员会委员投票,最后遴选出5个项目上报北京市哲学社会科学规划办公室。

12月12日上午,召开项目结题和阶段检查会,对2014年中心项目进行结题评审,对2015年规划办项目课题和中心项目进行阶段检查。研究中心学术委员、外聘专家以及课题负责人出席会议,副校长兼中心学术委员会主任乔东亮作重要讲话。

12月12日下午,在北京会议中心主办中外政治制度学科建设研讨会。李义虎、张运成、王英津、张胜军、乔卫兵、吕耀东、胡文生等20余位专家学者齐聚,就台研院中外政治制度学科建设出谋划策。

12月13日,在北京会议中心主办习马会后的两岸关系展望研讨会,原国台办副主任唐树备、国台办研究局孙升亮副局长、原中国战略文化促进会常务副会长罗援将军、国台办海研中心李逸舟主任、北京大学台湾研究院院长李义虎教授、人民大学黄嘉树教授等40余位大陆专家学者出席会议。会议就"习马会"后以及台湾地区领导人选举后的两岸关系进行了深入的研讨。

(白薇)

【附表】

北京市政治文明建设研究中心2015年主要学术交流活动情况一览表

时间	交流形式	主要参与人员	交流内容
1月31日	考察调研	范宝祥、王维国、郑广永、孙冰玉、李颖	与穆家峪镇镇任玉文就新农村建设和乡镇人大、协商民主等工作座谈交流
4—9月	参与体会	唐莹莹及学生	以社区养老服务志愿者和研究者双重身份,深入丰台区和东城区的5个社区,参与北京爱众慈孝家园养老服务中心探索有中国特色的公益互助式居家养老的服务模式
5月10—15日	调研	郑广永、崔英楠、赵宗	赴重庆市人大、海南人大和安徽定远县人大为国家社科基金项目"人大常委会行使监督权的途径研究"和北京市人大项目"代表'建议''批评'和'意见'比较问题"进行调研
5月17日	参加论坛	唐莹莹	参加北京市委社工委组织的第五届社会治理论坛
6月15—16日	参加研讨会	唐莹莹	赴上海参加"公益理念与经济运营工作坊"研讨会
7月5—8日	调研	徐永利、杨积堂、王维国	赴广西壮族自治区,为国家社科基金项目"人大常委会行使监督权的途径研究"和北京市人大项目"代表'建议''批评'和'意见'比较问题"进行调研
8月	参加年会并发言	郑广永	赴长春参加中国辩证唯物主义研究会年会,提交论文《基层落实四个全面若干问题探讨》,并作重点发言
11月	参加研讨会	郑广永	赴广州大学参加海峡两岸农村治理学术研讨会,并发言

(赵宗)

京台文化交流研究中心2015年项目一览表

序号	项目名称	项目负责人	申报单位	项目级别
1	两岸民意代表机构交流机制研究	朱松岭	台湾研究院	北京市哲社规划办基地项目重点项目
2	京台产业结构与就业结构关联机制比较研究	唐少清	商务学院	北京市哲社规划办基地项目一般项目
3	北京与台湾地区义务教育阶段美育课程体系的比较研究	汪艳丽	师范学院	北京市哲社规划办基地项目一般项目
4	两岸关系发展报告	朱松岭	台湾研究院	校级项目
5	京台产业合作发展研究	徐枫	商务学院	校级项目
6	台湾社区建设研究	刘文忠	台湾研究院	院级项目
7	台湾师范音乐教育对卓越音乐教师培养的借鉴与发展研究	汪艳丽	师范学院	院级项目
8	在京高校台籍学生情况调研	刘文忠、周小柯	台湾研究院	中共北京市委统一战线工作部委托项目
9	台湾公职人员选举罢免问题研究	陈星	台湾研究院	中国法学会部级专项课题

(白薇)

国际及港澳台地区交流与合作

【概况】 2015年,共有来自14个国家和地区的38个校级团组共计217人次来访;院校级因公出国(境)、因公赴台团组118个,510人次;新(续)签协议16个;共招收长短期留学生1285人次,其中在读研究生45人次,在读本科生624人次,长期语言生467人次,短期语言生149人次;聘请长期外国专家21人次,短期外国专家37人次;通过各种校际交流渠道,共派出901名交流交换生赴国(境)外进行交流学习。

(王安琪)

【因公出国(境)、因公赴台】 2015年学校共有118个团组510人次因公出国(境)或赴台进行交流。其中,校级因公出国(境)、因公赴台团组共9个38人。详情见附表条目中"2015年校级因公出国(境)、因公赴台情况统计表"。

(田培)

【交流合作】 学校2015年共接待国(境)外校级团组38个,217人次,活动内容为学校与国外友好院校现有项目的深入开发,以及教师交流、科研合作、联合培养学生等新项目的洽谈。详情见附表条目中"北京联合大学2015年交流合作情况统计表"。

(和亚玲)

【国际合作】 2015年,学校与秘鲁、美国、俄罗斯、泰国、保加利亚、波兰、乌拉圭、英国、新西兰、西班牙10个国家和中国台湾地区的16所高校新(续)签协议16个,分为备忘录、合作协议、意向书3类。签署合作协议的情况详见附表条目中"北京联合大学2015年签署的合作协议情况统计"。

(王安琪)

【学生交流】 2015年,在原有交换生项目的基础上,北京联合大学又开设了多个长短期交换项目,如乌拉圭奥尔德大学长期学习项目、台湾东海大学长短期交流项目等,并对原有项目进行优化组合,更多更优质的长短期交流交换项目为学生提供了更多学校和专业的选择,大大丰富了交换项目涵盖的范围和层次,提高了学生的视野和学习能力。共有901人分赴亚洲、欧洲、北美洲、南美洲和澳洲做交换生或出国攻读学位。各项目人数详情见附表条目中"北京联合大学2015年交换生情况统计表"。

(王安琪)

【引智工作】 北京市外国专家局、北京市教委、市外事管理部门以及学校领导的大力支持下,外国专家从层次和数量上持续增长。2015年共聘请外国专家58名,其中长期外国专家21人,短期外国专家37人,分别为各院系开设了15门专业课程,包括DSP技术、网络工程、软件设计、国际营销、消费者心理学、西方经济学、国际金融、电子工程等,同时兼顾了部分专业的语言教学及研究生的公共英语教学,教学效果出色,学生反映良好。聘请的外国专家详情见附表条目中"北京联合大学2015年聘请外国专家一览表"。

除此之外,国际交流与合作处还利用专家特长为全校师生开展联大系列英语讲座,总数达30场,每场人数近120人。讲座涉及校本部学院、应用文理学院、商务学院、师范学院等。内容涵盖英美文学、英美文化、摄影概要、计算机等。

(刘璟)

【港澳台事务】 随着内地(大陆)与港澳台地区联系的日趋密切,北京联合大学与港澳台地区高校交流比以往任何时候都要活跃。与港澳台地区的交流与合作为促进学校学科建设、提高学校科研水平、开阔师生眼界等起到了十分积极的作用。

学校逐步与港台多所高校签署合作协议,开展形式多样的交流合作,详情见附表条目中"北京联合大学2015年港台合作院校一览表"。

2015年,学校派往台湾地区的交换生总数达到107人,其中派往"建国科技大学"6人、朝阳科技大学15人、云林科技大学11人、中原大学25人、龙华科技大学14人、高雄餐旅大学14人、佛光大学5人、彰化师范大学17人。

自1999年开始,学校与上海第二工业大学、深圳职业技术学院以及台湾台北科技大学共同发起海峡会,联合主办。此后,每年举办一届。

(和亚玲)

【来华留学生教育】 北京联合大学积极引进国外合作院校先进教育资源和国际先进教育教学经验和做法,实施教育国际化和教育本土化有效融合,并通过聘请外国教学专家、本土优秀双语教师开展双语或全英语教学,让学生在校内即可接受先进的国际化教育。

2015年的留学生总计1285人次。在读研究生:

春季 12 人、秋季 33 人;在读本科生:春季 304 人、秋季 320 人;长期语言生:春季 216 人、秋季 251 人;短期语言生:春季 109 人、秋季 40 人。

(王安琪)

【孔子学院】 至 2015 年年底,学校与英国威尔士三一圣大卫大学合作的孔子学院共建孔子课堂 5 个,并在斯旺西开设孔子学院办事处 1 个。共外派孔子学院院长 1 人,汉语教师 6 人次。

2015 年学校共招收孔子奖学金获奖者 1 名,来自哈萨克斯坦,到学校国际交流学院学习半年的汉语。

(王安琪)

【附表】

2015 年校级因公出国(境)、因公赴台情况统计表

序号	出访团组名称	出访人数	出访目的	在外停留天数
1	北京联合大学赴塞舌尔小组	5	商讨专业共建及建立海外学生实习基地事宜,并签署校际交流合作协议	5
2	北京联合大学赴保加利亚小组	2	参加国际会议,商讨联合培养学士及学校建立国际研究中心事宜,并签署校际交流合作协议	5
3	北京联合大学赴英国小组	5	商讨孔子学院财务审计方案,审查财务运转情况,召开留学说明会,会见教师及学生志愿者	5
4	北京联合大学赴美国、加拿大小组	6	商讨2+2、智慧旅游实验室建设及相关专业的教育合作项目事宜,签署校际交流合作协议	8
5	北京联合大学赴匈牙利、波兰小组	5	商讨学术合作、学生交换事宜,参加校长论坛,签署合作项目协议	8
6	北京联合大学赴德国、荷兰小组	5	学习商讨大学毕业生就业服务、职业发展教育及大学职业培训等内容,签署合作交流协议	8
7	北京联合大学赴英国小组	3	参加全英孔子学院和孔子课堂年会,并赴学校孔子学院商讨合作事宜	5
8	北京联合大学赴新西兰小组	4	随团前往新西兰,执行参加圣诞大游行活动任务	12
9	北京联合大学赴台湾地区小组	3	前往"建国科技大学"参加海峡会筹备会	12
	共计 9 个团组,38 人			

(田培)

北京联合大学 2015 年交流合作情况统计表

序号	来访时间	来访单位	来访人数	来访目的	参与接待人员
1	3月4日	韩国鲜文大学	1	送交换生	庞 明等
2	3月23日	美国加州大学欧文分校	2	学生交流事宜	杨亚军等
3	1月29日	俄罗斯国立莫斯科师范大学	1	签协议	徐永利等
4	3月26日	美国纽约州立大学布法罗分校	1	学生交流事宜	杨亚军等
5	3月27日	澳大利亚纽卡斯尔大学	3	校际合作	黄先开等
6	3月30日	俄罗斯奥林匹克大学	1	学生交流事宜	杨亚军等
7	3月31日	爱尔兰阿斯隆理工学院	2	学生交流事宜	鲍 泓等
8	3月30日	西班牙阿尔卡拉大学	3	学生交流事宜	齐在前等
9	4月14日	台湾朝阳科技大学	3	校际合作、讲座	卢振洋等
10	4月14日	泰国暹罗大学	4	校际合作	乔东亮等
11	4月16日	日本新潟大学	2	学生交流事宜	杨亚军等
12	4月17日	法国 Ipag 商学院	3	校际合作	杨亚军等
13	4月22日	委内瑞拉大使馆	3	洽谈合作	杨亚军等
14	4月23日	美国 Depaul 大学	2	校际合作	古红梅等
15	4月29日	台湾"建国科技大学"	1	校际合作	杨亚军等
16	5月28日	俄罗斯奥林匹克大学	2	校际合作	卢振洋等
17	5月28日	韩国中源大学	2	校际合作	卢振洋等
18	6月2日	日本长野大学	3	留学考试事宜	金海燕等
19	6月18日	法国蓝带国际学院	2	校际合作	黄先开等

续表

序号	来访时间	来访单位	来访人数	来访目的	参与接待人员
20	9月15日	韩国建国大学	2	学生交流事宜	韩宪洲等
21	9月11日	新西兰惠林顿市政府	8	双边合作	徐永利等
22	9月22日	英国德蒙福特大学	2	学生交流事宜	杨亚军等
23	9月29日	乌拉圭犹太人大学	2	校际交流事宜	杨亚军等
24	9月20日	泰国曼谷吞武里大学	3	校际交流事宜	卢振洋等
25	10月14日	台湾树德科技大学	3	校际交流事宜	杨亚军等
26	11月4日	台湾东海大学	2	交际交流事宜	杨亚军等
27	10月30日	英国安哥利雅鲁斯金	2	校际交流事宜	张连城等
28	10月14日	美国凯恩大学	4	校际交流事宜	卢振洋等
29	10月21日	新西兰维特利亚理工大学	2	校际交流事宜	李岩等
30	10月23日	日本南山大学	2	校际交流事宜	李岩等
31	10月26日	台湾艺术大学	4	校际交流事宜	张连城等
32	10月29日	西班牙大学联盟	4	校际交流事宜	杨亚军等
33	11月3日	英国西苏格兰大学	3	校际交流事宜	张连城等
34	11月19日	英国西敏斯特大学	2	学生交流事宜	庞明等
35	11月20日	美国华盛顿大学继续教育学院	2	学生交流事宜	李岩等
36	12月1日	法国蓝带国际学院	2	合作项目	韩宪洲等
37	12月8日	日本新潟大学	41	访问交流	杨亚军等
38	12月18日	台湾地区台中市社区干部	86	访问交流	张连城等
		总计：38团组，217人次			

（和亚玲）

北京联合大学2015年签署的合作协议情况统计

序号	签约院校名称	时间	国别/地区	合作领域	签约人
1	圣马丁大学	1月	秘鲁	备忘录	卢振洋
2	伊利诺伊大学	1月6日	美国	合作协议	卢振洋
3	莫斯科人文大学	3月	俄罗斯	合作协议	卢振洋
4	莫斯科国立师范大学	3月	俄罗斯	备忘录	卢振洋
5	暹罗大学	4月14日	泰国	备忘录	乔东亮
6	纽约州立大学布法罗学院	5月15日	美国	合作协议	卢振洋
7	金融、商务和企业家精神大学	5月29日	保加利亚	合作协议	徐永利
8	东海大学	6月1日	台湾地区	协议书	卢振洋
9	考明斯基大学	9月25日	波兰	合作协议	张连城
10	曼谷吞武里大学	9月25日	泰国	合作协议	卢振洋
11	奥尔德大学	10月20日	乌拉圭	备忘录	卢振洋
12	西苏格兰大学	11月3日	英国	合作协议	张连城
13	东方大学教育学院	9月11日	泰国	协议书	庞明
14	万能科技大学	12月10日	台湾地区	意向书	卢振洋
15	维特利亚国立理工学院	12月10日	新西兰	合作协议	付晨光
16	格罗宁根汉斯应用技术大学	10月16日	西班牙	合作协议	古红梅

（王安琪）

北京联合大学 2015 年交换生情况统计表

统计类别	统计项目	人数
项目类别	长期交换生（一学期及以上）	181
	短期交换生（一学期以下）	522
	出国攻读学位项目	198
层次	硕士	47
	本科	760
	专科	94
大洲	亚洲	466
	欧洲	247
	北美洲	152
	南美洲	3
	澳洲	33
经费来源	企业资助	0
	学校间交换（互免学费）	40
	自费	861
总人次		901

（王安琪）

北京联合大学 2015 年聘请外国专家一览表

序号	外专姓名	长/短期	国籍	专业领域
1	托马斯·卡尔森	长期	瑞典	语言学
2	艾伦·舍伍德	长期	美国	文学
3	凯莉	长期	美国	经济学
4	莉迪亚	长期	美国	法律
5	唐纳德·奇泽姆	长期	英国	营销学
6	杰森	长期	美国	法律
7	戴安娜·克尔什科	长期	俄罗斯	法学
8	爱丽丝	长期	俄罗斯	文学
9	伊莎贝尔	长期	西班牙	语言学
10	约伯	长期	意大利	经济学
11	本杰明	长期	美国	管理学
12	妮可	长期	美国	语言学
13	玛格丽特	长期	美国	教育学
14	马克西姆	长期	摩尔多瓦	经济学
15	爱弥留	长期	法国	管理学
16	克瑞斯	长期	英国	语言学
17	近松	长期	日本	语言学
18	阿达姆	长期	英国	语言学
19	查尔斯·威廉姆	长期	美国	语言学
20	安格斯·哈巴	长期	澳大利亚	语言学
21	科林·奥斯兰德	长期	英国	经济学
22	阿迪卡	短期	法国	语言学
23	马克·巴克	短期	英国	文学
24	大卫·吉文斯	短期	美国	传媒学
25	伊丽莎白·吉文斯	短期	美国	教育学
26	马克·哈佛	短期	美国	语言学
27	让·弗兰克	短期	荷兰	影视制作

续表

序号	外专姓名	长/短期	国籍	专业领域
28	哈罗德	短期	德国	机械工程
29	威廉姆·史密斯	短期	美国	国际贸易
30	朱润·布莱登	短期	美国	语言学
31	唐纳德·汉斯	短期	美国	城市管理
32	莫娜·汉斯	短期	美国	教育学
33	丹尼·莱西	短期	美国	教育学
34	杰瑞丽·莱西	短期	美国	医药学
35	黛西·卡丹诺	短期	美国	语言学
36	多瑞斯·琳木	短期	美国	语言学
37	安德鲁·勤勤	短期	菲律宾	教育学
38	俊·扎乌拉诺	短期	美国	教育学
39	克里斯·达维斯	短期	美国	语言学
40	麦瑞林	短期	美国	教育学
41	德保罗·普洛斯基	短期	澳洲	工程学
42	简·波克林顿	短期	澳洲	医药学
43	柯克	短期	美国	语言学
44	卢森那	短期	俄罗斯	英语教育
45	普洛斯基	短期	美国	建筑管理
46	卓依·劳	短期	美国	人文学
47	奈丽·诺曼	短期	美国	英语教育
48	斯特潘诺夫斯	短期	俄罗斯	法学
49	玛丽·爱丽丝	短期	美国	语言学
50	提姆·林	短期	美国	生物学
51	理查德	短期	美国	食品科学
52	隋天志	短期	美国	地理学
53	张洁	短期	美国	社会学
54	大卫·宏基	短期	美国	历史学
55	邱志平	短期	法国	建筑学
56	郝齐	短期	德国	机械工程
57	麦克	短期	美国	管理学
58	比尔	短期	美国	经济学

(刘璟)

北京联合大学2015年港台合作院校一览表

序号	院校名称	地区	合作内容
1	台北科技大学	台湾	教师互访;合作科研;海峡会
2	高雄师范大学	台湾	教师互访
3	云林科技大学	台湾	学生交流;教师互访
4	华夏技术学院	台湾	教师互访
5	朝阳科技大学	台湾	学生交流;教师互访;合作科研;海峡会
6	岭东科技大学	台湾	教师互访
7	龙华科技大学	台湾	学生交流;教师互访;合作科研;海峡会
8	大华科技大学	台湾	学生交流;教师互访
9	高雄餐旅大学	台湾	学生交流;教师互访
10	台湾中原大学	台湾	学生交流;教师互访;合作科研

续表

序号	院校名称	地区	合作内容
11	台湾"建国科技大学"	台湾	学生交流;教师互访;合作科研;海峡会
12	高雄应用科技大学	台湾	教师互访
13	彰化师范大学	台湾	学生交流;教师互访;合作科研
14	东海大学	台湾	学生交流;教师互访;合作科研
15	东华大学	台湾	学生交流;教师互访;合作科研
16	佛光大学	台湾	学生交流;教师互访
17	昆山科技大学	台湾	学生交流;教师互访
18	香港城市大学	香港	学生交流;教师互访
19	香港浸会大学	香港	学生交流
20	香港岭南大学	香港	学生交流
21	香港理工大学	香港	学生交流

（和亚玲）

管理与服务

校务管理

【概况】 学校校务管理工作主要由党委办公室、校长办公室承担。党委办公室、校长办公室是校党委、校行政的综合办事机构,下设5个科室,工作人员14名。

(王文杰)

【政务服务】 召开了两次党委全委(扩大)会议和一次校领导务虚会。四届十次全委(扩大)会、四届十一次全委(扩大)会为寒暑期例行会议;3月6、7日,召开四届十次全委(扩大)会,传达学习了习近平总书记对全国高校党建工作重要指示精神、2015年全国教育工作会议要点、教育部部长袁贵仁关于高校宣传思想工作要求以及教育部副部长杜玉波、北京市委教育工委书记苟仲文在2015年北京高校党建工作会和领导干部工作会上的讲话精神,还研究通过了学校2014年下半年工作总结和2015年工作要点;9月4、5日,召开四届十一次全委(扩大)会,研究通过了2015年上半年工作总结和2015年下半年重点工作。6月18、19日,学校组织召开了校领导干部务虚会,听取了13个重点科研平台近五年工作情况汇报和"十三五"时期平台发展设想。

全年共召开党委常委会和校长办公会66次,议题总数266项。其中党委常委会召开36次,涉及议题168项;校长办公会召开30次,涉及议题98项。印发党委常委会《会议纪要》36期,校长办公会《会议纪要》30期,《两会通报》36期,《联办通报》24期。

(丁兆明 江燕)

【文书机要工作】 编辑印发文件424件(带发文字号文件368件),其中校党委发文88件,学校发文31件,党委办公室、校长办公室发文23件。全年共收校内请示文件521件,上级文件404件。完成2015年度行政文件立卷归档51卷。收发机要文件380件,送领导传阅4000余次,清退机要文件124份,销毁机要文件、内部刊物等1.5吨。1月1日起,市委办公厅不再向六个副局级学院发放中央及北京市委文件。9月起,北京市委文件由北京市电子政务内网平台传送。

(丁兆明 刘凤娥 江燕 李珊珊)

【信息调研工作】 继续贯彻中央八项规定,精简信息简报的编发,在刊物种类保持不变的基础上,继续精简《联大信息》,进一步提高《参阅资料》《联大简报(增刊)》刊发质量。《参阅资料》更加侧重教育发展趋势、发展规划、应用型大学内涵发展、国内外应用型大学数据比较,国内外高校创新性发展思路和做法等内容的编发。《联大简报(增刊)》更加注重围绕学校办学改革发展过程中的难点和重点问题进行分析,编印有问题、有分析、有建议的内参性刊物以期对破解学校发展难题提供参考。全年共制发《联大信息》13期、《北京联合大学简报》3期、《北京联合大学简报(增刊)》14期、《参阅资料》15期。

(丁兆明 刘伟光)

【综合事务】 使用协同办公会议管理系统,实现会议室的有序管理,提升会议管理服务水平。充分发挥协同办公系统的作用,优化会议室资源,精简会议,2015年全年共计安排各类会议215场次,同比2014年会议数量下降近30%。接待院校、企业、政府机关、事业单位来访共计35场次。安排校领导每个教学周的行程安排,统筹协调各部门,使校领导工作有效落实和更好开展。统筹协调安排42周次的工作,共计1300场次。协调召开党委全委(扩大)会、团拜会、新生运动会、校友座谈会等大型会议和活动,共计18场次。

(王淑颖 张赫 王君卓)

【信访工作】 执行校领导接待日制度,在全校范围内提前发布校领导接待安排,细化工作流程,根据实际需要修改和完善了相关文件表格。根据预约,安排了共5位教师的校领导接待日会谈工作。全年共处理信访事项154次,共有41件信访件形成专文报送校领导,办结36件,信访结案率为88%。

(王淑颖 孔庆来)

【印信管理与使用】 全年共加盖校级印章2.58万次。全年新刻行政印章4枚,均发布启用通知并登记印模。按时完成学校法人证书、组织机关代码证年检工作。全年发放法人证书及组织机构代码证复印件501份,出具介绍信77份。发放的学校证件复印件都加盖公章、复印无效章,注明指定用途,做好登记备案。

(王淑颖 孔庆来)

【法务及公开工作】 信息公开工作是学校依法治校民主管理的重要组成部分,上报《北京联合大学2014—2015学年度信息公开报告》(京联文〔2015〕23号),对学校各项工作进行管控监督。配合完成市委组织部、市委教工委"北京高校党建工作状况"调查,介绍北京联合大学依法治校和信息公开工作情况。配合党风廉政检查,提交党务公开、信息公开、普法宣传教育相关工作情况资料。

制定落实2015年度法制宣传教育工作计划。上报《北京联合大学"六五"法制宣传教育总结验收自查报告》(京联文〔2015〕20号)。在学校8个校区同时举办大型法律咨询服务活动,邀请数十位专职律师根据自身业务专长,为教职员工提供司法实务指导及服务。组织召开以"寻找法律援助之手 探索依法维权之路"为主题的全校学生法宣讲座。推送《洗天》《送礼》《丢包记》3部普法微视频作品参加第三届北京高校普法微视频征集展映活动分别获一、二、三等奖,学校获优秀组织奖。组织青春船长志愿者参加首都高校禁毒法治作品创意大赛,学校获得最佳活动推广奖。编辑制作《我们身边的法律常识(下)》普法宣传手册。开展保密法法制宣传月活动,购买张贴保密法宣传挂图、设计制作保密法宣传橱窗、在学校普法宣传网站上设置保密法专题。创设"北京联合大学普法宣传网站",开展校园法制宣传。

开展合同管理规范化调研及文件初拟工作。完成资源整合腾退各项工作。应诉案件4起,为学校减免经济损失近377万元。协助相关职能部门处理各类涉法事宜8件,较为圆满解决各类法律纠纷,保障应激突发事件平稳处置。审核修改校内各单位文件及合作协议数十份。

(王淑颖 王石磊)

【校友会工作】 聘请243名2015届应届毕业生为校友联络员,并统一制作了聘书。为所有应届毕业生定制、发放毕业纪念章和校友联系卡,着手建立校友会"微信企业号"。商务学院搭建"联大商务学院校友分会"微信公众号,校友关注量为330人,推送相关信息19期。10月17日,召开"2015年校友座谈会",校党委书记韩宪洲、校友会会长徐永利、校党委副书记周志成、纪委书记张楠参加座谈会,张连城副校长主持,各学院已毕业20年和10年的21位校友参加。各学院分会分别组织校庆日庆祝学校建校37周年(成立30周年)校友返校活动,总计近300名校友参加。

聘请北京国信浩华会计师事务所进行年度审计。参加北京市民政局2014年社会组织年检,结论合格。

(刘朝生 白瑞霞)

【教育基金会工作】 4月14日召开教育基金会第一届理事会第三次会议,会议通过教育基金会2014年工作总结和2015年工作要点。11月26日,召开教育基金会第一届理事会第四次会议,会议听取了基金会办公室工作汇报。会议责成办公室尽快联系已签约单位,争取应到账捐赠款全部到账;利用校友会App平台,做好基金会宣传工作;抓紧做好基金会专、兼职人员队伍建设;议定2016年初召开理事会。

向朝阳区税务局小关税务所提交申请免税资格的系列材料;2015年10月14日,在北京市财政局、国家税务局、地方税务局出台《关于公布北京市2012年度第六批、2013年度第五批、2014年度第五批和2015年度第二批取得非营利组织免税资格单位名单的通知》(京财税〔2015〕1971号)中,位列北京市2014年度取得非营利组织免税资格的单位名单(第五批)。

2015年新签捐赠协议19份,协议受赠848.2253万元,另有未签协议的个人捐赠264854.6元。2015年教育基金会共到账捐赠金额4830457.6元。通过北京联合大学教育基金会网站对到账捐赠进行了公示,编制《北京联合大学教育基金会2015年捐赠花名册》,涉及单位和个人捐赠3103次。2015年共审批公益项目书37份,项目金额2896863.54万元;审批资金审批表46份,金额2608223.54万元。2015年基金会共开展26项公益项目,公益项目总计支出2069512.44万元。聘请北京国信浩华会计师事务所进行年度审计。参加北京市民政局2014年社会组织年检,结论合格。2015年7月基金会会从北院搬至东院7层办公。

(刘朝生 白瑞霞)

人事管理

【机构设置】 2015年,全校共设二级学院14个,分别为:应用文理学院、师范学院、商务学院、生物化学工程学院、旅游学院、继续教育学院、信息学院、机电学院、自动化学院、管理学院、特殊教育学院、广告学院、应用科技学院、国际交流学院。其中,副局级学院6个(应用文理学院、师范学院、商务学院、生物化学工程学院、旅游学院、继续教育学院),处级学院8个(信息学院、机电学院、自动化学院、管理学院、特殊教育学院、广告学院、应用科技学院、国际交流学院)。按《北京联合大学机构设置方案》(京联党〔2013〕68号)规定,副局级学院(继续教育学院除外)内设处级管理机构9个,教学机构29个,非教学机构21个;处级学院(国际交流学院除外)下设3个办公室：综合办公室、教学科研办公室和学生工作办公室。

学校设机关处(部、室)18个,群团组织4个,直属教学单位5个,直属非教学单位9个,校管科研机构6个。其中,机关(部、室)分别为党委办公室、校长办公室(合署办公)、党委组织部、统战部、党校(合署办公)、党委宣传部、校新闻中心(合署办公)、纪检办公室、监察处(合署办公)、党委学生工作部、学生处、武装部(合署办公)、离休退休人员工作处、教务处(含现代教育技术中心、高职学会秘书处)、人事处(含人才交流中心、教师教学发展中心)、科研处、研究生处(研究生工作部)、财务处(含卡务中心)、审计处、保卫处(部)(含610工作办公室)、国际交流合作处、港澳台事务办公室(合署办公)、行政管理处、基建处、国有资产管理处、招生就业处。群团组织分别为工会、团委、机关和直属单位党委、离退休党委。直属教学单位分别为基础课教学部、电子信息技术实验室实训基地、人文社会科学教学部、体育教学部、公共外语教学部。直属非教学单位分别为北苑校区管委会、培训中心、图书馆、信息网络中心、学报编辑部、档案(校史)馆、校医院、后勤服务公司、产业管理委员会办公室。校管科研机构分别为北京市信息服务工程重点实验室、人民代表大会制度研究所、北京学研究所、应用型高等教育发展研究中心、台湾研究院、北京三山五园研究院。

(刘欣)

【人员编制】 北京联合大学是1985年经北京市政府批准成立的市属高等院校,2015年核定编制数3888人,核定岗位数2967个,其中,管理岗位734个,占岗位总量的25%;专业技术岗位2393个(其中教师岗位1555个,占岗位总量的80%);专业技术人员在管理岗325个,占岗位总量的11%;工勤技能岗位165个,占岗位总量的6%。

全校2967名教职工中,专业技术人员2393人,专职教师岗位1555人,管理岗位734人,其他专业技术岗位513人,工勤技能岗位165人,专业技术人员在管理岗325人。

(刘欣)

【人才需求计划】 2015年10月启动全校人才需求计划申报工作,汇总、统计各单位招聘需求,并且在梳理和科学分析学校各学科、专业师资队伍状况、生师比、近三年人员变化情况的基础上,确定2016年进人计划指标,12月起,在北京市人力社保局、教育部留学服务中心、中国教育在线等人才招聘网站公开发布学校2016年人才需求计划,通过参加留学回国人员、应届毕业生、博士后专场招聘会等多种途径开展招聘工作,为2016年引进急需的人才打下良好基础。

(刘欣)

【人才引进】 成立高层次人才办公室。为学校引进的院士、特聘教授等高层次人才做好服务。收集、了解、掌握国内外人才工作新动向、新信息,研究学校人才引进及高层次人才队伍建设工作,特别是协同创新中心、院士带领的智能车团队创新管理模式,发挥引领作用。组织高层次人才及团队的管理、考核工作。2015年,北京联合大学上报北京市人力资源和社会保障局引进人才岗位8个;接收应届毕业生31人;安置军转干部4人。

试点人事代理工作。创新用人方式,在充分调研兄弟院校相关经验基础上出台了《北京联合大学关于在部分专业技术岗位实行人事代理的意见》,开展学校专业技术岗位人事代理工作,第一批公开招聘4名人事代理的专业技术人才,补充实践教学中心等五个单位的急需人才,在试点的基础上,明年将扩大使用招聘范围。

为突出贡献人才搭建特殊通道。首次成立学校职称聘任特殊评议组,负责评议具有特殊成果和对学校有特殊贡献的申报人,今年受理申报人7人,最终2人通过评议,破格晋升为副教授,为做出突出贡献的青年教师发展建立特殊通道,搭建晋升平台。

聘请知名专家为学校特聘教授。学校为文理学院、商务学院、旅游学院、信息学院、特教学院、管理学院、北京学研究所等7个单位聘请了8位特聘教授,在教授的带领和指导下,学院的团队建设、科学研究都取得了很好的成果。今后学校将继续加大支持力度,充分发挥特聘教授的引领作用。

(边峥峥 康艳)

【聘用合同管理】 2015年,学校有编制外聘用人员849人,其中劳务派遣人员540人,与学校(学院)签订聘用合同人员3292人,其中签订管理岗聘用合同人员734,签订专业技术岗聘用合同人员2393人,签订工勤岗聘用合同人员165人,解除合同人员225人。编外人员在2015年末,新签订合同人员22人,其中短期合同人员16人、中期合同人员6人。编外解除合同人员100人。编制外聘用人员分布于全校23个二级单位。岗位分布在饮食、学宿、绿化保洁、交通运输等。

(李娜)

【师资培训】 与北京市双高人才发展中心合作,进一步完善新教师研习营,举办校情解码、团队融炼、执教能力培训、微格教学演练、教师自主学习等专题讲座23场次,培养新教师执教能力,切实把好课堂教学入门关,首次组织主讲教师资格认证试点,新教师未通过认证测评者不得独立承担授课任务。

(张军辉)

【教师发展与服务】 2015年,学校成立高层次人才服务办公室,为学校引进的院士、特聘教授等高层次人才做好服务。同时,收集、了解、掌握国内外人才工作新动向、新信息,研究学校人才引进及高层次人才队伍建设工作,特别是协同创新中心、院士带领的智能车团队创新管理模式,发挥引领作用。组织高层次人才及团队的管理、考核工作。

(韩忠强)

【人才强教项目】 探索建立"人才特区"和"特聘教授"聘任制度,制订了《北京联合大学关于设立"北京联合大学特聘教授"的意见》,遴选和聘任8名知名学者为学校特聘教授。落实市教委"北京市属高等学校高层次人才引进与培养三年行动计划"文件精神,2015年获此项目资助的有长城学者2人、青年拔尖人才8人、北京市特聘教授1人。落实"北京联合大学人才强校四项计划",资助培养创新团队、专业负责人、教学骨干等人才项目21个。

(李昕)

【留学资助】 2015年,为了进一步贯彻落实《北京联合大学关于加强中青年教师培养和资助工作的意见》(京联发〔2013〕28号)文件精神,推进学校教师队伍建设,提高教师的科研水平和国际竞争能力,促进学校与国外院校的交流与合作,根据学校2015年《促进人才培养综合改革定额项目经费分配和管理办法的规定》,经过研究,2015年拟定计划选派一批优秀青年教师赴国外高校进行留学资助。

(康艳)

【专业技术职务晋升】 人事处作为学校聘任委员会办公室,负责组织开展全校职称聘任工作,通过人员申报、必备条件审核、专家外审、学科组评议、校院聘任委员会聘任等工作环节,全校共有18人晋升正高级专业技术职务,51人晋升副高级专业技术职务,教师岗位高级比例达到50.2%,比去年增加3.19%,达到历年最高水平。学校聘委会委员认真听取申报正教授岗位人员的业绩汇报和聘任预期的目标,既保证此项工作的公平公正又能够使申报人员通过晋升工作提高自己的专业化水平。

(李昕)

【教师发展中心】 2015年,人事处组织年度新教师研习营,首次组织实施主讲教师资格认证试点。组织新晋升教师暨副教授研修班、院(分部)负责人教育领导力高级研修班。新增学院教师发展分中心4个,组织8个分中心和2个教师工作坊定期开展活动。聘请校外知名专家学者举办教师发展名家讲坛5期;组织学员分中心和教师工作坊骨干教师赴重庆大学、西南大学等国家级教师发展示范中心现场学习;组织教师发展骨干参加海峡两岸暨香港、澳门教师发展联盟(CHED)年会。

(周华丽)

【酬金】 规范教职工绩效工资,增加教职工收入。结合学校实际,对部分高校进行了调研,进一步规范了工资项目,将原学校发放的健身费(125元/月)并入工资项中;调整了学校部分绩效工资项目和标准,实现了全校绩效工资的统一。出台《2015年奖励津贴使用指导意见》,对奖励津贴的使用原则、核定方法、使用程序等进行了规范。2015年全校教职工人均年工资(税前)为14.6万元,比去年人均年增加2.3万元。

完成在编和离退休人员调资,全校养老保险缴费的测算工作。根据北京市完善机关事业单位工资制度实施方案的精神,调整自2014年10月起全校在编在岗人员基本工资标准,增加离退休人员的离退休费。测算在编在岗人员的养老保险和职业年金的缴费基数,并做好代扣工作。年底事业单位养老保险制度改革即将开始启动,认真学习相关文件,按照人保局、社保局、教委要求,在前期完成缴费测算基础上,开展养老保险金测算工作。

(刘欣)

【社会保险工作】 校本部2015年有参保人员2830人(其中在职参保人员1600人),离退休人员医疗参保1251人,非在编参保人员约490人。针对事业单位的实际情况,医疗保险系统不同企业,操作复杂,为保障离退及教职工选择医院,做了创新服务,基本上进入常态化,半年教职工定点医院调整80人次,保证教职工的利益。

(刘欣)

【工勤人员】 按照市教委核定的学校工勤岗位比例情况,下达技师指标4个、高级工指标15个、中级工指标8个。校人事处牵头,经组织各单位初选,成立由校工会、申报人所在单位负责人共同组成的工人技术等级考级遴选评审组,听取申报人陈述,最终按教委下达指标上报人选。

(刘欣)

【劳务派遣】 在工勤人员的比例中,有相当一部分属于编外人员,截至2015年12月底,校本部编外人员为656人,其中劳务派遣人员为532人;学校(包括6所副局级学院编制)所有编外人员为865人,其中劳务派遣人员为588人。

(刘欣)

【科级干部提任工作】 人事处按照《北京联合大学科级干部聘用和管理办法》的有关规定,完成23名科级干部的聘任工作,并拟定科级干部聘任程序规范化的指导意见草稿。

(刘欣)

【科级干部档案审核工作】 按照学校统一部署,启动科级干部档案核查的前期准备和宣传动员工作,做好人员名册、表格、培训文件等前期相关准备工作。

(刘欣)

【人事档案管理】 2015年全年,人事处综合科的日常工作以及相关人事处人事档案的归档、人事处文书档案的整理、鉴别、归档、立卷等环节的工作以及北京联合大学高等基础性报表、北京联合大学2015年度事业单位管理人才、专业技术人才报表的数据填写、表间校验、表内数据校验等工作。

（刘欣）

财务管理

【概况】 财务管理工作主要包含学校预算资金管理、财务账务、校园卡卡务、固定资产管理。负责管理全校的预算资金运行、校本部财务核算工作、指导副局级学院财务具体运行业务。各副局级学院财务预算统一纳入学校整体预算中。

校财务处下设校级资金管理科、校级预算及绩效考评科、会计科、核算一科、核算二科、卡务中心、资产管理科、综合科8个科室。2015年末，有财务人员39人，其中在职人员35人、外聘人员3人、返聘人员1人。主要负责校本部预决算资金管理及会计核算工作，负责全校校园卡管理及资产管理工作。依据《事业单位财务规则》《高等学校财务制度》的有关规定，实行"统一领导、分级核算、集中决算"的财务管理体制。2015重点加强学校的财务制度建设、预算资金管理、财务信息化等方面工作，取得了一定的成效。财务处配合审计处完成经济责任审计、上级部署的项目绩效检查、2014年预算执行情况审计、2014年科研课题结题审计工作。配合招就处完成毕业生离校工作。

（李淑芳）

【财务状况】 2015年学校事业收入总额162021.89万元，比2014年增加3851.79万元，增加幅度为2.44%。2015年学校事业支出总额155668.69万元，比2014年减少22924.51万元，减少幅度为12.84%。2015年末学校固定资产总额为242812.55万元，比2014年增加56303.85万元，增加幅度为30.19%。

（王春荣）

【会计核算工作】 学校实行"统一预算，分级核算，集中决算"的会计核算模式。依据教育部、财政部颁布的《中华人民共和国会计法》《事业单位会计准则》《高等学校会计制度》的规定设置会计科目；按照市财政、市教委的相关财务管理规定进行会计核算，如实反映学校的财务收支状况，同时对学校各项经济活动的合法性、合理性进行财务监督；按照资金的不同类别实行项目管理，单独核算经费收支，实现项目经费的指标控制和专款专用。依托天翼财务管理系统，实时进行账务处理，通过财务信息发布平台，及时反馈财务信息数据。校培训中心、基建处、后勤集团等另行设立财务部门，负责承担学校继续教育、基本建设、后勤保障等部分经济业务管理和会计核算工作。

（荣莉）

【财务信息化建设】 为进一步加强财务管理、规范报销流程，提高工作效率，为学生提供便捷的公费医疗报销服务，2015年12月开发了学生公费医疗专业软件，将学生医疗费报销纳入预约报销系统中，实现了公费医疗费报销的信息化管理，报销方式由原来的现场报销现金方式改为网上预约报销方式。

2015年启动学校全面预算系统的筹备工作，针对学校多法人学院的特殊体制，研发定制适合学校财务管理模式的全面预算系统。2015年下半年系统试运行，2016年校内预算部分类别项目采用线上登录系统申报预算。全面预算系统可以提供更加快捷、高效、全面的预算信息查询平台，提高预算工作的精细化与科学化管理水平，为下一步财务管理模块-驾驶舱系统奠定了一个稳固的基础。

（荣莉　李雪明）

【财务管理体制改革】 落实上级管理要求，按照校党委和行政的部署，推进财务集中核算。积极与上级单位及校内相关部门和学院沟通，制定相关工作方案；从运行机制、机构岗位设置、人员配备、技术保障等方方面面开展研讨，做好准备，扎实推进，切实为新年度财务集中核算做好准备。

（张健民）

【制度建设】 修订了差旅费管理办法、经费审批权限，制定了公务卡管理办法，完善了财务运行管理操作规范，为财务工作提供制度保障。

（张健民）

【队伍建设】 对部分岗位和人员进行了调整；建立财务例会制度，每周组织全校范围财务例会，通过例会加强沟通，统一思想，加强培训，提高业务和思想水平；组织全校财务人员培训，每次财务例会安排培训交流内容。注重业务学习的同时，加强思想教育和改进工作作风教育。

（张健民）

【收费管理工作】 进一步规范学校收费管理，严格执行收费政策，按收费备案标准收取学费、住宿费。2015年教育收费自查自纠工作按照条块结合的方式进行。各学院对本单位的教育收费情况进行全面自查；校机关职能处室对全校业务范围内的收费情况进行自查；校直属单位对本部门收费情况进行自查。各单位认真落实学校部署的2015年春季教育收费自查工作，审慎填写自查自纠报表,副局级学院还将自查工作要求进一步向下层层部署。目前,学校应用文理学院等14所学院和39个机关部门、直属单位均完成了自查自纠工作,自查率达到了100%。

2015年6月,根据国家发展改革委、财政部《关于取消收费许可证制度加强事中事后监管的通知》(发改价格〔2015〕36号),本市取消收费许可证制度。取消行政事业性收费《收费许可证》和年审制度。市、区、县发展改革委不再核发、变更《收费许可证》,不再开展年审工作。各持有《收费许可证》的单位请于6月底前到原发证机关办理《收费许可证》(含正本、副本)注销手续,交回《收费许可证》(正本、副本)。注销后的《收费许可证》(正本、副本)及以往存放的资料按文件销毁规定,由原办证机构统一销毁。

(李淑芳)

【卡务管理】 卡务中心扎扎实实做好2015年日常工作,保证全校校园一卡通系统的正常运行及相关工作的正常开展。利用暑假休息时间,制作新生的校园卡,并及时发放到各学院,保证大部分新生在报到时就领到了校园卡。适时进行宣传,扩大支付宝使用范围,通过一年的宣传与引导,学校支付宝充值的比例有了明显提高。为适应工作需要,进一步修改完善规章制度。统计、整理与分析数据,为领导决策提供了必要的数据支持。

(杨秀红)

【获奖情况】 京教函〔2015〕612号文件《北京市教委关于2014年决算编报工作先进单位的通知》联合大学被评为1等奖。京教函〔2016〕73号文件关于2015年部门绩效评价结果的通知,北京联合大学实验室建设-综合实训楼酒店管理实践教学中心建设项目(新竣工楼配套)项目,绩效评价得分93.2分,考核结果为优秀。

(李淑芳)

资产管理

【概况】 国有资产管理处负责学校的资产管理工作。2015年,内设三个科级部门,分别为:采购招标管理科、房产管理科、综合管理科,在岗在编12人。处室职能为:校本部资产配置、购置审批;全校政府采购项目、校级采购项目、校本部的分散采购项目管理;校本部房屋、土地、职工宿舍的产权登记等日常管理工作;校本部教职工住房补贴、住房公积金、供暖费和物业费报销的管理工作。

2015年1月,经校党委研究决定国资处处长由李志祺同志担任。

(薛晶)

【采购招标工作】 完成2015年采购招标工作计划。全年采购立项项目154个,预算金额17692.2001万元,中标金额16958.912024万元,资金使用率95.86%。零星采购共计3236.551406万元。起草《北京联合大学采购人代表管理办法》(试行)。组织遴选2016—2017年采购代理机构工作。

(高子萍)

【房产管理工作】 2015年完成住房补贴汇缴共计12653人次,1245.24万元;218名教职工住房补贴支取,共计1607.3万元;住房补贴开户83人,共计57.13万元;完成33人的封存工作;完成2147人,1192.84万元的补缴工作。

2015年完成62名无房教职工共计86.02万元的住房补贴备案工作,其中包括职称晋升补报未达标教职工11人,共计25.5万元;补漏报未达标教职工5人,共计24.4万元;无房职工46人,共计36.12万元。

2015年完成公积金汇缴18983人次,约4237.8846万元;公积金约定支取约82人,提取2655人次,约2295.4万元;住房公积金补缴47人次,98652元;公积金转入转出66人,230.35万元;公积金部分支取34人,332.52万元;销户52人,692.15万元;1603人的住房公积金跨年清册业务。

2015年完成教职工供暖费发放工作,共2926人,6923726.36元;为2926人发放物业费,6902433.85元。

办理退休职工邵金龙和田书的志新北里16号院内住房的房产证;完成常秀家园5号楼2单元屋顶防水改造;完成潘家园东里20楼北侧外廊改造维修项目。

到昌平校区、蒲黄榆校区、白家庄校区进行公积金、住房补贴和供暖费、物业费业务的政策宣讲和业务咨询。

配合特教学院和继续教育学院完成北京联合大学校区资源整合中房产方面的工作。

(陈艳)

【固定资产管理工作】 截至2015年12月31日,全校固定资产总额2428125474.43元,其中:房屋及构筑物961254719.13元,通用设备(含车辆)1145960338.22元,数量111296;专用设备137693043.24元,数量13542;文物及陈列品9037205.55元,数量617;图书、档案81602990.08元,数量1731508;家具、用具、装具及动植物 92577178.21 元,数量 126115。

　　按照市财政、市教委工作部署要求,重点开展了 2015 年产权登记工作,对全校包括校本部和各独立法人学院以及下属各中心、培训学校等共计 18 家事业单位进行了产权登记。在各单位的积极配合下,圆满完成校内资产清查、审计入户核实及上报市教委审核等环节,达到了"理顺产权关系,明晰国有资产产权"的预期工作目标。根据市财政批复,截至 2015 年 12 月 31 日,全校纳入产权登记范围并准予产权登记的事业单位 18 个,分别为校本部、应用文理学院、师范学院、商务学院、生物化学工程学院、旅游学院、继续教育学院、校培训中心、应用文理学院保健食品功能检测中心、师范学院培训中心、商务学院培训中心、生物化学工程学院培训中心、旅游学院培训中心、继续教育培训中心、特殊教育学院培训中心、北京市创业培训学校、北京市医药培训中心、北京医药职业技能培训学校,详情见下表。

北京联合大学准予产权登记单位一览表

序号	事业单位名称	单位性质	预算级次
1	北京联合大学	财政补助事业单位(全额)	二级
2	北京联合大学商务学院	财政补助事业单位(全额)	二级
3	北京联合大学应用文理学院	财政补助事业单位(全额)	二级
4	北京联合大学生物化学工程学院	财政补助事业单位(全额)	二级
5	北京联合大学旅游学院	财政补助事业单位(全额)	二级
6	北京联合大学继续教育学院	财政补助事业单位(全额)	二级
7	北京联合大学师范学院	财政补助事业单位(全额)	二级
8	北京联合大学培训中心	经费自理事业单位	三级
9	北京联合大学师范学院培训中心	经费自理事业单位	三级
10	北京联合大学继续教育培训中心	经费自理事业单位	三级
11	北京联合大学应用文理学院保健食品功能检测中心	经费自理事业单位	三级
12	北京联合大学旅游学院培训中心	经费自理事业单位	三级
13	北京联合大学商务学院培训中心	经费自理事业单位	三级
14	北京联合大学生物化学工程学院培训中心	经费自理事业单位	三级
15	北京市创业培训学校	经费自理事业单位	二级
16	北京联合大学特殊教育学院培训中心	经费自理事业单位	三级
17	北京市医药培训中心	经费自理事业单位	三级
18	北京医药职业技能培训学校	经费自理事业单位	三级

(周虹)

审计工作

【概况】　审计处是学校执行内部审计监督的职能部门。其主要职责是依据国家法律、法规对学校预算执行及所属单位财务收支、经济活动的真实、合法和效益进行监督与评价。2015 年开展的主要工作包括学校 2014 年度预算执行及所属单位财务收支审计、领导干部经济责任审计、基建、修缮项目工程审计、科研经费审签、预算项目的校内绩效评价、学校内部控制体系建设等,加强了审计队伍建设。

(毕玉兰)

【预算执行和财务收支审计】　按照审计计划,组织开展了 2014 年度预算执行和财务收支审计。以促进学校内控建设、提高制度执行力、推进规范管理、保障学校事业健康发展为目标,按照"评价总体、发现问题、规范管理、提高绩效"的思路,以学校预算的整体运行情况、部分二级单位资产管理、校院所属独立核算单位 2014 年财务收支情况和以前年度审计中发现的问题整改情况为重点。通过审计,与相关业务部门沟通,能现场解决的问题现场提出改进建议,对重大问题向学校报告并提出改进建议。

(李丹)

【领导干部经济责任审计】 根据学校党政领导干部经济责任联席会议的决定和要求,对学校7名领导干部进行了经济责任审计。发放《北京联合大学处级干部经济责任审计工作手册》,使被审计单位和领导干部清晰审计事项,规范审计程序,宣传财经制度,将审计意见反馈给被审计人员及所在单位和部门,推动了部门规范管理、提高了领导干部守责意识、加强了党风廉政建设。

(李丹)

【基建修缮工程审计】 认真落实市教委《关于进一步加强教育系统建设工程和修缮工程项目审计工作意见》(京教审〔2011〕3号)和《北京联合大学基建、修缮工程项目审计办法(试行)》(京联发〔2013〕1号)文件精神,根据学校总体安排,大力推进基建、修缮工程项目审计工作。2015年对北四环校区旅游学院综合楼、体育中心综合楼、文理学院学生宿舍及第二教学楼、19号楼等在施项目进行了全过程跟踪审计,对学校已完工的工程项目进行了结算审计。截至12月底,共开展基建修缮工程审计218项,审计金额22253.38万元,审减2522.63万元,审减率11.35%。

(牛彤)

【校内绩效评价】 将校内绩效评价工作与业务主管部门项目管理相结合,从评价项目选定方式上试点进行长期绩效评价,精简评价指标,简化评价程序,丰富专家队伍,增强项目的绩效性,2015年完成评价项目33项,评价金额7443.66万元。

(李丹)

【科研、收费专项审计】 完成科研经费审计18项,涉及金额159万元。配合财务、纪检等部门完成了2015年度秋季收费检查。

(刘振斌)

【中介机构管理】 按照学校招投标管理规定,7月份完成了学校审计中介机构库的招标工作,并在校纪检部门的监督下,按工作流程开展外部审计工作。

(牛彤)

【审计意见整改落实】 根据《北京联合大学审计结果运用管理办法》(京联发〔2014〕26号)文件精神,推动审计结果利用,注重边审计边整改,2015年现场审计结束后发出审计整改通知书16份,明确整改任务,督促落实审计建议。

(毕玉兰)

【三个体系建设】 为规范审计工作,提高审计效率,在校园网协同办公系统中建立了工程项目审计平台。实现了工程项目审计网络化、公开化、透明化,便于接受审计对象的监督。将校内绩效评价作为"三个体系"建设第二批试点业务,编制了职权目录,制定了岗位说明书,绘制了权力运行图,推进了绩效评价工作规范,科学配置各类职权,提高管理水平。注重部门党风廉政建设,审计处内部每名成员都签订了廉政责任书。收集、梳理了全校各部门的规章制度及流程,加强了学校内部控制体系建设。

(牛彤)

【审计队伍建设】 注重审计人员理论学习和职业道德教育,加强审计服务,利用各种方式宣讲审计流程及要点,宣传各项财经制度及规范,强化全校人员的遵纪守法意识。进一步规范工程审计业务流程和审计文书,增强审计工作质量。结合党支部活动,在部门内开展了"一岗双责"、廉政风险防范教育,提升内审人员的职业道德素养和政治素养。

(毕玉兰)

基本建设

【概况】 基建处承担着学校基本建设管理工作,下设规划预算科、工程管理科和综合科。主要的工作有制定基建制度、基建工程项目立项申报、组织工程项目招投标、工程实施管理、协调工程中与各部门的关系、竣工验收等,直至资产交付使用。

肖富宁任基建处处长,另有副处长2名,科长3名,副科长、正科级待遇1名,副科长1名,副主任科员1名,科员1名。

(黄巍 孟佳宁)

【学校总体规划】 推进北四环校区教学用房项目、北四环校区文化艺术广场项目的施工工作、开展特教学院康复资源楼前期立项工作、高效部署市属高校三年基建规划项目的竣工结算工作。

(黄巍 孟佳宁)

【北四环校区教学用房项目的施工工作】 2013年底北四环教学用房项目取得市发展改革委立项批复。文件号为京发改〔2013〕589号,建设工程规划许可证号2013规(朝)建字0103号,施工许可证号为〔2014〕施建字0070号,总建筑面积29717平方米,总投资15621万元。施工单位是中铁建设集团有限公司,监理单位是北京英诺威建设工程管理有限公司。该项目2014年上半年正全力进行主体结构施工,包括图书馆单体和实训楼二期单体,竣工时间为2015年10月底。

(黄巍 孟佳宁)

【北四环校区文化艺术广场项目】 文化艺术广场开工时间为2014年底,封顶时间为2015年10月。建筑面积约10400平方米,分上下两层,东侧与新图书馆地下部分相接。目前地上广场草坪已经完工,地下二层车库施工已经完成,地下一层因用途变更正在抓紧施工中,预计2016年年初完工。

(黄巍 孟佳宁)

【特教学院康复资源楼前期立项】 特殊教育学院康复资源综合楼在2015年2月相继完成了《项目建议书》(代可行性研究报告)的组织、编写工作,并在同月取得了规划条件、土地预审等重要批示文件,同时,该项目后续的环境影响评价也于同月启动。4—5月,前期会同环境影响评价编写单位积极配合街道办公室的同志,顺利平稳地完成了公众参与调查、环境影响评价公示等环节的主要任务。本项目于5月正式向北京市发改委报出了《项目建议书》(代可行性研究报告)。目前,特教学院康复资源楼发改委立项工作,受到首都功能疏解的影响,目前处在暂停状态。基建处会继续努力推动该项工作。

(黄巍 孟佳宁)

【推进市属高校三年基建规划项目的竣工结算工作】 学校市属高校三年基建规划项目包括:校本部综合实训楼一期、校本部体育中心综合楼、文理宿舍楼、文理二教楼项目。基建处和审计处共同合作,以上工程的竣工结算工作,目前已经进入收尾阶段。

其中:体育中心综合楼建筑面积19862.5平方米。经过大量的核对工作,已经完成了结算初审工作。

文理宿舍楼建筑面积11144.48平方米。已完成监理审核,进入审计审核,已经完成了结算初审工作,工程量基本确定。

文理二教楼建筑面积20776.61平方米,已完成监理审核,准备进行审计审核。

(黄巍 孟佳宁)

后勤管理与服务

【概况】 学校后勤服务保障工作由学校行政管理处和后勤服务公司承担,行政管理处原名后勤管理处,2004年3月更名为现名(后勤管理处2002年3月前名为总务处),后勤服务公司成立于2001年10月。

行政管理处代表学校行使管理职能,下设工程管理科、校园管理科、计划生育工作办公室,负责校园修缮改造、资源调配、计划生育、控烟工作、教职工伙食补助、学生食堂价格平抑资金、节能管理、北苑通勤快车、学生献血、新生接站、学生火车票优惠卡、电梯空调维保、防汛、山区绿化等工作;后勤服务公司负责为全校师生提供后勤服务,下设党总支办公室、行政办公室、设立饮食服务、学宿管理服务、动力维修服务、运输服务、绿化保洁服务、蒲黄榆校区后勤运行服务中心、育慧苑商贸七个中心,为学校师生提供饮食服务、宿舍管理、动力维修、运输服务、绿化保洁和商品服务。

行政管理处有职工13人,其中事业编制在职人员9人,事业编制内退人员3人,非在编合同制人员1人;后勤服务公司有职工798人,正式员工90人。

2015年,后勤服务公司因安全行驶80万公里,被北京市朝阳区交通安全委员会评选为"2015年度交通安全先进单位",并被北京市委、市政府评为"2015年度北京市模范集体"。

(黄巍 黎松炎 李嘉胤)

【修缮改造】 2015年先后完成北四环校区留学生公寓改造二期工程、北四环校区研究生公寓改造工程、特教学院北院宿舍及电力改造工程、19号楼无负压供水改造工程、北四环校区西围墙工程、继续教育学院搬迁所需办公用房改造工程、北苑校区原食品研究院用房及学生宿舍改造工程、校医院放射科改造和医用梯土建及安装工程等约38项修缮改造工程,改造资金合计2500余万元。

(黄巍 王怀军)

【资源调配】 调研全校房屋资源情况,为学校专业调整提供参考,制定出北四环校区资源调配工作方案;完成东院20号楼安置、门诊部回迁、继续教育学院搬迁等工作;为特教学院调配和购置宿舍家具;配合北京市重点实验室验收工作和智能车团队建设,协调了2号楼各单位实验及办公用房,并完成相关置换工作;协调解决办公用房临时安置工作,包括校团委挑战杯大赛组委会用房,教育部等重大课题用房,组织部档案清查用房,以及纪检办、科研处、宣传部、研究生处、国资处等部门的临时用房等;完成2号楼、7号楼、门诊部、就业中心导示系统的设计安装。

(叶继萱)

【计划生育】 计划生育日常接待近650人次,发放独生子女父母一次性奖励50人,发放独生子女费、奶费603人,始发托补费36人,停发托补费52人,办理教职工(含退休)婚育证明63份,办理学生婚育证明55份。

组织全校计划生育责任书的签订,起草了年度计划生育工作计划和总结。作为年度机关作风整改立项项目,全面梳理计划生育工作,完善各项规章制度,规范办事流程，提高办事效率。开展多种形式的宣教工作，积极应对"全面二孩"计划生育政策的变化，领会政策内涵实质，掌握政策新动态，对教职工的相关问题给予解答。坚持现有程序的执行，加快教职工申办《独生子女父母光荣证》，确保国家现有奖励政策落实，保证教职工的利益。

重视对大学生的计划生育宣教工作，"青春健康联合行动"项目申报全国计生协青春健康高校项目，成功中标。与校团委共同开展了以同伴教育、性与生殖健康讲座等形式的各种活动。

（孙宇）

【控烟工作】 2015年6月1日，在北四环校区举办"携手控烟，构建和谐校园"控烟宣传活动，推广当日起实施的《北京市控制吸烟条例》，全面推动学校的控烟工作。2015年11月20日，行管处牵头，组织学生处、保卫处、后勤服务公司等相关部门迎接市无烟校园督导检查组对校北四环校区控烟工作的督导检查和效果评估，获得充分肯定。

（周运 李健 王怀军 黎松炎）

【伙食补助管理办法制定】 行管处根据伙食补助调研情况，起草教职工伙食补助发放的相关管理办法，并广泛征求各部门意见和建议，经校长办公会通过，于2015年7月1日出台《教职工伙食补助发放管理办法》，明确了伙食补助的发放管理单位、发放范围、发放细则和使用管理规定。

（周运 李健 王怀军 黎松炎）

【平抑资金管理】 2014—2015学年度共收到财政拨付平抑资金399.795万元，学校自筹平抑资金399.8万元，合计799.595万元。行管处按照市教委通知精神，及时将平抑资金划拨至后勤服务公司和师范学院用于补贴食堂基本原材料采购和食堂基本人工成本支出，按照规定专款专用，确保平抑资金起到平抑基本饭菜价格的作用，实际共支出738.27万元，结余61.325万元。

（周运 李健 王怀军 黎松炎）

【节能管理】 根据市教委相关要求按季度按时登录北京市教育系统节能减排应用平台进行数据统计和填报工作。填报的数据中涉及15项单位基本信息（学校区县、名称、教师人数、学生人数、建筑面积、公车数量等），涉及38项能耗使用情况（水、电、煤、气、油、热力和其他能源消耗情况等）。行管处安排专人负责收集和填报数据工作，落实工作责任，按时优质完成2015年能源数据上报工作。

（周运 李健 王怀军 黎松炎）

【学生通勤快车】 2015年继续租用北京公共交通控股（集团）有限公司第一客运分公司固定通勤快车9辆，保障北苑校区住宿学生早上按时到校上课。分别于早上从大羊坊东站至惠新东桥北和外馆斜街站，于晚上从外馆斜街站至大羊坊东站，每天运送学生约1300人次，为学生早晚往返于住宿和上课不同校区提供便利。

（周运 李健 王怀军 黎松炎）

【组织学生献血】 组织管理学院、信息学院学生献血，两学院共有827名学生体检合格可以献血，其中，管理学院393人，信息学院434人，两学院学生共献血834.75个献血单位。

（周运 李健 王怀军 黎松炎）

【新生接站】 2015年8月底，行管处老师带领学生志愿者，分别赴北京西站、北京站接新生共约450人。

（周运 李健 王怀军 黎松炎）

【火车票优惠卡服务】 2015年全年，行管处共为外地学生发放火车票优惠卡3644张。此外，为各学院配置优惠卡读卡器12台，使学生可在本校区办理领取和补办优惠卡、补充次数、购买火车票等，无需再到北四环校区办理，简化办理程序，为各校区学生提供了便利。

（周运 李健 王怀军 黎松炎）

【电梯维护保养】 行管处加强全校特种设备管理，组织维修保养单位对学校在用的44部电梯进行维护保养，确保电梯安全运行，并顺利通过北京市质量技术监督局特种设备检测所的年度检验。

（周运 李健 王怀军 黎松炎）

【空调维保】 组织维保单位对2300余台分体空调和7套中央空调系统进行维护保养，全年维修7200余台次，保养率达到98%，维修保养合格率达到95%。

（周运 李健 王怀军 黎松炎）

【防汛工作】 制定《北京联合大学2015年迎汛应急预案》，制定了四级汛情预警工作流程图和防汛桌面演练方案，进行日常防汛巡检工作，及时排除隐患，确保汛期安全。接受大屯街道办事处对北四环校区的防汛情况检查。

（周运 李健 王怀军 黎松炎）

【山区绿化】 根据2015年绿化任务指标，组织门头沟区樱桃沟村以资代劳义务植树50688人/（日·次），成活率达到96%，动用人员10800人，按时完成2015年绿化任务。

（周运 李健 王怀军 黎松炎）

【饮食服务】 饮食服务中心负责学校饮食服务工作，负责学校9个校区的13个食堂，为全校近3万名师生员工服务。2015年，饮食服务中心力求持续提升服务品质，通过举办食品展销节、传统节日惠师活动、研制新菜品、雾霾天熬制雪梨百合润肺汤、举办员工技能竞赛等方式为师生员工提供更贴心的服务。

2月17日，为假期留校学生、后勤和保卫值班教职工150余人制作菜肴和饺子，欢度春节；3月7日，饮食服务中心召开以"深化成本核算，细化效益管理"为主题的新学期工作布置会，以厉行节约的工作力度，深化成本核算的数字化管理，细化流水和利润的分配细则；3月和10月，在各校区举办以"舌尖上的联大"为主题的食品展销活动；在元宵节、清明节、劳动节、端午节、中秋节、教师节以及国庆节开展惠师活动，发送水果或"刷一角钱"就餐活动；在学院路校区教工餐厅新添酱猪骨、酱猪蹄和香酥鸡等新品种，获得教职工的好评；在北京市空气重污染期间，饮食服务中心于12月7日熬制雪梨百合润肺汤，在北四环校区、学院路校区、红领巾校区、堡头校区、昌平校区、白家庄校区、蒲黄榆校区、北苑校区食堂的学生餐厅和教工餐厅免费供应。

为提供更好的服务，加强对员工培训，举办技能比赛。对新入职的员工进行了生产安全、食品卫生及规章制度培训；6月7日，举办第二届食堂青工烹饪技术评比考核，共59名员工参评；6月10日，在北四环区食堂进行新菜研发培训；11月21日，举办第三届中炒团体争先赛。

在上级检查中获得好评。5月21日，市教委高校食堂食品安全快检设备检查组到饮食服务中心北四校区食品安全快速检测实验室进行现场检查，对实验室运行环境、日常管理、任务完成等工作项目给予了肯定，评定分数为97分。

(李嘉胤)

【学生宿舍管理服务】 学生宿舍管理服务中心有员工130余人，负责管理分布在北四环、北苑、昌平和白家庄四个校区的15栋学生公寓，公寓使用面积39001平方米，住有学生11000余人。

为方便住宿的学生，中心在公寓内配置了自助洗衣机、烘干机、洗鞋机，并开展针线包、自行车打气筒、简易五金工具、小课桌借用服务。同时与校团委合作，开展宿舍建团、公寓文化节、文明寝室评选等活动积极营造宿舍文化氛围，把宿舍建设成为引导、影响、教育、塑造学生的"第三课堂"。

(李嘉胤)

【动力维修服务】 动力维修服务中心有员工109人，其中在编人员24人，非在编人员85人，党员11人（含预备党员1名）。中心负责北四环校区、白家庄校区、北苑校区、昌平校区的高压输送及水、电、办公家具等维修、维护等工作，同时负责对所辖校区的水、电、气、通讯等能源消耗进行数据统计、分析工作，学生用电的智能管理工作，以及向各校区推广节能器具及宣传节能减排工作。

(李嘉胤)

【运输服务】 运输服务中心共管理大、中、小型机动车60余辆，有驾驶员45人，主要负责校本部、北苑校区、昌平校区、白家庄校区、蒲黄榆校区五个校区28条线路班车的运营工作，并承担教学、科研以及各项大型活动的用车任务。

2015年，中心为学校大型会议及活动、迎新工作的提供用车服务，其中迎接新生出车46车次、行驶3389公里，并累计安全行驶80万公里，学校因此被北京市朝阳区交通安全委员会评为"2015年度交通安全先进单位"。为保障用车安全无事故，中心对车辆进行细致的维修保养，及时解决发现的问题，共维修车辆320余次。4月8日，中心推出了教职工有偿维修保养车辆服务，教职工可在学校统一登录平台点击协同办公项，预约车辆维修保养，全年共为教职工维修车辆50余辆。在全校通勤车统筹调整工作中，中心广泛征求教职工意见，调整6条通勤车线路，为教职工提供更便捷的服务。

(李嘉胤)

【绿化保洁服务】 绿化保洁中心有员工114人，负责北四环校区、昌平校区、学院路校区、北苑校区的绿化保洁和会议服务工作。

绿化保洁范围包括室内保洁面积81900平方米、室外保洁面积135700平方米、绿化养护总面积40500平方米以及志新里小区居民楼5个单元的保洁和垃圾清运工作。会议服务工作主要涉及学校15个会议室、3个报告厅的会议服务。2015年全年共接待各项会议2034场（其中小型会议878场、中型会议1058场、大型会议98场）。

(李嘉胤)

【蒲黄榆校区后勤运行中心】 蒲黄榆校区后勤运行服务中心有员工39人，负责为特殊教育学院的广大师生提供后勤保障服务。2015年，中心为学院新接收北院一幢四层楼作为女生宿舍楼；在学院领导及办公室调整中，完成电话移机20余部；5月7日，开通微信报修平台，以适应新形势，提供现代化服务；完成迎新准备工作，加装盲床20架，拆装声床40余架，组装正常生床位40余架，加装改造北四环校区北院新宿舍内位置不合适的插座36处，后期提供辅助维修工作860余次；新接管大教室（可容纳100人）1间，阶梯教室（可容纳198人）1间和8间盲生教室的日常保洁工作；在迎接全国助残日的校区报告厅改造装修完成后，中心紧急组织人员进行开荒保洁、去味、布置环境等工作；按实际工作情况修改中心各部门的各项制度及工作流程并报公司汇编。

(李嘉胤)

【育慧苑商贸中心】 北京育慧苑商贸中心是后勤服务公司的下属企业，为全民所有制，独立法人，独立经营核算，以零售业为主，商品进、存、销实行系统化管理，商品价格定位合理，师生可以刷校园卡、现金、银行卡结账,可以预约订货、送货上门,并且建立了合理的退换货制度。

育慧苑商贸中心2015年由位于8个校区的10家分店组成,营业面积992平方米,员工34人。销售的商品由2014年的6894种增加到2015年的8145种,增加了20%。全年开展促销活动约20次,销售额同比上一年增长28%。中心近年来不断完善各项规章制度和工作流程,优化产品结构和布局,统一各店供货商,2015年获评"工作先进集体"。

(李嘉胤)

信息网络管理

【概况】 学校信息网络中心(以下简称"中心")负责全校网络安全和信息化相关工作,下设综合办公室、网络信息安全科、网络部、信息部及数据资源中心共5个科级单位。

2015年,中心围绕《北京联合大学关于进一步加强信息化建设统筹管理的意见》(京联发〔2015〕5号)精神,以管理制度、项目建设、安全防控为抓手,着力推动学校信息化建设统筹集约发展,进一步提高信息化基础设施、支撑平台、应用系统对学校教学、科研与管理等领域的支撑能力,提升学校信息化的效率、效果与效益。

(王莹)

【信息化统筹管理】 健全学校信息化建设管理机制,印发了《北京联合大学关于进一步加强信息化建设统筹管理的意见》(京联发〔2015〕5号),提出进一步健全学校信息化建设管理体制、加强信息化建设项目的质量管理、加强信息化建设项目过程管理的责任与追究,并制定《实施细则》《信息化建设专家遴选办法》,拟定信息化专家委员会成员名单。按照文件要求,组织校内信息化建设项目前置审批工作,共审批校内信息化建设项目21项;组织学校信息化项目申报单位参加市经信委项目评审,下半年参评项目13项。有效落实文件的要求,不但提高了项目质量的管理水平,还形成了信息化建设项目储备库。

(曹东亚 李亚文)

【资源整合】 完成信息网络中心机房与管理学院、图书馆的硬件设备的整合,提供虚拟机服务增至215个;在师范学院部署远程数据备份系统,可为20台服务器提供目录级备份环境。

加大人力数据资源共享力度,完成职称评审网上申报的升级改造工作、教职工继续教育课程备案与学时申报系统建设、年终考核网上申报系统建设等,实现在数据资源中心支撑下,人事、组织、科研、教务等多个业务部门的协同服务,初步实现管理扁平化,提高管理效率。推进财务数据整合进程,财务处建立了一套用于全校的标准科目、标准项目类,统一项目编码,确保项目统计口径的一致性,实现了全校通过一套账进行分析和统计。协同国资处、审计处、财务处、纪检监察办共同建设采购与招投标系统,完成系统的功能建设,同时完成学校相关业务的整合、数据资源的共享。

扩大数据整合范围,数据资源统一服务,建立校级数据分析和决策服务系统。建成集教职工、学生、资产、财务、一卡通等多方面数据为一体的数据资源池,对人事处、教务处、学生处数据进行整合、清洗,为各级各类人员提供多个维度的分布情况分析。为多个部门业务系统提供数据服务,如为外语云平台、国资招投标系统、实训基地自主学习平台等提供数据接口;为教务系统、Blackboad系统完成数据同步;为多个部门提供共享数据及统计数据的服务,如处理本科、高职新生招录数据、预报到数据等。

(李亚文 金培莉)

【综合信息服务】 启动注册中心建设项目。协同教务处、学生处、招就处、财务处等多个职能部门,梳理学生全生命周期事务,形成整体建设框架;完成在校生每学期自助报到注册系统建设、全校迎新系统建设,首次实现在迎新过程中全校迎新数据实时有效汇总;完成全校本科、专科、高职、研究生的指纹采集工作;完成学生门户网站、学宿管理系统、成人教务系统建设,启动学务系统建设。

探索构建书院信息化支撑平台。通过举办培训、需求研讨会等方式,深入调研书院需求,基于BUU书院网上平台支持书院工作开展。实现了书院动态展示、推荐书籍库的内容收集、移动书院等功能模型;实现学知书院网上读书课堂的服务支持,探索书院活动网上组织形式。书院平台的探索与推进工作在辅助学生的思想教育工作方面发挥了积极作用。

(白丽媛)

【网络学堂建设】 完成Blackboad9.1网络学堂系统的升级改造,从教学资源、交流互动、移动学习、测验评价等多个方面深化网络教学应用,提供多元化的网络教学服务。移动学习平台部署使用。组织开展培训,信息网络中心与教务处密切配合、科学筹划、精心安排,面向全校多校区开展了集中与分散相结合的网络学堂培训10余场,共有教师680人次报名参加培训。

(白丽媛)

【统一门户平台建设】 完善学校统一门户平台。在集成 OA 办公、邮件、人事、科研、一卡通、网络学堂、图书借阅等系统基础上,集成学校本部及副局级学院财务系统的单点登录和教职工工资查询;完成学生门户平台建设,开始试运行,为学生提供通知公告、事务向导、单点登录、网上办事、温馨提示等一体化信息服务。

(白丽媛)

【网站群建设】 继续全面支持网站群内网站的日常运维工作,并支持各单位网站迁移、建设和改版工作。支持宣传部、信息学院、党委校长办公室等单位新建网站 7 个,完成党委校长办公室、科研处、"三严三实"专题网站的改版工作,完成生化、商务和应用文理学院网站迁移任务。支持学校书院建设,构建 BUU 书院平台,并开展使用培训。成立 Web 开发研习社学生工作室,指导学生参与学校网站建设工作,开展技术培训和微项目实战活动。

(白丽媛)

【一卡通升级改造】 完成一卡通升级改造一期项目的收尾工作,共完成 1500 余个一卡通终端节点的更新工作,完成校园卡样设计及卡片更换工作部署。启动一卡通系统升级改造二期项目,基于校园一卡通系统,完成校园卡升级及卡务中心配套设施与软件升级,建设一卡通指纹采集平台,完成一卡通网上支付平台的建设与部署等。

(金培莉)

【网络基础设施建设】 12 月,扩展校园网 IPv4 出口带宽至 7G,实现校区间全万兆互联;完成校本部 2 号楼 C 座、校本部东院办公楼、应用文理学院第二教学楼的网络建设工作;完成继续教育学院搬迁楼宇网络布设工作,完成丰台职教楼接入校园网网络改造工作;完成无线网升级改造二期工程,提升无线网性能,实现学校 75% 无线网设备 802.11a/b/g 向 802.1n 的升级,实现北四环校区无线网无感知认证。

(焦婧)

【信息网络安全】 强化"谁使用谁负责、谁主管谁负责、谁运维谁负责"的安全责任。立足现实的安全现状,加强信息安全技防手段,建立信息系统定期漏扫机制,有针对性地部署 VPN 系统、后门监测系统、实施安全巡检、优化安全策略;开展安全防护自查和整改工作,发现并清理 15 个网站的后门程序;实施网站排除与整治工作,面向互联网开放的网站或系统由 80 个缩减为 33 个,清理不在核心机房统一部署的信息系统 12 个,完成 32 个独立运行的网站向网站群系统的迁移;推进网站群系统安全等级测评工作;成立网络与信息安全管理科,健全信息安全管理队伍;严格执行敏感时期信息安全监控;配合保卫处,开展信息安全宣传,提升师生安全意识。

(王晓震)

【信息化建设"十三五"规划】 开展学校信息化建设"十三五"规划的调研工作。多次召开校内职能部门负责人座谈会和各学院主管领导及相关负责人座谈会,在掌握上级精神、兄弟院校和学校各单位情况的基础上,初步形成学校"十三五"期间信息化建设框架,明确了建设目标和建设内容。

(王莹)

【信息化防控体系建设】 梳理 20 个部门的 25 个流程,以协同办公系统为依托,建立学校业务流程管理与服务中心,积累业务流程资源,为防控体系提供基础数据支撑。

(王莹)

【电子监察体系建设】 完成了应用文理学院人才招聘、信息化项目申报、审计处工程项目预算与结算审计、校人事处职称晋升文件制定、信息网络中心网站群建站服务申请、服务器托管申请、出入机房登记、数据资源申请等 8 个流程的创建,规范了业务办理程序,为电子监察体系建设打下良好基础;完成电子监察平台部署,实现了对采购主要环节进行监察。

(王莹)

产业管理

【概况】 学校产业管理工作由产业管理委员会承担,由产业管理委员会办公室具体落实。2015 年,办公室有主任 1 人(正处级),副主任 1 人(副处级);综合管理科科长 1 人;综合管理科科员 1 人。2015 年,在完成部门组建的基础上,产管办先后完成企业法人变更、企业产权登记、成寿寺校区租赁户清退和企业国有资产自查自纠工作。

(石乐)

【科兴企业管理中心法人变更】 根据学校工作安排,由产管办副主任毛连生担任北京科兴企业管理中心法人代表,2015 年 4 月完成了中心企业法人代表变更工作。

(石乐)

【企业产权登记】 按照市财政和市教委工作安排,2015 年 5 月,产管办组织负责管理的 6 家企业进行 2015 年产权登记申报工作。经市财政审核,北京北联科兴科技孵化器中心、北京育慧苑商贸中心、北京市旅游书刊服务部通过 2015 年产权登记审核,给予登记。

(石乐)

【成寿寺校区租赁户清退】 依据学校校区整合工作安排,产管办负责组织、协调成寿寺校区商户清退工作。在清退工作中,先后配合校办接待信访10余次,接听商户上访电话20余次,应对商户起诉7起,经丰台区法院审理,学校终审胜诉。

(石乐)

【企业国有资产自查自纠工作】 根据市教委校办企业自查自纠工作安排,2015年8月至9月,产管办组织下属企业进行校办企业国有资产监管自查自纠工作,逐一梳理各企业相关制度完善情况、干部违规兼职和廉洁履职情况、资产处置管理情况,深入分析各企业存在的问题,提出相应的整改措施并以书面报告形式上报市教委。

(石乐)

北苑校区管理

【概况】 北苑校区管委会负责学校北苑校区管理工作,为学校直属非教学单位,下设综合办公室和校园管理办公室,2015年有在岗教职工8人、内退教职工9人。2015年,北苑校区管委会主要负责人发生了变更,3月23日起,赵振江不再任北苑校区党支部书记,5月11日起,夏莉任北苑校区党支部书记兼管委会副主任(副处级,主持工作),11月23日起,李印伟任北苑校区管委会副主任(正处级)。

北苑校区住有学生1700余人,分别是旅游、管理、自动化、信息和师范五所学院的部分本科生及应用文理学院的部分研究生。校区以服务住宿学生为主,统筹协调派驻部门各项工作。

校区共有派驻部门9个,分别是保卫科、饮食服务中心、学宿管理中心、动力维修中心、绿化保洁中心、医务室、图书馆、育慧苑商贸超市和智能车队,派驻教职工共70余人。

校区高度重视党风建设,2015年落实开展"三严三实"专题教育,组织党员学习《中国共产党纪律处分条例》;开展主题党日活动,加强党员和教职工队伍建设;推动党风廉政建设和反腐败工作深入开展;落实党风廉政建设责任制和"一岗双责",推进党务公开、校务公开;加强党风廉政宣传教育,组织党员学习《中国共产党廉洁自律准则》。通过单位内部推荐和全校公开竞聘,招聘校区综合办公室主任、校园管理办公室主任和副主任;完成党支部书记、工会干部、辅导员、人事工作、书院网站建设专项培训。

在校区工会主席夏莉,专职副主席王琦的带领下,北苑校区积极参加校工会组织的各项活动和学校的各类知识竞赛,如庆祝建校30周年暨反法西斯战争胜利70周年广场舞、书法、摄影比赛,青年教师厨艺比赛等;2015年,组织校区教职工开展健步走、趣味运动会、美食沙龙、跳绳、乒乓球比赛等活动;认真落实"十送温暖活动",慰问患病住院教职工,开展"三八节""六一节"等节日慰问,关心教职工的大事小情和实际困难并及时送去组织的慰问。

(秦冬霞)

【书院制建设】 落实学校全面推行书院制建设文件精神,3月组织校区教职工、学生干部参观应用文理学院学知书院,学习相关文件及其他高校书院制建设经验,因地制宜地制定符合校区实际的书院制实施方案,先后召开相关学院、学生、校区关工委老领导座谈会,研讨书院制实施方案,并就北苑校区书院建设出谋划策。通过宣传展板、主题宣讲活动,营造"书院建设人人参与"、建设"北苑人的书院"的工作氛围。通过微信平台、张贴海报的方式,在校区师生中公开征集书院院名、院徽、院训。12月确定了院名、院徽、实施方案和聘请导师名单。

整合资源、开发房间的功能性,6月开始带领学生进行活动场所的改造。完成了文体活动中心的改造,内设书吧台、棋类桌、台球案。在多功能厅增设乒乓球案,同时兼顾讲座与晚会使用。女生宿舍楼六层改建成瑜伽舞蹈室和师生谈心室。12月,对女生宿舍楼二层和报告厅进行简单装修。

(秦冬霞)

【校园文化建设】 强化学生干部队伍建设。9月,校区校园管理办抓住新学期新生入住的契机,吸收新成员、新骨干,顺利完成学生会换届改选,组织学生会及党支部干部开展素质拓展活动。加强干部队伍建设,组织了学生干部培训。继续加强与管理学院工商系学生党支部共建活动,充分发挥学生党员的先锋模范作用,共同推动校区的宿舍文化建设和学风建设。

在校区的大力支持下,校区辅导员带领学生会成员3月开始组织了"中外文化节"系列讲座,5月开展了校区学生会微信推广活动,6月举行了住宿生摄影比赛,下半年组织了创意宿舍和学生篮球赛活动,10月组织赠"衣"份温暖、献"衣"份爱心,捐赠贫困山区衣物活动,12月举办了北京文化系列讲座。学生会成功举办了2016年元旦晚会,受到了同学们的广泛好评。

为加强校区的学风建设,校区先后举办了考研讲座两场、英语四级考前辅导讲座两场。校区还坚持做好学生活动室和电影播放室的定期开放,规范学生活动场地的规范管理,组织勤工俭学同学协助开展工作,充分挖掘现有资源丰富学生的业余生活。

（秦冬霞）

【学生社团建设】 为配合校区书院制建设，引导学生发挥党员、干部模范带头作用，学生于下半年自发组建了瑜伽社。同时，英语社、考研社、篮球社、台球俱乐部和悦读会正在积极筹建中。

（秦冬霞）

【中专遗留问题处理工作】 梳理原中专资产，截止至11月底，报废资产198万元，调拨资产638万元。北京市医药培训中心于9月完成了注销法人证书，10月完成了注销组织机构代码证书。关心校区内退职职工，做好内退教师的相关工作。做好校区集体户口管理工作。做好原中专毕业生档案查询、相关证明开具工作。

（秦冬霞）

【科研服务工作】 在校区党支部的带领下，校区教职工积极配合智能车队开展工作，在人、财、物及场地上给予大力支持，把教工之家改为机器人团队科研场所，为新能源科研项目提供锅炉使用，为功能食品研究院提供药品仓库。

（秦冬霞）

【安全稳定工作】 校区坚持召开派驻部门联席会，定期进行安全大检查。加强宿舍日常安全管理工作。校区坚持组织辅导员、保卫科与学生宿舍管理员开展每月的宿舍安全例行检查，对检查的结果当即点评，对发现的隐患当即解决。5月，校区对派驻部门人员进行灭火器和消火栓等消防器材使用培训、操作和演练。10月举办了住宿生消防知识讲座、竞赛，为加大11·9消防日宣传力度，组织了校区及派驻部门的消防知识问卷活动，11月开展了消防应急疏散演练，全面开展消防安全宣传工作，增强师生的安全防范意识。继续做好重大节假日和敏感时期安全稳定工作，坚持开展监督检查，定期召开派驻部门协调会。强调各部门要认清安稳工作的形势，同时要求在宿舍、实验室、食堂、综合超市等重点防范部位加强巡视，加强值班，确保校区在重大活动期间的安全稳定。

落实平安校园的工作，坚持安全责任制和网格化安全管理，明确各部门的职责范围。5月，校区党支部书记与各部门负责人签订了《北苑校区2015年度部门消防安全及维稳工作责任书》。通过微信平台、发放宣传彩页、张贴海报的方式，开展了防电信诈骗、网络安全、安全生产月、国家禁毒日系列宣传活动。

（秦冬霞）

【沟通协调工作】 发挥校区管委会协调沟通检查督促职能，定期召开校区派驻部门联席会。9月初配合各学院做好2015级学生迎新工作，与学生处、行管处沟通解决学生通勤车问题。配合功能食品研究院做好搬迁工作；配合女生宿舍楼一二层改造项目；协助信息网络中心做好校区无线网络升级改造建设。

（秦冬霞）

离退休人员服务管理

【概况】 学校离退休工作部门包括离退休党委、离休退休人员工作处（简称离退处）、关心下一代工作委员会（简称关工委）和北京市老教育工作者协会北京联合大学分会（简称校老教协分会），共同负责全校离退休人员的服务与管理工作，直接管理校机关、直属单位及处级学院离退休人员，统筹管理副局级学院离退休人员。离休退休人员工作处下设离休办、退休办两科室。离退休党委下设离退休党委办公室。

截至2015年12月，全校共有离退休人员2635人，其中离休干部87人、退休人员2548人；有党支部55个，其中离休党支部8个、退休党支部47个。

（王育红　徐丽英）

【服务管理工作】 2015年，离退休处开展的工作主要包括组织离退休人员参观、春秋游、举办专题讲座、摄影比赛、书画作品展、老同志创意作品展和新年联欢会等活动；举办抗战胜利70周年纪念活动，宣传学校抗战老同志的事迹；开展"展示阳光心态，体验美好生活，畅谈发展变化"主题实践活动；配合相关部门做好老同志的优诊医疗、医疗保健和每年一次的体检工作；对退休人员进行家访和慰问，探望住院人员，及时了解他们的意见和要求，合理解决他们的实际困难；组织工作人员参观养老机构，探索新型养老模式，为离退休人员提供个性化服务。离退处组织活动和开展慰问详情见本分目附表条目。

离退处集体及个人获得多项奖励，离退处获评"2015年度北京高校离退休干部信息工作先进单位"和"北京教育系统离退休干部工作先进集体"；李承锋和牛桂荣同志获评"北京教育系统离退休干部工作先进个人"称号；校晚霞艺术团被命名为"北京教育系统老党员先锋队"，9月14日，BTV科教频道《晚晴》栏目对学校晚霞艺术团进行专题报道——《思想不退休阳光度晚年》，记录团里的老同志无私奉献、服务社会、温暖老人、传递正能量的先进事迹；由离退休党委、离退休处、校老教协分会主办的《青松》杂志，获得"2015年度北京高校离退休干部工作优秀报刊"。

（靳宇）

【党建工作】 2015年离退休党委深入开展基层党组织建设和党员的思想教育建设,分别在6月和11月两次组织离退休党总支、支部书记、支委和党员专题培训,学习贯彻十八届四中全会、"三严三实"、"四个全面"和习近平总书记系列讲话精神,学习了《中国共产党廉洁自律准则》和《中国共产党纪律处分条例》;组织开展了离退休31个党支部和离休党总支、退休党总支的换届选举;结合纪念建党94周年、抗日战争胜利70周年,围绕"展示阳光心态,体验美好生活,畅谈发展变化"主题开展了参观、学习等系列主题党日活动,7月组织参观了周邓纪念馆和天津港博览馆,9月参观了平北抗战纪念馆和延庆博物馆,11月组织参观了董存瑞纪念馆;组织召开离退休党总支民主生活会;开展了慰问60年党龄的离退休老党员和生活困难的老同志;退休支部与学生支部共建,拓宽了基层组织建设的思路。通过学习和参观等系列活动,提高了离退休党员的思想认识,加强了基层组织建设,增强了离退休党委的凝聚力。

(路连英)

【老教协工作】 2015年,校老教协分会两次召开工作会,组织晚霞艺术团进行多场演出,组织老教师合唱团参加活动,两次组织长走活动。

校老教协分会于3月12日召开工作会,协商解决老教师合唱团可持续发展存在的问题,张铃、王育红、廖文国、王倬、李月修、陈保平等出席会议;于7月9日召开工作会,总结上半年工作并学习上级文件,会长、理事、各分会会长、监事等20人参加会议。

组织晚霞艺术团多次进行慰问演出,受到热烈欢迎。4月16日,一行23人赴太申祥和国际敬老院慰问演出;4月28日,一行21人赴北京太阳城老年公寓慰问演出;5月23日,一行8人赴广安门社区老人照料中心慰问演出;6月28日,赴东城汇晨老年公寓慰问演出;8月14日,一行26人赴朝阳汇晨老年公寓慰问演出;9月26日,赴太阳村进行20年回馈社会演出;10月16日,受邀为太申祥和国际敬老院院庆演出;10月22日,赴北京太阳城银铃老年公寓慰问演出。

组织老教师合唱团参加活动。6月17日,联大老教师合唱团参加了在应用文理学院小剧场举办的"和平颂"合唱音乐会;6月23日在北京农学院联大老教协合唱团参加了北京教育系统老同志纪念中国人民抗日战争暨世界反法西斯战争胜利70周年歌曲展演。

组织长走活动。4月30日,在奥林匹克森林公园南园组织春季长走,共220人参加;11月12日,在奥林匹克森林公园北园组织秋季长走,共230人参加。

(靳宇)

【关工委工作】 2015年,校关工委多次派人参加市关工委的工作会和报告会。3月25日,张玲、王育红参加在教育考试院召开的北京教育系统关心下一代工作会;6月11日,张铃、王育红、郭淑敏在教育考试院举办的关工委骨干和秘书长培训班,聆听了北京大学马克思学院院长郭建宁的主题报告"培育和弘扬社会主义核心价值观";6月18日,郭淑敏、张晓华带文理学院20名学生参加了在北京交通大学二层学术报告厅举办"五老"报告会,聆听了中央党史研究室原副主任石仲泉的专题报告"为什么说中国共产党在抗日战争中发挥了核心作用"。

为提升工作质量,校关工委多次召开培训会、研讨会、工作会和恳谈会。4月17—18日,与老教协一起在平谷教工疗养院召开工作骨干理论培训和工作研讨会,校院关工委主任、校离退处委、老教协理事会成员、各分会会长、顾问、监事会监事等50余人参会;7月9日,在北四环校区实验楼会议室召开关工委工作会,校关工委主任、委员参会,会议总结上半年关工委的工作、提出下半年工作要点、特别强调各关工委组织活动后要写简报并及时上报校关工委,会议还决定组织一次为北京市顺义太阳村的未成年青少年捐赠服装的"献爱心、助力社会青少年成长"活动;9月22日,在北四环校区东院召开了关工委培训及研讨会,为进一步提升学校关工委工作质量进行理论培训、经验交流和工作研讨,付晨光、张铃、郭淑敏、廖文国等关工委领导及校离退处领导共计25人参会;12月29日,在北四环校区东院召开"老兵心声"学风教育专题恳谈通报会,旨在充分发挥"五老"的余热,积极配合信息学院的全时空学风教育工程,张铃、廖文国、郭淑敏等出席会议。

校关工委2次协同晚霞艺术团开展慰问和共建活动。8月2日,关工委主任张铃带队、秘书长王育红、副主任廖文国及晚霞艺术团一行26人前往顺义儿童村慰问演出,并捐赠衣服3400多件、组合柜1套、沙发1套、氧气瓶1个、治疗仪2个、榨汁机1个、音响1套,晚霞艺术团捐款2900.00元;11月20日,关工委一行45人前往河北省承德市,与丰宁满族自治县实验中学开展"关心下一代、助力青少年"携手共建活动,捐赠冬装棉服1500件及文具、文体用品、书籍等,由学校老教师深入班级与学生座谈、自动化学院的党员干部与实验中学的团干部座谈,晚霞艺术团为实验中学的400多名师生表演精彩节目,两校还签订"携手共建协同发展"协议书。

校关工委获"北京市教育系统关心下一代工作先进集体",张秀国老师获"北京教育系统关心下一代先进个人"。

(靳宇)

【老同志参与纪念抗战胜利70周年活动】 校离休干

部顾理昌、抗战老同志何作涛和丁龙潜分别参加了部分纪念抗战胜利70周年活动，并接受媒体采访报道。

8月27日，校离休干部顾理昌同志参加北京市纪念抗战胜利70周年抗战老战士、老同志座谈会，受到了市委书记郭金龙、市长王安顺的亲切接见；9月3日，校离休干部、抗战老兵顾理昌受邀在北京天安门广场观礼台观看"纪念中国人民抗日战争暨世界反法西斯战争胜利70周年阅兵式"；《北京日报》《北京晚报》《中国科学报》《北京青年报》等多家有影响力的社会媒体对顾理昌的英雄事迹进行了报道；9月4日，中央电视台播出了顾理昌参加录制的《开学第一课》特别节目；最高人民检察院《方圆》杂志9月刊，刊登顾理昌专访文章《顾理昌：我定要为战友讨个说法》；校抗战老同志何作涛接央视记者采访，在CCTV 13频道9月1日的特别节目——《走向胜利》和9月7日的大型纪录片——《英雄的旗帜》中播出；9月29日，《北京日报》刊登专访学校抗战老同志丁龙潜的文章《念英烈》。

（王育红）

【附表】

北京联合大学离退休党委、离休退休人员工作处2015年组织活动一览表

时间	活动主题、目的	活动内容	服务对象/参与人员
4月	展示阳光心态，定格风采瞬间	联系中国照相馆为每人拍摄肖像照	25名离休干部
5月5—7日		前往怀柔区青龙峡公园春游	校本部退休人员500余人
5月13日	展示阳光心态，体验美好生活，畅谈发展变化	参观宋庆龄故居	离休干部20余人
5月24日	了解北京农村改革发展及社会主义新农村建设的成就	参观北京最美乡村——平谷玻璃台村	离休干部
5月20日	参加北京市高校举办的健身项目展示比赛	展示项目"开发新疆亚克西"并获得最佳风采奖32名老教师舞蹈团成员	
6月25—26日	退休党支部书记、支委专题培训		支部书记、支委、在职工作人员共76名同志
7月6日	全校离退休干部为党的事业增添正能量事迹报告会	师范学院离休干部张佐友教授和新四军老战士、校离休干部顾理昌老师作报告	离退休干部党总支书记、委员，党支部书记、支委，离退休党员、干部代表、关工委、老教协负责人，离退休工作部门负责人及工作人员共120余人
7月8日	离退休党委组织退休支部书记、一支部党员参观天津周邓纪念馆		退休支部书记、一支部党员共30余名
9月18日	离退休党委组织党员参观平北抗日纪念馆和延庆博物馆		退休党员、在职党员共200余名
9月29日	北京联合大学老同志纪念抗日战争胜利70周年歌咏大会		近300名退休老同志 校党委书记韩宪洲出席
10月13—15日	前往密云古北水镇秋游		退休人员700余人
10月16日	校本部离休干部前往颐和园秋游		20名离休干部
10月29日	召开校本部新退休人员座谈会		近60名校本部新退休的人员
11月3日	离退休党委组织支委以上党员参观董存瑞纪念馆		退休党员、在职党员共90余名
11月4日	集体生日会	集体过生日 发放生日蛋糕卡	校本部逢80岁寿辰的33位老同志
5月、10月和11月	到平谷教工休养院进行健康休养		5批离休干部和退休人员200余人
12月20日	校机关老同志团拜联欢会		校机关退休人员
12月27日	校本部学院老同志团拜联欢会		校本部学院退休人员
12月28日	离休干部新年联欢会	游艺和联欢 为逢五逢十生日的离休干部过生日	离休干部

续表

时间	活动主题、目的	活动内容	服务对象/参与人员
12月25日	展示阳光心态,增添正能量	北京联合大学老同志2016年新年联欢会 校老教师合唱团、老教师舞蹈团、各学院老教协分会演出	老教师近400人
12月30日	离退休局级干部新年团拜会		离退休局级干部50多人 全体校领导和部分在职局级领导干部出席

北京联合大学离休退休人员工作处2015年慰问和服务工作一览表

时间	慰问对象/服务对象	内容
春节前夕历时一个多月	120名离退休人员	离休老干部、校院老领导及长期患病、生活困难的离退休老同志带去了节日的问候与关怀
6月15日开始	离退休人员	组织离退休人员体检,发放体检卡
纪念中国人民抗日战争暨世界反法西斯战争胜利70周年之际	14名离休老干部	送去了党中央、国务院、中央军委颁发的纪念抗日战争胜利70周年纪念章和8000元慰问金及慰问品
"七一"前后	抗战时期参加革命工作的离休老干部、年龄在85岁以上和党龄满60周年的退休老同志以及特困人员共计80人	通报学校的发展建设成果,并代表学校向他们表示关心和祝福
9月	离退休局级	组织全校离退休局级体检

(康宝成)

机直党务工作

【概况】 机关和直属单位党委负责机关和直属单位的思想建设、组织建设、作风建设、制度建设和党风廉政建设。截至2015年12月31日,共有教职工828人,党员611人(包含离退休37人);机直党委现设7个党总支、5个直属党支部、53个基层党支部。机关党总支党员280人,机关工会会员387人。机关党总支在做好机关党建的同时,指导机关工会围绕广大教职工的切身利益开展工作,支持他们开展各种文体活动,活跃教职工生活,增进教职工相互之间的交流,激发教职工的工作活力。

(张春菊)

【思想建设】 机直党委、机关党总支采取集中学习、自主学习和共建学习相结合的方式,以机直、机关大课堂,机关、支部微课堂的形式,开展形式多样的特色理论学习活动。先后组织开展了"高校基层党建工作创新与实践"等专题报告共三场,参加500余人次。组织"铭记历史 珍爱和平"主旋律观影活动7场2000多人次观影。指导机关党总支、机关工会开展《纪念抗战胜利70周年知识竞赛》活动,参与率100%。机关党总支的《创新学习模式 丰富学习内容 多维度立体化开展机关教职工政治理论学习》项目获学校第二届教职工政治理论学习特色项目一等奖。

(张春菊)

【专题教育】 根据学校相关工作安排,经前期调研,及时制订和发布三期《机直党委"三严三实"专题学习研讨方案》,组织111名处级干部开展学习。先后组织党课学习4场,视频学习李小凡事迹报告会58场,举办了11场专题报告、16场集中学习、3场专题研讨,27名处级干部交流发言。2015年1月组织处级干部民主生活会专题学习交流会和民主生活会15场,指导107位处级干部撰写个人对照检查材料。2015年12月指导所有支部召开专题组织生活会。

(张春菊)

【组织建设】 支部换届工作:指导机关党总支和直属单位党组织开展换届选举工作,编制成《换届工作指导手册》。机关党总支将3个联合支部调整为6个支部,新成立1个联合支部,已有26个支部完成了换届工作。人文社科党总支、基础部党总支、外语部党总支已完成了基层党支部换届工作。支部书记培训：通过"机直大讲堂"，举办"高校基层党建工作创新与实践"培训班暨党支部书记培训。组织总支和支部书记参加校2015年基层党组织书记培训、现场聆听黄百炼教授和许耀桐教授专题报告，并组织支部书记前往中国抗日战争纪念馆、中解阅兵村、APEC会址开展现场教学活动，参与培训达到560人次。"十佳党支部"创建：组织指导2个支部参加2014—2015年度"十佳党支部"创建，双双获得"十佳党支部"荣誉称号。指导4个支部参与2015—2016年度"十佳党支部"创建工作，其中有2个支部被批准创建。支部特色活动包括：指导支部开展"参观冀热察挺进军司令部""参观双清别墅""参观平西抗日战争纪念馆""铭记历史 缅怀先烈 珍视和平 开创未来"系列主题党日活动。党员发展工作：全年共完成13名预备党员转正工作，9名党员发展工作。做好3名入党积极分子备案和12名发展对象的备案工作。

（张春菊）

【作风建设】 为配合《北京联合大学领导班子整改方案》36项任务中的第13条"加大机关作风建设力度，让教职工切实感受到机关作风的变化"项目推进，机直党委将机关作风建设作为党建工作主要内容，通过开展机关作风建设立项，以机关为重点，以22个支部为抓手，狠抓落实，贯穿始终。经过前期调研、中期检查、广泛征求意见，12月17日，机直党委主持召开机关作风建设项目结题暨年终检查交流座谈会，对项目实施情况进行总结汇报，现场听取专家和教师代表对立项工作的意见和建议。同时组织机关各支部书记与专家面对面，听取意见，现场回复。目前已全部完成结题验收工作。通过实践和总结，机直党委申报的"以作风建设项目龙头 夯实基层党建服务平台"项目，获校2013—2014年度党建和思想政治工作优秀成果、创新成果三等奖。

（张春菊）

【党风廉政建设】 组织机关和直属单位教职工代表30人参加"北京联合大学纪检监察制度宣讲团"宣讲会。组织机直党委处级干部100余人观看《"小官巨腐"警示录》。组织党风廉政建设宣传教育专题活动16场，机直党委各党总支委员、各支部委员150人参加韩强关于学习贯彻《中国共产党廉洁自律准则》和《中国共产党纪律处分条例》的专题辅导报告。大家在自己学深学透的基础上，带动责任范围内的党员干部学习和把握。

（张春菊）

【机关工会工作】 指导机关工会，组织、筹备召开机关第一届"双代会"第三次会议和机关第二届"双代会"第一次会议。顺利完成大会选举换届工作。召开26场座谈会，圆满完成《机关年终考核绩效奖励实施办法》和《机关工会所属单位奖励津贴分配方案》的绩效工资发放工作。举办"唱支歌儿给党听"七一主题活动。开展了"愉悦身心 传递微笑"机关教职工趣味运动会12场；喜迎30周年校庆机关教职工书法、摄影作品征集及培训活动，工会会员100%参加；机关工会获校教职工广场舞一等奖、"迎六一——记录幸福瞬间"摄影作品征集、教职工健步走等活动，积极开展"十送"温暖活动。

（屈文超）

【科学研究】 完成校级党建课题《加强作风建设 提升服务效能》，编著《高校机关作风与效能建设探索与实践》已出版。

（张春菊）

【评选和推优】 开展先进典型评选工作。在机直党委范围内开展"支部书记巡礼"和"身边好榜样 传递正能量——机关'身边的榜样'"活动，已推出8位同志的宣传报道。开展"七一"评优工作。组织推荐先进基层党组织6支、优秀共产党员9名、优秀党务工作者6名参评校2013—2015年度评优工作，并编印事迹册。组织推荐校级优秀教师10名，优秀教育工作者9名参与校2011—2015学年度校级优秀教师和优秀教育工作者评选工作。

（张春菊）

档案（史志）工作

【概况】 学校的档案和史志工作由档案（校史）馆负责。2015年，档案（校史）馆有工作人员13人，其中馆长1人，副馆长2人；有档案库房219.5平方米，其中文书档案库房92平方米，会计档案库房71.5平方米，人事档案库房56平方米；另有阅档室12平方米和校史展馆276平方米。2015年，学校的档案和史志工作稳步推进，质量不断提升，档案（校史）馆积极开拓渠道提高服务水平保证档案工作质量，通过加强宣传教育提升档案意识和业务水平，加快综合档案库房建设进度改善馆藏条件，多方学习改进寻求更佳的展馆服务，多角度多形式挖掘校史发挥文化宣传作用。在学校领导的大力支持和各学院、各部门的积极配合下，续编校志工作圆满结束，年鉴编纂工作喜结硕果，四本集选编纂工作得以同时推进。

（姜素兰 吴中平）

【档案管理】 至2015年底，校档案馆馆藏档案

103374卷,包括文书档案、科技档案、专门档案、财务档案、人事档案,其中永久、长期(30年)档案33930卷;照片8179张,光盘131张。

校档案馆负责接收学校机关各部门、各直属单位和8个处级学院的档案,并进行归档指导工作,同时监督协调应用文理学院、师范学院、商务学院、生物化学工程学院、旅游学院、继续教育学院6所副局级学院的档案工作。本年采取多项措施促进归档工作:个性问题立即解决,共性问题研究解决;对归档中出现的问题早抓早解决;上门培训、电话业务指导归档工作;建立每个单位的归档情况联系本,记录归档问题,留作备查和个性提醒。2015年共接收文书档案1486卷,科技档案37卷,会计档案1802卷,光盘档案24盘,实物档案(教材)74件;接收人事处移交的教职工考核表、职称评审及教职工发展入党、学历晋升等等散材料计1643件;归档新入职教职工档案60人(60卷)。

提供文书档案查(借)阅960卷次(其中查阅档案664卷次、借阅档案296卷次),接待教职工262人次,接待毕业生621人次;出具各类证明398份。提供会计档案利用服务29人次、410卷次。提供人事档案查、借阅服务100人次、101卷次。

应用文理学院接收文书档案311卷、财务档案1210卷(其中2005—2008年财务档案1133卷、1986—2011年工会财务档案77卷),提供查(借)阅服务97人次、330卷次。师范学院接收各类档案602卷,提供利用810人次、511卷次。商务学院接收各类档案503卷,提供利用205人次、690卷次。生物化学工程学院接收各类档案489卷、荣誉证书4册、实物档案6件,提供利用116人次、341卷次。旅游学院接收文书档案77卷,提供利用49人次、83卷次。继续教育学院接收档案78卷,提供利用21人次、36卷次。

(姜素兰 吴中平 张远利)

【档案综合实验室建设】 档案综合实验室建设项目进入收尾工作,通过对实验楼地下库房的实地踏勘考察并综合档案业务要求提出使用需要,洽商优化设计方案,协调处理库区建设中产生的问题,先后12次向相关部门提交完善建设的意见书。同时跟进档案密集架采购项目,经过多次现场测量及修改图纸规划后,以公开招标的方式采购各式密集架共计654节,用于11间档案库房,以满足档案(校史)馆未来10年的库存档案的增长需求。完成北京联合大学文件档案一体化管理系统所需硬件建设和配套机房建设工程。

(姜素兰 吴中平 张远利)

【档案信息化建设】 本年加大档案信息化建设力度,引进"北京联合大学文件档案一体化管理系统软件"并开始分阶段进行软件的开发和利用,托管服务器数据库以保证档案数据的安全,实现对在校生学籍系统部分内容的数据对接。

(姜素兰 吴中平 张远利)

【校史馆服务管理】 2015年,校史馆共接待校内外参观2608人次,其中,校庆日前后两周接待参观858人次,接待一年级新生参观802人次。

为更好地提供讲解服务和配合10月的集中校庆活动,调研多所高校培养学生讲解员的经验,加快讲解员团队建设并初见成效,共培养可不同程度完成讲解任务的学生讲解员11名,其中2名讲解员参与校友返校日当天的参观讲解。同时,更新和补充展厅内容,更换局部版面,对全部展厅墙面、展架等进行维护修缮。

(姜素兰 王岩)

【年鉴编纂】 档案(校史)馆承担的年鉴编纂工作包括为《北京教育年鉴》提供组稿和编纂学校年鉴。

按时间和质量要求为《北京教育年鉴(2015)》报送组稿2.7万余字(其中条目59条)、图片12张。

2015年,不同进度的在编学校年鉴共4卷,分别为2012卷、2013卷、2014卷和2015卷年鉴。其中,2012卷,即《北京联合大学年鉴(2012)》是学校的首本年鉴,于3月由北京大学出版社正式发行,全书718千字,设置概况、特载、重要文件、机构与队伍、主要工作、毕业生名录、表彰与奖励、人物、大事记、重要学术报告会一览、媒体报道11个栏目;2013卷,即《北京联合大学年鉴(2013)》于5月由北京大学出版社正式发行,全书741千字,与2012卷栏目设置相同。

对2014卷年鉴,1—4月进行的主要是审阅和校核等统稿工作。4月,完成2014卷年鉴的修改调整,并送出版社。7—12月,先后校核出版社三次返稿,核实文字修改、内容问题和排版错误。

2015卷年鉴的组稿工作于6月初启动。为了方便供稿单位撰写和整理资料,在2014卷年鉴组稿文件基础上,修改组稿文件内容。同时,为了更好地满足年鉴使用单位需求,微调年鉴的框架结构和栏目设置,删除"重要学术报告会一览"栏目,增设"北京联合大学2014年各项统计数据"栏目,在"科学研究"栏目增设"科研机构"子栏目。

(姜素兰 王岩)

【续编校志工作】 校志·学院篇于6月初正式发行。至此,接续1978—2000年校志,编纂2001—2010年校志的工作全面结束。2001—2010年校志分为学校篇和学院篇,共2700千字,学校篇已于2014年出版。此次出版的学院篇是2001—2010年校志的下篇,记述2001—2010年学校的15所学院和期间撤销的5所学院及廊坊分校的办学历程。该书共16章,1800千字,16开,印数2000册,由北京大学出版社出版。学校于2011年5月启动校志编纂工作,学院篇编纂历时四年,期间经过数轮修改,先后有200余人参与试写样稿、撰写初稿、审核定稿和编辑修改等各阶段工作。档案(校史)馆承担学院篇部分章节的编写、稿件的整理、编辑排版、校核修改和送印后的核校等工作,于2014年2月形成定稿送交出版社,2014年1—4月进行的是出版前的4轮出版社返稿。

(姜素兰　王岩)

【文集文选工作】 2015年有4本文集文选同时在编,分别为《李煌果文选》《李敬文集》《朱耀廷文集》和《张玉如文选》。

《李煌果文选》于3月由北京出版集团公司和北京出版社出版,全书208千字,收录图片21张,16开,印数3000册。

《李敬文集》和《朱耀廷文集》由档案(校史)馆牵头,分别与机电学院和应用文理学院合作编纂,学院负责基础资料的收集和整理,档案(校史)馆负责文稿的编排、文图的校核以及出版事宜。《李敬文集》于10月由北京出版集团公司正式发行,全书201千字,收录图片22张,16开,印数3000册。李敬老师是机电学院教师,曾连任四届北京市人大代表和两届朝阳区人大代表,为九三学社社员。《李敬文集》是《足迹——北京联合大学文库》收录的第一位教师的文集,全书分为5个部分,收录了李敬老师任北京市人大代表时所提的议案、建议、批评和意见,个人撰写的报告、讲话、文章及媒体对他的新闻报道等。8月,送交《朱耀廷文集》稿件至北京出版社,出版社排版审校后,送北京市新闻出版广电局、国家新闻出版广电总局、国家民族事务委员会审稿。

《张玉如文选》稿件已送交出版社,送稿字数近16万字,收录图片22张,于12月底出版。

(姜素兰　王岩)

【校史研究】 2015年档案(校史)馆开展的校史研究包括参与校庆系列活动、编辑校史画册、编写校史读本和组织校史相关征文活动。

在校庆系列活动中,档案(校史)馆先后组织召开全校校庆工作布置会和推进会、协调推动校庆系列活动的开展、配合宣传部完成校庆标识和网站的征集评选、编写校庆知识竞赛题目。

校史画册是校史馆陈列内容和形式的重要补充,定位为可以移动的校史馆。画册于7月印制完成,分为求是篇、致用篇和展望篇,其编辑工作历时一年半,经历大小修改20余次。

校史读本于6月形成初稿8万字。7—11月,编撰人员进行素材的深入挖掘和数据的核实工作,11—12月广泛征求领导、专家的意见,根据征集到的意见将校史读本更名为《北京联合大学校史纲要读本》。

5月,《北京教育志》编纂委员会与《北京日报》副刊部联合举办"我的校园记忆"征文活动结果揭晓,学校被评为优秀组织单位;3位校友被评为优秀个人。该征文活动于2014年启动,由档案(校史)馆具体组织,共报送校友、在职及退休教师撰写的征文30篇。

(姜素兰　王岩)

图书馆服务

【概况】 北京联合大学图书馆即校图书馆,馆舍面积15573平方米,在建馆舍设计建筑面积10000平方米。包含北四环校区、蒲黄榆校区、白家庄校区、昌平校区、北苑校区。下设流通部、阅览部、信息部、采编部、系统部、白家庄分部、蒲黄榆分部、昌平分部、办公室9个部门。图书馆领导班子由馆长程雨琴、党总支书记翟金忠(11月刘坚力退休离任,12月21日翟金忠起任)、副馆长王建远、副馆长李九丽、副馆长汪明骏(11月23日起任)5人组成。全馆在编职工67人、编外职工2人。

(刘立平)

【馆藏资源建设】 校图书馆组织完成2015年市财政专项328.89万元"人才定额-图书购置"项目,采购中文图书8.37万册。2015年,全校共采购中外文纸质新书9.25万册,使用经费464万元。订购印刷型中文报纸100份、中文期刊1360份、外文期刊49种。2015年图书馆数字资源经费386.744万元,购买中外文数据库平台26个。机构知识库包括联大期刊论文库,联大硕士学位论文库,联大学生作品库。

(高翔　杨静　赵源)

【读者服务】 校图书馆一贯秉承"读者第一、服务至上"的办馆理念开展读者服务工作。为了满足学生在馆学习的要求,延长开馆时间,周一至周日7:30—21:30开馆,每周五15:30—21:30闭馆,周开馆达92小时,提供的每周与读者面对面服务时间达到了77.5小时。增加了寒、暑假期间图书馆开放次数,延长小长假开馆时间。图书馆电子阅览室为读者提供网络资源、数字资源、电子资源利用。2015年全年接待上机人数11989人次。

(杨静　沈鑫)

【馆际互借】 截至2015年底,校本部图书馆馆际互借服务注册人数219人,使用人数377人;发送请求216份,接收请求69份;在北京高校图书馆BALIS组织的2015年馆际互借服务评比中,近80多家高校图书馆参评,学校图书馆位居22位,获得了由北京高校图书馆文献资源保障体系(BALIS)管理中心颁发的"馆际互借服务集体三等奖",史丽英被评为"馆际互借服务先进个人"。原文传递注册读者共计925名,共有390篇文献提供和请求。陈几香被评为2015年度"原文传递服务先进个人。"

(沈鑫　赵源)

【新馆配套项目建设】 2015年"设备购置——图书馆新馆书架购置"新馆配套项目实施完成,855节手动密集架、684节智能密集架安装在图书馆新馆地下二层,48节4层双面书架、686节6层双面书架、40节6层单面书架安装在新馆地下一层、地上二层和三层,预计藏书100余万册。北京市财政专项"北京联合大学设备购置——图书馆新馆阅览桌椅及其他设备购置(新竣工楼配置)"于2015年3月获批,项目金额为157.666万元,2015年11月基建完工后开始实施,共购置28种1274件设备,包含阅览桌、边桌、阅览椅、数字共享桌等。

2015年校图书馆继续组织实施四个新馆配套建设项目。一是《RFID借阅智能化服务系统》,完成16万册图书的RFID标签加工工作。二是《智能信息化自助服务系统》,1—3月,安装座位预定系统设备、调试软件、粘贴桌牌。4月老馆的座位预定系统试运行。5月正式上线。三是《新馆数据资源中心建设》。项目按照学校资源共享和资源整合的要求和精神,图书馆将数据中心设在网络中心机房,由网络中心进行统一规划和管理,图书馆系统部会同网络中心确定储存空间分配方案、服务器应用分配方案、图书馆自动化系统集群方案、IP地址分配方案、服务器和桌面虚拟化实施方案、存储双活设计方案等。目前已上线的虚拟服务器7台,供学生使用的虚拟桌面100个,供馆员使用的虚拟桌面30个,采用按部门分组方式组织。虚拟桌面的应用有效地解决了昌平校区、特教校区、机电校区的北邮软件升级效率以及版本不统一问题。再不需要各个校区、各个工作机分别安装,只需在服务器端一次下发,各个工作机上的软件即可保持统一。四是《馆际互借及联合编目系统》。为了满足图书馆日益发展、追求资源发挥最大效益的需要,更为了满足广大师生文献共享、获取更方便的使用需求,自2014年5月开始,由北京联合大学校本部牵头,商务学院、生化学院、文理学院、师范学院共同参与的联合编目统借统还项目正式启动。截至2015年底,共计完成了81万册图书数据的回溯再加工,大约120万册图书实现了编目数据的统一,全联大图书馆新书统一索书号、统一排架,为下一步实现北京联合大学校本部、商务学院、生化学院、文理学院、师范学院图书馆图书的统借统还奠定了基础。

(赵源　赵庆龄　杜建萍　高翔)

【读者信息素养教育】 2015年图书馆组织各类型读者培训17场,累计参训3540人次。"图书馆信息通识教育"已纳入各学院新生入学教育环节,本年信息学院、自动化学院、管理学院、旅游学院及研究生新生共1990人参加培训;图书馆馆员系列业务培训计划首次推出,信息部牵头负责完成"数字资源与服务系列讲座"3讲课程;"专家和你聊"真人图书馆讲座2场,分别是中国图书馆学会阅读与心理健康委员会主任王波博士主讲的"阅读与大学生心理健康"和学校知名教授孙建京主讲的"似水年华,书香为伴——欧洲归来话读书",共有480人次参加活动。新东方学校老师参与的外语学习指导活动是很多同学的最爱,三次培训得到应用科技学院、广告学院、北苑校区700名同学的欢迎和好评。为毕业班同学、培训班学员、国际交流学院老师所做的专题培训,较好地满足了读者的特殊需要。留学生文献检索培训,首次尝试英文授课,深受学生和外教老师欢迎,馆员自身能力也得到锻炼。

(赵源)

【教学科研服务】 2015年的学科服务以管理学院为主要对象,收集整理了学院的人员、机构信息;搜集整理了WOS收录的企业管理、企业经济类期刊105种;建设完善了管理学院libguides学科资源导航平台建设,包括主页、研究支持、查找期刊、查找学位论文、学习社区等5个页面。

图书馆3位老师参与了嵌入项目过程的研究咨询服务,承担相关文献检索、研究综述撰写等工作。

对学校教师在CNKI、WOS、EI及"C刊"的论文发文、学科领域分布、基金领域分布情况进行统计分析,为校科研处提供科研信息支持。

检索联大教师2012—2014年论文被CSSCI、CSCD收录信息980条,并导入北京联合大学期刊论文数据库系统。

分析整理联合大学专业技术人员信息、部门机构信息,制定科研成果抓取策略,起草机构知识库建设规划方案,为北京联合大学机构知识库建设做好充分准备。

(赵源)

【读者宣传服务月】 2015年3月31日"书香联大——书香飘满校园,阅读伴随梦想"读者宣传服务月活动启动,4月30日结束。开展了"读书之星"表彰、知识竞猜、图书漂流、新书荐购等活动。

2015年3月31日,读者宣传服务月启动仪式暨"读书之星"现场表彰。图书馆馆长程雨琴主持启动仪式,乔东亮副校长亲临活动现场并讲话。图书馆总支书记刘坚力宣读了对100名当选2014年度"联大读书之星"同学的表彰决定。中国图书馆学会阅读与心理健康委员会主任王波博士,以"阅读与大学生心理健康"为题,做专题讲座。

知识竞猜。北四环校区和机电校区图书馆举办了"激情阅读,快乐猜谜"和"我爱古诗词——经典诗词集锦竞猜"活动。

"好书我先看"新书展。校图书馆采编部组织的新书推荐,让学校师生享受了足不出校即可零距离选订新书的便捷,3天的现场展示共收到推荐书单70张,选书306种。流通部、采编部联合开展的未上架新书集中展示活动,4月10—17日共展示政治、经济、文化、科学技术、英文读物等类型的新书近千册,活动期间的图书借阅量是平时的2倍。

图书交换大集。图书馆自2010年起开展的图书交换大集活动借鉴了图书漂流基本思想,6年来该项活动覆盖校区越来越广、参与者热情越来越高、书籍交换数量越来越多、持续时间越来越长。今年共收到捐书约2500册,1200多本图书找到了新主人,为支持"联大文库"建设,学校教师还向图书馆捐赠个人撰写出版图书78册。

图书馆服务宣传。今年BALIS馆际互借和原文传递服务的共享服务宣传在四个校区同时进行,通过发放宣传材料、现场答疑、注册登记、操作演示的方式,让更多读者对BALIS馆际互借的自取自还服务和原文传递"一站式免费获取所需文献"服务有了全面的了解和认识,很多同学和老师现场登记注册。

阅读推荐与交流。图书馆首次推出推荐图书阅读征文活动。推荐图书79本,选自2014年联大教师推荐书目、全国著名高校校长推荐书目和部分优秀畅销书目。在阅览部和各分部老师们的积极宣传与推荐下,同学们积极参与、踊跃借书,87名同学撰写了读后感(其中北四环47篇、机电9篇、昌平12篇、蒲黄榆19篇)。

(赵源)

【信息化建设】 2015年3月将运行于sybase数据库上的melinets升级至oracle数据库。3—5月期间进行数据的导出和梳理。6月进行服务器端软件的安装和数据导入。更换了流通部、采编部、阅览部、昌平校区、机电校区、特教校区的客户端软件,协调人员解决升级后出现新生读卡问题、数据同步问题、与校门户及Calis统一检索中心等系统的接口问题等。

(杜建萍)

【开发微信图书馆】 为了更好地实现与读者的沟通和交流,方便快捷地传递图书资源信息,提高读者的服务体验,我部以微信公众平台为依托,结合我馆melinets系统进行二次开发,于读书月到来之际推出了联合大学微信图书馆。主要服务功能包括:"我的借阅""书目查询""新书推荐""通知公告""资源动态"等。借助微信公众平台,读者可以随时随地地获取所需要的任何信息,通过文字、图片、语音与图书馆员全方位沟通和互动,扩大图书馆的信息交流和文化宣传服务。

北京联合大学微信公众平台的建设为我馆开拓了服务的利器和创新的空间。后期,我们将不断补充完善其功能,使其更好地服务于广大师生读者,提供有效的知识服务。

(杜建萍)

【馆际交流合作】 2015年4月1日,图书馆由程雨琴馆长带队一行7人先后到北京服装学院、中华女子学院图书馆调研,就图书馆新馆建设项目、人员配置及图书管理方面进行交流;4月2日由王建远副馆长带队一行4人到北京工业职业技术学院图书馆调研,主要学习了新馆建设——阅览设备及书架购置项目的申报、实施及验收经验;4月17日,校图书馆蒲黄榆分部全体人员在李九丽副馆长带领下前往盲文图书馆参观学习;9月17日,校图书馆一行11人在程雨琴馆长带领下到对外经济贸易大学图书馆进行了调研并参观了馆舍,针对图书馆图书管理和人员配置等方面进行了深入交流。

6月12日,信息部3人参加"拓展资源空间、践行学科服务"研讨会,学习学科服务方面的实践经验,对本馆开展学科服务有了新的思考;6月23—25日,程雨琴馆长和信息部赵庆龄参加面向"十三五"文献情报服务能力建设研讨会,为"十三五"时期图书馆新馆功能定位并规划好发展目标做准备;7月13—17日,图书馆一行19人在国家图书馆参加信息时代图书馆读者服务工作培训;11月20日,王建远副馆长带领信息部教师一行4人参加北京师范大学组织的高校学科馆员培训;12月8日,生物化学工程学院图书馆组织讲座,由首都医科大学图书馆黄芳副馆长主讲,有关文献计量及馆员职称评审方面的内容,校图书馆10余人聆听讲座。

(赵庆龄)

【党建工作】 校图书馆党总支共有中共党员26人。2015年11月党总支书记刘坚力退休,12月21日翟金忠任党总支书记。下设4个党支部,第一党支部书记樊晓兵、第二支部书记关晓明、第三党支部书记赵源、第四党支部书记杜建萍。按照党的群众路线教育实践活动要求,认真落实校图书馆作为主责单位的"拒绝占座,文明阅览"整改项目。强化"一岗双责",认真落实党风廉政建设责任制,在新馆项目申报与执行过程中强化对参与项目的工作人员进行反腐倡廉教育和检查,做到对项目集体研究决策,党政共同抓落实。深入开展"三严三实"专题教育活动,组织全体党员观看反腐倡廉教育警示展览,组织开展教职工政治学习,进行形势政策教育。把维护图书馆安全稳定、建设平安图书馆放在重要位置,编制《2015年维护安全稳定工作责任书》和《2015年消防安全责任书》,从馆领导到部门负责人,再到馆员层层签订责任书,全员参与,确保图书馆稳定和安全。

(翟金忠)

【搞好换届选举,履行工会职能】 2015年6月16日,校图书馆成功召开第四届教职工暨工会会员全体大会,会议听取图书馆第三届工会委员会工作报告,选举产生图书馆第四届教职工暨工会委员会,王建远、关晓明、张旭、赵庆龄、易路曦、李元稚、贺卓;7月3日召开全体职工大会,通过校图书馆2015年奖励津贴评奖及发放工作。10月16日召开全体职工大会,选举产生图书馆出席校第四届教职工暨工会会员代表大会"双代会"代表,李九丽、王建远、关晓明、程雨琴。图书馆工会认真履行工会职能,较好地发挥了职工大会在维护教职工权益和图书馆稳定中的积极作用。

(王建远)

【落实教职工健康幸福工程】 为树立教职工"体育健身、快乐参与、播种幸福、共创和谐"的健康工作理念,积极参与学校各文体协会的书法、摄影、广场舞大赛、乒乓球比赛等活动,满足职工不同兴趣的选择,增进相互了解。2015年组织参加北京联合大学教职工广场舞比赛。图书馆代表队由20人组成,获得二等奖。

(王建远)

医疗服务

【概况】 北京联合大学校医院(门诊部)是在朝阳区卫生局备案的一所非营利性质综合门诊部,是北京市医疗保险定点医疗机构。同时还负责蒲黄榆、白家庄、昌平、北苑四个校区医务室的全面管理工作。截止到2015年12月底有在职职工26人,其中卫生技术人员21人(副高以上职称5人,中级职称14人,初级职称2人)其他行政管理及专业技术人员5人;返聘人员13人。门诊部设有内科、外科、中医科、口腔科、妇科、预防保健科、急诊室、西药房、检验室、B超室等业务科室及院综合办公室,全年开展普通门诊、急诊、护理、检验、彩超等医疗技术服务工作。

2014年12月,经学校第30次校长办公会研究决定,"北京联合大学校门诊部"更名为"北京联合大学校医院"(简称"校医院");2015年5月,经校四届党委第97次常委会讨论通过,校医院的行政级别由副处级单位变更为正处级单位。

(高燕)

【日常医疗服务】 2015年校医院及四校区医务室全年门急诊总量23801人次。其中校医院门诊14863人次,急诊1748人次,外出急诊25人次,抢救危重患者19例;四校区医务室门急诊总量7190人次,急诊34人次。药房处方12510人次,全年进药162次,药费金额714833.67元;化验室完成各项检验合计12212人次;护理全年完成10816人次。

2015年4—5月完成毕业生体检4173人,9月完成新生体检4042人,运动员赛前体检186人次,配合体检机构完成教职工健康体检2563人。

(高燕)

【预防保健和健康幸福工程】 传染病防控:处理校内传染病12例,其中水痘9例、肺结核3例。PPD(结核菌素试验)人数1715人,其中强阳性反应49人,有40人接受预防性药物治疗。对结核病患病学生密接筛查35人,指导宿舍消毒11次。全年为学生接种乙肝疫苗515人次,甲肝疫苗303人次,流感疫苗1人次,组织水痘学生密切接触者应急接种水痘疫苗3人次。

健康幸福工程:全年共举办专家进校区健康咨询活动7次,健康知识讲座3次,校医院聘请市级三甲医院专家进校区开展健康咨询活动5次,继续与特教学院、校工会联合开展保健按摩活动,为教职工提供保健按摩服务,全年共计300余人次。

在3月24日世界结核病日开展以"你我共同参与、依法防控结核"为主题的大型校园宣传活动;在12月1日世界艾滋病日开展以"行动起来,向'零'艾滋病迈进"为主题的大型校园宣传活动。

(高燕)

【专业技术人员继续教育】 2015年3月,校医院向朝阳区卫生技术人才分中心申请获得了医技人员继续教育自管学分颁发资格,本年度聘请校内外专家组织培训学习20次,卫生技术人员均完成继续医学教育课程的学习并通过年终审核注册。卫生专业技术人员全年共发表医学论文5篇。

(高燕)

【医疗保险和公费医疗】 学校2015年全日制本科生、研究生仍然实行"公费医疗"就医政策,高职学生实行"社会医疗保险"政策。在职教职工、离退休人员实行"社会医疗保险"政策。校医院和财务处共同负责医疗保险和公费医疗工作,校医院负责审核学生医疗报销单据,财务处负责学生的公费医疗报销和教职工的医疗保险报销。

2015年,校医院严格执行"公费医疗"和"医疗保险"等相关规章制度,每月按时向朝阳区卫生局上报各项统计数据,全年共审核学生公费医疗报销约1600人次。

（高燕　朱莉）

【校区医务室工作】 2015年度,四校区医务室门诊量7190人次,比2014年增加3070人次,急诊34人次,全年无差错事故发生。完成校区内各种服务保障18次,健康咨询5042人次,昌平、白家庄、蒲黄榆校区医务室配合完成该校区毕业生体检、新生入学体检3388人。昌平校区确诊肺结核2例、水痘1例、手足口病1例,对肺结核密切接角者72人进行结核菌素试验,3名强阳性学生接受预防性药物治疗。白家庄校区医务室通过新生入学体检及日常门诊中发现的情况,建立了学生重病、大病档案,筛查出心脏支架、肝癌术后、先心病术后、Ⅰ型糖尿病、重度抑郁、精神疾患等学生16人,分别予以个别指导和定期复查。

（高燕）

党群工作

组织工作

【概况】 截至2015年底,校党委下设二级党委15个,直属党支部1个;共有党总支41个,基层党支部344个,其中在职教职工党支部188个,本科生党支部75个,研究生党支部6个,混合学生党支部14个,师生混合党支部3个,离退休党支部58个。

全校共有党员5249人,其中正式党员4421人,预备党员828人。在职教职工党员1981人,占在职教职工总数的66.50%,其中35岁以下青年教师党员比例为76.60%;学生党员1880人,占学生总数的7.74%,其中本科生党员1672人,占本科生总数的8.27%,研究生党员117人,占研究生总数的38.61%;离退休党员1365人。

全年共发展党员729人。发展教职工党员20人,发展学生党员709人,其中本科生618人,研究生23人,高职生68人。全年共发展入党积极分子3846人,其中教职工41人(其中离退休人员2人),学生3805人。全年共出党2人,均为取消预备党员资格。全校共办理组织关系转出1217人次,转入431人次。

全校共有处级以上干部353人,其中局级干部18人,处级干部335人,其中处级实职干部327人,非领导职务8人。处级实职干部中,正处级113人,副处级214人;女干部168人,占51.37%,45岁以下的152人,35岁以下17人;民主党派14人,无党派18人,党外干部占10%;具有博士学位的处级干部有50人,具有硕士学位的有180人,具有正高职称的有76人,副高职称的有107人。

2015年,新成立2个二级党组织,撤销1个二级党组织,共3个二级党组织开展换届选举工作。

2015年,处级干部轮岗交流40人,提任5人。开展民主推荐7次,竞争上岗1次。

2015年,共有2名人员获评高级政工师职称。2个个人项目获得市委组织部优秀人才培养专项经费资助。

2015年学校组织工作全面贯彻落实党的十八大及十八届三中、四中、五中全会精神,深刻领会习近平总书记系列讲话精神,准确把握和适应组织干部工作新常态,紧紧围绕学校中心工作,以"三严三实"专题教育为契机,切实加强干部队伍综合素质和能力建设,加强基层党组织和党员队伍建设,加强党校培训和党建研究的职能建设,做好统战工作,出台《2014—2018年北京联合大学党员教育培训工作实施方案》《关于做好部分二级党委换届选举工作的通知》《2015年北京联合大学基层党建工作述职评议考核实施方案》《北京联合大学2015年"三严三实"专题民主生活会方案》《北京联合大学干部工作领导小组会议事规则(试行)》《北京联合大学二级单位和处级干部2015年度考核工作方案》,为学校各项事业发展提供坚强的思想、政治和组织保证。

(李霞)

【教育实践活动专项检查】 对教育实践活动整改落实情况开展全面自查,接受市委第四检查组对学校的专项检查,整改落实工作得到上级肯定。

(李霞)

【"十三五"时期党建规划编制工作】 牵头组织编制"十三五"时期党建工作专项任务实施方案,组织相关部门开展调研,召开务虚会,初步完成党建工作专项任务实施方案的编制工作。

(李霞)

【基层党组织示范引领作用】 开展2014—2015年度"十佳党支部"中期检查和评选表彰,启动2015—2016年度"十佳党支部"创建工作。开展2013—2015年度先进基层党组织、优秀共产党员、优秀党务工作者的评选表彰。召开庆祝建党94周年暨七一表彰大会,编印《事迹册》《光荣册》《交流材料》,进一步发挥示范引领作用。应用文理学院开展的"校地共建、服务社区"项目在北京高校组织部长会议上做了宣传报道。

(李霞)

【党员队伍建设】 制定年度发展党员计划指导意见,下达发展指导数733个;实行入党志愿书编号管理制度,指导检查发展党员计划执行和督促预备党员备案工作;召开发展党员专题工作会;开展专项检查,抽查

10%的发展党员材料,聘请校内外专家进行评审;开展高层次人才中发展党员工作的专项调研,建立高层次人才党员台账。

组织各二级党组织对照《中国共产党发展党员工作细则》全面自查,重点检查2015年以来新发展党员情况;接受市委教育工委的专项检查,共建立21盒档案资料,学校贯彻实施情况得到了检查组的肯定。

开展党员信息库的更新和维护;完成毕业生党员组织关系管理情况调查;组织开展"共产党员献爱心"捐款活动;结合年底基层组织生活会开展了民主评议党员工作。制定《2014—2018年北京联合大学党员教育培训工作实施方案》,指导制定《学生党员先锋工程实施计划》并督促实施;加强党员教师在线学习,人均学时在北京高校排名第二。

(李霞)

【党内民主建设】 开展二级党委换届情况调研,共有8个二级党委已延期换届。下发《关于做好部分二级党委换届选举工作的通知》,开展换届程序培训,指导二级党委开展换届选举工作。师范学院、生物化学工程学院、管理学院顺利完成换届。

(李霞)

【党建工作调查研究】 接待市委教育工委来校调研基层党建工作;开展兄弟学校间的工作调研;完成《党组织设置隶属树状图》和调研评估报告;做好党建课题申报,获批北京高校党建研究会课题。

(李霞)

【党校工作】 组织38名年轻副处级干部到甘肃白银开展了为期8天的学习培训,并召开总结交流会,探索了学校处级干部培训的新模式。与培训中心共同承接白银招商引资干部在北京联合大学基地的培训工作。

(李霞)

【培训】 开展基层党组织书记培训班,覆盖全校260余名基层党组织书记;组织优秀基层党支部书记赴山东沂蒙革命老区开展专题党性教育。举办第一期教职工发展对象培训班,对全校教职工发展对象培训工作进行了规范。举办部分党代表培训,参观抗战纪念馆,激发党代表为学校事业发展履职尽责的热情。

(李霞)

宣传工作

【概况】 北京联合大学党委宣传部按照北京高校宣传教育工作要求和学校党委年度工作要点,以深入学习宣传贯彻党的十八大、十八届三中四中五中全会精神和习近平总书记系列重要讲话精神为主线,以提高学校教师队伍思想政治素质和育人能力为基础,以增强宣传思想工作效能为重点,以提升新闻宣传的影响力和贡献力为抓手,以打造"原创联大"校园文化精品为载体,着力巩固全校师生建设首都人民满意的应用型大学的共同思想基础,积极为学校各项事业发展提供强有力的思想保证、舆论引导和精神动力。

(郭玲娜)

【理论学习】 校党委中心组理论学习在专题设置上突出理论前沿、制度解读、科学决策和党性锤炼,参加人扩大到全校副处级以上干部,全年共组织集中学习10次。为理论中心组成员提供《中共中央关于制定国民经济和社会发展第十三个五年规划的建议》《建议》辅导读本和《建议》学习辅导百问等学习资料。《人民政协报》《中国社会科学报》《学习时报》《北京日报》《环球时报》等知名报刊、网络刊登学校党员干部、教职员工政治理论学习体会领悟30余篇,比上年增加15%。

教职工政治理论学习强调以评促学、学研结合、学以致用、研以致用,成效明显。印发《北京联合大学教职工政治理论学习计划》,组织第二届"教职工政治理论学习特色项目"评审活动,来自学校7个单位的10个特色项目负责人参加了现场答辩。最终评选出一等奖1项、二等奖3项、三等奖3项。在校报3版连续对第二届教职工政治理论学习特色项目获奖成果进行展示。启动2015年教职工政治理论学习优秀项目和优秀案例的申报培育工作,各单位申报优秀项目4项,申报优秀案例13项。组织开展了2015年党建和思想政治教育课题的立项评审工作,共收到课题申请书45份,申报人覆盖11个学院、7个校机关和直属单位,最终有12项课题获批校级课题。组织开展2013—2014年度学校党建和思想政治工作优秀成果、创新成果的申报评选工作。组织开展了2015年北京市哲学社会科学教学科研骨干研修班学员的报名工作,共组织督促学校14名干部、教师分5期参加了相关研修专题的学习。

经校党委宣传部组织申报推荐工作,师范学院党委副书记张奕获得"北京市第十二届优秀思想政治工作者"称号;校人文社科部主任韩强获得第六批"首都市民学习之星"称号,被市委讲师团聘为北京市理论宣讲示范基地志愿服务团专家,对口支援服务示范基地建设;校党委宣传部安娣、广告学院团委书记何侃侃申报的2015年北京高校宣传思想工作专项课题获准立项。根据市委宣传部相关工作部署,组织推荐学校4位教授参与申报2015年度北京市宣传文化系统高层次人才培养资助项目,推荐学校韩强教授参评北京市

"高创计划"哲学社会科学和文化艺术领军人才。

(郭玲娜)

【思想政治建设】 以青年教师政治理论研习营为平台,通过专家辅导、专题征稿、参观实践、社会调研等形式,强化学习把握党的理论创新成果,加强青年教师思想政治工作。组织来自旅游、信息、机电、自动化、应用科技等学院的青年教师代表一行9人赴北京博维航空设施管理有限公司参观考察行李系统模拟平台,拓宽学术视野,增强问题意识。组织开展2015年青年教师优秀社会调研成果立项申报、专题培训、专家评审、公示、推荐上报等工作,来自8个单位的34名青年教师参与立项申报,经专家评审推荐10项参加教工委评审,最终有2项成果获得优秀调研项目一等奖(每项资助10000元),7项成果获得优秀调研项目二等奖(每项资助5000元),学校获评2015北京高校青年教师社会调研工作优秀组织单位。在校报理论·专题版开设"青年教师优秀社会调研成果"巡礼,分7期连续刊发获得2014年北京高校青年教师获奖社会调研成果。

组织"弘扬抗战精神,寻找红色故事"主题征文活动,收到来自14个单位的作品126件,经组织专家评审,评选出获奖作品38件,优秀组织单位7个。优秀稿件在校报进行刊登。校报3版以积极培育和践行社会主义核心价值观为主题刊发3期共8篇学生的学习体会文章。组织开展主题为"联大成立30年:说变化,展未来"的第四届"我与联大共奋进"宣讲活动,共同铸就"同一个联大 同一个梦想"。制作《我与联大共奋进》宣传视频、展墙和宣传册。来自各学院的17个宣讲团队围绕人才培养、学术立校、服务社会、基层党建四个方面进行宣讲。经专家现场评审,有6个团队获得"最佳宣讲团队"。校党委书记韩宪洲、校党委副书记周志成及各学院负责宣传思想工作的院领导、师生代表等350余人参加了宣讲会。

(郭玲娜)

【新闻宣传】 面向全校师生开展"联大新闻线索""校园新闻我来评""看联大新闻 为联大建言"征集活动。

新闻网唯一访问者数量较2014年增长10%(新闻网和官方微信全口径唯一访问者2015年为42.67万,同2014年的36万比,增长18.5%)。其中,2015年单条最高访问量的新闻是《刘延东 郭金龙参观学校无人驾驶电动汽车》,访问量为5096。2014年单条访问量最高为2733,2013年为2173。校官方微信粉丝已达近10000人,比2014年增长近3000人,推送的每条新闻平均阅读量为2232人次。

《北京联合大学报》形成"一版新闻,二版学生天地,三版教书育人,四版理论·专题"的较为稳定的版式结构,全年出版《北京联合大学报》15期;《北京联合大学报》(学生专刊)4期。2015年全年校电视台拍摄56次总时长260小时。全年照相348场(次),所拍照片共162100多张,总容量2.23T。广播电视开展了"一个好故事、一首好歌曲、一堂精彩课、一次公益行、一本好图书活动"系列报道。主要栏目有:《小说同期声》《乡音·乡情》《联大好声音》《一句话新闻》《阅读汇》《倾听》等广播电视节目,力求讲好联大故事,说好联大好人,传递联大爱心,活跃联大文化生活。全年制作播出广播节目156期。

2015年累计在社会媒体发表新闻报道470余篇,较2014年提升了27%。其中,电视、网络视频报道57条,总时长370多分钟;报纸及时政类期刊报道190篇;报纸、时政类期刊和网络报道总字数达37.4万字。2015年,中央电视台播出学校新闻事件和人物8条;中国教育电视台播出学校新闻事件和人物18条;北京电视台报道播出学校新闻事件和人物18条;其他视频媒体播出学校新闻事件和人物13条;全年同2014年的22条相比,增长159%。

2015年,在《人民日报》《光明日报》《人民政协报》《中国社会科学报》《中国教育报》《北京日报》《前线》《红旗文稿》发表学校1000字以上的教研科研成果26篇,同2014年21篇相比,增长23%。

《科技日报》《中国科学报》头版、中央电视台对学校智能车的报道持续引发领导专家热议和社会广泛关注。

(郭玲娜)

【舆情分析】 采取设置议题、推送新闻,科学分析与研判校园舆情的特点与趋势,摆事实、讲道理,突出"正能量是总要求""管得住是硬道理"。强化责任、主动应对,坚持意识形态领域的管理与防范线上与线下并举,正确引导校园舆论。

结合市委教育工委每学期开展的高校教职工思想动态调研以及寒暑假期间所进行的各项教职工思想动态调研工作及特殊时期、敏感阶段对舆情的分析等,加强对教职工思想动态的了解掌握。在新闻网和校园网分别设置《理论园地》和《新闻话题》栏目,把传播党的科学理论和主流媒体的精品新闻作为主体内容,引导广大师生掌握正确的理论导向和新闻资讯,增强正能量的舆论场。在常规调研基础上,通过官方BBS、微博、微信平台,加强校园舆情监测,及时处置负面言论信息,落实意识形态领域管理责任。

督促检查《中共北京联合大学委员会关于进一步加强网络宣传教育工作的实施意见》《中共北京联合大学委员会关于加强和改进新形势下哲学社会科学课堂教学、报告会、研讨会、讲座、论坛、网络和接受境外基金资助等管理的意见》《中共北京联合大学委员会关于印发〈北京联合大学新闻危机事件处理预案〉的通知》等制度落实情况,及时发声、敢于发声、善于发声,强化师生对党的政策和中央精神贯彻落实的自觉性。

(郭玲娜)

【文化建设】 通过联大人创作联大歌曲,让承载联大精神的故事唱出来;通过联大人创编联大剧目,让承载联大精神的故事舞起来;通过联大人创作联大书法绘画手工作品,让承载联大精神的故事活起来。2015年组织资助学院、部门创作的节目有:微电影《爱的延续》《遇见联大》《丢包记》《向着阳光微笑》4部;歌曲《老校长》《母校》《助力梦想》《联大向前冲》《谢谢你,成就平凡的我》《绽放》《遇见》《希望》《美丽的眼睛》9首;音乐(情景)剧《阿依古丽》《塞上百灵——李敏思》《抗战故事》《追梦》《联大故事》5部;广场舞《阳光校园》,笛子独奏曲《梦》,诗朗诵《致敬联大抗战老同志》,微电影《爱 延续》获得第四届国际大学生新媒体文化节"最具传播价值提名奖",学校获得"年度组织贡献奖"。

与档案(校史)馆联合举办"爱我联大"校史知识竞赛,来自14个学院的42名师生代表参加,最终旅游学院勇夺桂冠;自动化学院、管理学院获得二等奖;师范学院、应用文理学院、机电学院获得三等奖。有14名师生获得"校史知识竞赛学习之星"称号,有8个单位获得优秀组织奖。

围绕学校的中心工作进行全校各校区的校园文化氛围营造,通过橱窗、路旗、主题宣传板、条幅等,突出校园文化宣传平台导向性、关注度、感染力。全年制作"点赞2014""群众路线""推进'四个全面'""中华优秀传统文化""作风建设永远在路上""学校抗战老同志""促进教学能力提高推进教学品质提升""学习十八届五中全会"等多期主题宣传橱窗。围绕"三严三实""文明离校""纪念中国人民抗日战争暨世界反法西斯战争胜利70周年""2015年秋季开学""教师节""国庆""十八届五中全会"等主题设计制作路旗8套,用于全校各校区悬挂;完成2015级新生开学欢迎背景板、实验楼宣传条幅以及学校应届学生考取博士、硕士名录展墙的制作展出;体育中心电子屏、北院门口电子屏播出图片新闻、专题视频45期;营造了良好的文化育人环境和氛围。

(郭玲娜)

【讲座报告】 全年为校党委中心组成员和全校副处级以上干部举办10场讲座和报告,分别为:1月22日,邀请国家教育咨询委员会委员陶西平作题为"全面把握党的十八届三中全会精神 深刻认识全面深化改革的重大意义"报告;3月26日,邀请中国社会科学院教授金民卿作题为"'四个全面'是坚持和发展中国特色社会主义的战略抓手"报告;4月23日,邀请校杰出校友、客座教授,求是杂志社李捷作"认真学习习近平总书记关于意识形态工作"重要讲话;6月5日,邀请中组部干部培训中心培训部主任张新刚作题为"将'三严三实'的要求落到实处"报告;7月9日,邀请中纪委宣传部正局级纪检专员阎群力作题为"严于律己,从我做起"报告;9月9日,邀请中国社科院马克思主义研究院研究员辛向阳作题为"深刻把握'四个全面'战略布局的思想内涵";9月24日,中央党校教授、博士生导师侯少文作题为"加强权力监督——从制度机制上解决严以用权问题"报告;10月16日,邀请市委组织部干部监督处处长、举报中心主任朱洲讲《党政领导干部选拔任用工作条例》的有关规定和干部监督工作的有关要求";11月5日,邀请北京市人民政府研究室党组成员、副主任胡九龙作题为"北京的新定位、新任务和新前景"报告,11月13日,邀请中共中央党校经济学教研部教授、博士生导师田应奎将"国民经济和社会发展重大问题——学习十八届五中全会精神"。

(郭玲娜)

纪检监察工作

【概况】 2015年,在校党委、行政和校纪委的正确领导下,认真学习贯彻党的十八大和十八届三中、四中、五中全会精神,十八届中纪委五次全会精神,聚焦学校党风廉政建设和反腐败工作中心任务,全面推进落实党风廉政建设责任制,突出主业主责,加强党的纪律建设,加大纪律审查力度,严格监督执纪问责,加快纪检监察工作转职能、转方式、转作风。

(王琪 姚志敏)

【党风廉政建设和反腐败工作】 校党委、纪委全面学习贯彻市纪委四次全会精神,深入学习2015年教育系统党风廉政建设工作暨全国治理教育乱收费部际联席会议视频会议精神,深入学习北京市纪检监察信访举报工作会、2015年北京教育系统党风廉政建设工作会及2015年北京市纪检监察案件工作会议精神,深入学习北京市党风、政风监督重点工作推进会等会议精神。2015年,校纪委在党委常委会上专题传达上级精神、指示3次。在校党风廉政建设工作会、纪检监察制度宣讲会、纪检监察工作会、党课、干部培训会、廉政谈话会等层面组织学习研究及贯彻落实中央、市委和市教育两委关于党风廉政建设有关领导讲话、文件及会议精神14次。

校党委、纪委积极做好党风廉政建设和反腐败工作的全局谋划和整体推进。年初,校纪委紧密围绕学校中心工作,根据上级精神和决策部署,向校党委提出党风廉政建设和反腐败工作的总体建议,校党委、纪委制定并细化《中共北京联合大学委员会 北京联合大学关于落实2015年党风廉政建设和反腐败工作部署分工的意见》(京联党〔2015〕38号),将党风廉政建设和反腐败工作分为6个方面、27项主要任务,覆盖到全校各单位,构建权责明晰、人人负责、层层落实、级级追责的党风廉政建设责任体系。

校纪委严格执行《中共北京市委关于落实党风廉政建设责任制党委主体责任和纪委监督责任的意见》(京发〔2014〕19号)工作报告制度,定期向校党委和上级纪委报告履行监督责任的情况,并就重要情况和重要问题专题请示报告。2015年,校纪委提交校党委常委会审议涉及党风廉政建设和反腐败工作议题11项,并就责任制建设、纪律审查、作风建设、党风廉政宣传教育、责任追究、纪检监察队伍建设等工作定期向校党委和上级汇报。4月20日,校纪委向校党委常委会专题汇报市委教育工委、市教委党风廉政建设领导小组对学校贯彻落实党风廉政建设责任制情况检查考核的反馈意见。6月及12月,校党委纪委开展党风廉政建设责任制专项检查2次,校党委对检查进行全程监督,并就检查的情况专题向党委报告,督促被检查单位进行整改。2015年,校纪委就线索处置和案件查办工作专题向上级纪委报告10余次。

(王琪 姚志敏)

【师生防腐拒变思想防线建设】 校党委、校纪委积极开展党风廉政宣传教育,不断夯实党风廉政建设宣传教育联席会议平台,深化"五个一"宣传教育机制,丰富党风廉政宣传教育月活动,组织师生创建廉洁文化作品,推进廉洁文化进课堂,进一步加强校党风廉政建设专题网站建设,坚持分类指导,突出重点,全面推进校园廉政文化建设。4月,制定《中共北京联合大学委员会关于开展2015年党风廉政宣传教育月活动的通知》(京联党〔2015〕18号),在全校党风廉政建设工作会上部署全年党风廉政宣传教育工作。宣传教育活动月以"严明党的政治纪律和政治规矩,提高遵纪守规意识"为主题,安排5项专题教育,覆盖全校党员干部和师生员工,重点加强党员领导干部遵守政治纪律和政治规矩的教育。邀请市纪委第四纪检监察室主任田明海作反腐倡廉专题辅导报告,校(院)党政主要领导以"严明党的政治纪律和政治规矩,提高遵纪守规意识"为主题,结合本单位工作和党员干部思想实际讲专题廉政党课;以党支部为单位开展"学法纪,见行动,国法党纪在心中"主题党日活动,组织党支部观看反腐倡廉警示教育片《"小官巨腐"警示录》;在全校组织"廉洁颂——我身边的好规矩"作品征集活动,10个学院推荐101件作品,100余名师生参与作品创作。宣传教育月期间,3000余人次师生参加教育学习活动,对全校343名处级干部进行集体任职廉政谈话。

校纪委组成纪检监察制度宣讲团,面向学校一线教职工开展《党章》《中国共产党纪律处分条例》《中国共产党纪律检查机关控告申诉工作条例》和财经纪律等专题的纪检监察制度宣讲。纪检监察制度宣讲团组建以来,先后3次集体备课,面向师范、商务、旅游、继教、信息、机电、自动化、管理、特教、国交、文理、广告等12个学院师生、党员领导干部开展5次纪检监察制度宣讲活动,1000余人参加制度宣讲会。

(王琪 姚志敏)

【重大决策部署的监督检查】 校纪委聚焦主业主责,严明党的纪律,加强监督执纪问责,充分发挥党内监督专门机关作用,严明党的各项纪律,加强对上级和学校各项重大决策部署落实情况的监督检查。3月,校纪委书记约谈6名副局级学院负责纪检工作领导,对校纪委开展监督执纪提出明确要求,进一步强化纪委监督检查责任。4月,校党委、纪委召开党风廉政建设工作会,传达部署上级和学校党风廉政建设和反腐败主要任务,督促全校各二级党组织主要负责人签订落实党风廉政建设主体责任承诺书,层层传导压力,级级落实责任,明确组织主要负责人是主体责任第一责任人的政治责任,要求做好"四个亲自",当好党风廉政建设的领导者、执行者和推动者。6月,校党委、纪委对全校开展党风廉政建设责任制落实情况中期检查,并针对科研经费管理、"三个体系"建设等开展专项检查。12月,校纪委对二级单位党风廉政建设责任制落实情况进行监督,加强对职能部门履行职责情况的监督检查,加强对党风和廉洁自律各项规定落实情况的执纪监督;完成党风廉政建设责任制考核系统二期建设,进一步加强党风廉政责任制定期检查考核及结果运用,督促检查领导干部党风廉政建设"一岗双责"落到实处。对基建修缮、财务管理等开展备案监督。通过责任制履行情况全面检查、专项检查、备案监督等初步形成监督检查长效机制。

校纪委加强对课堂、报告会、研讨会、讲座论坛和校园网等意识形态阵地管控的监督检查,严肃查处违反政治纪律的问题,绝不允许自行其是、团团伙伙、乱评乱议等行为。严明组织纪律,加强对民主集中制、"三重一大"决策制度和干部请示报告等制度落实情况的监督检查。督促党委组织部定期对领导干部报告个人有关事项情况开展抽查核实工作。

严把十大重点领域和"七个关口",加强对重点领域、关键的监督。严明招生工作纪律,加强招生工作政策规范和监督检查,对本科生招生、研究生招生等开展"阳光招生"工作监督检查,对招生问题的信访举报快查快办,维护考生利益。严格治理教育乱收费,财务处严肃依纪依法办事,纪检监察办公室、审计处承担监督责任,加强对财经纪律执行情况的监督,强化责任追究。加强科研经费使用监管,加强纪律约束和经费核算。2015年,校纪委督促校科研处以"规范科研经费使用,提高经费使用绩效"为主题,开展科研政策培训和科研诚信教育,明示校纪委将对套用、挪用、贪污科研经费的行为发现一起,查处一起、曝光一起,不断强化科研人员的法律意识。督促推进校国有资产部门"三个体系"建设,突出抓好经费管理使用、物资采购、基建招投标等权力集中、资金密集、资源富集部门和岗位的风险防控。

(王琪 姚志敏)

【纠正"四风"】 校党委、纪委全面贯彻落实中央八项规定精神和市委十五条实施意见,聚焦"四风",狠抓整改。将"深化作风建设,驰而不息纠正'四风'"列为2015年重点工作,着重解决党员干部群众反映强烈和民主生活会上查找出来的突出问题。将违反中央八项规定精神的行为列为纪律审查重点,明确对发生顶风违纪问题的部门、单位进行责任追究。检查学校会议费、公务接待费、差旅费、因公出国(境)、严禁借公务之名旅游等各项规定的贯彻落实情况。监督国际交流合作处完成136件因公出国任务公示,并对公示具体内容提出要求和质询。由党委办公室、校长办公室、纪检监察办公室、财务处共同组成的专项治理小组对每月全校落实中央八项规定精神情况进行认真清理,填写《落实中央八项规定精神情况月报表》,全年月报情况均为零报告。

以专项治理为抓手,强化重点问题整治。1月,转发《中共北京市纪委办公厅关于春节前开展"四风"问题监督检查工作的通知》,9月,转发《中共北京市纪委关于加大中秋国庆期间监督执纪问责力度坚决防止"四风"反弹的通知》,并制发《关于进一步落实中央八项规定精神、深入推进纠正"四风"工作的通知》,进一步加大对"四风"问题的监督检查力度。设立监督举报电话和邮箱,明确对检查中发现的问题或信访举报核实的问题将严肃处理,并追究相关领导责任。抓住群众反映强烈的突出问题,坚决查处公款吃喝、公款旅游的问题。抓住教师节、升学毕业和传统节日等关键节点,严厉查处教师和党员领导干部违规收受礼品礼金、购物卡,参加有失公允的谢师宴、升学宴等突出问题。严肃查处各类评审评估评价中的违规违纪问题。建立健全作风建设长效机制。紧盯"四风"新形式、新动向,建立日常监督检查机制。督促推进建章立制,继续完善经费管理、公务接待、文风会风等相关制度,完善领导干部因公、因私出国等管理制度。探索建立改进工作作风、密切联系群众经常性检查机制。以正风肃纪各项治理工作为抓手,不断推进作风建设常态化、长效化。

(王琪 姚志敏)

【权力制约和监督】 校党委、纪委加强学校惩治和预防腐败体系建设,深化"三个体系"建设,不断推进党风廉政建设和反腐败工作。将落实《北京联合大学贯彻落实〈建立健全惩治和预防腐败体系2013—2017年工作规划〉实施办法》(京联党〔2014〕59号)列入年度重点工作,加强统筹协调。

校纪委加强对学校"三个体系"建设情况监督检查。4月,校纪委制定并下发《北京联合大学2015年"三个体系"建设检查工作安排》,要求18个职能处室和1个直属单位负责人落实第一责任人的职责,将"三个体系"建设与落实党风廉政建设责任制紧密结合,纳入单位年度重点工作推动落实。12月,将检查内容纳入对二级单位2015年度党风廉政建设责任制考核和对二级单位、处级干部年度考核工作中。

校党委、纪委推进党风廉政建设责任制网上考核体系二期建设,分解落实责任,完善党风廉政责任制管理信息系统检查考核功能。督促审计部门强化审计监督、绩效评价和内控建设工作。加大监督检查完善顶层设计和过程监管力度。推动重点领域、重点环节涉权事项网上系统建设,督促按计划完成电子监察平台、招投标系统建设,加快对已有办公系统改造,推进廉政风险信息化防控体系建设,将单位和干部年度考核结果纳入党风廉政建设责任制考核内容。

年初,校纪委召开会议,研究确定协助党委探索建立工作约谈制度、建立二级学院党委定期向纪委汇报反腐倡廉建设情况制度。6月,校纪委对全校开展党风廉政建设责任制落实情况中期检查,12月,开展年终检查,并针对科研经费等开展专项检查;对基建修缮、财务管理等开展备案监督;通过责任制履行情况全面检查、专项检查、备案监督等形成监督检查长效机制。2015年,校纪委开展《高校廉政治理结构研究》《检查高校各级党组织执行党的政治纪律情况内容及形式研究》的课题研究,进一步探索监督检查长效机制。

(王琪 姚志敏)

【纪律审查和责任追究】 强化管纪律的更要守纪律、守规矩意识,加强请示报告,严格执行初核、立案请示报批制度,依规依纪进行审查,严格遵守审查纪律和程序。在纪律审查中,不仅报告结果,更报告过程,加强工作程序,不断夯实纪律审查基础性工作。坚决杜绝以案谋私、泄露秘密,规范管理涉案资料和款物。加强申诉复查复议工作,切实保障党员权利。坚持一手抓办案质量和效率,一手抓办案安全,认真执行办案纪律,完善信访接待室硬件设置,保证办案安全。坚持依纪依法、安全文明办案,规范办案程序,加强案件审理,不断提高办案质量。

畅通来电来信来访网络等信访举报渠道,做好信访举报件办理工作。2015年,纪检监察信访工作小组共召开14次会议,受理22件信访件,处置22条线索。其中初核15件,初核率为68%;办结20件,办结率91%。立案调查1件,责任追究3人。党纪处分1人,共对2人次开展诫勉谈话,对1人开展批评教育。3月31日,完成对市委巡视组交办的10件问题线索和3件信访件的查办工作。加强信访档案管理,完善重大案件剖析制度,发挥查办案件的警示作用和治本功能。加强对反映失实问题澄清工作,为13名干部和1个单位澄清反映失实的举报问题,保护干部干事创业的积极性。

坚持以零容忍态度惩治腐败,既严肃查处单位部门和党员干部中的违纪违法案件,又着力解决发生在群众身边的腐败问题。坚持抓早抓小,对党员干部身上存在的苗头性问题及时约谈、函询,加强诫勉谈话工作。2015年,党纪处分1人,共对2人次开展诫勉谈话,对1人开展批评教育。针对国有资产管理、科研等重点领域关键环节,及时谈话提醒。

(王琪 姚志敏)

【纪检监察队伍建设】 校党委、校纪委加强纪检监察干部队伍建设,修订《中共北京联合大学委员会关于进一步加强和改进副局级学院专职纪检监察员队伍建设的意见》(京联党〔2015〕81号),通过配齐配强干部队伍,明确职责,加强对副局级学院纪检监察工作的领导和指导。督促纪检监察干部自觉践行"三严三实",做到敢于担当、敢于监督、敢于负责,形成纪检监察干部队伍严、细、深、实的工作作风。

创新培训模式,健全"经常培训、以案代训、以研代训、以挂代训"培训模式,多举措加大业务培训和实践锻炼力度,提高纪检监察干部队伍履职能力。2015年,通过集体学习、专题培训、网络集训、理论研修班、旁听庭审、廉政党课等形式,先后对纪检监察干部开展培训20次,派出一名纪检监察干部赴上级挂职锻炼。发挥学校廉政研究中心作用,整合校内外纪检监察干部力量,重点关注高校廉政治理结构、高校纪检监察工作新常态等研究,以研究成果指导工作实践。加强纪检监察干部管理,以零容忍的态度查处违纪行为,用铁的纪律打造党组织信任、干部群众信赖的纪检监察干部队伍。

(王琪 姚志敏)

学生工作

【概况】 在校党委、校行政的领导下,围绕学校中心工作,以学习宣传贯彻党的十八届三中、四中、五中全会精神为主线,以立德树人为根本任务,以社会主义核心价值观为引领,以加强学风建设为重点,以促进学生全面发展为目标,全面推进,重点突破,增强实效,为提高应用型人才培养质量提供支持和保障。

(张文杰)

【思想政治教育】 制定并下发《关于2015年开展中国精神主题教育实践活动大力培育和践行社会主义核心价值观的实施方案》(京联学〔2015〕15号),专题下发《"中国精神民族魂"主题教育活动实施方案》(学生工作部(处)〔2015〕33号),开展特色活动创建、总结和评选。开展以纪念世界反法西斯战争暨中国人民抗日战争胜利70周年系列活动:学校5名入伍学生参加了93天安门广场方阵阅兵,组织4名师生参加阅兵观礼,45名师生观看纪念抗战70周年文艺晚会彩排;组织学生参加托马斯·拉贝教授的"拉贝日记与中国抗战"报告会,举办"抗日战争中的国际友人:两个斯诺"讲座以及离休干部顾理昌和参与阅兵的退役学生与在校学生座谈。

制定学生党员先锋工程实施计划,组织学院申报和落实。举办全校学生党员(含预备党员)、学生党支部书记及理论导师2期培训,全校1000余名学生党员、242名学生党支部书记及支委参加培训,组织入党积极分子在线培训与考试。开展学生"十大标兵党员"、学生"十佳党支部"评选表彰。组织学生党建课题研究项目评审,开展全校学生党建工作经验交流。

编印《2015年红色"1+1"支部共建活动指南》,召开启动仪式暨经验交流会、优秀策划案评选、中期检查、重点培育、总结答辩工作,全校62个支部参与,获得北京高校一等奖1个、三等奖5个、优秀奖14个,学校获得北京高校优秀组织奖,实现四连冠。工作成果获得校党建成果二等奖。

制定迎新工作方案(京联学〔2015〕68号),协调迎新安排,开放新生绿色通道。制定入学教育和毕业教育指导方案,首次召开全校学生集中开学典礼、毕业典礼,组织新生参观校史馆、图书馆等校园场所。利用入学教育、毕业教育、公益劳动和校园服务等环节,大力开展爱校荣校教育。

组织春季和秋季学生思想动态调研,滚动摸排两会和9.3阅兵期间学生动态舆情,开展国庆期间学生安稳工作。举办首届"竞业达"杯校园安全知识与技能大赛。配合学院做好猝死、失联、打架、心理失常等特殊群体学生的应对工作。

(宋杰 李彩)

【学风建设】 继续开展"上好第一节课"活动,加强低年级学生早晚自习检查,选聘223名新生班级助理,评选优秀班级助理35名。修订《学生手册》,与新生签订学生知情承诺书。与教务部门召开特殊学生群体学业工作会商会,解决特殊学生学业问题。协助校领导进行发展辅导。

开展年度评优评奖,召开学年表彰大会,共评选出9项校长特别奖、514名三好学生、203名优秀学生干部、4151名优秀奖学金获得者。评选新生入学奖22名、考取研究生奖326名;市级优秀毕业生372名、校级优秀毕业生1337名。

制定"我的班级我的家"实践活动方案(京联学〔2015〕16号),组织创建班级优秀策划案评选并对161个优秀班级分类资助,召开重点班级创建工作推进会,开展考核评优表彰工作,评选校级"十佳示范班集体"10个、"优秀示范班集体"10个、"示范班集体"12个,择优向北京市推荐5个班级参与2015年北京高校优秀学生基层组织创建活动,1个班级获得北京高校"十佳示范班集体"。开展"先进班集体""优良学风班""学风建设先进个人"评选,评选出55个先进班集体、79个优良学风班和750名学风建设先进个人。

召开学校书院制建设领导小组暨书院工作启动会。出台《关于在我校试行书院制育人模式的实施方案》(京联学〔2015〕14号),落实建设经费100万。学校陆续召开书院建设1次工作布置会、3次推进会、1次研讨会、1次生化学院调研现场会。学校各校区、各学院正在建设应用文理学院学知书院、生化学院树人书院、旅游学院博雅书院、机电学院明德书院、特教学院融合书院、广告学院尚美书院、应用科技学院行知书院等。

举行"大使带你看世界"专题讲座启动仪式,举办前联合国副秘书长沙祖康大使《用毛泽东思想管理联合国事务》、前驻希腊共和国大使甄建国《西方文明的摇篮——希腊的过去与今天》、前驻缅甸大使梁栋《转型中的缅甸》、前驻德国大使马灿荣《欧洲老大——德国》、中国国际友人研究会常务理事武երੇ良《抗日战争中的国际友人:两个斯诺》等系列纪念抗战、台湾热点、百年航母主题讲座。

(李娜)

【基础建设】 召开德育研究会工作会,对包括2项博士课题在内的34项课题进行资助支持。进行首都大学生思政课题评审,有6项2015年度课题顺利开题,推荐6项成功申报2016年度课题(含1项重点课题);1项北京市基层重点研究课题立项。获得首都大学生思想政治教育优秀科研成果评选1项一等奖、北京市"丹柯杯"优秀研究成果1项三等奖。编印《辅导员队伍建设制度汇编》和2015年度论文汇编。

举办参加322人次的辅导员业务培训,其中67人次参加教育部、市委教育工委组织的各项培训,35人次赴桂林、宁波、陕西、内蒙古、哈尔滨等地参加京外学习交流与培训;组织校内第18、19期两期辅导员集中培训,各有110人次参加。分类召开辅导员座谈会,进行生涯规划调研和成长指导。出台辅导员职业能力大赛方案(京联学〔2015〕87号),举办首届辅导员职业能力大赛,评选出8名获奖者。组织全校辅导员和班主任考核,举办十佳辅导员答辩会,评出6名十佳辅导员、34名优秀辅导员和111名优秀班主任。组织完成2015年度辅导员招聘和选派工作,启动2016年度招聘。

完善原学工系统建设,启动新"学务系统"开发建设工作。完成学生事务服务中心微信公众号日常管理建设,搭建学生成长档案数据列表,完善系统模块构成。开展网上学生评奖评优、优秀毕业生评选、辅导员考核等工作,完成"十佳辅导员""我的班级我的家"网上投票工作。进一步推进学生党建信息化建设,使用征兵工作信息系统,组织2015级军事理论课网络学习和网络化考试工作。

运行"BUU校园百事通"微信公众平台,发布各类学生信息470条;协助组织讲座等各类报名54次;改善失物招领服务项目展示模式,帮助50余名师生找到失物;设计制作各类学生事务流程卡片5500页,包含学生评奖评优、学生资助、校内常用网站等内容;完成2095名高职学生基本医疗保险参保工作。

对各学院学生工作实行月度考核以及年度考核制度,对每项考核工作进行量化打分。每月召开全校学生工作例会,督促工作进展,开展经验交流,将各学院学生工作总结汇编成册。

(张艺)

【资助工作】 坚持"助困育人 励志成才"工作理念,构建以助学贷款为主,以奖助学金、勤工助学和困难补助为辅的四元资助体系。成立学校资助工作领导小组,组织全校资助工作交流和培训。

完成国家和社会奖助学金评审,其中国家奖学金53人、国家励志奖学金805人、北京市助学金3692人;爱心成就未来助学金60人、金隅奖助学金40人、胜利奖学金100人、智慧园杯创新创业团队10个。完成全校3734名困难生认定与入库工作,组织勤工助学,安排学生临时困难补助,为外地贫困生发放春节返家补贴。继续发挥"爱心超市"辅助作用,完成生源地贷款707人和校内助学贷款299人,为5名边远山区就业学生安排学费补偿。完成缓交学费工作,有296名新生困难生通过绿色通道入学,配合做好学费催缴工作。

为来自偏远地区的新生贫困生开展英语和计算机

培训,为贫困学生考取职业资格证书予以经费支持。鼓励贫困学生积极参与各项科技竞赛。

为新生发放资助工作手册,将资助政策充分利用网站、微信等平台进行宣传,开展资助政策宣传月活动。组织"自强之星"评选及宣讲活动,安排受助学生参加文明就餐服务队、校园安全服务队等活动,开展感恩教育。协调校院领导与教师开展贫困生慰问、座谈等暖心工程。邀请北京银行进校园为贷款学生开展诚信教育,开展第六届"助学政策,助我成才"征文评选,共评出一等奖5名、二等奖10名、三等奖15名、组织奖5个。

(尹雪云)

【心理素质教育】 完成《大学生心理素质教育》必修课2015版培养方案修订和课程配套教材修订,做好心理素质教育必修课和选修课教学工作,配合做好师范学院高参小项目教学与指导工作。获得第十五届全国多媒体课件大赛三等奖1项、优秀奖1项;第二届全国高校微课教学比赛北京赛区二等奖1项;首都职工素质工程第八届教师基本功大赛微课比赛优秀奖1项;获得校级教学成果二等奖1项。完成相关课题研究,出版《数学学习困难的鉴别与辅导》1部。坚持与对外经贸大学、中华女子学院联合开展咨询督导,举办游金潞心理剧培训、李维榕家庭治疗培训,组织各类教师参加高校心理素质教育工作基地的相关培训。

完成2015级学生心理普查,共筛出629名学生进入约谈环节。组织两次学期初心理危机排查,对重点关注对象制定帮扶和干预措施。完成2015级新生200多个班级团体辅导,招募8个不同主题的长程团体辅导,组织团体箱庭辅导8次、舞动工作坊1次。全年累计接待个体咨询学生500人次、个体箱庭辅导7次。

承办首都高校"最强大脑—心理技能比赛",获得团体第二名;组织参加首都高校心理定向越野、大学生欢乐嘉年华暨趣味运动会、"为爱点赞,寻找青春担当"摄影故事征集大赛等系列活动,学校获得2015年首都大学生心理健康节"最佳组织奖"以及18个单项奖(含3个一等奖)、大学生心理健康教育工作优秀工作者1人。组织学校第十三届5·25心理健康节活动,包括心理趣味运动会1次、欢乐朋友行活动1次、讲座4次、观影活动20次等。举办学校首届心理社团论坛交流活动,与对外经贸大学心理社团交流,参加北京高校心理社团论坛。建立校级"优秀心理委员及社团干部"评优评奖机制,评选出62名心理委员、16名社团干部。

完成心理中心二期虚拟现实心理训练系统建设的招标、施工、验收等工作;与北京阳光易德科技发展有限公司签署校企战略合作协议,新进心理危机干预系统。做好心理中心网站及宣传工作,完成心理中心宣传片1部,接待兄弟院校及相关单位参观访问20余次。

(晏宁)

【国防教育】 2015年新生军事技能训练因阅兵任务调整延后。与国防大学签订军事理论课协议,制定2015年《军事理论》授课计划,落实除应用文理学院以外11所学院的授课任务以及北四环校区12学时的集中授课环节;完善军事理论课网络学堂题库建设,制定并下发网络学习安排和网上考试工作方案,完成《军事理论》教学和毕业补考工作。

充分调动各学院及各部门开展征兵宣传系列活动,进一步完善征兵工作流程,2015年入伍学生人数再创新高,114名学子光荣入伍,获得"2014年度高校征兵工作先进单位"。暑期组织部分学院走访入伍学生。召开退役学生座谈会,进行系列培训活动;深入挖掘部分优秀士兵典型事迹进行宣传,做好退役学生接待、复学和学费补偿代偿、定向招录、专升本报考、公务员报考等优抚政策落实工作。

承办北京高校秋季军事定向竞赛活动,分别获得2014年"北京高校国防教育工作突出贡献奖"和"北京高校国防教育先进会员单位"荣誉称号。组织"戎光"国防爱好者协会参加北京高校国防教育协会主办的春、秋两季的定向越野比赛和军事定向竞赛,取得个人第七名;在兵棋推演竞赛中首次获得优秀奖。组织退役学生赴孟良崮战场旧址、台儿庄大战纪念馆、北京京西八路军指挥部学习教育活动,举办纪念抗战胜利知识竞赛,安排参加阅兵的退役学生校园宣讲活动。在学校推广开展军事定向竞赛活动。

(景琪)

统战工作

【概况】 截至2015年底学校共有民主党派成员170人,覆盖除台盟以外的7个民主党派。其中在职民主党派成员104人。6个民主党派组织:民盟联大校本部支部、民盟联大机电学院支部、民盟联大师范学院支部、民盟联大生物化学工程学院支部、民进联大商务学院支部、民进联大师范学院支部。党外高级知识分子300人,其中正高级职称59人,副高级职称241人。

各民主党派人数统计表

民革	民盟	民建	民进	农工	致公	九三	合计
13	76	10	28	9	4	30	170

【主要工作】 1月，推荐无党派代表人士副校长古红梅、管理学院常务副院长陶秋燕担任朝阳区知识分子联谊会理事。

4月，推荐无党派代表人士副校长古红梅参加中央统战部组织的2015年北京高校党外代表人士高级研修班。

5月，推荐无党派代表人士副校长古红梅参加中央统战部在延安干部学院举办的"党外中青年干部专题培训班"。

6月，市委统战部委托学校开展在京台生情况调研，组织部和台研院共同负责开展了课题的研究。课题项目获得2015年度全国统战理论政策研究创新成果三等奖。

7月，推荐北京学研究所朱永杰参加西城区知识分子联谊会理事候选人选举。续聘无党派代表人士董焱、孙秀芳为中央统战部党外知识分子信息联络员。

11月，推荐无党派代表人士副校长古红梅担任北京市知识分子联谊会理事。调整充实全国无党派人士重点人物库，保留1人，新推荐2人。

11月25日，学校召开2015年统战培训会，各二级单位党外代表人士、统战干部50余人参加了培训。北京林业大学党委宣传部部长李铁铮教授作了《新时期高校教师的新媒体素养》的讲座。北京联合大学台湾研究院朱松岭教授作了"'习马会'后的两岸关系展望"的讲座。向全校的民主党派成员和无党派代表人士发放了《中国震撼》三部曲、《李敖文集》。

11月27日，组织50余名民主党派和党外高级知识分子代表到首都剧场观看演出。

12月18日，召开2015年党外代表人士座谈会。付晨光副书记就2015年的工作向各二级单位党外代表人士作了通报。各二级单位党外代表人士围绕学校建设发展取得的成就畅谈感受和感想，并结合自己工作实际，从学校基础设施建设、资源整合共享、教学行政管理、学科建设、人才培养、师资队伍建设、职称评审等方面提出了许多中肯的意见和建议。韩宪洲书记作了总结讲话。

（勇天奇）

保卫工作

【概况】 2015年学校安全工作由校党委副书记分工主管，校保卫处设置处级干部1正4副（其中1人分管昌平校区），办公室科级机构设置为综合科、消防科、治安交通科、平安校园管理服务中心（正科级）。保卫处聘任科长（主任）9人，副科长（副主任）9人。截至12月底，保卫处在编正式职工40人，外聘人员18人。副局级学院保卫处长由主管院领导兼任，保卫处设置副处长一人，主持日常工作。学校安全保卫工作坚持宣传教育为主、打击防范结合、积极推进平安校园创建活动，维护了校园安全稳定工作秩序，为教学、科研及日常生活提供良好安全环境秩序。学校被市委教育工委、市教委、北京市公安局、首都社会管理综合治理委员会办公室授予"平安校园示范校"，被北京市国家安全局评为"2015年度国家安全人民防线建设工作先进集体"，周琨被评为"2015年度首都国家安全人民防线建设工作先进个人"。

（夏木美）

【内部管理】 2015年，校保卫处加强内部管理。坚持处内会议制度，全年召开科长以上会议共计38次，其中包括保卫处处长办公会23次，进一步规范会议议题征集和会议纪要通报；科长工作会15次，定期开展工作情况汇报。围绕《如何当好副职》《大学校园安全风险管理》等主题分别安排了科级以上干部集中学习培训，为保卫干部配发了《生命不会重来安全不能等待》、《从安全意识到行为习惯的培养》《永远不要依靠别人来保证你的安全》等学习用书，组织干部观看电影《人脸师》进行敬业精神教育。加强集体工作研究和业务学习，组织了处内保卫干部职工参加业务知识学习竞答活动。针对处内人员分散，工作信息沟通效率低的实际，处务会研究制订了《关于加强保卫处安全信息宣传工作的几项措施》。

（夏木美）

【信息工作】 校保卫处定期编辑整理《保卫处工作通讯》《校园安保信息》，共同发挥对内通报情况和对外宣传的作用。2015年共计发布《校园安保信息》14期、《保卫处工作通讯》20期。

（夏木美）

【维护校园稳定】 全年学校共召开7次安全稳定工作会议，及时传达落实上级关于维护学校安全稳定会议精神，研究部署学校维稳工作。

4月，学校印发《中共北京联合大学委员会关于签订2015年北京联合大学维护安全稳定工作责任书和消防安全责任书的通知》(京联党办〔2015〕3号),完成与二级单位的责任书签订工作;5月,印发《中共北京联合大学委员会关于成立北京联合大学网络与信息安全工作领导小组的通知》(京联党〔2015〕30号),10月,印发《中共北京联合大学委员会北京联合大学关于调整部分常设专门委员会及领导小组人员的通知》(京联党〔2015〕54号),对学校安全稳定工作机构进行调整和完善。

3月和10月,进行了敏感群体的定期摸排和集中性摸排,重点确保敏感节点的校园安稳保障,落实24小时值班和"零报告"工作要求。关注少数民族师生、留学生的情况,有针对性地做好教育引导和帮助工作。学校继续推进安全稳定月报制度,及时掌握校园稳定动态。

在元旦、春节、"两会""两大安保"、十八届五中全会及寒暑假期间,加大对可能引发群体性事件矛盾纠纷的排查力度,坚决防止大规模群体性事件的发生,做好部分人员上访的管控,围绕重点人员防控,制定安全预案,持续开展安稳保障工作。

2015年保卫处围绕学校建设发展需要,始终把维护校园安全稳定放在首位,服务和保障安全稳定工作总体部署,做好学校资源整合中的校园稳定工作。协同相关职能部门、学院,快速反应落实盆儿胡同校区安消防设施的移交和蒲黄榆校区新院区的安防接手,落实了北四环校区东院区的消防系统并入、保安岗配备和队员进驻,完成成寿寺校区安保工作。

(夏木美)

【治安防范】 加强校园治安秩序管理,开展治安重点部位巡查防控,对学生宿舍、教学楼等易发案部位、易发案重点时间段实施保安定时巡视和检查,开展学生安全警示教育,防范和维护校园治安秩序。进一步完善安全隐患定期排查、挂账管理、综合整治的工作机制,坚持每月集中组织开展一次安全隐患排查整治工作,每月都有排查工作记录,一式两份做好留档,监督整改。健全每月安全隐患工作台账,按照"谁使用,谁负责""谁分管,谁负责"的原则,明确整治目标、措施和时限,确保隐患整治到位,坚决防止发生重大安全事故。

1月7日晚,校保卫处抓获1名盗窃嫌疑人刘某。校保卫处在学校OA网、学生宿舍、教学楼、图书馆、办公楼等师生密集场所张贴通报案情并作安全提示。

2015年,学校加强与文保总队、属地街道、公安、消防等部门合作共建,协同开展综合治理。邀请市文保总队领导为学校安全稳定工作领导小组成员、各校区(学院)主管安全和学生工作的院领导、各校区(学院)保卫和学生工作部门负责人进行了"校园反恐防暴"专题培训,聘请专业人士任学校校园安全顾问。保卫处各校区保卫科主动联系与所在属地派出所,有一半以上的校区签订了警民共建协议。

2015年,学校强化落实在各校区对保安公司服务质量和考勤进行监管,坚持做好日常工作记录和检查,及时了解情况,沟通解决实际问题,进一步发挥保安员在维护校园安全稳定中的作用。举办了保安队员职业规范、消防知识、执勤英语、应急演练等常识知识讲座和实操训练,共计开办保安员业务培训11场次,提高了保安员队伍的业务水平。巩固应急处置小分队反恐防暴训练成果,强化消防应急训练,坚持日常性训练规范开展,提高队员的综合应急处置能力。

全年完成毕业生校园招聘会、毕业生体检、北京地区毕业生就业服务月暨公共就业和人才服务进校园活动、艺术类招生考试、校园开放日、首都挑战杯"手拉手"科普及活动、京港青年共建活动、学生毕业典礼、迎新工作、学生开学典礼、新生运动会等大型活动,以及在校生和社会化考试及重要活动安全保卫工作。共计完成值勤任务30场次,涉及60000人次,大型车辆200辆次,保卫工作力量500余人次,大型活动安全保卫审批12场次,确保安全稳定,未出现安全事故。

(夏木美)

【消防管理】 坚持定期检查和巡视,强化校园消防安全隐患排查和整治,发现消防隐患及时督促整改。5月底,校保卫处组织各校区开展春季消防演练;7月中旬,组织后勤服务公司宿管、保洁、食堂以及保安队等部门100余人进行了暑假前安全培训。

11月6日,保卫处与学生处联合举行首届"竞业达杯"校园消防安全知识与技能大赛。本次大赛由北京竞业达数码科技有限公司提供赞助并冠名,公司高教事业部总经理王爱国,校长助理杨鹏、学生处处长张文杰、保卫处处长于熙等校院相关部门负责人及来自全校12所学院的参赛团队参加活动。

在"11.9消防月"宣传活动中,校保卫处开展了消防体育运动会、学生宿舍楼消防疏散演习、消防知识讲座和消防器材使用方法培训活动。在开展各项活动中,有近2000名师生员工参加,增强了消防安全意识,掌握了防火、灭火及火场逃生自救的基本知识,提高了应对突发火灾事故的处置和逃生能力。

(夏木美)

【交通管理】 加强进校车辆管理力度,严格执行机动车持证入校制度。为规范停车秩序,组织开展校园停车秩序专项整治,校门严格无证车辆进入校园管控制度,强化停车入位管理,对违规停放车辆实施下发通知单、锁车、拖走等措施,确保校园交通秩序良好。2015年,为全校教师办理机动车出入证1800余个。

(夏木美)

【宣传教育及培训】 全年组织各类主题宣传教育及培

训10次。利用安全主题教育日作为时间节点,多部门联合开展教育宣传工作。分别于"首都网络安全日""安全生产宣传咨询日""国际禁毒日"等10个安全主题教育日,与校信息网络中心、基建处、行管处、后勤服务公司、学生处、团委、国际交流学院等部门联合开展全校范围的主题宣传教育活动。保卫处结合宣传主题统一组织制作悬挂横幅、宣传海报和挂图;安排学习相关书籍;向师生发送涉及生产、治安、交通、消防、防诈骗和网络、日常生活等方面切合主题教育内容的宣传彩页;充分利用网页、LED显示屏、微信平台等多种形式全方位进行宣传。组织各校区结合实际开展形式多样宣传活动,向广大师生员工宣传安全知识、技能。

通过丰富多彩活动开展安全宣传教育。春季在北四环校区海棠广场组织了为学生讲授安全防范知识和技能的专题培训,冬季在海棠广场组织了消防实操训;在新学年利用安全教育在线学习平台以及举办培训讲座,开展新生入学安全教育;为宣传节假日、日常性安全提示,多次发放致师生安全教育的一封信;11月与学生处共同举办了"竞业达杯"校园安全知识与技能大赛;在春季、暑假前和冬季,各校区相继组织了消防演练活动;"119消防宣传月"在北四环校区北院报告厅举办了消防安全知识讲座和消防器材使用方法培训,后勤服务公司等二百多名员工共同参加了培训。各校区组织了一系列消防安全培训和疏散演练活动,进一步引导广大师生关注、参与、重视消防安全,增强防灾减灾意识和自防自救能力,推进学校"平安校园"建设,强化树立师生安全意识。

(夏木美)

【安全与保密工作】 加强意识形态领域管理和防范,积极组织开展反邪教宣传教育活动。敏感节点,配合北京市公安局、北京市国家安全局统计部分师生信息。3—5月,配合北京市国家安全局回访各学院赴台学生的情况。每学期开学,开展师生尤其是在校留学生相关基础信息的采集和报送,配合上级单位完成协查事项。英语四、六级和研究生考试试卷在保密室存放期间,保卫处组织实施24小时保卫值班看护。

(夏木美)

【户籍管理】 2015年学校因新生入学和教职工调入,办理师生入户398人、因教职工调出、学生毕业户籍转出1180人,因丢失补办身份证、购房、结婚等事宜办理户口卡借用手续约3788人次。

(夏木美)

【安防基础设施建设】 2015年,完成多项工程项目建设。包括校内专项体育馆和东院消防报警系统并入、各校区技防资源整合、19号楼消防喷淋改造;财政定额专项北四环校区综合实训楼二期以及新图书馆技防安装和红领巾校区、堡头校区、19号楼烟感更新。全校消防监测系统接入总计9690个消防点位,其中校本部4998个、生物化学工程学院2048个、师范学院1145个、应用文理学院1499个。北四环校区红外入侵报警探测点238个,已接入中控室通过报警管理平台统一实现远程布撤防管理,落实经费1700余万元。

(夏木美)

【设施检测维护维修】 进一步强化技防、消防设施维保工作。全年共联系安排维保公司开展设备维修500余次,加装、更换设备400余件,完成避雷检、电消检工作,完成灭火器年检5290具、烟感清洗8054个。

(夏木美)

【工作研究】 一年来,保卫处立足总结"十二五"时期安全稳定工作,加强研究,协助开展"首都高校多校区安全管理模式研究"课题工作,广泛联系兄弟高校开展问卷调查、课题研讨;组织保卫干部赴多所高校开展学习交流,参加了全国高校保卫工作学会和市委教育工委、市文保总队组织的业务培训;申报参加了北京高教保卫学会"新形势下高校反恐防暴对策及措施研究"课题工作。同时按照学校工作部署,启动"十三五"发展规划制定的调研工作。

(夏木美)

【平安校园建设】 1月,市委教育工委公布学校通过首都高校"平安校园"检查验收并授牌;7月,授予学校"平安校园示范校"称号;拨付学校专项引导资金和示范校建设引导资金100万元,实现了学校《安全稳定工作"十二五"规划》提出的攻坚任务和工作目标。同时,依据"平安校园"检查专家组反馈意见,提高保卫人员的业务素质,落实干部队伍教育培训方案。安排8名干部参加市委教育工委、市教委组织的业务培训;安排11名干部参加市公安局文保总队组织的保卫干部培训,并取得合格证书;先后安排16名干部参加"国家建构筑物消防员"培训并取证;组织保卫处工作人员参观北京消防博物馆,开展了业务知识学习竞赛,推进保卫干部队伍建设。

为全面推进"平安校园"创建形成的多校区安全稳定工作模式,按照《北京联合大学校园网格化安全管理实施方案》要求,进一步细化网格责任,结合制定学院安全稳定工作考核测评点,在年末成立工作小组开展各学院网格化管理的考核测评,抓紧抓实基础工作,巩固平安校园建设成果。

(夏木美)

工会、教代会工作

【概况】 北京联合大学工会(以下简称校工会)坚持以党的十八大精神为指导,深入贯彻十八届四中全会、中国工会十六大和中央群团工作会议精神,履行工会"四项职能",坚持依法治会。积极落实校院两级教代会民主机制,做好代表提案和教代会、工会课题立项工作,安排校领导与教职工座谈,促进学校民主建设;推进师德建设,在北京高校第九届青年教师教学基本功比赛中取得学校历年来最好成绩;开展教职工"十送温暖服务",爱心互助基金工程和健康幸福工程"新常态"工作,丰富和完善"面对面、心贴心、实打实服务教职工在基层"服务体系,丰富校园文体活动,提升教职工福利水平;服务北京市总工会三级服务体系平台,做好会籍和京卡推广等工作,丰富青年工作、女工工作,开展评优选树,弘扬劳模精神;进行建家调研,推进教职工之家实体化建设工作。

(李壮)

【教代会工作】 5月28日,校工会对双代会代表进行培训,召开教代会常设主席团和工会委员会会议,预审三届五次双代会会议文件。6月6日,北京联合大学第三届教职工暨工会会员代表大会第五次会议在北四环校区召开。187名双代会代表参会,校党委书记徐永利、校长卢振洋等10位校领导出席会议。会议听取了学校工作报告,教代会、工会工作报告,学校财务工作报告,工会经审工作报告,教代会提案工作报告,审议了《北京联合大学专业技术职务晋升聘任必备条件》《北京联合大学沙河高教园区安置房发售申购管理办法》《北京联合大学教职工伙食补助发放管理办法》。

6月24日,校三届教代会提案工作委员会召开会议,对学校三届五次教代会代表提交的提案、意见建议进行审议,对三届五次教代会收到的10件代表提案、3件代表意见、建议进行立案。三届四次教代会代表提案8件,代表意见、建议11件得到了处理,提案代表对处理结果都表示满意。

校工会立足于学校教代会民主制度的研究与实践,开展教代会代表调查研究工作,对教代会代表提交的、反映"党政所急、职工所需"的涉及学校管理创新和教职工切身利益的课题进行立项研究。2015年对13个代表提交的课题进行立项,评审2014年立项的17个课题。

9月24日,校党委发布《中共北京联合大学委员会关于做好北京联合大学第四届教职工暨工会会员代表大会筹备工作的通知》,经校四届党委第107次常委会审议通过,启动学校第四届教职工暨工会会员代表大会筹备工作。

(庞卫祥 李壮)

【劳模优抚及遇困职工走访慰问】 春节前夕,校党委书记韩宪洲、校长卢振洋等校领导和各单位工会干部、中层干部赴学校20名国家级和省部级劳动模范家中慰问。每年中秋、端午、元旦、春节等重大假期,校工会都会专程到部分劳模和遇困职工家中进行慰问,有教职工患大病或去世,工会干部均在第一时间前去慰问。

年内配合上级单位进行了劳模休养、劳模体检等劳模优抚工作。3月,校工会组织召开北京市先进工作者、北京市模范集体先进事迹报告会,邀请学校北京市先进工作者候选人人文社科部主任韩强、模范集体候选单位后勤服务公司代表肖春林总经理做报告。4月,韩强正式被评为北京市先进工作者,后勤服务公司被评为北京市模范集体,韩强和后勤服务公司代表肖春林在北京市委、市政府庆祝"五一"国际劳动节表彰大会上接受表彰。

(李壮)

【爱心互助基金工程】 截至2015年12月31日,学校3055名教职工累计向爱心互助基金捐款261454.6元,加上学校行政每年向爱心互助基金捐款30万元和2015年爱心互助基金利息收入3482.21元,2015年爱心互助基金已累计收到爱心善款564936.81元。慰问患重大疾病、遇困职工和去世职工家属135人次,总计支出412973.92元。年末召开爱心互助基金委员会会议,商讨《北京联合大学在职教职工爱心互助基金章程(试行)》,对申请爱心基金资助的教职工家庭的资格进行了审议。

(李晓平 赵霞 李壮)

【健康幸福工程】 校工会积极发动教职工文体协会组织各类体育活动,在教职工中营造运动健身的良好生活习惯,提升健康生活品质。校工会与校医院合作组织了平安度过更年期、预防糖尿病、肛肠类疾病、健康运动、心脑血管疾病共五场健康知识讲座,邀请多名专家赴各校区开展"健康咨询进校园"活动,一对一地为教职工提供健康知识咨询。与后勤服务公司合作,商讨教职工健康膳食搭配方案。9月22日,校工会面向全校教职工开展第二次教职工健康问卷调查工作。全校约30%的教职工通过网络答题的方式填写调查问卷。根据2012年与2015年两年调查问卷数据分析,校工会做出了调查报告提交校领导审阅。

(李壮)

【福利费管理及"十送"温暖特色服务】 校工会关注教

职工的需求和上级单位对经费使用的新规定，灵活调整福利费支出规范，召开工会福利委员会会议审议困难补助职工名单。1月1日开始正式执行"十送温暖服务"，随后颁布了"十送温暖服务"活动经费标准的补充通知，根据教职工反馈意见调整了"十送温暖服务"的慰问标准。截至11月30日，"十送温暖服务"共支出1547424元，惠及教职工6683人次。7月，经校内各工会摸底并全校公示后，生物化学工程学院职工裴毅作为特殊困难职工报送北京市教育工会备案。

按照上级要求，重大节日发放慰问品都进行招标选购，与各二级工会主席一起选择竞标公司，校纪检察办公室全程监督评标。利用短信平台，在会员生日当天发送生日祝福短信，每逢重大节假日为全体会员发送节日祝福。

（王爱东　李壮）

【文体活动】　校工会文体委员会扎实文体协会考核工作，重视承办单位对文体协会的支持。经文体委员评审，网球、足球、健美操、乒乓球、书法5个文体协会被评为优秀协会，其承办单位后勤服务公司、电子信息实验实训基地、体育教学部、基础课教学部、特殊教育学院5个工会被评为优秀协会承办单位。

配合健康幸福工程规划，校工会与教职工文体协会合作开展了网球、乒乓球、羽毛球、登山、篮球、徒步走等一系列体育比赛（活动），帮助教职工养成运动健身的良好习惯。组织举办"喜洋洋"迎新春暨新婚教职工联欢会、"教职工风采"人像摄影赛、书法笔会、教职工亲子趣味运动会、"厨厨动人"青年教工厨艺大赛、幸福之家评选等特色文化活动并组织教职工观赏高雅文化艺术演出，提升教职工文化素养，活跃校园文化气氛。"喜洋洋"迎新春暨新婚教职工联欢会被中工网专题报道。

为庆祝建校37（成立30）周年暨纪念抗日战争胜利70周年，校工会先后组织教职工广场舞大赛、书法展、摄影展，弘扬"勿忘国耻、圆梦中华"主题和"爱联大、知联大、弘联大"精神。生物化学工程学院赵艳霞作词、校机关王君卓作曲的《北京联合大学之歌》获得北京市"中国梦·劳动创造幸福"首都职工词曲创作大赛三等奖。

校工会（含文体协会）2015年组织的文体活动详见本分目附表条目。

（李壮）

【青年工作】　校工会与校青年工作委员会合作，组织单身教职工赴狼牙山爱国主义教育基地举行"爱国、爱校、爱家"为主题的"三十而立话责任"主题生日会，举办"喜洋洋"迎新春暨新婚教职工联欢会，对新婚教职工进行祝福。

（李壮）

【青年教师教学基本功比赛】　校工会积极筹办学校青教赛并选派优秀选手参加市青教赛。4月3日举行赛前培训会，邀请中国人民大学中文系马相武教授和曾获市青教赛一等奖的广告学院郭震老师对参赛选手进行辅导。4月11日举行校第七届青年教师教学基本功比赛，邀请本校专家和中国人民大学、北京师范大学、中国传媒大学、北京航空航天大学、北京工业大学的专家们出席担任评委，比赛分为文史组、理工组同时进行，师范学院曹颖娜、广告学院戴文俊分获文史组第一、第二名，基础部袁安锋获得理工组第一名。赛后召开了"青年教师教学基本功比赛"总结研讨会，对如何提高比赛质量，发挥比赛作用及挖掘优秀教师人才，推动教学改革，提高办学质量等方面进行了深入研讨。5月14日，校工会召开青年教师座谈会，结合总结会中提出的问题，围绕青年教师成长、师资队伍建设以及如何改善校青教赛与青年教师进行了座谈。

5月27日，北京高校第九届青年教师教学基本功比赛胜利落下帷幕，北京联合大学获优秀组织奖。学校参赛选手师范学院曹颖娜、广告学院戴文俊都获得了文史类B组一等奖和最佳教案奖、最佳演示奖和最受学生欢迎奖；基础课部袁安锋获理工类B组一等奖、最佳教案奖、最佳演示奖；师范学院汪艳丽，广告学院张旗、楚天，基础课部戈西元、刑春峰获优秀指导教师奖；商务学院谢博婕、林妍梅获高峰论坛论文评比三等奖，商务学院赵婧、张蓉获高峰论坛论文评比优秀奖。

（李壮）

【庆祝教师节系列活动】　9月10日，校工会召开教师节座谈会，来自全校各部门的教师代表与校领导共聚一堂庆祝第31个教师节。教师节专题网站上，校工会发布了"致全校教职员工教师节慰问信"，向全体教职工致以节日的问候，学校先进集体、先进教师风采也在网站上进行了展示。

（李壮）

【工会干部培训】　4月23日，校工会组织进行了"二级工会、教代会换届工作"专题辅导，围绕《中国工会章程》《学校教职工代表大会规定》等内容对参加培训的工会干部进行了培训，重点强调了双代会换届环节流程。8月，北京联合大学工会干部暑期培训如期开班，深刻理解京津冀一体化发展战略，配合学校"十三五规划"做好工会建家等工作是本次培训的主题。校党委书记韩宪洲参加结业式并讲话，校党委副书记、工会主席付晨光做培训动员，副校长鲍弘、北京市金融工会主席史利国、清华大学工程物理系工会主席俞冀阳教授应邀到场分别作专题讲座。

（李壮）

【建家工作】　校工会调研院校建家经验，认真讨论建家方案,积极推进教职工之家实体化建设。1月9日赴北京建筑大学参观北京建筑大学职工之家调研并与北京建筑大学工会干部进行了研讨。5月5日,校工会邀请了学校师范学院、旅游学院、广告学院的音响、环境设计、休闲旅游等领域的专家召开了"教职工之家建设方案"论证会,讨论实体之家房屋功能规划、音响设备等细节工作。

11月24日,北京市教育工会市级先进小家互查工作组来到学校,对学校申报市教育工会先进职工小家的应用文理学院工会和信息学院工会进行了评审。北京工业大学、对外经济贸易大学、中国传媒大学、北京第二外国语学院、北京物资学院、北京政法职业学院等工会领导作为专家参加了评审。学校党委副书记、工会主席付晨光参加评审并介绍了学校工会建家工作的总体情况。两个小家最终获得2015年北京市教育工会先进教职工小家荣誉称号。

11月末,校工会委员会委员和各二级工会主席、副主席,根据校工会当年新制定的《二级单位工作考核观测点指标细则》对各二级工会一年来工作情况进行了互评打分,根据综合评分情况,信息学院工会、机关工会、师范学院工会、机电学院工会、应用文理学院工会、生物化学工程学院工会、继续教育学院工会、管理学院工会8个单位被评为2015年先进分工会。

（庞卫祥　李壮）

【教职工校园卡伙食补助管理推进工作】　经过上年对学校教职工伙食补助消费情况的详细调研,校工会正式形成《关于员工卡中伙食补助余额过高情况的调研报告》提交校领导审阅。随后校工会召开第一次教职工校园卡伙食补助管理工作推进会,行政管理处、财务处、后勤服务公司、信息网络、校工会围绕即将出台的《教职工伙食补助发放管理办法》,从各自调研领域向校党委书记徐永利、副书记付晨光、副书记周志成、副校长古红梅进行了汇报。随后校工会每月召开一次伙食补助管理工作推进会,要求各二级工会在2016年1月1日前做好对教职工的宣传动员工作,保障《管理办法》顺利实施。

（李壮）

【职工保险工作】　参加中国职工保险互助会推出的《在职职工互助保障计划》。2015年里,使用工会经费为1492名女教职工投保,每人40元,支出59680元,由福利费支出。

（李晓平　李壮）

【会籍管理】　贯彻执行《北京联合大学工会会员管理办法》,及时掌握会籍异动信息。完善三级服务体系平台信息维护,随时更新全校会员数据库信息。细致进行会员入会和京卡办理工作,解答教职工关于京卡范畴的咨询,解决相关问题。2015年办理新会员71人,新办理京卡90人,其中老会员办理京卡19人。截至年底全校共有会员（含非在编会员）3149人,会员京卡·服务卡办理率达99%。

（李壮）

【女教职工工作】　3月初,校工会利用工会外网发布了"致全校女职工的慰问信"。信中校工会主席付晨光代表校工会向全校女职工致以节日的问候和美好的祝愿。3月内,校工会女教职工委员会以"助力女职工成长,关爱女职工生活"为主题,从女职工先进人物宣传、女职工权益维护、女职工风采展示、女职工关爱行动等方面入手,开展系列特色活动庆祝国际劳动妇女节。

（李壮）

【重要获奖】　2015年校工会及学校教职工取得多项荣誉。在北京市教育工会九届七次委员（扩大）会上,北京联合大学工会获得北京市教育工会2014年度先进单位奖、特色工作奖等荣誉;学校人文社科部韩强被评为"北京市先进工作者"、后勤服务公司被评为"北京市模范集体";应用文理学院张景秋获得中华全国总工会评选的"全国五一巾帼标兵"荣誉称号;师范学院李江申报的环境设计教育改革与实践工作室和李红梅申报的服装与服饰设计工作室被北京市总工会、北京市科学技术委员会评为职工创新工作室;经北京市总工会、北京市人力资源和社会保障局评选,学校机电学院工会专职副主席闵莉艳获得"北京市优秀工会工作者"荣誉称号。

6月底,根据中国教科文卫体工会网站信息,由北京市教育工会、北京市总工会女职工部委托的,由学校工会牵头承担,张俊玲、王善峰、周华丽提交的《北京市特殊教育学校教师工作及生活状况调研报告》获中国教科文卫体工会2014年优秀调研报告一等奖。

（李壮）

【附表】

北京联合大学工会（含文体协会）2015年组织的文体活动一览表

序号	活动名称	活动时间	主办单位	协办单位
1	北京联合大学"喜洋洋"迎新春暨新婚教职工联欢会	1月16日	校工会	
2	北京联合大学"教职工风采"人像摄影赛	3月6日	校工会	摄影协会
3	"三十而立话责任"主题生日会	5月8日	校工会	

续表

序号	活动名称	活动时间	主办单位	协办单位
4	北京联合大学教职工网球赛	5月18日	校工会	网球协会
5	北京联合大学教职工亲子趣味运动会	5月23日	校工会	
6	北京联合大学教职工乒乓球团体比赛	5月23日	校工会	乒乓球协会
7	北京联合大学教职工书法笔会	6月19日	校工会	书法协会、体育教学部
8	北京联合大学教职工羽毛球比赛	6月27日	校工会	羽毛球协会
9	北京联合大学庆祝建校37(成立30)周年暨纪念抗日战争胜利70周年教职工书法展	10月10日	校工会	书法协会
10	北京联合大学庆祝建校37(成立30)周年暨纪念抗日战争胜利70周年教职工摄影展	10月10日	校工会	摄影协会
11	北京联合大学庆祝建校37(成立30)周年暨纪念抗战胜利70周年教职工广场舞大赛	10月30日	校工会	
12	2015年北京联合大学教职工登山团体赛	10月31日	校工会	登山户外协会体育部
13	北京联合大学教职工篮球比赛	12月4日	校工会	篮球协会、体育教学部、应用文理学院工会
14	"厨厨动人"青年教工厨艺大赛	12月4日	校工会	
15	北京联合大学教职工徒步友谊赛	12月12日	校工会	教职工徒步协会

(李壮)

共青团工作

【概况】 共青团北京联合大学委员会(以下简称"校团委")下设组织宣传科、文体实践科,人员编制5人,其中书记1人、副书记1人。全校12个学院分团委,1个公寓团委。

2015年,校团委认真学习贯彻中央群团工作会议精神,不断增强共青团工作和共青团组织的政治性、先进性、群众性,努力提高团组织凝聚青年、吸引青年、服务青年的能力,团结广大青年坚定不移跟着党为中国特色社会主义事业而奋斗,更好发挥党的助手和后备军作用,增强学生的爱国、爱校情感,带领团员青年为学校改革发展做出新贡献。

(李焱)

【思想教育】 深入开展抗日战争胜利70周年系列活动。校团委组织开展了清明节纪念革命先烈、抗战历史知识竞赛、团员集体宣誓、"探寻红色足迹"思想教育主题实践行动、一二·九合唱比赛、观看抗战系列电影、邀请参与阅兵的退伍学生做报告等一系列活动。同时,在官方微信"青春联大"推出了"胜利之歌"专栏,多角度、全方位宣传抗战历史。引导学生牢记历史,缅怀先烈,不断增强民族自信心和自豪感,为实现中华民族复兴的伟大中国梦而努力奋斗。

以微信公众平台为抓手营造良好的舆论氛围。校团委积极利用微信等新媒体,网络空间弘扬主旋律,推动形成培育和践行社会主义核心价值观的良好网络环境和浓厚舆论氛围。通过平台,把社会主义核心价值观贯穿到日常的形势宣传、成就宣传、主题宣传、典型宣传、热点引导和舆论监督中。全年推送内容664条,累计点击量93.7人次,自2015年3月起,长期位列全国高校团委微信平台100强。平台已经成为团组织与青年沟通联络、双向交流的一个重要渠道,也成为对团员青年开展思想引领、推动组织建设、促进教育管理、营造校园文化的有力载体。

开展典型人物事迹宣讲。为了用典型人物的先进事迹感染学生,校团委专门邀请了北京市曲艺家协会在北四环校区和生化学院开展宣讲,宣传首都道德模范的感人事迹。举办"青年之担当——中央部委优秀青年干部走进联大"交流分享活动,邀请中央办公厅、国资委、外交部等中央国家机关的优秀青年干部与学生面对面交流。典型人物的事迹激励学生坚定理想信念,树立远大志向,增强了学生践行社会主义核心价值观的自觉性、坚定性。

开展四进四信系列活动。按照团中央整体工作部署,结合北京团市委"四进四信"活动实施方案。校团委制定学校"四进四信"活动实施方案。开展基层团支部思想领航工程、理论社团思想成长季、团学骨干培养计划、团学骨干培养计划等活动,引导帮助学校青年学生和团学干部进一步牢固树立对党的科学理论的信仰,坚定走中国特色社会主义道路实现"中国梦"的信念,增强对党和政府的信任,增进对以习近平同志为总书记的党中央的信赖。

(李焱)

【校园文化活动】 继续加强"全天候、全方位、全覆盖"("三全")的第二课堂活动体系建设,为培养全面发展的高素质人才搭建舞台。进一步规范了活动的组织运行机制,校团委广泛听取各学院的意见和建议,对相关考核指标进一步细化和完善。按照定期与不定期检查相结合的原则,及时对活动的开展情况进行检查、评比和反馈。建立健全了"三全"活动的沟通交流机制,定期组织各学院"三全"活动负责人反馈活动情况、交流工作经验,进一步保障了"三全"活动的顺利开展。

打造出一批有特色的校园文化品牌活动。随着活动的深入开展,在各级团组织的精心筹划、认真组织下,成功打造出一批有特色、有吸引力的校园文化品牌活动。校团委"630毕业晚会""科技文化节""联大华音"比赛等活动,已经成为学校学子激扬青春、绽放活力的绝佳平台。商务学院英语文化节、旅游学院旅游文化节、信息学院学生科技创意大赛、广告学院"励志歌曲大家唱"等院级品牌活动,极大地丰富了学生的课余生活,培养了学生的综合素质和实践能力。学校十二个学院都有了自己的特色品牌活动,学生参与的积极性被充分调动,取得了良好的德育效果,切实提升了团组织的凝聚力和向心力。本年度,参与升旗仪式学生累计达42000余人次;午间学生才艺展示参与学生累计达22000余人;开设各类讲座220余次;开展各种社团活动1700余次。

(李焱)

【科技活动】 2015年校团委继续推动课外科创活动的深入开展,提升学生的创新创业实践能力。依托"启明星"学生课外科技创新活动平台,开展大学生课外学术科技作品竞赛、节能减排竞赛、智能车竞赛,3项赛事共吸引全校2000余名学生参与。"启明星"大学生科技创新项目收到来自12个学院的385件作品,共资助国家级项目40项、市级项目210项、校级项目83项。

学校和中国农业大学共同承办第八届"挑战杯"首都大学生课外学术科技作品竞赛,学校获特等奖2件,一等奖1件,二等奖2件,三等奖6件。开展"手拉手"科普活动、创客达人秀、科技青年汇暨"创客·行—高校·行"主题宣讲活动等。在第十四届"挑战杯"全国大学生课外学术科技作品竞赛决赛中,商务学院郑春芳、王述珍老师指导的蓝熙、崔雯等同学的作品《民俗旅游促美丽乡村建设:都安县经验》获得全国二等奖。生化学院刘晓云、李崇圆老师指导的齐百双、郭梦蕾等同学的作品《北京市属高校大学生公民道德现状及建设路径调查研究报告——以三所北京市属高校为例》和特教学院关忠老师、生化学院杨志成老师指导的于俊涛、孟子言等同学的作品《联合一号手语机器人》分别获得全国三等奖,创造了学校在"挑战杯"全国大学生课外学术科技作品竞赛中的最好成绩。

(李焱)

【社会实践】 学校广大青年学生围绕"实践放飞青春梦想"的主题,以"知北京,荣北京,爱北京"北京民俗旅游大调研行动、"探寻红色足迹"思想教育主题实践行动、"聚焦一带一路"社会民生热点调查行动、"感悟成长故事"优秀校友访谈行动、"志愿服务社会"公益扶助实践行动、"实干成就未来"专业学习职业发展行动六大专题开展了实践活动。经过专家评审,共评选社会实践先进单位6个、社会实践调研成果先进单位2个、先进工作者12人、优秀指导教师30人、十佳个人9人、先进个人45人、优秀团队70支、优秀成果79个,同时学校还获得2015年首都大中专学生暑期社会实践先进单位。

为了进一步提升学校学生创业实践能力,5月市级学生创新创业实践基地"联合咖啡"项目在学生活动中心正式开业。经过半年多的实际运营,团队成员们的能力都得到很大提升,在集体的努力下,"联合咖啡"项目的收支已经基本达到平衡,为下一步在其他校区开设分店,提供了实践经验。"家乡的味道"餐实践项目也为同学们搭建了做家乡菜、品家乡味的平台,让同学们既展现了厨艺,又锻炼了实践能力。

(李焱)

【基层团组织建设】 校团委根据《中国共产党发展党员工作细则》(中办发〔2014〕33号)、关于《团组织向党组织推荐优秀团员作党的发展对象实施办法》的补充说明(讨论稿),结合学校"推优入党"工作、团校工作实际,制定了《北京联合大学团校实施办法》。在新生校中开设了理想信念、团情团务、时事政治、综合素质等多方面专题培训,开展为期4次集中教学活动,对团学干部进行教育和引导,通过培训,团学干部进一步提高了政治素养、业务能力和综合素质。各学院组织各类团校学习活动共计12期。

开展"达标创优"竞赛活动。校团委进一步推动学校共青团工作的科学化、系统化建设,增强基层组织的凝聚力和战斗力,开展"达标创优"竞赛活动。共评选出2个"五四红旗"团委、十佳团支部、十佳团干部、十佳团员、29个优秀团支部、64名优秀团干部、208名优秀团员。经推荐评选,学校获评北京市2014—2015年度首都大学、中专院校"先锋杯"优秀团支部25个,优秀团干部25名、优秀团员25名。北京市2014—2015年度市级三好学生45名,优秀学生干部15人和先进班集体15个。

做好服务基层、联系青年工作。校团委进一步做好班子联系、服务院团委制度和校、院团委书记直接联系服务团员青年制度,抓好相关制度的落实和监督检查。全校共青团系统通过座谈会、问卷调查以及实地走访的形式展开,深入了解党政领导和团员青年对团干部的真实看法及建议。共有417名青年代表参加座谈,1对1访谈70名青年代表。共征得意见建议1020条,涉及坚定理想信念、密切联系青年、提高工作本领、"反对'四风'和践行'三严三实'"等方面。对了解团员青年需求、推动工作开展起到积极的促进作用。

(李焱)

【志愿服务活动】 建立志愿者工作长效机制,完成大型活动志愿服务工作。2015年,学校学生在志愿北京网络平台已注册正式会员11019人,新生会员注册率达到100%。为了扩大学校志愿者服务的范围和影响,志愿者协会与中华慈善总会中华慈善总会新闻界志愿者慈善促进工作委员会签订"高校志愿者服务战略合作协议",成立中华慈善总会北京联合大学分站。志愿者协会与朝阳区寸草春晖敬老院举行挂牌仪式,建立"北京联合大学敬老服务志愿基地"。与活力社区基金(VCF)签订合作协议,定期为黑桥社区打工子弟学校提供志愿服务。2015年暑期,学校79名同学全程参与了世锦赛志愿服务工作。志愿者高度的责任心、扎实的专业素养、良好的精神风貌以及热情细致的服务赢得了好评。同时,圆满完成了2015级迎新、校新生运动会、校科技大会等大型活动的志愿服务工作。园博会选拔经过学校面试笔试专业志愿者13人(特教学院)普通志愿者33人(各学院),西部计划选拔2人。

加强宣传教育,传播志愿服务精神。为了加深学生对志愿者以及志愿服务的认识,将志愿服务与提高自身能力乃至提高就业机会结合起来,志愿者协会举办了以"和谐北京、和谐校园"为主题的为期7周的志愿学堂系列活动。该活动的举办得到了各学院广大师生的欢迎,共有1100余人次参与。

开展学生健康知识普及教育活动。校红十字学生分会积极开展同伴教育系列活动,陆续走进广告学院、机电学院、应用科技学院、生化学院,为广大学生提供生殖生理、青春期保健等知识。在第28个世界艾滋病日期间,举办了大型预防艾滋病系列宣传活动。举办大学生青春健康知识普及活动,面向学校各学院的600名学生开展初级急救员培训。

(李焱)

【北京联合大学学生社团联合会】 北京联合大学学生社团联合会是对正式注册认证的学生社团进行科学管理、全面协调、联合运作的学生组织,是以学生社团为基层单位的社团权益代表机构。

北京联合大学学生社团联合会下设有校级组织和校级社团共14个:北京联合大学红十字会学生分会、北京联合大学青年志愿者协会、北京联合大学学生科技协会、北京联合大学礼仪总队、北京联合大学电视台、北京联合大学记者团、北京联合大学广播站、北京联合大学戎光国防爱好者协会、北京联合大学国旗护卫队、北京联合大学爱心超市、北京联合大学爱心社、北京联合大学乒乓球社、北京联合大学辩论队、北京联合大学推敲文学社。以性质差异为单位的设有文化艺术类、体育健身类、实践促进类、政治理论类、地域文化类、公益志愿类、合作交流类和学术科创类共八类社团。

为进一步促进学生社团建设工作,提升学生社团活动水平,校团委发布《关于促进全校学生社团发展的指导意见》,召开第三次学生社团联合会代表大会,集中开展学生社团年度审核工作,对组织管理不规范、社团运行存在的不足进行整顿,帮助学生社团进一步明确社团发展思路、规范社团管理、活跃社团活动、促进社团发展。为积极响应"走下网络、走出宿舍、走向操场"的工作号召,校社联广泛开展校园"三走"活动,组织"铁社三项"、"青春活力跑,助力申东奥"签名长跑等活动。国旗护卫队工作承担每天升降国旗任务,圆满完成了学校各项大型活动的升降旗任务,参加了首都高校国旗仪仗队比赛,并取得二等奖的成绩。

(李焱)

【艺术教育】 加强艺术团建设。根据学校艺术教育工作整体安排,完成了100余名团员的招募、签约工作,以及艺术团的排练工作。通过实地走访、电话调研、网上查阅的方式,对清华、北大、人大、北师大、首师大、北科大、南大、武大、复旦等高校的艺教中心的工作情况和艺术普及教育情况进行了调研,完成了调研报告的编写工作。

广泛开展文艺活动。为了更好地将艺术团建设工作与学校艺术教育工作相结合,丰富课余生活,繁荣校园文化,艺术团坚持每周举行星期三音乐会。同时,艺术团积极面向社会开展艺术交流活动,参与国际、国内的各项比赛和演出,赴新西兰进行巡演,举办了"建设文化怀柔,展示会都风采"2015年"放歌新怀柔"夏日文化广场闭幕式暨九渡河镇、北京联合大学专场演出。残疾人大学生艺术团参加了北京市特教学校文艺会演、京津冀残疾人文化交流、"携手同行、心系冬奥、助力北京、申奥成功"专场演出等活动。舞蹈团获得北京市艺术节舞蹈比赛二等奖。

(李焱)

直属教学部

基础课教学部

【概况】 基础课教学部是北京联合大学校本部直属教学单位,负责校本部各学院的数学课程和物理课程的教学任务。下设高等数学教研室、工程数学教研室、大学物理教研室(下设物理实验室)、行政办公室。2015年,基础课教学部共有教职工62人(其中专职教师55人,实验技术人员2人,干部和行政人员5人。专职教师中数学教师40人,物理教师15人,具有教授职务6人,副教授职务22人,具有博士学位18人,硕士学位34人)。

基础课教学部组织完成全校统考工作,进一步加强了教学基本要求和考试要求的规范统一,保证全校统考课程的质量。加强教学过程管理,课堂教学质量跟踪与检查、信息及时反馈。分别在5—7月和10月免费面向全校组织举办考研数学水平提高班和考研数学冲刺班。鼓励教师参加校内外教学比赛,注重教师执教能力提升,基础部教师在2015年校内外教学比赛中取得良好成绩。积极探索现代化的大学物理实验课程教学改革。完成数苑网教学平台建设,完善题库建设。以学校2015版培养方案改革思路为指导,全面开展所属基础课程模块化教学改革。继续完善课程导师制,积极推进课程导师制系统化建设。基础部积极开展协同创新性教学、科研学术活动或培训,多次邀请国内外专家做学术报告。先后6次组织学校数学教师参加北京市高校数学教育发展中心举办的数学教学观摩课活动。落实"通过加强教研室建设,建立集体备课制度",积极推进物理实验课程信息化建设一、二、三期项目建设。加大精力和资源投入,进一步提升学生学科竞赛规模和质量,组织参加的校外赛事取得较好成绩。鼓励教师积极申报科研基金项目并取得初步成效。获得了一项2015年国家青年天元基金项目、2项国家自然科学基金(青年基金)项目。鼓励教师撰写高水平科研论文,2014—2015学年基础部共发表论文共计29篇,其中A3级8篇、B级1篇、C1级别3篇。

基础部党总支加强基层党组织建设,完成各支部改选工作,对新履职党支部书记及委员的进行培训。落实党风廉政建设工作,在5—6月的学校党风廉政宣传教育月期间,开展"教师廉洁从教""学法纪,见行动,国法党纪在心中"等主题活动,组织专题学习《中共教育部党组关于落实党风廉政主体责任的实施意见》及北大李小凡教授的先进事迹。组织处级干部认真参加"三严三实"教育活动。完成基础部新一届工会主席和副主席、工会委员、教代会常设主席团人选的改选工作;积极组织参加校工会文体活动,在学校2015年乒乓球比赛中,基础部获得乒乓球团体冠军;组织乒乓球、羽毛球、跳绳、踢毽子活动和比赛,分批次组织教师参加登山等户外活动。做好执教能力建设,为每位新进青年教师配备指导教师,组织青年教师进行教学基本功比赛。在2015年校第七届青年教师基本功比赛中,袁安锋获得理工组第一名,在2015年北京市第九届青年教师基本功大赛中,袁安锋获得理工组B组一等奖。努力做好师德建设工作,组织全体会员认真学习兄弟院校的办学理念和好的教学方法。

(王爱琴)

【教学工作】 基础课教学部2015年面对全校数学教师编制紧缺困难,努力完成各项教学任务。组织完成全校高等数学A(Ⅱ)、高等数学B(Ⅱ)、微积分(Ⅱ)、线性代数、大学物理(Ⅰ)课程的统考工作,在总结以往统考经验和不足的基础上,进一步加强了教学基本要求和考试要求的规范统一,保证全校统考课程的质量。加强教学过程管理,课堂教学质量跟踪与检查、信息及时反馈。圆满完成了本学期开学初教学检查、期中教学检查及期末检查等工作。基础部领导和教研室主任深入课堂听课,共计听课62节。针对听课中发现教师的教学问题,及时和相应老师进行沟通交流,改进教学方法。

因材施教,基础部为帮助2016年有志考研的同学有效提高研究生入学数学考试成绩,分别在5月—7月和10月免费面向全校组织举办考研数学水平提高班和考研数学冲刺班。由校基础部组织有多年经验的数学考研辅导团队及聘请著名考研数学辅导专家授课。两次活动全校共有九个学院近200多名学生积极报名参加。

鼓励教师参加校内外教学比赛,注重教师执教能力提升,基础部教师在2015年校内外教学比赛中取得良好成绩。基础部袁安锋、张莉两位老师的参赛作品获得"首届北京数学微课程教学设计竞赛"华北赛区一等奖;李晓梅老师在第二届北京高等学校物理基础课程青年教师讲课比赛中获得(北京赛区)二等奖;袁安峰老师获得北京市第九届青年教师教学基本功(理工组)比赛一等奖。

(王爱琴)

【教学改革】 积极探索现代化的大学物理实验课程教学改革。为促进学校物理实验课程教学改革,校基础部引进了大学物理实验课程教学预习仿真、考试系统。上半年物理教研室聘请企业技术人员对全体物理教师进行了系统软件使用培训,组织教师认真修改完成网络版实验预习报告项目模板。物理实验教学改革引起了兄弟院校同行的关注。3月27日北京印刷学院领导和实验技术人员等一行来学校物理实验室参观访问。

完成数苑网教学平台建设,完善题库建设。大学数学网络学习平台的在线测试试点运行。校基础部组织教师完成了数苑网题库建设的补充完善工作,并与数苑网公司合作完成网络化题库的补充工作。

以学校2015版培养方案改革思路为指导,全面开展所属基础课程模块化教学改革,以适应人才培养需要。在对相关学院课程教学内容、教学模式调研的基础上,完成高等数学、微积分、概率论与数理统计、线性代数、大学物理、物理实验六门课程不同模块教学大纲修改汇编工作;完成了高等数学、微积分、概率论与数理统计、线性代数、大学物理、物理实验六门课程不同模块教学内容的电子教案制作工作;完成了高等数学、微积分、线性代数、概率论与数理统计四门课程知识难点近60个微课视频脚本设计与制作;完成了高等数学、微积分、概率论与数理统计、线性代数四门课程约80个视频典型习题讲解的制作工作。与专业公司合作完成构建移动式微课教学视频软件开发系统结构设计。进行了以微课辅助教学—录播软件系统支持的音频可书写录入项目建设,满足教师微课制作和网络答疑的功效。以线性代数课程作为研究试点,构建适合学生学习的包含应用案例、系列习题的线性代数应用教程建设,完成教材样稿并签订了出版合同。

继续完善课程导师制,积极推进课程导师制系统化建设。修订了《校基础部课程导师制实施试行办法》,在调动学生学习性投入方面取得了初步成效。基础部课程导师所辅导的有困难的学生考试成绩及格率平均达到84%。完善课程导师制奖励机制,今年下半年基础部对上一学年课程导师工作优秀的教师进行了表彰奖励。

(王爱琴)

【教师培训】 基础部积极开展协同创新性教学、科研学术活动或培训。下半年为配合全校科技工作会召开,开展系列科研学术交流活动。5月27日,邀请美国亚利桑那州立大学王海燕教授作题为"在大数据时代利用网络提高数学模型的预测(Use of networks to improve prediction of mathematical models in the era of Big Data)"的报告。6月12日,邀请美国哈佛大学刘军教授作题为"以统计的方法思考:从小数据到大数据"(Thinking Statistically: from small data to big data)的报告。7月2日,聘请中国科学院研究生院管理学院副院长石勇教授作题为"大数据与数据科学及应用"的报告。10月10日,聘请在首届全国高校数学微课程教学设计竞赛中获得一等奖的北京邮电大学李鹤老师作题为"微课制作的感受"的报告。11月18日,聘请首都师范大学研究生院院长、国家重点学科基础数学负责人,北京数学与信息交叉科学协同创新中心负责人李庆忠教授作题为"首师大数学院学科建设:数学与交叉学科"的学术报告。12月7日,邀请中国科学院中科院自动化所视频侦查技术联合实验室主任、多维数据分析实验室主任、博士生导师彭思龙教授作题为"数学与交叉学科的若干讨论"的学术报告。12月11日,聘请北京市教学名师、北京科技大学物理实验教学中心主任、国家工科物理课程教学梯队负责人吴平教授来基础部指导交流。

为增进与北京市各高校交流,使数学教师了解数学领域最新研究动向,促进数学课教学研究与改革,基础部先后6次组织学校数学教师共有37人次参加了北京市高校数学教育发展中心举办的数学教学观摩课活动和数学研讨班开班大会。

(王爱琴)

【教研室建设】 落实"通过加强教研室建设,建立集体备课制度"。重点抓几个关键环节:开学初基础部各教研室组织说课,研讨具体教学内容的细节处理问题;统一思想,确定教学进度安排、阶段测验、期中考试时间等;期中考试后基础部组织召开全校各学院数学、物理课程负责人参加的统考课程联席会,通报和交流考试情况,积极协调和解决教学中存在的问题。

(王爱琴)

【实验室建设】 积极推进物理实验课程信息化建设一、二、三期项目建设。为促进学校物理实验课程教学改革,基础部物理教研室在上半年完成开放式大学物理实验课程信息化建设一期工程的基础上,下半年完成了二期、三期建设项目。为保证物理实验正常上课,基础部充分利用暑期时间加班加点,基础部领导带班并安排教师值班,组织施工单位,完成大学物理实验课程教学预习仿真、考试系统结合学校实际的实验教学、考试内容的改进研究、开发工作。全面启动了实验课程仿真预习、在线考试等工作,取得良好成效。

(王爱琴)

【学科竞赛】 加大精力和资源投入,进一步提升学生学科竞赛规模和质量。2015年,基础部成功承办北京联合大学2015年大学生数学竞赛、物理竞赛、数学建模竞赛、物理实验竞赛。学生报名参加比赛人数比去年有所增加,其中有416人参加了数学竞赛、300人参加了物理竞赛,201人(67个参赛队)参加了数学建模竞赛。

基础部组织参加的校外赛事取得较好成绩:组织学生参加了北京市大学生数学竞赛、全国部分地区物理竞赛、北京市大学生物理实验竞赛、全国大学生数学建模竞赛、美国大学生数学建模竞赛等。为了让学生在竞赛中取得好成绩,基础部相关教师利用暑期休息时间,分别组织不同项目参赛学生强化训练,邀请了校外专家教授指导参赛学生,取得很好效果。在北京市大学生数学竞赛中有1名同学一等奖,5名同学获三等奖。在北京市大学生物理实验竞赛中有两个队获得二等奖,一个队获得三等奖。在全国部分地区大学生物理竞赛中,有1名同学获二等奖,3名同同学获三等奖。2015年,有6个队参加2015年美国大学生数学建模竞赛,1个参赛队获得2015年美国大学生数学建模竞赛二等奖。

(王爱琴)

【教科研工作】 鼓励教师积极申报科研基金项目并取得初步成效。基础部组织教师申报2016年度国家自然科学基金项目7项;获批北京联合大学校级教改项目4项,其中重点项目1项,青年项目2项,一般项目1项;获批2015年北京市教委科技计划项目1项,获批1项;申报2015年北京市科技新星计划1项。

科研和教研工作稳中有升。科研管理工作重点是抓科研竞争性资助经费项目落实情况,

培育即将申报的新的高水平科研项目。主要是以组织基础部教师申报高水平科研项目、撰写高水平科研论文为核心,营造基础学科的研究氛围,提升教师科研能力。

本年度基础部教师获得了一项2015年国家青年天元基金项目、2项国家自然科学基金(青年基金)项目。为提高教师科研水平,鼓励教师撰写高水平科研论文,基础部对本年度发表在CSCD、CSSCI(含扩展版)以上级别期刊的论文版面费予以支持。2014—2015学年基础部共发表论文共计29篇,其中A3级8篇、B级1篇、C1级别3篇。

(王爱琴)

电子信息技术实验实训基地

【概况】 电子信息技术实验实训基地(以下简称实训基地)属校本部直属教学单位。承担全校计算机通识教育课程的教学组织与管理、电工电子实验实训课程、计算机实验实践环境的运行保障、创新创业实验班建设、智能驾驶技术实验区建设、校内外实训基地建设、信息化服务社会等任务。

2015年实训基地有教职工45人,其中教师25人。教科综合办公室1个。教研室3个:计算机基础教研室、程序设计教研室、计算机新媒体技术教研室。实验室2个:计算机基础实验室、电工电子实验室。领导班子成员:主任1人,书记1人,副主任2人。无退休人员及调入调出人员变动。

2015年实训基地在校领导和相关部门的指导和支持下,根据部门教学、科研工作任务,加强教职工队伍建设,落实党风廉政建设和党的群众路线教育整改工作要求,推进部门各项工作圆满完成,教学科研工作成绩显著。作为全校计算机通识课程业务主管单位,积极组织教学改革和课程建设,指导学生参加学科竞赛取得国家级等奖项的好成绩;科学研究取得新的突破成绩,获批国家科技支撑计划和国家自然科学基金等科研项目。

实训基地党支部带领办公室、教学部、实验室三个党小组的25名党员和1名预备党员,围绕部门中心任务开展党建工作,贯彻校党委党风廉政建设工作要求,落实党风廉政建设责任制,圆满完成机直党委和支部的各项工作。开展"党风廉政建设宣传月"活动,重点强化干部和项目负责人的党风廉政责任落实,提高党员教职工的综合思想素质和岗位责任意识,加强师德师风教育活动,落实党政联席会议制度,实现党政协同推进部门中心任务。严格按照党员发展程序接收预备党员1名。党员张翠霞、崔武子及预备党员梁爱华分别获得校2013—2015年度优秀共产党员、2011—2015年度优秀教师和2011—2015年度优秀教育工作者。

10月,完成实训基地工会换届。以讲座形式组织新一届工会委员集中学习了十八届四中全会精神、习近平总书记系列讲话精神等,印发工会有关制度文件,贯彻落实学校三届五次教代会的会议精神,做好"双代会"会议精神的调研工作,开展"讲师德、塑师表、尽师责"活动、师德宣传教育活动、组织师德研讨会、开展以校优秀教师、先进个人为榜样的教育创新活动,积极组织教职工参加校工会文体活动,落实校工会对教职工的各项关怀,看望住院职工2人、慰问直系亲属去世教

职工 2 人。

（高润泉　苏幼香　许汇冬）

【课程建设】　配合校教务处，完成 2013 版培养方案中"大学计算机基础""C 语言程序设计""VB 程序设计""网页设计与制作技术""多媒体技术应用"等课程的评估工作。

组织相关单位，完成计算机通识教育 10 门课程的 2015 版大纲修订工作。

从 2015 版培养方案，首次把全校各学院的专业基础纳入到实训基地课程任务。并配合各学院完成专业必修课"数据分析与应用""工程制图"以及专业限选课"网页设计""flash AS 脚本交互设计"等 2015 版课程大纲的撰写和修订工作。

（和青芳）

【教学改革】　申请实验室建设和特色教学改革经费 53 万，完成计算机基础、程序设计考试系统安装、升级工作，完成自主学习中心智能管理系统的建设。

作为全校计算机通识课程业务主管单位，负责组织全学校 10 门计算机通识教育课程教学工作，其中计算机基础、C/VB 语言程序、数据库为四门大课，进行了较大规模的教学改革。计算机基础课程在原分层教学试点效果良好的基础上，2015 年北四环校区实训基地承担教学任务的学院都进行了分层教学模式改革。利用申请学校人才培养资金项目，对计算机考试系统和 Access 数据库考试系统和题库进行升级、更新、改进和增加题量，完成 C 和 VB 程序设计课程的考试系统安装、调试。利用 C 考试系统对信息学院课程真正实现程序设计考试系统自动组卷、自动阅卷。

对计算机基础自主学习平台进行了改进，平台上除了企业版计算机基础辅导、测试题库外，增加了教学版学生练习、作业各知识点题库以及辅导资料，方便学生课余自主学习，同时教师能够从系统导出学生课外作业情况，及时给出成绩。

（和青芳）

【学科竞赛】　承办"2015 年第四届北京联合大学程序设计竞赛"和"北京联合大学《大学计算机基础》和《计算机应用基础》（高职）课程竞赛"两个大赛。

组织举办第五届电子产品制作竞赛活动。

指导学生参加 2015 年全国大学生电子设计竞赛，并获得本科生组国家级二等奖、张翠霞获 2015 年全国大学生电子设计竞赛（北京赛区）优秀辅导教师奖。2015 年全国大学生电子设计竞赛参赛队因此获得校长特别奖。

实训基地作为华北五省计算机应用大赛的技术组责任人，负责网站运行、网站维护、网络报名、答疑解惑、答辩室技术支持，并组织专家交流会，协调配合教务处和其他任务组圆满完成大赛各项工作。

（和青芳）

【实验室建设】　申报教务处实验室建设和教学特色与亮点建设专项经费共计 53 万。对整个自主学习中心所有机房的管理进行改进，实现学生自主学习中心智能实验室管理系统、刷卡系统升级和门禁系统升级的安装、调试工作。通过安装智能管理系统，实现学生自主网络预约、刷卡预约、账号登陆、计算机使用行为监控管理、数据采集、数据交换、机房网络管理等。

学生自主学习中心坚持周一到周五全天候开放。

计算机基础实验室配合计算机基础分级教学改革和程序设计课程改革的需要，对计算机考试系统、C 语言考试系统和 VB 考试系统进行升级和扩容建设，以及全校相关学院的程序设计和数据库考试系统的安装和升级，达到实训基地统筹学院的计算机基础、程序设计、数据库等考试系统全覆盖。

配合教务处和基础课部完成对自主学习中心的计算机基础网络平台、数源网络平台和英语网络平台统一管理和改造，完成计算机基础网络平台课后练习题库的建设。

协助教务处，申请北京联合大学中央支持地方专项—教学实验平台建设—大学生创新实践基地项目建设项目，其中中央专项支持建设经费 200 万，北京市配套建设经费 40 万。2015 年 240 万经费已经全部到账，建设有 WiFi 套件、嵌入式开发套件等。

（和青芳）

【科研工作】　2015 年本部门全年获批科研经费 552 万元。正式获批国家科技支撑计划项目 1 项、国家自然科学基金 2 项、北京市教委面上科研项目 1 项、校级项目 3 项。发表论文 25 篇，其中 SCI 期刊论文 1 篇、EI 期刊论文 3 篇、CSCD 论文 6 篇、核心期刊 3 篇。知识产权登记 20 项。

3 月至 9 月，组织部门申报 2015 年度国家自然科学基金项目 3 项、北京市自然基金 1 项、教委面上项目 2 项、校级新起点项目 2 项、部门开放课题 3 项，获得教育部学生创业项目 3 项，争取横向课题 2 项。

7 月，袁家政教授申报的国家科技支撑计划项目课题"'多彩贵州'文化资源集成与文化旅游综合服务应用示范"正式获批，涉及经费 1785 万元，国拨经费 815 万元，其中学校承担 400 万元专项经费；袁家政教授申报的国家自然科学经费项目"面向视频社交网站的视频内容理解与挖掘研究"和李青博士申报的"图像内容的对象级语义标记及场景布局迁移"项目正式获批，经费 106.5 万元，占学校该类项目总经费 1/3。

（袁家政）

人文社会科学教学部

【概况】 人文社科部是北京联合大学直属教学单位，承担着校本部各学院本科生、专科生、研究生各专业学生的思想政治理论课和中文艺术素质课的教学任务，同时负责组织全校马克思主义理论学科的建设。人文社科部下设1个行政办公室和6个教研室：马克思主义基本原理教研室、马克思主义中国化教研室、中国近现代史教研室、思想政治教育教研室、中文教研室、艺术教研室。截至2015年底，共有教职工60人，其中思想政治理论课教师42人，中文和艺术课教师13人，行政人员5人。在55位教师中，教授7人、副教授14人。教师中具有博士学位15人，在读博士6人。2015年人文社科部继续推进思想政治理论课"问题式专题教学"改革和马克思主义理论学科建设，在教学、科研、师资队伍建设以及党建、工会等方面都取得了显著成绩和新的进展。

社科部党总支为加强基层党组织建设，促进党政融合，调整由所有支部书记兼任教研室副主任，召开支部书记培训会，组织处级干部、副高职称以上教师、博士和在读博士听取周志成副书记专题党课，组织党员专题学习，召开党员座谈会，召开青年教师座谈会、党总支委员（扩大）会，与教职工进行广泛谈话，看望生病教职工。健全党内表彰评比机制，以部班子成员、总支委员、教研室主任、党支部书记等人员参加的扩大会的形式评选先进。2015年，1名教师获评校级优秀共产党员，2名教师获评校级2011—2015年优秀教师。

（仲计水）

【教学工作】 结合十八届三中全会、四中全会精神进课堂，社会主义核心价值观进课堂，组织开展思政课四门课程教学大纲、问题设置、教学专题凝练与调整工作；结合学习教育部《高校2015年上半年形势与政策教育教学要点》组织开展年度形势政策课全校集体备课会，明确授课要求、授课专题，形成课程教学实施方案。开展好原理课课程评估工作。根据学校统一要求，原理课接受学校教学检查与评估，开展原理课课程评估动员、组建工作团队、迎接专家课堂听课、评估材料整理、评估答辩等工作，评估工作推进顺利。

开展思政课微课建设各项工作。为深化思政课问题导入式专题教学改革，实现优质教学资源共享，积极利用新技术提高教学质量，制定并实施微课录制工作年度工作方案，组织召开微课录制教学集中培训活动两次，集体学习观摩大连海事大学等高校思政课教师的微课视频，就如何成功做好一次微课作了分析与研讨；邀请北京康邦科技股份有限公司负责工程师就微课录播授课技巧、着装搭配、教姿教态、技术支持、心理调适等作系统培训。本年度顺利完成思政课部分教学专题20个微课录制工作。

推进了思政课网络学堂建设工作。组织举办思政课两次网络学堂建设培训会，邀请校信息网络中心白丽媛老师重点就网路学堂内容建设、学习小组建立、作业批改与测验建设、博客微博链接、讨论区建设以及个性化特色建设等板块作了活动培训；制定并实施思政课网络教学平台建设方案，围绕"问题导入专题教学"的相关专题进一步搭建网络资源平台，结合2015版教材的要求在课程资料模块、课程交流模块、课程考核模块三个模块对网络教学平台的内容进行修改和进一步完善。

实施思政课教学名师培养建设项目，初步培育一名教学名师。制定并实施社科部思政课教学名师择优资助工作方案，开展思政课教学名师择优资助项目申报与评选工作，遴选确定一名优秀中青年教师（原理教研室李艳艳）为教学名师培养对象，开展接受资助教师年度业绩考核。指导李艳艳围绕"微博为中介的线上线下融合教学模式"开展学术拓展、教学探索，取得突出成绩，扩大学校思政课教育教学在首都高校乃至全国高校中的影响力。

承办2015年全国高职高专院校思想政治理论课青年教师教学展示活动。11月11日至12日，由教育部高等学校思想政治理论课教学指导委员会高职高专分教学指导委员会主办、学校承办的全国高职高专院校思想政治理论课青年教师教学展示活动在学校举办。教学展示分"思想道德修养与法律基础"课、《毛泽东思想和中国特色社会主义理论体系概论》课两组进行，由15分钟讲课和专家点评两个环节组成；26名"概论课"教师、30名"基础课"教师围绕课程某一专题开展了精彩教学展示，参加展示活动教师凭借科学的教学设计、娴熟的授课技巧、声情并茂的教学方式，获得现场专家与老师的好评，活动历时一天半，近百名思政课教师学习观摩。成功举办教学展示活动展示了学校思政课建设成效，也扩大了学校马克思主义理论教学与研究工作在全国的影响。

（王恩江）

【教研室建设】 举办专家教学示范课活动。邀请清华大学马克思主义学院吴潜涛教授、中央党校马克思主义理论部宋福范教授分别围绕社会主义核心价值观前沿问题、"四个全面"战略布局作教学示范，专家的教学立意高、观点新、史料实，思想深，对教师们深入了解四个全面战略思想、社会主义核心价值观前沿问题，加强相关理论的学习与研究，并将其精神实质融入思政课的教学实践中，都产生了较好推动与引领作用。

组织开展思政课实践教学工作。组织思政课教师暑期赴江西瑞金、安徽凤阳等地教学考察、学术考察各项工作，完成相关考察实践报告文集编辑工作；组织四门思政课社会观察课教学工作，开展学生社会观察报告、课程心得体会评奖颁奖工作，有效地激励了教学。

开展残疾学生思政教学对策的调查与分析工作。与特殊教育学院师生开展教学座谈与调查活动，围绕教师素质结构、课程内容设置、课程管理与考核评价等方面作分析与调查；组织新入职青年教师现场观摩纲要教研室林少玲老师的《中国近现代史纲要》课堂教学，推广林老师针对听障学生独创的"打字教学法"，加深了老师们尤其是新入职青年教师对于残疾学生思政课教学特点的理解与认知，进一步明确了残疾生教学规律，为下一步开展好分类分层教学改革积累了经验、拓宽了思路。

开展实验班思政课教学的总结与分析工作。组建实验班教学团队，教学团队紧密围绕学校实验班人才培养定位，注意结合实验班学生特点，科学施教，圆满完成实验班各项教学任务，各门课程取得较好教学效果。同时对加强实验班教学研究、实时开展分类教学等方面也提出了对策。

（王恩江）

【教学改革】 结合 2015 版新教材开展专题凝练、问题设置优化工作，继续开展教案撰写及修订工作；集中开展思政课问题导入式教学学情调查工作，在分析研究的基础上修订了思政课学情调查问卷，印制近 2000 份问卷并在多个校区开展问卷调查工作，形成思政学情调查分析报告，为教学改革、教学优化提供重要信息支持；组织开展问题导入式教学示范课堂建设工作，围绕建设目标、建设任务与要求、工作流程与具体时间安排形成了专项工作方案，组织各教研室开展示范课堂备课、试讲与评课活动；举办思政示范课堂教学展示活动，邀请了教学经验丰富并获得北京高校教学基本功比赛优秀奖的清华大学马克思主义学院刘敬东教授等专家、学者做嘉宾评委参与示范课评分、点评工作，示范课堂教学展示活动的成功举行标志着此项工作进入新阶段，对于人文社科部问题导入式专题教学改革深化、思政课建设水平提升具有极大促动作用。

做好思政课问题导入式教学改革校级经验交流工作。社科部教学改革成功获批 2014 年度教育部高校思政课教学方法改革"择优推广计划"培育项目，并获得学校 2014 年度教学成果奖一等奖。北京服装学院、首都医科大学、湘南学院等多所院校来学校开展教学建设经验交流活动，全国性示范效应初显。落实清华思政课建设现场会精神，修订完善了学校思政课建设方案；申报并获批校级教改课题课 5 项（重点项目 1

项、一般项目 3 项、委托项目 1 项）。

圆满完成人民网对学校思政课教学改革访谈活动。5 月 21 日，人民网"走进北京高校，感受思政魅力"系列访谈节目对学校进行专访。校党委副书记周志成、社科部主任韩强、喜蕾老师以及管理学院 2012 级金融实验班本科生李锦禳应邀接受专访。专访围绕学校思政课的建设特色、具体做法、教育实效等问题，介绍了近年来学校开展的思政课问题导入式专题教学改革及取得的主要成绩；人民网"走进北京高校，感受思政魅力系列访谈"节目邀请包括北京大学、清华大学、中国人民大学在内的 14 所北京高校思想政治理论课教学先进单位参与节目制作。访谈实况视频已于 6 月 30 日起在人民网上线播出。

（王恩江）

【学科建设】 与各学科方向带头人签订 2015 年学科建设任务书，督促各方向带头人完成任务书中规定的各项高级别学术论文、高层次课题、参加和组织高水平学术会议等指标。

加强思想政治教育学科方向建设。聘请教育部普通高等学校思想政治理论课教学指导委员会委员、博士生导师陈勇为兼职教授，拟创立北京联合大学德育研究中心。进一步凝练思想政治教育二级学科的主攻方向，形成学校思想政治教育学科的特色和优势。

系统总结"十二五"期间马克思主义理论学科成绩及经验，对存在的问题、原因以及发展形势进行了较为详尽的分析，并对"十三五"期间马克思主义理论学科的建设思路、总体目标以及主要举措进行了论证，为今后五年的学科建设工作奠定了基础。

积极组织申报各类科研课题，课题立项和经费创历史新高。2015 年，组织教师完成各类课题、项目的申报共 51 项。共获批国家级项目 4 项，省部级 8 项，局委办级 10 项。2015 年获得的各项课题经费总和达 205 万元。

高层次学术成果的发表数量保持平稳。截至 2015 年 12 月，发表 CSSCI 期刊论文 43 篇。被《新华文摘》《中国社会科学文摘》《人大复印资料》等转载 5 篇。李艳艳老师在《红旗文稿》2015 年第 14 期刊登的《如何看待当前网络意识形态安全的形势》一文被北京市委办公厅《领导参考》采纳，市政府领导同志作了批示。

组织和参加高水平学术活动，营造良好的学术氛围。全年组织召开各类学术研讨会、座谈会、报告会等 12 次，参加高层次学术会议 27 人次。

马克思主义理论学科建设的成果以及经验受到上级领导部门的重视和充分肯定。《北京教育（德育）》2015 年第 10 期刊发了由韩强等 5 位老师撰写的 5 篇文章。文章分别从学科建设的突破口选择、学科方向的凝练、队伍建设、学科氛围营造以及服务思想政治理论课教学五个方面,介绍自2011年以来马克思主义理论学科建设的成果和经验。该刊还专门用了4个版面的篇幅,以图片的形式展示在思想政治理论课问题导入式专题教学改革、马克思主义理论学科建设以及思想政治理论课教师队伍方面的总体进展状况。

(许峰)

校体委、体育教学部

【概况】 学校体育工作由校体育运动委员会(简称校体委)统一领导,校体育教学部具体实施。校体委主任由主管副校长乔东亮教授担任,秘书长由校体育部主任范清惠教授担任,委员由校、院主管领导和体育部、教务处、学生处、团委、工会、后勤、校门诊部负责人组成。体育教学部既是学校直属处级教学部门,又是校体委挂靠的办公室,在主管校长和体育运动委员会的领导下全面负责学校体育教学和日常工作。

校体委、体育教学部本着"健康第一"的工作理念,以深化教育教学改革、提高体育教育教学质量为重点,以构建和谐体育部为核心,全体体育教师齐心协力,按照体育部(体委)重点工作计划有序开展各项工作,取得可喜成绩,体育教学、群体活动和体育竞赛等方面百花齐放,圆满完成学校交给的各项任务。

加强日常教学管理工作,保障体育教学工作顺利开展。教学工作克服2014、2015两套培养方案的并行过渡问题。在教学管理上,注意充分发挥教研室的功能和作用,有效保障体育课程教学的平稳运行和质量。全校参加体质测试学生22642人,测试率98%以上,完成测试目标。积极开展科研工作,发表科研论文42篇,其中C1期刊论文3篇,D级期刊论文3篇,科研工作量的数量增长了近3倍。开展丰富多彩的校园群体活动,组织全校性体育比赛7项,8支群体代表队参加北京市高校比赛23项,取得了16个第一名、8个第二名、13个第三名的好成绩。2支高水平运动队参加赛事7项,取得了7个第一名、9个第二名、6个第三名的好成绩。协助师范学院承办新生运动会。建章立制,优化体育场馆的管理工作,更好地为师生健身服务,接待师生31685人次,体育馆承担大型活动28场,承接北京高校赛事3场,提高学校知名度。

体育部党支部认真贯彻落实党章要求和《中国共产党廉洁自律准则》等党内规章,深入学习贯彻习近平总书记系列重要讲话,多次组织集体理论学习,组织党员及积极分子参观平西抗战纪念馆。体育部领导班子团结协作,以落实党风廉政建设责任制为龙头,工作任务责任到人,强化领导干部"一岗双责"意识,踏实做好体育部廉政工作,重新制定物品采购与管理相关制度《北京联合大学体育部物品采购管理办法》,进一步规范体育部物品采购流程。体育部党支部被校党委评为2014—2015年度"先进基层党组织",并在"七一"表彰时进行交流发言。

(范清惠 杨洪志 李静)

【教学工作】 体育部2015年共开设篮球、足球、羽毛球、乒乓球、健美操、初级剑、武术扇、排球、体育舞蹈(特教)、瑜伽、艺术体操等18个项目的体育必修课程,开设大学生安全教育与急救实践、气排球、网球竞赛规则与规则裁判法等7门体育选修课程,完成4个教学区、7个学院共计324个教学班的教学任务,无一起教学事故发生。

根据各教学区的教学特点和需要,重点开展羽毛球、篮球、软式排球、橄榄球项目的集体备课。建立教师外出培训学习规章制度,做好教师的短期培训管理,使短期外出培训程序化、规范化。派教师参加校球、健美操、橄榄球、足球、排舞、多媒体技术、教学技能等多项校外业务培训29人次,占教师总数的83%。

结合学校的教师教学技能比赛,制定体育教师教学优秀奖比赛办法,做好教学比赛前的各项准备工作。教师张羽佳获得校青年教师教学基本功比赛二等奖。

加强体育网络学堂建设:2015版体育培养方案做了较大的调整,课程的梯度由3个梯度调整为2个梯度,针对变化做好2013级、2014级、2015级学生的课程衔接问题,做好2015版培养方案的网络学堂的前期准备和调整工作。

制定体育部2015版学生培养方案:按照学校关于全面制(修)订2015版普通本科培养方案的原则意见的要求,在调研其他高等院校体育课程建设与教学改革经验的基础上,经部门反复讨论后制定体育部2015版学生培养方案。一是重点突出三个紧密结合,"课内与课外紧密结合、专项课与课外体育锻炼和课外体育竞赛紧密结合、素质项目与国家学生体质健康标准紧密结合"。二是试行"三固定":"固定项目、固定教师、固定时间模块",通过一个学年对一个体育项目的初级、高级班的系统学习,以最大程度保证学生能熟练掌握两项终身受益的体育锻炼项目。三是体育课程身体素质项目与国家学生体质健康标准测试项目紧密结合。

制(修)订2015版体育教学大纲:根据体育部2015版学生培养方案,分别召开了制(修)订2015版体育课程教学大纲工作布置会,布置大纲修订工作。经过4次修改完成2015版体育教学大纲的制修订工作,共计29门体育必修课程、12门特教课程、23门体育选修课程。

（范清惠　王光军　祖琪）

【科研工作】　体育部教师2015年共发表学术论文42篇,其中6篇核心期刊;独立撰写并出版著作1部,参编著作3部,合计完成53万字;申报各级各类项目共12项,其中市教委科研计划项目1项,学校教育教学与改革项目1项,横向课题2项,被批准立项。

（范清惠　王光军　吴纯）

【体质测试】　顺利完成2015年的体质测试任务,达到了预计的测试目标,测试率达到98.6%,及格率达到了90.1%。具体成绩详见本分目附表条目中"北京联合大学2015年体质测试总成绩统计表"及"北京联合大学2015年体质测试各单项测试成绩统计表"。

（范清惠　王光军　张宗程）

【高校群体竞赛】　全年组织参加高校群体竞赛23项,共获得团体第一名2项,个人第一名14项;团体第二名个1项,个人第二名个7项;团体第三名4项,个人第三名9项。参加赛项及获奖详情见本分目附表条目中"北京联合大学2015年高校群体竞赛成绩一览表"。

（范清惠　陈金堂　朱超）

【校内群体竞赛】　全年组织校内群体竞赛7项,其中体育竞赛6项、体育文化活动1项,详情见本分目附表条目中"北京联合大学2015年校内群体竞赛及成绩一览表"。

（范清惠　陈金堂　朱超）

【高水平运动队成绩】　高水平运动队2015年参加省级及全国体育竞赛7项,取得第一名7项、第二名9项、第三名6项,参加赛项及获奖详情见本分目附表条目中"北京联合大学2015年高水平运动队比赛成绩一览表"。

（范清惠　陈金堂　朱超）

【体育中心工作】　体育中心承担学校北四环校区体育馆管理、为学校承接北京市高校赛事、配合学校相关部门组织大型活动,服务于师生体育社团活动和健身活动任务。为提高体育场馆管理水平,更好地为全校师生服务,在原有调研北京市13所高校体育馆的基础上,2015年又集中调研了北京大学、北京邮电大学等管理水平较高院校体育馆的规章制度、人员聘用与管理、运行管理、安全管理、对社会开放等方面的经验。结合调研成果,依据学校实际编写《北京联合大学体育场馆管理手册》,具体包括6项管理办法和规章制度,分别是《北京联合大学体育场地管理办法（草案）》《北京联合大学体育场馆管理有关规定》《北京联合大学体育馆消防安全管理制度》以及人员管理、体育场馆预约管理、物品采购与管理有关制度,使行事有规范,责任具体到人。

2015年,中心为学校承办了大学生体育协会主办的1项市级培训和2项市级比赛,分别是毽绳分会6月13日主办的北京市高校花样跳绳培训、篮球分会10月30日主办的"念慈菴杯"首都高校篮球赛和舞蹈分会12月6日主办的北京市高校跳舞比赛。

自2013年8月26日体育部接手体育馆并投入运行以来,体育中心一直克服人员不足等困难,在完成教学、训练、和各项活动任务前提下,对全校师生开放,为师生体育社团提供场地服务及技术指导,积极承办师生健身活动与比赛。2015年（截至2015年12月11日）,共接待网上预约锻炼师生31685人次。

2015年体育馆承担的大型活动详见本分目附表条目中"北京联合大学2015年体育馆承担大型活动一览表"。

（范清惠　杨洪志　郑毅）

【附表】

北京联合大学2015年体质测试总成绩统计表

项目	不及格率/%	及格率/%	良好率/%	优秀率/%
百分比	9.1	65.7	24.1	1

注：数据统计时间为2016年1月

（范清惠　王光军　张宗程）

北京联合大学2015年体质测试各单项测试成绩统计表

项目	不及格率/%	及格率/%	良好率/%	优秀率/%
体重指数	9.00	7.14	19.99	63.87
肺活量	1.42	15.29	13.43	69.86
50米跑	6.38	72.09	10.83	10.71
坐位体前屈	8.29	54.26	18.54	18.91

续表

项目	不及格率/%	及格率/%	良好率/%	优秀率/%
立定跳远	22.76	59.23	11.19	6.82
男生引体向上	78.06	16.27	2.59	3.08
女生仰卧起坐	5.25	77.51	12.73	4.51
耐力跑	26.05	63.60	7.13	3.22

注：数据统计时间为 2016 年 1 月

（范清惠　王光军　张宗程）

北京联合大学 2015 年高校群体竞赛成绩一览表

序号	比赛名称	时间	地点	教练员	成绩	参赛人员
1	第三届北京高校徒步大会	4月11日	北京爨柏景区	朱超	最佳组织奖	足球队
2	2015年高校足球联赛（乙组）	4月30—5月3日	北京建筑大学	朱超	小组未出线	足球队
3	2015年首都高等学校弗雷斯杯羽毛球锦标赛	4月18—19日	北京大学	宁方毅	丙组女团第一名	陈梦琦、曹典典、袁野、孙倩文、李一平
4	2015年首都高校篮球联赛	4月8—26日	五棵松	陈晓莹、隗河娟	女队未出现	
				毛永强	男子第六名	周子牧、魏峥、李翀宇、徐宗应、王苡朝、郝帅、冯尧、李峰、王程煊、毕振东、张强、赵晓鸣、李翊、赵珂文、王英骐
5	2015年首都大学生阳光体育体能挑战赛	5月9日	北京工商大学良乡校区	张羽佳、刘杨	大学生体能热力操比赛甲组第三名（三等奖）	张帅、黄华、白亚婷、王伊宁、赵玥、梁宇情、张睿、崔浩然、宋爱玲、孟童、王韵迪、张斯淇、侯雨竹、余慧、翁江丽、郝佳宁、吴海棠、陈曦
					体育道德风尚奖	
					优秀运动员	王伊宁、白亚婷
6	首都高校第53届学生田径运动会	5月14—17日	北京体育大学	陈维福、张剑、王庆宇	男子100米第七名	郭冈杰
					男子400米第五名	陈稼逸
					男子800米第五名	王啸鹏
					男子1500米第七名	胡矩旗
					男子5000米第七名	蒋广谊
					男子10000米第四名	蒋广谊
					男子5000米第五名	肖沪龙
					男子4×400接力第六名	王啸鹏、王东明、胡矩旗、陈稼逸
					男子三级跳远第七名	于海洋
					女子100米栏第二名	陈美奇
					女子400米栏第三名	陈美奇
					女子三级跳远第八名	王佳佳
					男团总分第八名	

续表

序号	比赛名称	时间	地点	教练员	成绩	参赛人员
7	首都高等院校跆拳道精英赛	5月16日	北京科技大学	许文	品势团体女子乙组第六名	钟倩岚
					混双品势团体乙组第五名	倪楠
					品势团体女子乙组第六名	
					品势个人男子乙组第三名	刘飞
					混双品势团体乙组第五名	
					精英赛58kg级男子乙组第一名	张裕坤
8	2015年首都高校武术比赛	5月23—24日	房山良乡体育中心	刘朝霞	格式太极拳男子组第一名	曹政
					格式太极器械女子组第一名	田思彤
					42式太极拳男子组第二名	孙吉多
					32式太极剑男子组第一名	李咏潇
					初级棍男子组第二名	张嘉豪
9	首都高校"TST"杯乒乓球锦标赛	5月30—31日	北京邮电大学	文婧	女子团体第二名	
					男子团体第六名	
10	2015年首都高等学校沙排联赛	6月6—7日	清华大学	张岩	女排第一名	
					男排第四名	
11	首都高校佩剑团体赛	6月7日	王海滨国际击剑俱乐部	佟常生	女子佩剑第三名	
					男子佩剑第四名	
12	首都高校轮滑比赛	10月24日	对外经济贸易大学	张宗程	女子团体第三名	
					女子1000米第一名	陈文娣
					女子1000米第三名	龚红宇
					女子500米第五名	陈文娣
					男子500米第五名	杨杰
					女子1000米第六名	尹倩
					女子500米第七名	龚红宇
13	首都高校第七届秋季学生田径运动会	10月26日	北京工业大学耿丹学院	陈维福、张剑、王庆宇	团体总分第六名	
					乙组男团总分第六名	
					女子乙组400米第一名	马建平
					男子乙组800米第一名	王啸鹏
14	第三届首都高校大学生滑雪追逐赛	11月15日	北京乔波滑雪馆	佟长生	男子双板第一名	高智乾
					女子单板第六名	田懿萌
					混合团体第六名	
15	首都高校学生徒步定向越野赛	11月21日	朝阳区东坝郊野公园	王彬	男子积分赛乙组第四名	
16	首都高校第八届藤球比赛	11月22日	对外经济贸易大学	王法涛	女子甲组第三名	
					男子乙组第三名	
					最佳运动员	王迪
					最佳教练员	王法涛
17	首都高校乒乓球锦标赛(单项赛)	12月5—6日	北方工业大学	文婧	男子单打第一名	高崇轩
					女子单打第五名	庄梓艺
					男子双打第五名	高崇轩、许宁
					混合双打第五名	高崇轩、邵圣杰
					混合双打第五名	张子超、方烨烨

续表

序号	比赛名称	时间	地点	教练员	成绩	参赛人员
18	第七届首都高等学校体育舞蹈比赛	12月6日	北京联合大学	申秋燕	交谊舞吉特巴单项第三名	
					交谊舞吉特巴单项第五名	
					交谊舞吉特巴单项第六名	
					交谊舞伦巴单项第六名	
					平四第三名	
					慢三第六名	
					A组四项第八名	
					男子六人探戈第四名	
					女子六人探戈第六名	
19	2015首都大学生击剑个人赛	12月6日	王海滨国际击剑俱乐部	佟常生	女子个人第一名	武林杰
					女子个人第五名	张琳
					女子个人第七名	连润
					女子个人第八名	张小星
					男子个人第六名	柳相宇
					女子(丙)第七名	王梓雯
20	2015年首都高校武术套路精英赛	12月5日	北京邮电大学	刘朝霞	男子组传统二类第一名	史浦昇
					男子组自选短器械第一名	李聪
					男子组各式太极拳第二名	李咏潇
					各式太极器械第七名	李咏潇
					男子组各式太极器械第六名	张倚奇
					男子组传统二类第四名	史程远
					男子组传统三类第三名	孙肇基
					男子组自选太极拳第三名	马晓晖
					男子组自选太极拳第二名	徐子豪
21	2015年首都高等院校跆拳道精英赛	12月6日	北京科技高级技术学校	许文	女子竞技甲组+67公斤第一名	汤雅君
					女子竞技甲组49公斤第二名	闫博
					男子乙组63公斤第一名	董业辉
					男子乙组58公斤第三名	张裕坤
					女子乙组67公斤第五名	张忧
					男子乙组80公斤第五名	李子太
22	2015年高校排球联赛	12月	北京邮电大学	张岩	女子第一名	
					男子第三名	
23	2015年全国大学生五人制足球联赛(北京赛区)	12月	北京大学	朱超	男子第八名	

(范清惠　陈金堂　朱超)

北京联合大学2015年高水平运动队比赛成绩一览表

序号	比赛名称	项目	名次	获奖人
1	2015年全国健美操联赛(三亚站)(5月18—22日)	混合双人操	第三名	刘娟、张士杭
		男子三人操	第五名	乔伟瀚、罗思雨、孙宏茂
2	2015年第四届全国全民健身操大赛北京赛区暨第七届北京市体育大会健美操比赛	有氧舞蹈	第一名	张敬一、马梦婷、王诗钰、王如意、张诗涵、柳杨、华杰、李新浩
		有氧踏板	第一名	马梦婷、王诗钰、王如意、张诗涵、柳杨、华杰

续表

序号	比赛名称	项目	名次	获奖人
3	2015年首都高校第34届健美操、艺术体操比赛（6月13—14日）	女子单人操	第二名	刘娟
		女子单人操	第八名	钟静轩
		男子单人操	第六名	孙小童
		男子单人操	第七名	罗思雨
		混合双人操	第二名	刘娟、张士杭
		女子三人操	第二名	刘潇、张玉洁、常玉洁
		男子三人操	第三名	孙小童、张士杭、谢英浩
		男子三人操	第五名	孙宏茂、乔伟瀚、罗思雨
		集体五人操	第二名	谢英浩、张敬一、孙通、李理、李新浩
		自选有氧舞蹈	第四名	李新浩、张敬一、马梦婷、王诗钰、王如意、张诗涵、华杰、柳杨
		自选有氧踏板	第三名	马梦婷、王诗钰、王如意、张诗涵、柳杨、华杰、刘兆新、高艺璇
4	2015年全国健美操锦标赛（8月26—29日）	女子单人操	第二名	刘娟
		男子单人操	第一名	孙小童
		混合双人操	第四名	刘娟、张士杭
		混合双人操	第八名	刘潇、乔伟瀚
		男子三人操	第一名	孙宏茂、乔伟瀚、罗思雨
		自选有氧舞蹈	第三名	孙小童、张敬一、谢英浩、李新浩、张诗涵、常玉洁、王诗钰、柳杨
		自选有氧踏板	第三名	孙小童、张敬一、谢英浩、李新浩、张诗涵、常玉洁、王诗钰、柳杨
5	2015年中国大学生健美操艺术体操锦标赛（11月6—12日）	女子单人操	第二名	王荃
		男子单人操	第三名	罗思雨
		男子三人操	第一名	张士杭、孙小童、谢英浩
		男子三人操	第七名	孙宏茂、李俊国、白景武
		女子三人操	第八名	李美琪、孙瑞、夏境泽
		男子五人操	第二名	孙宏茂、罗思雨、白景武、吴疆、刘继川
		女子五人操	第一名	刘娟、王荃、李阿娇、高子钧、罗焕妹
		自选有氧舞蹈	第二名	张敬一、白景武、乔伟瀚、李新浩、张诗涵、常玉洁、夏境泽、孙瑞
		自选有氧踏板	第一名	张士杭、张敬一、谢英浩、李新浩、张诗涵、常玉洁、王诗钰、柳杨
6	2015年全国啦啦操联赛（北京站）（11月21日）	自选啦啦操	第二名	柳杨、金卉、华杰、孙瑞、张雨涵、夏境泽、李美琪、王诗钰、王如意、马梦婷
7	2015年首都高校足球联赛	11人制足球	第七名	校足球队

（范清惠　陈金堂　朱超）

北京联合大学2015年体育馆承担校内大型活动一览表

序号	时间	活动名称	主办单位
1	2014年12月30日	"联大华音"合唱比赛	团委
2	2015年2月28—3月9日	艺术类招生	招生就业处
3	2015年3月25—4月3日	机关工会趣味运动会	机关工会
4	2015年3月28日	联大教工足球赛	校工会
5	2015年5月8—9日	全校预备党员培训班	学生处
6	2015年5月22日	短期班培训	国际交流学院
7	2015年5月23日	亲子运动会	校工会
8	2015年5月18—19日	老教师舞蹈团培训	老干部处
9	2015年6月22日	校园开放日	招生就业处

续表

序号	时间	活动名称	主办单位
10	2015年6月30日	6月30学生毕业晚会	校团委
11	2015年7月11日	学生毕业典礼	学生处
12	2015年8月18日	物联网大赛	信息学院
13	2015年8月8日	"创新创业·问道马云"分享会	校团委
14	2015年9月7日	新生报到	学生处
15	2015年9月12日	新生开学典礼	学生处
16	2015年9月15—18日	学生指纹采集	信息网络中心
17	2015年9月15日	广场舞培训	校工会
18	2015年10月9日	动漫论坛展示	师范学院
19	2015年10月30日	广场舞大赛	校工会
20	2015年11月13—14日	华北五省市计算机应用大赛颁奖典礼	教务处
21	2015年11月6—7日	军事理论课	学生处
22	2015年11月20日	北京联合大学"三走—铁社三项"活动	校团委
23	2015年11月18日	赴新西兰参加圣诞大游行方阵训练	校团委
24	2015年12月4日	校科技大会开幕式	科研处
25	2015年12月11日	全校学生表彰会	学生处
26	2015年12月11日	信息学院学生表彰会	信息学院
27	2015年12月12日	校友王树彤报告会	管理学院
28	2015年12月18日	教职工篮球赛	校工会

(范清惠 杨洪志 郑毅)

北京联合大学2015年校内群体竞赛及成绩一览表

序号	比赛名称	时间	地点	负责人	组别	第一名	第二名	第三名	第四名	第五名	第六名	第七名	第八名
1	2015年北京联合大学足球联赛	4月10—26日	北四环校区足球场	康健	男子	国际交流学院	应用文理学院	应用科技学院	广告学院	商务学院	机电学院	生物化学工程学院	
2	2015年北京联合大学第五届学生羽毛球	4月24—25日	北四环校区羽毛球馆	王勇	团体	应用文理学院	应用科技学院	国际交流学院	广告学院	生物化学工程学院	特殊教育学院	信息学院	
3	2015年北京联合大学联大杯篮球	5月15—22日	北四环校区篮球训练馆	毛永强	男子	自动化学院	旅游学院	商务学院	信息学院	应用文理学院	管理学院	机电学院	
					女子	特殊教育学院	商务学院	管理学院	生物化学工程学院				
					精神文明	研究生部	信息学院						
4	2015年北京联合大学乒乓球比赛	6月5—6日	北四环校区乒乓球馆	文婧	男子团体	信息学院	师范学院	应用文理学院	生物化学工程学院	商务学院	机电学院	管理学院	
					女子团体	应用文理学院	生物化学工程学院	特殊教育学院	自动化学院	管理学院	商务学院	信息学院	机电学院
5	2015年北京联合大学五人制足球联赛	11月20—27日	北四环校区体育场	朱超	男子	国际交流学院	信息学院	应用文理学院	旅游学院	自动化学院	广告学院	商务学院	应用科技学院
6	2015年北京联合大学三对三篮球赛	11月27日	北四环校区篮球馆	李津	男子	信息学院	旅游学院	自动化学院	生物化学工程学院	管理学院	特殊教育学院	师范学院	
					女子	特殊教育学院	管理学院	师范学院	生物化学工程学院				
7	2015年北京联合大学纪念一二·九冬季长跑	12月4日	北四环校区田径场	张剑	集体	管理学院	商务学院	自动化学院	生物化学工程学院	应用文理学院	机电学院	应用科技学院	信息学院

(范清惠 陈金堂 朱超)

公共外语教学部

【概况】 北京联合大学公共外语部（以下简称外语部）是学校直属教学单位，承担信息学院、管理学院、自动化学院、机电学院、广告学院和特殊教育学院等6个学院的大学英语教学工作。

外语部现有教职工57人，其中教师53人，拥有一支年富力强、积极向上的高素质师资队伍。职称结构：教授4人，副教授14人，讲师34人，助教1人；学位结构：博士3人，硕士41人，学士9人。

部门工作方针为凝练方向、汇集力量、搭建平台。贯彻"学术立校、教学科研并举、开放办学"的理念，充分调动外语部内外力量，全面落实各项工作。强化师资队伍建设，为教师创建提升学术能力的平台，为教师提供多种形式的进修机会。

外语部党总支深入贯彻落实习总书记关于"三严三实"的指示精神，根据学校党委要求，分步骤分阶段学习有关文件，特别是党的十八届五中全会有关重大决策。通过微信、飞信、大小会议、邮件等方式加强党员的日常管理，随时保持信息联系，上至中央的文件和指示，下到学校各种政令和规章制度，随时转发给全体党员和教工学习，重要文件召开全体会议认真研读讨论。

（何芳）

【教学工作及教学改革】 在校党政领导和教务处的大力支持下，进一步落实教育教学工作会议精神，认真研究学习《大学英语教学指南》，围绕"分级教学、分类拓展、协调发展、突出应用"这一中心，系统进行大学英语改革，推进信息技术与大学英语教学的融合，发挥其在英语教学中的重要作用，创建多元的教学与学习环境。组织广大教师参与建设和使用微课、慕课，实施基于课堂和在线网上课程的翻转课堂等混合式教学模式，使学生朝着主动学习、自主学习和个性化学习方向发展。同时，外语部在"大学英语"课程设计中体现以学生为中心的教育理念，充分调动和培养学生自主学习的意识和能力，与"课下线上"充分结合起来，构成完整的学习过程。

继续落实"分级教学"和过程管理，不断探索、研讨适合办学理念和学生特点的大学英语课程改革和教学实施方案。配合2015版培养方案的制修订，结合聘请校外名师参与实验班教学的尝试，依托校大学英语教研核心组，积极组织大学英语课程大纲的修订和大学英语课程教学和考核的管理规定。教学管理上坚持过程管理和考核不动摇，具体体现为"3+X"的考核模式。

在学校统一部署下，今年外语部承担了新型语言实验室的建设任务。根据规划和功能设定，语言室将在数字课程资源建设、发布、慕课、微课制作，学生在线学习和学习过程跟踪监控，教师教学研讨等方面发挥积极作用。

（何芳）

【教研室建设】 根据大学一、二年级两个年级的英语教学，下设第一和第二两个教研室，分别设置教研室主任，负责6个学院的英语教学及考试工作的日常管理。

日常教学工作充分发挥教研室的作用，以教研室为单位组织落实各项工作内容。教研室主任负责安排整个教研室的教学任务，做教学计划，规范教学文件，组织监督实施教学，开展教学研讨，进行过程管理，组织期末考试监考、阅卷及登成绩等一系列工作。教研室以更换教材和引进新的自主学习系统为契机，组织实施集体备课、课件制作、课程录像以及题库建设等工作。

（何芳）

【科研及学科建设】 进一步明确科研定位与工作思路，做好科研全局规划，努力"凝练方向、搭建平台、汇聚力量"。采取多项措施，充分调动教师进行科研工作的积极性，强化科研意识，创造各种有利条件，发挥团队的作用，大力全方位推动科研工作，努力提升科研水平。

由于外语部的科研基础非常薄弱，教师们从事科研工作的意愿不强，所以首先要做且也是难度较大的是尽一切努力调动最广大范围教师从事科研工作的积极性，让大家在"量"上先做起来，遵循"求最大公约数"原则。然后逐步聚焦凝练，重点培养，争取在"质"上上层次。总体趋势是"由面到点"的过程。

经过不懈努力，科研工作有了较大进步，取得了本部门有史以来最好成绩，在立项课题级别、数量及论文发表级别上均有较大突破。

在课题立项方面，今年成功获批教育部人文社会科学青年基金项目一项（B2级），取得外语部立项课题级别方面的突破。今年共获批立项C1级及以上课题3项，创本部门较高级别课题立项数目历史新高（以前是每年最多1项）。另外，还获批立项校级课题7项，是历年校级课题立项数目最高，其中5项课题是围绕着"课下线上"进行的。

在学术成果发表级别方面也有突破，外语领域顶级期刊《外语界》发表论文一篇（B级）。

目前外语部已初步形成较良好的科研布局：提炼

筛选出十余位科研"关键少数"教师,培育了几个比较稳定的学术团队,凝练了较明确的研究方向,为今后科研工作进一步发展打下良好基础。

(何芳)

【师资培养】 为提升教师科研能力及水平,开阔学术视野,通过"请进来""走出去"的方式,为教师们提供尽可能多的学习机会。举办面向全校外语教师的科研学术讲座,开展小型学术研讨,聘请包括北京科技大学何伟教授、北京外国语大学徐浩副教授等专家做论文撰写及科研方法方面的讲座研讨。聘请北京科技大学张敬源教授、外交学院武波教授等多位专家点评指导教师们的课题申报书等。

资助外语部3位教师参加国外访学或国内访学进修,资助北京联合大学20余位英语教师参加北京外国语大学中国教育研究中心与外语教学与研究出版社合办的多个学术研修班,外派20余人次教师参加高师培中心的培训,拓展教师们的学术视野。

(何芳)

·学 院·

应用文理学院

【概况】 学院英文名称：College of Applied Arts and Science
学院网址：http://www.cas.buu.edu.cn
副校长兼院党委书记：张连城；院长：张宝秀。

2015年，学院设有本科专业12个：法学、汉语言文学、新闻学（含影视传播方向）、历史学（文化遗产）、文物与博物馆学、人文地理与城乡规划、地理信息科学、食品科学与工程、食品质量与安全、档案学（信息开发）、英语（国际商务英语、英美文化）、信息与计算科学，覆盖了法学、文学、历史学、理学、工学、管理学6大学科门类；设有硕士学位授予学科点6个，其中2个一级学科硕士点是食品科学与工程、考古学，2个二级学科硕士点是专门史、文化遗产区域保护规划，1个专业硕士点是法律，1个自主设置交叉硕士点是信息资源管理。

学院拥有国家级实验教学示范中心1个：北京联合大学应用文科综合实验教学中心；国家级虚拟仿真实验教学中心1个：文化遗产传承应用虚拟仿真实验教学中心；国家级、北京市级特色专业建设点1个：人文地理与城乡规划（原资源环境与城乡规划管理）；国家级、北京市级综合改革试点专业1个：历史学；北京市级特色专业2个：人文地理与城乡规划、历史学；北京市重点建设学科3个：经济法学、人文地理学、食品科学；北京市重点实验室1个：生物活性物质与功能食品实验室；校级重点学科4个：经济法学、专门史、人文地理学、食品科学；校级重点建设学科2个：档案学、新闻学；校级综合改革试点专业2个：历史学、人文地理与城乡规划；校级骨干专业3个：生物技术、新闻学、档案学；校级骨干建设专业1个：法学。

截至2015年年底，学院有在编在职教职工325人，其中教师177人，教授39人，副教授58人；具有博士学位人员97人。学院占地面积41317.36平方米，校舍建筑总面积74614.71平方米。固定资产总值2.79亿元，其中教学科研仪器设备资产1.90亿元；图书馆藏书49.12万册。

2015年，学院全日制在校生2944人，其中本科生2803人、硕士研究生141人。毕业生786人，其中本科生577人，高职升本科生185人，硕士研究生24人；招生890人，其中本科生671人，高职升本科生162人，硕士研究生57人。

（董媛　原迪）

【机构设置】 学院设有食品科学系、城市科学系、法律系、历史文博系、新闻与传播系、档案系、基础教学部、应用文科综合实验教学中心与文化遗产传承应用虚拟仿真实验教学中心、产学合作与服务地方办公室、图书馆10个教学教辅部门；其中设立在应用文理学院的应用文科综合实验教学中心（简称"文科中心"），整合多所学院的相关力量，由应用文理学院牵头申报的"文化遗产传承应用虚拟仿真实验教学中心"（简称"虚拟仿真中心"）已被批准为国家级虚拟仿真实验教学中心。两个国家级实验教学中心实行合署办公，一套班子两块牌子，各有侧重，相互协调，共同发展。学院设有北京三山五园研究院、文化遗产研究所、人居研究中心、城市与区域发展研究所、奥林匹克文化研究中心、首都法治研究中心、档案事务研究所、民族与宗教研究所、环境保护研究所、考古研究中心共10个校级研究机构；设有党政办公室、组织宣传部、教务处、科研处、学生处、人事处、财务办公室、行政管理处、保卫处9个党政机关部门及工会、团委2个群众团体。

（李志刚　李健）

【人才队伍】 截至2015年底，学院有教职工325人，其中专职教师177人，教授39人，副教授58人，博士97人。随着新进青年教师比例的提高，高级职称人员占教师队伍比例为54.80%，具有博士学位人员占教师队伍比例为54.80%。

积极开展人才招聘与引进，新进教师9人，其中1人为副教授、3人为博士后、2人有海外研学背景。校内调动9人，其中调入教师2人，调出外语专业教师4人；1人被派至英国孔子学院任教师，1人解除合同调离，22人退休。在专业技术职务晋升方面，4人晋升正高级专业技术职务，4人晋升副高级专业技术职务，其中1人为高级实验师。人才培养方面，周成虎院士和贾文忠研究馆员获聘校级特聘教授,有助于提升学院专业教师团队能力。新增人才强校计划项目4个,其中团队项目2个。另有4名教师获国内访问学者项目,2人获高校教师发展基地研修项目。4人获得了教师资格证。市教委的教师发展计划及创新团队建设项目经过上一年度的遴选,新增青年拔尖人才3名,本周期获批人才项目共计18项,年度资助经费达302万元。

(李志刚 李健)

【学科建设与研究生工作】 学院重视对学科发展的总体规划,加大对各学科建设的支持力度。组织各硕士点和重点建设学科申报2015年科研水平提升经费、学科建设经费,结合研究生质量工程提升计划,组织各硕士点学科申报学校2015年研究生人才培养质量提升项目14项,获批12项。2015年,学院考古学、专门史、食品科学3个学术型硕士学科开展硕士学位授权点合格和专项评估,并进行了评估后的整改工作。

学院全面实施研究生属地管理。2015年学院6个硕士点学科共招收硕士研究生57名,第一志愿上线人数增长162%。2015年9月,学院所属硕士学科研究生全部搬回到学院住宿。2015届24名硕士毕业生中4人考取博士研究生,占全校考博率的2/3,5人获得校级优秀毕业生称号,2人获得市级优秀毕业生称号。

学院大力推进研究生培养模式改革。2015年学院开始实施研究生属地管理与人才培养质量提升工程,并将此项工作作为学院重点工作严抓落实。学院成立了研究生属地管理与人才培养质量提升工程工作组,在广泛调研、研讨的基础上制订了《研究生培养质量提升方案》。2015年在4个学科中确定了7门首批建设的研究生示范课程,确定考古学、专门史和食品科学与工程3个学术硕士授权学科各自建设1门学科主文献课程,每门课下拨首批建设经费5000元。

为切实推动学科建设与科研管理的民主化进程,有效促进科研工作的民主管理、民主监督和科学决策,促进学院的学术发展,学院于2015年7月成立了学院首届教授委员会,制定了学院《教授委员会章程》。

12月,学院召开2015年"科研·教学·国际合作"工作会,深入学习研讨学校2015年科技工作会议校领导讲话、院士报告,充分交流,凝聚共识,结合实际,梳理"十二五"以来的成绩、经验和教训,科学谋划"十三五"时期发展目标。

(赵卓 冯霞)

【教学工作】 学院召开2015版普通本科培养方案制(修)订工作专业汇报和交流会、专家论证会等,顺利完成2015版培养方案制(修)订工作。

继续深化"文理兼修,大类培养"人才培养模式改革,持续推进人文社科类专业大类培养工作,新建大类通识教育选修课20门,新生研讨课5门;顺利完成2014级人文社科类专业分流工作,有27名学生转专业。

启动对接美国高校文理学院人才培养模式改革,作为校级特色亮点项目,其建设成果被评为优秀。

推进专业重点建设和改革,梳理历史学专业综合改革试点任务,组织专业评估院内汇报交流和整改,顺利完成年度专业综合改革和评估任务。

组织教师参加全国高校微课教学比赛参赛活动,获市级4个二等奖、2个三等奖;举办"微课与慕课设计与制作技术"培训,"BB网络学堂"建设培训等;2门课获校级精品视频公开课立项。

继续开展主题为"提高教师执教能力,提升教育教学质量"的"教育教学质量双月"活动。

承办北京市大学生人文知识竞赛复活赛,获得北京市大学生人文知识竞赛、计算机应用大赛、模拟法庭竞赛市级三等奖各1项;组织学生参加全国大学生英语竞赛,有5人进入复赛;获69项校级学科竞赛奖励;承办大学生人文知识竞赛、"红黄蓝"杯影像大赛、非物质文化遗产知识竞赛等校级学科竞赛;专升本学生获得学校第六届高职学生实践能力提升训练计划11项。

编辑出版教师教学研究改革论文集《应用型大学教学方法改革与实践》;获校级教育科学研究课题立项1项;获北京教育科学研究"十二五"规划课题立项1项;获校级教育教学研究与改革项目立项16项;获2015版培养方案委托项目3项,设立院级2015版培养方案委托项目13项。

34篇毕业论文被评为校级优秀本科毕业设计(论文),3组实务专题全部评为校级优秀专升本务专题;新增2个校级校外人才培养基地(故宫博物院、北京市测绘设计研究院/北京市国土资源勘测规划中心);获批实验室建设市级财政专项600万元,校内专项200万元;建设了研讨教室和微课教室等。

本科招生计划630人(京内362人,京外268人)(未包含民族预科27人、新疆班3人、港澳台侨2人),录取670人,报到641人,计划完成率101.75%,报到率95.67%;高职升本科录取165人,报到162人,报到率98.18%。

(刘守合)

【科研工作】 学院重视科研工作,做好各级各类尤其是省部级以上纵向项目的培养、申报、评审、中期检查和结题工作。全年重点组织申报评审纵向项目12个类别。国家社科项目获批1项;国家自然科学基金项目获批2项。国家级和省部级项目立项超额完成2015年任务指标。获准教育部人文社会科学研究一般项目1项;获准北京市自然科学基金项目4项;获准北京市社科规划办项目2项；获准北京市教委项目3项。另外获批2014学校新起点项目3项。在高层次科研项目立项数量稳定增长的同时，科研经费和社会服务收入达到了1503.43万元，其中纵向科研项目经费230.89万元，横向科研项目经费303.54万元，人才强教计划项目经费316万元，技术服务项目经费635万元，与三山五园研究院合作承担横向项目经费18万元。

2015年5月16日学院举行了周成虎院士科研工作站揭牌仪式，搭建了高水平合作研究平台，开始开展合作研究工作。启动"城市文化感知与计算"建设工作，筹备申报北京市重点实验室工作。8月与中科院地理科学与资源研究所合作招收的第一位博士后入站。"与旗舰企业共建高级别开放实验室或科技创新中心"是2015年学院另一项重点工作，依托周成虎院士工作站研究方向，9月与高性能计算领域翘楚——联科集团（中国）有限公司联合组建了"城市计算与智慧城市"开放实验室。

继续推动高级别论文发表和高水平系列学术著作出版。2015年录入学校科研系统中论文263篇，其中以第一作者（含通讯作者）发表的A类论文（SCI检索收录期刊论文）10篇，核心期刊论文（含EI期刊论文、B类论文）共计88篇，学术著作13部。

（赵卓　张清泉）

【实验室建设】 2015年，经北京联合大学第19次校长办公会研究决定，应用文科综合实验教学中心（以下简称"文科中心"）和文化遗产传承应用虚拟仿真实验教学中心（以下简称"虚拟仿真中心"），两个国家级实验教学中心实行合署办公，一套人马两个牌子，各有侧重，相互协调，共同发展，进一步明确"双中心"的教学部门定位，统筹管理，"实""虚"结合。

双中心做好文科中心实验室的整体搬迁与装修改造工作，实验条件得到明显改善，截至2015年12月，文科中心共有实验室39个，其中专业类实验室31个。开展了专业社团进实验室活动，"法治远航社""京韵文化社"等8个专业社团得到中心立项资助，"模拟法庭""摄影工作室"等9个实验室对专业社团开放。2015年共开展了19项跨专业综合实践项目，涉及7个专业。在科普及活动日、国际博物馆日、国际档案馆日、文化遗产日等活动中，中心开放文博馆、模拟法庭、专业实验室6间，共接待中小学生及家长、市民近1200人次。文科中心联合城市科学系，成功申报北京市教委2015年"初中开放性科学实践活动项目"2项。

文科中心建设维护65间多媒体教室和实验室中的多媒体监控管理系统，以及多媒体监控中心、精品课程录播教室2间、学院报告厅、二教楼多功能厅等，为全院教学科研等正常运行提供技术保障。

1月8日，由应用文理学院牵头申报的"文化遗产传承应用虚拟仿真实验教学中心"被批准为国家级虚拟仿真实验教学中心。2015年10月，北京联合大学发布《北京联合大学关于设立文化遗产传承应用虚拟仿真实验教学中心的通知》（京联人〔2015〕6号），要求双中心搞好文科大类实验教学课程建设、教学资源建设。

为展示虚拟仿真实验教学中心的阶段性成果，结合三山五园研究院的发展建设需要，6月，在融创大厦一层西侧建设文化遗产传承应用虚拟展示体验中心。11月底，体验中心初具规模。截至2015年年底，三山五园数字体验馆已接待国内外高校及专业机构考察交流近200人次。

（王辉　张雯）

【交流合作】 学院发挥学科专业优势，积极开展对外交流与合作，拓宽师生国际化视野。2015年共派出教师、专家出国（境）外访学、参加国际会议等25人次；接待牛津大学、韩国瑞永大学、伊利诺伊大学、纽约州立大学等代表来访共计55人次。学生出国（境）长短期交流103人次。积极开展引智工作，有11名长短期外专来学院讲座。配合教育教学改革，积极推进与美国文理学院对接，先后与2所大学签订框架合作协议。

2015年学院共有来自韩国、印尼、越南、土耳其、土库曼斯坦等国家的113名语言生、本科生。9名本科留学生获得毕业证书和学士学位证书。25名留学生获得北京市政府奖学金。

继续做好港澳台学生的管理与服务，有3名港澳台学生顺利毕业，2名港澳台侨学生获得北京市教委奖学金。

（董媛　程海荣　原迪）

【学术交流及活动】 2015年，学院合作举办多场学术交流及活动。6月11日，学院与北京市档案学会合作举办了2015年"国际档案日"暨北京市第七届"档案馆日"主题宣传活动，活动主题为"档案与你相伴，文理一路同行"，多家媒体进行了报道。11月15日，召开第五届金融财税法论坛暨北京市法学会金融与财税法学研究会2015年年会，来自国务院法制局、民盟中央法制委员会、国家税务总局、各大高校以及律师界的百余位专家学者参加，会议围绕当前我国财税、金融改革重要问题进行了研讨并进行了换届，校商务学院院长杨宜教授主持会议。11月28—29日，与中国人民大学历史学院联合主办"第五届北京高校研究生考古论坛"，来自北京大学、南京大学等京内外的17所高校、70余位师生参加论坛。12月24日，与海淀区委宣传部共同举办海淀区中法人文交流基地（贝家花园）发展规划专家研讨会，副校长兼党委书记张连城教授、院长张宝秀教授和城市与科学系主任张景秋教授参加会议,双方将进一步开展深度合作。

(董媛 孙琳)

【学生工作】 学院以弘扬中华优秀传统文化与践行社会主义核心价值观为主线,以学生党建与思想教育为重点,以学知书院建设为抓手,本着勇于创新、持之以恒、润物无声的原则,不断增强育人理念、深化育人改革。围绕"读好书、会读书"的理念和特色,运用信息化手段,以学知书院为模型,探索构建了适用于全校书院的BUU书院网上支撑服务系统,旨在培养和提高学生的读书兴趣和质量,进一步深化推进书院制育人模式改革。开展第一届"书香满文理"学知读书节,举办19场读书交流会、20场学知讲堂及8场发展辅导,3500余人次学生参与。建立学知书院学生党员工作站,开展学生党建与思想政治教育、爱国主义教育、集体主义教育、法治教育等承诺践诺活动。加强学风建设,通过早自习、上好第一节课等方面的工作,着力营造良好的学习风气与浓郁的学习氛围。

在北京高校红色"1+1"示范活动中,2个学生党支部获三等奖,在首都高校禁毒法治作品创意大赛中获最佳活动推广奖,2名学生获单项奖,学知书院在京华时报举办的"新常态,新教育"学术交流会上获"京华教育盛典最具创新力项目"奖。副校长兼院党委书记张连城为带头人的院"书院制育人管理创新团队"获评校级管理创新团队培养资助项目,《探索推进书院制改革构建全新育人体系》评为校、院两级教育实践活动深化整改优秀典型案例。2014—2015学年,6人获国家奖学金,73人获国家励志奖学金,1名学生获校级"十佳党员",99人获校级"学风建设先进个人",1个班级获评校级"十佳示范班集体",8个班级获评校级"优良学风班",8个班级获评先进班集体,100人获评三好学生,65人获评优秀学生干部,683人获优秀学生奖学金,116人获单科优秀奖,15人获学生进步奖,6人获金隅奖助学金,10人获亨达奖学金。

2015届毕业生782人,就业率99.1%,签约率89.13%。其中本科毕业生758人,就业率99.08%,签约率89.18%;研究毕业生24人,就业率100%,签约率87.5%。国内升学46人,占毕业生5.9%;出国留学33人,占毕业生的4.2%。

(章延文)

【共青团工作】 学院团委引导广大团员青年坚定跟党走中国特色社会主义道路的理想信念,组织全院学生干部赴狼牙山参观学习,在各团支部中开展了"四进四信"系列活动、"纪念抗日战争暨世界反法西斯战争胜利70周年"主题团日活动。打造学院独具特色的"青春文理"微信平台,平台关注量为6859人,全年推送内容236条,累计点击量95240。举办了"唱响红色旋律,共谱青春乐章"一二·九歌咏比赛。

在2015年共青团系统"达标创优"竞赛活动中,院团委被评为"北京联合大学五四红旗团委",1个团支部获"北京市五四红旗团支部",2个团支部被评为"校级十佳团支部",两名学生获得"校级十佳团干部"的称号,2名学生获得"校级十佳团员"的称号。

在"挑战杯"首都大学生课外学术科技作品竞赛中,学院1件作品获二等奖,3件作品获三等奖;在校"启明星"第六届大学生课外学术科技作品竞赛中,学院获得团体二等奖,获奖作品中一等奖3件、二等奖3件、三等奖4件。在2015年的启明星科技创新项目活动中,学院获批国家级项目5项、市级项目45项、校级项目14项,获批金额达到39.273万元。成立了"学知创业训练营",开展了参观知名企业、对话公司总裁、探访创业基地、考察初创公司、举办创业沙龙等一系列活动。

积极探索志愿服务工作的长效机制,使志愿服务与专业相结合,全年参与学生达到800人次,全体志愿者累计服务时长达到7800小时以上,累计受众人数25000人左右,学院青年志愿者协会被评为海淀区优秀志愿服务团队。

学院共有各类社团47个,通过社团文化节等活动,充分调动学生主动参与社团活动的积极性。多个社团在市级校级比赛中获得优异成绩。箜篌乐团受到邀请参加张艺谋导演的电影《杨贵妃》的首映礼。

(刘航)

【党群工作】 2015年年底,学院党员共有692名,其中教工党员209名,离退休党员176名,学生党员307名(其中研究生46名);下设党总支9个,直属党支部1个,基层党支部48个,其中教工党支部22个,本科生党支部19个,研究生党支部3个,离退休党支部4个。

深入学习贯彻党的十八大、十八届三中四中全会精神和习近平总书记的系列讲话精神,以推进学院事业发展为中心,以从严治党、严肃党内政治生活为重点,以加强基层组织建设为主线,进一步加强学院党的思想理论建设,领导班子和干部队伍建设、基层党组织和党员队伍建设,巩固党的群众路线教育实践活动成果。

切实加强学院各级党组织和党员干部的思想理论建设。召开学院党建工作推进会,发动思想,规划全局。紧紧围绕学院党建工作任务和亮点难点进行调研、总结和提炼,撰写《发挥优势服务社区 党建引领校地共建》申报学校2013—2014年度党建优秀成果,获三等奖及创新奖。

巩固和拓展党的群众路线教育实践活动成果,全面深入开展"三严三实"专题教育活动。以"严格党内生活,严守党的纪律,深化作风建设"为主题,召开

2014年度党员领导干部民主生活会。持续深化整改，《探索推进书院制改革 构建全新育人体系》获评学校教育实践活动深化整改优秀典型案例。接受整改落实情况专项检查，总结形成《上行下效众志成城 稳扎稳打持续推进》工作报告。

抓基层打基础，强组织增活力，努力提升基层党组织建设科学化水平。下发《关于规范发展党员工作的通知》，健全党员发展程序模板。抓机制创新，激发党建活力。制发《2015年应用文理学院党建工作要点》，启动党建"七个一"工程建设。制定《关于开展教工支部与学生支部结对工作的意见（京联文理党〔2015〕16号）》，启动教工支部与学生支部结对的党建工作机制。成立学知书院学生党员工作站，制定《学知书院党员工作站鉴定意见》党员发展材料模板，将党员的培养发展与书院育人功能进一步结合起来。截至12月25日，发展学生党员102名，转正164人。抓好支部书记队伍建设。做好党内激励帮扶工作。559人参与爱心捐款，502名党员，57名积极分子，共捐33873.3元。对12名个人或家庭遭受困难的党员予以党费帮扶，共计13500元。

认真落实党管干部、党管人才和统一战线政策。制定《应用文理学院中层干部管理办法》《关于贯彻落实北京联合大学党委中心组学习制度的几点意见》。完成班子的考核测评工作，处级干部的考核评定工作，干部个人事项申报工作，因私出国证件上交承诺。按照干部选拔任用的工作程序，开展了新闻与传播系、城市科学系、食品科学系无级别干部的考察测评任免工作。按照新标准调整了副处级后备干部的推荐。协助校组部开展干部档案整理工作。最终完成各种查漏补缺工作。认真做好2015年组织部优秀人才资助工作，全校2名获批人员中，学院占1名，且获批经费最高。完成了2015年政工职评工作，组织开展2016年度政工职评申报工作，3人申报。

（张咏铃）

【宣传工作】 深入学习贯彻党的十八大、十八届三中和四中全会精神和习近平总书记的系列讲话精神，通过报告会、宣讲会、讨论会、座谈会以及举办党日活动、开展组织生活等多种形式，深入开展学习培训工作，努力提高教职工思想理论水平。制定《关于开展涵养社会主义核心价值观工程的意见》。全年共组织处级干部参加校中心组扩大学习会10次；参与组织与保定学院联合举办学习习近平总书记给保定学院西部支教毕业生群体代表回信精神系列活动；组织二支团队参加学校第四届"我与联大共奋进"宣讲活动，党政工会支部获最佳宣讲团队称号。完成2014年教职工特色理论项目答辩，《拓展党建学习平台 增强理论学习实效》获得全校二等奖。组织全校青年教师积极申报北京市教工委青年教师社会实践调研项目，全院共申报10项，位于全校前列。密切关注师生思想动态。组织学生参加"弘扬抗战精神 寻找红色故事"征文比赛，2人获奖。3位教师获得2015年北京高校青年教师社会调研优秀成果奖。

加强宣传阵地建设管理。严格实行哲学社会科学审批制度，加强横幅展板制作悬挂审批备案制度。设计制作橱窗展示，根据学院重大活动的宣传需要进行氛围营造，先后完成招生宣传、第28届院田径运动会、建校37周年、纪念世界反法西斯战争胜利暨抗日战争胜利70周年、迎新生、纪念中华人民共和国成立66周年等的氛围营造。全年在外网发布学院新闻386篇，学术动态41篇，通知公告46篇，内网35篇。

扩大学院对外影响。围绕保定学院宣讲、院士工作站、国际档案日、文化遗产日、招生宣传、"全球视域下三山五园文化遗产传承和保护"学术研讨会等学院重大活动，争取外媒力量，做好对外宣传，扩大学院对外影响。超额完成学院达到优秀标准的外宣任务。编辑出版了学院画册。撰写《开展涵养社会主义核心价值观工程建设 培育社会主义接班人》一文，全面描述学院在社会主义核心价值观宣传培育方面所做的工作，在2015年12月17日的《北京晨报》中被报道。

（张咏铃）

【管理服务】 加强作风建设，提高服务水平和管理效能。以党支部堡垒作用和共产党员先锋模范作用为推手，持续推进"党员服务岗""文明服务岗""服务标兵"建设活动，服务保障工作顺利开展。

继续完善学院配套建设，新建成学生综合服务大厅，完成"五系一部"二教楼的整体搬迁工作和实验楼食品科学实验室的调整工作；启用二教楼地下车库；完成家属楼地下室的改造；建成学生自主学习中心、学生浴室供水管道、学院"清真"餐厅；启动了学院西大门前期建设，办学、办公条件得到较好改善。

配合家属楼老旧小区综合改造，成立小区"自管会""车管会"等自治组织，工作得到花园路街道、海淀区小区管理委员会的肯定。

（王存浩 刘清平）

【学知书院揭牌】 1月6日，北京联合大学应用文理学院"学知书院"揭牌仪式在学院报告厅举行。校党委书记徐永利，党委副书记周志成，副校长兼文理学院党委书记张连城，校长助理兼教务处长杨鹏，院长张宝秀及学院领导班子成员，院外导师代表，党校办、校学生处、校团委负责人参会，由院长张宝秀主持仪式。学知书院聘请著名考古学家、北京大学教授严文明先生担任首任院长，为书院题写了院名，并聘请张妙弟、孔繁敏等12位专家学者担任首批书院导师。书院侧重素质教育，传承传统书院文化，依托学生宿舍区，配合课堂教育,推展文化及学术活动,实现学生文理渗透,达到均衡教育目标的一种高校学生教育管理制度。书院与学院分工协作,学院侧重专业教育,书院侧重素质教育。

(董媛 孙琳)

【获中华人民共和国考古发掘资质】 1月22日,根据国家文物局新近发布的新获考古发掘资质单位及领队资格人员通知,学校获得中华人民共和国考古发掘资质(考古发掘团体领队资质),这是学校在国家级平台建设上的又一重大进展。考古发掘团体领队资质的获得得到学校及学院的支持。在申报过程中,校、院支持考古学科人才引进,学院历史文博系相继引进冯小波、陈悦新、武家璧等考古学科方向带头人以及张俊娜、周华等青年科技考古博士,形成老中青结合,多学科交叉的考古团队;同时,加大考古学科的硬件建设力度,自2013年起先后投入1000多万,建成科技考古、环境考古、文物保护修复共计11间实验室。学校是北京地区高校中继北京大学、中国人民大学之后获得这一资格的第三家高校。

(董媛 孙琳)

【首届全国大学生滑雪挑战赛总决赛获佳绩】 3月5日在河北省张家口市万龙滑雪场举行"助力申奥·燃情冰雪·同心共筑中国梦"全国首届大学生滑雪挑战赛总决赛。学校滑雪协会代表队表现突出,学院历史文博系2012级学生高智乾以华北分赛区第五名的成绩挺进总决赛,并在总决赛中取得了男子双板高山大回转第五名的好成绩。此外,学院宋大维老师受邀担任本次比赛开幕式旗阵表演队导演,本次比赛开幕式盛况由中央台电视台体育频道进行报道和转播。当晚,滑雪队还受邀参加中国冰雪新经济与大学生理想创业论坛。为学校获得了较高的社会声誉,获得了赛事组委会的高度认可。

(董媛 孙琳)

【《学知学术文库》第一辑发布座谈会】 10月30日,学院举办《学知学术文库》第一辑发布座谈会。副校长兼学院党委书记张连城、院长张宝秀、副院长唐小恒、党委副书记贾方出席会议。《砺行集》《蓟草集》《食学集》《采菊集》《敏学集》《兰台集》的著者、各文集的主编和副主编,图书馆、党政办有关人员参加会议。此套文集旨在总结历史、传承文脉、继续发展,它既是个人成果也是学院成果,要让青年一代学习前辈的治学精神,并将其传承下去,从前辈为学院积累的财富中挖掘传承,让青年一代了解和学习老一辈教学与科研的精神和态度,促进成长。

(董媛 孙琳)

【成立实训基地和检测中心基地】 12月7日,北京联合大学与北京农产品中央批发市场有限责任公司(以下简称:中央批发市场)挂牌战略合作签约仪式在该批发市场A厅三层会议室举行。校功能食品科学技术研究院副院长劳凤学教授代表学校在挂牌战略合作协议上签字;中央批发市场检测中心经理万京梅及检验员李尧被聘请为学校功能食品研究院基地学生指导教师。签约仪式结束后,合作双方为悬挂在中央批发市场的"北京联合大学实训基地""北京联合大学检测中心基地"举行了挂牌揭牌仪式。

(董媛 孙琳)

【获摩纳哥公国兰尼埃三世亲王奖】 12月8日,"摩纳哥公国兰尼埃三世亲王奖"颁奖仪式在法国巴黎人类古生物研究所举行,摩纳哥公国阿尔伯特一世亲王基金会将2013年度"摩纳哥公国兰尼埃三世亲王奖"授予学院历史文博系冯小波教授。颁奖仪式由法国人类古生物研究所所长、法国国家自然历史博物院教授、摩纳哥公国阿尔伯特一世亲王基金会理事长 Henry de LUMLEY 教授主持,摩纳哥公国阿尔伯特二世亲王出席仪式并为冯小波教授颁奖。

(董媛 孙琳)

师范学院

【概况】

学院英文名称:Teachers' College

学院网址:http://tc.buu.edu.cn/

院党委书记:陈志刚;院长:顾志良(任职至2015年4月),张志斌(自2015年4月任职)。

师范学院占地面积12985.3平方米,建筑面积42231.62平方米。学院坚持从社会需求出发开展专业建设,注重提高教育质量。形成了以师范教育为主、艺术教育和工程教育相结合的办学特色。办学层次以本科教育为主,现设有应用心理学、学前教育、汉语言文学、英语、音乐学、计算机科学与技术、数字媒体技术、服装与服饰设计、产品设计、视觉传达设计和环境艺术设计等十一个本科专业;还设有小学教育、心理健康教育和教育智能化技术三个教育硕士点。建有校级重点建设学科3个、特色专业2个;北京市校内创新实践教学基地1个。现有全日制在校生2700余人,教职工280余人,其中专任教师170人,教授、副教授78人,并聘请了一批国内外学者、专家为学院名誉教授或兼职教授。

学院的成人学历教育设有视觉传达设计(高起

本)、环境艺术设计(专升本)、学前教育(专升本)、汉语言文学(专升本)、音乐学(专升本)、幼儿艺术教育(专科)六个专业,夜大在校学生189人,其中本科学生146人,专科学生43人。

学院建有体系完善、技术先进的实践教学基地,其中教师教育实践中心、创意媒体实践中心、艺术设计实验教学中心已经形成特色;应用心理学、信息控制技术(含机器人)、数字媒体技术、音乐、舞蹈、微格以及虚拟情景教学等专业实践教学条件完备;学院与相关行业、产业园区以及中小学建立多所"校外人才培养基地",承担北京市高校社会力量参与小学体育、美育特色建设项目,为学生融入社会实践搭建了平台;图书馆设备先进、资料完备,实行开放式管理,各类教室均配备了多媒体教学设备,为学生开展自主学习提供了良好的学习环境。

(操静涛 种霞 孙雪松)

【机构设置】 学院的党政机构设置有:党政办公室、组织宣传部、人事处、教务处、学生处、科研处、财务办公室、行政管理处、保卫处。

教学机构设置有:语言文化系、电气信息系、艺术教育系、艺术设计系、心理学系、教育系、基础教学部。

党群团体设置有:工会和团委。

科研机构设置有:北京联合大学职业技术教育教师教育研究所、北京联合大学艺术设计研究所、学院职业技术教育研究所、北京手工艺研究所、英美文化研究所、北京文学与文化研究所。

非教学单位设置有:图书馆、网络电教中心、培训中心。

(操静涛 全京 孙雪松)

【人才队伍】 截至2015年底,全院共有教职工266人,其中专任教师165人。学院有高级职称102人(其中正高21人、副高81人);教师队伍副教授及教授共87人,其中教授21人。博士34人,在读博士(含2015年发录取通知书)16人。35岁及以下青年教师共30人,其中含辅导员4人。

2015年4月24日师范学院教师发展分中心正式挂牌成立并开展工作。

2015年12月组织系主任及各系部骨干教师赴陕西师范大学、云南师范大学就小学教育、学前教育专业建设进行调研,并与其教师发展中心进行了交流。

2015年新增人才强校李红梅教学团队一项,获得资助两年20万元;学科带头人王德领团队一项,两年10万元。艺术设计系有6名教师获得资助赴西班牙交流访学21天。

2015年学院有6名教师晋升为副教授,1人晋升为实验系列副高,还转系列了1位副高,新进人员中认定了1位副高。

(全京 杨咏)

【学科建设】 学科建设工作以教育硕士点建设工作为中心,并以硕士点建设引领学院发展。硕士点建设是学院发展的重大战略性举措,是巩固学院办学定位、提升办学层次和教师教育工作上水平的重大标志。学院2015开展了系列建设工作,确保了硕士点建设落到实处,为后续蓬勃发展奠定了良好基础。完成2015年首届教育硕士招生工作,共招收13名硕士生,其中,小学教育专业6名,心理健康教育专业7名;完善硕士人才培养方案,做到规范、有特色;开展了与首都师范大学初等教育学院合作事宜,安排教育硕士到首师大学习部分课程,为学生提供优质教育资源;开展系列交流讨论活动,推进研究生教育教学管理工作。同时,学院积极参与学校职业技术教育试办专业申请和建设工作,新增教育硕士职业技术教育信息技术方向。

(刘彦文 吴南)

【教学工作】 召开师范学院2015版人才培养方案各专业阶段汇报研讨会和2015培养方案特色总结交流会,完成学院2015版培养方案、课程大纲修订工作;组织开展专业评估培训,梳理各专业在教学团队建设、课程资源建设、教学方式方法改革、实践教学、教学管理等方面的建设措施与效果。

举办首届北京联合大学"未来教师教学技能大赛"。

建设新生研讨课9门共17个专题,校级视频公开课1门;出版国家级规划教材4册,院级产学研教材1册。5个项目入选2015年入选北京高等学校高水平人才交叉培养"实培计划"项目。

完成2015高参小团队的十大折子工程:"5所"小学的校园文化设计;"25门——1万小时"拓展型课程授课;"3次"全国性竞赛指导;"16本"校本教材的编制;"一类"特色报告;"一个"高参小工作网站;"3次"成果汇报演出;"一期"全国拓展型课程研讨会议;"30场"高雅艺术观赏;"15场"面向小学教师、高参小师资团体的培训。

学院1名教师获学校中青年教师执教能力大赛一等奖;1名教师获全国微课大赛北京赛区一等奖,2名教师获二等奖,2名教师获三等奖。

2015届学生共有31人获评优秀本科毕业设计(论文),3人获评校级优秀高职毕业综合实践报告;组织高水平外聘教师讲学40场。

增加了师范生招生计划名额,优化了生源结构。2015年共计招生人数649名。师范类专业的第一专业投档率多数达到100%,小学教育新办专业招生,位列全校平均分和第一专业志愿率第一名。

继续做好学生英语等级考试组织工作及教师资格

证申报工作,分别为四级 1471 人、六级 373 人、专业英语等级考试 243 人、英语三级(A、B级)考试 157 人;为 2015 年届 145 名师范毕业生申办教师证;组织普通话水平测试、培训 546 人。全年完成约 1500 余门班次的课程信息处理与安排。

继续做好学生学籍和成绩管理工作,包括为 649 名 2015 级新生建立注册和学籍信息、进行毕业资审(有 727 人获毕业证、591 人获学位证)、处理 107 人次学籍异动、修改或补录课程成绩约 80 人次、为 47 名赴国境外交换生上报课程代码和置换课程、为警示和留级生的手动置课约 60 人次、归档 2014 届毕业生成绩和学籍异动、归档 2013 级和 2014 级新生底册工作。

(李爱国　赵晔)

【科研工作】 2015 年学院共获批 3 项省部级以上课题,其中,1 项国家级课题、2 项省部级课题。国家级课题是吴南博士负责的"联合注意在婴幼儿共情发生发展中的作用及机制"(国家自然科学基金青年科学基金项目),这是学院第一次获得国家自然科学基金项目。

吴南博士的研究成果《亲社会行为的心理及遗传机制》获得第六届"朱智贤心理学奖","朱智贤心理学奖"是由朱智贤心理学奖基金委员会设立的发展与教育心理学专业的专业类奖项。

学院承办"北京市数字动漫艺术与文化传播创新团队"2015 年论坛、北京设计周、城市文学论坛等学术会议活动;支持教学科研骨干参加学术性国际交流与合作,继续推进系部高级职称、博士教师学术讲座活动,发挥其学习交流功能。

(吴南)

【实验室建设】 投入 200 余万元进行实验室建设与改造。实现了实验室门禁、灯光和空调设备的集中管理,对 30 余间多媒体教室的投影机进行了设备更新,搭建了实践教学中心宣传及日常管理平台,实现对实践教学中心的对外宣传。完成学院内所有基础实验室和部分专业实验室资产设备清查和转账工作,同时实现在所有基础实验室面向师生开放,专业实验室实现预约开放,部分实验室实现晚上开放。

(李爱国　马涛)

【交流合作】 全年选派学院内地学生 109 人次,分别赴美国、韩国、英国等国家及中国台湾地区,进行短期培训、学期交换学习及进修学位。

共派出 13 个团组赴国外院校访问交流,共计 27 人次;接待来自英国、美国、韩国等国家及中国台湾地区的来访团组共 9 个,共计 30 人次。

派出教师赴美国、英国、加拿大等国家和地区培训共 7 人次。其中 5 人次为访问学者,2 人次借调至学校在英国孔子学院。

与纽约州立大学布法罗学院签署 3+2 项目合作协议。

(韩天炜)

【学生工作】 加强学生思想道德教育。在非毕业班中开展以"四进四信,争做四可青年"为活动主题的学生思想道德教育活动;开展"青春·学习"学生思想领航工程;举办"青春·思考"理论社团及青年学生思想成长季活动;进行"青春·分享"新媒体互动平台建设,发挥学生的参与性和互动性,搭建青年学生交流的新媒体阵地,提升团委微信平台和学院学生事务中心微信平台的服务作用;实施"青春·践行"学生骨干培养计划。

学院以"实践放飞,青春梦想"为主题,组织全院各系 2014 级学生的 40 余支小分队,共计 1000 余人次,开展社会实践活动。访谈优秀毕业生校友近 35 人,形成各类调研报告 40 余篇,总结 700 余份。

组织和动员师生积极参与"北京联合大学第六届'启明星'大学生课外学术科技作品竞赛"立项工作,学院立项 10 个:市级立项 5 个、校级立项 5 个(其中理工类 3 个,文科类 7 个),共获经费资助 49980 元。

加强学生业余党校和分类培训工作,举办 3 期党员发展对象培训班、1 期毕业生党员专题培训。3 期党员发展对象培训班学员 94 人,全部顺利结业,通过率 100%。组织全院 86 名非毕业班党员参加"2015 年北京联合大学学生业余党校正式党员及预备党员培训"、学生党支部书记及支委研讨及主题教育活动。组织实施"学生党员先锋工程",开展社会主义核心价值观系列教育实践活动,划定党员责任区,搭建学生党员发挥作用的平台。全体学生党员积极参与红色"1+1"志愿服务、"一帮一"助学零距离活动。在北京联合大学树立成才表率、争创十佳活动中,艺术教育系张小奇同学获得北京联合大学"十佳学生党员";艺术设计系环艺学生党支部获得北京联合大学"十佳学生党支部";艺术设计系环艺视传服装联合党支部获北京联合大学红色"1+1"志愿服务活动二等奖,北京市高校红色"1+1"支部共建活动评选优秀奖。2015 年发展党员 79 名,104 名预备党员转正。

加强学生工作队伍建设,夯实辅导员业务技能,组织开展层次多元化、主题多样化的辅导员沙龙活动,积极组织学院教师参加第十八期和第十九期辅导员培训班。1 名辅导员教师在北京联合大学首届辅导员职业能力大赛中获得二等奖,2 名获得优秀奖,推动辅导员队伍建设有成果。

深入开展就业指导与服务,组织校园双选会,为毕业生顺利就业提供便利条件。学院为毕业生共提供校园招聘会 10 余场,组织学生参加各类招聘会 50 余场,共发布招聘信息 300 余条,提供招聘岗位 3000 余个。截止到 2015 年 10 月 31 日,学院毕业生签约率 85.

62%,就业率99.46%。

开展国防教育主题活动,培养学生国防观念,2015年全院共8名学子光荣入伍;组织学生参加学校"青春联大、爱我中华"国防军事知识竞赛,获得二等奖,并代表学院在北京联合大学秋季军事定向比赛中获得定向越野女子团体第一名、定向越野男女混合团体第一名、军事定向团体第三名的好成绩及多项定向越野个人奖等成绩。

2015年度,全院共计70名同学自愿参加无偿献血。

(王蓓)

【共青团工作】 开办两期团校(4月15日、11月23日),分别开设了"端正入党动机,永葆党的先进性和纯洁性"(陈志刚书记)、"当代大学生如何践行社会主义核心价值观"(张奕副书记)、"如何做一名优秀的学生干部开课"(校团委副书记李炎)、"惜时如金,不断进取"(校人文社科部赵永忠老师)、"河北保定学院西部支教毕业生群体先进事迹报告会"5场系列讲座。第一期共有154名成员结业,第二期团校共有115名成员结业。

做好推优入党工作,分别在5月、12月开展了推优入党工作。共推荐289名优秀学生作为党的发展对象。

学生会、社团积极开展校园文化活动。组织12名学生参与学院首届"赴美带薪实习活动";开展了"央视知名记者进校园讲座活动";开展了针对外地新生的"天涯共此时,亲情在师院"师生共度中秋节活动。与学院关心下一代工作委员会共同开展"铭记历史,缅怀先烈、开创未来、圆梦中华"——纪念抗战胜利70周年参观卢沟桥抗日战争纪念馆暨团学干部思想理论学习活动。学生会文艺组组织四六级讲座4场,学院第5届辩论赛活动;举办了"青春之声,圆梦华章——第十四届校园歌手大赛"系列活动、"心系中华、筑梦而行——纪念'一二·九'爱国运动八十周年文艺晚会"活动;学生会生活部举办了"味蕾盛宴——厨艺大比拼",学生会体育部围绕"走下网络,走出宿舍,走向操场"的主题,开展了"来吧!健走!""'乒乓在沃'——2015年乒乓球比赛""极限飞盘趣味赛""2015年新生运动会团体项目训练"。举办"梦想从这里起飞——社团文化展示"。参加文化展示的社团共28个;红十字会开展了1期应急救护技术暨初级急救员培训(4月10日、4月17日),共有160余名同学参与并顺利取得"初级急救员证书";开展了1期心肺复苏急救培训班(5月22日、29日),共有80余名同学参与并顺利取得"初级急救员证书";书法社开展了针对师范生的"细品翰墨,重温历史轨迹——第一届'三笔'系列竞赛";于2015年12月1日第28个"世界艾滋病日"来临之际,开展了"行动起来,向'零'艾滋迈进"的预防艾滋病知识宣传活动。

加强团学组织建设,举办团委、学生会年终考核答辩会;开展"学院团委、学生会、学生社团联合会干部岗位公开竞聘";举行学生会招新。

(王蓓)

【党群工作】 截至2015年底,学院共有党员479人,其中在岗教工党员179人,离退休党员111人,学生党员173人,其他16人。学院共4个党总支,25个党支部,其中教工党支部11个,离退休党支部3个,教工学生混合党支部3个,学生支部8个。2015年新申请入党人员306人,共发展党员79人,转正党员106人。

截至2015年底,师范学院共有37名处级干部,其中正处级干部12人,副处级干部25人;平均年龄47.9岁;硕士学位的24人,博士学位1人,硕博比例占67.6%;正高级职称4人,副高级职称19人,高级职称比例62.2%。

截至2015年底,学院有民主党派人士24人,包括民主促进会、民主同盟、九三学社共三个民主党派,其中,民主促进会支部1个、民主同盟联合支部1个。

1月22日,学院召开了院领导班子2014年度民主生活会。市委指导组成员赵林、学校党委副书记周志到会指导。陈志刚书记代表领导班子通报了群众路线教育实践活动整改方案落实情况,并代表领导班子作对照检查发言。

1月22日,学院召开2014年度领导班子和领导干部年度考核测评会。学院党委书记陈志刚代表院领导班子做"2014年师范学院领导班子述职报告",并作为学院党建工作第一责任人对2014年度学院党建工作进行报告。

3月13日,学院召开2014年度领导班子民主生活会情况通报会。

4月1日,学院组织召开基层党支部建设工作会。会上,院党委书记提出三点要求:要加强学习,提高认识,认真落实管党治党责任;要加强基层党支部建设作为学院党建工作的着力点;要加强党风廉政建设,把从严治党落到实处。

5月8日,学院召开干部宣布会,校党委书记徐永利、党委副书记付晨光和学院领导班子全体成员出席,学校党校办、组织部负责人及学院全体中层干部、教师代表等参会。会议由学院党委书记陈志刚主持。付晨光副书记宣读市委、市政府的干部任免决定:张志斌任北京联合大学师范学院院长;免去顾志良北京联合大学师范学院院长职务,并办理退休手续。校党委书记徐永利为张志斌同志颁发任命书。

5月21日,校党委副书记付晨光、组织部部长王玮及第一检查组成员李湛、张俊玲、潘宏波、王淑颖一行来学院进行教育实践活动整改落实情况检查,院领导班子成员、部门主要负责人、师生代表参加了会议。院党委副书记张奕代表学院党委作题为《交上一份让师生满意的整改成绩单》的学院教育实践活动整改落实自查情况汇报。在检查的第二个环节,检查组对学院党的教育实践活动以来的文件材料尤其是整改落实情况材料进行了认真审阅。检查组还认真听取了参会的学院干部、师生代表围绕学院教育实践活动整改落实情况的座谈。

7月1日,学院召开庆祝中国共产党成立92周年暨表彰大会。会上,2位受表彰代表作了交流发言。

7月15日,学院召开干部宣布会,学校党委书记韩宪洲、副书记付晨光、组织部部长王玮、党校办主任王文杰、学院领导班子全体成员、全体中层干部及部分教职工代表参加会议。学院党委书记陈志刚主持会议。学校党委副书记付晨光宣读了中共北京市委组织部《关于郭堃同志退休的通知》。

3月至11月,按照《中共北京联合大学委员会关于印发〈北京联合大学关于在处级以上领导干部中开展'三严三实'专题教育的实施方案〉的通知》精神,学院党委结合学院实际,认真研究制定了《北京联合大学师范学院关于在处级以上领导干部中开展"三严三实"专题教育的实施方案》,明确了开展"三严三实"专题教育的总体要求、工作原则、方法步骤和各环节主要任务,切实将专题教育融入学院的事业发展,转化为聚力育人的力量源泉。学院成立了"师范学院'三严三实'专题教育工作协调小组",工作办公室设在学院党委组织宣传部,负责统筹推进等相关工作。学院党委主要抓了集中学习、专题党课、专题研讨、查摆整改等方面的工作,找准查实整改"不严不实"问题,让严和实的作风成为学院党员干部的新常态。

12月5日,学院隆重召开党员大会,校党委书记韩宪洲出席并讲话,校党委组织部部长、副部长到会,全院257名中共正式党员参加了大会。区人大代表、民主党派代表和无党派人士代表,以及全体预备党员列席了大会。大会听取并审议了学院党委书记陈志刚同志代表中共北京联合大学师范学院上一届委员会所作的工作报告《凝心聚力、立德树人,为建设校风优良、教学优质、人才优秀的师范学院而努力奋斗》。全体党员按照大会通过的选举办法,进行了选举,投出自己神圣的一票。大会选举产生了中国共产党北京联合大学师范学院新一届委员会。

12月29日,学院召开基层党建专题工作会,会上三位院内外获得学校2014—2015年度"十佳党支部"的书记作支部工作经验介绍。在此基础上,与会人员就如何有特色、见实效地开展基层党支部工作进行了积极认真的研讨发言。陈志刚书记在会议讲话中就如何加强支部建设提出三点要求:一是围绕中心工作抓支部建设;二是支部对党员要敢于管理,严格要求;三是支部工作要在学习型、服务型、创新型建设上下功夫。

(牛桂荣　曹丽华)

【宣传工作】　组织参加学校党委理论中心组(扩大)集中学习10次,学院组织中心组学习1次。

学院获得学校2014年度对外宣传先进单位称号。

与《中国教育报》《参考消息》《中国教育电视台》《北京考试报》《北京晨报》、千龙网等媒体积极合作,发表外媒宣传近32篇;进一步加强学院官方微信平台建设,开辟师院人说、师院图话、教育故事等新栏目。年推送节目达百余条。

通过新闻网、微信平台及外部媒体,完成9项校院重大活动新闻报道:2015校新生运动会、2015年学校教学技能大赛、2015年学校高参小体育工作汇报展演、2015年高参小教学成果汇报展演、首都道德模范故事汇师范学院专场演出、2015届毕业典礼暨学位授予仪式、第五届师生摄影书画摄影展、525大学生心理健康节、2015届服装专业作品发布会。

与工会、学生处、党政办共同承办学院第五届师生书画、摄影作品征集展示活动,共征集作品近500件,创新展出形式,单独设立"师院人 师院事 师院景"作品展示区。

(孟瑶)

【工会工作】　在校工会和院党委的领导下,学院工会发挥党联系教职工群众的桥梁和纽带作用,履行维护、建设、参与、教育四项职能,独立自主地开展工作。

1月20日,召开学院第六届教职工代表大会暨工会会员代表大会第四次会议,审议通过《学院2014年度奖励津贴发放办法》。11月12日,召开学院第六届教职工代表大会暨工会会员代表大会第五次会议,审议通过《学院2015年度绩效奖励津贴发放办法》。

为教职工申请校爱心互助基金4000元、申请困难补助6000元。慰问患病住院教职工、残疾教职工,为直系亲属去世的教职工送怀念。为新会员办理"京卡·互助服务卡"、向当年办理退休手续的教职工赠送纪念品。向当年入小学的教职工子女发放学习用具、向教职工未满14周岁的子女发放儿童节礼物、向子女未满18周岁的教职工发放子女医疗统筹。为女教职工发放"三八节"慰问品,为生育子女的女教职工送祝贺。为教职工发放节日慰问品,发放生日礼物。

4月,组织青年教师参加学校第七届青年教师教学基本功比赛,曹颖娜、张亮分获文史组一等奖和二等奖。5月,曹颖娜在北京高校第九届青年教师教学基本功比赛中,以总分第一名的成绩获文史类B组一等奖,并获最佳教案奖、最佳演示奖和最受学生欢迎奖。

副院长汪艳丽获优秀指导教师奖。9月,学院艺术设计系服装设计工作室获得北京市总工会、北京市科学技术委员会授予的"2014年度市级职工创新工作室"称号。

与组织宣传部、学生处共同开展践行社会主义核心价值观——"弘扬敬业精神"主题活动。配合校工会开展庆祝教师节系列活动。开展学习《工会法》《女职工劳动保护特别规定》知识问答活动。开展"美化办公环境,建设温馨小家"评比活动。开展"春风送暖"捐助活动,募集善款3555元。

举办教职工踢毽比赛、呼啦圈比赛、乒乓球单打比赛、健步行走活动,组织春游和观看电影活动。在庆祝建校37周年暨纪念抗战胜利70周年系列活动中获得书法作品大赛第一名、广场舞大赛二等奖、摄影作品大赛第四名。在学校登山团体赛中获第四名,在学校青年教工厨艺大赛中获金勺奖。

11月,学院工会被校工会评为"2015年工会工作先进分工会"。

(张艳杰)

【学院图书馆服务】 学院图书馆面积约2080平方米,报刊阅览座位267个,电子阅览室机位72个,研习室座位40个。截至2015年底,图书馆藏总量25.5万册、中文期刊285种、外文期刊10种、报纸37种、数据库36个。

2015年,共采购图书8690册,其中专业图书7476册,专业图书占全年购书的比例为86%,素质教育类图书1214册、占14%。订购2016年报纸35种,订购期刊286种,报刊共计6.8885万元。其中采购学前教育专业图书732册、初等教育图书680册,合计1412册,教育学其他相关图书711册;订购2016教育学专业期刊38种。教育书库藏书已达41674册,对新建专业支撑性较强。

全年共借、还、续借图书24028册;自习阅览25319人次;电子阅览室上机27733人次;研习室接待自习180余人次,接待会议研讨94次。整理及回溯图书10万余册,完成15万册在架流通图书的系统移库工作,其他图书倒架6万余册。

完成40.8万元校内专项实施工作,购置2台电子读报机(其中1台安置在2号楼2层大厅,实现资源共享),增加信息发布系统,实现了图书馆各层电子信息发布全覆盖。

配合优良学风建设,提升学生信息素养。开展新生入馆教育,对600余名新生进行入馆培训。4月20日至5月19日,举办以"书香润校园 求知在此时"为主题的第二十个"世界读书日"主题宣传月系列活动。10月30日至11月30日,举办以"说英文 读经典 爱上图书馆"为主题的第五届"读者之星"评选奖励交流活动。

加强图书馆宣传工作,全年分别在图书馆主页与OA网上发布图书馆工作信息24次;利用学院微信平台发布图书馆工作与服务信息5次;在图书馆电子信息屏发布信息与通知近20项;新书选介6期;新书展3次;举办了2次学生读书活动;召开1次"读者服务工作"学生座谈会;举办了4场图书馆资源利用专题讲座;通过网页介绍数据库10余个;印发、推介"学科资讯"2期(6份)。通过积极开展图书馆资源推介、举办学生读书活动和创造优雅的学习环境,提高馆藏资源利用率。

(甄旭)

商务学院

【概况】

学院英文名称:Business College

学院网址:http://www.bc.buu.edu.cn

院党委书记:张建林(任职至2015年10月);院长:杨宜。

2015年,北京联合大学商务学院设有教学系4个:国际商务系、国际经济系、电子商务系、金融财务系,校级研究所3个:北京联合大学管理科学与应用研究所、北京联合大学服务经济与贸易研究所、北京联合大学首都金融研究中心,院级研究机构4个:国际商务研究所、企业理财研究所、马克思主义中国化研究所、北京现代服务业发展研究院,校级重点建设学科3个:金融学、国际贸易学、管理科学与工程;国家级特色专业建设点1个:金融学;校级骨干专业1个:财务管理;学院拥有工商管理一级学科硕士学位授予点,下设两个研究方向:一是技术经济与管理,方向带头人为陈建斌教授;二是投融资管理(自主设置目录外二级学科),方向带头人为杨宜教授。此外,学院还具有金融专业硕士学位授权点。本科专业6个:国际商务、财务管理、市场营销(国际物流)、国际经济与贸易、金融学、信息管理与信息系统(商务信息管理)。毕业生638人,其中本科生583人,成人教育学生55人。招生685人,其中本科生603人、成人教育学生82人。在校生2248人,其中本科生1978人、成人教育学生270人。

截至2015年9月1日,教职工212人,其中专任教师136人。专任教师中,具有正高级职称21人、副高级职称47人、中级职称66人。

学院占地面积19471.10平方米,校舍建筑总面积22781.03平方米。图书馆现有藏书203625册,固定资产总值0.9亿元。2015年学院高考录取线:本科理科495分,文科527分。

(龚文婷)

【机构设置】 学院设置党群及教学机构20个,其中党群机关11个,包括党政办公室、党委组织宣传部、人事处、教务处、科研处、学生处、财务办公室、国际交流合作处、保卫行管处、工会、团委。教学及辅助单位9个,包括国际商务系、国际经济系、电子商务系、金融财务系、基础教学部、经贸实验教学中心、图书馆、信息网络中心、培训中心。

(龚文婷)

【师资队伍建设】 学院教师中博士58人,在读博士19人。教师博士比例达到47.54%,其中专业教师博士比例达到70%。引进2名具有海外留学和行业实践经历的博士充实教师队伍;聘请2名国内外知名学者作为特聘教授指导学院的AACSB国际认证和青年教师的培养工作。

学院7位教师分别获得北京市长城学者、北京市青年拔尖创新人才、北京市青年英才计划等相关项目65万元的资助,1个校级教学团队、1名教学骨干、1名管理骨干获得学校人才强校7万元的项目资助,2位青年教师参加重点高校教师发展基地研修,4位教师赴国(境)外高校做访问学者,3位教师到国内重点高校访学。

选派1名中青年骨干教师赴美国高校做高级访问学者、1位教师赴英国西苏格兰大学进行专业进修和访学;1名教学管理骨干赴台湾辅仁大学进修学习AACSB认证工作。

根据AACSB认证的需要,结合学院管理人员的实际,分不同层次组织管理干部的专项英语口语培训。

(王颖)

【学科建设】 进一步推进以教授为核心的学术团队的遴选和培育工作,2015年共有9个教授学术团队进入首批资助建设的名单。

9月1日以"统一思想,明确目标,凝练方向,汇聚队伍"为主题召开硕士点学科建设研讨会,明确以硕士点学科为重点的学科建设思路,明确学科队伍的归属以及学科之间的协作关系,各学科根据队伍及成果情况讨论了未来主要的研究方向和研究特色,对未来几年的建设计划进行深入研究。

制订并实施2015年全年招生宣传工作方案;编制全新的招生宣传手册;完成校内学生宣传和校外基地建设。完成2015年金融学专硕的首次招生,并确定导师、制订每人的培养计划,完成第一学期课程学习;基本完成工商管理硕士点中技术经济与管理方向的招生任务。

(龚文婷 陈建斌)

【教学工作】 成立院课程委员会,制定课程委员会章程、学习品质保障(AOL)运行流程图及学院2015—2019年学习品质保障(AOL)建设实施计划,进一步优化并明确了各专业的人才培养目标(Learning Goals & Objectives)及课程图谱,完成20门检测课程的本年度AOL实施计划任务。完成2015版普通本科及专升本培养方案的制(修)订及课程大纲的制(修)订工作。制定《商务学院教师课堂教学行为规范》,开展从严治教系列教学检查活动。院领导和中层干部共巡查435次课堂教学班次。出台《关于〈北京联合大学大学生创新实践学分实施办法(试行)〉的补充规定》(京联商〔2015〕14号)、《北京联合大学商务学院创新学分学术报告酬金发放标准(讨论稿)》及《关于实践教学管理的补充规定》(修订)(京联商〔2015〕35号)。

加强学生商务实践能力培养,开展专业必修课内实验项目开发,对专业实践教学环节进行优化调整,鼓励第一课堂"走出去、请进来",开展行业、企业专家进课堂计划,建设校内与校外相结合、集中与分散相结合的实践教学体系。共9门课程进行课内实验项目开发,4门课程聘请行业、企业专家进课堂。

进一步明确大学英语教学综合改革的目标,改革课程学程,分级教学,分层培养,形成了线上线下互动教学模式。搭建了以暑期口语强化训练(Summer Intensive)+交际化小班课堂(Communicative Class)+诵读(Reading Aloud)+自主性拓展(Autonomous Learning)+演讲辩论赛(Speech & Debating Contest)组成的综合输出驱动平台。

学院获批校级教改项目12项,其中一般项目6项,青年项目5项,专升本项目1项;3个项目获批北京联合大学2015版人才培养方案委托教改项目立建设。学院2名教师获得第四届"北京联合大学中青年教师执教能力比赛"二等奖。

2015年录取四年制新生357人(京内330人,京外27人),京内新生专业一志愿率为47.8%,京外录取新生专业一志愿率保持100%。京内录取分文科最高563分,高出二本线36分;理科最高达到539分,高出二本线44分,京外录取文科最高分574分,理科最高分566分。

(龚文婷 沈晓平)

【科研工作】 学院教师共发表C类以上论文27篇,出版专著8本;获批省部级以上项目6项,其中北京市社科基金4项,北京市教育科学规划研究课题1项,国家级自然科学基金面上项目1项,在研的省部以上项目达到27项(含2项国家自科项目参与)。

校级以上(含)纵向课题经费75万元,横向课题经费74.2万元,竞争性课题经费总计149.2万元。其中区域服务方面,尤其朝阳区生活性服务业品质提升研究方面,在圆满完成预研的基础上,正式获得"十三五"规划研究的委托,两项共计经费25万。

由学校主办、学院北京现代服务业发展研究院承办,有中国、英国、美国三国学者共同参与的学术交流会于6月19日在学院召开;12月11日,作为学校科技工作会系列活动之一,学院主办"互联网时代的服务业开放与创新学术沙龙",本次活动由学院与CBD高端商务人才发展中心共同承办,是CBD商学院联盟以"互联网+"为主题的系列活动之一,CBD地区部分企业、政府工作人员参加了沙龙。

在广泛征集意见的基础上,拟定应用性学术成果的认定方法。组织院内6名青年教师在特聘教授的指导下进行英文高质量论文的写作工作;邀请特聘教授做全院性学术培训,并组织相关学科的教师进行了深度的学术交流,在特聘教授指导下,学院成功获批一项国家自然科学基金面上项目。

(龚文婷　陈建斌)

【实验室建设】　实验中心保证了实验设备的完好率99.5%以上,完成实验教学256668人机时,为全院学生提供37955学时的自由上机学时,年人均19学时/年;对承接的6个专业45门课程完成273项实验,其中综合型研究型创新型项目占81.9%。在校各实验中心中名列前茅。实验中心还承接了清华大学自主招生考试,在《北京晚报》《北京晨报》《北京法制晚报》、人民网、新浪网、网易网等各大媒体被广泛报道。

(孙长宾)

【交流合作】　积极与境外AACSB(国际商学院协会)认证院校建立合作关系,优化国际交流合作平台。借助学校合作平台,与美国加州大学弗雷斯诺分校、英国谢菲尔德哈勒姆大学建立合作关系。与香港理工大学洽谈暑期实习项目。以联合培养学生项目"3+1"和"2+2"、交换生、海外专业实习、短期学习交流项目、赴美带薪实习、夏令营等多种方式共派出156名学生赴国(境)外学习交流。

学院共有11个出访组出访国(境)外院校;接待来访团组8个,共计40人次,历时29天。

(龚文婷　张玲娜)

【学生工作】　学生工作围绕初始认证,以强化管理为载体,注重学专融合,优化化学风建设,加强学生自主学习能力的提升。开展"文明行为养成 从爱护身边环境开始""打造学风新常态 文明尚学我先行"等主题活动,要求全院学生认真组织学习"5双"基本要求和学风新常态的"五要五不要"基本规范。加强学生对学院使命的学习理解,内化学习动力;抓好早晚自习强化管理,提升自主学习能力,优化"敬师敬业、求学求成"的学风建设。推进"苗尖计划"。

截至2015年10月31日,学院就业率达99.66%,签约就业率为98.66%,继续位居学校前列。52人到国内外读研,占毕业生总数的8.76%,其中四年制本科生占到了其总数的12.47%,再创历史新高。顺利组织完成2015届毕业生出口调查;推进了商界骨干优秀校友访谈和调研工作;启动对毕业优秀校友的追踪和案例研究,出版与母校同行——商界优秀校友访谈录。

暑期共计组织包括全体2014级本科生在内的共计400余名学生开展各类社会实践活动。其中,组织31名师生赴长三角地区高校开展学术交流活动,27名师生赴珠三角地区深圳开展校企游学项目,7名师生调研团队赴天津开展调研。"长三角"和"深圳"两个游学项目共计形成14篇调查报告,并汇编成两本论文集。

由学院选派的经济类项目"偏远地区贫困县利用民俗旅游促进新农村建设的经验探究——以广西都安县为例"获得第八届首都"挑战杯"大学生课外学术科技作品竞赛市级特等奖,并在第十四届全国"挑战杯"大学生课外学术科技作品竞赛中获得二等奖。此外,还获得2014—2015年全国高校商业精英挑战赛会计与商业管理案例竞赛全国一等奖1项、二等奖2项、三等奖2项及全国高校商业精英挑战赛国际贸易竞赛二等奖;学校第六届课外学术作品竞赛一等奖1项、三等奖3项、第三届节能减排竞赛二等奖1项、二等奖3项。

(龚文婷　赵辉　吴庆)

【党群工作】　2015年,学院共有党员405人,其中教工党员145人,学生党员167人,离退休党员93人。全年发展党员55人,其中教工1人、学生54人。党委下设党总支1个(离退休党总支),党支部27个(含学生党支部8个,离退休党支部6个)。

开展2013—2015年度先进基层党组织和优秀共产党员优秀党务工作者推荐评选工作,共评选院级先进基层党组织6个、优秀共产党员17名、优秀党务工作者3名。向学校推荐获评校级先进基层党组织2个、优秀共产党员5名、优秀党务工作者2名。

完成2014—2015年度"十佳党支部"中期检查汇报评选工作,离退休党总支和电子商务系信管学生支部获2015—2016年度"十佳党支部"创建支部。教工及学生支部与六里屯街道社区党委逐步进行共建对接。开展庆"七一"爱心捐款活动和送温暖活动,全院174人积极参加党员献爱心活动,共捐助爱心基金34555元。完成"学院使命内涵"征文活动的评选,共评出一等奖 8 篇、二等奖 12 篇、优秀奖 27 篇。

自 2015 年 5 月下旬开始至 10 月底,在全体处级以上干部中开展"三严三实"专题教育活动。并针对存在的"10 个不"方面的问题积极进行整改落实。组织干部、党员、民主党派代表赴山东沂蒙接受党性教育活动。开展集中检查,做到抓党风从抓会风做起,抓教风集中检查教师课堂行为规范、抓学风倡导"五要"、"五不要"。开展广泛的"三风"共识大讨论,针对学院党风、教风、学风和工作作风四个方面,全院 201 名教职工(职工总数 237 人,占 85%)和 154 名学生代表填写了调查问卷,提出自己的表述内容。

4 月,进行群众路线教育实践活动深化整改情况自查并接受了学校的抽查,按期完成 2014 年整改方案项目 10 项,专项整治工作 2 项,制度建设方面新建和修订制度 9 项;按计划推进 2015 年新制定的 9 个整改项目,年底全部完成整改任务。

学院英文网站已经改版迁站上线,中文网站改版工作也已接近上线运行;出版纪念画册;在报纸及网站上发表外宣 19 篇,全年共计 29 篇;深度报道 1 篇,电视新闻 1 条。

组织全院党员干部深入贯彻学习习总书记的系列讲话精神、十八届中央纪委三次、四次和五次全会精神,发放学习材料、外出参观和学习研讨。院党委书记为全体中层以上干部以《深入学习践行"三严三实",努力提升商务学院的办学品质》为题讲党课。5 月 28 日,主管纪检工作的院党委副书记为全体学生干部以《廉洁与腐败》为题讲党课。

(龚文婷　赵振武)

【管理与服务】　通过建立学生公寓三级服务评建体系,缓解外租学生公寓工作难度大的问题,保证多年来不发生大的恶性事件。对学院四处公寓在原有技防设施基础上,进一步维修更换老旧设施,包括保养录像设施,完善门禁系统并更换延静里公寓的防盗门,检修四处公寓旧电器,从而避免了因学生违规使用大功率电器引发火灾,另外组织安排双岗宿舍管理,确保人防到位,保障宿舍安全。2015 年完成了留学生公寓的改造工程,从根本上提升了留学生的办学环境和条件。争取上级 300 万专项经费补贴,2015 年学生宿舍住宿收费标准调整为 550 元/人。

(梁玉勇)

【AACSB 国际认证】　加快推进国际认证工作。年初,组织全院各部门、各系对照认证标准、学院使命,开展系统的自我评估,形成差距分析报告,完成自我评估;3 月 25—26 日,依照认证程序要求,AACSB 指派的认证导师学院进行首次访问,就学院的认证申请作全面考察;组织认证骨干完善战略计划,进一步修订战略目标,梳理现状,明确今后三年和五年的建设目标及战略举措,起草初始自我评估报告(iSER);进行五年战略实施方案及初始自我评估报告的撰写与修改;并依托 AACSB 平台,走访调研国内外多所认证学校,聘请国内外专家培训认证骨干等。

(沈晓平　翟晶)

生物化学工程学院

【概况】　学院英文名称:College of Biochemical Engineering
学院网址:http://www.bec.buu.edu.cn
院党委书记:范宝祥;院长:张恩祥。

生物化学工程学院是一所以培养应用型人才为主,以服务现代都市工业、现代服务业和文化创意等新兴产业为目标的综合性学院。学院的专业结构以工科专业为主体,以工程与管理相结合、工程与艺术相结合等专业为补充。

学院师资力量雄厚,拥有技术先进、设备完善的教学科研设施,校园网覆盖所有教室、实验室和学生宿舍,为学生学习和实践技能的提高提供有利条件。学院与数十家企业建立良好合作关系,相关企业已成为学院稳定的就业实习基地。以研发生物能源为主要目标的"生物质废弃物资源化利用北京市重点实验室"在首都经济社会发展中发挥着越来越重要的作用。

学院有全日制在校学生 2485 人,其中本科学生 2178 人,高职学生 307 人。2015 年招生的本科专业有:建筑环境与能源应用工程、生物工程、制药工程、人力资源管理、工业设计、工程管理。其中建筑环境与能源应用工程专业是北京市特色专业,制药工程专业是校级骨干专业,生物工程专业是校级骨干建设专业。

学院以学生为本,尊重学生个性发展,积极探索创新人才培养模式。从 2014 级开始实行完全学分制教学改革,允许 30% 的学生入学后按照自己的兴趣重新选择专业;为每个本科生配备导师,在职业规划、学业发展等方面给予个性化指导;所有课程实行选课制,学生在导师指导下,根据自身的基础和学习特点制定个性化的修读计划,自主调整课程修读顺序、自主选择任课教师和学习进程,实现文理渗透,理、工、管、艺相结合,优化知识结构;同时实行主辅修与双学位制,学生在校期间,除主修专业外,还可选择学院内其他专业作为辅修专业,并可根据修读情况申请第二学士学位。

5 月,在整合原有资源的基础上,学院启动大学生创新创业实践基地建设项目——"创格空间"。

学院坚持走国际化办学之路,已与德国、美国、英国、韩国、白俄罗斯等国家及中国台湾地区的20多所高校建立良好的合作关系,学生可通过"3+1""2+2""4+1"及交换生等方式赴国(境)外知名大学学习和交流。

学院以促进学生全面发展为目标,以"启明星"科技立项和"挑战杯"科技竞赛为龙头,搭建科技创新项目网格化管理平台。为丰富学生校园生活,成立爱心社、自律社、文学社等40余个学生社团组织,搭建"五四"文化艺术节、国际文化节等大型校园文化活动的广阔舞台,发展首都机场"为国门站岗"、国家图书馆"为读者服务"等七大志愿服务品牌项目,为学生的全面发展创造有利条件。

截至2015年年底,教职工总数为317人,其中专技岗(教师)145人(其中教授16人,副教授54人),专技岗(非教师)69人,管理岗88人,工勤岗14人。学院在职教职工中,获得博士学位42人,获得硕士学位145人。截至12月18日,离退休人员共303人,其中离休3人,退休干部235人,退休工人65人。2015年学院共有毕业生733人,其中本科毕业生535人,高职毕业生198人,招生数696人。学院位于北京市朝阳区垡头西里,占地面积74870.24平方米,校舍总建筑面积53429平方米。图书馆现有藏书31万册,固定资产总值19476.21万元,教学仪器设备总值11251.03万元。

(陈雄鹰　李敬　王建强)

【机构设置】 2015年,学院设工程与艺术系、生物医药系、经济管理系、工程管理系、公共基础课教学部、培训中心共6个教学部门。有制药工程研究所(校级)、生物工程研究所(院级)、人力资源管理研究所(校级)、测控技术研究所(院级)4个研究所,党政办公室、党委组宣部、人事处、教务处(含实践教学中心)、科研处、学生工作部(处)、财务办公室、保卫部(处)、行政管理处9个党政机关,图书馆1个直属非教学单位机构,工会、团委2个群众团体。

(陈雄鹰　李敬　王建强)

【学科建设】 组织学院教师申报专业型及学术型硕士生导师,2015年学院共申报硕士生导师7人,经校研究生处遴选、批准新增3名硕士生导师。

9月24日,学校2015年研究生招生现场宣讲与咨询活动在学院举行。学院以各系部领导、相关指导教师为主,开展研究生招生宣传工作,并安排人员到兰州理工大学、兰州城市学院、宁夏师范学院、阿克苏学院、新疆农业大学等西北高校及鞍山师范学院进行实地宣传,给江西赣州医学院、湖北工程学院、湖北文理学院、河北农业大学、北华大学、吉林化工学院、天津科技大学等院校邮寄宣传材料,利用微信平台、宣传屏和海报等辅助宣传。同时接待广告学院、管理学院、旅游学院等兄弟学院来院进行研究生招生宣传。

完成在学院设置的食品生物分离技术二级学科硕士点的招生任务。

组织6次学术交流活动。组织教师参加校科研处举办的国家社科基金项目和国家自然科学基金项目"申报培训会",邀请北京工业大学陈超教授为建环学科教师讲解国家自科基金项目申报,邀请首都经贸大学杨河清教授和王震教授为人力资源方向的教师讲解国家社科基金项目申报;组织生物化工学科教师参加北京化工大学的国家自科基金项目预答辩。

(马榴强　罗旭东)

【教学工作】 2015年学院招生的本科专业有:建筑环境与能源应用工程、生物工程、制药工程、人力资源管理、工业设计、工程管理。

2015年学院继续探索完全学分制的教学管理制度和教育教学改革,深化应用型人才培养理念,为学生提供优质的教学资源和教学环境。学院立项建设通识教育选修课35门,专业核心课程14门,批准立项建设14项院级本科综合类教学改革项目。

在教学研究和教学质量提升方面,2015年有13项校级本科教研项目、1项校级专升本教研项目获得立项建设。申报校级精品视频课程2门。2015年,学院两名教师参加第二届全国微课大赛(本科组),获得二等奖两项。

(王暄)

【实践教学】 2015年,学院学生在8项学科竞赛中获奖。其中,市级学科竞赛1项,获奖学生8人次,获奖教师1人次;校级学科竞赛7项,获奖学生121人次,获奖教师10人次。市级获奖为北京市大学生生物竞赛三等奖8项。校级获奖依次为:2015年北京联合大学第四届程序设计竞赛三等奖6项;第五届数学建模竞赛一等奖3项,二等奖15项,三等奖19项;第八届大学生物理竞赛二等奖2项,三等奖12项;第七届大学生数学竞赛一等奖12项,二等奖19项,三等奖28项;第一届工程设计表达竞赛二等奖1项,三等奖2项;首届高职高专大学生竞赛二等奖1项,三等奖5项;第七届人文知识竞赛二等奖5项,三等奖5项。

学院获评2015届校级本科优秀毕业设计(论文)31篇,2015届校级优秀高职毕业综合实践报告5篇。2015年学院有13个毕业设计(论文)获得北京高等学校高水平人才交叉培养计划——实培计划项目支持。

(程红霞)

【成人教育】 2015年夜大成教在籍学生共有230名,2015级夜大录取新生92人,毕业学生62人,其中工程管理24人通过本科毕业论文答辩,获得本科毕业证书,4 人通过学位英语考试,获得工学学士学位。物业管理自学考试辅导班有学生 97 人,全年度参加了 10 门课程的考试。本学年共有 8 人参加论文辅导、答辩及毕业申请,最终通过 7 人。

2015 年,受朝阳区人社局委托,学院开始承接面向社会的大学生创业培训、军转干部、退伍士兵和失业人员创业培训,完成了五个班近 150 人次的培训。

(段辉琴　冯琨)

【科研工作】　学院共组织申报包括国家自然基金、社科基金在内的近 50 种纵向科研课题近 80 项。全年共承担纵向课题 20 项,获批国家自然科学基金项目 1 项,国家社会科学基金项目 1 项,教育部人文社科项目 1 项,北京市哲社基金项目 1 项。

获得包括纵向、横向及科研专项经费等科研相关经费共计 820.38 万元,其中竞争性纵向项目 230.7 万元。学院科研人员努力克服困难,加强与企业联系,积极开发横向科研项目洽商,为学院增加横向科研项目 12 项,到账经费 94.5 万元。

2014—2015 学年,学院发表 C 类以上论文 18 篇,B 类以上论文 2 篇。获得奖励的新授权专利 37 项,其中发明专利 32 项,实用新型专利 4 项,软件著作权 1 项。申请发明专利 23 项、实用新型专利 2 项、软件登记 3 项。

(马榴强　罗旭东)

【实验室建设】　2015 年有 4 项实验室建设项目获批准,其中会计综合模拟实验室升级改造 39.6 万元,人力资源管理实验室改造 28.3 万元,生物工艺学实验室升级改造 131 万元,实验室建设—工程招投标综合实训室 116.55 万元。

(程红霞)

【学生工作】　学院有专兼职辅导员 8 人,有 4 名辅导员 2015 年被评选为校级优秀辅导员。资助困难学生,评选出一等助学金获得者 170 人,二等助学金获得者 262 人;评选推荐 2 人申报金隅集团助学金。有 16 人在学校内申请国家助学贷款,其中首次申请 7 人,续贷 9 人;46 人申请生源地贷款。评选出 467 名校级奖学金获得者,135 名院级奖学金获得者,其中 5 人获得校级特等奖学金;评选出 6 人申报国家奖学金,评选出 85 人申报国家励志奖学金,评选出 2 人申报金隅集团奖学金;评选出校级三好学生 54 人,院级三好学生 92 人;评选出校级优秀学生干部 19 人,院级优秀学生干部 61 人;评选出校学风建设先进个人 92 人,评选出校级先进班集体 6 个,院级先进班集体 9 个。学院大学生公民道德建设调研团队获得校长特别奖。

中秋节,学院给予 18 名家庭经济特别困难的新生(含 7 名新疆籍少数民族学生,3 名孤儿等)每人 500 元的临时补助。并按照新疆维吾尔自治区教育厅《关于划拨 2014—2015 学年内地高校新疆少数民族学生贫困补助经费的通知》文件精神,给予 18 名新疆籍学生 658 元/人的补助。4 月,学院对达木古丽、藏族学生俄色洛珠给予 2000 元临时困难补助。3 月,给予突患疾病的困难生王丛歌临时困难补贴 3000 元,并组织全院师生捐款 7 万余元。

学院积极组织在校学生无偿献血,2015 年共有 177 人次参加。

开展红色 1+1 党支部共建活动和学生十佳支部创建活动,工程与艺术系学生党支部获得红色"1+1"策划案一等奖,经济管理系第一学生党支部以及生物医药系学生党支部获得策划案二等奖,其他支部获得三等奖;工程与艺术系学生党支部获得校学生处"十佳党支部"荣誉称号以及学院 2013—2015 先进基层党组织荣誉称号。

参加北京市 2015 年 5.25 "为爱点赞,寻找青春担当"摄影故事征集大赛,组织参加学校最强大脑比赛;"书香入心,知识入金"心理书籍阅读活动;"寻找与你最默契的朋友"主题心理活动;"我的校园我做主"校园心理健康标语征集大赛,利用广播、校园环境营造心理健康环境氛围。

2015 年学院共有本专科毕业生 733 人,其中本科毕业生 535 人,高职毕业生 198 人,截至 10 月 30 日,有 569 人签订就业协议,9 人参军;24 人签订劳动合同,73 人开具单位用人证明,18 人考研,14 人出国,25 人考取专升本。共 725 名毕业生就业,就业率 98.64%,签约率 88.71%。其中应聘北京村干部 8 人,社区工作者 1 人,上海村干部 1 人,西部三支一扶 1 人。

2015 年学院困难群体毕业生总人数 168 人,截至 2015 年 10 月 30 日,已落实工作单位人数 166 人,占困难群体毕业生总人数的 98.81%,未落实工作单位人数 2 人,向未落实工作的毕业生推荐就业岗位,按照学校招生就业处《北京联合大学困难毕业生就业帮扶基金管理办法》的要求,做好就业帮扶基金的发放工作。

(孙冰玉　闫云霞)

【共青团工作】　2015 年 8 月,学院团委将公众微信平台进行改版升级,推出《生化青年》公众微信平台,《生化青年》以日报为周期推送文章,内容涉及面较广,提供多项与学生学习相关的查询功能,在学院内拥有较大的覆盖面与关注度,成为校园媒体的标杆。结合校园文化建设,团委开展了形式多样的提升学生沟通与表达能力的活动。例如:"绘青春风采,展生化力量"第四届大学生论坛、主持人大赛、演讲比赛、摄影比赛等,开展了围绕纪念"五四运动"96 周年,抗战胜利 70 周年等多个主题的暑期社会实践活动,组织 2014 级学生组建了 61 支实践团队,7 名教师参与到暑期社会实践指导中,形成 61 份暑期社会实践调研报告。2015

年"启明星"大学生科技创新51件立项作品均顺利结题,同时,在"启明星"第三届节能减排社会实践与科技竞赛中学院共有8件作品获奖,有2件作品被推荐参加国家级比赛,学院获得校级团体金奖荣誉称号。另外,在"启明星"第六届大学生课外学术科技作品竞赛中有11件作品获奖,学院也因此获得团体金奖的称号。

(王子君 辛俊卿)

【党群工作】 学院共有党员468人,其中教工党员190人、学生党员174人、离退休党员104人。共设7个党总支,1个直属党支部,41个基层党支部,其中教工党支部27个,学生支部7个,离退休党支部7个。2015年共发展党员50人,其中学生党员49人,教师1人,转正党员4人。2015年学院在职和离退休教职工民主党派成员20人,其中民盟5人、九三学社5人、民进4人,民建2人,民革2人,农工党2人。党外高级知识分子43人,党外正处级领导干部3人,副处级领导干部2人。

2015年学院制定了新一轮的教育实践活动深化整改方案,确定并完成了十项整改项目。

2015年在全院处级以上领导干部中深入开展"三严三实"专题教育。制定《北京联合大学生物化学工程学院关于在处级以上领导干部中开展"三严三实"专题教育的实施方案》,开展"三严三实"三个专题的学习研讨,年底学院领导班子围绕"三严三实"主题开展了民主生活会。

完成基层党支部2014年度的工作考评,使基层党支部的工作进一步制度化、规范化。评选并表彰了2013—2015年度先进基层党组织、优秀共产党员和优秀党务工作者。印发《关于进一步规范发展党员工作的通知》。新聘请退休党员鲍园园为兼职组织员,学院共有王长军和鲍园园两位兼职组织员。深入开展党进社区服务工作,推进与垡头街道的区域共建,被垡头街道评为"精神文明共建先进单位",获评"2015年朝阳区群众性创建规范化建设文明单位"。积极鼓励基层党组织开展党建创新活动,共下拨111140元经费支持。指导基层党支部按时换届选举,组织全院党支部书记参加校党委组织部的基层党组织负责人培训班,组织支部书记前往阅兵村开展现场教学。进一步规范党支部工作。积极开展共产党员献爱心捐款活动,捐款38982.90元。启动并有序推进学院党委换届各项准备工作,党员大会于次年1月胜利召开。

做好优秀青年教师人才培养工作。学院青年教师赵有玺和张璋获得北京市优秀人才培养资助项目(青年骨干个人)各4万元的资助金额。推荐骨干教师李春旺和许翰锐参加2015年北京高校青年骨干教师理论培训班的第二期培训。鼓励青年教师积极申报2015年度北京联合大学党建研究课题。

充分利用《和谐》院报、校园网、宣传橱窗、广播台等,开展校园思想政治教育和宣传工作。在《现代教育报》和网易新闻上推广学院师生在第八届"挑战杯"首都大学生课外学术科技作品竞赛中获得市级特等奖的作品。接待《北京晨报》记者来学院采访社会主义核心价值观践行情况。

按照校党委相关要求,制定、落实《北京联合大学生物化学工程学院2015年教职工理论学习计划》,按期印发《学习文选》。两会期间,组织师生撰写心得体会。组织青年教师研习营营员,参加校党委宣传部组织的"青年教师理论研习营专题辅导报告"学习。按照学校要求组织学院教师学习"中央领导同志教师节重要回信和讲话精神",并积极撰写学习心得。组织全院党员观看电影《百团大战》,回顾历史,弘扬爱国精神。

引导师生创作优秀校园歌曲、微电影等作品,征集师生《美丽联大》摄影作品。征集教授的先进事迹,制作教授宣传集。举办了"建校37(成立30)周年校庆书画展",分别进行了纪念抗战胜利70周年、社会主义核心价值观、党风廉政建设等三个主题的展览。参与学校第四届"我与联大共奋进"宣讲活动。推荐工程与艺术系倪凯松同学就其利用课余时间开展"小倪高数大讲堂",为同学补习高数的事迹进行宣讲。

为回顾历史,展现学院发展历程及办学成就,筹划拍摄一部学院历史纪录片,开展相关拍摄素材的收集整理工作。

(朱香敏 张志丹)

【管理服务】 2015年图书馆用专项资金采购价值35万元的图书10079册,用学院经费采购价值2.88万元的图书766册。年度图书借阅量为24725册。增加了近100个阅览座位,购置了18台新计算机,便于学生利用网络电子资源和上网。拍摄了27门课程宣传视频。

2015年11月,投资163.68万元的学生事务大厅装修改造项目完成并启用。

学院行管处交通科获得2015年北京市交通安全先进单位。

按照"谁使用、谁管理;谁管理、谁负责"的要求,以网格化管理为抓手推进校园安全稳定工作开展。在学院一、二、三级网格的基础上,深化三级网格管理职能。目前学院共有一级网格4个,二级网格23个,三级网格296个。在学年年底以网格化管理工作为观测点全面检查各学院安全稳定工作的检查验收中,学院安全稳定工作位列总分第一名,获得优等成绩。

配合学校保卫处监督实施消防水系统改造工程。

经统计,学院工会为新入会教工送迎送;看望慰问生育子女教工;为教工子女入小学送关爱;看望生病住院教工;为退休教工送纪念;为亲人病故教工送怀念;恰逢节日送慰问等等;共有880余人次享受到工会的温暖与关怀,合计金额18万余元。为5名因病或家庭原因导致生活困难的在职教职工申请校教职工困难慰问补助金共计1万元。

(张翔 李集新 万坤 李建华 汪馨桂)

旅游学院

【概况】
　　学院英文名称:Tourism College
　　学院网址:http://www.ti.buu.edu.cn
　　院党委书记:曹长兴;院长:黄先开(兼任,任职至2015年10月)。

　　学院位于朝阳区北四环东路99号,占地面积48700平方米,校舍建筑总面积20380.68平方米。固定资产总值15687.94万元,其中教学科研仪器设备资产6535.43万元。

　　学院设有旅游管理、酒店管理、会展经济与管理、英语、日语5个本科专业,酒店管理、烹饪工艺与营养2个高职专业,设有工商管理一级学科下旅游管理方向硕士点1个,与对外经济贸易大学联合培养旅游信息化方向博士,建有旅游信息化博士后科研工作站。2015年,学院办学水平大幅提升,旅游管理类专业在全国429所旅游管理类本科院校中排名第5;酒店管理专业排名第3;会展经济与管理专业排名第19。

　　至2015年12月31日,学院有教职工242人,其中教师142人、教授20人、副教授50人,具有博士学位的63人。毕业生638人,研究生5人,本科生391人,高职242人。招生751人,其中硕士研究生6人、本科生411人、高职升本科211人、高职121人。

　　2015年是"十二五"收官之年。在校党委领导下,学院深入学习贯彻党的十八届四中、五中全会精神,开展"三严三实"专题教育,致力提升学科建设水平,继续深化教育教学改革,系统总结"十二五"期间学院发展建设经验和成果,全面、科学分析发展进程中形成的优势和存在的差距,结合国家、北京市教育、旅游和学校改革发展战略,积极谋划"十三五"发展、科学编制"十三五"发展规划。

　　学院获批教育部"国家级实验教学示范中心",进一步推动实验教学改革,促进优质教学资源整合与共享,加强学生动手能力、实践能力和创新能力的培养。

　　成功申报"北京市旅游信息化协同创新中心"。积极开展基地申报工作,拓展学校产学研联动发展的思路,建立多学科融合、多团队协作、产学研用一体化研发与应用平台,通过产学研合作项目的培养,提高学院科研项目立项水平,促进学院科研成果产出。

　　开展旅游与信息融合创新,树立学校全国大赛品牌。以"移动互联+旅游创意"为主题,成功举办2015年(首届)全国大学生旅游创意大赛,使学生用行动去创新、探知、分享,形成具有实际应用价值的旅游创意设计,50多家媒体对赛事进行报道,《中国教育报》《北京教育》以专版大篇幅对大赛进行报道。

　　推进综合实训楼二期实验室建设。制定"酒水管理实验室""烹饪工艺与营养实验室""酒店运营管理实验室"建设方案,完成"基于国际化教学的酒店互动实训室""酒店服务管理实训室""智慧酒店实训室""虚拟酒店体验和创新平台"四个实训室的参数设计与财政专项数据录入工作。

(汤湛 李白 张蕾 梁磊 孙琼 杨哲)

【机构设置】　2015年,旅游学院设旅游管理系、旅游经济系、国际旅游系、酒店管理系、餐饮管理系、通识教育中心、旅游实践教学中心7个教学单位,旅游发展研究院、现代休闲方式与旅游发展研究所、会展经济研究中心、餐饮科学研究所、旅游信息化研究中心5个科研机构,《旅游学刊》编辑部、旅游专业信息资料中心、继续教育部、国际饭店业培训中心、产学研合作办公室5个非教学直属单位,党政办公室、组织宣传部、教务处、科研处、人事处、学生处、国际交流合作处、财务办公室8个党政管理机构,工会、团委2个群团组织。

(杨哲)

【人才队伍】　深化教师职业生涯规划。认真落实教师国内外访问学者项目,派出国内外访问学者8人;加强教师企业(行业)实践工作,派出4名教师赴国家旅游局进行企业(行业)实践;配合学校组织部派出1名青年教师参加中组部博士服务团赴四川省渠县挂职县委常委、副县长。

　　积极推进教师发展工作。组织完成2015年专业技术职务申报和评聘工作,最终4名正高、4名副高以及中级2人(含同级转系列1人)通过职称评审;组织完成3名教师的教师资格的申请、报送与审核工作;组织完成2015年度全院200余名教职工的继续教育审核与总结工作;获批人才强校项目3项;组织完成学校双师素质认证申报9人;采取培训项目集中申报形式,遴选支持3个系部进行专业化、特色化培训项目;入选国家旅游局2015年度《旅游业青年专家培养计划人选》2人。

　　大力加强高水平师资队伍建设。出台了《北京联合大学旅游学院客座教授聘任管理办法》和《北京联合大学旅游学院特聘教授聘任管理办法》，聘请了院级特聘教授和客座教授各2名；根据学科专业建设需求引进3名综合素质高、科研能力强的博士(博士后)；调入1名实践能力强、行业影响力大的专业人员充实实践教师队伍；引进国家旅游局1名政策水平高、对旅游发展趋势把握准的处级干部人才；通过选拔与答辩，聘任校级特聘教授1人；推动教师专业化发展进程，在全校范围内选拔2名教师攻读浙大-香港理工酒店管理专业博士学位。

完善教职工绩点考核制度。成立"绩效考核工作领导小组"，研究制定了管理人员绩点考核办法，构建了完善的教师及管理队伍全员绩点考核体系。

(梁磊)

【教学工作】 加强专业建设，完善专业体系。组织完成了2015版培养方案制(修)订工作；组织了餐饮管理本科专业的申报工作，通过了北京市教委审批，并已上报教育部待批；组织了院内本科专业校内评估工作。

课程和教材建设持续推进。在培养方案制修订过程中，完成了各专业课程、院管课程教学大纲的编写与验收工作；完成了《酒店财务管理》《旅游信息化导论》等七部教材建设工作；完成了Blackboad网络学堂培训工作；"基于场景的模块化教学法"在酒店人力资源管理和酒店财务管理等四门课程中实践。

提高人才培养质量。稳妥落实"双培计划"，培养复合型旅游人才，组织了"双培计划"学生遴选工作，遴选出旅游信息化方向的学生32人，休闲体育方向的学生13人，顺利完成了与对外经济贸易大学和北京体育大学的对接工作；实施酒店管理专业"一体两翼三平台"的人才培养模式创新实践。

提升教师执教能力。组织教师参加全国微课大赛，三名教师报名，一名教师获得北京市二等奖；获得校级教学成果奖6项，其中，一等奖、二等奖、三等奖各2项；积极组织2015年度校级教改课题申报，获得立项12项；组织召开了教育教学品质提升研讨会；遴选3名教师参加学校教学优秀奖评选活动；定期举行以系为单位的集体教研活动。

坚持与时俱进，加强实验室建设。积极响应国家大力开展冰雪运动号召，建成"休闲体育实践教学—滑雪虚拟体验实验室"；打造国内一流的"智慧景区"模式的实践教学环境，积极探索景区智能管理模式，建成旅游实践教学中心"张家界景区管理沙盘""景区数据监控平台"。

质量认证稳步推进，教育品牌即将树立。通过大量线上采集和线下调研，启动TedQual国际旅游教育质量认证工作。

(李白)

【科研工作】 进一步凝练研究方向，汇聚学术队伍，加强研究团队和学术研究基地建设。在旅游信息化、智慧旅游、旅游标准化、旅游公共服务与管理等研究方向的基础上，逐步取得在旅游资源环境保护与生态旅游、遗产旅游、旅游信息指数发布、旅游学术研究评价、旅游经济运行监测与市场发展等方面的研究突破；从经费管理、学术活动、制度建设、成果管理等多方面汇聚学术队伍，加强科研团队建设，积极参与对外交流，掌握行业学术研究前沿动态。

加大高端平台建设力度，扩大学术影响。隆重举办了2015第五届《旅游学刊》中国旅游研究年会及2015第五届首都旅游发展论坛；加大了国家智慧旅游重点实验室、中国旅游研究院旅游学术评价研究基地、旅游大数据协同创新中心等平台建设力度，《旅游学刊》连续第四年获得"中国最具国际影响力期刊"称号，建设旅游专业信息资料平台。

积极组织项目申报，科研成果稳中有进。组织完成各级各类科研项目申报工作，全年科研到账经费1031万元；立项课题72项，其中纵向课题49项，横向课题23项，国家级课题2项，省部级课题7项；发表论文86篇，其中C刊及以上28篇；出版著作17部。

加强研究生工作，注重科研能力提升。建立河南、甘肃、山东、河北、辽宁、山西等地研究生生源基地；录取旅游管理方向研究生8名；举办"研究生培养与科研能力提升"论坛，召开研究生工作会，明确研究生招生、培养、就业、导师工作任务和方向；精心组织研究生毕业答辩工作，师生点对点开展研究生毕业及就业工作。

(张永敬)

【交流合作】 巩固、深化与政府部门及企事业单位的合作。学院派出的"迎接国际奥委会评估专业支撑团队"受到北京2022冬季奥林匹克运动会申办委员会办公室表彰；洲际酒店集团校外人才培养基地成功申报"2015年北京高等学校市级校外人才培养基地"；与密云区旅游委、冬奥会赛场属地——崇礼县签署战略合作协议；巩固了首旅集团国家级大学生校外实践教育基地建设成果；与中国旅游出版社共建旅游行业数字资源库，与中国标准出版社共建旅游类国家标准全文数据库。

积极拓展培训工作。利用国家级师资基地开展了一系列培训工作；举办了2015中国饭店服务行业技能大赛北京区选手集训营，举办了北京地区全国导游资格、西城区星级旅游咨询员、京郊旅游管理人员、北京市导游员年检网络培训、怀柔区旅游委旅游景区、酒店管理人员等培训班。

(汤利华　田雅琳　陈艳杰)

【学生工作】 学生党员"先锋工程"有序推进。创新打造了学生专业实践品牌活动"游遍京郊，历练成长"，深入推进"学生党员先锋工程"，有效加强学院班团建设，共组织6次学生调研集中培训,14次实地调研,总计完成了83个民俗村、908个民俗户旅游资源调查,取得了较丰富的调研成果。

注重探索学生党员教育与培训方式。加强爱国主义教育,让学生在体验式学习过程中接受教育,分赴山东曲阜进行社会实践,河南红旗渠进行党员学习,鱼子山抗日战争纪念馆参观,西柏坡重温入党誓词,甘肃陇西红星小学支教,通过系统而广泛开展实践教育,促进学生党员不断成长和提高。

坚持德育立人、文化塑人、实践育人,突出第二课堂育人效果。开展了"四进四信"、"纪念一二·九"的主题团日活动;举办以"传承文化"为特色的第11届旅游文化节,以"丰富校园生活"为内容的社团活动,以"提高学生科研创新"为目的的学术月活动,以及"攻略大赛"、"奔跑吧,学霸"等各式各样的学生活动;参加了北京市旅游委承办的中国"旅游志愿者"启动仪式,组织了外地学生反哺家乡的"梦想花洒"支教活动,"关注消防,共享平安"消防知识宣传等一系列活动。

推动创先争优工作的开展。学院团委获得暑期社会实践先进单位,暑期社会实践先进工作者1人,优秀指导教师1人,先进个人4人,优秀团队4支,其中一等奖2支、三等奖2支,优秀成果8项,其中二等奖1项、三等奖7项;在2015年新生运动会中获得团体总分第三名、精神文明奖,在纪念"一二·九"合唱比赛中获得二等奖,"联大杯"篮球赛第四名。

发挥创新创业开拓作用,培养学生的创新精神。在第九届全国商科院校技能大赛会展专业竞赛总决赛中分别获得限定命题组一等奖和自选命题组一等奖,学院获得最佳院校组织奖;在2015年全国大学生旅游创意大赛中学院参赛队分获大赛一等奖和三等奖;在北京联合大学"启明星"第六届大学生课外学术科技作品竞赛中,学院获得校级二等奖2项,校级三等奖8项;8个项目获2015年"启明星"科技立项,其中国家级1项、市级4项、校级3项。

(张蕾)

【党群工作】 落实班子民主生活会整改内容,不断巩固党的群众路线教育实践活动成果。始终保持整改的热度、盯紧整改的准度和抓牢整改的力度,认真兑现承诺,如期完成了"基层党建强基、干部作风深化、管理服务提质和校园文化塑魂"等4个整改项目。

扎实推进"三严三实"专题教育,引导处以上干部在修身做人、用权律己和干事创业上见实效。按照校党委部署要求,严密组织专题集中学习研讨活动,全年干部累计完成学习时数66个。坚持聚焦不严不实问题,通过认真查、仔细找,整改相关问题17项。

努力提升服务型党支部建设水平,推动落实"党支部创新项目"活动。酒店管理系教工党支部、国际旅游系学生党支部被学校评为"十佳党支部"和2013—2015优秀基层党组织;酒店管理系学生党支部获得北京高校红色"1+1"示范活动一等奖。这是学校学生党支部建设成果在市级平台上首次获得的最高荣誉。

进一步落实党风廉政建设责任制和"一岗双责"。贯彻落实《建立健全惩治和预防腐败体系2013—2017年工作规划实施方案》;落实中央"八项规定",严格控制"三公"经费,实现7类经费支出零增长;加强对干部的廉政教育和培训,开展了党风廉政宣传月活动。

做强宣传报道,提升学院社会影响力和美誉度。创建学院微信公众平台,调整完善学院网站主页;制作新版《学院宣传画册》,拍摄制作新版《旅游学院宣传片》;全力新闻报道工作,全年人民网、新华网、中国教育报等媒体报道学院达82篇次。

以老有所养、老有所乐、老有所为,健康快乐的老年生活为目标,做好离退休工作。完成4个党支部换届工作和离退休党总支委员会换届选举工作;围绕"中国人民抗日战争暨世界反法西斯战争胜利70周年"开展系列学习研讨及参观体验活动;全面掌握离退休人员的家庭困难情况,全年慰问75人次,有1人申报爱心基金、17人申报困难补助。

(王培雅 朱明跃 马飞翔)

继续教育学院

【概况】
学院英文名称:College of Continuing Education
学院网址:http://jxj.buu.edu.cn
院党委书记兼院长:张辉。

2015年8月,继续教育学院从盆儿胡同校区(北京市西城区白纸坊东街盆儿胡同55号)搬迁到蒲黄榆校区(北京市丰台区永外蒲黄榆二巷甲一号)。

学院的教学任务包括成人高等学历教育和非学历教育。学历教育方面,夜大学有高中起点本科、高中起点专科、专升本3个层次,14个专业、89个教学班近3200名学生;承担北京市高自考广告(专)、广告学(本)专业的主考和管理工作;以中央广播电视大学现代远程教育公共服务体系("奥鹏Open on Line")学习中心为教育平台,承担多所重点高校的远程高等学历教育。非学历教育方面,加强与政府部门、行业、企业合作,拓展社会化培训的新领域,开展干部培训、摄影函授、教师培训、建筑类培训等各类培训班;承接北京市人事考试中心、北京市建委、北京市财政局等社会考试任务,全年考生共19000余人次。

2015年底,学院在职教职工34人,其中副高级职称2人、中级职称18人、初级职称3人,合同聘用职工2人;退休教职工76人;夜大学教学聘任兼职教师150余名。

根据《北京市机构编制委员会办公室关于同意调整市教委所属培训机构的函》(京编办事〔2014〕140号),撤销在北京联合大学继续教育学院加挂的北京市高校干部培训中心牌子。2015年4月,学院完成相关撤销变更工作。

(王莹)

【机构设置】 学院设置处级党政管理机构5个,即党政办公室、教务处、人事处、财务办公室、行政管理处;设置直属处级教学单位2个,即培训部和高校干部培训中心办公室(工作关系隶属市委教育工委);设置科级机构7个,即党政办公室组宣科、教务处招生办公室、实验实训中心、人事处人事科、财务办公室会计科、行管处保卫科、培训部项目开发办公室和高培中心教务管理科。

2015年4月,加挂在学院的北京市高校干部培训中心牌子撤销后,高校干部培训中心办公室及高培中心教务管理科同时撤销。

(肖梅)

【教学培训】 学院成人高等学历教育夜大学设有专科、高起本和专升本3个层次,共14个专业、89个教学班,在校生近3200名学生。本科有英语、艺术设计和公共事业管理等专业,专科以多媒体设计与制作、会计、商务管理等专业为主。全年共开设600余门课程,教学时数30000余学时。

学院增加计算机科学与技术(专升本)、文化事业管理(高起专)两个专业,填补了学院成人学历继续教育在理工科的专业空白。

成人高等学历教育共招生1142人。2015届夜大学共毕业学生1108人,其中本科86人,授予学士学位的学生18人,专科1022人。

学院继续在现代管理大学校外教学站进行招生与教学,到2015年三个年级学生人数超过2400人。6月,接受市教委专家组对现代管理大学校外教学站的教学过程评估,并顺利通过。

学院积极组织夜大学生参加北京市竞赛活动,学院商务管理专业的四名学生组成的北京联合大学代表队,参加了由北京市教委组织的"北京高等学校学历继续教育大学生英语口语比赛",学生获得非英语专业专科组团体优秀奖,北京联合大学获得竞赛组织奖,学院教务处车雅军老师获得竞赛贡献奖。

承担北京交通大学、南开大学、天津大学、中国医科大学的奥鹏远程学历教育,2015年下半年停止招生。

承担学校高自考广告、广告学专业主考工作,完成了15门课程命题组织、5门非笔试考试组织、1200余份试卷的阅卷评分、网上登分及分数复核、毕业论文指导及答辩、实践课考核组织、学位评审等主考工作。

学院坚持服务社会,加强与政府、行业、企业合作,拓展社会化培训的新领域。新开发高校教师教学技能(TTT)培训项目,组织一期50人的培训班,学员主要来自于其他高校及本校教师,为学院创新培训理念及培训模式开拓了新的思路。全年组织300余人参加北京市英语口语考试;摄影函授班全年培训1800人次;建筑培训班全年组织2000人参加取证培训;举办北京市第十一届全民终身学习活动周同社区摄影培训一期共100余人;与东城区残联合作组织盲人按摩保健培训及竞赛;举办英语培训辅导班两期、成人高考术科加试考前辅导班四个。为学校干部、教师进行岗位培训,组织联大新晋副教授培训一期50人;应用文理学院青年骨干教师培训二期80人。还承办了人力资源培训、出口退税培训、红十字会培训、高校就业指导人员培训等。

学院承接北京人事考试中心举办的"全国职称外语考试""全国计算机软件技术考试""社会工作者职称考试""助理安全工程师资格考试"各一期;承接北京市会计人员从业资格考试一期;承接全国会计初级职称考试一期;承接北京市建委建筑类考试多次。全年共组考19000余人次。

(车雅军 杨海燕)

【科研成果】 学院教师发表期刊论文4篇,朱丽娟撰写的《浅谈扩招对农村大学生社会认同威胁的影响》发表于《教育》月刊2015年12月期;《中美高校学生事务管理特点比较分析》发表于《科教导刊》2016年1月期。高旺撰写的《浅谈培训企业招生人员绩效管理部分指标体系的建立》发表于中文科技期刊数据库(文摘版)《教育》杂志2015年第15期。《浅谈图书馆管理系统设计的可行性分析》一文发表在《经济与社会发展研究》2015年第7期。

(车雅军)

【交流合作】 3月19日,中国红十字会总会训练中心邵峰主任一行4人到学院考察交流。

10月29日至30日,副院长黄标带队,同教务处、培训部共6位老师作为代表参加了中国高等教育学会继续教育分会2015年学术交流年会暨理事会。

(王莹)

【党群工作】 学院共有党员64人,其中在职党员24人,离退休党员40人;设有4个党支部,其中3个在职党支部、1个离退休党支部。

落实校院党委关于"三严三实"专题教育活动的部署和工作要求,在副处级以上干部中集中开展"三严三实"专题教育活动。围绕"四个全面"战略布局、京津冀协同发展、立足学校改革建设的大局,从严从实组织集中学习研讨及专题民主生活会等工作。巩固群众路线教育实践活动成果,持续推进学院领导班子和干部队伍的思想政治建设和作风建设。

严格落实中心组学习制度,加强思想政治和意识形态领域建设。组织学院处级以上干部参加学校中心组学习(扩大)会10次,组织学院中心组学习6次。贯彻落实《关于进一步加强和改进新形势下高校宣传思想工作的意见》,牢牢把握意识形态工作领导权。密切关注教职工思想动态,注意加强宣传和引导。发挥新闻宣传工作的引导和推动作用,对学院宣传信息工作进行评选表彰。为纪念建校37周年,组织"校庆摄影展暨老照片展"活动等。

对在职教职工党支部建制进行调整,合并组建了学院第二党支部,重新改选了学院第一党支部,健全党支部班子,加强了基层组织力量,增强了组织活力。积极参加创建"十佳党支部"活动,加强三型党支部建设。组织学院2013—2015年度党建先进评选表彰活动。组织"共产党员献爱心"捐款活动,慰问困难党员。组织全体党员参观纪念抗日战争胜利70周年主题展览,开展了"我为十三五建言献策"主题活动,推进党支部建设和组织生活进一步规范化。

落实党委主体责任,执行和维护政治纪律,认真贯彻中央八项规定精神,持之以恒纠正"四风"。组织党员领导干部和全体党员学习《中国共产党廉洁自律准则》和《中国共产党纪律处分条例》。认真开展党风廉政宣传教育月活动,学院党委书记张辉以《严明党的政治纪律和政治规矩,提高遵纪守规意识》为主题讲专题廉政党课;制作党风廉政主题宣传板;以党支部为单位开展"学法纪,见行动,国法党纪在心中"主题党日活动。组织党员干部和重点岗位人员参加了校纪委组织的财经制度宣讲学习活动。

3月27日,学院成立了教职工文体协会,推选产生了协会理事会。文体协会设健走、乒羽、棋牌、舞蹈和手机摄影俱乐部五个小组。学院积极参加校工会组织的活动,在校乒乓球团体赛中获亚军,创造了学院历史最好成绩;获得建校37(成立30)周年暨纪念抗战胜利70周年系列活动教职工广场舞比赛三等奖、书法比赛三等奖等。

10月22日,学院召开了第二届教职工暨工会会员大会,选举产生了北京联合大学继续教育学院第二届教职工大会执委会和工会委员会及出席北京联合大学第四届教职工暨工会会员代表大会的代表。10月23日,学院第二届教职工大会执委会暨工会委员会第一次会议召开,选举产生学院第二届教职工大会执委会主席和工会委员会主席、副主席,确定了工会委员会委员分工。

(王莹 张金辉)

【管理与服务】 进一步规范学院非学历教育项目管理,严格项目立项与经费审批程序,调整培训项目领导小组运行方式,相关工作由院长办公会讨论决定,强化办学风险防控。

巩固"平安校园"创建工作成果,完善网格化管理相关制度和工作机制,在学校年底"校园安全管理网格化工作"大检查中测评结果取得了"优"的成绩。加强消防安全工作,制定消防演练方案,组织教职工进行119消防安全月的宣传、紧急疏散和灭火演练。做好安全宣传教育工作,组织教职工赴北京消防博物馆参观学习演练;利用宣传栏、办公网等平台,通过发放宣传手册、文件等形式分别开展网络安全日、防范信息诈骗、国家禁毒日、假日安全等主题安全宣传教育工作。

贯彻落实《北京市离退休干部工作领导责任制》,落实增加退休人员退休费等相关政策,做好爱心基金困难补助、大病帮扶等工作。组织参加学校老同志纪念抗日战争胜利70周年合唱,组织退休党员参观平西抗日战争纪念馆,为河北丰宁中学捐赠棉衣、健康长走等活动。

6月组织全院在职职工和离退休人员在慈铭体检中心进行了健康体检。

完成学院核算体系的调整,顺利纳入学校统一财务管理平台,支持了学校财务整体建设。

(肖革芹 王莹 李秀玲)

【校区搬迁工作】 7月22日至8月1日,完成盆儿胡同校区的机房、教室的教学设备、桌椅拆卸、打包并搬迁至公寓楼存放,在规定时间内腾空场地,使西城教委按期进场施工。8月21日至24日完成学院从盆儿胡同校区整体搬迁至蒲黄榆校区的工作。为提高资产利用率,按照学校统筹安排,完成了价值240多万元的机房电脑设备、部分空调、培训桌椅、电子屏、黑板等校内资产划拨工作。

(肖革芹)

【统计督导检查】 4月27日,学院接受了北京市统计局的统计督导检查。经过实地检查,对学院的统计工作给予充分肯定,认为学院统计基础工作健全,财务、人事等统计数据的填报规范,符合统计报表制度规定,并向学院反馈了督导检查意见。

(张晓 王莹)

信息学院

【概况】
学院英文名称:College of Information Technology
学院网址:http://it.buu.edu.cn
院党委书记:尹福斌(任职至2015年11月);常务副院长:田景文。

信息学院主要培养信息技术(IT)人才,其前身是1978年建立的清华大学分校、北京邮电学院分院等。学院以崇尚德能兼备、践行知行合一,发掘个性潜质、育造专长英才为使命;以培养优秀的文化品质和社会责任,具备科学的知识素养和思维模式,身怀优势的业务专长和创新能力,树立永恒的精致卓越和工匠精神为培养目标。

学院拥有高水平的科研和学术研究平台和环境,拥有计算机科学与技术一级硕士学位点,硕士点以"北京市信息服务工程重点实验室"和"国家级服务外包人才培养模式创新实验区"为依托平台,从事计算机及信息领域的学术研究和工程技术开发以及研究生教育工作。

学院有优良的实践教学环境和先进的科学研究设备,重视工程技术创新与开发,广泛与企业开展产学研合作,着力培养学生在科技和工程领域的实际工作能力,学院教师与学生共同获得授权专利、软件著作权等知识产权100多项。

学院成立了以学生课外科研和技术开发为主要任务的16个专业社团,如机器人社团、物联网社团、无人机控制专业社团、无人车社团、移动互联技术社团等。为学生提供在实践中学习和应用专业知识的机会和环境,锻炼学生的工程实际能力和创新实践能力,提高学生的就业竞争力。

学院以培养高水平应用性工程技术人才为目标,毕业生就业方向广泛,可在企业、事业、信息服务业等相关部门从事与信息技术相关的产品开发、系统设计、系统维护、技术支持、信息管理和信息服务等方面的工作,学院毕业生一直受到用人单位的广泛欢迎。

截至2015年底,学院有教职工101人,其中专任教师75人,管理人员27人,专任教师中教授7人、副教授33人。

(徐建华)

【机构设置】 学院设有四系(计算机工程系、软件工程系、电子工程系、通信工程系)、三办(综合办、教科办、学生办)、三所(信息技术研究所、微电子应用技术研究所、可靠性检测与传感网技术研究所)和工程技术应用中心。

(徐建华)

【人才队伍】 截至2015年底,学院在职教职工数为101人,其中专业教师75人(含双肩挑5人),教授7人,副高职称36人(其中副教授33人,副研究员1人,高级工程师2人),专职辅导员7人。硕士以上学位70人,博士学位30人。

学院重视人才队伍建设,2015年共接收76份简历,分三批共33人参加学院面试、试讲环节;择优上报23人参加校级试讲,经过层层考核,最后引进7人。

2015年商新娜、陈晓丹分别获得学校青年教师基本功大赛理工类二等奖和三等奖。

(陈锦 刘宝妹)

【学科建设】 2015年计算机科学与技术学科共毕业6名研究生,6名学生通过硕士学位论文答辩,毕业率100%,授予工学硕士学位率100%。1名学生获国家级奖学金荣誉,11名学生获学业奖学金荣誉,12名学生获校级奖学金荣誉。

学院顺利完成了研究生招生、考试、复试、录取工作,计算机科学与技术专业录取15人。

围绕学院发展目标,全面推进学院科研建设,从而有效提高教师执教能力,突破教学品质提升瓶颈,学院教师积极参与企业横向课题开发。

(付立新 刘瀛溯 陈锦)

【教学工作】 学院继续组织2015版计算机科学与技术、软件工程、电子信息工程、电子科学与技术、通信工程5个专业培养方案的制定工作。各个专业相继多次召开"2015版培养方案研讨会",系统、细致、全面地做好调研与讨论工作,深入了解相关产业、行业现状和未来发展趋势,细致有序地做好了2015版培养方案制定工作。各个专业共同讨论院级平台课的建设内容,讨论关于轨道式教学模式的融合度和实施方案,针对学生的就业方向,设置了专业选修模块,并对于所有的课程大纲聘请校外专家进行审核。确定了最终版的2015版培养方案。

学院组织各专业评估工作,高质量完成校内本科专业评估。学院为每位老师下发"北京联合大学本科专业评估指标体系(2015版)"的宣传页,并召开学术委员会,专门讨论各个专业参加评估的汇报材料。各专业较好地完成了专业评估工作,其中软件工程专业获得新办本科专业第2名,计算机科学与技术专业综合成绩排名第5名。

组织教师带领学生参加各项竞赛活动,先后组织学生参加了2015年华北五省(市、自治区)及港澳台大学生计算机应用大赛、2015年全国大学生电子设计竞赛、第六届蓝桥杯全国软件和信息技术专业人才大赛、第五届"赛佰特"杯全国大学生物联网创新应用设计大赛、2015"尚和杯"中国机器人大赛暨RoboCup公开赛、第二届"大唐杯"全国大学生移动通信技术大赛等市级及以上各学科竞赛,最终有32人次获得国家级竞赛奖项;70人次获得市级学科竞赛奖项。

加强教学研究和教学管理工作。本年度共发表教改和学术论文35篇,开展教学管理规章制度、流程梳理与制修订工作,提升教学管理效能。

深入落实学院专业社团,明确学生的研究方向,组织学生科技活动,以社会需求为导向,以实际工程为背景,以工程技术为主线,着力提高学生工程意识、工程素质和实际应用能力。学院2015年有专业社团16个,共计参与教师65人,参与学生412人。

结合实验区和特色专业建设,以教学方法改革和推进开放式实践教学为突破点,聘请行业专家、企业技术人员来校讲课,建立校企合作,共建"产学研"人才培养基地。学院积极参加第五届中国服务外包人才培养国际大会,常务副院长田景文在大会上做主题发言,学院学生的培养也积极向服务外包人才培养的需求靠拢。

2015年学院共计457人参加毕业设计,提交451份毕业论文,14份优秀论文。

(付立新 刘瀛溯 石丽萍 李智 陈阳)

【学生学科竞赛获奖】 在广东省东莞理工学院举行的2015"尚和"杯中国机器人大赛暨RoboCup公开赛中,学院学生获一等奖一项和二等奖两项。

在全国大学生电子设计竞赛(北京赛区)中,李强、赵永永、杨育垚3人组成的团队获得二等奖。

在无锡举行的由国家商务部、教育部以及无锡市人民政府主办的第六届中国大学生服务外包创新创业大赛中,学院学生黄鹏、李攀飞、滕锦华、张静怡、李明丽组成参赛队以"iknowworld知世界"项目,获得全国C类创业实践类三等奖。中国大学生服务外包创新创业大赛为服务外包行业唯一的国家级品牌赛事,已成功举办五届,本届大赛紧贴现代服务经济和"创新、创业、创富"主题,强调应用导向和产学互动,有清华大学、中国政法大学、上海交通大学、台湾地区的"中山大学"和"中央大学"及印度NIIT大学等309所高校的889支团队报参赛,它被誉为"全国服务外包人才工作的一项创举",是院校、企业及大学生服务外包培训与就业的重要交流和促进平台。

9月,在第二届"大唐杯"全国大学生移动通信技术大赛全国总决赛,信息学院通信1204B班学生柳开江、李星明组成的参赛队获得全国总决赛二等奖。

10月,在贵州省贵阳市举行2015中国机器人大赛暨RoboCup公开赛中,学院代表队参加机器人武术擂台赛项目的比赛,由罗向阳、陈俊康、冯子豪和高晓磊同学组成的致远队获得动作投影对抗项目一等奖。本次大赛吸引了清华大学、浙江大学、北京理工大学、北京邮电大学、西安交通大学等重点大学在内的900多个全国各地参赛队伍,共3000多名选手参加。

10月,由国家智慧旅游重点实验室主办的首届全国大学生旅游创意大赛,学院软件工程实验班1205B刘小安等同学提交的《田家》作品获得了唯一的一等奖和10000元奖金;杨磊等同学提交的《侣迹》获得了三等奖和2000元奖金。本次"大唐杯"全国大学生移动通信技术大赛是由北京高校电子信息类专业群和大唐电信科技产业集团主办,北方工业大学、北京邮电大学等承办的一项高水平赛事,是一个以大学生为主体参与的全国性学术及工程型的创新竞赛项目。

(徐建华)

【科研成果】 学院成功申报国家自然基金1项,北京市自然基金1项,北京市局委办科技研究计划项目3项,其他横向课题7项,总经费229万元。

全院共撰写学术论文35篇(包括录用),其中录用和发表EI/SCI期刊论文4篇,CSCD论文15篇,其他16篇。

(刘瀛溯 付立新)

【实验室建设】 2015年工程中心配合电子信息工程系和通信工程系完成SoC与混合信号处理实验室、通信网络技术实验室和移动通信技术实验室3个实验室重新改造建设,整合学科技术,使3个实验室在原有功能的基础上又上了一个新的台阶。其中"SoC与混合信号处理实验室"为了分层次教学,拓展了智能家居实验功能,"通信网络技术实验室"为了提高程控交换技术教学实验,拓展了UC软交换功能,"移动通信技术实验室"为了提高学生创新能力,结合通信、计算机技术,建立了创客空间。同时,在学校经费支持下,购买了200台左右的适合于各学科实验教学的实验箱,为学院本科教学和科研奠定了扎实的硬件环境。

在校教务处的大力支持下,对"智能电子系统实验室""系统集成实验室"和"SoC与混合信号处理实验室"3个实验室的计算机设备进行了设备更新,对100多台仪器设备做了报废。

(刘瑞祥)

【学生工作】 加强学生思想政治教育,开展学生党员先锋工程,组织全体学生党员集体学习党课,开展"青春与价值的对话"系列活动。

开展"核心价值观生活养成行动计划"交流活动,组织"智力西部行"和"彩云之南"支教团、"带本书,给家乡的孩子"的活动。开展"十佳党支部"和"十佳学生党员"评选。开展我的班级我的家、毕业生党员七个一工程等活动，"爱众慈孝家园"福祥社区公益活动。

学生工作办公室申报的"爱心立德 实践树人——构建"社会服务型"高校德育工作模式"获得北京联合大学党的建设和思想政治工作优秀成果一等奖。

注重学生党建，本年度发展党员75人，转正66人，积极分子221人，入党申请人445人。举办学院业余党校入党积极分子培训班1次、发展对象培训班2次，发展对象及入党积极分子培训177人参加，通过闭卷考试获得发展对象结业证人数为75人。

2014—2015学年北京联合大学"十大标兵党员"2名；2015年北京联合大学学生党员先锋工程申报项目获一等项目1个，2015年学生党建问题研究支持项目入围支部1个，2014年北京高校红色"1+1"示范活动优秀奖2个，北京联合大学2014—2015学年红色"1+1"示范活动二等奖1个；北京联合大学2014—2015学年红色"1+1"示范活动三等奖1个；2015年获得"北京联合大学十佳党支部"荣誉称号1个；通信工程系学生党支部获得2015—2016年度校"十佳党支部"创建支部。

开展"同听团课，走进共青团"团校培训，围绕"四进四信""社会主义核心价值观"等内容开展主题教育，进行优秀团支部、优秀团干部、十佳团干部、优秀团员、十佳团员评选。2015年全院共发展新团员35名，评选207名优秀团员。

评奖评优。评选国家奖学金5人、校长特别奖1个，金隅奖学金2人、金隅助学金2人；校级奖项有：学校奖学金387人（其中特等奖学金7人、一等奖学金14人、二等奖学金127人、三等奖学金239人），学风建设先进个人45人，优秀学生干部22人，三好学生48人，先进班集体4个，优良学风班7人，市级优秀毕业生23人，校级优秀毕业生89人；院级奖项有：优秀学生干部60人，三好学生90人，先进班集体4个，优秀毕业生90人。组织优秀毕业生的评选，院级优秀毕业生90人，校级优秀毕业生89人，市级优秀毕业生23人。

校园文化建设科技讲座。新生班级LOGO设计大赛，举办趣味运动会、第五届科技创意大赛、首都挑战杯"手拉手"科技普及活动和各类学术科技讲座、培训，社会实践和志愿服务活动达百余次，摄影比赛等活动，元旦晚会、歌手大赛，为同学提供了展示平台。获校级"暑期社会实践先进单位"。

推动宿舍环境的建设。成立书院学生自我管理委员会，建立宿舍长QQ群，开展宿舍风采大赛，评选卫生标兵宿舍、学习标兵宿舍、信息学院优秀宿舍和大一优秀宿舍创建。举办"宿舍文化月"，征集书院名称及LOGO设计征集，宿舍DIY设计大赛、奔跑吧舍友、宿舍文化节和书院程序之美比赛等活动。

继续推动就业工作。信息学院2015届毕业生有452人，其中本科生439人，研究生13人。本科签约率66.13％，本科就业率97.71％，研究生就业率100.00％。23人考上国内研究生，17人出国读研。

征兵工作。学院有20余名学生报名参军，经过筛选，有9位同学体检和政审完全合格，被征兵部门批准光荣参军入伍。

（李茜 王玉 刘蓉 沈春玲 白葆莉）

【党群工作】 学院党委按照上级统一部署，开展"三严三实"专题教育活动，包括三个专题的集中学习、研讨和召开民主生活会等活动，教育活动夯实了干部队伍的理论基础，有效提升了干部的素质能力。

开展学生党员宿舍挂牌活动，发挥学生党员在学习、生活、工作等方面先锋模范作用，促进学生宿舍文明建设。

制定方案，开展纪念中国人民抗日战争及世界反法西斯战争胜利70周年主题教育活动，学院为教工党员购买学习书籍《老街的生命》《风雨兰亭殇》，各支部结合支部特点也纷纷组织开展理论学习和参观活动。

组织开展十佳支部创建工作。通信工程系学生党支部获评校十佳党支部创建支部。计算机工程系学生党支部获评2014—2015学年校级学生十佳党支部。计算机工程系学生党支部获得学校红色1+1示范活动成果二等奖，电子工程系学生党支部获得红色1+1支部共建活动成果三等奖。刘鹏程、朱国斌获得2014—2015学年校十大标兵党员。计算机工程系学生党支部获得2015红色1+1策划案一等奖、电子工程系、软件工程学生党支部获得二等奖、通信工程系学生党支部获得策划案三等奖。学生党总支书记沈春玲获得北京联合大学学生党建工作先进个人。

表彰先进，树立典型。开展学院2015年先进党支部、优秀共产党员和党务工作者评选表彰工作，党内外民主评议、基层党组织推荐、院评审小组审核、学院党委会讨论通过，共评选出16名信息学院优秀共产党员、4个信息学院先进党支部、3名信息学院优秀党务工作者。其中刘宝妹、许立群获得校级优秀共产党员；王希庆获得校级优秀党务工作者。

加大培养力度，规范党员发展工作。合理设置发展结构。学院党委委员直接承担党员发展谈话和转正谈话的工作任务，严把质量关，确保发展质量。2015年共发展党员76名，其中学生党员75名，教师党员1名。

组织各支部保质保量完成日常党建工作任务，按时收缴党费，组织党员为北京市和校爱心基金捐款献爱心，2015年共计捐款13971元。

工会工作获得佳绩，在全校25个分工会考核，学院工会以总分成绩第一的成绩获得校级先进分工会；

参加学校书法摄影比赛,学院上交摄影、书法作品16幅,许立群、商新娜分别获得一等奖和三等奖,石丽萍、郑举等获优秀作品奖;校庆37周年健美操比赛中学院获得二等奖;王希庆、陈明、江静代表中青年教师参加的全校厨艺比赛中获银勺奖;11月24日完成北京市级"先进工会小家"评审团到学院验收工作。

(周月朋　徐建华　刘宝妹)

【宣传工作】 制定《信息学院2015年宣传工作方案》,根据各部门工作性质布置宣传工作任务,定期统计、公布各部门宣传工作开展情况,加强宣传工作队伍建设。截止到2015年12月31日,各部门在学院网上发表新闻197篇,在校新闻网上发表稿件150篇,在外媒发表稿件19篇,为学院营造了良好的办学氛围。

在开展好学院特色文化活动的基础上,积极参加学校组织的各项活动。组织师生参加校宣传部组织的校史知识竞赛获得优秀组织奖;积极参加"原创联大"校园原创文化活动,为联大建言14篇,联大新闻线索8篇,校园新闻我来评18篇,70周年征文10篇。获得70周年征文一等奖一项、二等奖一项、三等奖一项。组织智力西部行团队参加学校第四届"我与联大共奋进"宣讲活动,以总分第一名的成绩获得最佳宣讲团队。积极申报2013—2014年度党建和思想政治工作优秀成果,经答辩和专家评审,学院申报项目以总分第一的名次获得一等奖。由学院学生创作的歌曲《遇见》入选原创联大文化精品展演。

(周月朋)

【第五届"赛佰特杯"全国大学生物联网创新应用设计大赛】 8月17—19日,学院承办第五届"赛佰特杯"全国大学生物联网创新应用设计大赛。来自全国高校140支参赛队伍,近600多名选手参赛。大赛涉及电子、信息、通信、计算机、控制、传感多门学科及领域。全国大学生物联网创新应用设计大赛由教育部、工业和信息化部、科技部、中国高等教育协会、中国科学技术协会指导,中国电子学会主办,北京联合大学信息学院与多所单位承办。

此次大赛,学院派出两支参赛队伍,不负众望,学院学子李金凤、欧良丹、焦孟科、章红健、董芳芳获得大赛一等奖;李强、赵永永、杨育垚、高亚楠、李炳渠获得三等奖好成绩。

大赛期间,学院参赛师生接受了北京电视台独家采访,并在当日北京电视台播出。

学院连续三届成功承办全国大学生物联网创新应用设计大赛,宣传了学校办学定位、学院培养目标和使命。大赛对学校办学条件和办学定位给予高度的评价,并给学院颁发了大赛优秀组织奖,提高了学校在全国高校范围内社会办学影响和知名度。

(徐建华)

【第五届中国服务外包产业与人才培养峰会】 2015年4月11—13日,2015年第五届中国服务外包产业与人才培养峰会在河南洛阳召开,学校为协办单位之一。常务副院长田景文教授、软件工程专业负责人彭涛以及其他兄弟学院的领导、教师一行参加峰会。田院长作为特邀嘉宾参加了"软件和信息服务业"研讨会,并作题为《加强学科专业建设 提高ITO人才培养质量》主题报告。

(徐建华)

机电学院

【概况】

学院英文名称:College of Mechanical and Electrical Engineering

学院网址:http://jd.buu.edu.cn

院党委书记:杨奇红;院长:程光。

学院设有综合办公室、教学科研办公室、学生工作办公室,工会、团委,以及机械工程及自动化系、工业工程与物流系、检测与质量工程系、汽车服务工程系、工程基础教学部和金工实习中心。

学院有校级重点建设学科1个,即机械制造及其自动化学科;自主设置二级学科1个,即制造业信息化技术,2015年招收首批研究生。

学院开设本科专业4个,即机械工程专业、工业工程专业、材料科学与工程(检测与质量管理)专业、汽车服务工程专业;机械工程专业是国家级特色专业建设点和北京市级特色专业,机械工程专业、工业工程专业是校级优势本科专业,工业工程专业和材料科学与工程(检测与质量管理)专业是校级骨干专业。学院开设专升本专业2个,即机械工程专业和工业工程(物流管理)专业。

学院有校级校外人才培养基地5个,即北京京城机电控股有限公司校外人才培养基地、华德液压有限公司校外人才培养基地、奔驰-戴姆勒克莱斯勒汽车有限公司校外人才培养基地、SMC(中国)有限公司校外人才培养基地、北开电气有限公司校外人才培养基地。其中,北京京城机电控股有限公司校外人才培养基地为市级校外人才培养基地。

学院设有市级工科综合实验教学中心分中心;校级校内实践教学中心1个,即现代制造工程技术实践教学中心。

学院"北京市智能机械创新设计服务工程技术研究中心"被认定为北京市工程技术研究中心。学院设有校级院管科研机构1个,即北京联合大学传动研究所。学院与企业共建高新技术研发和成果转化基地2个,即华德液压—北京联合大学高新技术研发及成果转化基地,北起意欧替—北京联合大学高新技术研发及成果转化基地。

学院先后与中国航空工业集团公司北京航空制造工程研究所、河北京津机器人产业协会等企业洽谈校企合作事宜,与北京意高科技有限公司、石家庄宝地停车机械有限公司签署校企合作框架协议。

截至2015年12月31日,学院有教职工84人,其中专任教师49人。专任教师中,教授6人、副教授21人,具有博士学位的教师22人,在读博士学位的教师8人,全院教师(含思政教师)中的博士比例达到45%。

截至2015年12月31日,有全日制本科生973人(含专升本学生);成人学历教育学生460人。成人学历教育学生中有164人来自合作企业SMC(中国)有限公司。

全院全日制本科毕业生261人(含专升本学生);成人学历教育学生147人。本科(含专升本学生)招生256人,成人学历教育招生190人(其中本科30人,专升本129人,专科31人)。

(王锐　杨俊荣　苏慧　李明海)

【人才队伍】　学院教师发展中心负责各类师资培训项目。2015年,入选学校"人才强校"资助项目1人;获得国内访问学者资助项目1人;参加北京市和学校教师发展中心组织的培训4人。

加强教师队伍建设,提升教师执教水平。新进1名博士教师,专任教师博士比例达到45%;继续进行中青年教师执教能力的建设工作。开展优秀教师公开课观摩活动,搭建教师间沟通平台和青年教师的学习平台。1名青年教师获得学校第四届中青年教师执教能力比赛理工组一等奖,1名教师获得学校第七届青年教师教学基本功比赛理工组三等奖。

以项目促进中青年教师学术水平和科研能力提升。1名中青年教师入选学校"人才强校"资助项目,2名青年教师科研项目获得市委组织部2014年北京市优秀人才培养资助,1名中青年教师完成国内访问学者资助项目。

(杨俊荣)

【学科建设】　学院以机械工程为主要学科发展方向。

开展进行自主设置二级学科"制造业信息化技术(0812Z2)"硕士研究生(学术型)招生工作,完成2016年硕士研究生招生宣传工作。学院硕士研究生导师(学术型)6位,硕士研究生导师(专业型)3位。明确硕士研究生导师研究方向为"智能化与数字化制造""人机工效学分析与系统改善""网络协同设计与知识管理"3个;建成1个研究生工作室。

加强顶层设计,推动学科建设。召开了学院学科建设与科研工作会,明确了学院的学科建设和科研工作目标;挖掘内部资源,开办"博士论坛""中青年论坛"、"教授论坛"等系列学术论坛基础上,全年共举办5场。

学院积极加强学科队伍建设。2015年,学院晋升教授2人;副教授1人;接收应届博士研究生1人。

(王锐　王超)

【教学工作】　举行机电学院首届教学研讨周活动。研讨周活动议题主要围绕2014年度教学改革与课程建设情况和成果以及2015版培养方案修订工作进行。

完成制(修)订2015版本科培养方案相关工作。召开了学院2015版培养方案工作会,完成2015版本科培养方案制修订及教学大纲、课程简介编制工作。

召开课程建设总结研讨会。对基于机电产品设计与制造全过程的项目驱动式教学平台建设、汽车构造二、电气控制与PLC、单片机原理、液压与气压传动、工业工程综合训练和现代材料分析方法的专业核心课程和学院平台课程的建设进行了总结,形成课程改革和建设成果。

继续推动学院工程教育认证工作。完成机械工程专业工程教育认证2016年申请书和校内自评报告的撰写工作,鼓励专业课程在课程教学过程中基于"学习成果导向教育"的OBE教学理念进一步优化教学内容,创新课程教学方法,提高了学生学习兴趣和能力输出水平。

学生学科竞赛水平进一步提高,学生学习兴趣和动手能力切实增强。学院相关教学单位组织竞赛团队参加市级以上各专业学科竞赛取得优异成绩。共获得国家级奖项6项,市级奖15项。在"第四届全国大学生金相技能大赛"上取得突破,获国家级一等奖1项,二等奖2项,并获团体总分第四名;参加"西门子工业自动化挑战赛"上也取得学院历史最好成绩,获国家级二等奖1项,国家级三等奖1项,另获华北赛区特等奖1项、一等奖1项、二等奖1项;参加"华北五省一市机器人大赛"取得二等奖4项、三等奖5项,得奖率居参赛单位前列。学院还成功承办了学校首届"大学生工程设计表达大赛",积极参加了多项校级比赛。

在2014级学生中通过选拔产生学校第一届校级机器人实验班学生,参与制订了培养方案,配备责任教师,协助开展了系列教学活动。

校级教改立项8项获批,3项校级教学成果奖获批。

(李秀彩　王锐)

【科研工作】　继续提升科研实力和学术水平。与华德液压联合申报并获批工信部2015强基工程项目,一次性承接北京卫星制造厂3项设备研发项目经费总额达57万元;与北京机电院股份有限公司联合申报并获批工信部2015智能制造专项等。2015年学院到账竞争性经费共230.2万元,其中新增的国家科技支撑计划项目到账经费72.2万元(总经费为138万),横向课题91万;5项发明专利获得授权,新申请9项发明专利;共发表论文23篇,其中EI期刊检索2篇,出版专著3部。

以科研平台建设和科研团队建设带动科研层次和水平的提升。成立了市级科研平台——北京市智能机械创新设计服务工程技术研究中心技术委员会及相应机构,组建了科研团队——智能机器人创新团队。

学院申报的北京市智能机械创新设计服务工程技术研究中心经北京市科学技术委员会资格审查、专家评审、现场考察和公示,被认定为2014年度北京市工程技术研究中心。这是学校获批的第一个北京市工程技术研究中心。

召开学院2013—2014年学科建设与科研工作会。

推动产学研协同创新。与北京卫星制造厂、石家庄宝地停车机械有限公司、北京瑞斯福高新科技有限公司、北京东方精益机械设备有限公司等深化合作共建;开展服务机器人研发、云制造信息平台建设等工作,均取得不同程度阶段性成果;加强与北京机械工程学会、北京数控装备创新联盟、北京智能机器人产业技术创新联盟等行业组织的联系与对话,协同开展工作。

(王超)

【实验室建设】 完成了本年度北京市财政专项"专业建设——机械类专业建设(市级)"项目,为数控、测试技术实验室增加了新设备,完成了工程训练中心先进制造实验室建设,增加了实验教学面积和大型设备。同时整合实验室资源,组织申报了北京市实验教学示范中心。

(王锐)

【交流合作】 积极选派教师出国(境)考察、访学。副院长张建成随团出访我国台湾地区,磋商交换生事宜;选派教师刘伟、谭苗苗赴法国参加工程教育认证培训,杨爱萍博士赴美国参加学术交流活动。

通过国际学术交流促进学科队伍学术水平和人才培养质量的提升。美国国家标准与技术研究院的Feng Shaw教授和梅哈里医学院的ChenChau-Kuang教授应邀到学院进行学术交流并为师生做学术报告和统计学方面的培训,学院客座教授德国布伦瑞克大学计算数学研究所Harald Löwe教授讲授新生研讨课,台湾地区的"建国科技大学"的师生来院交流。

学生出国境交换交流人数稳步提升。在北京市交换生奖学金全面取消的情况下,学院通过设立赴以色列交换生奖学金、坚持召开交换学习收获分享会等方法,鼓励学生积极参与交换学习项目,扩大宣传影响。2015年共有19人次出国境交换交流学习及科技竞赛。

(杨俊荣 王锐)

【学生工作】 推进学专融合、试行书院制育人体系。充分发挥校区资源优势,整合校区管理资源,建成白家庄校区明德书院。书院体现了广大师生要"彰明德行",修"光明之德",做"德才兼备的人"的美好愿景。

开展学风建设,创建文明校园。学生评奖评优获奖面有所提升,机械1301B班获得学校"我的班级我的家"十佳示范班集体荣誉称号。

深入践行社会主义核心价值观,开展多层次多类型教育活动。举行了"中国精神民族魂"系列讲坛活动和"老党员领航铸魂"系列活动。邀请全国优秀共产党员、五星级志愿者、学院校外辅导员叶如陵同志,学校关工委主任张铃教授、学院原组织员宁琳老师与新发展党员、发展对象共话理想信念。

截至2015年年底,2015届毕业生257人,就业率97.28%,签约率86.77%。考取硕士14人,出国4人,参军1人。

(王锐 程永清 孙丽娟 唐武)

【党群工作】 截至12月31日,机电学院共有党员131人,其中教工党员57人、学生党员74人;正式党员96人,预备党员35人。12个党支部中教工党支部7个,均为学院党委直属党支部;学生党支部5个,均隶属学生党总支。2015年学生入党积极分子89名,发展党员35(均为学生),年底本科学生中党员比例为8%。

学院领导班子深入学习贯彻党的十八大和十八届三中、四中、五中全会精神以及习近平总书记系列讲话精神,积极巩固党的群众路线教育实践活动成果,在深入开展"三严三实"专题教育活动中认真学习、深刻剖析、听取意见、边查边改。上半年,重新论证了学院使命和愿景以及人才培养目标;下半年,集合全院智慧,编制学院"十三五"规划。

学院党委继续加强干部队伍建设和全院作风建设,加强党风廉政建设和反腐败工作。

学院党委抓好"三严三实"教育活动,落实从严治党要求。按照学校统一部署,学院认真完成"三严三实"教育活动三个专题的学习、研讨和总结;精心制定领导班子民主生活会方案,扎实做好民主生活会前各项工作,通过"群众提、自己找、上级点、互相帮、集体议"等方法,梳理出领导班子不严不实问题9项,已经整改完成5项,另有4项为长期整改项目。学院党委将把领导班子和个人对照检查工作的推进凝聚成推动"十三五"改革发展的强劲动力。

推进党建工作科学化、规范化水平。召开纪念中国共产党成立94周年大会,表彰学院2013—2015年度先进基层党组织和优秀党员、优秀党务工作者;明确规定基层党支部每月一次组织生活,提升党务工作规范化水平;以学校十佳党支部创建为契机,以获得校十佳党支部称号的综合办公室与工会教工党支部为引领,加强基层党组织建设,提升党组织的凝聚力和战斗力。

强化教职工理论学习,提升思想政治素质。学院党委强调思想引领,通过党委书记讲党课、支部书记谈体会、党员干部话交流,创新理论学习形式,提升教职工理论学习兴趣;学院党委为教职工购买大量理论学习书籍。

全面加强宣传思想工作。着力于思想导航,组织学院理论中心组参加学习、交流和研讨;着力于舆论引导,充分发挥媒体平台的作用,各种媒体报道达10余篇;着力于品质提升,以"我与联大共奋进"为载体,激发师生爱校情怀和发展潜能。在12月3日学校举办的宣讲活动中,学院机械工程及自动化系机器人团队获评最佳宣讲团队,综合办公室与工会教工党支部团队获评优秀宣讲团队。

学生党建工作特色显著。学生党建成果"志愿服务'三化'建设,构建思想政治教育长效机制"申报学校党的建设和思想政治工作优秀成果;学院学生党支部按年级设置后,继续夯实东四街道、西坝河社区、三里屯街道、白家庄西里社区以及北京盲人学校校外学生党建基地的合作基础;2013级学生党支部获得学校"十佳学生党支部"荣誉称号。

积极推进校园文化建设。院党委通过加强团队建设和开展主题活动培育校园精神文化,学院教职工在学校教职工广场舞比赛中获一等奖;在全院开展的"阅读传统经典·品味书香生活——礼敬中华优秀传统文化"的主题活动,形成了师生践行孝道仁爱、奋发进取的精神面貌。

团委服务青年、引领青年成长的能力进一步提升。团委以"融入人才培养的中心工作"为主线,牢固树立"完善工作格局,提升工作效应"的工作理念,整合区域化资源,以服务和谐社会、服务社区建设、服务青年学生健康成长为目标,以加强学生思想教育、组织建设、志愿服务为工作重点,努力构建"一个中心,三个平台,五个服务形式,七个服务品牌"的区域化团建工作新模式。学院团委被评校级五四红旗团委,并申报市级五四红旗团委。

全年编印学院党委会和党政联席会的《会议通报》36期。

(录华 王锐)

【校友会机电学院分会】 完成学校成立30周年(建校37周年)校庆日(10月17日)校友返校活动的组织工作。受邀回母校的校友有78级的杜旭东、毛智勇、章永、李兰,80级的罗卫平,81级的王士军、孙诚、黄平,83级的赵耀,97级的隋翼。学院领导杨奇红、程光、焦阳参加了相关活动。

校庆活动当天,校友会机电学院分会召开了第一届理事会第三次全体会议。会议增补程光为理事;选举毛智勇担任会长,程光担任常务副会长;推选前任会长方新为名誉会长。

(王锐)

自动化学院

【概况】

学院英文名称:Automation College

学院网址:http:// http://zdh.buu.edu.cn

院党委书记:丛森;院长:方建军。

北京联合大学自动化学院成立于2002年4月。学院是学校的二级非法人学院。2015年,学院的机构设置为三系(所):电气与控制工程系(自动化工程研究所)、物流系(现代物流研究所)、交通工程系(机器人研究所);一中心:实践教学中心;三办:综合办公室、教学科研办公室和学生工作办公室(含团委)。

四个本科专业:自动化、电气工程及其自动化、物流工程和交通工程。2015年本科专业324人,毕业学生352人,就业率98.87%,其中考取国内高校(院所)研究生19人,出国留学人11,在校全日制本科学生1422人。

两个硕士点学科(方向):智能交通工程学术型硕士点学科;专业硕士学位学科(方向):教育学(职业技术教育)—交通运输方向。学术型硕士点学科全日制在校硕士研究生4人。

2015年,校级教育教学成果奖4项,校级教改项目立项3项,5项校级教改项目顺利结题。2014—2015学年校内本科专业评估(52个有毕业生的专业)中,物流工程、自动化、电气工程及其自动化和交通工程的专业排名全部进入前43%。学生科技项目立项31项,其中国家级6项,市级22项,顺利结题31项;学生参加学科竞赛13项,参加率22%,获得奖项71项,市级及以上获奖9项,获奖人数34人。学生参与发表的学术论文4篇。

2015年，与其他单位联合申请成功专业硕士学位点：教育学（职业技术教育）。

2015年，全院教职工承担的科研项目71项，各类科研到账经费约212.9万元，公开发表学术论文50篇，其中以第一单位和第一作者发表的SCI/EI期刊论文7篇，CSCD论文5篇；申请知识产权18项，授权19项，出版学术著作3部，获北京联合大学学术著作出版基金1项。

学院党委丛森等完成的《北京地区学习、服务、创新型党组织建设调研报告》获得北京市思想政治工作研究会2015年"丹柯杯"优秀研究成果三等奖，其中高蕾获得北京高校青年教师社会调研项目二等奖。学院党委获得校级教职工宣传思想政治工作特色项目三等奖。

学院承办召开第一届"北京科技交通论坛"。北控集团交通装备公司、北京工业大学、北京联合大学三家战略合作签约，使学院在未来京津冀发展中占得先机，为治理首都"大城市病"铺垫基础。

（范维）

【机构设置】 学院的设置机构如下：电气与控制工程系、物流系、交通工程系和实践教学中心4个本科教学单位；综合办公室、教学科研办公室和学生工作办公室3个管理机构。现任院领导：党委书记丛森，院长方建军，党委副书记廖琪丽，副院长王爱民、张益农、孙连英。

（范维）

【人才队伍】 截至2015年12月31日，学院在编教职工88人。专任教师61人（含院领导3人），其中教授9人，副教授23人，高级职称占比52.5%；专任教师中具有博士学位的教师19人，占比31.1%，在职攻读博士学位的教师6人。2015年认定双师型教师4人，专任教师中市级高层次人才2人（市级教学名师和长城学者），市级特聘教授1人（中科院自动化所徐常胜研究员）。思政教师（辅导员）6人（含院领导1人），副教授2人；管理人员11人（含院领导2人、组织员1人），其中副高级职称2人；实验系列人员10人，其中副高级职称1人。

2015年，新晋升副教授1人（任俊杰），助理研究员转任讲师1人（浦剑涛）；引进博士教师2人（陈岳明、刘德鑫），其中高级工程师1人（陈岳明）。出国留学人员1人（赵立新），国家留学基金委-IBM优秀教师1人。

为了提高专任教师的指导教育能力和学历层次，学院采取各种途径和方式，鼓励和资助教师参加国内外学术交流，全年共组织教师参加各类培训30人次，张益农等10余位教师参加企业实践和校企合作，承担企业横向合作项目。选拔龙浩、孙雪两位教师申请台湾"彰化师范大学"的博士生入学资格。选派孙迪博士到交通运输部规划研究院进修半年（非脱产）；杜明芳副教授在清华大学自动化系做博士后，从事智能交通的研究；高宗余博士在中科院半导体研究所从事项目合作研究。

通过内引外联，聘请清华大学智能交通团队姚丹亚教授等多位校外专家担任学院的兼职教授。

（赵立新）

【教学工作】 学院设置自动化、电气工程及其自动化、物流工程和交通工程4个本科专业，交通工程专业是被选定为北京市"双培计划"试点专业。

2015年，按照《北京联合大学关于全面制修订2015版普通本科培养方案的原则意见》以及《2015版普通本科培养方案制修订工作实施方案》等要求，组织完成4个本科专业2015版人才培养方案的制（修）订工作，总学分控制在160学分内，完成教学大纲及课程简介的制（修）订工作，加大专业选修课的学分，强化实践教学，增加毕业实习等环节所占比重。

2015年，学院积极开展教学改革研究，获得校级教学成果奖4项，其中一等奖2项、二等奖1项、三等奖1项。李红星教授牵头申报的《以工程能力为核心的高素质自动化应用型人才培养的探索与实践》、李平副教授牵头申报的《工程应用型物流人才培养模式的研究与实践》项目获得一等奖；范同顺教授牵头申报的《坚持实践教学模式创新，培养高素质电气工程专业人才》项目获得二等奖；丛森副教授牵头申报的《基于"四点一圈"动态管理模式育人实效研究与探索》项目获得三等奖。申报校级教改项目立项3项，负责人分别是李红星教授、范同顺教授和李平副教授。苏玮教授、童启明副教授、李平副教授、龙浩和廖文江负责的5项校级教改项目顺利结题。

专业建设取得新进展。在2014—2015学年校内本科专业评估（52个有毕业生的专业）中，物流工程、自动化、电气工程及其自动化和交通工程的专业排名分别位列第4、第7、第17和第22位，4个专业排名全部进入前43%。同2013—2014学年校内专业评估相比，物流工程排名提高48位，自动化专业排名提高2位，电气工程及其自动化专业排名下降了9位。2015年，交通工程有第一届毕业生，排名第22位，2013—2014年度在15个新专业排名中位列第2位。

（梁爱琴）

【学科建设】 2015年，自动化学院负责的智能交通工程交叉学科和软件工程（智能交通方向）的第一志愿报考学生11名，第一志愿录取学生1名（乔良），一志愿录取率9.1%，调剂学生4名，智能交通工程学科最终录取硕士研究生2名（王德政、马慧姝），指导教师分别是张益农教授和方建军教授。学院在读硕士研究生9

名,学生发表学术论文6篇,其中C刊论文2篇。

自动化学院协同应用科技学院和其他兄弟单位联合申报教育学(职业技术教育)专业硕士培养资格,北京理工大学和北京联合大学两所高校获批。自动化学院独立承担交通运输方向的专业硕士研究生招生和培养任务。

2015年,智能交通工程学科独立招生,自动化学院组织考研宣传和经验交流会,动员本校学生积极报考智能交通工程学科的硕士研究生,效果良好。

(张益农　张兆莉)

【科研工作】 2015年,全院教职工承担的科研项目71项,各类科研到账经费约212.9万元,新申请科研项目14项。教职工公开发表学术论文50篇,其中以第一单位和第一作者发表的SCI/EI期刊论文7篇,CSCD论文5篇;申请知识产权18项,授权19项,出版学术著作3部,获北京联合大学学术著作出版基金1项。

2015年,智能交通工程学科教师共主持承担纵向科研项目6项,其中B1类2项,B2类1项,C1类3项。参与承担的国家级项目2项。学科教师承担企业横向合作项目2项,到账经费15万。公开发表学术期刊论文13篇,学术会议论文10篇,其中A类学术期刊论文3篇、B类学术期刊论文4篇、C类论文4篇、普通期刊论文4篇。申请国家知识产权8项,其中发明专利1项,实用新型专利4项,软件著作权登记3项;2015年国家授权发明专利2项;出版学术著作2部。学科教师指导的硕士研究生共发表期刊论文6篇,其中C刊1篇;普通期刊论文4篇,EI会议收录论文1篇。

自动化学院配合校科研处举办2015年科技工作会,在学校科技大会后以多种方式组织学习会议精神、征求相关文件建议,围绕"十三五"如何建设应用型精品学院和开展应用型科研进行专题讨论。

(张益农　张兆莉)

【实验室建设】 截至2015年12月31日,实践教学中心共计有17个实验室,使用面积1665平方米,一个创新创业中心,设备总数3300多件,总值3700多万元。专职实验老师10名。

电力拖动控制实验室投入建设经费150万元,购买直流调速系统实验挂件13套,QET电机控制装置8套,QUARC开发版软件8套,交互式、分布式仿真支撑平台软件、电网仿真软件、35kV电站仿真软件、10kV电站仿真软件、多媒体培训系统软件、教员与学员系统软件各一套,计算机60台。实验设备和软件购置,进一步完善了电力拖动控制系统、电机与拖动、供电技术等课程的实践条件,能够使学生完全自主完成从初始方案策划论证到最终软硬件设计实现的全过程,融汇虚拟设计、机械组装、软件设计、电气控制多种技术环节,内容丰富,教学效率高。

嵌入式系统实验室无偿获赠南通国芯微电子有限公司提供的STC可仿真1T 8051单片机实验箱45套。嵌入式系统实验室的实验设备台套数和种类增加,拓宽了学生的工程实践环境,丰富了学生的工程实践内容。

物流工程实验室建设仓储沙盘仿真系统,使用率高,满足物流装备自动控制系统设计、物流装备自动控制技术、物流工程、现代物流装备等课程的实验、课程设计及综合实践,并为相关科研课题和大学生物流设计大赛、全国大学生服务外包创新创业大赛等学生竞赛提供服务。物流信息技术实验室采购了V-WE仓储设备与设施教学实训系统、多方法建模仿真软件、物联网多网技术综合教学开发平台,更换了所有计算机。

交通工程实验室新建轨道交通CBTC列控系统,此系统包括计算机连锁系统、点式应答器系统、计轴系统三个子系统,支持城市轨道交通概论、轨道交通信号基础设备、列车运行控制系统、交通工程专业综合训练《城市轨道交通通信信号》课程设计和毕业设计等课程实践教学。

(刘彦彬)

【交流合作】 学院十分重视学生的出国出境交流学习,积极创造条件和大力宣传,及时传递出国学习交流机会,督促学生申报出国出境学习。

2015年,学院和台湾"建国科技大学"、台湾"龙华科技大学"和台湾"彰化师范大学"建立了校际联系,向学校申报了2016年学生出国出境短期交流学习计划。2015年,自动化学院学生短期出国交流学习的人数为2人,分布在台湾"龙华科技大学"1人,台湾"中原大学"1人。

2015年,物流系赵立新老师2015年3月15日至9月10日在美国宾夕法尼亚州西切斯特大学做访问学者。

(冷冰)

【学生工作】 为配合学校完全学分制改革,书院制建设随之应运而生。书院制建设以育人为目的,旨在加强不同专业不同学院的融合,是学生综合素质提高的有效途径。

加强学风建设,开展学专融合及学业辅导活动,进一步提高学院学生的学习积极性、主动性。经过一年的努力,2015年自动化学院毕业生国内考研率名列全校之首。

以优秀典型带动学风,开展争优创先活动。以先进人物、先进事迹感召学生,鞭策学生,促进学先进、赶先进、当先进良好氛围的形成。2015年学校表彰的9个校长特别奖中,学院学生团队获得3项,占全校项目的1/3,极大提高了同学们开展创新创业活动的信心和勇气。

加强学生党建工作,把支部建在项目上,成立自动化学院创新党支部,组织开展各种科技竞赛活动,打造学习型、创新型和服务型工科人才,发挥学生党员的先锋模范作用。2015年,学院2013级学生党支部获得校级"十佳学生党支部",学生党员团队获得"我与联大共奋进"最佳宣讲团团队称号。

努力提高学生工作管理水平。学工办被评为校级基层党支部和十佳党支部及校级征兵先进单位,1名辅导员被评为校级十佳辅导员,4名辅导员评为暑假社会实践优秀指导教师。2015年自动化学院有1名辅导员在核心期刊发表文章,1名辅导员成功申报校级课题。1名辅导员顺利通过博士论文答辩,辅导员学历层次再上台阶。

(孟秀霞 冯玮)

【党群工作】 截至2015年12月,学院教职工党员60人,占教职工总人数的68%,教职工党支部6个,学生党总支1个。全院学生1422人,学生党员85人,占学生总数的5.9%。

自动化学院领导班子按照《北京联合大学关于在处级以上领导干部中开展"三严三实"专题教育的实施方案》(京联发〔2015〕29号),多次专题研究和学习,制定学院的相关方案,按部就班,既不走过多的形式,又注重扎实的内容,明确提出各个环节的要求,力争在实际工作中显现效果,制定了学习研讨原则:坚持自主探究学,学原文读原著;坚持专家引领学,多视角深挖掘;坚持交流研讨学,重交流促提升。坚持从查摆自身问题入手在教育实践活动整治"四风"问题的基础上,进一步查找"不严不实"问题,做到边学边查边改。2015年,学院深入开展"三严三实"活动,按要求完成"三严三实"各个阶段的不同任务,圆满完成2015年的整改目标。

2015年11—12月,学院领导班子与分管部门负责同志、一线教师谈心谈话,通过群众提、自己找、上级点、互相帮的方式征求意见,深入了解一线教职工教师的所想、所思、所需,虚心接受教职工的批评与建议,共总结提炼出包括学院"十三五"定位、落实意识形态、班子建设等9个整改项目。

学院加强基层党组织制度建设,"三会一课"、党务公开制度,党员管理制度等逐渐完善。《中国共产党发展党员工作细则》出台后,学院多次召开专题培训会,保证操作中能熟知细则,支部书记按照细则发展党员。学院定期公开党费使用情况,党建经费使用情况。

学院党委丛森等老师完成的《北京地区学习、服务、创新型党组织建设调研报告》获得北京市思想政治工作研究会第26届"丹柯杯"优秀研究成果三等奖,其中高蕾获得北京高校青年教师社会调研项目二等奖。

学院党委获得校级教职工宣传思想政治工作特色项目三等奖。自动化学院推荐的"军人的力量"和"西门子大赛团队"获得校第四届"我与联大共奋进"宣讲活动"最佳宣讲团队"称号。

(范维)

管理学院

【概况】
学院英文名称:Management College
学院网址:http://glxy.buu.edu.cn
院党委书记:杨积堂;常务副院长:陶秋燕。

管理学院成立于2002年4月,2015年设有教学系3个:金融与会计系、工商管理系、信息管理与电子商务系;校级研究所3个:北京中小企业研究中心、创新企业财务管理研究所、首都经济与发展研究所;院级研究机构6个:创业管理研究所、人力资源开发与管理研究所、服务科学与管理研究所、会计信息及应用研究中心、文化创意产业研究院、低碳经济与研究所;校级重点学科1个:企业管理学;校级重点建设学科1个:金融学;市级实验教学示范中心2个:经济管理实验教学中心、市级现代服务业人才培养创新实践基地;国家级特色专业建设点1个:金融学;北京市专业综合改革试点1个:金融学;校级骨干专业3个:金融学、工商管理、电子商务;校级骨干建设专业1个:信息管理与信息系统;学院设有硕士学位授予学科点1个:工商管理学;本科专业6个:金融学、工商管理、电子商务、信息管理与信息系统、会计学、财务管理。

教职工128人,其中专任教师95人。专任教师中,具有正高级职称11人、副高级职称42人、中级职称42。

2015年,学院在校党委和行政的领导下,深入贯彻落实党的十八届三中全会、四中、五中全会精神及习近平总书记系列讲话精神和"四个全面"战略布局重要论述,深刻理解把握首都"四个中心"定位和京津冀协同发展国家战略大势,启动开展"三严三实"专题教育活动,不断深化学院党风廉政建设和领导干部作风建设,认真做好"十二五"收官工作,科学谋划"十三五"时期改革和发展规划。

学院秉承学校办学宗旨,落实三大发展战略,落实与台北科技大学(管理学院)的全面对接工作,以人才培养为核心,深入推进实施"教学卓越计划""学生成长计划""科研创新计划""教师发展计划"和"开放合作计划",构建政产学研合作网络,持续推动学院内涵发展,提升教学科研水平及学院影响力。

(陈浩)

【队伍建设】 开展师资队伍建设,促进教师专业化发展

贯彻落实"人才强校"计划,全力做好师资培养各项工作。在充分发挥学科、专业负责人作用的同时,学院采取各种措施从政策和经费上保障教学和科研的梯队建设,积极培养教学和科研后备骨干,充分调动年轻教师教学和科研的积极性,为年轻教师的深造进修创造各种便利条件,促进教师的全面发展。结合学科专业建设需要开展师资培训,通过安排教师参加境内外研修、访学等各种形式,助力教师不断提高教学科研水平,提升创新能力。通过专题培训,提高辅导员、管理人员工作能力和科研能力。本年度,学院2名教师获得学术型硕士生导师资格,3名教师考取博士,3名教师获得博士学位。10名教师获双师素质教师资格。

积极开展高层次领军人才引进工作,完成王永贵特聘教授工作站建设相关工作。完成1名教授、1名辅导员、2名青年教师引进工作,并开展2016年人才引进前期申报准备工作。完成5名客座教授聘任工作。

进一步完善学院教职工考核激励机制,修订并完善了学院2015年岗位聘任奖励津贴分配办法,顺利完成年度奖励津贴分配工作,充分发挥奖励津贴在建立以绩效考核为核心的新型分配制度中的作用,促进学院教学、科研、管理、服务工作全面提升。制定教职工2015年度考核工作细则。

开展2015年专业技术职务晋升聘任相关工作。经学院专业技术职务晋升学科组和聘委会审议,完成副教授及以下专业技术职务晋升评议工作。1名教师晋升教授,4名教师晋升副教授,1名教师晋升高级实验师。

做好人事管理各项工作,全力保障教师基本权益。平稳有序完成生物化学工程学院会计学专业14名教师的接收工作。

(谭兵)

【学科建设与研究生工作】 分类推进学科建设,优化学科布局,以创新创业、企业成长、科技融资等若干特色方向为基础,进一步提升学科的学术影响力与社会知名度。以京津冀协同发展为契机,培育科技文化融合、低碳经济与管理、资源环境管理等新的学科方向,成立低碳经济与管理研究所。

硕士点建设取得新进展,在原企业管理学、会计学硕士点基础上,新增金融学专硕、职业技术教育专硕(财经商贸方向)硕士点。完成工商管理一级学科硕士点评估报告的撰写和数据整理等各项工作。

全力做好企业管理、会计学学术型硕士、金融学专业硕士的研究生教育。修订研究生2015版培养方案,举办第二届研究生学术创新论坛,着力培养研究生的科研创新能力。组织研究生赴香港浸会大学、莫斯科人文大学进行暑期实践,开拓研究生的国际视野。加强校内外宣传工作,拓宽校际之间合作,探索建立研究生生源基地,组织完成2016年研究生招生报名工作。获批"职业教育硕士(财经商贸方向)培养方案制定"项目。本年度,学院企业管理学科首届10位毕业生(含4名国际生)顺利毕业并获得管理学硕士学位。

(陈浩)

【人才培养】 在人才培养方面,推进"基于个性化发展的实践创新型人才培养模式"研究与实践。借鉴台北科技大学连接实务产业的办学经验和做法,进行顶层设计,深化"经管类应用性本科人才模式创新实验区"的各项工作,重点开展专业特色、课程建设、实践教学项目改革。

开展北京市工商管理专业群协作建设工作,与相关院校广泛开展专业研究与交流。开展专业建设与评估工作、进行工商管理(影视制片管理)实验班改革、开展会计学和财务管理专业"最后一公里"课程项目建设、开展电子商务(信息管理与数据分析)新专业方向建设、完成与对外经贸大学(国际商学院)会计学"双培计划"项目建设、共同开展国际注册管理会计师(CMA)项目认证与培训工作、组织学生赴北京科技大学实施学期访学。继续做好面向全校的金融学、会计学"双一辅"专业教学,为学生个性化发展提供坚实平台。

完成2015版专业培养方案和课程教学大纲的制(修)订工作,设计经管类人才能力构成与课程体系,以"课内与课外相结合、课堂教学与网络教学结合、目标与过程结合"为主要内容,推进新生研讨课、创新创意思维训练等课程建设,专业必修课程实施3+X考核管理办法,开展案例教学、任务驱动等教学模式改革。

开展基于云平台的经管类实验教学模式改革研究和基于物联网的实验教学中心智能运行管理研究,获批北京市级示范性现代服务业校内人才培养创新实践基地,开展"企业创新育成国家级虚拟仿真实验教学中心"的建设与申报工作。制定《北京联合大学管理学院创新创业教育实施方案》,构建创新创业教育培训孵化系统,建成蜂巢创意空间。完善相关课程学分替代、导师制等院级教学管理文件和教学运行管理流程。

本年度获批市级教育教学改革项目1项,校级教学成果一等奖1项和二等奖1项,校级校外人才培养基地项目2项,校级教学改革项目8项,校级合作规划教材2部,校级视频公开课2项,全国微课比赛二等奖

3项及三等奖3项,校级中青年执教能力比赛二等奖1项,校级青年基本功比赛三等奖1项,校级优秀毕业设计(论文)24项。

(陈浩)

【招生就业工作】 2015年毕业学生828人,其中本科生800人,成人教育学生28人。招生788人,其中本科生744人、成人教育学生44人。学院有学生2500人,其中本科生2380人、成人教育学生120人。

学院搭建"校企合作-阳光就业"平台,积极开拓就业市场,加强与对口企业的合作交流,召开就业基地建设研讨会,与13家合作企业就校企合作建立就业基地、人才培养需求等进行探讨,组织专题中小型招聘会。加强就业指导和服务,聘请业内专家举办关于就业能力提升及培养、职业规划等相关方面的讲座,举办"职为你来"第二届模拟招聘大赛,为学生开展职业测试、面试技巧讲座等,提升学生就业意识、就业技巧和就业能力。2015届毕业生就业率排名全校第二,学院获得就业先进集体荣誉称号。

全力做好学生管理和服务各项工作。完成2015年毕业生教育和迎新工作。开展大学生心理健康教育,优化学生心理品质。做好特殊群体的教育管理与资助工作,深化资助育人工程。

(谭兵)

【科研工作】 以学校科技大会为契机,举办学院"十二五"科研成果展,举办人文社会科学学术创新高峰论坛、文献阅读与研究设计报告会、创新创业与跨境电子商务的未来报告会和科技大会管理学院分论坛等系列学术活动。开展科研项目管理培训,加强科研项目过程管理、结项管理和成果转化,引导教师有效运用成果及扩大成果的社会影响力。

细化科研项目培育,聘请校内外专家对教师进行有针对性的辅导,使科研团队的梯队成员递进开展孵化、培育、提升,优化项目申报目标和层级,使项目申报更具实效。

本年度,学院获批市级社科基金重点项目1项、市级社科基金一般项目3项、市级哲学社会规划基地项目1项、教育部人文社会科学研究项目1项、市级教育规划项目2项,朝阳区科委协同创新项目2项,朝阳区组织部人才创新项目1项,校级新起点项目5项,校级出版资助项目2项。

营造学术氛围,定期举办学术讲座,开展"研究方法"专题系列讲座,举办16场学术讲座,以提高教师运用研究方法的能力,提升教师科研创新能力。与对外经贸大学公共管理学院共同举办"国际文化企业管理"国际研讨会。

(谭兵)

【实验室建设】 实验教学中心继续进行实验教学资源建设,成立虚拟仿真实验项目开发建设小组,校企合作开发8个虚拟仿真实验项目。

中心协助专业教师带领学生设计、改造607实验室,建成学生创新活动"蜂巢创意空间",学生创新团队入驻并开展创新创意和创业活动。11月17日,学校首家校企共建创业学院——北京联合大学东软创业学院"蜂巢"创意空间签约暨揭牌仪式在2号楼小剧场隆重举行,这是继4月9日共建"北京联合大学东软创业学院"后,双方在创新创业合作上的又一个里程碑。

对综实楼6层楼道和中心各实验室进行文化环境建设,在楼道中建设管理思想史文化长廊、校企合作铭牌墙、学生创新活动展示窗、产业园区仿真体验区等;在各实验室内部,创设特色鲜明的专业知识环境。

5月27日,管理学院在综实楼A1105召开虚拟仿真实验中心实践项目建设第二次专题研讨会,副院长杨冰、董焱,各系主任、本科专业主任、实验教学中心教师参会。会议由董焱副院长主持。

(陈晨)

【校企合作】 深化与现有合作企业的合作内容,拓展新的合作伙伴。与东软控股有限公司共建"北京联合大学东软创业学院",主办"创新创业人才培养模式及服务机制"研讨会,签约创建"蜂巢"创意空间,共同打造大学生创新创业研究与服务基地。与慈文传媒集团继续在人才培养、科学研究、社会服务合作引向深入。与瑞斯福高科技有限公司的合作取得了实质性进展,双方合作开展的"企业招聘培训、绩效薪酬管理咨询与研究"项目已取得良好成效。与中国中小企业协会纳税人公众服务平台、中关村科技园石景山管委会、"北京商务网"、北京蓝天嘉诚科技有限公司、中国标准化研究院、敦煌网等企事业单位建立了新的合作关系。

(谭兵)

【交流合作】 继续开展境外交流合作。与莫斯科人文大学达成合作办学协议,同时继续深化与香港浸会大学、爱尔兰阿斯隆理工大学、西苏格兰大学、荷兰格罗宁根大学、西切斯特大学、加州州立大学弗雷斯诺分校合作。暑期组织近百名学生前往香港浸会大学、莫斯科人文大学开展专业实习,拓展学生国际视野。本年度学院学生出境交流深造155人,教师出访24人。

召开"管理学院2014年出访教师成果汇报交流会",通过出访教师的学术经验交流,加快出访教师的成果转化,开阔了全院教职工的视野,为学院更好做好国际合作交流工作奠定了基础。印发《国际合作交流服务手册》,完成外事服务系统开发工作,方便教师和学生出国手续办理,提高工作效率和服务水平。

(谭兵)

【学生工作】 开展学风建设,推动学生综合素质养成及实践创新能力提升。

在"基于个性化发展的实践创新型人才培养模式"的整体框架下,以学生为中心,以能力提升为主线,构建学院"全员育人"个性化发展的成长辅导体系。

落实文明课堂建设行动计划,推进书院制试点工作,以"我的班级我的家"创建活动为载体,不断加强班级的班风、学风和文化建设,构建学风建设长效机制,提升学生学习效能。开展"学长面对面"等个性化辅导和学业辅导,大力开展评优表彰活动,积极营造学风建设的良好氛围,深入开展学风建设工作。

以学生党团建设为推手,大力培养青年学生践行中国精神与核心价值观的积极性和主动性。整体设计学生专业社团工作,搭建学生实践活动平台,通过开展"四进四信"、一二·九歌唱大赛、纪念抗战胜利70周年知识竞赛、新生辩论赛、创意集市等主题活动,组织学生开展各类文体活动,搭建学生综合素质育成平台。在新生运动会上,学院获团体总分第一名、田径团体总分第一名、群体项目团体总分第二名及精神文明奖的好成绩。

推进学专融合,搭建基于学生个性化发展的科技创新活动平台,加强项目培育和孵化,提升学生科创活动的成果水平。在"挑战杯"大学生课外科技作品竞赛活动中,学院推荐17件作品参加校级评优,最终有4件获二等奖、5件获三等奖,学院获得校级团体铜奖,1件作品被推荐进入首都挑战杯决赛。推进2015年"启明星"大学生科技创新项目,学院2015年获批"启明星"科技立项52项,资助经费额度超过20万元。2016年"启明星"科技立项申报42项。组织学生参加第六届全国企业竞争模拟大赛,获得全国特等奖第一名。在第二届全英文案例大赛中,学院代表队获得三等奖。在校级程序设计竞赛,学院有4支队伍获得三等奖。在学校第三届电子商务竞赛中,学院获一等奖队伍2个、二等奖3个、三等奖6个。在校级数学建模竞赛中,学院获得三等奖3个。

在暑期社会实践活动中,学院获得学校"社会实践先进单位""社会实践调研成果先进单位"荣誉称号,社会实践成果获校级优秀指导教师2人、十佳个人1人、先进个人4人、优秀团队7队、优秀成果10份。有1个团队获推荐首都大学生暑期社会实践优秀团队、5项成果获推首都大学生暑期社会实践优秀成果,获推首都大学生暑期社会实践先进个人。

开展学生创新创业教育培训与孵化工作,探索学生创新能力育成体系。组织5支学生创业团队参加北京市中心企业服务平台主办的"创业庙会"项目路演。遴选第一批创业工作坊入驻团队,带领团队负责人及管理团队成员赴四川成都3所高校参观学习交流,4名教师参加东软集团创新创业高校共建联盟主办的教师培训项目,并获得证书。以蜂巢创意空间为载体,面向全校学生,开展了创业沙龙系列活动、蜂巢创业生存挑战赛等系列以创新创业为主题的活动,逐步理顺了学院创新创业管理方式,搭建了学生管理团队,揭牌成立了校企合作创业孵化平台——蜂巢创意空间,目前已入驻5支孵化团队。蜂巢入驻团队队长获得"首都挑战杯创客达人秀青年演说家"冠军。师生共同参加"盛京创业高峰论坛",2支团队参与项目路演,展示学院创新创业教育成果。

(谭兵)

【党建工作】 深化领导干部作风建设,加强基层组织建设,营造学院事业发展的良好环境

开展党的群众路线教育实践活动整改方案落实情况专项检查,确保整改措施落实到位。延伸开展领导干部"三严三实"专题教育活动,不断深化领导干部作风建设,查找制约学院发展和领导干部成长的问题和不足,制定并切实落实整改方案,以推进学院健康有序发展。

开展学院党委换届选举各项筹备工作,完成推荐党委委员候选人预备人选工作。以党委换届为契机,学院党委认真梳理任期内各项工作,结合学院制定"十三五"发展规划工作,总结经验,查找不足,科学筹谋,不断加强组织建设,科学引领学院各项工作。

加强基层组织建设,以党支部为单位开展"党辉照我心"主题演讲、国防知识教育等主题教育活动,加强党员教育管理工作。搭建"党员先锋工程"共建活动平台,学生党支部开展红色1+1共建活动,推进学生党支部与农村、社区等党支部结对共建,获得党员先锋工程活动三等奖。1个支部获学校"十佳党支部"创建资格。全面贯彻落实《党员发展细则》,做好业余党校工作,不断提高党员发展质量,本年度学院发展青年学生党员84人。开展党内评优表彰工作,在教工支部和教工党员中评选院级先进基层党组织2个、优秀共产党员10名、优秀党务工作者2名,获评校级先进基层党组织1个、优秀共产党员2名、优秀党务工作者1名;在学生支部和学生党员中开展十佳学生党员和十佳党支部评选活动。

在全院持续开展党风廉政建设工作。贯彻落实学院党风廉政建设和反腐败任务分工,强化领导干部"一岗双责"机制落实,坚持执行处级干部请假报备制度和重大事项报告制度,切实贯彻落实"八项规定",自觉接受全院教职工的民主监督。不断加强师生党风廉政建设教育,加强经费使用的过程管理和监督,防范廉政风险,全力预防违反财经纪律现象及腐败行为发生。

推进"平安校园"创建,落实网格化管理,落实敏感期维稳各项任务,做好安全台账,及时化解、稳控和清除突出问题苗头和重大隐患,维护校园的安全稳定。

(谭兵)

【管理工作】 完成学校第四届教代会暨工会会员代表大会换届选举工作,开展学校三届五次"双代会"提案征集工作。召开学院三届四次教职工代表暨工会会员代表大会,审议通过学院2015年奖励津贴分配发放办法,保障教职工民主监督权力的实施,维护教职工的合法权益。

制定学院各项经费分配方案,做好预算、执行、决算、监督审查工作,认真贯彻经费管理制度,科学、有效地完成了学院2015年各项经费预算的执行工作。根据学校总体部署,完成国有资产清查、审计工作。

继续做好学院宣传工作,营造学院"宜教宜学"的文化环境。开展学院网站建设完善工作,更新和充实网页内容,完成教师个人网页制作。拓展外媒工作取得进展,外媒宣传12篇,提升了学院知名度。继续做好学院宣传工作,编辑印发《信息》188期、《简报》11期,校新闻网采稿72篇。组织师生参加第四届"我与联大共奋进"宣讲活动,教师团队获得最佳演讲团队奖,学生团队获得优秀演讲团队奖。

开展工会建家工作,实施健康幸福工程。继续开展十送温暖服务,积极开展有利于丰富广大教职工业余生活的各项活动。教师积极参与学校文体活动,获得庆祝建校37(成立30)周年暨纪念抗战胜利70周年广场舞大赛二等奖,教工厨艺大赛"铜勺奖",5名教职工获学校摄影、书法比赛奖。

完成2014年档案归档工作,全院共归档119卷,档案工作进一步规范化。

继续做好远程教育学习中心各项教学管理和服务工作。

(谭兵)

特殊教育学院

【概况】
学院英文名称:Special Education College
学院网址:http://sec.buu.edu.cn
院党委书记:滕祥东;常务副院长:汪明骏(主持工作,任职至2015年7月)。

2015年,学院设有教学系3个:特殊教育系、应用技术系、医学与音乐系。校级研究所1个:北京联合大学特殊教育研究所。北京市重点建设学科1个:特殊教育学。校级重点学科1个:特殊教育学。北京市级特色专业1个:特殊教育。校级骨干专业1个:特殊教育。学院设有硕士学位授予学科点3个,分别是:软件工程(信息无障碍辅助技术,学术型)、临床医学(中医,针灸推拿学,专业型)、教育学(特殊教育,专业型)。本科专业7个:特殊教育、学前教育、视觉传达设计(听力残疾生)、计算机科学与技术(听力残疾生)、针灸推拿学(视力残疾生)、音乐学(视力残疾生)。高职专业3个:视觉传达艺术设计(听力残疾生)、计算机应用技术(听力残疾生)、园林技术(听力残疾生)。

学院占地面积58亩,总建筑面积约46698平方米,其中:综合楼21000平方米、实验楼4379平方米、食堂风雨操场等3525平方米、学生宿舍11769平方米、北院东楼6025平方米。图书馆有藏书11万册。

截至2015年12月31日,学院在校生1087人,其中硕士研究生14人,本科生851人,专科生222人。本年度毕业学生251人,结业学生0人,其中健全生110人,残疾学生141人,本科生167人,专科生84人。

截至2015年10月31日,学院应届毕业生就业人数251人,就业率98.4%,其中,健全生110人,就业人数108人,就业率97.7%;残疾生141人,就业人数139人,就业率98.5%。

2015年全日制本专科招生人数331人,其中健全生159人,听力残疾生132人,视力残疾生40人。2015年研究生招生人数9人,其中视力残疾学生4人。

2015年普通高考录取线:本科理科495分、文科528分。

为了进一步加强学院领导班子建设,校党委对院班子进行了调整。11月29日和12月4日,分别在校本部和学院召开干部宣布大会,宣布校党委的干部任免决定,吕淑惠同志任学院副书记兼副院长;李承锋同志任学院党委副书记;任伟宁同志任学院副院长。汪明骏同志不再担任学院常务副院长,李印伟同志不再担任学院副院长。

学院积极改善办学环境,在各方的努力和配合下,根据上级资源整合安排,北京市丰台区职业教育中心学校方庄中心校区西校区划并入蒲黄榆校区,校园面积增加约20亩,建筑面积增加约1万平方米。

(李芳 郝传萍 王文明 边丽)

【机构设置】 学院设置综合办公室(与院工会合署)、教学科研办公室和学生工作办公室(与院团委合署)3个管理部门;特殊教育系、应用技术系和医学与音乐系3个教学部门;实践教学中心、资源中心(含文献室)和特殊教育中心3个教学辅助部门;特殊教育研究所。

(葛明明)

【人才队伍】 至2015年底,学院有教职工(含聘用人员)95人,其中学院领导5人,综合办公室(与院工会合署)6人,教学科研办公室6人,学生工作办公室(与院团委合署)8人,特殊教育系15人,应用技术系26人,医学与音乐系13人,北京市特殊教育中心5人(含聘用人员1人),资源中心(含文献室)4人,实践教学中心5人(含聘用人员1人),流动人员1人;其中专职教师51人,教授5人,副教授19人;其中具有博士学位的教师13人,具有硕士学位的教师35人。

本年度新进教师2人,其中博士1人,硕士1人。顺利完成2015年专业技术职务晋升聘任工作,晋升副高级专业技术职务4人,中级专业技术职务3人。

搭建平台为教师服务,成立学院教师发展中心,组织教师技能拓展训练,支持教师的专业化发展,为教师职业生涯规划进行指导。

聘请大连理工大学博士生导师尹宝才教授为特聘教授,立项了手语—汉语双语教学沟通无障碍支撑平台专项建设项目。2015年"人才强校计划人才资助项目"获批1人。推荐2011至2015学年度校级优秀教师2人、优秀教育工作者1人,推荐国内访学3人,推荐"交通银行特教园丁奖"1人。

有针对性地开展符合特殊教育教学特点的手语和盲文培训。开展新任课和新进教师的手语盲文培训,举行教师手语比赛,进一步提升了教师的特殊教育教学技能水平。

(葛明明)

【学科建设】 学院积极探索学科带头人、班主任、导师三位一体的视力残疾人研究生培养管理模式,实行学科带头人负责制并制定了相应的管理实施细则,制定特殊教育和临床医学硕士专业学位培养方案。

在校科研处的支持下,由学院推荐,经过5月8日校科学指导工作委员会会议讨论并表决通过,《中国特殊教育》增补为学校文科类权威期刊(B刊)。

特殊教育学、教育(特殊教育)、中医(针灸推拿)、信息无障碍辅助技术通过学校2015年学科建设评估。

教育(特殊教育)和中医(针灸推拿)首次招生,教育(特殊教育)招收4名研究生,中医(针灸推拿)招收4名研究生。

组织完成教育(特殊教育)和中医(针灸推拿)培养方案的编制工作,首次组织校内与校外导师的遴选工作,遴选校内导师7人,校外导师6人。

信息无障碍辅助技术专业第一届毕业生刘辉同学顺利通过毕业答辩,在深圳市信息无障碍研究会参加工作,担任测试助理。

(郝传萍)

【教学工作】 学院以制修订2015版培养方案为契机,进一步推进专业建设,提升特殊教育教学质量,做好学院研究生、本专科和成人教育单考单招的工作。学院持续推进无障碍教学资源建设,取得了阶段性的成果。

学院完成2015版培养方案制修订工作和教育康复学新专业第二学期的课程大纲和课程简介。根据特殊教育特点开展教学质量深化建设,提升教师特殊教育技能和水平。结合北京市教师资格考试改革的大背景,组织了师范生教学技能大赛,提高师范生的实践能力。组织学院各本科专业评估工作,有效提升专业水平。梳理了学院"十二五"教学品质提升计划实施情况,为谋划学院"十三五"教学改革做好准备。

2015年立项校级教育教学改革重点项目1项,一般项目2项,青年项目3项,2015版培养方案委托项目3项。立项高职课程建设项目2项。

各项学科竞赛成果显著。获2015年"挑战杯"全国大学生课外学术科技作品竞赛国家级三等奖1项,市级一等奖1项,创造了学院在"挑战杯"竞赛中的最好成绩;获2015年全国大学生广告艺术大赛市级三等奖1项;获2014年北京市大学生物理实验竞赛市级一等奖1项,二等奖1项;在中韩国际管乐大赛中,1名学生获金奖和竞赛评委会特别奖;获2015年中国国际钢琴艺术节"伯牙奖"全国总决赛青年组一等奖1项,广西区决赛青年组一等奖1项;获第七届全国特教学校学生艺术会演一等奖1项,二等奖1项,三等奖1项。在学院与东方医院共同组织的推拿手法大赛中,1名学生获一等奖。学院还积极组织学生参加学校举办的各类学科竞赛11项,共计获一等奖38人次,二等奖27人次,三等奖51人次。

(祝平 李珍)

【成人教育】 2015年学院成人高等教育招生录取共计214名,其中教育学专升本5人;针灸推拿学专升本87人;艺术设计专升本4人;针灸推拿高起专118人;

2015年学院成人高等教育毕业生共计199名,其中教育学专升本10人;艺术设计专升本2人;针灸推拿学专升本61人;计算机网络技术高起专12人;艺术设计高起专20人;针灸推拿94人。

2015年学院成人高等教育毕业生授予学位10人,其中教育学授予学位2人;针灸推拿学授予学位5人;教育学补授学位3人。

(李珍)

【科研工作】 本年度学院立项多项高水平科研课题。立项国家社科基金项目子课题1项,北京市哲学社会科学基金项目1项,北京市教育科学规划项目1项,北京市教委项目2项、校级科研教研项目19项,横向课题7项。知识产权成果6项,专著15部,钟经华教授的国家社科重大课题《汉语盲文语料库建设研究》获学校2015年科技工作会"十大突出贡献奖"。1人获得校级学术出版基金资助3万元。

学院搭建高水平合作研究平台,手语、盲文两大研究领域取得新的突破,完善了我国手语、盲文语言学理论。继国家社科基金重大项目汉语盲文语料库建设课题成果被纳入国家四部委的发布《国家手语和盲文规范化行动计划(2016—2020年)》后,获批同清华大学合作申请国家社科基金项目子课题《中国手语空间隐喻加工神经机制的ERP研究》,在聋人手语隐喻研究领域完善了手语语言学理论。

国家语委、中国残联"十二五"重大科研项目"国家通用盲文标准"课题于12月29日通过鉴定。课题组研制出的标调省写方案实现了读音准确并省时省方。该项成果具有较高的学术价值和应用价值。

(郝传萍)

【实验室建设】 2015年,根据学院部署,由人才培养定额专项项目、特色亮点项目、彩票公益金专项等项目资金支持五百余万元,新建基于手语研究的教学无障碍支持平台实训室、盲文无障碍支持技术实验室、特殊儿童测量实验室、音乐学电钢琴室及录音棚5个实验实训室,对计算机网络实训室、摄影摄像实训室、听觉言语康复实验室及针灸推拿实验室等实验室中的教学科研仪器设备进行补充,对针灸推拿专业实践教学基地及音乐学实践教学基地进行环境改造,更换机房及语音教室电脑163台,开发"无障碍教学资源平台"并进行了配套资源库建设,保障教学工作的正常进行。

(张琳)

【实训基地建设】 学院2015年新建3个实践教学基地,分别是园林专业景山学校、音乐学专业陈燕新乐钢琴调律有限责任公司和针灸推拿学专业济南按摩医院实践教学基地。

(李珍)

【交流合作】 2015年,先后接待日本筑波科技大学、韩国拿撒勒大学和俄罗斯莫斯科市立师范大学师生团组来访交流,与台湾东华大学建立了合作交流。

2015年,学院选派1名学生赴台湾地区参加学期交换生项目,接收3名台湾地区交换生来学院学习,并派出12名学生前往美国高立德大学参加聋人文化与交流课程学习项目。共有4个教师团组出访国外院校,接待美国高立德大学师生"探索中国古建和语言中聋人空间法则"学习交流团队和日本筑波技术大学师生及韩国拿撒勒大学国际交流合作处来访人员,巩固并加深与3所院校的合作与交流,为继续开拓学院师生对外交流的新模式奠定了基础。

与台湾东华大学、俄罗斯莫斯科市立师范大学(特殊教育与综合康复学院)建立联系。

(史阳)

【学生工作】 学院以扎实推进社会主义核心价值观教育为主线开展各项活动。落实学院培育和践行社会主义核心价值观实施方案,通过开展各类主题活动,将社会主义核心价值观教育纳入新生入学教育,深入到支部、班级、社团等各项学生活动中。制定了中国精神实施方案,将中国精神深入到班级、网络和学生活动,并评选出院级品牌活动、示范活动和优秀活动。

在学生培养方面,学院进一步完善了学专融合工作模式,明确了一个目标、二个建设、四个制度、七个机制、八个平台的工作格局,在学生管理实践中为全面构建残健融合的学生德育工作体系做出了有益探索。项目成果《高校残健融合学生德育工作体系的建构》获得学校2013—2014年度党建和思想政治工作优秀成果二等奖。

3月16日,为了更好地服务残疾大学生,成立了学生事务服务中心,建立了学生事务中心微信平台。实施了学风建设和文明课堂行动计划,覆盖全体在校学生。

11月16日,学院成立融合书院,大力探索书院制改革,全面提升学生综合素质。书院聘请朴永馨为融合书院院长。书院设立管理委员会办公室、发展辅导中心、文化活动中心、环境育人中心等机构,出台了《北京联合大学特殊教育学院融合书院实施方案》,各机构按照工作职责与计划积极开展工作,聘请了4位学生成长导师,举办了3次大型讲座,5次小型创业讲座,将书院育人工作落到实处。

学院在学生支部建设和班级建设中成绩卓越。12月,特殊教育系和应用技术系联合学生党支部在2015年北京高校红色"1+1"示范活动中获得市级三等奖、校级一等奖,刷新了学院这项工作的最好成绩。计算机科学与技术1301B班获得北京高校"十佳示范班集体"称号,这是学校首次获此殊荣,也是学校班集体建设在市级平台上首次获得最高荣誉,这项工作的成绩实现了历史性的突破。

学院重视学生心理工作。心理情景剧《用心起舞》获2015年首都大学生心理情景剧大赛一等奖;健全生和听力残疾学生合作拍摄的微电影《心·声》获2015年首都大学生心理健康节微电影大赛一等奖。心理定向越野"奔跑吧!青春"获2015年首都大学生心理健康节心理定向越野大赛二等奖。心理微绘本"爱的说明书"2人获2015年首都大学生心理健康节心理微绘本大赛二等奖。学生工作办公室获校2015年心理健康节突出贡献奖。

学院进一步开拓学生就业市场,扎实做好就业工作。与陈燕新乐钢琴调律有限责任公司签约成立了北京联合大学第一个校级盲人大学生就业基地。

(陆忠华)

【共青团工作】 团委组织志愿者参加各项活动,提高社会服务能力,组织参加"健康新青年—七彩阳光嘉年华"东城共青团纪念五四运动96周年主题活动纪念

"五四运动"主题活动、为北京市盲人学校学生运动会提供全程服务、为市少年宫"读书联盟"等活动提供志愿服务等。积极推进区域化团建,与东铁匠营街道共同开展活动,共同开展"情暖重阳·幸福久久"与社区老人共度重阳等活动。

整合学院"特教社联""特教科协""特教团委"三大微信平台,积极推动学院"青春特教"微信平台建设。

在2015年韩国首尔世界盲人运动会上,学院视力残疾大学生孙乐作为中国女子盲人门球队主力出战,获得亚军。2015年全国第九届残疾人运动会暨第六届特奥会上,在以学院学生为主的参赛队伍中,男子、女子盲人门球队分别获得第三名。

残疾人大学生艺术团再创佳绩。在第七届北京市特教学校学生艺术会演中,学院残疾人大学生艺术团的舞蹈《骏马鸿雁》和《星空幻想曲》分获表演奖(舞蹈类)一等奖和二等奖,《星空幻想曲》获得创作奖;古典舞《飞天》获得全国第七届特教学校文艺会演舞蹈类三等奖。

学院举办了第二十五个"全国助残日"暨北京联合大学残疾人大学生艺术团成立五周年文艺演出活动。中国残联教育就业部副主任李东梅、北京市残联党组成员李树华、北京市青少年艺术服务中心主任刘柄全、北京瑞斯福高新科技股份有限公司董事长邹怀森、北京陈燕新乐钢琴调律有限责任公司总经理、学院优秀校友陈燕、丰台区东铁匠营街道办事处团工委副书记刘霞,校党委副书记付晨光、周志成,副校长张连城、校职能部门负责人、学院院领导、各学院团委书记及200多名师生出席活动。活动中,学院聘请北京瑞斯福高新科技有限公司邹怀森董事长作为学院客座教授和学生成长导师,接受该公司为残疾人大学生艺术团捐助的款项5万元。学院优秀校友代表陈燕返校参加活动并为学院捐赠了她的3部个人著作。

编撰印制了画册《筑梦·飞天》,记录了残疾人大学生艺术团5年发展的轨迹与成绩。

(宋雪瑞 赵磊)

【党建工作】 截至12月31日,学院有党员125人,其中教职工党员53人,学生党员72人,正式党员99人,预备党员26人。按照学院年度党员发展计划,完成了学院党员发展工作。学院2015年共发展学生党员26名,其中健全生12名,残疾生14名。

学院深入开展"三严三实"专题教育活动。学院处级干部围绕三个专题从6月15日至10月26日期间开展集中学习13次。集体参加校党委组织的理论中心组"三严三实"专题学习。围绕三个专题开展学习交流研讨。10月26日,召开专题学习李小凡先进事迹交流会。学院党委书记滕祥东同志在学院处级干部、综合办公室、学生工作办公室、教学科研办公室范围内讲党课;党委副书记吕淑惠同志在分管工作范围内讲党课。

开展2013—2015年度先进基层党组织、优秀共产党员、优秀党务工作者的评选活动,学生办公室党支部、实践教学中心党支部获得校级先进基层组织。1名同志获得校级优秀共产党员称号,1名同志获得校级优秀党务工作者称号,5名同志获得院级优秀共产党员称号,5名同志获得院级优秀党务工作者称号。

7月8日,学院召开庆祝建党94周年暨表彰座谈会,院党委书记滕祥东、副书记吕淑惠、各部门负责人、党支部书记和受表彰人员参加座谈。

10月14日,召开学生党建工作培训会。院党委副书记吕淑惠、学生工作办公室相关人员、全体学生党支部书记参加了会议。培训会对《特殊教育学院学生党员发展工作管理办法》进行了解读,就学生党员发展流程向与会者做了培训。

为巩固"纪念中国人民抗日战争暨世界反法西斯战争胜利70周年"活动成果,10月23日,学院党委组织教职工观看红色教育电影《百团大战》。11月7日,组织全体党员到焦庄户地道战遗址纪念馆参观学习,接受爱国主义教育和爱国主义教育。

(华京生)

【宣传工作】 学院以大力宣传党的十八届三中、四中、五中全会为主线,加强对校园网和宣传阵地的建设。通过在校新闻网上宣传、展示学院师生的优秀事迹和作品,进一步完善了学院师资队伍及学术成果的宣传工作。学院外网全年共发布院内新闻319条,学校新闻网采用200条,外媒报道17篇,视频报道3次。

为扎实推进培育和践行社会主义核心价值观,学院制定了相关实施细则文件,组织相关部门制定了具体落实方案。邀请学校其他学院的教师为全院教职工进行了"我与联大共奋进"主题宣讲。组织应用技术系教工党支部参加校第四届"我与联大共奋进"宣讲活动。积极开展弘扬和传承特教精神的原创文化活动,收集了特教故事、歌曲、音乐剧、微电影和剧本等师生原创作品,并组织了小型汇报演出。

制作完成了学院宣传片。

(史阳)

【工会工作】 加强民主管理,学院工会组织召开了北京联合大学特殊教育学院第二届教代会、工代会八次、九次、十次会议,审议通过了《北京联合大学特殊教育学院2015年奖励津贴发放方案》。

10月23日经前期各工会小组推荐、学院党委与工会审核后,按照民主程序召开全院教职工大会,差额选举出北京联合大学第四届双代会代表7名。

继续开展教职工健康幸福工程。学院工会积极开展十送温暖、节日慰问，主动关心患病教职工，举办了幼儿保健按摩讲座、教职工扑克牌比赛、组织教职工观看电影等活动。学院承办的书法协会被评为优秀协会，学院工会被评为优秀协会承办单位。

（马学军）

【管理服务】 在京津冀一体化发展的新背景下，学院审时度势，积极研判，牵头整合京津冀特殊教育资源，协同三地相关高校、残联等部门，创新性开展工作，在京津冀特殊教育协同创新工程建设上取得新突破。完成了京津冀残疾人教育与服务协同创新中心实施方案的申报论证，组织召开了2015年京津冀特殊教育研讨会，聚焦协同创新的总目标，开展了北京、河北、天津"特殊教育教师能力提升"的系统培训。学院进一步整合京津冀特殊教育资源，凸显了学院在社会服务方面的优势与辐射作用，推动京津冀特殊教育得到发展与提升，有效提升和扩大了学院的社会影响力。

中国残联第六届主席团副主席、党组书记、执行理事会理事长鲁勇，办公厅主任杨代泽，教育就业部主任张新龙、副主任李东梅，北京市残联党组成员李树华、北京市残联盲人按摩指导中心主任李雪梅、北京市青少年艺术服务中心主任刘柄全、北京瑞斯福高新科技股份有限公司董事长邹怀森等上级单位领导、国内外大学、科研机构、企业单位及社会团体来学院调研交流二十余次，学院接待重要来访嘉宾达百余人次。

加强制度建设，规范管理流程。在各个方面提升科学管理水平和管理效能。编制印刷了学院简介，建立了学院信息化发布平台，更新改造了学院多功能厅、培训教室、会议室的多媒体设施，提升了学院办公信息化水平。学院本年度制定了相关制度文件十余个，对学院的教学研究工作、学专融合教育模式、书院制、研究生管理、因公出国（境）管理、残疾人大学生艺术团管理、绩效工资分配等方面的工作进一步加强了制度规范。

进一步夯实校园安全工作，打造平安校园。组织了2015级新生消防演习与消防知识培训活动，校区近400名师生参加了活动，进一步增强了师生的消防意识。在敏感期和突出节点力抓安全，保障了校园的安全稳定。

5月23日，由中国残联教育就业部主办，学院承办的《国家中长期教育改革和发展纲要（2010—2020年）》"特殊教育"中期评估专家组第二次全体会议在学校召开。中国残疾人联合会副理事长程凯、中国残联教就部张新龙主任、李东梅副主任以及来自中国盲协、聋协、智协、精协、肢协主席及北京师范大学、华东师范大学等院校的特殊教育专家近30人参加会议，学院党委书记滕祥东和许家成教授作为专家参加了会议。会议期间，中残联副理事长程凯等与校党委书记徐永利、副校长黄先开、鲍泓进行了座谈，并参观了李德毅院士团队研发的无人驾驶电动汽车和无人机的现场演示。

9月9日上午，由中国残联、教育部、交通银行主办，学院承办的"2015年交通银行特教园丁奖颁奖大会"在学院举行。全国人大常委、中国残联副主席、中国残疾人福利基金会理事长王乃坤，交通银行党委副书记、监事长宋曙光，教育部特殊教育办公室副主任姜瑾，中国残联副理事长程凯及校党委书记韩宪洲、副校长张连城等领导出席会议。会议由副理事长程凯主持，学院200余名师生参加了会议。

（李芳　边丽）

【资源中心、文献室工作】 资源中心做好教育教学的无障碍支持，为2015年参加高考盲生的试卷翻译工作，为学院单考单招做好盲文试卷的翻译和印制工作。完成了课堂通用手语演示视频和汉语盲文自学软件的制作，为教师搭建了盲文手语自主学习支持平台。

2015年文献室订阅中文期刊20种、外文期刊21种。收集学生近6年毕业论文，为建立特色资源库提供素材。整理完成2015年度特殊教育大事记，为师生及时了解中央和地方政府有关特殊教育的政策和活动、国内特殊教育高等院校的发展动态提供了帮助。

（阎嘉　朱琳）

【中国高等教育学会特殊教育研究分会工作】 7月28日，中国高等教育学会特殊教育研究分会在学院召开2015年常务理事会工作会议，研究分会理事长方俊明，名誉理事长朴永馨，副理事长张代治、王怀彬，秘书长滕祥东，副秘书长刘志敏、孟繁玲、田寅生参加会议。会议听取了研究分会2015年上半年的工作汇报，对特殊教育学校盲、聋、培智三类学校课程标准的评审工作、学会组织建设、研究分会设立监事、2015年学术年会主题和研究方向、"十三五"高等教育科学研究课题选题推荐等事项进行了研讨。研究分会各工作小组汇报了上半年开展工作情况和下半年的工作计划和具体安排。

11月12—14日，中国高等教育学会特殊教育研究分会2015年学术年会在南京隆重举行，来自全国23个省份、自治区和直辖市，60多个高等院校的200多名专家学者和研究生参加。年会由中国高等教育学会特殊教育研究分会主办，南京特殊教育师范学院承办，共举办2个主论坛和4个分论坛，涵盖5个主报告和22个分论坛报告。

（华京生）

【北京市特殊教育中心工作】 2015年，北京市特殊教育中心积极推进融合教育,制定北京市示范性融合教育学校标准及随班就读学校课堂教学评价体系指标,并以此为标准对全市7个区域的31所普通中小学进行督导。开展特殊支持教育中心建设与发展研讨会,引领北京市各区开展融合教育支持保障体系的研讨,深入区县重点推进了丰台区、怀柔区、石景山区建立起特殊支持教育中心。对2014年北京市投资新建的100间资源教室的学校进行了全员培训和专门指导,编制《新建资源教室评估指导意见》,抽样评估验收全市15个区县的21所普通学校的资源教室,进一步加强资源教室运作的规范性和专业性。与北京市残联合作探索以政府购买非教育类资源配备的运行途径与方法策略,目前已在6个区县进行试点。

北京市特教中心联合各区县教委和全市特教学校调研摸底北京市自闭症儿童教育服务保障情况。形成了北京市《优化自闭症儿童教育服务保障问题的论证报告》,并做出优化北京市自闭症儿童教育服务支持体系的政策推动。

2015年扩展至包含特殊教育管理干部、特殊教育康复教师、巡回指导教师、资源教师以及针对自闭症儿童有效的专业方法如:音乐治疗、行为功能介入、动作教育治疗等专业性培训项目,在全市设置4个培训实践基地,达成研训一体的培训模式,培训教师近1040人次。同时,还开展特教学校教师基本功展示活动,促进首都特殊教育教师的专业化发展。组织开展2015年特殊教育优秀论文案例评选活动,在区县评选的基础上推选出541篇参评案例及论文。搭建骨干力量成长的平台,有效提高了特教教师整体素质和专业化水平。

2015年继续整合北京市融合教育和特殊教育学校的骨干力量,形成多专业发展的态势。依托专业研究项目对融合教育课堂支持策略、资源教室个案研究、手语与盲文研究、个别化教育计划、教育与康复结合及职业教育等6个专项进行实践研究,全年共开展了19次市级专题教学研讨活动。为各区县培养特教教研员近140人,切实推进北京市特殊教育教学教研水平的提升。

(孙颖)

【残联调研】 5月29日,中国残联第六届主席团副主席、党组书记、执行理事会理事长鲁勇、办公厅主任杨代泽、教育就业部主任张新龙、副主任李东梅等一行6人来学院调研指导工作。校长卢振洋、副校长张连城及校相关职能部门领导、学院全体领导班子参加调研座谈会。鲁勇书记一行听取了张连城副校长关于学院整体校园建设规划及学院滕祥东书记和许家成教授所做的学院残疾大学毕业生就业情况及京津冀特殊教育协同创新中心建设方案的汇报,对学院的发展建设思路给予充分肯定,并表示会全力支持。会上,卢振洋校长表示,学校要把特教学院办成一个代表国家形象的、标志国家经济发展水平的、体现国家社会进步的、具有国际水准的、高层次、高质量的特殊教育学院,应举全校之力支持特教学院的发展,为残疾大学生提供更好的受教育条件。鲁勇书记指出,时值国家中长期教育改革和发展纲要中期评估和"十三五"规划编制的重要时期,特教学院作为北京市唯一一所开展残疾人高等教育的高校,具有天时地利的优势,应该充分利用资源,加快发展,目前在特殊教育领域还有很多空白点,特殊教育学院应该抓住机会抢占制高点,填补空白,为顶层设计提供支撑。

(李芳 边丽)

【学生文体竞赛获奖】

北京联合大学特殊教育学院2015年学生参加文体活动获奖名单

名称	获奖等级	获奖学生	授奖单位
全国第七届特教学校文艺汇演	舞蹈类三等奖	残疾人大学生艺术团	中国残疾人联合会
北京市第七届特教学校文艺汇演	表演奖(舞蹈类)一等奖	残疾人大学生艺术团	中国残疾人联合会
	表演奖(舞蹈类)二等奖	残疾人大学生艺术团	
中韩国际管乐大赛	单簧管演奏评委会特别奖	郭万成	韩国管乐协会
	演奏金奖	郭万成	
中国国际钢琴艺术节"伯牙奖"	青年组一等奖	提璇	中国钢琴学会
2015年全国第九届残疾人运动会暨第六届特奥会	男子盲人门球第三名	石雨 翁帝成	
	女子盲人门球第三名	孙乐 张慧雯 张冉	
2015年韩国首尔世界盲人运动会	女子盲人门球第二名	孙乐(为队员之一)	

广告学院

【概况】 学院英文名称：Advertising College
学院网址：http://adc.buu.edu.cn
院党委书记：高玉培（任职至2015年3月），张祖明（自2015年4月任职）；院长：张旗。

广告学院位于北京市昌平区石牌坊南，是一所面向文化创意产业培养艺术与传媒人才的学院，近年来向社会输送了近万名专业人才。2015年有在校生1497人。学院设有"数字艺术"二级学科硕士点，数字媒体艺术、绘画和表演3个艺术类本科专业，广告学、网络与新媒体2个文科类本科专业。建有新媒体创意中心、数字艺术实验中心、影视训练中心、广告运营实训中心、工艺美术（非遗）实验中心等设施完备的现代化实验基地。

学院长期坚持面向市场需求、立足行业的办学方向，已和首都广告、影视、设计、新媒体和工艺美术等行业开展了全方位合作。在人才培养过程中充分体现了市场需求和行业参与。学院与70多家文创企业签订了合作协议，建立了10多个校外实习基地，为学生提供了充分的实践和就业机会。

学院注重个性化的人才培养理念，针对学生需求采取模块化的教学体系、导师制和创业基金扶持，为学生提供了全方位的个性化服务。近两年学院学生300余人次在全国大学生广告大赛、俄罗斯国际大学生广告节、时报广告金犊奖、"怀柔杯"国际大学生广告节等比赛中获奖，其中国际金奖及国家级奖项30余人次。

学院推行国际化的办学模式，与美国、加拿大、英国、韩国等国家及中国台湾、香港地区的多所大学建立了良好的学术研究以及学生交流培养机制，通过多种渠道输送学生出国深造。

经过多年的发展，学院已经成为一所具有鲜明学科特色和专业优势的广告艺术学院。拥有一支由校内专家和行业专家组成的高水平的师资队伍，形成复合型、创新型与应用型的人才培养特色，办学水平获得政府、企业、社会的广泛认可，社会美誉度不断提高。

（王丹）

【机构设置】 学院设有教学部门4个：广告系、设计系、美术系、表演系；校级院管科研机构2个：广告研究所、文化创意创新研究中心（手工艺研究院）；教辅及职能科室4个：综合办、教科办、学工办、实践教学中心（兼多媒体教室管理）。

（王丹）

【人才队伍】 截至2015年底，全院正式在编教职工共86人，专任教师66人，其中教授2人，占专任教师的3%，副教授18人，占专任教师的27.3%，博士14人，占专任教师的21.2%。

2015年，广告学院顺利完成人才引进、教师培训、人才强教、人才强校、职称聘任、教师资格认定和双师认定等工作。2015年在不断加强人才队伍建设，新进博士研究生3人充实到教师队伍中。2015年，有2人晋升为副教授专业技术职务，2人晋升为讲师专业技术职务，2人晋升为助理研究员专业技术职务。4名教师参加国内访学项目，1名教师在国内教师发展基地培训进修。

（史桂林）

【学科建设】 2015年，经国务院学位委员会批准，学校成为教育硕士（职业技术教育）专业学位研究生试点单位，广告学院获批成为"职业技术教育"领域下"文化艺术"方向的培养单位。所属学科门类为教育学，学科代码为045100，培养方式为专业型。该培养方向的学术带头人为张旗。

（丁莎）

【教学工作】 2015年，广告学院共开设5个本科专业、3个专升本专业，在校生1497人，其中本科1304，专升本155，高职生8。在校教务处的统一部署下，完成2015版普通本科及专升本专业培养方案的修订工作，完成2015年本科专业校内评估工作。

学院深化创新创业教育改革，组织申报并成功获批北京市示范性艺术类校内创新实践基地项目。申报了9门专题新生研讨课。

重视校企合作育人模式，组织申报歌华集团文创人才发展中心、神州数码"智慧城市创新中心"2个校外人才培养基地，均获批为校级校外人才培养基地；组织申报北京市教委"实培计划"项目，获批毕业设计项目2项；组织完成2015届毕业设计相关工作，获得校级优秀本科毕业设计（论文）27项；组织申报并获批第六届高等职业教育学生实践能力提升训练计划1项；组织开展名师讲座14次。

学院重视师资队伍建设，不断促进教师提升执教能力水平。在北京高校第九届青年教师教学基本功比赛（文史组B组）中，戴文俊获得一等奖，在全市35名选手中排名第4；组织广告学院第四届教学优秀奖评选工作，推荐周筱真、戴文俊、吕林雪三位教师参加校第四届教学优秀奖评选活动；组织教师参加第二届全国高校微课教学比赛，徐明磊获市级二等奖；周筱真、刘欢、苏高峰三等奖。

组织学生参加各级各类学科竞赛活动,提升学生的创新实践能力。组织学生参加第七届全国大学生广告艺术大赛,获得国家级二等奖2项、三等奖1项;北京分赛区金奖3项、银奖5项、铜奖15项,取得历史最好水平;参加第十二届"北京礼物"旅游商品设计创意大赛,获得优秀奖1名。北京市西城区非物质文化遗产时尚创意设计大赛中,由学生潘宇辰同学设计并利用传统结构方法制作的《京剧盔头纸模型》获得本次大赛的唯一金奖。

广告学院承办北京联合大学大学生广告艺术大赛、表演艺术大赛两项目校级学科竞赛,2015年度组织学生参加动漫大赛、广告大赛、"红黄蓝杯"影像大赛、表演艺术大赛、书法大赛、英语演讲比赛等6项校级学科竞赛项目,共获奖111项。

2015年学院将各专业教学成果以汇报和展览形式展示。表演系三台话剧《全家福》、《油漆未干》、《尘埃落定》以及播音主持的综合汇报《花开有声》在学院以及学校共演出14场;设计系举办2015届毕业生作品展、2014级学生矍底下写生采风作品展、第三届"联大剪纸"学生作品展;美术系举办2015年学生作品展、《设计素描》课程成果展。

(杨沛)

【科研工作】 学院组织申报国家社科基金项目、教育部人文社科项目、北京市社会科学基金项目、北京市教育规划课题、北京市教委科研计划项目及校级各类纵向项目,共立项12项,其中国家级项目4项、省部级项目4项、校级项目4项。横向项目共立项7项,到账经费30.1万元。立项项目详情见本分目附表条目"北京联合大学广告学院2015年立项项目一览表"

(丁莎)

【交流合作】 学院的对外交流以学习和考察调研为主。2月27日至3月25日,教师楚天赴葡萄牙参加"中国青年设计师驻厂四季计划"专业学习活动27天。4月14—17日,教师王竹宝带领4名学生赴俄罗斯莫斯科人文大学参加"第17届国际学生广告节活动"。6月21日至6月27日,教师夏航参加校教务处赴台湾朝阳科技大学团组(教务处牛爱芳带队共9人),学习考察教学品保制度、教学卓越计划、创新创意创业教育。8月24日至9月4日,教师刘畅、邹加倪带领表演系28名学生赴台湾艺术大学参加"2015暑期戏剧研习班"12天。11月23—27日,院领导张旗、丁超赴加拿大圣力嘉学院,学习研究加拿大职业技术教育体系、课程体系改革、职业教育院校与产业的关系等,体验圣力嘉学院的实践教学设施和环境对数字媒体艺术专业建设的影响。12月7日至12月21日,教师刘楠参加校人事处赴德国BBW教育集团团组参加专业教师培训15天。

(丁莎)

【学生工作】 广告学院学生工作以服务校院中心工作为重点,以提升学生德育工作效应为核心,围绕学生的思想教育、学风建设、学生党建、共青团组织建设、学生事务管理与教学五个方面开展。

3月,学院开展"上好第一节课"学风建设活动,组织勤工助学的学生开展学风督查活动,加强监督和管理上课迟到、吃零食、玩手机等现象。学院举办第四期双馨学堂学生骨干培训班。

4月,学院调研书院制育人模式,组织学生座谈会,进行书院设计规划、院名院徽征集等工作;开展"我的班级我的家"创建活动,通过重点班级的"建家"培育工作,推动学院整体班风、学风建设。

5月,广告学院举办第二届"励志歌曲大家唱"合唱比赛;展开征兵工作,11名学生应征入伍,14名士兵退伍复学;完成13个新生班军事理论课教学任务组织及考试工作。

6月,组织2015届优秀毕业生评选工作,通过组织答辩会、组织推荐、个人自荐,学生在校综合表现几个方面考察,最终评选出市级优秀毕业生27人,校级优秀毕业生72人,院级优秀毕业生21人。

6月至7月,组织学生开展中国人民抗日战争胜利70周年历史题材连环画创作实践活动。

9月,开展迎新及新生入学教育工作。

10月,学院组织评奖评优工作,评选出校级奖励:先进班集体4个、三好学生32人、优秀学生干部12人、特等奖学金2人、一等奖学金8人、二等奖学金91人、三等奖学金182人、优良学风班6个、学风建设先进个人39人;院级奖励:先进班集体7个、三好学生59人、优秀学生干部38人。同月,在全校新生运动会上,广告学院获得精神文明奖第二名和群体项目团体总分第三名。

11月,在全校啦啦操比赛中,学院获得花球组第三名和健美操有氧踏板操第三名;组织参加学校2015年秋季定向竞赛并获团体一等奖。

12月,在全校"联大华音"合唱比赛中广告学院首获冠军。

广告学院2015届毕业生有534人,依据北京高校就业平台数据,截至10月29日有531名毕业生落实就业去向,占99.44%。

(张奕 何侃侃)

【党群工作】 学院党委下设11个党支部,其中6个教工党支部(机关党支部、学生工作办公室党支部、广告系教工党支部、设计系教工党支部、美术系教工党支部、表演系教工党支部),5个学生党支部(广告系学生党支部、设计系学生第一党支部、设计系学生第二党支部、美术系学生党支部、表演系学生党支部）。

截至2015年12月31日，全院党员共174人，其中正式党员125人，预备党员49人，学生党员118人，教工党员56人。2015年，共发展学生预备党员43人，教工预备党员4人，培养入党积极分子198人。

2015年，学院党委组织开展多项党员活动。4月13日，组织第15期入党积极分子培训班，共48学时，40人通过考试。4月至12月开展党员先锋工程，65名非毕业班党员参加，开展"党员先锋工程"布置会、"十佳党员"宣讲会、党员服务日、党员宿舍挂牌活动、公示学生党员承诺书、党员责任岗上岗服务、党员1帮多等活动，组织先锋骨干赴焦庄户地道战参观学习，以及学生赴红栌山庄进行党员培训教育等活动。围绕协调推进"四个全面"战略布局，开展"三严三实"专题教育活动，组织开展"学法纪、见行动、国法党纪在心中"主题党日活动，组织全体党员集体观看纪录片《小官巨腐》，6月，组织全体教工党员聆听校党委书记结合学院工作实际和党员干部思想实际讲的廉洁党课——"严明党的政治纪律和政治规矩，提高遵纪守规意识"。为组织召开向李小凡同志学习活动，结合学习活动挖掘身边优秀教师典型，邀请设计系教师王竹宝、美术系教师戴文俊交流经验。并组织全体教工观看《"严"与"实"的坚守——记北京大学中文系李小凡老师》纪录片。组织学办党支部于11月14日至15日赴南京开展支部活动，学院机关支部和美术系教工党支部于12月4日至5日赴台儿庄大战纪念馆参观学习，以追忆革命历史，接受爱国主义教育和革命传统教育。开展"党员献爱心"活动，75名党员、14名入党积极分子、5名群众和1名民主党派参与，共捐款9043元，所得款项捐给向北京市赠2868元，捐给学校教职工爱心互助基金会6175元。

在5个学生党支部开展红色"1＋1"支部共建活动，表演系学生党支部与中共雁翅镇苇子水村党支部进行共建，广告系学生党支部与昌平区流村镇新建村党支部进行共建，美术系学生党支部与北京市西城区广外街道红居南街社区党委进行共建，设计系第一党支部与北京印刷学院2014级研究生党支部进行共建，设计系第二党支部与北京市昌平区西关社区居民委员会进行共建。美术系学生党支部获得校级红色"1＋1"示范活动二等奖、设计系学生第一和第二党支部、广告系学生党支部、表演系学生党支部分别获得校级三等奖。美术系学生党支部获得北京市红色"1＋1"示范活动三等奖。设计系学生第一党支部和第二党支部获得"学习型十佳党支部"称号。

开展师德师风专题教育活动，印制教师学习材料汇编，收录《教育部关于建立健全高校师德建设长效机制的意见》（教师〔2015〕10号）、《严禁教师违规收受学生及家长礼品礼金等行为的规定》（教监〔2014〕4号）师德建设以及习近平总书记在与北师大师生座谈上提出的"四有"好教师标准等文件。

学院工会下设五个工会小组（分别是机关工会小组、广告系工会小组、设计系工会小组、表演系工会小组、美术系工会小组），有正式会员87名，院编会员2名，聘用制人员1名。10月，按照学校进行第四届"双代会"换届选举工作的要求，院工会以工会小组为单位依照民主程序，自下而上提名推荐，最终召开全体会员大会差额选出6名教工行使代表职责。落实学校十送温暖活动，按季度为教职工送上生日祝福，为8名子女入学的教职工送上助学关爱，为2名父亲去世的教职工送上慰问，为1名退休的教职工送上纪念，为1名残疾教工送上温暖。

（王丹　李梓昕　王莹）

【附表】

北京联合大学广告学院2015年立项项目一览表

序号	项目级别	项目类别	项目名称	负责人
1	国家社科基金（艺术学）	一般项目	北京人民艺术剧院演出史研究	罗琦
2	国家社科基金（艺术学）	青年项目	中国公共艺术发展史研究	武定宇
3	国家艺术基金	舞台艺术创作资助项目小型舞台剧（节）目和作品	独幕剧《菩提青蛇》	刘畅
4	国家艺术基金	青年艺术创作人才资助项目	雕塑创作《历史的造就与自觉的使命——抗日战争时期的人民艺术家》	武定宇
5	教育部人文社科项目	一般项目	河南卫视"梨园春"栏目20年间传承中原文化及产业化研究	王彦霞
6	教育部人文社科项目	一般项目	中国当代工艺美术品牌化发展现状及创新策略研究	王丹谊
7	教育部人文社科项目	青年项目	海上丝绸之路与华人"中国"认同——以东南亚妈祖造像为中心的研究	王芊

续表

序号	项目级别	项目类别	项目名称	负责人
8	北京社科基金	第六批重大项目	北京民间工艺美术史	张旗
9	校级科研项目	新起点计划项目	白马藏族傩舞装饰图形艺术特征研究与应用设计	邓亚楠
10	校级科研项目	新起点计划项目	基于社区与网络的设计创新实践研究	刘锐
11	校级科研项目	教育规划课题	凸显行业特色的表演专业"三重螺旋"实践教学体系构建与研究	王彦霞
12	校级科研项目	教育规划课题	移动微视频时代表演专业教学模式的创新与实践研究	刘畅

(丁莎)

应用科技学院

【概况】

学院英文名称：College of Applied Science and Technology

学院网址：http://yykj.buu.edu.cn

院党委书记：潘宏波；院长：齐再前。

2015年，应用科技学院设有教学系部5个：经济管理系、电子信息系、外语系、媒体艺术设计系和公共基础部；院级研究机构1个：新媒体技术研究中心1个。开设本科（专升本）专业2个：电子信息工程（专科起点）、计算机科学与技术（专科起点）。2015年，招生888人，其中本科（专升本）生160人、高职高专生728人。在校生2812人，其中本科（专升本）生271人、高职高专生2541人。本年毕业学生1313人，其中本科（专升本）生157人、高职高专生1156人。

教职工131人，其中专任教师111人。专任教师中，具有高级职称43人、中级职称及以下68人。

(张晓华)

【人才队伍】 学院有高级职称教师43人，占全院教师总数的38.74%；有中级及以下职称教师68人，占全院教师总数的61.26%。学院教师年龄情况：50岁以上20人，占全院教师总数的18.02%；36—49岁为60人，占全院教师总数54.05%；35岁以下青年教师31人，占全院教师总数的27.93%。学院教师学历情况：博士（含在读）22人，占19.82%；硕士（含在读）88人，占79.28%；本科11人，占9.9%。其中经济管理系教师中具有高级职称者17人，具有中级及以下职称者13人，有博士（含在读）6人，硕士22人，35岁以下青年教师8人；电子信息系教师中具有高级职称者6人，具有中级及以下职称者9人，有博士（含在读）11人，硕士11人，35岁以下青年教师4人；媒体艺术设计系教师中具有高级职称者2人，具有中级及以下职称者11人，有博士（含在读）4人，硕士11人，35岁以下青年教师3人；外语系教师中具有高级职称者10人，具有中级及以下职称者21人，有博士（含在读）1人，硕士26人，35岁以下青年教师9人；公共基础部教师中具有高级职称者4人，具有中级及以下职称者6人，有博士（含在读）0人，硕士8人，35岁以下青年教师1人；教学科研办公室教师中具有中级及以下职称者2人，硕士1人，35岁以下青年教师0人。学生工作办公室教师中具有中级及以下职称者7人，硕士8人，35岁以下青年教师6人。

(李珊)

【学科建设】 2015年8月，获得教育部批准，成为教育硕士（职业技术教育）专业学位研究生教育试点单位，是我国首批职业技术教育专业学位硕士点，是在京高校仅有的具有职业技术教育专业学位授予资格的两所高校之一。10月，建立校级研究所"电子商务行业与教育研究所"。

2015年职业技术教育专业领域课题成果有：2015年教育部重点课题"基于产业链、教育链融合的职业教育区域合作机制创新研究"（DJA150256）黄毓慧；2015年教育部青年课题立项"现代学徒制中利益相关者收益分配机制研究"（EJA150379），赵玮。

2015年职业技术教育专业领域著作成果有：李宇红.职业教育分级制研究-职业教育分级教学体系构建研究，中国财富出版社，2015；李慧凤.高端技术技能人才培养理论与实践研究，中国财富出版社，2015；李慧凤.北京区域经济发展与职业教育，中国财富出版社，2015；田建敏.高等职业教育教师专业化成长路径研究，中国财富出版社，2015；

(李琳)

【研究生工作】 2015年，学院首次招收移动商务专业硕士研究生2名（工商管理学科）。同年，移动商务学科从工商管理学科转移调至软件工程，并将于2016年起面向新的招生对象招生。

11月，学院启动2016年职业技术教育专业硕士研究生招生工作,培养财经商贸、信息技术、旅游服务、交通运输、文化艺术五个领域的职业教育师资。面向全国职业院校发放460份招生宣传资料,面向全国100余家企业发放招生信息,并利用新媒体(微信)进行宣传,同时学院领导和相关老师都深入参与了整个招生宣传工作,收到了多方报考意向以及院校联合培养意向。最终第一志愿报名人数195人,缴费成功165人。

(李琳)

【教学工作】 学院通过教师发展中心,帮助部分青年教师系统学习并掌握新的教学方式和技能,促进教师实施教学改革和提高教学质量;学院鼓励和支持任课教师指导学生参加学科竞赛,以促进教师专业技能水平的不断提高。在实际教学运行中制订2015版培养方案。2015年学院获得北京市高等学校教学名师奖1项;北京市高层次创新创业人才支持计划教学名师1项;全国高校(高职)微课比赛市级二等奖1项、三等奖2项;校级教学成果奖一、二、三等奖各1项。校级优秀高职毕业综合实践指导老师10名。

学院注重精品课程和教材建设,2015年编写"十二五"职业教育规划教材(国家级)2部[创业实务教程(第二版)、管理学基础与应用];获得12门校级高等职业教育课程立项,其中大类平台课3门,专业核心课3门,特色实践类课6门。

任课老师积极申报教改项目,在研究中不断总结和提高自身素质。2015年共有10个校级教研项目获批立项。1个2015版培养方案委托教育教学研究与改革项目获批立项。

教师指导学生在各级各类学科竞赛中取得好成绩。6名学生获得国家级竞赛三等奖;2名学生获得市级一等奖,6名学生获得市级二等奖,4名学生获得市级三等奖;13名学生获得校级一等奖,37名学生获得校级二等奖,60名学生获得校级三等奖。

(李秋惠)

【科研工作】 2015年,学院组织申报各级各类科研项目16项,累计到账科研经费123.4万元,其中横向课题7项,到账经费68.4万元,纵向课题9项,总到账经费55万元。其中包含全国教育规划课题、北京市教育规划课题、北京市教委科研项目等。

2015年学院获授权专利1项(软件登记),发表著作3部,教职工发表论文68篇,其中CSSCI收录4篇,CSCD收录2篇,北大核心收录5篇,人文社科核心期刊收录2篇,国外核心收录1篇,普通期刊收录1篇,普通论文发表53篇。

(乔劢)

【实训基地建设】 建立实训基地规章制度,规范运行管理流程,建立《实训基地学生管理规定》《实训基地教师管理规定》《实训基地网络安全管理规定》《实验室每课操作卡》《实验室设备状况记录单》《实验室学生登记表》《实验室管理员检查单》,明确系部院三级分工负责制,规定每套电脑设备检查制度,定期维护巡检机房设备,建立维护档案制度,建立值班巡查制度,实施以来得到显著效果。

为每台电脑进行编号管理,建立学生上机登记卡,建立教师实验室日常管理制度,对教师进行实验室管理流程培训,对各系实践管理员进行流程规范培训。每日日常维护,建立早晚值班制度。

完成实验室安全监控系统的安装测试工作,实施实践教学全覆盖监控反馈系统,采用实验室排课系统实现系部自主排课管理。

建设403经管系门店营销综合实训实验室,完成实训基地的固定资产清查整理工作,做到账物相符。

制定设备日常维护与更新制度,做到软件到位、设备到位、网络到位、维修到位,确保实践教学运行稳定和高效。

(李亚利)

【交流合作】 学院共有32名学生出国(境)留学深造。其中,应用科技学院外语系应用西班牙语专业学生赴墨西哥拉萨耶大学和西班牙阿尔卡拉大学深造、及中国台湾龙华科技大学短期交换生项目。

学院在2015年暑期组织媒体艺术系及电子信息系学生共计40名,赴台湾龙华科技大学进行暑期实践活动。组织商务英语专业10名学生,赴美国埃弗里特社区大学进行暑期实践活动。

(乔劢)

【学生工作】 学院学生工作以育人为中心,着力加强学风建设和思想政治教育。2015年,学生工作办公室规范一系列工作流程,使得工作有章可循有据可依有物可查。同时,打造三个平台工作格局,进一步梳理学生管理模式及工作特色,力争工作出特色上水平。

为进一步加强学风建设,学生工作办公室制定学生课堂考勤办法,营造积极健康的学习氛围。开展"我的班级我的家"活动,加强班风建设。发挥朋辈交流的作用,开展"我与学长面对面"活动,充分发挥学生伙伴的作用。召开主题班会及座谈会,营造良好的育人环境。

开展评优表彰,有852名学生和24个班集体获得各类奖项、表彰和荣誉。全年落实助学贷款学生16人,安排勤工助学岗位16个。发放助学金468000元。为解决学生的后顾之忧,积极做好学费缓交、绿色通道、爱心成就未来助学金申报、全院学生贫困认定分级、助学贷款、助学金、爱心超市物品发放等工作,召开2015年暖心工程主题座谈会。

2015年,学生工作办公室重点加强学生理论学习,建立学生党支部学习制度,配备理论学习导师,树立先进表率,发挥先锋模范带头作用。

重视心理健康教育,完成新生心理测评并组织了"5.25心理健康周"活动。积极进行征兵宣传及政策宣讲,学院应征入伍人数再创新高,有26名学生奔赴军营,征兵人数再次位居全校第一。

学院2015届有22个专业32个自然班为毕业生,共1313人,其中北京生源1182人,外地生源131人,本科生157人。截至2015年10月30日签约率为91.09%,就业率为96.65%。学院电子系被评为就业先进集体;殷智红、杨丽珍、郑春伶三位教师被评为就业先进个人。

(刘洋)

【党群工作】 学院有6个党支部,教工党支部、公共基础部党支部、外语系党支部、媒体艺术设计系党支部、经济管理系党支部、电子信息系党总支、电子信息系党总支分为教工党支部、第一学生党支部、第二学生党支部、第三学生党支部。

截至12月,学院有党员214人,其中教工党员97人,学生党员117人,学生预备党员63人,本科学生党员71人,高职学生党员46人。有入党积极分子406人,其中学生406人。本年度发展党员55人,转出63人。学院2015年共计收缴党费64639.1元。

(丁昭青)

国际交流学院

【概况】
学院英文名称:College of International Education
学院网址:http://cie.buu.edu.cn
院党支部书记兼院长:庞明。

2015年,学院共有教职员工23人,其中专任教师15人。学院设有综合办公室、行政办公室、教学科研办公室、教科办等管理部门。综合办公室是学院行政综合办事机构,负责统筹协调、信息枢纽、公文处理、对外联络、留学生招生及签证管理等工作;行政办公室全面负责留学生公寓和外专公寓的管理工作;教学科研办公室负责学院教学运行、教学管理、教学研究、教学质量监控管理等职能;学院教研部负责对外汉语教学工作的规划、组织、实施和检查。包括对外汉语教学的课程设置、教学大纲、教学计划的制定;负责安排课程,保证教学质量的有效落实,教学进度的有序进行。

学院对外汉语教学有语言生、本科生、研究生等多种层次,由学院教研部负责外国留学生的对外汉语教学工作。成绩合格留学生分别获得学校颁发的结业证、毕业证及学位证书。

截至2015年底,学院有在读研究生47人,本科生318人,语言生220人。

(杨晓麟)

【领导分工】 党支部书记、院长庞明:主持学院党政全面工作,全面负责教学、科研、行政管理工作;分管学科建设和专业建设、质量工程、人事、财务,分管党建、组织、统战、纪检监察、信息化建设。

副院长杨亚军(兼,任职至2015年12月21日):分管对外交流合作、留学生招生、教学、科研工作。

副院长吴中平(任职至2015年9月):分管师资队伍建设、负责组织对教师的业务考核及工会等工作。

(杨晓麟)

【教学工作】 学院共有专职教师14名,其中40岁以上教师8名,30—40岁教师6名。拥有博士学位教师4名,硕士学位教师7名。这些教师中具有高级职称的5人,中级职称的9人。为保证教学任务的完成,学院另有外聘教师30余名。

本科生三个专业国际经济与贸易、汉语言(经贸)、汉语言(师范)共开设了49门次专业课程,同时国际经济与贸易专业、汉语言(经贸)四年级的学生在学校管理学院与中国学生一起学习完成了5门次专业课。完成长期语言生15个班次、38门课,短期班学生200余人次的教学任务。本年度汉语言(师范)、汉语言(经贸)、国际经济与贸易专业共有73名本科毕业生。

通过实行级别负责人制,对各课型的教学进度加强管理,对平行班的教学内容统一标准,加强试卷质量检查、集中审卷,从格式到内容进行把关,保证期末试卷规范科学。

语言班在统一教学内容、进度方面虽得到加强和落实,老师紧密合作,各有分工,共享课件。

毕业论文工作从选题、指派指导教师、下达任务书、撰写开题报告、论文中期检查、论文打印、预答辩、正式答辩、优秀论文答辩、二次答辩等各个环节,做到按部就班、有条不紊地开展。

(王天虹)

【科研工作】 2015年刘春宇作为负责人申请到校级教改项目的课题;刘东青老师独立完成一本专著,并且在向学校申请专著出版基金项目;刘婧老师的人才强教课题预计2017年结题,最终将完成一本专著的科研成果。

在学院领导的推动和帮助下,王天虹、刘东青老师加入学校台湾研究所的北京市市级课题。在学校不断提高办学层次的大环境下,教研部的老师充分认识到搞好教学的同时,加强教研、科研工作是教师们始终不能懈怠的重要一环。

(王天虹)

【北京市外国留学生奖学金发放】 北京市教委拨款240万元作为外国留学生奖学金,对学院品学兼优的外国留学生的学费进行资助。学院本着公平、透明的原则,专款专用,对申请奖学金的留学生进行了全面考核,综合留学生一年来的表现,根据学生出勤、平时成绩、期末考试成绩等,评选出获奖留学生313名并发放奖学金。

(金海燕)

【学生活动】 2015年,协助校团委承办以"筑梦'一带一路'——千年丝路远,万里亲缘长"为主题的第五届国际文化展,俄罗斯、吉尔吉斯斯坦、哈萨克斯坦、土库曼斯坦、乌兹别克斯坦、阿塞拜疆、尼泊尔、苏丹、德国、日本、韩国、柬埔寨、泰国、印度尼西亚、埃塞俄比亚、蒙古、墨西哥、巴哈马共18个国家的留学生参与本届文化展的文化展示和国际美食展的展示活动。

2015年4—5月和9—10月举办第三十届和第三十一届外国留学生汉语征文和演讲比赛

3—6月和9—12月与学校学生会国际部合办汉语一对一活动,对提高留学生汉语水平有很大的贡献。

定期与其他学院举办中外学生联欢会,增进中外学生友谊。

2015年春季北京联合大学十一人制足球比赛获得冠军,秋季五人制足球比赛蝉联冠军。

2015年春季北京联合大学学生羽毛球比赛获得第三名。

参加"2015国际友人环昆明湖长走活动",获得最佳组织奖。

就读于国际商务三年级的JEFFREY等三名加纳留学生,组成3D嘻哈组合,凭借口技表演在2015年9月19日CCTV3播出的黄金100秒节目中表现优异,顺利过关。

(金海燕)

【附表】

北京联合大学2015年国际交流学院本科毕业生名单

序号	姓名	国籍	专业
1	欧外兹	土库曼斯坦	国际经济与贸易
2	罗毅	刚果(布)	国际经济与贸易
3	黎德全	越南	国际经济与贸易
4	金纹铉	韩国	国际经济与贸易
5	阮国江	越南	国际经济与贸易
6	美莉娅	蒙古国	国际经济与贸易
7	淇淇格	蒙古国	国际经济与贸易
8	宾巴扎布	蒙古国	国际经济与贸易
9	亚瑟	土库曼斯坦	汉语言文学(经贸方向)
10	玛拉	土库曼斯坦	汉语言文学(经贸方向)
11	李婉如	印度尼西亚	汉语言文学(经贸方向)
12	房怡婉	印度尼西亚	汉语言文学(经贸方向)
13	李乾周	韩国	汉语言文学(经贸方向)
14	李知珉	韩国	汉语言文学(经贸方向)
15	罗相溟	韩国	汉语言文学(经贸方向)
16	杰森	印度尼西亚	汉语言文学(经贸方向)
17	莫汉姆德	土库曼斯坦	汉语言文学(经贸方向)
18	史耀焕	韩国	汉语言文学(经贸方向)
19	金珍达	柬埔寨	国际商务(英文授课)
20	李飞龙	柬埔寨	国际商务(英文授课)
21	努力课	哈萨克斯坦	国际商务(英文授课)
22	卡爱琳	哈萨克斯坦	国际经济与贸易
23	罗雯	刚果(布)	国际经济与贸易
24	卡丽娜	俄罗斯	国际经济与贸易
25	徐菱镁	印尼	汉语言(经贸)
26	李睿炯	韩国	汉语言(经贸)
27	柳大松	韩国	汉语言(经贸)

续表

序号	姓名	国籍	专业
28	史知恩	韩国	汉语言(经贸)
29	郑多美	韩国	汉语言(经贸)
30	刘彬彬	泰国	汉语言文学(师范)
31	宋双灵	泰国	汉语言文学(师范)
32	王季路	泰国	汉语言文学(师范)
33	李伟婷	泰国	汉语言文学(师范)
34	彭嘉媛	泰国	汉语言文学(师范)
35	王佩琳	泰国	汉语言文学(师范)
36	赵玲	泰国	汉语言文学(师范)
37	韩甘皓	泰国	汉语言文学(师范)
38	姚婉荣	泰国	汉语言文学(师范)
39	林佳心	泰国	汉语言文学(师范)
40	张美月	泰国	汉语言文学(师范)
41	刘惠英	泰国	汉语言文学(师范)
42	陈小红	泰国	汉语言文学(师范)
43	曾宁	泰国	汉语言文学(师范)
44	杨艳青	泰国	汉语言文学(师范)
45	张家心	泰国	汉语言文学(师范)
46	王小丽	泰国	汉语言文学(师范)
47	陈惜琴	泰国	汉语言文学(师范)
48	孔洁莹	泰国	汉语言文学(师范)
49	张欣	泰国	汉语言文学(师范)
50	王小莲	泰国	汉语言文学(师范)
51	王仙依	泰国	汉语言文学(师范)
52	月夕	泰国	汉语言文学(师范)
53	孙吉成	泰国	汉语言文学(师范)
54	谢可心	泰国	汉语言文学(师范)
55	苏娅	泰国	汉语言文学(师范)
56	陈晴珍	泰国	汉语言文学(师范)
57	番亦菲	泰国	汉语言文学(师范)
58	朱惠婷	泰国	汉语言文学(师范)
59	黄素香	泰国	汉语言文学(师范)
60	孟薇佳	泰国	汉语言文学(师范)
61	刘雅丽	泰国	汉语言文学(师范)
62	金明	泰国	汉语言文学(师范)
63	王飞龙	泰国	汉语言文学(师范)
64	汪宝琳	泰国	汉语言文学(师范)
65	孟明镐	韩国	汉语言文学
66	郑泰敏	韩国	历史学
67	莉莉	哈萨克斯坦	旅游管理
68	阮辉煌	越南	旅游管理
69	申柳京	朝鲜	酒店管理
70	迪亚娜	俄罗斯	酒店管理
71	洪婷婷	印尼	酒店管理
72	金主成	朝鲜	英语
73	朴珍珠	朝鲜	旅游管理
74	SAULE UTEGENOVA	哈萨克斯坦	新闻学(影视传播)
75	MUSTAFA TAS	土耳其	汉语言文学
76	HAN SEOKMIN	韩国	汉语言文学
77	KIM JISOO	韩国	汉语言文学
78	LEE DAYOUNG	韩国	汉语言文学

(金海燕)

毕业生名录

硕士毕业生名录

一、毕业研究生名单（48人）

考古学（7人）
马万凯　袁波文　王文华　戴青云　李学贝
笪　博　刘　越

专门史（8人）
张红叶　杨勇中　于海霞　王丰收　方圣华
王晶丽　王　鑫　陈苗苗

计算机科学与技术（6人）
刘　伟　闫应伟　谭绍维　舒济世　戈广双
王　雪

软件工程（7人）
王棚飞　张松松　徐　成　李　刚　张璐璐
周宣汝　刘　辉

食品科学与工程（9人）
王　晗　赵艳萌　孔丽娜　吕玉姣　路书彦
冯　莉　赵建元　王晗琦　张　珊

工商管理（11人）
张　强　庞凯斌　赵帅男　刘玲玲　王世公
单　位　吴　平　陆　琦　赵　悦　马国庭
丁　杰

二、获得硕士学位的毕业研究生名单（48人）

历史学硕士（15人）
考古学
马万凯　袁波文　王文华　戴青云　李学贝
笪　博　刘　越
专门史
张红叶　杨勇中　于海霞　王丰收　方圣华
王晶丽　王　鑫　陈苗苗

工学硕士（22人）
计算机科学与技术
刘　伟　闫应伟　谭绍维　舒济世　戈广双
王　雪
软件工程
王棚飞　张松松　徐　成　李　刚　张璐璐
周宣汝　刘　辉
食品科学与工程
王　晗　赵艳萌　孔丽娜　吕玉姣　路书彦
冯　莉　赵建元　王晗琦　张　珊

管理学硕士（11人）
张　强　庞凯斌　赵帅男　刘玲玲　王世公
单　位　吴　平　陆　琦　赵　悦　马国庭
丁　杰

（研究生处提供）

本科毕业生、结业生名录

一、应用文理学院

本科毕业生574人，专升本毕业生185人，本科结业生6人。

法学（本科）
毕业生（84人）

王天朗　程晓萌　苏　毅　陈书智　王　鑫
陈锦文　张建伊　赵紫寒　冯雨薇　赵思蒙
李鑫月　应海月　赵丹阳　张秋怡　李晨迪
石　硕　张相宜　闫博尧　张　澍　张歆雅
张婧怡　高　源　石雨昕　张芳菲　支　媛
陈　振　赵艾一　王　健　白子剑　刘　畅

孟桐宇	刁敬杰	刘 璐	蔡烨莎	陈友进
傅梦吟	刘有池	张宗跃	范哲铭	苏鲁石
杨 茜	孙迪明	赵笑天	张雨虹	韩雪燕
杨 蕊	闫子豪	杨 懿	林 枫	郁 倩
鲍芳芳	张伟臣	许欢欢	刘 鑫	黄晨曦
杨 乔	张思滢	吕可心	林 森	赵南伟
吴秀秀	翟 晨	龙丝雨	安晓琪	陶 金
赵 桢	蔡 京	张海康	周 扬	王馨苹
李 智	倪 铫	李 思	普姝敏	普 杰
刘 瑶	杨德云	黄 可	崔颖旭	解晶童
杨 宇	周卢珊	斯娜措姆	次拉巴姆	

法学(专升本)
毕业生(104 人)

柴林和	赵 强	刘 洋	郭 峰	李 晴
李昱宣	田小斌	田 鹊	张 月	秦 雪
赵新育	郑 帅	冯志龙	王 璐	董亚楠
田思思	李彩霞	刘 冉	赵彬彬	汪亮亮
李 琦	于艳君	陈昶丞	何文仙	刘博学
王 楠	郑超然	许贵亚	刘 丽	秦亚丽
达思琦	武 晴	宋紫峰	徐晓东	张田欣
王雪瑞	韦 天	黄 婷	方 育	辛迎雪
王 敏	赵丽媛	康 旭	王 欣	王玉杰
杨 昭	刘 怡	陆 云	王元会	孙美佳
贾昌昌	马静辉	杜坤泽	侯昭君	孙云霞
腾 松	张春健	常 顿	张悦鹏	刘嘉仪
杨水晶	方 丹	李雪娜	孙 梅	陈晓平
马索贞	张 敏	吕 赛	汤 瑾	付 晨
刘艮凤	袁 丹	邢丽芬	丘茂雪	郑 娜
郭 磊	和盼盼	张莉玲	王帅男	杨春杰
张东升	董 航	陈育婷	李兴壮	孙晓玲
万香雨	张翔华	苗扬丽	尚拉妮	郭凯丽
曹伟行	武玲玉	姚 珊	张留堂	程 柯
白海涛	刘 颖	刘 森	张婉婉	孙嘉仪
方慧君	谷蒙恩	孙 尧	呼延亦琳	

汉语言文学(本科)
毕业生(28 人)

王 超	范宇航	边 畅	刘 金	张墨池
马 捷	宋乐瑶	孙梦楠	牛 睿	禹紫尧
张逸晖	佟 彤	鄂文旭	杜小端	李雨铮
祝钰彤	郑 超	王楚宁	高天宇	王文晶
何 爽	郭 惊	张 京	张 萌	赵梦娟
王颖倩	胡甜月	刘祎雪		

英语(国际商务英语、英美文化)(本科)
毕业生(31 人)

张昕阳	池汸泠	冯 骁	刘耀萱	薛 楠
霍斯嘉	董 旭	张 宁	孔奕康	王安妮
陈乾弘	肖梦涵	徐梦瑶	冯泽文	史蓝瑞
马铭东	岳 毛雪	李雨岑	雷倩琳	
徐梦婷	郑雯琪	赵 悦	雷梦芸	纪 冉
张艳辉	李妮苹	游蕙静	魏文浩	王松菡
张 宇				

新闻学(本科)
毕业生(44 人)

谢 晓	刘 玥	刘亚蕊	吕子伊	李子豪
齐 佳	董潇寒	王思凡	赵晓蒙	赵 耀
王 宸	崔振宇	吴婷婷	侯 霜	李安琪
赵庆乐	赵君一	袁 楚	郭京雪	蔡蔚然
王旻坤	刘 淼	张晓岩	刘嘉惠	胡瑞生
宋琳琳	张羽佳	马 雅	杨 雯	魏 乐
李丹阳	郭晓彤	陈飞扬	刘锦程	孙 帅
张婧玮	焦思欣	张 艺	苏 佳	贺佳朋
杨慧林	邓坤妍	韩庆榕	顾勇佳	

结业生(2 人)
王冠雄　刘承纲

新闻学(影视传播)(本科)
毕业生(43 人)

尹 伊	刘 硕	杨 猛	董秋潭	王 岩
王 琦	李逸鹏	李宝坤	李 萌	王 祎
王 蕊	刘梦雅	董 洪	芦 丹	田 媛
任昭祖	周赛侠	刘 莹	李 争	邱 爽
刘天怡	王娇阳	双帅亮	张山川	朱秋媛
王绍松	戎 越	吴婷婷	丛博源	樊佳彤
高雯轩	何 柳	杨雅婷	刘子凡	刘旻昊
王 森	李 征	吕鑫钰	胡心然	宋 晨
王 刚	吕 乔	温 馨		

新闻学(专升本)
毕业生(32 人)

张天洋	杨 怡	李 想	石 娟	沈 迪
张 婉	何 淼	史金彩	和婷婷	程 楠
张昌泰	颜湘漪	于宗旺	杨 静	骆亚婷
杨天艺	张 敏	张廷君	李 珊	黄桂英
何柏松	刘 贝	康丽莹	彭露茗	田 甜
栗 青	买晓飞	秦倩清	崔松松	陈向晖
吕春萍	唐梓然			

历史学(文博旅游)(本科)
毕业生(39 人)

| 孙梦飞 | 宋子龙 | 罗世健 | 张 昊 | 高 姗 |

乔静霖 刘绍庭 遇 迪 王雪莹 赵 晶
王珊珊 郭鸣宇 黄 唱 刘 俊 汪 洋
青 山 邬 姗 赵 威 芦 森 王 凡
金 希 郭 晖 穆依兰 何怡然 杨子汉
康中阳 王 卉 孟 旭 王罂萌 李 航
董立慧 杜 娇 金静静 柴仁杰 祁文娟
穆 楠 刘 菲 郭 超 郭玲玲

历史学(文物博物馆)(本科)
毕业生(44人)
刘金昊 王紫葳 杜 姗 盖旖婷 韩 今
张 赫 李彦婷 杨思云 谷子博 刘 昊
田野阔 苏 珊 王茗湄 马梦怡 邵临麟
吴嘉琳 常 雯 余 越 刘 毅 柏沄林
任和合 靖 伟 牛依云 恩子健 陆 娜
王加册 商安琪 马羽玄 张一夫 韩 森
赵逦尊 王梦瑶 马 铭 葛 露 王 静
王 嵘 胡小东 史迪威 张予正 郑 佳
邢智轶 张欣然 吕丹蕾 张 迎
结业生(1人)
马新岩

地理信息系统(本科)
毕业生(1人)
张国伟

地理信息系统(城乡规划信息管理)(本科)
毕业生(12人)
陈圣钊 王亿申 崔醒宇 王雅欣 魏晶晶
高学勤 张 彬 严 芳 宁 波 蒋 幸
张 飞 王俊燕

生物技术(本科)
毕业生(1人)
季 潇

生物技术(专升本)
毕业生(26人)
徐 玉 王 力 范佳乐 王 晶 金 玉
韩 磊 鞠昭函 汤俊英 孟泽楷 薛杰升
赵 赛 李 强 夏琳琳 李璐萌 张 蕊
刘 冉 王亚萍 李 骁 王孟君 袁 蕊
韩学进 李文蕾 景盼盼 朱 东 王浩宁
赵贺楠

环境科学(本科)
毕业生(6人)

张家玮 贾 凯 刘妍鑫 刘方舟 闫旭达
赵 钰

信息与计算科学(本科)
毕业生(24人)
张 凡 张 然 王一夫 吴鹤飞 刘兆惟
马馨蕊 李泽平 李金玲 李季红 俞益麟
蒋丽萍 杨杰森 林祥娇 程 康 楚洪磊
郭帅兵 李军亚 马文隆 任晓晴 司军伟
宋静静 肖会改 杨飞翔 杨伟超

食品质量与安全(本科)
毕业生(43人)
王 蕊 张晓婷 吴 涵 刘佳昕 许昭阳
杨 莹 常 想 苏 岩 王京云 苑 园
李 莹 刘 洋 关 欣 陈潇婷 唐 玥
何梓瑶 徐一鸣 孙曼晶 张晶晶 王新佳
刘瑾瑄 周 楠 王 森 安滋宜 周墨涵
刘司晨 马 庆 王雅楠 王东东 温 旋
郑 杨 朋学亮 马贝贝 张 阳 李懿臣
吴喜明 丁 霞 李奇颖 贾保平 孙楚茂
杨俊奇 王 娟 王志文

食品科学与工程(本科)
毕业生(46人)
王涵璐 胡世轩 朱 冉 赵方慧 杨 婧
王 宇 杜博然 张 芮 韦 祎 吴 瑶
王 兵 王雅君 刘 媛 王露卉 席 璇
崔入月 张海凤 陈 吉 冯 伟 秦雨婷
司天天 王琦峰 王晓琛 李 爽 付胜男
刘小雪 郑佳慧 张婧波 周 杰 段 伟
詹祎捷 肖 雯 李 丹 陈洲洋 舒聪妍
段 锦 孙鑫俐 杨瑞蕾 聂琼蕾 胡 鼎
包 磊 赵雪敏 张 琴 陈博宇 张晋瑜
马维思
结业生(1人)
高艺璇

公共事业管理(文化管理)(本科)
毕业生(1人)
龚 雨

档案学(信息开发、秘书)(本科)
毕业生(42人)
任 怡 罗 霓 孙瑞跃 陶 茜 刘 颖
刘 颖 潘 婷 王 硕 陈 楠 王 存
石 鸣 张 妍 刘 静 袁晓雪 牟艺彤

仵　近　　张灵玉　　许思嘉　　于志艺　　王　也
刘雨薇　　刘雨朦　　王　晨　　孔令煜　　蒙竹瑀
才　晟　　亓慎为　　田　怡　　靳　茗　　许　倩
曹梦琦　　王语嫣　　张立丽　　李金雁　　杨　洁
殷效菌　　张菁琳　　徐昊宇　　李　琪　　刁新颖
杜晓伟　　妮妮美朵

档案学（信息开发、秘书）（专升本）
毕业生（23人）

陈考考　　张　晶　　钟永丽　　王　佳　　吴　婧
杜晓玲　　刘丽娟　　张梦露　　周添良　　卫　佳
张笑菲　　朱婧晨　　刘紫叶　　孟宪楠　　连丽丽
巫仕群　　蒋琳丽　　蔡楠楠　　李娴玲　　胡蕴琪
马俊超　　牛亚欣　　刘　静

资源环境与城乡规划管理（本科）
毕业生（85人）

李佳臻　　白　鸽　　鲍博瑶　　蔡梦琪　　蔡紫坡
高沫梓　　耿瑞轩　　韩孟缘　　韩　墨　　刘翔宇
史梦顿　　孙　桉　　王博奇　　王　慧　　王梦泽
吴梦涵　　邢箫匀　　邢甓阳　　徐　晨　　闫晓雨
杨　婕　　杨梦琪　　张瑀彤　　周　佳　　朱翛然
朱亚乔　　荣海迪　　路东东　　张云峰　　陈　戈
李清华　　何　亚　　王晓燕　　马　静　　孙改红
李伟军　　刘元平　　郝宝朋　　陈世泽　　洪　静
黄姗姗　　吴玉婷　　余兴明　　李孟飞　　李　娜
乔婉华　　孙中溪　　崔亚凝　　丁冬想　　范春蕾
高　晶　　高凌宇　　何文琦　　贺　爽　　金沿羽
金暄婧　　来静仪　　李旻昊　　李　彤　　刘　畅
刘翰文　　刘嘉冉　　刘　坤　　刘文泽　　刘鑫玥
彭　帆　　乔　娜　　曲　燕　　孙佳琪　　王凯汐
王立民　　王　峥　　魏文雅　　肖颖新　　谢红霞
徐　爽　　张　博　　张静雨　　张斓琪　　张　旭
张云洁　　赵　蕾　　赵　娜　　赵玉笛　　张栖妍

结业生（2人）

李博雅　　王晓月

二、师范学院
本科毕业生467人，专升本毕业生154人，本科结业生9人，专升本结业生2人。

汉语言文学（本科）
毕业生（57人）

魏　娜　　刘天宇　　杨　帅　　周鑫桐　　王雨佳
郭倩文　　张　曼　　陆宇晨　　王　笑　　郎永欣
马　玉　　于伯阳　　安　博　　刘　丹　　王　源
任梦露　　张雅竹　　苏　静　　张　宁　　刘　晶

刘　争　　刘　昆　　徐丹丹　　尤素月　　何梦然
郝健微　　霍艳伟　　史　芳　　周　舸　　张　怡
刘　佳　　彭　宇　　彭赢赢　　赵　默　　郭桐玲
梁　啸　　史秀平　　崔　旭　　邱　韵　　王　艳
杜晨阳　　贾　辰　　廖迈伦　　刘加一　　蒋怡然
李亚楠　　刘田田　　王　睿　　杨琨琦　　何馨颜
果晓萌　　张思童　　戴佳妮　　李宏宇　　刘　洋
王　正　　李景晖

音乐学（本科）
毕业生（39人）

王启迪　　弭依伸　　范明瑶　　刘　晔　　祁　畅
张　童　　张新桐　　冯媛媛　　黄玉茹　　常　宁
张子豪　　刘小源　　夏宇翔　　李潇潇　　王　璐
王　硕　　李　瑞　　刘鹤红　　王　厚　　赵　楠
庄婧雯　　杜　凡　　李　栩　　白　瑞　　梁　帅
邱　山　　唐玉婷　　王俊婷　　李　晴　　刘紫漪
贾晴雅　　张宏泽　　何晓莹　　陈香雨　　罗梦琪
李媛媛　　章雅琦　　杨丽瑶　　单美晨阳

音乐学（专升本）
毕业生（15人）

杜佩轩　　荀　玉　　李　樱　　王　曙　　王　璐
魏琮霏　　胡亚南　　胡寒初　　高　言　　张文佳
高徐博　　袁　冰　　胡　戈　　隋静慧　　张艳飞

应用心理学（本科）
毕业生（51人）

蔡莹莹　　张　楠　　董　佳　　纪星晨　　孙　颖
王军皓　　李君梦　　赵曼宇　　王　丹　　陈　芸
王　丹　　石玮林　　席莎莎　　孟令硕　　刘志宏
靳丽坤　　王　可　　李　佳　　陈　正　　刘文涓
安　迪　　张兆琪　　袁才力　　韩　冰　　张一驰
李芳仪　　刘浩桐　　金　琎　　郎若尘　　耿雅倩
周海天　　郑文新　　姜雨欣　　李　硕　　王佑吉
韩云鹏　　张　静　　沈小棚　　李欣陆　　刘欣悦
许　璐　　王玥晖　　柏　薇　　刘依一　　王惟逸
郭海妹　　王　喆　　于铭璐　　陈　清　　宋子杰
耿胜男

电子信息工程（本科）
毕业生（49人）

苏　悦　　任国翠　　张婉竹　　吕　庆　　苏　全
孙　歆　　梁　雪　　丁　式　　宋欣颖　　赵伟康
司　璐　　唐依彤　　杨子郁　　耿　豪　　冯　幸
王　维　　任文秀　　王　堃　　王雨皎　　冯雨蒙
赵艳博　　赵　蔻　　陈　庚　　杨胜男　　田苗苗

张　远	任晓雅	丁　麒	陈　洋	杨　煜
杨子易	彭籽杰	吴思宇	杜　森	梁继辉
王子琦	范进豪	范佳棋	葛轩志	祁雪莲
郝丽媛	杜鹏利	席莎莎	张鑫超	王春辉
范东新	王　帅	张　博	黄东杰	

英语（本科）
毕业生（60人）

齐晓松	肖　瑶	陈　珲	王心敏	王　鑫
韩　畅	申　硕	白文晖	张　晨	赵毅盟
高建越	杨金梦	冯思宇	黄　炎	张　迎
刘雪婷	范金晶	孙莎莎	延尽情	孙　樱
杨春满	黄佳蕾	周艳梅	韩田甜	周宏娣
刘　优	吴秋霞	马艳云	董　雯	孙文秀
骆晓博	沈晨曦	李　爽	滕　昱	徐博雅
张嘉惠	李　方	杜　聪	郑姣姣	霍　然
李晓涛	孙梦怡	刘　婧	沈倩楠	隋羽峤
韩艾昕	赵　鹤	李　文	张馨艺	魏　晨
李珊珊	李　睿	郎浩强	黄　鑫	李　爽
刘春霞	紫佳佳	金　童	赵文君	张婉婷

英语（文秘）（专升本）
毕业生（39人）

范　娜	南小妹	刘　馨	郭然然	李宜霖
高　洁	王雅琪	李　阳	何启志	戈　丹
涂慧莹	田　歌	冯芳芳	刘佳宁	苌眹芳
张　耀	孙博扬	周　杰	孙　艳	袁　野
李小倩	谢文丽	刘牧云	李　康	饶秀秀
王泽森	李天一	欧阳陈	程金凤	赵　立
王永飞	张天慈	张双双	赵　娜	梅维中
张楠楠	丁晓丹	吴笑男	赵宇章	

计算机科学与技术（本科）
毕业生（32人）

刘剑楠	赵　辰	段晨迪	隗　策	娄　雪
耿箐雅	韩金亮	郑　印	刘　畅	王　旭
刘芃邑	王　妍	李坤成	高新蒙	王　晨
孙　硕	刘娟娟	刘　丹	周泰红	张有金
郝　同	于泽瑞	李　东	佟世玮	蔡政昕
李　硕	苗　骐	薛　岩	曹海阳	吴　桐
孟佳慧	高　原			

结业生（5人）

| 张若阳 | 彭　鑫 | 李宁宁 | 刘益甫 | 王祎正 |

艺术设计（本科）
毕业生（179人）

梁骏姣	雷　鸣	杨永玖	石韫宇	张景宣
何　倩	李奥楠	康　岩	王　鹤	杨　悦
赵晨姞	路　易	杨　硕	赵明扬	屈佳萌
江睿慈	林筱祯	徐　宇	封　硕	胡物斌
朱文佳	孙慧奇	姜　峰	曹云鹤	袁　希
陈家玉	周轩伊	陈沛瑶	黄其东	袁　野
李海影	阮佳君	雍玉虎	徐宏宇	何　涛
蔡清清	郑希萌	刘　晔	高　武	仇利玲
李明光	李佳奇	欧阳鹏	成隽颖	唐　敏
甘　禹	赵若楠	肖世江	张　卓	喻俊红
翟晓飞	张曦元	王　瑶	刘美惠	李亚珂
马　燕	孟　姣	李赵俊	侯佳慧	张　北
刘媛媛	孙羽昕	刘雨佳	齐鑫宇	张　京
扈迎雪	付　兴	白平洲	陈　旭	周翔宇
郗珊珊	胡　翰	王美慧	崔　晗	孙　超
陈天骄	冯君艳	王俊英	乔　迪	于　菲
彭静文	方　舟	唐婉卿	尉贺龙	常洪瑛
周　琪	刘　静	崔智强	梁　荷	高　琛
刘　镇	王天一	蒋卓君	王　欢	邵新杰
徐筱淳	李小明	王雁琳	胡　颖	李昀清
王宇婷	白　冰	杨欣月	路　洪	王郑森
赵明明	赵思远	李　响	曹　慧	贾梦君
崔建伟	金　玉	伊　卉	李　彤	黄　耀
李　璐	刘璋誉	曾瑞雪	于　莹	孟　畅
赵梦琦	张　蒙	胡玉龙	田思诗	毕赟年
王　琳	赵心甜	苏景锋	张娟玮	王豫柔
王佳萌	陈　雷	蔡欣欣	刘思维	陈　颖
王夕文	徐浩源	冯建英	丁　薇	苑冬羽
王雪超	蔺新阳	唐继倩	蒋　妍	师　嘉
闫广宇	马宏丽	屈纬嵘	朱练朝	黄倩颖
任腾腾	贾洁琼	吴亚丽	王　晗	程　妍
谢文宇	常　帅	刘新颖	郑天奇	恒沛月
潘　怡	张孟强	靳玉瑢	闫萌萌	王　薇
刘　帅	张程兴	刘一伊	史绍辉	于博阳
杨　阳	韩　毅	李苏曼	刘慧倩	朱　霞
李宏伟	梁颖娇	刘　琦	邱雪妍	

结业生（4人）

| 钟　迪 | 李跃龙 | 施涵予 | 张　申 | |

艺术设计（专升本）
毕业生（1人）
王佳佳

视觉传达设计（专升本）
毕业生（31人）

管　甜	闫振华	代瑞霞	王　璐	陈瑞敏
王　晶	裴　璇	董　枫	袁　杰	张立媛
张　磊	朱紫微	邬同舟	于　森	王　钰

何 军	李 鑫	郭婉琪	丁宝宇	周悦涵
张若凡	胡宇航	张 霄	李雨晨	杨宇婷
武永双	王 蕊	李红菲	韩 琪	刘立武
徐 晨				

环境设计（专升本）

毕业生（32 人）

吴 静	高 铭	侯怡康	宋佩然	王 燕
张宇彤	李俊霖	张天毅	宋颖哲	刘梦彤
李雨霏	王一帆	何宇骐	杨冬冬	霍婷婷
路 芸	方 圆	陈旭明	卢 艳	高 丹
徐思迪	王 佳	宗立伟	刘 波	卞佳佳
杨雯翔	傅 嫱	陈 舒	谢雨杉	程 赛
王贺贺	周峥嵘			

结业生（2 人）

张楚委　张艺骞

服装与服饰设计（专升本）

毕业生（36 人）

徐悠箬	丁倩倩	韩 玉	张 强	刘 鑫
陈 勇	王玉洁	郭 银	王梦晓	李 姗
韩文娟	辛萌萌	田 雨	韩 萍	安俊俊
荣 蕊	黄 何	夏苗苗	郑 怡	汪 洋
周 婷	赵 娜	张 宸	温晶晶	邹 娟
张 燕	刘典易	丁 庆	刘 翊	辛文慧
杨 丽	蔡伊梦	韩逢源	徐静琪	肖 鋆
金宇秋				

三、商务学院

本科毕业生 360 人，专升本毕业生 223 人，本科结业生 8 人，专升本结业生 4 人。

金融学（本科）

毕业生（73 人）

钱雨佳	王子健	杨 倩	任 烁	白鑫年
刘昱昊	袁 帅	贾 琳	王隽楠	耿 淼
叶 繁	郝 欣	海 冉	芦联凯	贾奥越
李金喆	王 帅	尹 超	孙怡然	隋星宇
张梦瑶	张 漪	刘朝政	刘若南	周 传
陈 露	邵珊珊	陈 霞	杨梓楠	刘 阳
吴 珊	关 玥	雷 宇	李东洋	周丹妮
李木亦	张雨晴	张 帅	刘 帅	赵敏晨
侯新然	符倩玉	吴 玄	王 蓓	朱晓蒙
邱 迪	杨 雪	闫 颜	张 帆	田如意
刘 达	崔 喆	孔令福	张亚楠	张云波
黄丽蓉	陈 思	隗佳妮	石宇轩	马 超
何雅琦	李兆纯	毕 凯	李震宇	刘 婷

戚丽娟	赵 阳	王 荣	缴 健	刘 阳
努尔比娅·阿卜来提		祖丽皮亚·吐尔逊		
努尔江·买买提				

金融学（专升本）

毕业生（112 人）

翟 申	牛 晨	谢亚鹤	张 琪	曲建宇
刘纯超	赵 悦	石 代	王 洋	钱 冰
肖贝贝	张 盼	童 乐	张玮琳	李时雨
关明明	徐世倩	周忻怡	徐立丹	高红梅
陈梅香	雷 言	王亚群	邓家齐	韦浩亮
徐海波	韩 超	韩雨桐	刘雨蒙	王玛耘
宋 宇	石潇潇	王晴晴	李君辉	余 梦
陈 雅	张馨蕙	杨 然	关力豪	赵 佳
王 跃	马朝辉	蔡玉彧	陈泓璋	高丽颖
常 青	张 颉	兰国川	陈 鑫	乔景宣
贺 春	丁文涛	李燕芬	喻 玺	任旭鹏
李俊丽	刘婉怡	康艳荣	杨 楠	冯佳燕
许 颖	杜春艳	杨升亮	李莎莎	李晓娜
秦文文	赵晓燕	杜锋华	何 洁	孟晓娟
王会芬	谢朝昕	赵雅琳	徐 森	段艳燕
王惠敏	乔露平	邢玉佩	张 斌	任鹏展
艾 静	倪亚楠	李雪莲	骆华霜	王雅君
梁 玉	符永煜	韩 星	张厚北	李睿雅
黄 京	孙 珑	王昱杰	孙 佳	石代宏
郝 轲	程碧珥	第雅文	陈 霞	安丽婷
王金鑫	叶 鑫	郭庆亚	彭晓晓	任思儒
渠晓敏	刘秋红	张宏丽	张子樱	陈 静
姚双双	宋 斐			

结业生（2 人）

田 硕　黄 金

国际经济与贸易（本科）

毕业生（65 人）

邵 蕊	边 成	杨若云	王烨南	崔晓京
陈 城	崔博建	李 响	雷 雪	兰凯歌
楚佳宁	周 颖	孔子沫	刘夕玥	陈 洁
李士玉	孟祥楠	王博旋	程 雷	王 瑞
王 磊	钟月明	邓 倩	周绅威	陈跃龙
何 方	谢林宇	侯 颖	樊 睿	卢文状
陈亚南	王晓娟	张茜茜	陈晓青	林小燕
杨璐妹	周 洁	刘祖欣	任莉莉	田 梦
姚杰明	金玉茜	边雨婷	胡晓璇	张 爽
温祎豪	赵亚楠	张怡桐	张 贤	秦智鹏
石露畅	刘丽玲	高 杰	赵亚昕	刘莎莉
刘芷彤	尹立梅	丁 一	黄雅欣	蓝 熙
吴 珊	陈 瑶	覃 森	戴雯婷	汤元杰

结业生(1人)
杜　拓

国际经济与贸易(专升本)
毕业生(53人)

张　喆	刘春娜	许毓贤	岳志华	黄光涛
杨亚莉	汪　玲	王明芳	张梦洋	江宜松
刘鸣奇	张彩霞	王天宇	白玉洁	董　丽
刘佳文	张　锐	谷　乔	张　晴	丁贤山
葛晨晨	刘慧林	齐　帅	贾　琪	蒋杉杉
谭黄圆	成昊杰	冷丛丛	赵娅迪	刘佳丽
石　崑	郭慧婷	曹月泽	田西梅	郎雪静
刘　冉	王　昕	张飞武	李　醒	石　林
田　雪	李昱锋	张俊俊	程正兵	高月娟
郑恬恬	黄馨粤	耿鹏程	刘玉蝶	于诗淼
罗广细	魏云云	王莹莹		

结业生(1人)
杨乘骅

信息管理与信息系统(商务信息管理)(本科)
毕业生(56人)

么咏仪	李　瑶	刘薇薇	刘　莉	陈芳菲
徐晓文	赵梦雨	张雨苗	于　泽	周　淼
李姝燕	孙丹雯	吕　楠	刘敬怡	王　逊
刘雨晨	王佳楠	杜　营	王　琨	黄　镇
姚　瑶	满　满	袁　祎	张星宇	张宇辰
高白云	赵　森	董佳雯	许方竹	王菲菲
曹圣洁	郭梓琪	张莹雪	白　月	杨　冰
司　文	金　帆	孙　孟	李　想	林东雅
郑雅文	刘　梦	齐　鑫	李轩一	张天鸣
王　颖	朱艳楠	郑琳琳	李佳欢	赵鑫惠
胡金芝	郑依瑶	袁　帅	刘　硕	林佳平
王　睿				

市场营销(国际物流)(本科)
毕业生(42人)

张　珊	苏　文	刘景秋	崔哲雅	罗德宝
李　杨	马　川	黄正超	李东方	贺从然
许贺爽	苏　振	严珊珊	于　潇	肖成义
杨龙澜	宁艺蕾	王华奕	蒋　伟	徐　凯
王　玥	李　楠	姚　璨	王明瑞	王秋月
黄　粲	可家琦	郭梦杉	王　鑫	刘心彤
田屺男	赵东星	赵士豪	书　娜	李　想
谭　琪	于天一	张　晨	倪　超	赵　鹏
赵满堂	曹曦文			

结业生(6人)

雷雪新	蒋经梅	何宪东	张　欣	刘　杰

张鑫磊

市场营销(专升本)
毕业生(58人)

韩彦军	李　博	赫明阳	吴　琼	陈　冲
邵钊楠	任悦莹	王　乐	左　权	高　鹏
郝金利	雷　震	官小红	金　颖	谷琦辉
盛丽君	高仙颖	徐文博	郝一鸣	王　雪
李　燕	张　喆	李晓娟	王子轩	宋英惠
谭清远	黄　琰	黄慧萍	尚萌萌	刘兆璇
万甜甜	李娜娜	牛其强	郁　鹏	齐　闫
王　森	徐雪慧	汤向峰	张　航	张　腾
张丽娟	杜瑞平	苗竹青	张　争	李昊明
于伟航	张晨波	周　鹃	贺文娅	安亚飞
刘俊杰	王惠城	谭豆豆	杨建涛	兰　凯
万星言	冯海龙	刘　趁		

结业生(1人)
相晨光

工商管理(国际商务管理)(本科)
毕业生(56人)

李梦祎	李　萌	王　欢	张静怡	郭如玉
刘　焱	姜　婷	刘晓宇	蔡悦阳	宿　雅
卫明妍	孙　叶	耿荣嘉	张思璇	吴槟杉
宋思祺	许超跃	石　月	刘可可	洪　涛
陈　鹏	杨　晨	王　娜	朱俊杰	赵　睿
林　梦	张　雪	赵佳欣	张婧雅	李　响
沈浓浓	陈冬阳	李常胜	韩　煦	赛　娜
姜俊阳	闫美彤	刘　祎	孙丽莉	王任飞
马　玲	高　原	赵　璐	侯翔宇	廉丹宁
孙宏宝	李希光	刘文博	齐　玮	田景双
郑天成	吕海娜	夏　璐	贺亚峰	赵文莉
古丽巴哈尔·阿尔肯				

结业生(1人)
雷萍萍

财务管理(本科)
毕业生(64人)

徐　超	马　光	朱湜移	杨　琪	宋　悦
邱　玥	马文静	梁雨晴	潘　杨	王玉婷
刘　陈	徐玉洁	石　伟	王静怡	于　然
紫　月	高　晴	李　璐	丁维爽	范鑫月
王　喆	赵明飞	李依丽	李冬梅	张　凯
马贺新	郭晓东	叶丽霞	刘佳滢	徐嘉君
郑旭晴	周旷宁	贺晓涵	姜　然	王晓蕾
闫　琦	李　宁	杜文亭	方文博	鲍亚洲
闫宏智	杨　浩	葛诗雨	王天伊	李　林

王　浩　胡琪彤　董惠弘　师童童　杜　宇
杨步青　曾　楠　陈琦琴　张歆熠　何　玥
杭京思　张赫楠　任思佳　黄　平　卞晨昊
芦　靖　孟德睿　高金申　次仁央宗

会展经济与管理（本科）
毕业生（4人）
张航宇　李南希　刘婧聃　韩　策

四、生物化学工程学院
本科毕业生341人，专升本毕业生180人，本科结业生17人，专升本结业生1人。

工业设计（本科）
毕业生（29人）
王　典　王欣欣　邢　颖　周俊宇　董天恩
马　惟　李　晴　石天奇　张玉洁　宋　薇
杨舒淇　王　妍　姜文文　王冰谊　韩天保
金元哲　孙嘉男　安浩然　王高琦　支　馨
王　昕　杨宇蒙　张志远　杨悦坤　李　芮
陈义伟　李　颀　王丹丹　付元武

自动化（本科）
毕业生（1人）
饶　刚

建筑电气与智能化（本科）
毕业生（11人）
李　响　崔　雪　张雨锋　许永朋　魏　娇
关云鹏　张　娣　李昊洋　杨　磊　吕佐丞
刘翊丞

建筑环境与能源应用工程（专升本）
毕业生（11人）
崔　宁　李　清　徐庆宏　张　宇　时　影
朱　烨　姬　慧　项文翔　吴　琦　赵文苑
牛春花
结业生（1人）
罗　刚

建筑环境与设备工程（本科）
毕业生（22人）
杜　铭　文艳军　王寅鑫　傅　昱　芦佳鑫
赵　龙　周欣鑫　任　强　崔　尚　田晓倩
李梦露　王丽娜　戚新秋　黎　雪　许　诺
贾家兴　刘天宇　孟　亮　王　敏　袁华丽
张　洋　孙明星

结业生（1人）
董　志

建筑环境与设备工程（专升本）
毕业生（11人）
崔　宁　李　清　徐庆宏　张　宇　时　影
朱　烨　姬　慧　项文翔　吴　琦　赵文苑
牛春花

制药工程（本科）
毕业生（37人）
顾天浩　谢　洋　刘　艳　王　竹　李文宗
蔡　鑫　杨　超　高彬隽　张　洁　邢　正
陈太安　冬　徐天亮　李莹莹　陈迎博
刘学尧　贺　迪　刘　露　刘嘉杨　高　翔
刘　茵　赵　晨　张艳莉　史晓会　张　童
臧　蕊　温玉博　李雪丽　谭玉婵　王　邸
周　盈　李静瑶　张宏建　王　爽　李　桐
雷　殿　张嘉溇
结业生（3人）
吕　洋　于　郝　侯　鹏

包装工程（包装设计）（本科）
毕业生（8人）
米　鑫　李文硕　郑双萍　武芳宇　徐婷婷
徐　跃　王　婷　吴成伟

生物医学工程（本科）
结业生（1人）
工海娇

生物工程（本科）
毕业生（55人）
杨　超　王　川　范姝婕　姜一鸣　王寒玉
梁　伟　张天东　胡宝良　马　胜　廖梦超
宋海霞　赵伊敏　柳　杰　杨　锋　聂玉鹏
任　丁　曾敏华　薛翊钧　黄国林　虎　燊
苏　彪　张可昕　刘仕勋　罗忠智　鲁　瑶
李维松　王　旭　胡　萍　杨飞雁　陈艺昀
谷代震　范倩文　陈志勇　李必成　陈　果
范罗成　肖志平　袁　青　朱　溪　宣婷婷
陈定文　王　丽　焦　朋　陈帮宇　谢爱玲
刘　震　王大昌　李江月　王烘日　张青青
陈　悦　张佳蓉　郭红霞　李科文　欧阳艳华
结业生（2人）
郑万强　邓伦泽

工程管理（本科）
毕业生（1人）
邵一雄

工程管理（工程项目管理）（本科）

毕业生（20人）

吴 昊	田瑞超	仇欣垚	姜 川	周 淳
胡晓婧	闫炳存	陈 静	郑一龙	张天宇
吴 凡	侯宇新	李京平	何 欢	王昊楠
刘月新	李占东	金子洋	宋嘉文	安怡然

结业生（2人）

王子元　李当然

工程管理（投资与造价管理）（本科）

毕业生（60人）

李 越	郭 璐	李 竹	马晓凯	邢凯文
刘 姗	王晓霞	孙健强	宋 波	郭炳辰
王罗通	周天宇	赵 晶	王超尘	韩佳纯
王雪松	张 鹏	赵 雪	李 冉	卓徽宇
王海龙	宁霜雪	郑欣楠	郭 晴	张琳霞
宋 成	马 莉	蒋林杉	李 伟	李晓辉
尚应应	阮琳洁	王起航	张志斌	刘红宇
胡亚男	梁 伟	李子凡	王利远	刘朴上
李玮婧	刘 佳	蒋岷旂	倪子龙	贾 涛
杨 雪	张梓文	刘 飞	武旭洋	张勇超
王文姣	徐天恒	马 琳	花辰凯	钱 程
李 飞	李萍萍	刘备备	娄恒康	赵会丽

结业生（2人）

王惠庭　王 振

工商管理（本科）

毕业生（1人）

邵一雄

会计学（本科）

毕业生（39人）

王星宇	张 妍	黄奥伟	仲冰锋	余俊涛
张利伟	赵霁荷	王 璐	张朕苁	邓文婧
董浩男	张靖延	田 鑫	马跃溪	周 赛
刘斯然	安星蓉	赵梓良	聂晨阳	张丽伟
刘 萌	王立颖	郭阳爽	丁 典	安 爽
李 炎	王梦蕊	刘亭好	徐维晨	刘亨达
刘井阳	李新洋	李 涵	李腾飞	朱 琳
周 莉	周乐天	于小斌	俄色落珠	

结业生（2人）

夔华晔　王 朔

会计学（专升本）

毕业生（114人）

邓顺章	凌 楠	李 雪	程嘉慧	张 娴
马红利	钟婷婷	江 双	李 松	赵亚丽
贺丽萌	李莉莉	李 佳	李 健	宋 爽
刘伊聘	张 嫒	臧菁靖	王文敏	陈 瑶
刘忻怡	董淑珍	李 怡	刁 倩	魏君君
金晓萍	李 敏	蔚 娜	武佳琨	滕文普
杨瑞贞	林 红	张晓茜	孟 欣	王 蕊
朱结焰	鲁佳佳	冯 瑜	陈斯琦	王美璇
连奕光	蒋靖璇	付兆利	王 潇	郭玖晨
王月月	刘玉梅	邓羽彤	谭玥莹	滕 洁
张 恒	蒋 倩	陈雪蒙	杨 帆	张玉霞
吉曙光	姚 娟	梁至韵	王韵杰	张亚生
张翠红	李 娟	魏亚莉	郝婷婷	侯宇梦
丁少静	薛芳芳	张小丽	沈 建	朱 佩
张亚菲	栗晨婧	蒋妮娜	张娟娟	张佳依
胡慧娥	王 娇	郭佳鑫	朱 芳	丁 晴
秦 萌	李 源	何俊娜	栾 宁	牛苗青
刘 婧	崔 迪	梁 鑫	张瑞芳	薛宝珠
叶显芳	胡 建	刘海霞	张 敏	张 洁
郭凌仙	杨苗苗	郑 薇	应妙青	马志红
王 婷	袁 野	尚 怡	白 雪	焦羊羊
舒小燕	张中玲	侯 越	林福红	匙逸凡
樊 元	马梦慧	肖 雪	王 卉	

人力资源管理（本科）

毕业生（58人）

赵 乐	周慧蕾	刘 楠	武雪莹	蔡靖怡
郝 蕊	何 爽	赵姗姗	鹿 展	王佳琪
张汝新	张雅楠	刘 艾	杨 硕	李子嫣
庞思敏	陈博迪	石 洋	董 琪	丁 晨
李 想	高 航	杨 玥	杨 君	何 琦
郑 莹	张 寰	丁言乔	蓝 睿	罗煜祥
周 梦	付嘉琦	吕品竹	刘喜凤	徐子嫒
曹雪婷	杨冬琦	闫欣雅	常 洋	王若瑶
赵小童	赵梦诗	王伊蕾	谢佳音	袁依梦
马 硕	施津黟	刘 晔	张 乾	马晓盛
张 婷	李 雪	王 琳	马 悦	李海曼
徐佳慧	陈小可	王 丽		

结业生（4人）

王希浩　董立华　王 瑄　张 杰

人力资源管理（专升本）

毕业生（55人）

柯林华	刘子烨	刘 旭	郭 璇	段玉萌
孙淑慧	任雪景	闯美沂	李伟乐	邱绘贞
李晓华	郭静瑶	李晓杰	张 飞	袁 雪
李彩云	田 静	陈 晨	郭江涛	郭丽梅
陈 颖	陈昆鹏	李雅然	张 聪	李 迎
王晓婷	王丽丽	徐翩翩	王 臣	相晓娜

贾亚静 罗永水 李思凝 刘 强 汪 俊
刘 琦 张 航 刘 欢 潘 蕊 刘 叶
呼 桃 黄延丽 黎 娟 李 然 赵孟媛
彭静波 朱晓博 于建新 张 文 李 赛
郭燕茹 马司宇 姚 鑫 蒲思乾 李天天

五、旅游学院

本科毕业生 254 人，专升本毕业生 132 人，本科结业生 9 人。

英语（本科）
毕业生（25人）
陈智渊 董星月 舒嘉琪 古 强 王 聪
马 丹 杜 楠 田雨虹 姜 乔 宋天乐
李可慧 李 颖 安雨婷 刘 佳 于芯薇
李健美 栗 晨 果英男 李欣雨 吴黛屏
尹 迪 刘丁菱 史金秋 王诗萌 李婉莹

英语（专升本）
毕业生（42人）
黄雅璇 王晓丽 赵 敏 吴丽莹 张 美
杨昊宇 姚雨岑 吕静丽 胡露萍 王 君
赵 兆 冷 玲 李 涛 芦泽浩 马曼曼
桂 松 陈 焕 张梦嘉 徐一萱 高路雅
邵柳青 闫 琨 汪 俊 葛韵韵 余 浩
于荣华 王 艳 谢美玲 李 妞 郭彩云
刘桂芳 钱桂芬 李 盼 杨 薇 黄笑笑
刘 晶 姜心鑫 赵翔帆 吴英歌 段晓军
王 鑫 徐 硕

日语（本科）
毕业生（26人）
王宇川 李天乐 李晓旭 王雪原 刘 夕
李 梦 刘亦鸣 张明月 王晶晶 崔守朝
胡 洁 林 申 荣冠昭 田 屿 王 杉
肖 萌 张雨薇 李 京 任晓晨 刘思纯
李美慧 王天璐 宗 彤 刘 畅 张 玉
郭 畅

日语（专升本）
毕业生（6人）
涂钧涵 邹燕婷 胡金剑 杨雅然 郭 放
冯天舒

财务管理（本科）
毕业生（30人）
商楠楠 钱岳松 关雅萌 陈英男 苏 畅

郭青松 邱 跃 孙继杨 孙启蒙 潘欣媛
张冰一 高 宇 刘 冉 杨 航 王 鑫
胡欣甜 左 争 李佳喜 王 颖 王童心
杨菁晶 颜 旭 齐佳佳 程 玉 付 爽
刘 琳 刘艳飞 方 舒 赵 鹤 宗 原

旅游管理（本科）
毕业生（82人）
韩志媛 柴震秦 赵 茜 孟繁岳 张 聪
李 响 翟 敏 时培根 宋玄同 彭嘉媛
高 鹏 杨 爽 崔 灿 李 菁 丁 洁
闫 娇 赵 月 张 杨 李 丹 蔡文浩
王 芳 殷 茜 蒋 竞 张学莲 李凯云
周魏林 钟晓艳 黄杏灵 黄兆宁 武耀东
曹若昕 王超凡 刘雨彤 贾晓桐 邢 雪
戚 雪 马俊翔 王思思 辛景峰 刘亚楠
齐朝阳 刘卓坤 邢 辰 刘雅馨 张慧君
陈雪思 金 璐 纪子轩 王安然 刘悦宣
魏小爽 石芯如 罗弘皓 宋顺麟 范寒星
梅鹏飞 王 翔 杨 洁 李 仪 岳正艳
严 妍 马佳莉 卢元德 李思愔 赫一丹
王 菁 项 婉 姜 雪 张少同 王梦佳
李美慧 骆婷婷 彭 婧 张 霄 吴 昊
周殷洁 姜红超 胡浩然 蔡薇薇 李若男
李初年 邓小娜
结业生（5人）
梁 帅 李思琦 谢婧婷 陈宝鑫 史 宇

旅游管理（博雅试验）（本科）
毕业生（32人）
孟 丽 丁召霞 黄凤清 何 刚 周翠翠
高哲琳 张 静 杨月华 王梓利 茸 姐
王家扬 缪 琪 张小溪 王梦婕 翁秀男
许 赫 沈 蔷 刘承忍 刘雁声 吴 丹
樊雪娟 刘光梅 邓文硕 郭纯阳 佘娟娟
王 敏 张雪桃 李 婧 杨松涛 杨忆平
张启迪 李振华

旅游管理（专升本）
毕业生（48人）
徐瑞雪 陈羿龙 曹 源 赵 悦 郭 艳
杨 奕 郝沐雨 王伊冉 文 月 侯梦琳
徐静静 李琳琳 金 兰 张安然 朱立颖
王迪娜 耿冬梅 王会松 陈怀阳 赵刘洋
崔青青 陈 茹 王 娟 张 帆 刘娟华
田红娜 杨美兰 牛建洋 郑 乐 葛 玮
程 燕 王同月 刘 刚 何睦添 李 倩

王 珊	王 茜	王 慧	高 鑫	章慧霞
王 洋	唐雨佳	陈 为	赵 璐	王 欢
王玉奇	李玉玲	彭国睿		

酒店管理(本科)

毕业生(27人)

马亚男	关 强	余博文	李 跃	郭 全
孙 伟	史珊珊	金洋洋	郭 潇	李 璐
祁 婷	陈子曦	陶 婧	徐 舫	张小伟
王雪菲	王晓博	邓昕頔	张 帆	李 响
张子叶	刘 畅	王 靓	张雨瑶	顾 蕊
杜 颖	高 楠			

结业生(3人)

张浩哲　卢 皓　芦 翀

酒店管理(专升本)

毕业生(36人)

王 璐	贾天仪	吴 顿	梁 爽	张 蕾
宋 扬	陈秋燃	邓春阳	姜红玉	王 蕊
赵晓青	尹海莉	陈凯芯	李媛媛	仇少蕾
王 宇	宋芬芬	马有春	李 娜	王 琪
安 苒	韩 玮	李 雪	李晶晶	白 帆
史 超	孙世旗	刘 兰	李 朔	魏 兰
牛德航	王 莉	潘 珣	黄小凡	赵 圣
王圆梅				

会展经济与管理(本科)

毕业生(32人)

王依梦	沈韦良	李承霖	韩观璐	石宝雷
盛 男	王思邈	秦亚伦	马 悦	贾济衡
李思颖	冯浩伦	崔 岩	徐安安	张家歌
陈文祎	刘 斌	王 桐	孟令铮	李雯卉
康 淳	张婧婷	杨继晖	张凯怡	舒 颖
熊 森	肖 宇	司钰莹	张鸿杰	张叶青
施梦娟	欧海璇			

结业生(1人)

张勃然

六、信息学院

本科毕业生425人,本科结业生14人。

电子信息工程(本科)

毕业生(63人)

岳 震	安 赛	姚金炜	洪哲伦	孙 申
张长浩	陈 胜	马彤鑫	谷云飞	王 晶
高 翔	孙 旭	武 建	于 森	韩 烁
单新鑫	赵 炎	马亚涛	候兴涛	曾子虹
刘李施	宋进强	曾庆鑫	谢荣盛	张 贺
麻文洁	周道贤	王莹莹	陈华永	刘如雪
周坤宇	耿媛媛	杨垚森	王勇平	杨 洋
张小敏	林志飞	王 硕	赵琳怡	孟繁超
赵浩然	刘 玺	高斯琪	胡敏东	付 凯
尚亦铭	段思宇	关丹妮	孙博雅	陈 蕾
卢家俊	卢谋清	罗 锐	段显圣	杨志雄
陈逸昊	纪大燊	邬 江	陈志达	陈 垚
徐 侃	赵文仙	陈俊莹		

结业生(1人)

郑仙炜

通信工程(本科)

毕业生(111人)

陈明惠	朱 博	宋寒曦	王鹏森	成 涛
赵 雨	孙 辰	罗仲晨	刘 琦	黄鸣鹤
王增辉	聂赫成	杨 月	刘冠伯	黄朝煜
齐志超	杨歆宇	冯雪丹	周 昕	李晶晶
朱子夜	章志诚	卢统旺	宋鹏鹤	杨秉川
徐 妃	陈其礼	张建伟	侯岩柯	徐嘉明
吴哲成	孙海涛	董 洁	于君伟	程皓哲
李 申	师鹏飞	刘恺和	刘焌垚	崔 赛
刘 立	孟 楠	庄 喆	吴冬冬	魏 萌
文礼洲	胡晓婷	孙艺蕾	苏小燕	毛 涵
刘 璐	李 俊	许 晶	王博琛	王民豪
闫承昊	肖 博	张富程	单 静	索 翔
秦 伟	施兆奕	袁 野	于雪冰	张瑞东
宋 祎	李少鹏	李婷娜	彭传博	刘 鑫
许亚男	秦 峰	黄 坚	李洁榆	宋禄琴
董开旺	李玉满	苏 彤	宋菲娟	刘 琳
宋 可	刘盼盼	王 耀	吴经纬	张 汇
李筱铺	梁子俊	杨 越	晁 然	胡程凯
李雪梅	陈 冬	姜 腾	刘 旭	赵 濛
廖红亮	张双熙	陆飞宇	钟 婕	杨馥歌
田雪丰	李 超	赵佳慧	薛跃力	汪博谦
张帅帅	高 翔	翟立龙	叶雯妍	唐庶悦
张李睿仪				

结业生(4人)

吴宝瓯　纪晓东　罗元员　冯金安

电子信息科学与技术(本科)

毕业生(53人)

王麒钧	张 浩	孙 畅	罗文彬	张鹏宇
白晨曦	赵健颖	张奕恒	陈亚朦	马鹏晨
左晨晨	袁彬彬	程 冬	钟启学	林雅婷
张宇晨	王磊磊	黄晓钊	刘莉莉	张文祥
彭 灿	鲁贵丽	杨 蔚	吕君秀	蔡壮奇

牛芳兰　李亚欣　聂　林　姚　越　王丰羽
魏定洲　张　壮　张　旭　侯婉莹　白　硕
张华侨　胡仁露　余　辉　何二江　郑有颖
王嘉浠　苏日图　程　序　晏　黎　杨　荣
王乾佳　杨国才　姚　亮　郑　旺　王　晶
郭宏昌　马苗苗　特日格乐
结业生（1人）
范沐钥

计算机科学与技术（本科）
毕业生（198人）
张　坤　智东方　吴振楠　傅笔贵　刘　星
王照权　杨　洋　徐　阳　于　欣　刘亚京
赵春林　冯尚居　张　稳　邓　超　陈　友
徐衣琳　金宛璐　邱　伟　王　乐　刘　欢
陶　冶　袁海鹏　陆泉霖　王易得　米　错
刘　柳　董嘉迪　邵　晗　马梦琦　胡方晨
白润林　杨　睿　陈　宽　乔继静　陈玉婷
梅毅成　王　宇　刘仕林　刘丽格　斗高甲
钟生伟　张文国　韩姣悦　吴　迪　郭振宇
穆新蕾　何佳坤　杨　阳　邴继祥　田　爽
姬　磊　刘川瑜　白云燕　张　雄　陈园芳
葛东芝　李海东　黄祖会　杨　伟　陈秋香
陈会玲　赵梓伊　孙　静　裴亚林　洪　洋
宋　超　范　云　孙晓萌　张赛博　王楚琦
黄　琦　陈俊宇　马　忱　姜玉杰　邹博书
逯彩霞　吴亚男　袁　静　李聚升　肖　笛
黄建爽　杨　帆　素　畅　龚了飞　宁　朋
张　康　张俊峰　金耀伦　张　鹏　李启萌
贾新娇　邱　芸　张晓芬　刘　禹　胡伟童
肖盼盼　蒋泽阳　戚林瑞　田　举　牛鸿远
孙威龙　和礼钦　宋瑞博　西　欧　杨雨峤
苗春晨　刘丹青　郭健鑫　李　毅　陈鸿晔
李瑞杰　王心蕾　岳小棚　郑朝胜　邬　涛
王世华　张　宇　任　伟　杨涵雨　李　丹
高　颖　龚玉山　杜身星　王　蓉　何绍帅
高　雅　周　鑫　张　翌　浦青阳　张金娥
廖　娜　张增宇　陈　雨　杨艾红　韩明成
郭　昕　江幸霖　刘玉梅　蔡雨龙　陈嵩晗
贾双双　倪少山　肖文君　赵林艳　石晓达
杨罗坤　宋竹媛　王　浩　常　杰　党月勇
韩延智　刘　朔　张方煜　张江琴　张振远
李镇序　马　铮　历建斌　李沁忱　丁　倩
杨　岩　高　硕　张清波　宋　京　柏启朝
吴利兵　许莉煜　文海丽　袁　娇　李　洋
朱承林　熊林利　世佳绍　申大远　潘歆琳
宋　媚　刘　卓　李珏雅　曾祥山　苏乃活

何文强　席振桐　石　瑶　安昱宁　荣魏婷
罗　旭　鹿雅斐　李　娜　陈晓易　张继琛
李国洋　杨云超　罗　星　吴娇娇　徐　晖
张佳煜　卢汉陈林　亚夏尔·亚森
结业生（8人）
姜　军　解　冰　何依洋　安齐笑　杨庆羽
殷　源　倪　傲　王明帅

七、机电学院

本科毕业生138人，专升本毕业生108人，本科结业生11人。

机械工程及自动化（本科）
毕业生（78人）
刘　畅　刘　男　王　超　王延柱　钟　晗
孙佳奇　肖　朋　李　迪　王嘉欣　傅亚楠
刘笑田　曹子男　王　娟　冯振发　马　良
路　鹏　周　贺　李　伟　卜宝新　张　沛
朱　琳　邱士杰　孙景林　郑茂松　孙　璐
李　玉　孙习斌　王志国　陈　昊　付海宝
陈景瑜　张佳强　王　杰　赵君　张　桉
赵明宇　赵巍然　张　峰　徐永鹏　武　越
郝晓昱　郭　慧　李茂玉　刘红瑞　王照涵
马佳宁　王修艺　王　丛　袁正汉　谢　倩
黄　鸣　廖润君　王艳明　郁丽平　刘　柯
陈健楠　刘先冬　熊梦龙　李梦辉　胡冬梅
徐　锋　朱亮亮　范展榕　胡　娟　陈　伟
杨　毅　王玲玲　胡晓晶　吴朝阳　武雪晶
赵一轩　唐孟璋　秦子超　姜楚豪　王梓懿
张玉萧　王瑞晗　孙宝丰
结业生（3人）
金　钊　程　承　郭景超

机械工程及自动化（专升本）
毕业生（1人）
吴元方

汽车服务工程（本科）
毕业生（16人）
范　镇　李显辰　聂　铮　韩　蕊　魏　彤
王　皓　梁　璐　方　莉　刘文雯　王　旭
曹思宇　柳　月　李伯宁　毕　晗　郭　昊
杨鹏飞
结业生（3人）
于　铭　孙宇辉　张　伟

材料科学与工程（检测与质量管理工程）（本科）
毕业生（25 人）
胡一帅　陈　琦　梁亦陶　刘　袁　景天琦
何冀舟　徐世豪　郭潭泓　李文斌　樊润泽
臧加强　郎晓蕾　留佳斯　高圆圆　李晓庆
刘倩文　齐亚男　李　彬　白万通　李　鑫
李　聪　周　鑫　曹莹莹　郭　洁　杨一楠
结业生（1 人）
李　川

工业工程（本科）
毕业生（19 人）
周冠雄　王钊轩　贾子腾　刘　洋　贾胜杰
赵　琳　齐　越　李　贺　黄美琪　刘　颖
邹　欣　马煜峰　姜承昊　朱仁杰　张　鹏
罗恢育　卜杨小乔　贺　彧　王　宁
结业生（4 人）
杨泽南　段新跃　孙　毅　解大龙

工业工程（物流管理）（专升本）
毕业生（25 人）
陈聪聪　孟海媛　陈　欢　乐　谱　孙国梅
王艳芳　任琛元　鲁永琦　刘淑颖　周阳阳
章喆民　郑时雨　何小龙　王　琪　吴晓飞
陈东华　黄莉敏　李小芳　段雪涛　乔　朕
杨　杰　郭珊珊　林莹莹　李　娜　姚智波

机械工程（专升本）
毕业生（82 人）
王　静　周桔帆　陈铺朴　陈　杰　邹萌彧
张福坤　杨方灿　陈　庆　魏　蓝　陶　立
嵩　玮　周玉乐　李　鸣　刘富强　魏　旻
施志强　赵　月　陈浩男　孙　宇　赵文彦
方友飞　张晓波　张　驰　袁　帅　余继任
张顺祥　米姗姗　刘　京　冯照泽　吴羽卿
冯玉敏　杨俊杰　孙启嘉　李　昊　黄许云
胡圣岩　侯　珏　谢东儒　王梦雨　贾欣亚
曹　炎　陈民航　查显东　于路路　薛有为
谢　重　刘　旭　王　凯　季静婷　王　卉
马东旭　朱　威　孙　晨　李　超　李园园
孙丽坤　张锦硕　赵征宇　刘世强　赵佃洋
谢词强　李海莹　王宇辰　郭宝昆　任佳怡
白岳城　赵宗泉　高丹阳　刘　晴　李浩然
马　超　郭　枫　冷晓阳　蒋广谊　王　倩
高锦锦　徐锦州　王琳琳　张泽鹏　李瑞丽
程训磊　贾胜武

八、自动化学院

本科毕业生 330 人，专升本毕业生 15 人，本科结业生 7 人。

电气工程与自动化（本科）
毕业生（107 人）
李振国　李　臣　武亚光　张　蕊　张崇松
阮雯璨　唐龙城　宋　阳　郭安文　张　杰
张向荣　龙　云　李　彦　郭晟旭　毛成真
蔡万良　黄鹂鹏　袁明峰　李　娟　陈国成
雷　飞　葛宁波　杨晓斌　张　艳　于梅梅
蒋思齐　蒋矩隆　刘团结　钱　磊　田涵冰
王　昭　刘　彤　隗忠仪　郑智秋　曹　珊
赵　曦　李　一　曹添慧　景　姣　帅佩文
候森森　陈智敏　袁星宇　南　琼　韦国柳
郭　恒　王　顺　王星承　罗　智　李刚强
魏志德　舒兴忠　赵　娜　张　翔　张宏源
赵禹衡　冯　喆　庞民鑫　李广敬　高志文
雷雨佳　郭庆浪　吴　磊　王宏伟　龚家伟
李家海　张　磊　余文丽　李江鹏　汪锡丹
毕　凡　任明月　郑人文　温红艳　肖家彪
潘家鹏　闫万里　林喧恒　任　峰　明　仁
高雅淇　王亚梅　夏一斌　李　勇　任赛楠
赵　鑫　汤　倩　黄　路　徐　杰　郑　忱
苏　宇　朱日真　唐伊男　刘　鑫　杨　飞
吴欣阳　张建锋　郭海龙　李德进　刘　杰
吕云玲　高琰云　李　彬　王忠奎　魏易安
叶永杰　朱智斌
结业生（2 人）
常洪洋　岳　波

电气工程及其自动化（专升本）
毕业生（15 人）
史淑芳　姜　晴　叶婷婷　张常海　黄　芳
张　臣　侯姣姣　崔　蕾　朱　丽　夏　芳
王金秋　吴一凡　程　迪　邬微微　孙天琦

自动化（本科）
毕业生（88 人）
张宝林　曾明磊　彭　博　汪超超　司浩然
陈　刚　王　骁　任水桃　付立衡　杨　麟
吴　昊　王志伟　刘　欢　范金勇　曹　玉
孙　哲　马　腾　陈　伟　屠志鹏　何慧杰
周瑛子　李毅丰　张　凯　尹晓江　张　建
张　懿　王宝华　俞　荣　周祖云　代诗阳
白　冰　刘永刚　刘　帅　孙　达　李湘凝
李　娜　陈绍标　何传峰　黄仁财　刘博存

吴冬雪	甄雪艳	张 栋	李 响	肖文文
王 群	胡裕赟	雷晟鑫	黄泽涛	张芷宁
管珊珊	杨凤满	刘 震	林新棠	谢拜明
周 森	姜贵敏	赵瀚飞	白启东	陈 璞
彭广明	刘颢佳	王 乐	许 伟	曹然然
凌 维	何育育	张人杰	袁申斌	孙章顺
姜文丹	邵 羽	王盈龙	徐培栋	张赢月
张 颖	李韦韦	张 萍	王甜蕊	纪梅莉
张诗杰	宋康宏	张淑敏	张正强	张梓良
胡瑜佳	孙嘉琪	朱碧武		

结业生（1人）
张晓澄

自动化（信息处理与智能技术）（本科）
毕业生（1人）
张 红

物流工程（本科）
毕业生（65人）

刘俊丰	李 杉	张紫晨	陈 帅	杨伟贺
邓兴华	昝玉婷	李 鹭	范 杰	刘光明
朱 芹	李 兵	郝华民	黄智力	卢甲东
赵 茜	杨红梅	耿 玥	邱 瑞	王 荣
余赛君	赵晓娟	倪睿之	陈贤亲	郭雪秋
林道斌	魏素云	夏梦珂	祝小莲	刘文洁
成 龙	孙依豆	褚婉婷	赵 璇	曹 熠
祁 艺	高金鑫	王雪冬	杨 易	胡亚军
刘 婷	汪 杨	吕 婕	崇 洁	薛梅红
王溥祯	尹丹丹	董 豪	邱 英	潘万里
何春燕	胡佳伟	陈 岑	周海燕	陈俊昌
陈一兰	吉才拦	张志愚	赵小毓	闫建华
陈贤笋	蒋 挺	马利英	杨 臣	朱 虹

结业生（3人）
黄汉武　易思单　邢润杰

建筑电气与智能化（本科）
结业生（1人）
吴 楠

交通工程（本科）
毕业生（69人）

马祥鹏	张泽华	姬晓昂	饶光瑞	孙 畅
侯峥硕	金 阳	曹 彬	谷 峰	马金鹏
庞 健	杨梦宇	陈韶东	刘燕娜	卢佳延
李 雪	闫成龙	周维斯	马慧姝	刘 洋
张哲玮	陈贞贞	李慧玲	解丹彤	涂茂娇
宋天威	陈云青	王硕丰	李 宁	束佩璟

戴伟伟	王 博	韩梦天	陈 航	张佳玥
陈彦迪	王子一	杨嘉硕	王诗卉	刘文瑞
王 沛	刘晨雨	李 伟	刘 毅	严 安
宫维熙	王雪松	赵佳成	吴蕙苤	胡国睿
周恩惠	闫士达	李 潞	喻晨晖	傅先慧
蔡沂珊	朱伟男	卢永涛	陈临江	俞 坤
董博伟	李 栋	李玉洲	嵇俊雄	吴垚斌
周 浩	朱灵康	冉敏洁	赵鹏程	

九、管理学院

本科毕业生403人，专升本毕业生381人，本科结业生10人，专升本结业生6人。

金融学（本科）
毕业生（79人）

范祎雄	李 雪	徐 东	石百贺	司 文
胡 桐	黄 珊	张雪祺	何瀛洲	郭 航
尹冠岚	景海茹	康琛宇	冯 瑶	王宏飞
赵锦婵	崔晓婷	王建强	王志伟	冯辰宇
马兴哲	齐苏丹	冯芳芳	闵耀耀	廖永泉
周美珍	洪寒琼	曾素贞	司乔乔	杨 森
贾英琪	王芊卿	尹晓凯	田李权	李 亮
熊跃林	冯 喆	陈建新	梁婷婷	耿士其
苏梦娟	许奕婧	张小岗	韩骐泽	王晓艺
郑德全	吴恩典	蔡伊静	原子凯	王 睿
刘昱含	杨爱鹏	李佳凝	段萍萍	王璐璐
刘 坤	马 宇	张 蕊	宋彩霞	丁 然
钟 强	张美德	马俊伟	杭一凡	徐锦达
杜 慧	林馨怡	张 蓉	李 娜	王 哲
刘 玥	张子君	秦本银	荀京津	朱 韵
李婧瑜	杨 娜	葛梦倩	欧阳玉婷	

结业生（1人）
孙 靓

金融学（实验班）（本科）
毕业生（38人）

刘天予	蒋怡瑄	刘诗宇	张悦函	匡虹桥
高 冉	荣雅宁	杨 帆	李 欣	任萌雪
石 睿	刘丽俐	邢佳乐	蔡政熠	刘 婧
蔡 曲	汪嘉倩	程梓倩	邹林花	罗凌云
罗 敏	李炘樾	吴 优	张汉梦	文思冰
郭超洁	宋 伟	丁 蕾	李丹丹	陈 栋
刘英俏	张 格	龚心怡	魏善吉	蒋银郡
翁肩未	滕越坤	乔 丹		

信息管理与信息系统（本科）
毕业生（32人）

张泽文	祺	杨仕伟	赵菲菲	杨可达
唐 博	尹昊喆	黄 岩	张敬滢	刘 迪
田林灿	潘 歌	陈雨婷	丁 宁	李 帅
张 旭	熊 任	李建伟	姜 伟	赵梦琪
陈羽婷	刘鑫龙	齐毓麟	杜昊申	王佳月
李美娜	蔡雨彤	王 钦	赵始君	杨 喆
李思琦	柴璐萍			

结业生(4人)

于 浩　周 涛　白光裕　孙智鹏

信息管理与信息系统(专升本)

毕业生(69人)

常宇歌	张承坤	宋卓伦	王儒雅	窦紫轮
蒋业辉	丁子浩	张花花	金鸿婷	孙 超
路志星	胡 锋	肖彦兵	刘晓霞	郭超超
王颖杰	李瑞星	韩小二	石禹晨	张 平
田凤丽	寇巧月	赵俊波	张超然	任一飞
李健敏	邵 庆	陈 新	宁变香	杨振江
陆 璐	李 丽	陈 晨	崔迎运	王 丹
陈思阳	董 赛	张冠楠	王 丹	鲍 迪
张小夏	卫艳红	杨 彬	王彩红	门 飞
王兆婷	李 娜	王雪静	童颖颖	周丽媛
郭铁金	张昌一	郭文娟	张 瑞	姚 唯
王赛男	贾亚军	张 宇	徐志婧	韦 晗
王 虔	何金成	邝文宁	于 远	刘 硕
张 硕	李 岩	萨铭然	李一非	

结业生(1人)

高 洋

工商管理(本科)

毕业生(40人)

刘梦彤	曹健洲	邢穆涵	杨 彤	王 坚
谷思雨	张 旭	刘 涛	康婧怡	张乃文
刘 宁	刘天昊	张可依	颜国灿	朱梓祎
赵鹏宇	刘甜甜	尹 晨	李 游	郭丽颖
刘 畅	于子祎	胡 进	蔡 明	徐 玲
周 宁	李 欧	赵 爽	贺 悦	缪 禹
孙雪顿	熊 蕊	孙 旭	杨斯凡	刘艳蓉
王鑫淼	邢 璐	宋 鑫	王小瑜	宋宝昌

工商管理(国际商务)(本科)

毕业生(29人)

杨 希	杨晓璇	郑成杰	马 瑞	于佳慧
王梦瑶	李 季	黄 琛	李 菁	刘 斌
索雅雯	何 玉	王 倩	韩春荣	刘 倩
张世煜	郑又迳	陈桂选	曹 健	张 秒
王 苏	王海东	王 莹	魏 源	杨仲友

王泽茜	杨舒童	邓楚凡	刘 君

结业生(1人)

张思宇

工商管理(体优班)(本科)

毕业生(16人)

曹洪慧	张 川	管东志	李 旸	逄 凯
张逸民	刘 璐	张博文	张思宇	陈 曦
武 靖	魏 峥	王卫峰	李玉祥	韩 瑾
原艳丹				

工商管理(专升本)

毕业生(227人)

王 瀚	庄春玲	魏 亚	果 航	郝晓敏
郭瀚鹏	高 轩	李亚南	黄红军	康玉萍
刘 伟	王张迪	孙小倩	刘丽羊	吴美玲
王孟昆	赵 贝	李惠娣	付伟丽	蒋梦然
王子璇	余嘉蔚	张婵婵	梁 雪	李 辉
王思宇	刘彦君	梁 静	李佳欣	郑 静
王 娇	邵梦丽	董玉晴	葛 璐	朱喜苗
王 倩	李晨曦	孟 晴	张 艳	杜王建
王夏梅	董 尧	张清林	王彩香	曹彩兵
张 婧	刘凯鹏	宫彦茹	华丹丹	袁 琼
张 宇	张 琳	董从文	王东兴	杨三省
徐宇欣	徐雅婷	刘 佩	姚志远	李慕雪
程铭宇	邵 茹	刘洁菲	张 娣	张丕瑞
任 涛	冯婷婷	李 璇	张 帅	王 晗
史凯丽	刘 乐	张秋月	刘勃阳	李芳宇
李 燕	田 甜	田宇航	马文彬	王 晓
陈 弘	赵雪晴	段阳阳	王晓雨	徐亚东
朱文娟	赵伟伟	姜 雁	司 思	李欣遥
黄丹丹	高 烨	韩 裕	傅 周	张国荣
袁 野	吕 晨	胡 鑫	王 达	赵司奇
王 琳	刘莹君	王明圆	金晓朦	韩 梦
任国胜	孙美玲	胡福霞	赵欣悦	李蕊如
侯丽婕	郭军军	陈 虎	崔鹏飞	韩依依
卫钟毅	张新跃	宋晓萌	伊壁君	王 欢
朱 烨	李 佳	王 晴	于亚巍	杜 雪
武晓丽	金思麒	李俊琴	李海涛	陈香云
池倩倩	王昊宸	王明慧	樊 旭	李忆秋
陈静怡	陈雪姣	梁 艳	杨 伊	许小明
赵 剑	李佳浓	雷诗淇	李志慧	郭梓君
李 雪	石智慧	石慧芳	杨文霞	张双双
韩 帅	罗邯齐	刘 倩	刘子君	曹克亮
刘天霞	黄鹏姣	宋 雪	郑 晨	王 伟
李 鹤	梁鸿杰	刘甜甜	陈芳华	杨 兰
姬慧敏	梁沛林	宋 琛	任媛媛	董静璇

李佳星	李 娜	赵春洁	黄娜娜	武 迎
王 颖	杨广红	徐 俊	李 端	南 茜
丁香予	郭颖晗	贾安然	韦东杰	葛娟娟
张营营	宋兆静	刘 晨	何菁菁	苏俊海
徐璠理	安志霞	花 苑	陈秋君	高 坤
周 鑫	白陆宇	张 娜	高文佳	于 丹
向 玲	王慧莹	王 瑾	张志林	刘 佳
梁雪洁	史 婧	陈小娟	董静妮	姚治轩
张子萍	李晓林	邹云霜	杜 先	陈笑然
秦宇晨	苏翠兰	孙继瑶	杨 玥	刘昱村
赵荣荣	田 爽	殷 跃	石 凯	刘羿辰
齐成林	令狐莹颖			

结业生(3人)

林玉婷	刘 祥	赵雪涵

会计学(本科)

毕业生(118人)

于之光	石 芳	李倩雯	葛婷婷	程晓林
白栋凯	苗晋莲	范培丽	王英培	姚淑华
薛凌晓	康林林	高 超	孙敏娜	刘心怡
朱 琦	王嘉繁	张 璐	唐 剑	胡 婷
吴菲华	周泽昆	万雨婷	张晓文	高莹洁
冉英慧	郭 赛	郑 彬	文小芬	杨元攀
李树华	钟 平	田茂先	杨 斌	殷启旋
杜章荣	金伶飞	李文茜	崇祥睿	马秀英
陈西晨	张 倩	陈昱如	曹哲滔	廖 莎
吴晓磊	刘丽昆	邢丽荣	孟玉婷	冀朋艳
孙柯昕	冯 睿	石 涛	王 颖	李 蕾
蔡墨轩	钱 敏	温佳庆	李 佳	赵佳丽
贾 岩	韩 笑	张雅洁	陈 菲	刘 爽
梁振西	杨玉先	杨思媛	韩燕楠	于文轩
韩采薇	马小琴	范晶晶	李 鑫	张佳楠
张 玉	陈 琦	薛晨颖	王欣月	阙 瑾
侯 彤	吕佳季	龚 懿	闫馨羽	王其啸
赵 晴	王晶莹	郭子玉	薄珺文	张 媛
冯皖欣	周雨薇	童文涵	陈 磊	汪金碧
刘尚斌	傅慧晔	陈美杉	张 欣	赵 峰
李晨雪	刘晓婷	李若乔	高 晶	吴忠坚
何芬芬	强璇漪	龚 烁	孙 晴	冯 鹏
刘明明	张凯璇	杜秋聪	黄丽霞	孙文默
薛晴予	次塔卓玛	阿布力米提·麦提图苏		

会计学(专升本)

毕业生(40人)

李 莉	隗 娜	盛小川	王 乾	李 明
张 扩	张 静	陈婧莞	王 燕	张 童
张丽星	刘 腾	孙 静	杜 薇	王美娟

张静丽	钮玉青	杨 哲	徐玉龄	侯双双
侯 俊	宋海燕	李玉静	冯维敏	王宏伟
徐 瑶	朱雪艳	王毅成	郑跃琳	汪 洋
魏 颖	张 婉	张天琦	张 笑	张 茜
张晶莹	信雪楠	周 然	高 原	段学祎

电子商务(本科)

毕业生(51人)

张思远	李意雅	姜相喆	刘 上	冯增柯
许一晨	王 旭	林融迪	段曼婷	于 颖
张浩东	卢思远	刘 征	王 鹏	卢 川
张 旭	杨春阳	刘国政	王 岩	李 乐
杨 宇	刘京阳	闫申祺	罗 浩	屈 冉
齐欣然	王佳圆	王 曼	王 北	马天骏
杨 扬	王雅雯	孙 贺	吕 薇	张甜雨
曹天虹	陈晓晓	郭 逸	刘芸洋	张梦曦
石 宇	马开元	陈 震	魏宏羽	刘婧雅
张砚迦	王晓磊	王 帅	陈梦蝶	方伟丽
施 浚				

结业生(4人)

王天威	肖 笛	李 鹏	李思琪

电子商务(专升本)

毕业生(45人)

姜显强	王 乾	贾媛媛	张 澜	姜 雯
杨娜娜	李林芹	张 利	王兴宇	管 玫
庞文杰	温梦琳	高英杰	孟星艳	杜倩芸
马夏芸	张 森	刘 炜	陈 燕	曲伟莹
王晓钰	李文华	王泽晋	贾晨倩	刘姗姗
李 颖	王晓轩	田梦怡	杨 姗	李 娜
王艳婵	刘恒中	李洁洁	李小帆	马笑涵
王娟娟	李 敏	朱友杰	马慧婷	严丽蓉
史京亚	李 瑾	史慧平	刘盼磊	何忠燕

结业生(2人)

吴蒙蒙	赵洋佳轶

十、特殊教育学院

本科毕业生151人,专升本毕业生16人。

学前教育(本科)

毕业生(58人)

李 雪	梅香竹	包 涵	赵 卉	周天艺
张 博	张 颖	张俊杰	任 冲	李 花
牛 颖	张冬雪	杨 星	裴欣桐	张亚男
刘 行	陈 蕾	王 娜	高雨馨	丰雅文
于 菲	武 悦	张颖雯	杨雪峰	王爱新
赵梦媛	沈鑫格	高 航	边思牧	赵 冰

周佳琳　武向驰　冯　涛　朱安然　蔺　雪
何乔漪　王　菲　柳巳北　王思瑶　韩　冰
王　然　彭岳茹　齐星宇　陈嘉惠　景晨雨
王　欣　邢海悦　于富强　刘　颖　赵美依
张　君　齐　爽　王　也　张　雯　张雯棋
李　蔓　赵松阳　王　祎

学前教育（专升本）
毕业生（3人）
徐诗淼　张咏林　路　遥

特殊教育（本科）
毕业生（35人）
张　易　张　群　周雨晴　龚　影　李　星
高　俊　马　晗　夏飞鹏　焦金凤　沈　颖
王英华　冯艺萱　王　平　宗丹阳　程　佳
韩　旭　罗　轶　马　艳　刘媛媛　蒋珊珊
张惠雯　孔祥菊　石　凯　杨孟昕　高海姣
宗立月　刘　悦　彭佳音　王心蕊　刘爱静
张　洋　赵雨桐　王尊临　邹佳奇　卓玛措姆

计算机科学与技术（本科）
毕业生（22人）
汤燕莎　袁嘉琦　邵鹏文　鲍　麒　马瑞霞
王　帅　马佳聪　王　浩　白炳啸　金琦翔
程俊猛　袁　晨　赵　力　李友宽　张雪梁
张　辰　陈亚婷　郭晓斌　朱思波　刘东毅
蔡茂盛　戴宏宇

计算机科学与技术（专升本）
毕业生（2人）
刘树民　黄晓欣

针灸推拿学（本科）
毕业生（14人）
王玲光　王　笑　赵　盼　徐茹燕　薛岚显
许仙女　孙昌金　石　越　孙一旋　高　放
张　悦　王炳哲　孙立超　刘鹏飞

艺术设计（本科）
毕业生（22人）
高　帆　王肖飞　岳　进　王椿稷　黄其龙
李　婧　庞宇玉　白欣煜　杨　子　刘　一
王　蕊　殷　巧　苗志元　谢　璐　伍轩轩
齐　凡　吕　晶　周　鹏　张　情　张思敏
陈　思　单　超

视觉传达设计（专升本）
毕业生（4人）
尚　飞　王森浩　文　茜　孟新艳

音乐学（专升本）
毕业生（7人）
朱　黎　王　琦　刘　涛　孙陈扬洋　郑丹怡
王　宾　俞　彧

十一、广告学院

本科毕业生356人，专升本毕业生145人，本科结业生24人，专升本结业生4人。

广告学（本科）
毕业生（57人）
李　强　刘天童　孙　爽　聂媛媛　孔垂成
韩美双　王　晨　王　晗　张艳玲　王聪颖
王　皓　陈　梦　李冰清　田凯歌　宋思蒙
冯　琦　李　硕　李露菲　冯子琦　刘　丽
张路茜　张　翼　尚　宁　李晨依　王　宏
祁子轩　王铁柱　马晓迪　马　剑　范紫童
刘　楠　赵冬萌　王　欢　郑旭宏　朱晓琳
周辰庚　胡晓满　李　瑶　李　婷　董　毅
周兰芳　孙辉芳　彭兰芳　李金莲　鄢　慧
韩　超　王焕迪　李丹阳　李　曦　陈　旭
梁　翔　潘　婷　张　晗　陈亚兰　林维文
欧阳旭晴　朱潘凌厉
结业生（7人）
崔　峥　李汶昊　李　存　鲁晨阳　王　珥
孙傲祎　李冀川

广告学（专升本）
毕业生（13人）
王　楠　贾　琼　岳　畅　李　晴　姜　雯
韩　翼　段启文　霍雨辰　全　鑫　张妍晴
陈梦莹　刘　彬　石　慧
结业生（1人）
李晨阳

广告学（国际广告）（专升本）
毕业生（1人）
张英珅

绘画（本科）
毕业生（28人）
黄　鹏　曹智敏　徐嘉俪　施啸坤　陈茂银
雷景超　商　蕊　孙嘉琦　张艺伟　王文博

焦融冰	孟　源	董涵怿	张君宇	王曼玉
万京京	唐婷婷	张　琰	刘　颖	孙北林
于新逸	王思思	刘苏珊	董　琪	白　钰
胡瑞洁	马鑫玲	程　琳		

结业生（1人）

张　昊

表演（本科）
毕业生（78人）

韩　玉	梁亚婷	邱馨逸	吴宇恒	郭爱晨
王晴萱	何光宇	周航吉	王　艺	李妍彬
陈俊达	胡诗语	杨顺顺	王锐茜	任冠霖
侯俊峰	宋　程	丁涌峰	赵金铮	孙　丽
单可心	邢雪丽	易歆韵	缪雯叶	郭泽宇
黄小溪	姚兴明	王　琛	谭　然	邵楚楚
宋宥嘉	马佳琳	胡彦佳	李欣遥	包凌歌
李佳凌	张　延	钟连博	马　楠	杨梦珂
赵东昊	王　峥	杨紫琳	吴炳彦	温靖萱
刘佳琦	沈　庆	吴　璇	付　冰	史丹阳
王耀伟	马卓昕	崔鑫怡	王　笛	马伟恒
王居正	李欣蔚	丁李红	王　博	白　娜
王佳敏	李培智	王　颖	季家慧	薛渝烨
陈兆鋆	谢晓冬	黄　惟	刘晓璇	张馨娅
高　博	王居富	袁宏帅	杨　涛	黄奥博
蒋小东	李　想	于　强		

结业生（8人）

李　晔	闫　旭	张晓玮	卜一凡	曲禹柔
邓砚文	施潮锦子	欧阳子佩		

表演（专升本）
毕业生（12人）

张珊珊	王艺静	毕思琦	王静轩	洪礼良
温中蕊	耿凯娟	李丹丹	何继昌	黄　璜
李楠楠	任美荣			

艺术设计（数字艺术）（本科）
毕业生（137人）

张依涵	李宗睿	林子琦	孙佳子	赵　冉
郑　然	刘　倩	高　升	张　凯	谭　颖
孔德月	吴嘉文	李　响	迟昊辰	陈梦瑶
杨佳琪	孙程程	常　悦	刘　毅	贺韵霖
彭京华	任晓雅	岳鼎志	孙玥琪	吴梦瑶
唐　辰	马箫晚	王方东	郭梓靖	张穆茜
潘安妮	张　鑫	赵　祎	李　婷	张　帆
朱　晴	张晓宇	梁记康	汤　柳	胡珊珊
梁　晶	王海利	刘　磊	张雅宁	李　杨
贺恒言	肖　榕	李乔娜	赵宇博	罗翊文
伍雅雯	黄佳莉	李焕燃	徐　迎	曾文军
李　露	张晨蕊	张文彬	彭　华	刘慧莹
吴亚男	李　璇	黄燕妮	耿　蕊	唐晓桐
王　晨	詹云逸	史雪峰	刘念泽	尹　强
陈轩宁	丰　韵	毕　雪	赵　莎	李博雯
马静欣	隗　杰	孙　地	赵丰悦	邓　墨
王若一	张梦迪	申秋墨	乔　荟	李童谣
傅　蓉	胡雪儿	藏子昂	方　丹	马　可
张　妍	徐翰如	赵思楠	刘　硕	董　雪
徐　宁	韩　雪	张　翀	闫　琦	邢　琳
王禹静	王思涵	李　欣	王泓普	秦志鹏
高　兴	邢晨晖	刘育麟	崔　杰	李　朔
苏　梦	朱玺元	左　腾	刘　璇	崔　娜
蒋一鸣	曹　静	王砚焜	赵佳儒	宋婧靓
李梓毓	蒋　悦	周　丹	李　也	牟　阳
刘子源	赵　蕊	郭明智	李　想	刘晓雨
张　鑫	杨雪梅	姜　伟	孙浩瀚	徐　涛
王砚涵	潘玉娇			

结业生（7人）

马文鹤	申百慧	张颖雯	于　今	李同辉
王海岩	马　哲			

艺术设计（数字媒体艺术）（专升本）
毕业生（119人）

石兵兵	马骁骁	刘　冉	姚晓辉	陈冰涛
周　丽	李　梦	张书萍	宋　岩	王一舒
张雯雯	李晓月	黄　艺	杨兴盼	孙　飞
侯姝鑫	白雪皎	冯　鸽	张　琪	陈惠聪
武　钰	李泽涵	刘美慧	林怡茗	牛　政
钱成亮	刘彧娴	高斯斯	刘婉竹	陶冰冰
薄晶晶	董绍奇	杜丽颖	张紫微	李张玲
刘一杰	汪　源	李月星	郭亮炜	王怡宁
徐　萌	刘婷婷	杨　希	曹小梅	叶强强
李冬月	周　丹	熊　威	郭　远	樊婉一
张　茜	邢晓勇	韩　妮	卢　玥	吕　俊
杨吉琳	甘腾飞	刘　旭	殷可馨	马澍楠
张尼欣	王　芳	贾　韬	王新辞	王旭君
张文博	李　敏	谢　欢	张宇婷	龙　琴
张　璇	郭雯宁	刘思垚	陈之旻	于思航
陆晓萌	叶　雨	郭　愫	祝志皎	徐　衍
李佳萌	邢航郡	郭凌洁	冯　翔	李佳雯
周梦宁	魏　岩	张海媚	李　菲	刘以慈
时艳芸	陈龙斌	许　璨	焦昀鹏	隗　伟
鄂　佳	刘云芊	魏梦妍	张晓敬	周子涵
谭正兴	杨　硕	张　涵	云　兰	郑乐韵
白家豪	许　欣	啜凯瑶	袁　尚	吕慧轩
袁之聪	高少敏	蔡欣燕	李亚楠	侯宗君

张雅宁　王佳硕　王曼丽　庞　华
结业生(3人)
张雨同　殷强强　刘　玉

艺术设计(网络传播)(本科)
毕业生(56人)
马　腾　丁祺恩　田　炎　于海玲　张艳阳
张　策　马语谦　张　南　王雪斌　王司祺
肖晨曦　刘天奇　牛月莹　陈思　崔　琪
鲁　蕊　张义羚　刘雪星　柳金岭　蔡茉慈
刘子欧　吕　宁　赵雅雯　董立鹏　王昊然
王　尚　李征宇　刘芳芳　李璐贻　刘　爽
计美静　王家家　王　丹　闫　洁　卢佳琳
穆奕如　何孟宇　李　瑞　郑明健　朱　海
房梦芸　李　翠　于文静　包　妍　赵　静
胡雅坤　王彩花　顾虹芳　陈　智　伊　初
涂志云　孔佩佩　夏翠哲　胡予晨　武煜坤
柳宇飞
结业生(1人)
刘文斌

十二、应用科技学院
专升本毕业生157人。

计算机科学与技术(专升本)
毕业生(98人)
胡　军　陈子君　王卫丽　刘　杰　阎秋瑾
岳文婷　李　洋　郭晓乾　谭　旭　邱　紫
郎　哲　王　俊　胡佳佳　苏康飞　周韶赓
孟瑞霞　廖校均　李　晨　王　铮　纪红霞
李　珊　张鹏伟　祖金旭　李　琳　武慧文

李上海　王　豆　郑　波　梁凤霞　林宇佳
朱园园　李　乐　唐　雨　王　欣　陈璟昊
王成伍　高　增　邢继元　宋东旭　冯思思
李世香　宋阳阳　马　腾　苏炳文　温艳杰
邓博文　孙　浩　蔚成江　孙肖蒙　曹永禄
刘晓杰　武　雁　孙一文　张　郝　周田俊
贾雷鹏　章　颖　佟　鑫　陈　涛　张雪琪
庞丹丹　白　川　江　洁　杜青芳　贺子辉
王晓明　胡东霖　范　娜　薛宇辰　徐斌辉
赵果利　朱红星　韩　菲　霍振　张　跃
钟美红　赵　雪　杨宇航　刘　欣　皮厚雷
张　睿　姚晓娟　樊艳红　史博宇　吕　可
刘博强　刘晓慧　杨柳青　赵　岩　刘　永
许兴阳　段春立　甄枫　王丽炜　张书尧
周康平　王媛媛　王卓卓

电子信息工程技术(专升本)
毕业生(59人)
金家辉　耿革飞　房贵花　沈巧玲　郭杨杨
朱　柳　邢晓恒　薛丹丹　贺前坤　程　琛
吴　云　崔　青　孟小然　杨晓峰　卢　巍
王颖慧　齐　洁　张小月　杜　甫　谭　晶
綦雪霏　庄晓丹　田　齐　许广强　张福彬
张有明　张兆龙　赵本水　王伟丽　王　盼
陈　亮　韩桂凤　侯春萍　范俊丽　许　娟
汪　洋　蔡培阳　张　佩　郭永昌　牛越明
温　泉　隗功月　任　聪　王　萌　陈益杉
裴　宇　李　灵　罗崔力　王泽雨　朱萍萍
张　聪　周玉兰　宜乔军　胡　莹　黄韦乔
刘　源　陈俊焕　刘清申　包阿古达木

(校教务处提供)

专科(高职)毕业生、结业生名录

一、师范学院
专科毕业生106人,专科结业生6人。

服装设计(专科)
毕业生(19人)
李　惠　郑　捷　李　楠　韩晓童　霍　莹
王晨曦　任园园　徐子萌　贺　茜　齐婉怡
王　璐　李博岩　李世堃　张诗朦　陈思祎
任晓晨　刘　陆　沈　彤　魏杨珅琦
结业生(3人)
张　莹　林一凡　武维宣

文秘(专科)
毕业生(34人)
杨金泽　魏文杰　李　兮　马艺玮　杨亦楠
朱　彤　韩亚男　郝丽霞　赵　琦　韩翠薇
佟思瑶　田思羽　陈狄馨　秦　磊　戴明晨
乔思宇　杨蔚然　关　心　刘　虹　王小琪
孙　莹　铉　铮　骆　峰　邹嘉琪　陈　鑫
李　溱　张思媛　付盛楠　张　思　张怡然
王　珏　段　然　武文慧　刘章一鸣

数字媒体技术(专科)
毕业生(28人)

梁德凯	赵 鑫	李潇一	杨明波	周婉君
裴梦媛	徐 蕾	王梦瑶	秦 唱	王彬彬
耿 超	郑 昊	薛 冰	于 跃	王 冠
张倚天	李兆炜	李易多	杨 姣	林张一
魏宇彤	于 天	金媛媛	张若南	雷浩天
周曼妮	李璟琛	苏昱溥		

结业生(3人)

李云鹏　项杰庭　柯玉晨

音乐表演（专科）

毕业生(25人)

蔡漪璇	王丽菁	李继东	乔梦羽	王天心
王 威	王可心	宇冠洲	陈文婷	张宇诗
马雨晴	李媛媛	李 静	解榕伊	马冰洁
多启钧	岳安妮	马昕轶	石 伦	王浩力
李 莉	张甜甜	黄琦雅	孙 雁	胡蝶儿

二、生物化学工程学院

专科毕业生186人，专科结业生13人。

会计（专科）

毕业生(96人)

王 莹	吴 丹	李 智	郝 宇	靳 跃
王晓辰	张 雪	鞠思佳	张 明	褚聪媛
王媛媛	李 艺	单晓颖	王 莹	田 浩
周思杨	戴家兴	闫 鑫	王芳芳	杨爱文
侯佳欢	张晓晰	崔 鑫	李为嘉	刘翰雯
王睿昕	刘 迪	魏世豪	彭 非	刘 彤
高 尚	梁 晨	周梦悦	崔 莹	庞霖忆
石靖佳	郑小倩	魏思雨	陈 炜	郭 宣
王伟雪	刘俊童	张 帅	樊 星	张 漠
邓睿瑶	刘思瑶	叶子卿	刘 硕	黄嘉澍
籍欣烨	王雨桐	许睿桐	邹思琦	杨 逸
计 超	赵 楠	李京佳	徐 珊	果 响
郭雅璐	卢 晴	丁莹雪	李若晨	张硕子
张 炜	张振芳	何俊仁	焦 梦	刘雅祺
尚冬梅	何梦楠	刘易煊	杨青媛	王 玥
郝 冉	赵青楠	赵意宁	冯薇洁	郭雨炎
汪 喆	霍佳慧	胡 霜	许雨生	郑 莹
崔 蕊	刘 杰	刘禹瑶	辛 钰	严梓澜
韩新蕊	袁 芳	王子骄	孔雯雯	霍 达
吴董依楠				

结业生(4人)

王秋月　刘晨月　刘佳梁　李 帅

计算机控制技术（专科）

毕业生(1人)

甄 理

楼宇智能化工程技术（专科）

毕业生(28人)

石雨轩	田 鹏	李大伟	赵 喆	孙添艺
黄建树	李慧英	马肖男	王思梦	周晓磊
孟宪睿	秦玮赫	李 垚	李朝阳	马 可
孙 建	高 磊	王 辉	仇俊楠	芦 杰
睢颖楠	赵志远	罗 宁	李 晶	侯 章
杨 旭	鞠乔琛	张 松		

结业生(4人)

张 京　程 成　刘 瑶　戴 祎

药物制剂技术（专科）

毕业生(61人)

侯思宇	廖鑫阔	耿昕然	胡春晖	戴 乔
房亚洲	张 帆	孙馨蕊	李 彤	双宝莹
毕秋悦	王贯元	李 娜	王 蕊	李 慧
赵启琛	李霖雨	穆 雨	于雅迪	马 祯
王浩全	白 鸽	王 轩	姜 爽	王志茹
吴丹阳	汪 纯	王玎欣	王 玥	闫 旭
晋青阳	刘晓雨	扈梁晨	赵伯君	朱月美
李 鑫	曹冬梅	赵旭畅	魏明辉	高 盼
温 鑫	孙培艺	隗阳旭	丁 琳	徐媛媛
李 洋	黄 金	李 怡	李 莹	王在东
王 鑫	辛子正	孙 瑶	张 蕊	韩 岩
黄 宁	白司辰	方思远	张潞禹	穆童童
葛岚昀				

结业生(5人)

闫 雷　胡 楠　李晨曦　牛 晋　梁 赫

三、旅游学院

专科毕业生224人，专科结业生16人。

应用日语（专科）

毕业生(31人)

陈姝月	崔雨嘉	韩莫莫	金 鑫	陈天博
沙金龙	贺韵盈	李 博	何 宇	宗芳馨
刘星辰	康嘉悦	孙健豪	张妍君	郭鲁凡
苗新越	张 婷	张欣音	周孟倩	高 响
韩笑语	司 好	侯 爽	曾维琦	高 强
龚 媛	王籽潼	梁 爽	陈 曲	杨绍澜
范千寻				

结业生(1人)

李晓萌

财务管理（专科）
毕业生（43人）

侯子林	张冬雪	朱雪颖	张欣颖	郭　萌
樊　融	路　月	张　瑶	赵秋颖	许浩放
王雨薇	姚启森	邵子彧	陈铁豪	李　卉
王伟俊	臧　潇	张　琳	解湿瑜	刘思源
韩　玥	杨　颖	李明明	闫翟晨	侯　璐
陈　茜	李连晴	肖萌萌	杨郁芊	张晋盟
王依佳	姚建璋	张　森	张　成	程　鹏
李紫懿	谭润天	于红瑶	汲　璐	葛晓冬
王鹏震	姜群达	张翊博		

结业生（2人）

马　强　顾笑晨

酒店管理（专科）
毕业生（81人）

赵大伟	张慕莎	傅云飞	周　磊	曹　帅
张　楠	刘　岳	孙琬馨	施盛楠	马　腾
王经书	拓琴琴	吕思静	石丽丽	刘　晶
王晴媛	周　森	陈靖宜	张宇京	刘　畅
郑伊诺	范佳伟	路　琬	于　洋	王雪梅
朱伟汉	刘　韡	金　子	宗雅芳	王　宇
尹玉雯	李佳雯	潘　璐	田雨侬	刘沫溪
王伊宁	曹香玉	苑紫倩	陈翠迎	黄静文
任鹤天	张圣洁	韩　萌	陈　曦	任　硕
戴志颖	廉　舫	冯　晨	孙婷婷	崔　广
赵洒璇	王文钊	刘梦馨	管媛媛	李　莹
杨　莹	姜美玲	沙志伟	田　宇	韩　薇
梁　硕	胡晓庆	刘　静	高　岳	赵　月
王　爽	刘凯茜	晏　鸣	郭赛玉	朱　光
李思瑶	韦　梦	李珊珊	勘碧洲	李威环
赵　维	张　彤	王　瑞	高佳宁	李美惠子
张若子茜				

结业生（8人）

陆佳宇	刘默含	高　雪	郑　钺	安　杰
张　天	于天骄	王　硕		

酒店管理（全聚德订单培养）（专科）
毕业生（26人）

戴　琳	王　欣	王婷婷	陈长帝	贾金颖
周文杰	柴　冰	冯盼祥	张佳琪	高静怡
刘双妍	纪　璐	王哲丰	张　婷	刘小童
李彦霖	张彭澎	张乐莹	高熔基	李昳丽
王晨思	李美钰	李　斌	李　浩	白　云
富察靖雯				

酒店管理（中法项目）（专科）
毕业生（15人）

王思远	李国节	于梦杰	张程钰	刘双婧
何　山	冯　爽	李嘉钥	张友鹏	赵璞玮
刘　岩	侯砺晖	邬　迪	赵　瑞	李　娜

烹饪工艺与营养（专科）
毕业生（28人）

邢　舟	张一博	刘子旷	刘天俊	张　晨
马晓玉	庞雪源	张祖振	刘　晓	李海龙
尹祖凤	刘一帆	刘童童	肖淑君	薛福超
张　哲	周鲁慧	宋昕怡	刘彤彤	陈志东
穆会敏	齐垂梁	胡　涵	吴丽华	李　娣
韩艳丁	崔　鑫	陈健民		

结业生（5人）

慕蓉斌　苏　颖　范杉杉　刘金杯　赵　航

四、特殊教育学院

专科毕业生84人。

计算机应用技术（专科）
毕业生（19人）

李　亮	文四鹏	杨　野	张　欣	段银云
张双君	王　彤	谢　添	丛旭阳	黄　媛
汪茂全	张旭佳	吴　珊	王昌芝	寇　奇
申　超	乔建兵	周佳琪	张胡军	

视觉传达艺术设计（专科）
毕业生（32人）

周云芳	夏敬舜	柏志强	邵赞澎	王娇燕
宁　琪	任晓婷	王向飞	聂　萍	孙明亮
孙敬阳	邱淑敏	张建设	黄雪雪	姚冉冉
闫　争	韩露露	奚晓红	张　祎	刘　烨
吴竹青	张星宇	潘　晶	洪军阳	陈志仁
杨晶晶	夏思思	林宗健	周　倩	高　翔
卢相生	张　越			

听力语言康复技术（专科）
毕业生（14人）

陈　硕	王　菁	赵　鑫	韩依家	张雨媛
李双钰	刘　琦	魏雨欣	张文博	韩　蕊
余　雅	王腾华	莫昌耿	吴　阳	

音乐表演（专科）
毕业生（9人）

孙　千	李　畅	许慧挺	谭伟海	提　璇
周秀霖	张　葆	侯劲松	李梦琪	

园林技术（专科）
毕业生（10人）
彭燕君　刘　柳　黄　冀　陈燚坚　陈王巧
杜弘雨　黄冠杰　徐瑞强　田　晨　陈　来

五、广告学院
专科结业生3人。

广告设计与制作（专科）
结业生（3人）
郭家宝　张思潮　宓　申

六、应用科技学院
专科毕业生1104人，专科结业生52人。

计算机信息管理（专科）
毕业生（44人）
贾立涛　李　鑫　尹　冬　闫　喆　屈　明
佟　巍　王　鹏　茹长顺　于润泽　卞名扬
冯　源　张笑寒　任雪莹　黄春然　孔德涛
张　伟　郝　骏　辛树宇　张　森　吴　凡
黄禹铭　史金鑫　武可馨　李　玥　贾媛媛
武国棠　焦磬铮　杨　思　王　昊　郭　浩
王　雷　杨践峰　田　冲　李　杭　周晓情
李渤星　闫思雨　李昕萌　唐舒妍　常　琪
冯　洲　吕嘉文　伊俊丞　宗绍捷
结业生（1人）
孙晓鹏

电子信息工程技术（专科）
毕业生（70人）
陈　思　朱海光　邱　瑞　李　杰　王猛男
黄　奥　李　岳　朱旭彤　吴佳兴　肖杨泓
张星宇　李　硕　邢　云　包宇轩　王　达
周宏亮　郭　旭　姜　森　曹　越　熊　涛
乙　琦　刘　浩　王　勖　吕　明　郭晨曦
李梦果　贾靓喆　李立超　陈欣舒　施　义
张　璐　吕晨威　刘　洋　李人可　迈　阔
赵司晨　徐伯尼　赵羽声　边　帅　张晨光
焦兴晨　秦东兴　刘佳宁　刘得元　王　朝
胡宸源　曾继超　付金兴　陈毅枫　胡子豪
周文鹏　杨柳飞　王　跃　梁嘉辰　赵　炎
苏　梦　郎润发　郑腾飞　鲁　霄　马佳楠
靳一达　杨　玥　白雨童　王梓都　张祎楠
陈　冰　殷　跃　倪　旭　张晨博　肖德莉莎
结业生（9人）
陈　远　马　岩　金岱仪　高　浩　王　猛

李　根　王乐天　高天翔　牛佳伦

软件技术（专科）
毕业生（81人）
于　典　武　帅　潘静雯　宋　宁　杨　杰
王　翰　董　雷　戚成文　潘　凯　周梓健
王　骏　刘槿徽　刘　浩　高浩波　杨　帆
崔元昊　高昊天　律来先　王　燚　刘　琮
陈　宇　李建园　冯国安　赵　天　张弘毅
梁楚峰　张　参　李　建　啜智伟　张留洋
李昆明　王博钧　邓朝辰　刘宇欣　张　可
曹焱晶　钟　敏　张　杰　梁思璐　张　帅
杨　磊　张　萌　于　凌　刘振国　刘　硕
张　辰　杨　睿　靳　宇　郭一明　唐晓絮
张　彬　金　辉　杜　鹏　赵润梓　曲智毅
韩　宇　郑一鸣　何文浩　汪泓源　唐乃天
胡力凡　刘腾跃　黄　鹏　贾宇铭　李昀泽
程则山　李　然　刘　峥　崔　凯　李　健
任星尧　徐　轩　张鑫鑫　贾明伟　谢　飞
方浩安　朱凯鑫　张延皓　甘　伟　张宏颖
福　声
结业生（4人）
安智信　葛树晨　贾　巍　吴海峰

计算机多媒体技术（专科）
毕业生（61人）
刘彦博　于鸿逸　于　爽　王双跃　徐云龙
崔　浩　姚美兰　李一凡　张　璐　张观宇
赵晓宇　范煜彬　王俊杰　张　岩　李　晨
齐朝阳　陈俊男　王钰书　张　鹏　袁　潮
张云鹏　闫玉辰　任雨馨　杜婧慧　文　涛
张星月　张玉乔　田婧楠　于一凡　赵金伟
张　凯　张梦成　朱奕欣　崔　磊　赵　讴
张斯玛　张　威　李今博　庞云龙　李　欣
董　洋　孙宇鑫　张　凯　佟建玮　刘聪奥
梁旭东　卓明明　胡良昱　焦　阳　姚　宇
张穆涵　张　雨　王天义　周　璐　王佳文
宋婉婷　张　彤　李雨霁　付洁琳　张炟赫
徐阳东升
结业生（2人）
胡旭阳　孙卿硕

计算机网络技术（专科）
毕业生（53人）
郭　洋　张冠一　李　轩　刘梦龙　樊　培
王耀坤　郭江萌　郑　义　刘　健　连　莲
朱旭彬　柳维宣　苏　悦　刘　阳　杨富军

尹梦航 康鑫祖 朱勇 王思佳 许孝龙
张樾 肖滢鑫 刘含漪 孙汉 高宇
高健 赵润达 高旭 李华龙 纪彦峰
王硕 陈玉婷 何旭 赵爽 闫钰彬
李旭 罗阳 刘涛 王立达 金涛
刘雨霄 高智 郑睿思 郭莘烨 林宇
郭云凯 王轩 潘轶辰 张梦婕 杨森森
宋尧 肖梓煊 杨宇

结业生（4人）
刘宇辰 黄薛康 郭继业 朱梦鸽

视觉传达艺术设计（专科）
毕业生（69人）
梁潇 王鹏 张景皓 尹梦然 周志深
李萌 关雪 张昱昕 李响 张宇航
丁琪 刘文 崔昊 王琦 边静
张奥莉 景文思 瑞妍 张婧怡 张赛楠
周欣宇 郑思肖 杨赛男 李硕男 王艳
李雪 任晓彤 李思瑶 胡月 冯宇
宋高校 朱佳茜 邓君豪 闫晓平 范仁杰
贾元钰 任嘉逸 潘珺卿 邢思宇 孙艺宁
王佳裔 刘秭彤 穆占原 赵玉珠 韩旭
蔺娜 秦杨 李艳迪 任梦亚 刘思雨
刘思语 楚安琪 段怡然 姚雪玲 庞丽婷
王超 李瑾 边珊 靳丽娜 易斌
宋心雅 杜艺轩 王暄 李佳琪 井玉璋
么娆 韩媛媛 王凯钊 周烁

结业生（5人）
姚莞骁 刘世超 郝妍 刘甜甜 刘晨

金融保险（专科）
毕业生（68人）
刘飞 史华楠 张京 炼强 董巍
吴意婷 霍达 刘羿 王胤凯 杨祎
郭蕊 勾晔 杨茜 张爽 徐明珠
孟艾阳 王嘉宁 李帅 尚辰 乔侨
梁川 朱丹 宋洁 高占强 王炬桓
刘宵宵 杨畅 姜楠 张森 陈博文
张静雯 李正阳 徐振华 杜星 王雨晨
张竞娅 蔡云红 尹佳乐 王晨 韩锋议
魏云 朱锦怡 王海南 石爽 汤梦卓
高辉 张宇 李玥 王宏坤 马腾捷
齐特 王晨 见学东 刘彬彬 刘聪
胡静 刘思雯 吴凯迪 张达时 张萌
于森 侯健伟 张闽雪 杨博轩 金梦圆
武泽南 葛霖 付娆

结业生（3人）

吴培 张毅男 邵圣洁

商务日语（专科）
毕业生（26人）
张昀鹏 石光 钟林波 赵月 王景阳
尚繁 冯一婷 殷晓霞 房宁 高佳南
张涵 陈晓彤 王艺 王颖楠 王丹丹
任帅 孙媛媛 梁爽 王启超 孙婉琪
吴幼琪 韩旭 王茜 辛鑫 孙宏宇
沈彦均

结业生（1人）
柳雪乾

商务英语（专科）
毕业生（50人）
沈璘童 赵新媛 刘杰 许哲萌 陈晓思
刘安琪 杨梦瑶 许心怡 史新页 于畅
董美华 马靖宇 齐琳 焦雪 关雨晴
张琛 刘梦 张朔 姜森 姚舜
曹伊辰 李依 于文清 杨南榕 曹琦
杨睿 芮琨 周浩 刘双 刘雪纯
李铭心 田雨心 王晶晶 刘晓琪 李佳睿
宋忻恩 陈昕 汪蕾蕾 董莹 卢凤
常婷婷 李烁 邢欣 李婵 秦硕
张蕊 藏梦 王依 户宇 王莹

结业生（1人）
李缘

应用法语（专科）
毕业生（26人）
莫雅楠 李凯蕊 岳珊珊 王晴 杨心彤
高婉莹 冯玥 冯思维 崔鹏 于浚滔
薛颖 杨鑫泽 孙思思 顾一晓 杨烟蒙
李尚夫 陈奕同 李彤 李涵蓄 孙铭
杨韵珏 赵双 赵紫怡 杨萌 田甜
于海文惠

应用西班牙语（专科）
毕业生（27人）
刘彦鹰 黄碧莹 杨旭 潘心玥 孙哲
张晓璇 彭泽夏 曹铮 张中添 刘漪然
路玺平 任智慧 芦笛 于众 宋文雅
刘子鹤 赵澍 刘丹妮 胡月 宋佳
陈榴柳 张锦 白鑫珊 王文翰 张蕊
马芯蕊 姚茜

电子商务（专科）
毕业生（69人）

毕业生名录

班　健　　赵祎璠　　赵明亮　　宋雅静　　李澍峥
王　怡　　王　柯　　郭天阳　　崔晓琨　　王梦婧
李万翔　　王　丹　　张瑶池　　谢雨昊　　张　玮
丁　鑫　　张　昕　　贾佳美　　解子雄　　张伯阳
王　媛　　孙　鹏　　徐晓峰　　孙　瑜　　杨　燕
阮晓雪　　孙雅欣　　赵欣然　　黄小希　　刘　智
陈　菲　　肖　雪　　王梓绮　　韩　轩　　李孟宇
马　成　　张　勉　　张亘辉　　郭子豪　　常　烁
钟　旸　　高　鹏　　吕　梦　　康诗婧　　周颖茜
刘　鑫　　苏　杰　　侯　爽　　曹文聪　　吕　瑶
王靖怡　　陈　露　　乔　磊　　杨柳新　　藏思琦
王仁婕　　曲堃玚　　李　根　　杨静坤　　李　越
高　峰　　李嘉颖　　周世豪　　郭　帅　　牟　岩
张梦梓　　谭佳豪　　杨　兵　　高　鑫

结业生(2 人)

王梓航　　郭　尧

旅游管理(专科)
毕业生(50 人)

张思晗　　李佳璇　　杨　潇　　陈兰辉　　刘静桐
韩　晴　　王英婕　　郎　雨　　汪家豪　　李　玥
齐　菲　　张文婷　　张　兴　　陈泯杉　　马清秀
赵昕玫　　李雨典　　陈铭杨　　王　祎　　刘　伟
李依凡　　朱　杰　　孙冰雨　　钱　程　　张莉莉
及彤云　　曹月清　　曹　杨　　李明明　　张　章
刘　阳　　富婷婷　　宋天威　　胡乃昊　　刘慧娟
刘倬麟　　张　宁　　宋　晨　　赵　杰　　韩　旭
窦紫燕　　屈　越　　马　征　　赵　然　　王雪娇
丁啸天　　朱晓雪　　张　碌　　李丹娜　　金　莹

国际商务(专科)
毕业生(65 人)

庞运升　　李慧晨　　于　沛　　韩晓晓　　张　音
马潇菲　　王　鹤　　杨　蕊　　刘欣然　　刘　迪
韩志斌　　赫佳卉　　侯家彬　　杜煜锬　　刘　垚
焦博文　　侯美晨　　尹珠莎　　王思雯　　刘昕禹
张　宇　　郝　雨　　王　硕　　李　小　　井少楠
张　淼　　崔　爽　　张天龙　　张　潇　　李　赛
王　彤　　金胜昔　　刘　硕　　杨　淼　　杨　扬
赵宏怡　　吴柏利　　王　萱　　李　月　　殷　蕊
马　畅　　韩成功　　张　舟　　王　梅　　刘昱昂
吕　游　　薛　脉　　王　雷　　曹红玉　　顾月妍
赵　倩　　安　博　　李小康　　刘宏宇　　马一楠
张　强　　路雪婷　　杜晨昊　　姚　蕊　　周　琪
李孟晗　　黄丹妮　　黄天宇　　李轩宇　　姚　森

结业生(2 人)

任钰珊　　王新岗

会计(专科)
毕业生(134 人)

田　赛　　宋根慧　　李葆铸　　王　雪　　李亦忻
甘　霖　　张露夊　　杨　丹　　张　雪　　李　睿
李子雨　　武兆辉　　李　丹　　陈海明　　李　爽
何　莹　　张　妍　　崔晶鑫　　黄永辉　　隋天笑
武缘惠　　牛毓晓　　宋立争　　刘　宇　　娄　娜
窦　桐　　郭思佳　　魏　硕　　刘珊娜　　蒋玮博
徐　征　　宋　扬　　廉　程　　许　京　　王晨曦
胡雨晴　　周桓竹　　黄文洋　　魏熹梅　　毕思聪
刘一帆　　任　屹　　付月齐　　张子豪　　王宇思
王　嘉　　冉　悦　　莫春霞　　程丽洁　　冯爱竹
罗雅丛　　武偲璐　　时　旭　　穆启鑫　　张海玲
王　月　　李　娜　　魏珈妮　　于立非　　李天芮
杨　婧　　霍柄彤　　宗依依　　沈　洁　　王晓京
周　楠　　毕悦桢　　陈可欣　　杨　雪　　程健强
崔香怡　　刘　伟　　刘思文　　马　尊　　褚也铮
孙艾雯　　王　蕊　　姚　青　　朱晓彤　　何月宁
常胜男　　赵璟涛　　崔玉劼　　周一诺　　侯　宇
李佳鹏　　韩沛杉　　孙艳婷　　曹孟霞　　唐　陌
曹　鑫　　杨月辉　　陈　铎　　宗　鑫　　王德荣
初琬璐　　马浩灵　　尚红婧　　赵　欣　　段　瑞
宫莫楠　　张　琪　　孔　瑶　　张境洁　　沈　丽
冯温馨　　杨　皓　　李馨苑　　何祺康　　张　欣
肖　硕　　杨珊珊　　杨欣怡　　张嘉忆　　刘潇依
赵佳星　　王　赛　　张鹏飞　　刘皓祯　　毛润楠
许　妍　　崔宇朦　　徐　娆　　史苇婷　　王迎平
高　蕊　　王　娇　　李文瀚　　朱梦雅　　冉文韬
郑　凯　　徐经伟　　全思琪　　赵斯墨特

结业生(3 人)

尹嘉兴　　蒋云鹏　　张昊天

市场营销(专科)
毕业生(59 人)

詹嘉诚　　祝　贺　　李翊朝　　黄庆月　　陈思思
侯家玉　　赵瑞冬　　梁　宁　　李璐也　　袁　媛
赵　烁　　王　江　　申绿子　　朱　夕　　王　伟
臧建伟　　崔莹心　　李闻达　　张璐瑶　　马梓轩
张梅英　　郭欣蕊　　朱　琳　　王一帆　　朱依娜
来　玥　　聂　维　　周　璐　　李梦帆　　张　函
乔云飞　　李菊秋　　李博文　　陶雯雯　　李成龙
胡　彬　　范雪娟　　安　阳　　王秋焕　　张　硕
绳　一　　孙　畅　　赵亚建　　常世强　　李　铭
王子纯　　许　利　　唐　娜　　曹　梦　　王国超
王婧祎　　于　宁　　杨雪晨　　李悦媛　　赵夏阳
周新炎　　张子杨　　张苏京　　王紫桐

结业生(2 人)

薛屹楠　席　涛

市场营销(医药)(专科)
毕业生(29人)
朱佚美　郭启鹏　张亚博　王欣雅　马小玉
于晓凯　果秋月　王兰爽　边　驰　焦　月
王宇晴　陈思棋　黄尊搏　许仕杰　马振坤
赵　琦　刘　阳　刘月明　郑闫慧　王新月
刘栖然　乜　帅　卢　森　张翰炜　刘　帅
张梦迪　孙　晶　王　蕊　康雪怡
结业生(1人)
刘子奇

电脑艺术设计(专科)
毕业生(60人)
徐　鹏　马　琛　常天奇　邵洪生　杜　建
安宏宇　崔天奇　高　越　李　田　宋　晨
曹　贺　吴　桐　田佳远　韩佳辰　甘泽阳
闫　俊　李麦子　勘　宇　李依仑　吴绍宇
支雨珩　李兴宇　王　晔　周　然　赵雨桐
窦嫣然　张　雪　王鹏飞　郭美嘉　张　鸣
葛思呈　刘咏丹　焦晨玥　赵博超　周晨曦
赵庆文　杨　晶　房伟辰　王浩轩　李廷鹤
朱　煜　邓　禹　石磙砚　王思琪　刘　楠
袁　静　王欣宇　赵　安　陈　雪　张晓丹

戴明森　胡天博　杨　潇　王　婷　扈家明
张凝玉　王　朕　胡　水　费英杰　李梦黎
结业生(10人)
侯燿阳　付绩超　佟路扬　于　跃　衡　炜
姚　磊　刘晓文　安　鹏　陈晓琦　张　彤

广告设计与制作(专科)
毕业生(63人)
张　宗　张君冰　陈　丹　刘德龙　梁瑞祺
李继龙　崔晓萌　石　璐　丁　依　解东旭
宋　欣　赵一晗　王嘉曼　倪惠泽　孙　然
华莹莹　王佳乐　李佳琦　李　童　窦　凯
周立雪　徐子杰　叶　彤　吕　岚　李韵汐
刘　磊　陈思琪　何　焕　贾东升　王春雨
岳安夏　杨千瑾　崔豪夫　马　杰　孙　旭
任　雨　李　宁　何　旭　申建伟　郭瀛璐
李　妍　赵星澄　刘佳雯　田兆钧　王　逸
孙　凯　岳馨怡　李　冉　刘　飞　李子彤
冯　茜　汪佳杰　刘翼飞　王冬旭　李墨霖
林凯茜　张毅峰　徐艺丹　杜一鸣　马　荔
邢佳帅　彭　博　赵凌玥
结业生(2人)
范　炜　乜　野

(校教务处提供)

成人学历教育(夜大学)毕业生名录

一、本科层次(51人)
艺术设计(7人,办学单位:师范学院)
李　鑫　龙　洋　马冬文　王　倩　赵　欣
董文斌　杨　虹

艺术设计(21人,办学单位:商务学院)
杨　涛　易梦云　方钰茹　韩慧荣　汤雪菊
刘　艳　任霄月　杜琳慧　许可欣　康　丽
张美慧　高　敏　李思宇　段有艳　高欣欣
李　超　吕梦阳　冯腊梅　孙梦茹　崔彦博
温　立

旅游管理(4人,办学单位:旅游学院)
李京京　钱筱娟　郝军亚　李　爽

工商管理(19人,办学单位:机电学院)
郭书钗　吴　毅　刘艳杰　刘玉霞　莫亚辉
张立立　康梦婷　胡　楠　胡　蓉　王远程

庞建伟　侯立会　赵　玮　张　硕　魏金平
李征鹏　石茂勇　赵晓丹　饶腾腾

二、专升本层次(606人)
艺术设计(23人,办学单位:应用文理学院)
赵雪奇　曹　桐　董婷吉　郭　森　胡　瑞
谭　欣　蒋　骁　齐　羽　贾葆光　潘雨潇
周　争　刘　宇　王　迪　陈思森　王小熠
王慧文　陈东腾　胡晓雯　李东旭　郭思岐
李　新　田雪琪　张红蕾

信息管理与信息系统(29人,办学单位:应用文理学院)
孙盛君　王　洋　严佳鹤　李青青　贺玉龙
赵雪艳　张　芳　赵亚茹　邓　宇　陈　晨
于友合　王　科　徐　兵　窦志刚　张宝芳
王金山　潘玉君　马　月　李景硕　张金龙
马文君　刘玉峰　孔红霞　王占波　单保京

刘　旭　陈　岳　周红蕊　王浩龙

会计学（45人，办学单位：应用文理学院）
薛艳丽　王　叶　闫　亿　张　楠　贾丽娜
赵阳光　韩少亮　张桢贻　郭小平　杜紫萱
姜　楠　王　欣　岳　娟　张涤非　刘　硕
李　营　郭鸿斌　陈晓平　刘国庆　刘　畅
张　颖　蔡春艳　何　杰　张明亮　赵　宇
郭玲娜　饶光琳　张利瑶　梁　森　杜建宏
杨立霞　李月华　王　帅　杜　萌　马文旭
赵振强　袁世锟　张　辉　喻　珍　苏　醒
靳冬梅　甘雪晴　金　霞　高　颖　王建维

艺术设计（8人，办学单位：师范学院）
张　楠　牛　莹　赵培宇　王　鹏　李恬然
张　玥　马　硕　李　亮

音乐学（9人，办学单位：师范学院）
李　尧　陈羽嘉　张　莉　王　旭　陈　蕾
延　石　王姣姣　李幸帅　张　京

学前教育（31人，办学单位：师范学院）
李春梅　吴　清　左德香　朱盼盼　陈丽媛
房佳琪　张潇予　谷　超　王希希　王金丽
李依云　钱晓茹　潘青娥　吴影蕾　张　茜
潘会佳　张　仁　石建红　张　潇　齐　雪
王巍慧　张海燕　任瑞萍　周　璇　王凌云
樊　征　韩　茹　闫思思　王兆欣　张雪彦
周　淼

会计学（11人，办学单位：商务学院）
王珍珍　韩　雨　马海军　刘昕洋　李　莹
刘　莎　曹建君　李　扬　刘兆瑜　赵聪慧
张　宇

公共事业管理（12人，办学单位：商务学院）
金　雪　赵　然　刘冬宇　于　霞　王园园
宋可鑫　李　欣　杨文静　薛　莲　王南竹
康　娜　马小燕

工商管理（8人，办学单位：商务学院）
安　然　张艾佳　韩　鑫　王智文　杨国强
李　航　骆雯雯　金　亚

工程管理（24人，办学单位：生物化学工程学院）
马占飞　姜清云　鲁智辉　江丽娟　柳　睿
高　宇　郑　彬　李亚娟　宋爱辉　郑莹莹

赵维钱　吴　明　王　影　李　兵　华红伟
祁　双　付丹丹　付瑞娟　高　超　范思迪
秦　炜　田　梦　张洪义　崔人笑

旅游管理（19人，办学单位：旅游学院）
黄山林　陈　璐　王　芳　金　琳　赵　圹
李　静　郭明磊　刘新涛　马逸桐　张　皓
严亦威　白　婧　龚玉竹　李　晴　马力超
李　颖　王芳芳　侯海燕　朱　帅

会计学（11人，办学单位：继续教育学院）
薛　健　刘　丹　鲍　琦　张　敏　丛　琳
李　昂　王　蕾　谢英硕　洪绍瑞　金　婧
姜兆辰

艺术设计（38人，办学单位：继续教育学院）
曾庆林　苑　媛　穆元森　任小莲　李　咪
陈　晨　曲　径　李慧鹏　李可心　聂　晨
李　征　杨　扬　赵默深　胡小琴　洪佳月
陈　强　齐佳玉　俞　森　国　峥　王　尉
徐唯益　李　巍　李青竹　迟吉花　郝诗文
李晓桐　淡佳敏　张伟铮　王鹏光　赵　雨
唐倩倩　李明月　王培月　陶安立　杨佳宾
任静红　李万跃　闫丽杰

公共事业管理（17人，办学单位：继续教育学院）
安　钰　李子君　谌秋爽　李　瑶　张　蓓
贺谊烁　玉欣欣　赵　鑫　工朋雨　郭翊如
王　倩　刘克镭　魏萌春　刘姗姗　陈　志
王　佳　闻　狄

英语（20人，办学单位：继续教育学院）
尹晶晶　魏秀娟　张伟光　王　萌　高晓芳
金　实　刘　洋　查文龙　陈　成　吴晓迪
张鼎洲　张　辰　白晓雪　舒　丹　李佳钰
杨　硕　郭彦山　贾可俐　王　静　李文静

工程管理（24人，办学单位：机电学院）
刘　斌　王章敏　钟沛文　杨　焕　张　颖
马丽娅　申　楠　江耀书　胡兴华　喻瑞利
徐金宝　杨一杰　周　蓓　魏艳秋　张　超
冯鑫宇　高子涵　赵　萌　任宝健　肖俊飞
蔡会超　张金波　郭俊杰　赵　伟

工商管理（61人，办学单位：机电学院）
周婧怡　魏乾宇　于　莉　蒙珊竹　仇　涛
刘　然　陈　雷　倪　皓　雷文昊　赵月红

李 晨	王 庚	林 茉	金 洋	王中硕
刘 莹	张会新	宋慧娟	侯 震	于冬梅
杨 宁	王 洋	孟 鑫	钱 鑫	宋明辉
赵立东	屠彩辉	庞 娜	谢 伟	曹晶润
郭 峰	吕媛媛	端 璁	罗 曦	王 曦
周 娴	奚昊鸣	武志超	梁鹏宇	刘腾浩
王 潭	王路洋	梅啸然	梁 爽	孟 轲
寇国静	应 浩	孙理雷	秦 刘	白紫昀
张 媛	刘 雪	程 越	宋 爽	晁明月
孙晓宇	崔 振	王 佩	韩晓波	刘 喆
邱运思				

会计学(2人,办学单位:机电学院)
沈修竹　万代翠

机械设计制造及其自动化(60人,办学单位:机电学院)

宋建生	张冰琳	蒋玉君	黄 琦	佟征程
王 飞	翟 洋	吕新翔	王雪佳	李振杰
高佳奇	张凯军	夏 涛	王 磊	张亚辉
姜 超	张长生	禹建国	张 祥	陈隆恩
朱鹏伟	单 彪	杨 旭	张澜峰	韩卫民
杨志强	黄叶飞	王煜清	张洪潮	陶立波
田雨辰	方 强	曹彦明	王海涛	苏经伦
郝 维	刘东方	成泽明	金 龙	耿长胜
李海礁	韩笑谦	杨丽华	沈 潇	张孝山
郑 熠	周子奇	王晓东	王 栋	刘 强
吴 枫	栗 智	李 坤	王金晨	赵 刚
郑晓明	赵 明	及晓军	曹懿明	纪 松

教育学(10人,办学单位:特殊教育学院)

申文琪	马德芸	郑晓燕	戈 毅	槐小园
梁远兰	杜丽平	门宏杰	吴丹丹	卫丹妮

艺术设计(2人,办学单位:特殊教育学院)
付晓亮　殷召生

针灸推拿学(61人,办学单位:特殊教育学院)

彭 浒	胡明明	郭春兰	刘汉云	沈晓平
王 烨	张 晖	吴佳佳	黄晓青	胡 飞
江 华	涂凯东	易 华	蒋莹莹	许炜桢
单俊武	姚 挺	杨改萍	马 兵	宋 飞
徐 春	张 帆	许骥萍	邓盛平	刘小飞
曹燕萍	于 浩	诸文彬	刘丽娟	柳寒珍
高众志	倪秉钧	冀振兴	周小丽	王 蕾
李 柯	张大东	李梦辰	叶女贞	刘 华
赵 双	宋海娜	朱新宁	陈发文	赵 磊

赵忠球	郑玉兰	褚 莉	曹惠来	骆小娟
刘 磊	宋永泉	赵洪洲	连红瑞	傅学臣
郭 洁	肖媛媛	刘卓强	闫加威	杜进冉
尹建斌				

工商管理(15人,办学单位:北四环校区)

张健哲	赵雪	范 澜	王川川	尹 森
白 健	杨淑萍	那 优	牛艳华	崔永欣
马 骉	乔 姗	潘 悦	崔俐阳	刘 哲

电子商务(1人,办学单位:北四环校区)
柏璐雯

公共事业管理(19人,办学单位:北四环校区)

周 岚	孙扬洋	谢 娜	梁 皓	张 姝
赵子琪	高国健	崔 曼	包学昀	孟 迪
黄 晞	周 雨	李 娇	方晓蕾	赵 双
马 升	高 珊	杨建铎	李 鹏	

会计学(14人,办学单位:北四环校区)

李 雯	唐 菊	孙 硕	孟 洋	石雪艳
吕凌燕	朱 杰	何改花	张巧钰	姜 月
刘明芳	姜 漫	郭 娟	李 跃	

计算机科学与技术(30人,办学单位:北四环校区)

何 迪	张宗权	刘 峰	吴 奇	张 凯
马 轩	李 震	李 林	郝 震	谢 姣
蔡晓晨	刘 帅	陈 晨	宣龙华	王嘉政
张闪闪	刘 洁	胡云来	何晓飞	吴鹏飞
闫悉尧	胡俊鑫	周 颖	王玉伟	邵 凯
杨舒雄	何诚波	武晓盼	黄凤磊	王 成

艺术设计(2人,办学单位:北四环校区)
赵夕多　李震宇

三、专科层次(1479人)

广告设计与制作(8人,办学单位:应用文理学院)

郑 博	李志超	石 倩	黄 爽	李 强
段沛然	牛文晶	任相明		

会计(28人,办学单位:应用文理学院)

刘 坤	许 伟	张均英	高敬红	刘玲玲
李 莹	王伟丹	董鑫鑫	王 成	王 有
孟 磊	王文曦	邹国红	王雪娇	尚晓瑜
尹 辉	吴玉静	陈赛赛	刘 岩	黄 冲
陈 强	陈 明	马 玲	刘 宾	吴 松

李 刚 杜晏萧 赵 赛

计算机信息管理（13人，办学单位：应用文理学院）
钱金鑫 郑立春 刘铁生 李雪芳 刘 伟
曹 飞 曹 伟 张诗岳 张雪荣 王金库
王思远 侯 杰 姜可齐

幼儿艺术教育（24人，办学单位：师范学院）
霍潇娜 赵娇娇 吕 彤 李竹兴 任文雅
刘晓蒙 贾单亚 赵 越 李紫娟 田牧晨
杨佳婷 李寞涵 于 茹 高 雪 王 玥
许 程 晋圆梦 徐晓靖 杨雪莹 刘 佳
丁 攀 吴欣怡 王 禹 郭圆圆

商务管理（11人，办学单位：商务学院）
周子未 牛 强 凡海涛 彭 昕 张锦雯
杜可心 赵育晨 姚 瑶 冯艺巍 胡珊珊
王荣苹

会计（3人，办学单位：商务学院）
李 爽 张 华 尹翠玉

艺术设计（6人，办学单位：商务学院）
陶可馨 赵 洁 龙志红 崔旭涛 张 茜
魏俊明

商务管理（15人，办学单位：生物化学工程学院）
余 霞 张晓梅 刘剑波 唐 珂 王 玥
赵 阳 任贝宁 苏 阳 张焕杰 黄鑫圣
曹国雯 赵 军 张一辰 齐 伟 白玛拉姆

影视动画（23人，办学单位：生物化学工程学院）
钟泽鸣 陈 杨 李 杨 王天宇 梁雨康
韩 锋 付 迪 黄鑫燚 黄 奎 彭 文
柯 蕊 曾忆君 钟学平 赵 丽 李少棋
何太燚 江良敏 刘懿群 袁 敏 周遇缘
刘 俊 杨存梅 黄 莎

旅游管理（24人，办学单位：旅游学院）
耿 宁 邹东旭 齐红莲 吕 雪 赵 昕
李 盟 杨 雪 李舜婷 万瑞霞 陈浩杰
王冬雪 陈景红 徐米娜 李 静 张丽丽
孙立新 邱 阳 何 川 吕 爽 王保军
任志琪 孟 静 于海芬 韩子云潇

艺术设计（10人，办学单位：继续教育学院）
王圆圆 严群艳 郭明丽 库海林 蒲 明
杨 坤 夏陈丽 赵 珊 赵乾宇 郑 杨

旅游管理（42人，办学单位：继续教育学院）
崔书榕 马美香 郑玉静 黄宏坤 冯 胤
邢信龙 邵燕艳 王 丹 亓雪聪 张 琳
刘云峰 谢 杉 尤欣欣 王冠辉 刘洛语
杨梦莹 蒲 栓 赵晨旭 念 念 管 蓉
李慧鸿 刘建岐 吴顺利 张 瑞 梁方方
周叙杰 周 雪 丁一凡 田 虹 韦程峰
宋 鑫 王尉恺 盛 洁 李青青 张文雪
李 博 刘 高 康冰冰 王 倩 王炫兮
诸葛嘉玲 何穆晶婷

多媒体设计与制作（41人，办学单位：继续教育学院）
王连超 徐宏杰 鲁壮壮 马 淘 郝帅帅
马雨强 申晓禳 薛子豪 姚 晨 闫嘉运
王文杰 高 昂 吴超然 程 竹 乔 磊
路 阳 石发明 张 越 徐家继 杨 柳
陈 清 李 扬 邓可歆 吴 洋 张 佳
张 雨 张健康 王姣姣 吴明松 李 叶
尹文慧 王映泽 邬炬亮 王 涛 金 晖
赫 桐 曹媛媛 崔 硕 王新阳 刘 璐
王 帅

广告设计与制作（7人，办学单位：继续教育学院）
王 潮 张君禹 胡文龙 李 巍 李 爽
孙 昊 付 莹

会计（31人，办学单位：继续教育学院）
邢春雨 王岳峰 张嘉玉 冯士宇 王 伟
罗军志 石晓琳 王 婷 董 蓉 刘方方
张 壮 焦思娜 陈 婧 张玉洁 王亚思
张安城 王 瑶 张 娟 侯 敏 许明兰
李严磊 汪小娟 林 聪 吴容辰 庄雪艳
吴 兰 刘珈玲 高鸿燕 李林玉 闫玉菊
卢长峰

商务管理（295人，办学单位：继续教育学院）
陈家良 惠长虹 谢营营 董德厚 高 帆
王丹丹 刘艳玲 王震震 孙正艳 陈红志
刘乐乐 张 波 蒋利梅 雷正双 何林璋
李 聪 岳彩梅 陈 浩 杨 燕 余 欢
吴智高 何先平 司文文 谭华枝 范丽华
杜婷婷 靖 松 杨子峻 李同玉 邓艳林

苗　靖	马玉雪	陈亭如	王　琼	何东林	于　瀚	邢红军	宋　野	王佳鑫	邓悦晗
张　琪	薛志华	朱　旭	武欢迎	高　敏	赵青纹	武亚楠	李慧敏	李雪松	湛利芳
汪　雪	邓文艳	王丹丹	张学谦	程　文	孙璐瑶	杨　志	梁　影	李加东	姚　帅
郑建鹏	陈　庆	赵兵兵	张美琴	宋丹丹	唐勇剑	郎婷婷	刘雪颖	李俊楠	王浩浩
覃秋婷	冯金宇	赵丽丽	张海滨	张国庆	姚云彤	刘　静	张浩男	李　伟	李　铮
史玉梅	刘国欣	郑思男	万日炎	姜旭新	许　山	邹成婷	苏　梅	袁鸿飞	周光天佑

计算机信息管理（520人，办学单位：继续教育学院）

窦勤杰	刘　丹	刘　赫	卢立廷	王琳琳
徐　晶	崔　敏	刘文龙	王　聪	崔晓庆
孙洪伟	张玉姗	李　萌	刘红涛	毛　睿
李　平	李　潘	李青峰	齐亚琴	胡小燕
李孟龙	郭禹妃	王巧乾	龙　勇	解成龙
张原源	齐宗伟	崔双臣	孙培民	李佳新
赵春亚	周　敏	孙明岐	高　洁	沙启玉
贾雨思	粟　红	李昕欣	李银凤	刘立明
赵元境	王银硕	邢广全	李　娜	邹长生
张旭亮	卢俊洁	孙莹莹	韩　龙	于文波
张天杰	杨玉萱	胡丹鹤	苏华楠	刘丽华
周凡晶	毛萍萍	赵　珊	于海洋	隋　岩
马俊平	王　伟	张媛媛	陈彦吏	王一璇
程姗姗	谢好姣	仲　淼	吴吉祥	孙允秀
于　硕	韩　旭	余　涛	王佳禹	佟梦达
袁　雪	王　雪	任广林	毕利婷	王欣欣
杨国红	郭胜格	王麟弛	刘琳琳	刘美玉
张　帅	刘　坤	陈新兴	肖桂雪	范春来
姜海凤	路晓雅	王　梓	杨　康	钱新月
刘宝峰	李　玲	刘海杰	高美婷	相晓雪
杨成宝	于惠敏	张义梅	王海燕	杨镜湖
孙阳洋	范琳琳	张国骄	潘　月	于　敬
张　建	关婷婷	刘　莹	陈芯蕊	王　雪
王伟宇	赵长波	于翠翠	王利达	韩现叶
王　平	李海成	李桂萍	张桂敏	曲　辉
朱　艳	李玉欣	杜姗姗	伍家顺	刘　洋
尤胜祥	周敏男	韩金凤	戴妙玲	程文静
杨德新	王　鑫	王莹莹	胡建梅	于喜红
林纯雪	张建楠	陈　一	李　宁	安　娜
陈会奎	苗向丽	杨胜文	张兴建	李爱雪
高　達	李旭芳	宋永杰	萨如拉	马　蕊
杨胜男	孙立新	汤　爽	刘雪晴	张立强
马新宇	黄珊珊	郝旭飞	徐海东	朱媛媛
于　龙	许宝龙	罗　卫	王晶晶	曹孟茹
戎有伟	修美红	李艳琨	郝　鑫	金　龙
李高霞	刘　悦	张思雨	马新影	王　薇
王雨桐	杨　玲	马国耀	刘起荣	宋永玲
张文涛	王　静	蒋东营	杨　光	仲　敏
汪德荣	曾岳峰	周园园	潘文晶	尚亚楠
余美琳	葛　巍	宋珊珊	裴红宇	钱　慧
赵春蕊	张晓玉	沙　颖	李文强	刘　丹

黄晓鑫	郝　斐	夏　添	孙国斐	王　玲
张树强	李军良	姜晓文	曲　晶	薄　爱
马汉成	房睦辰	丁宁振	吕佳祥	李　宇
沈东媛	胡志强	郭洋洋	孙　娟	代春梅
王玉娇	赵一鸣	盖坤江	刘　博	杜天庆
孙亚冰	陈　晶	于　宁	孙晓旭	金爱莲
刁亭亭	姜冯彬	李英姿	邵见坤	徐文丹
吴　云	程丽媛	宋金鹏	许成成	孙　萍
王强时	卿　洋	高　兴	孙凤娇	杨文静
刁美娟	仲立萱	张昌春	孙广强	张　磊
王洪达	赵纯杰	王　欣	温馨然	王　昭
王鑫浩	卢　慧	刘维明	张丽君	贾　刚
王明明	王　伟	李　鑫	裴千瑶	王宝东
刘科卫	鲁延旭	李　彬	王立杰	赵贺龙
倪　雪	李建峰	李建敏	朱晓宇	王　叐
张永琦	李　杨	刁海玲	刘婷婷	张露露
刘　杨	吴先桃	王志民	黄永吉	沈　琪
张福东	侯强强	林　强	李　鹤	李　响
田　娜	朱刚强	徐　欣	赵培佳	陈　浩
林　阳	黎福钦	贾　宁	丛志刚	尚文鹏
赵士阳	王　鑫	吴云祥	苏　昌	姜　波
张梦诗	奚有为	吴占飞	李廷杰	付毓婷
黄志国	韩　宇	李佳傲	黄友海	赵胜男
彭登科	张永全	王　超	杨　策	刘　佳
黄彦杰	石　毅	刘思文	张红野	汤　彬
刘梓未	王飞越	胡光培	王林波	毕本强
刘　伟	张帮贵	徐　鑫	王孟昌	刘宇婷
吴嘉永	丛美健	纪艳娟	程美琦	赵新宇
王志新	王英俊	王世霞	何家有	刘荣泉
程　龙	潘　岳	张少杰	王春晓	王　爽
王　芳	韩冬雪	王敬博	张　起	辛梦敏
刘　颖	温玉梅	杨强杨	林　强	李博文
郑周恩	吴树昌	赫翠兰	李清玉	谢　越
田义龙	李　烁	周　月	李鸿鹏	范　波
谷常悦	房琳琳	朱　婧	刘　杨	魏立君
董婷婷	崔殿臣	何　苗	贾明远	姚欣欣
管秋田	孙　琦	左　征	邹璐璐	郎　丹
彭小艳	高　彬	庄有乐	李冬梅	周　磊

刘 丹	刘亚翠	赵盼盼	张 瑜	吕翠芝	孟 宇	王立峰	李 晶	朱 林	徐作伟
潘秀丽	周妮娜	邓丽君	胡红莉	杨亚运	马丽欢	王翠翠	刘 建	李东亮	唐 威
曲 畅	杨慧慧	杨建梅	代宏杰	张增明	綦博伦	兰庆鹏	柳孟起	王 聪	姜云娜
赵彦冬	刘欣桐	马 岩	白 雪	王 瑶	金耀南	王国霞	于华荣	黄喜贺	王宗杰
姜学冬	崔 娜	张 晓	杨志刚	赵铁夫	解永静	暴 爽	李梦茹	张泽宇	华成刚
孙国强	宋庆成	孙 阳	王 强	徐 新	牛 欢	朱天呈	郭 丰	贺宏伟	徐 鸥
陈东清	齐春彦	张 莉	马元鑫	崔美兰	陆飞飞	夏明媛	陈槐武	朱红军	岳继鹏
张志强	窦 珊	江 涛	于晓敏	米 帅	裴彦志	胡兆人	龙炳竹	王 波	林枢衡
梁 璐	李 斌	李风明	许首旭	王有杰	张 妍	丰艳萍	张 鑫	张苗苗	吴红元
肖云鹏	马 丹	孙 博	郑超辉	杜庆宾	王 金	刘国男	王译民	李玲玲	刘金辉
刘 全	王海鑫	柴俊宜	李 进	杨司佳	杜艳会	刘春燕	马鹏飞	王一平	毕海洋
李 娜	董文章	刘 赫	佩 鑫	曹 星	蔡晓蓉	黄迎秋	唐宏轩	张 龙	曲成双
于萍洋	邹 娜	翟乐乐	温凯越	王 爽	王晓天	张洪杰	葛香怡	张瑞东	付占东
任秀洋	武 洁	高建利	郑富玲	陈 晨	曲 平	晏义涛	沙中海	刘 蓉	李贵岩
周建明	袁康云	孙 新	马 浩	孙诗茵	关 莹	高秀秀	王 睿	李金玲	王 园
任贤达	王鹏程	沈 阳	刘会鑫	苗 苗	李虹亮	张伟东	冯宇娟	李欣欣	滕 巍
许桐玮	郝鑫涌	李才辉	韦佳雷	高 原	宋善强	金 超	许大成	王睿欣	李冬梅
张德振	汪 洋	刘丽娜	赵德旭	吴 平	于美琪	王 岩	王梓丞	郑美凤	刘亚晶
李丰君	张艳真	栾雪松	陈 思	缪广奇	李 旭	王楠楠	常宝明	张中山	程明宇
齐建宇	杨莹莹	谢金凤	孙 羽	房桃桃
卢星星	李 宇	张佳峰	马 烈	尹天舒
王丽娟	孙丽娜	张忠良	赵雨展	黄 胜
郭 超	王兆林	王文昭	张东明	刘聪聪
张 欣	王明亮	马思宇	鲍洪培	迟林娜
邱天成	乔宏宇	焦 典	赵 雪	方 媛
黄 鹏	徐晓凤	周 翔	张 雪	周 峰
宋江龙	牛善斌	宋可欣	于 婷	张旭升
唐 茂	刘营春	王子念	张德成	蒋晓冬
金鑫鑫	康洪阳	张桂玲	高美玲	马 琼
刘芳冰	郝成君	岑 珊	王 锋	高任飞
刘 斌	张 强	周雪松	蒙明贵	张 爽
张 杨	郝明时	王 清	袁仁龙	徐 玲
袁德明	张立冬	包 旭	蒙春雨	张益兵
揭 羽	梁 亨	刘 悦	姜 莎	蔡 明
吴玮明	韩英志	吴玮琦	楚永昕	王海影
赵 明	王 璇	何晓黎	郑春阳	赵彦杰
姜 震	于文秀	曹博剑	胡毅杰	郑栋才
李珍裕	钟 意	闫云珍	刘玉珠	周 玮
王洋洋	覃日勇	陈雪玲	杨 凯	方 晓
吕 丹	陈秋灵	陈华材	范仲春	赵 轩
符礼梦	孙长伟	郭石辉	龙 波	潘 彧
张中忠	王 威	施 明	王晓强	孙彦雨
刘伟鹤	静国民	王寅曳	杨学志	高宏岩
炼春婷	徐大明	薛 鹏	蔡振疆	孙孝超
刘小丽	王春岩	杨宇鹏	梁宇鹏	王长敏
李宏鹏	贺欣欣	曹学静	惠宏波	伍晶晶
李文学	张文博	兰洪昌	许 辉	王小琦

计算机网络技术(41人,办学单位:继续教育学院)

陈雪珊	郑傲雪	彭庆娟	赵彦成	耿乾坤
周 梦	司晓露	徐铭璐	刘 伟	王 红
薛丹丹	张 磊	刘 强	曹 帅	王晓欧
那智慧	姜 尊	张世杰	高海涛	郑万超
逄树才	姚 锟	王 琨	周禹彤	陶文东
修玉霞	刘婷婷	冯炫竣	曹佩剑	盛 莹
马福一	崔岩峰	韩雁杰	李成龙	徐亚南
吴东海	聂金凤	庞剑勇	张国飞	靖 峥
李 鑫

幼儿艺术教育(34人,办学单位:继续教育学院)

张 婧	陈 雪	任丹丹	崔宇佳	高丽娜
张书山	周 琪	徐 娜	庞丽梅	何梓萌
韩亚楠	王馨漫	赵丽娜	闫淑宝	李雪红
王 硕	武华丽	叶青青	琚丽丽	王 惠
张 雪	白晓宇	徐国庆	张智会	杜 蕊
郭建梅	张炜亚	康 睿	张兆鑫	梁 燕
杨 勇	杜爱龙	徐兴海	周大林

机械制造与自动化(1人,办学单位:继续教育学院)

周 璇

会计(2人,办学单位:机电学院)

倪 宁 白 倩

机械制造与自动化(23人,办学单位:机电学院)
聂金福　夏国庆　张　强　周海洋　王跃波
王　坡　王　征　孙　辉　朱宝祥　林宝健
李华军　赵青悦　张利梅　穆海龙　平　宇
赵国楠　姜海山　宋　雪　张福庆　鲍　栋
陈　超　冯　招　董海波

商务管理(4人,办学单位:机电学院)
李　辉　张　林　周　森　闫　浩

针灸推拿(94人,办学单位:特殊教育学院)
刘　禹　郭晓玮　高亚楠　赵玉萍　马瑞灿
蒋金胜　韩玉川　张劲霞　张力峰　王向凡
张国民　王静涛　刘志娟　闫林栋　朱艳秋
王慧敏　钟志强　张武明　安　柱　张义杰
吕志强　赵成利　杜宝坤　岳　晋　王　虎
张　磊　王奇彪　赵文亮　杨志艳　杨鲁兵
张亚丁　刘琛琛　杨秀慧　张会锁　李海龙
吴二虎　罗安仁　吴晓婵　黄　娟　杨生强
陈潮阳　张小兵　崔海海　蒋小丹　刘　斌
王　环　宋亚明　侯　健　吴　彬　陈　影
李瑞龙　陈大江　王雅俊　李建军　秦建涛
许雅丽　管立超　邢元国　张飞飞　张静川
孙树文　夏秀爱　刘国佶　郭　健　张明泉
张建辉　胡　杨　管　朝　李望军　温建峰
张婵娟　苗李平　代建萍　唐云嵩　李建华
赵　辉　和仕成　和琳雁　王吉文　李开泽
戴赣强　尹剑龙　杨继兰　李宗友　李　彬
徐　立　杨　毅　吴思远　周　利　张学伟
刘　艺　唐平奇　刘美言　赵　静

计算机网络技术(12人,办学单位:特殊教育学院)
赵顺平　杨玉娇　娄玉琳　吉建英　董振国
熊财主　李小苗　陈继虹　熊利聪　邱艳勇
徐文春　张　恒

艺术设计(20人,办学单位:特殊教育学院)
王永东　何苗苗　刘寿珍　李　鑫　王玉姣
玉娟珊　马跃博　纪开珏　刘　思　陈　莹
马敏会　李明秦　林嘎抽　张永强　何开正
周宋辉　李金珠　孙绍兵　田　详　陈发磊

商务管理(5人,办学单位:北四环校区)
尹翠杰　朱　攀　田建勋　刘育靖　刘　卉

会计(7人,办学单位:北四环校区)
周　颖　徐延龙　段为敏　李　盈　肖云伶
米晓晶　夏凯利

影视动画(38人,办学单位:北四环校区)
曹佳明　邱庆国　王晓栋　雷　鑫　王永杰
刘亥鋆　梁　镇　蒋佳炜　杨婉艺　石　洁
曹雪薇　左　琦　朱紫卉　余若歆　陈希凡
邹凯悦　张金叶　郭泽晋　张朝雷　康慧迎
张　策　康露丹　袁同昆　李苗苗　殷丹阳
刘博文　马燕荣　谢　诗　施维伟　肖　尧
孙东山　孙加伦　魏青云　王胜男　王　敏
王　超　罗鹏龙　唐浩莉

广告设计与制作(1人,办学单位:北四环校区)
黄晨

幼儿艺术教育(96人,办学单位:北四环校区)
郭秀梨　鲁　一　宗传珺　马　艾　姜凯旋
杨小爽　徐陶桃　陈　曦　赵镆涵　李怡洁
卢玉梅　李秋影　王静静　张姣姣　徐若男
杨珊珊　魏媛媛　杨　红　金　妮　祝元义
孙雅静　张佳丽　盛方园　乔　娜　张陈家
马从蓉　张翔宇　柴源辉　李　悦　关越西
马　婕　徐盼盼　王　莉　代凤华　谷　爽
杜　杉　刘雨昕　周芳园　赵文霞　蔡倩文
安雨柔　陈柏洁　谢化臣　李一诺　何明龙
刘　备　黄晶瑾　张　杨　刘博洋　齐　特
于天青　程艳琪　纪云川　邱　禹　张俪馨
赵欢欢　李丹慧　王潇艺　韩坤邑　马　萧
赵希雅　王亚飞　张艺馨　李　琪　丁雨薇
黄余蓉　周怡彤　王迎锦　徐文婷　金悦悦
张梦琦　邱思雨　于　聪　路青青　黄　喆
王　昕　王籽桦　詹玉娇　张丽姣　尹　西
解梦姣　潘佳欣　张晨晨　刘　丹　尹　贺
吕丽丽　刘晓旭　廖　徽　孟　楠　熊媛媛
王丽新　詹梦云　董晓燕　张　敏　彭莎莎
陈月娥

(培训中心提供)

表彰与奖励

北京联合大学 2015 年获得的表彰奖励

序号	获奖名称	获奖单位	申报单位/组织参评单位	授奖单位
1	北京市"青春船长 法治启航"青少年法制宣传教育主题活动一等奖	北京联合大学	党委办公室、校长办公室	北京市法制宣传教育领导小组办公室
2	2015北京高校青年教师社会调研工作优秀组织奖	北京联合大学	宣传部	中共北京市委教育工作委员会
3	北京高校红色1+1示范活动优秀组织奖	北京联合大学	学生处	中共北京市委教育工作委员会
4	2014年北京高校国防教育突出贡献奖	北京联合大学	武装部	北京高校国防教育协会
5	2014年北京高校国防教育先进会员单位	北京联合大学	武装部	北京高校国防教育协会
6	北京市2014年度高校征兵工作先进单位	北京联合大学	武装部	北京市征兵工作领导小组
7	2015年首都大学生心理健康节最佳组织奖	北京联合大学	校学生处	中共北京市委教育工作委员会宣教处
8	北京高校第九届青年教师教学基本功比赛优秀组织奖	北京联合大学	校工会	中共北京市委教育工作委员会、北京市教育委员会、北京市教育工会与教育部全国高校教师网络培训中心
9	第二届全国高校微课教学比赛优秀组织奖（校级赛事组织单位）	北京联合大学	教务处	教育部全国高校教师网络培训中心
10	平安校园示范校	北京联合大学	保卫处	中共北京市委教育工作委员会、北京市教育委员会、北京市公安局、首都社会管理综合治理委员会办公室
11	2015年度国家安全人民防线建设工作先进集体	北京联合大学	保卫处	北京市国家安全局
12	2015年北京市第二十六届大学生数学竞赛优秀组织奖	北京联合大学	基础课教学部	北京数学会大学委员会、北京高教学会数学研究会
13	第三十二届全国部分地区大学生物理竞赛团体奖	北京联合大学	基础课教学部	北京物理学会
14	2015年北京市高等教育自学考试一等奖	北京联合大学	培训中心	北京教育考试院
15	2015年度北京高校离退休干部信息工作先进单位	离休退休人员工作处	离休退休人员工作处	中共北京市委教育工作委员会离退休干部处
16	北京教育系统离退休干部工作先进集体	离休退休人员工作处	离休退休人员工作处	中共北京市委教育工作委员会
17	北京教育系统老党员先锋队	校晚霞艺术团	校晚霞艺术团	中共北京市委教育工作委员会
18	2015年度北京高校离退休干部工作优秀报刊	《青松》杂志	离退休党委、离退休处、校老教协分会	中共北京市委教育工作委员会离退休干部处

续表

序号	获奖名称	获奖单位	申报单位/组织参评单位	授奖单位
19	2015年度北京市社会科学基金项目优秀二级管理单位	科研处	科研处	北京市哲学社会科学规划办公室
20	北京市模范集体	后勤服务公司	北京联合大学	中共北京市委、北京市人民政府
21	2015年北京高校档案工作先进集体	档案（校史）馆	档案（校史）馆	北京市高等教育学会档案研究会
22	2015年度全国统战理论政策研究创新成果三等奖	台湾研究院	台湾研究院	中央统战部
23	2015年首都高校禁毒普法活动最佳团队奖	北京联合大学青春船长团队（田博、邹晨旭等）	应用文理学院法律系	北京市法治宣传教育领导小组办公室、北京市禁毒教育基地管理中心
24	2015北京高校优秀基层组织创建展示活动"优秀基层组织"称号	应用文理学院法学1301B班	应用文理学院法律系	中共北京市委教育工作委员会
25	北京市红旗团支部	应用文理学院历史1203B班团支部	应用文理学院团委	共青团北京市委员会、北京市人力资源和社会保障局
26	首都大学、中职院校"先锋杯"竞赛"优秀团支部"	应用文理学院食品科学与工程研究生团支部	应用文理学院团委	共青团北京市委员会
27	首都大学、中职院校"先锋杯"竞赛"优秀团支部"	应用文理学院文理历史1202B团支部	应用文理学院团委	共青团北京市委员会
28	先进教职工小家	应用文理学院工会	应用文理学院工会	北京市教育委员会
29	2014年度北京市共青团"达标创优"竞猜活动五四红旗团支部	应用文理学院团委	应用文理学院工会	共青团北京市委员会
30	2015年全国高校商业精英挑战赛会计与商业管理案例竞赛最佳院校组织奖	商务学院	商务学院	中国国际商会商业行业商会、中国商业会计学会
31	2015年度中国会展优秀院校奖	旅游学院	旅游学院旅游经济系	中国会展经济研究会
32	"2015年第九届全国商科院校技能大赛'振威杯'会展专业竞赛总决赛"最佳院校组织奖	旅游学院	旅游学院旅游经济系	中国商业联合会
33	2015中国最具国际影响力学术期刊（人文社科类）	旅游学院	《旅游学刊》编辑部	《中国学术期刊（光盘版）》电子杂志社有限公司、清华大学图书馆、中国学术文献国际评价研究中心
34	2015期刊数字影响力100强	旅游学院	《旅游学刊》编辑部	中国（武汉）期刊交易博览会组委会
35	首都大学生心理健康节心理情景剧大赛一等奖	特殊教育学院	特殊教育学院	中共北京市委教育工作委员会宣教处、北京高教学会心理咨询研究会
36	首都大学生心理健康节微电影大赛一等奖	特殊教育学院	特殊教育学院	
37	首都大学生心理健康节定向越野二等奖	特殊教育学院	特殊教育学院	
38	北京高校"我的班级我的家"优秀班集体创建活动"十佳示范班集体"	特教计科1301B	特殊教育学院	中共北京市委教育工作委员会
39	北京高校红色"1+1"示范活动三等奖	特殊教育学院联合党支部	特殊教育学院联合党支部	中共北京市委教育工作委员会
40	北京市第六届高职高专大学生数学竞赛优秀组织奖	北京联合大学应用科技学院	应用科技学院	北京数学会高职高专教育专业委员会
41	第十一届全国职业院校"新道杯"沙盘模拟经营大赛三等奖	北京联合大学应用科技学院	应用科技学院	中国职业技术教育学会商科专业委员会、新道科技股份有限公司

北京联合大学 2015 年各级各类教育教学成果奖

一、2015 年校级教育教学成果奖

序号	成果名称	成果完成人	完成单位	层次	级别等级
1	"三规合一,四年演进"的人文地理与城乡规划专业应用型人才培养模式改革	张景秋、孟斌、熊黑钢、张远索、董恒年	应用文理学院	本科	一等奖
2	历史学毕业论文"全程介入分类指导"教学模式的探索	韩建业、黄可佳、张经、宋蓉、张俊娜	应用文理学院	本科	一等奖
3	首都师范院校卓越教师培养的实践教学体系创新	顾志良、汪艳丽、李爱国、李娟华、马涛、牛爱芳	师范学院、校教务处	本科	一等奖
4	"三师协同、三业共建"创新设计人才培养平台建设	李红梅、裴朝军、曹建中、张威、杨希	师范学院	本科	一等奖
5	面向大旅游发展的旅游类专业课程体系建设	石美玉、王丽、鲍卫华、谌玉霞、杨新风	旅游学院	本科	一等奖
6	适应大旅游发展需求的旅游实践教学平台建设与创新	于平、黄先开、高江江、彭霞、马桂真	旅游学院	综合	一等奖
7	ITO 人才培养课程体系创新与实践	张姝、马楠、李文法、鲍泓、彭涛	信息学院	本科	一等奖
8	面向行业的机械类专业应用型创新人才培养实践	程光、张建成、刘伟、谭苗苗、王淑芳	机电学院	本科	一等奖
9	工程应用型物流人才培养模式的研究与实践	李平、于鑫、赵立新、曹丽婷、耿钰	自动化学院	本科	一等奖
10	以工程能力为核心的高素质自动化应用型人才培养的探索与实践	李红星、张益农、钱琳琳、任俊杰、佟世文	自动化学院	本科	一等奖
11	基于个性化发展的经管类实践创新型人才培养模式	陶秋燕、杨冰、谢飞雁、何勤、刘在云、陈浩、牛爱芳	管理学院、校教务处	本科	一等奖
12	面向文化创意产业人才培养的艺术与传媒专业群实践平台建设	张旗、楚天、杨沛、刘楠、王丹谊	广告学院	本科	一等奖
13	校企协同的经管高职人才培养模式创新与实践	李慧凤、殷智红、李伟、李宇红、王文媛	应用科技学院	高职	一等奖
14	地方普通高校多样化人才培养模式改革与创新的探索与实践	杨鹏、冯爱秋、肖章柯、牛爱芳、陈蓉、沈晓平、杨冰、张姝、魏靖、白梅	校教务处、商务学院、管理学院、信息学院	综合	一等奖
15	思想政治理论课问题导入式专题教学探索与实践	韩强、王恩江、林绍玲、贾少英、王桂芝	校人文社科部	综合	一等奖
16	借力 TEP,着眼应用能力培养,探索我校大学英语深水区教学改革	谢职安、韩靖、张殿恩、翟世骏、何芳、刘晓玲、牛文珍、黄宗英	校外语部、商务学院、应用文理学院	综合	一等奖
17	基于微媒体实践平台的新闻学专业实践教学改革	杜剑峰、乔东亮、杭孝平、李彦冰、郑伟	应用文理学院	本科	二等奖

续表

序号	成果名称	成果完成人	完成单位	层次	级别等级
18	拓展专业志愿服务,全面提升法学专业人才应用能力的实践	王平、刘婧娟、邵彦铭、王小明、刘建钢	应用文理学院	本科	二等奖
19	基于产学协同的跨学科多专业综合实践教学模式构建	王彤、刘守合、朱科蓉、顾军、杜剑峰	应用文理学院	本科	二等奖
20	计算机硬件课程群自主学习教学模式的探索与实践	王永平、刘莹、魏威、马涛、王琦	师范学院	本科	二等奖
21	高师本科"能力分级培养"钢琴课程体系构建与实践	耿燚、王小力、吴芳、陆越	师范学院	本科	二等奖
22	经管类实验教学效果的动态监控与分析评价	赵红、秦立栓、黄金燕、孙长宾、笪强生	商务学院	本科	二等奖
23	制药工程专业"多层次、动态调控式"实践教学体系改革与实践	刘红梅、韩永萍、李可意、葛喜珍、霍清	生物化学工程学院	本科	二等奖
24	构建"开放式实战型"建筑环境与能源工程专业实践教学体系	李春旺、陈副祥、皮伟、田沛哲、丁容仪	生物化学工程学院	本科	二等奖
25	旅游管理专业"六位一体、两线协同"实践教学平台的构建与践行	石金莲、石美玉、孙梦阳、刘志华、王恒	旅游学院	本科	二等奖
26	"三化育人",培养博识雅行旅游人才的创新与实践	冯丽霞、郭鹏、张蕾、相丹、范蓓	旅游学院	综合	二等奖
27	坚持实践教学模式创新,培养高素质电气工程专业人才	范同顺、梁爱琴、童启明、周冠玲、刘艳霞	自动化学院	本科	二等奖
28	金融学专业师生共同体全程导学的实践与探索	赵睿、程翔、张峰、李雅宁、杨泽云	管理学院	本科	二等奖
29	以校企联盟为依托的"以赛促学"教学模式实践	楚天、刘锐、张旗、崔亚娟、丁超、俞必忠、丁莎	广告学院、应用科技学院	综合	二等奖
30	构建多维立体高职公共英语课程体系的实践	张洪颖、王成霞、冯媛媛、袁俊娥、赵燕婷	应用科技学院	高职	二等奖
31	构建基于教学品质提升的常态化质量监控与保障体系	牛爱芳、张菊玲、张怡婕、徐静姝、钟丽	校教务处	综合	二等奖
32	地方高校学籍学业管理制度体系构建的研究与实践	刘春玲、刘在云、姜小军、杨芳、王晓蕾、王浩、冯爱秋	校教务处、生物化学工程学院	综合	二等奖
33	心理技能训练对应用型大学学生"知行合一"素养培育的研究与实践	晏宁、李斌、刘学惠、张德兰	校学生处	本科	二等奖
34	构建"理-实-训-赛"立体化数学建模教学体系 培养学生创新精神和实践能力	张静、崔海英、王笛、贾文敬、徐尚文	校基础部	本科	二等奖
35	档案学专业动态稳定的校外人才培养基地体系建设与实践	孙爱萍、谢永宪、王巧玲、吴晓红、王顺	应用文理学院	本科	三等奖
36	产学合作的地理信息科学专业课程群建设与教学改革	孟斌、逯燕玲、张景秋、付晓、周爱华	应用文理学院	本科	三等奖

续表

序号	成果名称	成果完成人	完成单位	层次	级别等级
37	"基础-专业-特色-应用"四位一体,食品类专业主干课程群教学体系建设	张艳贞、陈文、米生权、宣劲松、郭俊霞、张静	应用文理学院、北京科技大学	本科	三等奖
38	基于网络的大学计算机课程教学模式创新与实践	戴红、安继芳、常子冠、于宁、侯爽	应用文理学院	本科	三等奖
39	视觉传达设计专业实践教学体系建设	景怀宇、裴朝军、金光、王洪瑞、张宇彤	师范学院	本科	三等奖
40	注重"中华优秀传统音乐传承和创新"的音乐专业人才培养模式研究与实践	赵华、耿燚、吕勇、王小力、茹秀华、张爱民、黄淑梅	师范学院、应用文理学院、特殊教育学院	本科	三等奖
41	创建"内外循环"的实践教学体系培养餐旅技能与文化内涵融通的职业化人才	李白、许荣华、田彤、郭晓赓、姜慧	旅游学院	高职	三等奖
42	"纵贯式实践教学体系"的研究	张子义、杨志勤、谭苗苗、李秀彩、刘晓彤	机电学院	本科	三等奖
43	基于节能汽车竞技大赛的大学生创新能力培养研究与实践	徐志军、于增信、张学艳、刘丹月、刘惠	机电学院	本科	三等奖
44	基于"四点一圈"动态管理模式育人实效研究与探索	丛森、高蕾、孟秀霞、冯玮、吴巧慧	自动化学院	综合	三等奖
45	无障碍字幕教学手段的改革与实施	李晗静、吕会华、李妍、刘志丽	特殊教育学院	本科	三等奖
46	残障大学生职业发展与就业指导模式探索	张健萍、陆忠华、吕淑惠、王文明、赵磊	特殊教育学院	综合	三等奖
47	听力语言康复技术专业实践教学合作课程建设模式初探	刘晓明、许家成、胡萍、毛荣建、张旭	特殊教育学院	高职	三等奖
48	"双实践"法在艺术类学生德育课程教学改革中的实践与应用	卜晨光、晏强、何侃侃、张奕、宋广荣	广告学院	本科	三等奖
49	表演艺术人才培养的教学体系构建与实践	毛美娜、刘畅、王少艳、武英洁、周筱真、吴璇、许累锋	广告学院、北京儿童剧院股份有限公司	本科	三等奖
50	以"项目导向"驱动的数字媒体艺术人才培养实践教学模式构建	王竹宝、夏航、高璐静、乔鸿雁、丁超	广告学院	本科	三等奖
51	《Web技术应用基础》课程的特色建设与应用	薛晓霞、赵玮、陈战胜、王秦、陈道志	应用科技学院	高职	三等奖
52	构建国际化教育教学平台,提升地方高校国际化办学水平	庞明、吴中平、王安琪、王晓婷、田培、金海燕、程可	国际交流学院、校国际交流合作处	综合	三等奖
53	加强教学运行过程管理的探索与实践	刘在云、毕菁华、杨芳、赵红、魏靖、姜小军、骆吕俊子、翟世骏、邢春峰	校教务处、商务学院、校基础部	综合	三等奖
54	服务于全校的在线网络和实验室创新平台	和青芳、林志英、孙力红、梁军、鞠慧敏	校电子实验训练基地	本科	三等奖

(校教务处提供)

二、2015年参加各级教学类比赛获奖教师名单

比赛名称	获奖等级	获奖教师	所在单位	授奖单位
第十五届全国多媒体课件大赛	微课组一等奖	黄大庆	校学生处	教育部教育管理信息中心
第二届全国高校微课教学比赛北京市比赛	一等奖	曹颖娜	师范学院	教育部全国高校教师网络培训中心
	二等奖	周爱华	应用文理学院	
		陈岩	管理学院	
		李凤英	校学生处	
		赵永忠		
		吕明		
		陶金元	管理学院	
		郑晶	旅游学院	
		常敏		
		黄淑梅		
		徐明磊	广告学院	
		雷霞		
		刘文芝	管理学院	
		周明		
		郑玮		
		张亮		
	三等奖	杨艳芳	管理学院	
		韩莉	管理学院	
		王法涛	应用文理学院	
		杨金花		
		严鸿雁	管理学院	
		周筱真	广告学院	
		苏高峰	广告学院	
		刘欢	广告学院	
		冯艳娜		
		常子冠		
		徐光美		
第一届"新道杯"VBSE职业院校骨干教师说课大赛	二等奖	殷智红	应用科技学院	新道科技股份有限公司、山东商业职业技术学院
首届(2015)全国高校数学微课程教学设计竞赛华北赛区	一等奖	袁安锋	基础课教学部	教育部高等学校大学数学课程教学指导委员会、全国高等学校教学研究中心、高等学校大学数学教学研究与发展中心
		张莉	基础课教学部	
	二等奖	黄春娥		

续表

比赛名称	获奖等级		获奖教师	所在单位	授奖单位
北京高校第九届青年教师教学基本功比赛	文史类B组	一等奖	曹颖娜	师范学院	中共北京市委教育工作委员会、北京市教育委员会、北京市教育工会与教育部全国高校教师网络培训中心
			戴文俊	广告学院	
		最佳教案奖	曹颖娜	师范学院	
			戴文俊	广告学院	
		最佳演示奖	曹颖娜	师范学院	
			戴文俊	广告学院	
		最受学生欢迎奖	曹颖娜	师范学院	
			戴文俊	广告学院	
	理工类B组	一等奖	袁安锋	基础课教学部	
		最佳教案奖	袁安锋	基础课教学部	
		最佳演示奖	袁安锋	基础课教学部	
	优秀指导教师奖		汪艳丽	师范学院	
			张旗	广告学院	
			楚天	广告学院	
			戈西元	基础课教学部	
			刑春峰	基础课教学部	
	高峰论坛论文评比三等奖		谢博健、林妍梅	商务学院	
第六届"外教社杯"全国高校外语教学大赛(英语类专业组)北京赛区	商务英语专业组三等奖		杨昆	旅游学院	北京市高等教育委员会高等教育处、北京市高等教育学会
第二届北京高等学校物理基础课程青年教师讲课比赛	二等奖		李晓梅	基础课教学部	北京物理学会
2015年"工美杯"北京工艺美术创新设计大赛	银奖		王芊	广告学院	北京传统工艺美术评审委员会
第一届中国外语微课大赛	北京赛区二等奖		杨俏村	应用科技学院	中国高等教育学会、高等教育出版社有限公司
2015年外研社"教学之星"大赛	高职高专组一等奖		赵燕婷	应用科技学院	外研社"教学之星"大赛组委会、外语教学与研究出版社
2014全国高职高专外语多媒体课件大赛	微课组三等奖		赵燕婷	应用科技学院	教育部职业院校外语类专业教学指导委员会

续表

比赛名称	获奖等级		获奖教师	所在单位	授奖单位
北京联合大学第七届青年教师教学基本功比赛	文史组	一等奖	曹颖娜	师范学院	北京联合大学
			戴文俊	广告学院	
		二等奖	张亮	师范学院	
			张羽佳	体育部	
		三等奖	杭孝平	应用文理学院	
			严鸿雁	管理学院	
			詹细明	生物化学工程学院	
	理工组	一等奖	袁安锋	基础课教学部	
		二等奖	商新娜	信息学院	
			孙洁	商务学院	
		三等奖	田娥	机电学院	
			陈晓丹	信息学院	
			闫文杰	应用文理学院	
北京联合大学第四届中青年教师执教能力比赛	一等奖		杨扬	师范学院	北京联合大学
			王慧	机电学院	
			李新娥	生物化学工程学院	
			周筱真	广告学院	
			玄祖兴	基础部	
	二等奖		宗艳红	商务学院	
			赵进	商务学院	
			申秋燕	生物化学工程学院	
			丁莉	生物化学工程学院	
			李雅宁	管理学院	
			叶莎莎	应用文理学院	
			吕林雪	广告学院	

三、2015年获得各类教学相关荣誉称号教师名单

获奖名称	获奖教师	所在单位	授奖单位
第十一届北京市高等学校教学名师奖	张洪颖	应用科技学院	北京市教育委员会
北京市"高创计划"教学名师	顾军	应用文理学院	北京市教育委员会
北京联合大学2011—2015学年度优秀教师	杜剑峰、张远索、张艳、王巧玲、高丽萍	应用文理学院	北京联合大学
	赵瑛、曹颖娜、李红梅、张鑑、张亮	师范学院	
	李玉霞、孙洁、王瑞丰	商务学院	
	周考文、汪昕宇、张洪、刘凤霞、齐春平	生物化学工程学院	
	于平、吴宁、李春颖、郑晶	旅游学院	
	彭涛	信息学院	
	张子义、马永新	机电学院	
	于丽杰、张福贵	自动化学院	
	龚秀敏、盛晓娟、徐鲲	管理学院	
	安俊英、鲁彦娟	特殊教育学院	
	戴文俊、王竹宝	广告学院	
	殷智红、王廷梅、崔亚娟	应用科技学院	
	何小玲、贾少英、袁安锋、张静、孟庆丰、李丹丹、王光军、崔武子、杭孝平、马立红	校机关和直属单位	

(校工会提供)

四、2015 年校级优秀硕士学位论文

序号	学科	硕士生	导师	论文题目
1	食品科学与工程	赵艳萌	高丽萍	葡萄籽原花青素对顺铂所致肾脏线粒体损伤的保护作用及机制研究
2	软件工程	张璐璐	何宁	高分辨率遥感卫星图像地物目标提取研究
3	考古学	戴青云	韩建业	察吾乎沟口墓地群分析
4	专门史	方圣华	陈文寿	清政府"家眷入台"政策探析

(研究生处提供)

五、2015 年校级本科优秀毕业设计(论文)

序号	学院	专业	学生	第一指导教师	毕业设计(论文)题目
1	应用文理学院	档案学	徐昊宇	吴晓红	北京地区档案馆安全危机管理问题研究
2	应用文理学院	档案学	许倩	吴晓红	北京地区档案馆库房管理问题研究
3	应用文理学院	档案学	袁晓雪	谢永宪	北京市数字档案资源长期保存现状与对策研究
4	应用文理学院	地理信息系统(城乡规划信息管理)	王雅欣	陈静	北京快速公共交通系统对城市可达性的影响分析
5	应用文理学院	法学	张相宜	常敏	论知识产权产品的平行进口问题
6	应用文理学院	法学	崔颖旭	刘婧娟	政府征收资源附加费法律问题研究
7	应用文理学院	法学	刘瑶	邵彦铭	论企业法律顾问制度
8	应用文理学院	法学	张婧怡	王平	我国食品安全监管问题研究
9	应用文理学院	汉语言文学	杜小端	李彦东	论《十二楼》的文类融合
10	应用文理学院	汉语言文学	王楚宁	吴蔚	《板桥杂记》对小品文的发展与影响
11	应用文理学院	历史学(文博旅游)	刘俊	李宝明	教育与就业:近代知识女性的选择
12	应用文理学院	历史学(文物博物馆)	郑佳	周华	北京地区圆明园流散石质文物风险评估初步研究
13	应用文理学院	历史学(文物博物馆)	恩子健	李杨	明定陵墓主人葬式及相关问题研究
14	应用文理学院	历史学(文物博物馆)	李彦婷	黄可佳	古代玉器线切割技艺探讨
15	应用文理学院	历史学(文物博物馆)	王紫崴	尹凌	古代两河流域圣婚仪式研究
16	应用文理学院	历史学(文物博物馆)	吴嘉琳	宋蓉	龙泉务窑出土瓷塑研究
17	应用文理学院	生物技术专升本	金玉	高丽萍	低聚体葡萄籽原花青素和儿茶素对顺铂所致HEK293细胞损伤的保护作用及抗癌活性的影响
18	应用文理学院	食品科学与工程	周杰	米生权	白藜芦醇在秀丽隐杆线虫体内抗氧化活性功能研究
19	应用文理学院	食品科学与工程	舒聪妍	戴雪伶	雌激素受体基因的敲减及鉴定
20	应用文理学院	食品科学与工程	杨瑞蕾	闫文杰	时间-温度指示卡的研发
21	应用文理学院	食品质量与安全	刘洋	秦菲	调味料中铅的检测与分析
22	应用文理学院	食品质量与安全	刘佳昕	陈文	牛磺酸对HepG2细胞胆固醇含量的影响
23	应用文理学院	食品质量与安全	关欣	张艳贞	小麦胚芽蛋白对HepG2细胞胆固醇水平的影响
24	应用文理学院	新闻学	蔡蔚然	冯霞	微媒体特有传播特点对用户使用的影响
25	应用文理学院	新闻学	宋琳琳	刘文红	"冰桶挑战"的传播心理学视角分析
26	应用文理学院	新闻学(影视传播)	双帅亮	李彦冰	"同性恋者"的媒介呈现研究——以近十年《新京报》的报道为例

续表

序号	学院	专业	学生	第一指导教师	毕业设计(论文)题目
27	应用文理学院	英语语言文学	东岳	冯燕	《呼啸山庄》中作为叙述者的耐莉·丁恩
28	应用文理学院	英语语言文学	史蓝瑞	崔鲜泉	一个非传统淑女——《小妇人》中乔的人物形象
29	应用文理学院	英语语言文学	薛楠	陈建华	乔布斯斯坦福大学毕业典礼演讲的元功能分析
30	应用文理学院	资源环境与城乡规划管理	黄姗姗	熊黑钢	北京市外来人口变化时间序列分析
31	应用文理学院	资源环境与城乡规划管理	刘嘉冉	陈媛媛	"三山五园"园林植物文化元素提炼与利用——以颐和园为例
32	应用文理学院	资源环境与城乡规划管理	谢红霞	付晓	北京公租房可达性分析
33	应用文理学院	资源环境与城乡规划管理	李娜	陈静	三山五园地区景观格局分析
34	应用文理学院	资源环境与城乡规划管理	高沫梓	张艳	北京郊区居民生活空间郊区化的测度及其影响因素分析——以天通苑为例
35	师范学院	服装与服饰设计	肖莹	张嘉秋	借鉴自然色彩的创意女装设计
36	师范学院	服装与服饰设计	张北	曹建中	借鉴纳西族东巴文化的创意女装设计
37	师范学院	服装与服饰设计	江睿慈	王健	以八吉祥图案为元素的创意成衣设计
38	师范学院	服装与服饰设计	任腾腾	朱丽	以叶子为元素的创意女装设计
39	师范学院	服装与服饰设计	于莹	曹建中	解·构——以立体派造型风格为元素的创意女装设计
40	师范学院	服装与服饰设计	吴亚丽	车卫东	以微观世界为元素的创意女装设计
41	师范学院	汉语言文学	安博	马万昌	论《镜花缘》的艺术特色与文学地位
42	师范学院	汉语言文学	任梦露	李小贝	李白诗歌中的"士不遇"主题探析
43	师范学院	汉语言文学	廖迈伦	董琦琦	审美现代性——以《恶之花》为例
44	师范学院	汉语言文学	杨朔	马万昌	八角鼓岔曲与京旗满族文化
45	师范学院	环境设计	杨冬冬	赵坚	中环广场城市综合体景观设计
46	师范学院	环境设计	何宇琪	刘少帅	浙江省岱山县传统日式别墅及附属景观设计
47	师范学院	环境设计	李小明	于峰	AE建筑事务所办公空间设计
48	师范学院	环境设计	唐敏	赵坚	乌海森林酒店室内设计
49	师范学院	环境设计	杨悦	胡敏	中辰照明工程有限公司办公空间改造设计
50	师范学院	环境设计	姜峰	张路光	坡子村景观设计
51	师范学院	视觉传达设计	甘禹	张宇彤	蒙垫画予少儿美术培训机构视觉形象设计
52	师范学院	视觉传达设计	刘琦	裴朝军	"苡美"花草茶系列包装设计
53	师范学院	视觉传达设计	邱雪妍	梁绘影	"十二生肖"系列插画与衍生品设计
54	师范学院	视觉传达设计	翟晓飞	王洪瑞	"山西布老虎"产品包装及延展设计
55	师范学院	视觉传达设计	徐晨	刘玮	《最美的时光》微电影——影像制作
56	师范学院	数字媒体技术	杨煜	徐燕妮	数字特效在非遗项目纪录片中的设计与应用
57	师范学院	音乐学	白瑞	耿燚	科学钢琴练习方法之探究
58	师范学院	音乐学	李瑞	王小力	通向浪漫主义世界的大门——贝多芬晚期钢琴奏鸣曲的多样性分析
59	师范学院	英语	赵宇章	高华	美国西部小说牛仔英雄主义
60	师范学院	英语	沈晨曦	丁宝邝	英语学习中的错误分析法研究
61	师范学院	应用心理学	孙颖	代小东	视听任务转换中激活过程影响因素研究
62	师范学院	应用心理学	蔡莹莹	徐华	青少年肥胖与学习记忆方式的关系
63	师范学院	应用心理学	李佳	任金舸	建筑风格与色彩搭配对心理的影响——以国内外典型建筑为例
64	师范学院	应用心理学	袁才力	杨金花	北京市流动人口的"中国梦"社会心理表征和公平感对其城市认同的影响研究

续表

序号	学院	专业	学生	第一指导教师	毕业设计(论文)题目
65	师范学院	应用心理学	郎若尘	牟书	噪音环境下的双通道言语识别研究
66	商务学院	财务管理	任思佳	王彤彤	北京地区会计师事务所审计收费现状及政策建议
67	商务学院	财务管理	叶丽霞	李春玲	我国上市公司股权激励合约分析
68	商务学院	财务管理	芦靖	邵军	注册会计师审计执业质量控制研究——以瑞华会计师事务所为例
69	商务学院	财务管理	姜然	索玲玲	资产减值会计准则国际比较研究
70	商务学院	财务管理	何玥	王彤彤	上市公司审计报告现状及改进建议——以内蒙古伊利实业集团股份有限公司为例
71	商务学院	国际贸易	高月娟	田园	山西省煤炭出口贸易的环境效应分析
72	商务学院	国际贸易	雷雪	田园	中国光伏产品出口贸易依存度问题分析
73	商务学院	国际贸易	张贤	赵绍全	中国吸引FDI区位因素分析
74	商务学院	国际贸易	周颖	梁瑞	中韩货物贸易结构现状、问题与对策分析
75	商务学院	国际贸易	陈跃龙	徐枫	中美P2P网贷发展模式的比较与借鉴
76	商务学院	国际贸易	杨璐妹	崔玮	中国与东盟国家运输服务贸易竞争力的比较和提升对策
77	商务学院	国际贸易	蓝熙	郑春芳	基于战略性石油储备的我国石油进口对策研究
78	商务学院	金融学	王跃	刘迎春	新常态下安徽省新桥机场空港金融发展分析
79	商务学院	金融学	朱晓蒙	史丽媛	招商银行非利息收入对银行经营绩效的影响研究
80	商务学院	金融学	刘阳	张璐	中国工商银行拓展海外市场的策略研究
81	商务学院	金融学	王帅	张璐	北京顺义银座村镇银行发展策略研究
82	商务学院	金融学	张厚北	刘迎春	上海证券市场季节效应分析
83	商务学院	金融学	刘达	张璐	招商银银行零售业务发展策略研究
84	商务学院	市场营销	刘兆璇	眭雅婷	盛世民宝公司茶叶产品消费者决策研究
85	商务学院	市场营销	苗竹青	郭慧馨	北京泊乐双赢公司微营销策略研究
86	商务学院	市场营销	任悦莹	刘宇涵	北京御食园食品股份有限公司的营销策略研究
87	商务学院	信息管理与信息系统	金帆	石彤	基于O2O在线消费决策行为研究
88	商务学院	信息管理与信息系统	胡金芝	李玉霞	基于Android平台的单词记忆系统的设计与实现
89	商务学院	信息管理与信息系统	李瑶	陈默	基于JSP+JavaBean+Servlet技术的英文单词在线学习平台设计与实现
90	生物化学工程学院	包装工程	武芳宇	张媛媛	下午茶的创意包装设计
91	生物化学工程学院	工程管理	李伟	张寅	延津国恒中央花园2#楼施工图预算编制
92	生物化学工程学院	工程管理	杨雪	张寅	顺义新城Z03楼工程施工图预算编制
93	生物化学工程学院	工程管理	阮琳洁	李树贤	红石庄园43#住宅楼招标控制价编制
94	生物化学工程学院	工业设计	杨舒淇	许翰锐	宠物电子定位器设计
95	生物化学工程学院	会计	刘井阳	韩瑞宾	个人所得税收入调节功能研究
96	生物化学工程学院	会计	张靖延	贾丽智	促进节能减排的税收政策研究
97	生物化学工程学院	会计	邓顺章	段华	上市公司的资产质量分析
98	生物化学工程学院	会计	李新洋	俞娜	民营企业内部控制制度问题研究
99	生物化学工程学院	会计	王月月	周凤	SOHO中国与万科A上市公司财务报表比较分析
100	生物化学工程学院	会计	连奕光	郭明曦	关于IPO内部控制问题探析
101	生物化学工程学院	会计	袁野	邵俊波	区域性股权交易中心信息披露现状研究
102	生物化学工程学院	会计	薛芳芳	王彦芳	基于Excel的小微企业工资管理系统的设计及应用
103	生物化学工程学院	建筑电气与智能化	魏娇	陈惠荣	基于三菱PLC的六层电梯控制系统的程序设计
104	生物化学工程学院	人力资源管理	李雪	许明月	新生代农民工培训现状调查与分析——以北京索爱普天移动通信有限公司为例

续表

序号	学院	专业	学生	第一指导教师	毕业设计（论文）题目
105	生物化学工程学院	人力资源管理	李思凝	房宏君	北京4S店销售人员人本管理对企业绩效影响研究
106	生物化学工程学院	人力资源管理	柯林华	刘凤霞	伊柯诺商贸有限公司绩效管理模式研究
107	生物化学工程学院	人力资源管理	罗永水	刘瑛	北京马驹桥地区企业临时用工现状调查与分析
108	生物化学工程学院	人力资源管理	杨冬琦	汪昕宇	北京新生代农民工培训现状及其影响因素分析
109	生物化学工程学院	生物工程	郭红霞	黄迎春	原癌蛋白MDM2结晶条件的筛选
110	生物化学工程学院	生物工程	欧阳艳华	冀颐之	Rhizopus arrhizus脂肪酶基因毕赤酵母表达载体的构建
111	生物化学工程学院	制药工程	赵晨	刘红梅	10%小檗碱水分散粒剂配方的研制
112	生物化学工程学院	制药工程	刘嘉杨	霍清	盐酸小檗碱微囊化研究
113	旅游学院	会展管理	盛男	汪秋菊	客流量与网络关注度关系动态研究——以水立方为例
114	旅游学院	酒店管理	王雪菲	肖轶楠	基于网络点评的高端度假酒店宾客感知情感价值研究——以悦榕庄酒店为例
115	旅游学院	酒店管理	刘畅	田彩云	北京五星级酒店会议顾客需求及行为特征研究
116	旅游学院	旅游管理	张聪	石美玉	消费者参与对非物质文化遗产的保护与影响——以北京景泰蓝为例
117	旅游学院	旅游管理	纪子轩	石金莲	北京奥林匹克森林公园使用状况评价
118	旅游学院	旅游管理	武耀东	黄丽玲	探究我国医疗旅游发展——如何充分发挥中医文化的独特优势
119	旅游学院	旅游管理（博雅）	高哲琳	郑晶	《旅游法》对导游用工管理的影响研究
120	旅游学院	旅游管理（博雅）	刘承忍	刘宇	旅游公平性与游客满意度关系研究——杭州与北京的对比
121	旅游学院	旅游管理（博雅）	缪琪	张奇	上市旅游饭店公司的融资结构与经营绩效评价
122	旅游学院	旅游管理（博雅）	王梓利	李享	APEC假期北京居民出游效应的折射研究
123	旅游学院	旅游管理（专接本）	高鑫	刘敏	南锣鼓巷旅游开发的经济影响域研究
124	旅游学院	旅游管理（专接本）	李欣	靳建明	大型实景演出营销策略研究——以《阿依朵》实景演出为例
125	旅游学院	日语	刘思纯	林晓	浅论《楢山节考》中阿玲的形象
126	旅游学院	日语	李晓旭	邢雪艳	中日両国における大学生の余暇観の比較
127	旅游学院	日语	李美慧	于春玲	森見登美彦の小説の翻訳方法研究
128	旅游学院	英语	田雨虹	杨力红	分析《喜福会》中母女关系的冲突
129	旅游学院	英语	刘丁菱	李燕琨	论《格列佛游记》中的讽刺手法
130	旅游学院	英语（专接本）	余浩	杨昆	功能对等理论在中国高校名称汉译英中的应用
131	旅游学院	英语（专接本）	吴丽莹	刘志红	以面部表情为例论中西方非语言交际的文化差异
132	旅游学院	英语（专接本）	徐一萱	陈洁	目的论在字幕翻译中的应用——以《生活大爆炸》为例
133	信息学院	电子信息工程	童天渝	胡字滢	基于物联网的智能家居网关设计
134	信息学院	电子信息工程	曾子虹	许立群	单片机控制旋转LED显示屏设计
135	信息学院	电子信息工程	周道贤	杭和平	基于CC2540的蓝牙遥控器设计
136	信息学院	电子信息科学与技术	王磊磊	邵明刚	基于STM32的电子同学录的设计
137	信息学院	计算机科学与技术	陈宽	黄静华	移动视频监控系统的设计与实现
138	信息学院	计算机科学与技术	傅笔贵	张睿哲	基于IOS系统的国际象棋游戏的研究与开发
139	信息学院	计算机科学与技术	韩姣悦	刘振恒	网上花店设计与实现
140	信息学院	计算机科学与技术	杜身星	梁晔	中磐科技公司OA系统的设计与实现
141	信息学院	计算机科学与技术	龚玉山	孙连英	文献主题智能提取系统研发
142	信息学院	计算机科学与技术	张雄	张姝	基于Android的漫笔跑酷手机游戏的设计与实现

续表

序号	学院	专业	学生	第一指导教师	毕业设计(论文)题目
143	信息学院	计算机科学与技术	文海丽	马小军	基于混合开发模式的新闻客户端与服务端的设计与实现
144	信息学院	计算机科学与技术	胡方晨	李天工	社交网站的数据挖掘与分析
145	信息学院	计算机科学与技术	冯尚居	娄海涛	篆字印文的字元识别方法研究
146	信息学院	通信工程	刘冠伯	许菁	基于Android平台手机间控制方法的研究
147	机电学院	材料科学与工程	梁亦陶	徐平国	铜质锁闭球阀失效分析研究
148	机电学院	材料科学与工程	杨一楠	杨静馨	多肽自组装单分子膜调控磷酸钙早期形核机制研究
149	机电学院	材料科学与工程	齐亚男	马永新	时速350公里大功率机车车轮磨耗性能研究
150	机电学院	工业工程	杨杰	孙秀芳	超市指示牌对顾客购物满意度的影响分析
151	机电学院	工业工程	马煜峰	杨爱萍	VICON运动捕捉系统在人体测量中的实际应用
152	机电学院	机械工程	郭枫	马勇杰	航空摇摆灯整机结构及虚拟样机设计研发
153	机电学院	机械工程	赵明宇	杨志勤	逆向工程在零件造型测绘中的应用
154	机电学院	机械工程	魏旻	张子义	标准磁块自动分割装配工位设计——磁块切割工位
155	机电学院	机械工程	郁丽平	刘长青	机器视觉检测台自动控制系统设计
156	机电学院	机械工程	余继任	刘健	F4型气压动力组合机械手设计
157	机电学院	机械工程及自动化	刘柯	刘自萍	斜盘转动式无级变速器(外啮合式)的总体设计
158	机电学院	机械工程及自动化	邸士杰	夏齐霄	骑座式圆柱坐标相贯线焊接机器人结构设计
159	机电学院	机械工程及自动化	廖润君	陈群利	多级桅柱式液压升降平台结构与三维造型设计
160	机电学院	机械工程及自动化	程承	夏齐霄	全向微型电动车底盘结构设计
161	机电学院	机械工程及自动化	李迪	夏齐霄	骑坐式关节型相贯线焊接机器人结构设计
162	机电学院	机械工程及自动化	徐锋	刘自萍	21型气液缓冲器结构总体设计
163	机电学院	机械工程及自动化	周贺	夏齐霄	焊枪调节装置设计
164	自动化学院	电气工程与自动化	余文丽	吴帆	神木县新村剧场扩声系统设计
165	自动化学院	电气工程与自动化	郑忱	张福贵	计算机辅助厅堂声学参数计算软件的开发
166	自动化学院	电气工程与自动化	曹珊	杨清梅	电梯PLC控制系统设计
167	自动化学院	交通工程	周恩惠	周进	基于OpenTrack软件的列车运行图编制与分析
168	自动化学院	物流工程	赵茜	王秀英	配送中心库存控制管理系统设计与实现
169	自动化学院	物流工程	赵小毓	赵立新	供应链网络优化设计
170	自动化学院	物流工程	朱芹	李平	第三方物流企业项目管理系统分析与设计
171	自动化学院	自动化	张淑敏	李秀丽	基于Android平台的目标跟踪系统设计
172	自动化学院	自动化	黄仁财	钱琳琳	基于ADEK的电烤箱温度模糊自整定PID控制
173	自动化学院	自动化	凌维	李秀丽	无线智能小车控制系统的设计与实现
174	自动化学院	自动化	李响	任俊杰	风力发电机组变桨距控制系统设计
175	自动化学院	自动化	周瑛子	钱琳琳	加热水箱温度的改进式Smith预估控制在PCS7上的实现
176	自动化学院	自动化	管珊珊	钱琳琳	基于PCS7的减温器温度单神经元自适应PID控制
177	管理学院	电子商务	杨娜娜	王晓红	北京春盛一点国际教育公司网站策划与实施
178	管理学院	电子商务	林融迪	李立威	新升物业管理有限公司网络采购系统开发与建设
179	管理学院	工商管理	郭丽颖	何勤	心理契约破裂对员工行为的影响
180	管理学院	工商管理	刘凯鹏	陈俊荣	供应链管理下的唐久采购管理研究
181	管理学院	工商管理	苏俊海	平宇伟	基于供应链的物流成本优化分析——以桥胜公司为例
182	管理学院	工商管理	谷思雨	叶敏	新媒体背景下小米手机的传播策略分析
183	管理学院	会计学	郭赛	刘方方	公司治理对衍生产品运用的影响分析——基于采掘类上市公司的经验研究
184	管理学院	会计学	温佳庆	曲喜和	上市公司股权结构对公司内部控制影响的研究

续表

序号	学院	专业	学生	第一指导教师	毕业设计(论文)题目
185	管理学院	会计学	黄丽霞	严鸿雁	基于DEA方法的科技金融网络运作绩效评价
186	管理学院	会计学	王嘉繁	徐鲲	新能源上市公司经营性资产质量对企业价值影响的实证研究
187	管理学院	会计学	孟玉婷	王永萍	基于主成分分析法的旅游业上市公司财务风险研究
188	管理学院	会计学	石涛	徐静	基于DEA模型的我国房地产企业融资效率研究
189	管理学院	金融学	魏善吉	赵睿	互联网银行的小微企业贷款模式研究
190	管理学院	金融学	秦本银	陈岩	上市城市商业银行经营绩效影响因素的实证研究
191	管理学院	金融学	蔡曲	李雅宁	小额信贷对农户福利影响的实证分析
192	管理学院	金融学	王睿	傅巧玲	青年使用第三方移动支付的意愿研究
193	管理学院	金融学	杨森	赵睿	中关村高新技术上市公司的信用风险研究
194	管理学院	金融学	郭航	韩莉	2005年汇改以来人民币汇率影响因素的实证分析
195	管理学院	金融学	李欣	韩莉	人民币离岸市场与在岸市场的套利机制分析
196	管理学院	金融学	刘丽俐	李雅宁	我国农村商业银行运营效率分析
197	管理学院	金融学	汪嘉倩	韩莉	人民币升值对北京市进出口贸易结构影响的实证分析
198	管理学院	信息管理与信息系统	田凤丽	董爽	浩雅日哈达村村委会管理信息系统设计与实现
199	管理学院	信息管理与信息系统	李健敏	郭凤英	大学生成长记录系统的设计与实现
200	管理学院	信息管理与信息系统	赵始君	梁磊	基于数据挖掘的慈文维搜网页监控预警系统的设计与实现
201	特殊教育学院	计算机科学与技术	刘树民	李妍	学工办信息网站建设
202	特殊教育学院	计算机科学与技术	鲍麒	关忠	《手语检索》网站开发
203	特殊教育学院	特殊教育	张洋	王梅	基于ELAN的孤独症儿童声母发音现状的调查
204	特殊教育学院	学前教育	张亚男	刘晓明	北京市培智学校教育康复资源研究
205	特殊教育学院	艺术设计	李婧	甄玮	北京联合大学特殊教育学院校园形象宣传片
206	特殊教育学院	艺术设计	周鹏	甄玮	北京联合大学特殊教育学院校园形象宣传片
207	特殊教育学院	艺术设计	王肖飞	姚铁力	篆刻
208	广告学院	表演	刘佳琦	周筱真	牵一发而动全身——论演员的微表情对塑造角色的重要性
209	广告学院	表演	郭爱晨	罗琦	浅论肢体剧的叙事语汇
210	广告学院	表演	何继昌	王少艳	浅谈演员对于人物台词的体现与表达
211	广告学院	表演	丁李红	毛美娜	从《暗恋桃花源》中"云之凡"角色谈细节在人物创作中的重要性
212	广告学院	表演	缪雯叶	王彦霞	论细节创作对于塑造舞台人物形象的重要性
213	广告学院	广告数媒	钱成亮	乔鸿雁	新民族图形创意《生肖纳福》的设计与运用研究
214	广告学院	广告数媒	白雪皎	曹影	立体写实技法在数字插画中的应用与研究——以《戏子》角色人物插画设计为例
215	广告学院	广告数媒	庞华	王竹宝	创意插画在平面设计中的运用——《用爱来接力,关注留守学生》
216	广告学院	广告数媒	白家豪	孙铁	扁平化设计在手机App界面设计中的应用
217	广告学院	广告数媒	许璨	杨昌林	TVP人物动作设计在二维动画短片《零时空》中的应用研究
218	广告学院	广告数媒	冯鸽	乔鸿雁	图形创意《万花筒里的生肖世界》的设计与运用研究

续表

序号	学院	专业	学生	第一指导教师	毕业设计(论文)题目
219	广告学院	广告数字	王海利	刘锐	基于老北京民间工艺美术的记实影片创作——以金马派风筝为例
220	广告学院	广告数字	潘安妮	邓亚楠	民间美术色彩在新民族图形设计《最炫民族风》中的应用与研究
221	广告学院	广告数字	李婷	杨慧子	十二生肖主题分体腕枕图案设计研究
222	广告学院	广告数字	李童谣	韩澄	色彩在招贴中的应用——白马藏族招贴设计
223	广告学院	广告数字	张晓宇	韩澄	旅游衍生品中地域文化元素的开发与应用——甘肃陇南旅游衍生品设计
224	广告学院	广告数字	邢琳	丁超	微电影《姐妹情深》中摄影角度的设计
225	广告学院	广告数字	迟昊辰	杨慧子	"燕京八绝"主题光盘包装设计研究
226	广告学院	广告网传	胡雅坤	刘楠	"专属瓶"主题插画设计
227	广告学院	广告网传	伊初	张旗	健元鹿业鹿胎珍珠胶囊系列包装设计
228	广告学院	广告网传	卢佳琳	王晨	扁平化设计风格在安卓手机端 APP 的 UI 设计研究——以媒体推广 APP"屏媒"为例
229	广告学院	广告学	王宏	张立梅	国美、苏宁 O2O 营销模式比较
230	广告学院	广告学	张晗	张立梅	我国广告主媒体选择策略研究——以综艺节目赞助为例
231	广告学院	广告学	陈梦莹	刘丽	互动式网络广告的传播优势及其对品牌传播的价值
232	广告学院	绘画	焦融冰	曲音	线元素在插画创作中的运用研究
233	广告学院	绘画	孟塬	戴文俊	《韶光》的创作体会——工笔人物画创作与布局
234	广告学院	主持	宋宥嘉	卜晨光	少数民族地区电视民生新闻节目主持人研究
235	应用科技学院	计算机科学与技术	张睿	王廷梅	基于微信平台的社区 O2O 平台的设计与开发
236	应用科技学院	计算机科学与技术	谭旭	王廷梅	基于 Andriod 系统的英语学习交流平台设计与实现
237	应用科技学院	计算机科学与技术	王卫丽	王廷梅	基于物联网技术的物流管理系统的开发与实现
238	应用科技学院	计算机科学与技术	李上海	赵海燕	基于移动终端的驴友导航系统的设计与开发
239	应用科技学院	计算机科学与技术	邢继元	龙建雄	基于 SSH 技术架构下的 MRP 管理系统的开发设计
240	应用科技学院	计算机科学与技术	廖校均	陈战胜	基于 Cocos2d-x 平台的中国象棋手机游戏的设计与实现

(校教务处提供)

六、2015 年校级专升本优秀毕业实务专题

序号	学院	专业	学生	第一指导教师	题目
1	应用文理学院	档案学(专科起点)	张晶、王佳、陈考考、刘紫叶	王巧玲	北京市档案部门参与非物质文化遗产保护工作现状的调查研究
2	应用文理学院	法学(专科起点)	吕赛、李兴壮、康旭、王帅男	郭娅丽	大陆影视审查法治化的现状调研与分析
3	应用文理学院	新闻学(专科起点)	崔松松、何淼、何婷婷	杜剑峰	犯罪题材影视作品与现实关注——谈微电影《少女失踪》创作思路
4	商务学院	市场营销(专科起点)	高仙颖、安亚飞、谭豆豆	于苗	石尚家珠宝公司北京地区市场营销研究
5	生物化学工程学院	建筑环境与能源应用工程(专科起点)	罗刚、牛春花、姬慧	田沛哲	中国建筑科学研究院科研试验大楼空调工程设计
6	旅游学院	酒店管理(专科起点)	白帆、李晶晶、魏兰、宋芬芬、黄小凡、王莉	俞继凤	90 后主题咖啡厅创意策划书

(校教务处提供)

七、2015年校级高职优秀毕业综合实践报告

序号	学院	专业	学生	第一指导教师	报告题目
1	师范学院	数字媒体技术	王梦瑶	徐燕妮	电影《狼图腾》新媒体宣传平台的建设与维护
2	师范学院	数字媒体技术	周曼妮	沈永亮	微电影MV《再见再见》中的实拍与后期处理应用
3	师范学院	服装设计	陈思祎	王京菊	借鉴唐朝时期服饰元素的礼服设计
4	生物化学工程学院	会计	孔雯雯	贾丽智	往来账款管理问题研究
5	生物化学工程学院	会计	许睿桐	邵俊波	关于会计职业道德的讨论
6	生物化学工程学院	楼宇智能化工程技术	罗宁	陈惠荣	中国移动集团A/B座弱电维护与巡检
7	生物化学工程学院	楼宇智能化工程技术	仇俊楠	杨芳	某大厦智能化系统项目方案设计及其问题分析
8	生物化学工程学院	药物制剂技术	朱月美	霍清	荒漠肉苁蓉质量检测——项目检查及含量测定
9	生物化学工程学院	药物制剂技术	戴乔	李可意	相似病症不同用药研究
10	旅游学院	酒店管理	张宇京	张丽娟	北京贝尔特酒店人力资源部协调员工作研究
11	旅游学院	酒店管理	刘双妍	李白	北京全聚德奥运村店餐饮部服务员岗位工作研究
12	旅游学院	酒店管理	李浩	李白	全聚德王府井店餐厅部服务员岗位工作研究
13	旅游学院	烹饪工艺与营养	刘晓	乔支红	酸浆豆腐的设计与制作
14	旅游学院	烹饪工艺与营养	宋昕怡	乔支红	黑色食品营养成分分析
15	旅游学院	烹饪工艺与营养	韩艳丁	朱莉	"蛙声小镇"黑色产品中的营养元素研究
16	旅游学院	烹饪工艺与营养	崔鑫	姜慧	竹叶青茶叶中的茶多酚含量测定
17	特殊教育学院	园林技术	陈嶷坚	周博	万寿菊黑斑病的分离与鉴定
18	特殊教育学院	视觉传达艺术设计	卢相生	何海燕	三维动画设计
19	特殊教育学院	计算机应用	乔建兵	刘志丽	小学生趣味学习系统
20	应用科技学院	市场营销	陶雯雯	李宇红	APP瘦身软件营销推广方案
21	应用科技学院	市场营销	范雪娟	李宇红	稀有水族宠物店的创业策划与实践
22	应用科技学院	会计	王晓京	王文媛	会计专业毕业生就业情况调查分析——以应用科技学院为例
23	应用科技学院	金融保险	吴意婷	彭爱美	北京市属高校大学生对保险的认知状况调查报告
24	应用科技学院	金融保险	王晨	彭爱美	北京联合大学在校生生活费收支状况调查报告
25	应用科技学院	金融保险	郭蕊	彭爱美	Z&R网店创业计划书
26	应用科技学院	金融保险	刘彬彬	殷智红	食立得外卖店创业计划书
27	应用科技学院	旅游管理	韩晴	李伟	旅行社网站使用者满意度调查——以海涛旅游网站为例
28	应用科技学院	旅游管理	马清秀	李伟	大学生乡村旅游需求与行为偏好调查——以北京联合大学应用科技学院为例
29	应用科技学院	旅游管理	曹杨	杨洁	高校大学生对于北京凯撒国际旅行社品牌认知度调查分析——以北京联合大学学生为例
30	应用科技学院	电子商务	丁鑫	常胜军	农鲜生网网站需求分析报告
31	应用科技学院	电子商务	康诗婧	常胜军	ABC外语学校客户关系管理系统应用现状调研
32	应用科技学院	电子商务	王靖怡	薛晓霞	"捷成世纪"公司网站诊断与推广方案策划
33	应用科技学院	电子商务	曲堃玚	薛晓霞	移动商务在大学生人群中的应用状况调查与分析
34	应用科技学院	电子商务	李根	薛晓霞	"花千束"鲜花交易平台运营与管理分析
35	应用科技学院	计算机信息管理	郭浩	王秦	ABC教育集团校区路线查询系统设计与实现
36	应用科技学院	广告设计与制作	李子彤	周文辉	禅意体验馆包装设计《须弥》
37	应用科技学院	广告设计与制作	赵星澄	余怡宁	半亩塘会所农副产品品牌包装设计
38	应用科技学院	视觉传达设计	邓君豪	范洁	Gasmasker2015春夏产品策划

续表

序号	学院	专业	学生	第一指导教师	报告题目
39	应用科技学院	广告设计与制作	吕岚	谷雨	雅涂甲油VI手册
40	应用科技学院	电脑艺术设计	胡水	朱峰	Maya游戏场景建模
41	应用科技学院	视觉传达设计	李萌	陈昱西	《IPHONE APP：GPS》宣传片
42	应用科技学院	电脑艺术设计	田兆钧	俞必忠	应用科技学院毕业典礼视频创作——回忆
43	应用科技学院	视觉传达设计	贾元钰	李鑫	"生命"系列个性化T恤设计与制作
44	应用科技学院	电脑艺术设计	朱煜	崔亚娟	暗黑世界卡牌游戏人物设计
45	应用科技学院	视觉传达设计	姚雪玲	王丹妮	儿童插图设计
46	应用科技学院	广告设计与制作	周立雪	杨丽珍	卡通人偶民族服饰形象设计与周边设计
47	应用科技学院	商务日语	孙婉琪	杨俏村	浅析日本优衣库品牌对大学生消费的影响
48	应用科技学院	商务日语	赵月	郝金梅	中日常用网络聊天软件对比研究——以腾讯微信和Line为中心

（校教务处提供）

北京联合大学2015年学生学科竞赛市级及以上获奖名单

一、第六届中国大学生服务外包创新创业大赛

级别	等级	获奖学生	所在学院	指导教师
国家级	三等奖	黄鹏、滕锦华、李攀飞、张静怡、李明丽	信息学院	黄静华、刘文芝
		李德坤、韩晓东、黄豆田、徐君、黄文龙	管理学院	董爽、李文法

（校教务处、信息学院提供）

二、2015年"高教社杯"全国大学生数学建模竞赛

级别	等级	获奖学生	所在学院	指导教师
国家级	一等奖	陈华若、刘琪祯、周欣	应用科技学院	陈战胜
	二等奖	白栩铮、杨楠、赵瑞伊	应用科技学院	陈艳燕
市级	一等奖	董蕊、秦梦飞、梁宇轩	应用科技学院	付春茹

（校教务处提供）

三、2015年美国大学生数学建模竞赛（MCM/ICM）

级别	等级	获奖学生	所在学院	指导教师
国家级	二等奖	龚玉山、崔桢、马思佳	信息学院、师范学院	张静

（校教务处提供）

四、2015年第五届"赛佰特杯"全国大学生物联网创新应用设计大赛

级别	组别	等级	获奖学生	所在学院	指导教师
国家级	本科	一等奖	焦孟科、李金凤、欧良丹、董芳芳、章红健	信息学院	姜余祥、杨萍
		三等奖	杨育垚、李炳渠、李强、赵永永、高亚楠	信息学院	杨萍、姜余祥

（信息学院提供）

五、2015年"尚和杯"中国机器人大赛暨 RoboCup 公开赛

动作投影对抗赛项目比赛

级别	组别	等级	获奖学生	所在学院	指导教师
国家级	本科	一等奖	罗向阳、田发喆、陈俊康	信息学院	李月琴、张军
		二等奖	崔殿达、高晓磊	信息学院	李月琴、吴晶晶
			李渊森、刘子健、郝天翔、潘蕾	信息学院	张军、章学静

（信息学院提供）

起居环境管理与服务竞赛

级别	组别	等级	获奖学生	所在学院	指导教师
国家级	助老服务机器人组	环境管理与服务竞赛一等奖	赵来元、王夕岩、李晓晗	自动化学院	李媛 刘德馨
		全能挑战赛二等奖	赵来元、王夕岩、李晓晗	自动化学院	
		创新挑战赛二等奖	赵来元、王夕岩、李晓晗	自动化学院	

（自动化学院提供）

六、第二届"大智慧杯"全国大学生金融精英挑战赛

级别	等级	获奖学生	所在学院	指导教师
国家级	二等奖	任展鹏	商务学院	刘迎春
	三等奖	王炜耀、周辰旭、张思敏、古丽柯孜·伊敏、王国栋、于豪、崔明阳、吴博伦、马鑫、陈倩、孙晓梅、乔艳林、林伟健、迪丽拜尔·图尔贡、丁剑波	商务学院	刘迎春

（商务学院提供）

七、2015年第九届全国商科院校技能大赛

级别	分赛	等级	获奖学生	所在学院	指导教师
国家级	"振威杯"会展专业竞赛总决赛	限定命题组一等奖	杨珣、张晗、凌祎、陈默、范晓琦	旅游学院	
		自选命题组一等奖	何蕊、钟明威、阮伊泓、王笑莹、李倩	旅游学院	
	会展策划专业竞赛全国总决赛	一等奖	范晓琦	旅游学院	王春才
		最佳指导教师		旅游学院	王春才

（旅游学院提供）

八、第五届"远华杯"全国大学生会展创意大赛

级别	组别	等级	获奖学生	所在学院	指导教师
国家级	创意策划本科组	二等奖	王雪菲、陈珺、刘美颖、肖玲、刘宇宁	旅游学院	王春才

（旅游学院提供）

九、2015年第十一届全国职业院校"新道杯"沙盘模拟经营大赛全国总决赛

级别	等级	获奖学生	所在学院	指导教师
国家级	三等奖	李丹阳	应用科技学院	

（应用科技学院提供）

十、2015 年第五届全国大学生市场调查与分析大赛总决赛暨第四届海峡两岸大学生市场调查与分析大赛大陆地区选拔赛

级别	等级	获奖学生	所在学院	指导教师
国家级	二等奖	胡成、李丹阳、李志莲、李梦迪、沈启英	应用科技学院	李胜、邱红

（应用科技学院提供）

十一、第十四届"挑战杯"中航工业全国大学生课外学术科技作品竞赛

级别	等级	获奖学生	所在学院	指导教师
国家级	二等奖	蓝熙、崔雯、陈成冉	商务学院	郑春芳、王述珍
	三等奖	齐百双、郭梦蕾、黄智刚、李淑坤、龙泽炎、熊维灿、张岳	生物化学工程学院	刘晓云、李崇圆
	三等奖	于俊涛、崔立佳、陈达、阚绪杰、孟子言、王宇晨、秦乾、石晋炜	特殊教育学院、生物化学工程学院、自动化学院	关忠、杨志成
市级	特等奖	蓝熙、崔雯、陈成冉	商务学院	郑春芳、王述珍
	特等奖	齐百双、郭梦蕾、黄智刚、李淑坤、龙泽炎、熊维灿、张岳	生物化学工程学院	刘晓云、李崇圆
	一等奖	于俊涛、孟子言、王宇晨、崔立佳、陈达、阚绪杰、秦乾、石晋炜	特殊教育学院、生物化学工程学院、自动化学院	关忠、杨志成
	二等奖	及星、万鑫、杨泽宇、朱晓腾、蒋林杉、何一舟	生物化学工程学	蔡红、王仕卿
	二等奖	陈天奇、魏来、梁木、范杰、牛翔宇	应用文理学院	杨靖筠
	三等奖	孟子言、王宇晨、胡矩旗、郭成、王晓艺、王慧慧、赵晓蕾、乐菲	生物化学工程学	杨志成
	三等奖	赵律元、干寄崴、于彩云	应用文理学院	魏涛
	三等奖	孙一帆、黄浩宇、陈嘉娜、尹传根、韩丽	机电学院	邬洪迈、孙丽娟
	三等奖	张静雨、赵蕾、谢红霞、刘文泽、刘坤、丁冬想	应用文理学院	张远索
	三等奖	白顾文、谢忠全、史国宁、陈俊彤、李勇雪、胡倩、喻思昕	管理学院	陈岩
	三等奖	陈振、王晶、肖晶、赵世豪、闫心语	应用文理学院	王平

（校教务处、特殊教育学院提供）

十二、第六届"蓝桥杯"全国软件和信息技术专业人才大赛

级别	等级	获奖学生	所在学院	指导教师
国家级	三等奖	冯俊辉	信息学院	商新娜
		张雄	信息学院	刘振恒
		李强	信息学院	
		陈宽	信息学院	黄静华
		张文国	信息学院	孙力红
		张静怡	信息学院	林志英

续表

级别	等级	获奖学生	所在学院	指导教师
市级	一等奖	冯俊辉	信息学院	商新娜
		张雄	信息学院	刘振恒
		李强	信息学院	
		张莹莹	信息学院	马小军
		罗永盛	信息学院	刘畅
	二等奖	贾继征	信息学院	刘振恒
		王晓果	信息学院	商新娜
		李博	信息学院	娄海涛
		何静文	信息学院	杨继萍
		房博学	信息学院	商新娜
		尹瑞荣	信息学院	彭涛
	三等奖	郜丽婷	信息学院	娄海涛
		李志成	信息学院	黄静华
		王雪冬	信息学院	娄海涛
		黄嘉峰	信息学院	李文法
		于萌萌	信息学院	王金华
		程超	信息学院	杨继萍
		楚敏	信息学院	商新娜
		俞子恒	信息学院	商新娜
		陈方欣	信息学院	梁晔
		霍保海	信息学院	彭涛
		任晓云	信息学院	李文法
		王松	信息学院	马楠
		何志涛	信息学院	马楠
		韩旭	信息学院	马楠

（校教务处提供）

十三、2015年全国大学生"西门子杯"工业自动化挑战赛

级别	等级	获奖学生	所在学院	指导教师
国家级	特等奖	陈文涛、许武、胡鹏洲	自动化学院	钱琳琳
	二等奖	王小军、王玉震、张保成	机电学院	张东波
	三等奖	禾荣磊、袁行飞、黄桥英	机电学院	张东波
市级	特等奖	陈文涛、刘玉莹、姜丰	自动化学院	钱琳琳
		王小军、王玉震、张保成	机电学院	张东波
	一等奖	许武、孙冰涵、刘瑶萍	自动化学院	钱琳琳
		胡鹏洲、陈伟强、沈立冬	自动化学院	钱琳琳
		王小雅、耿乐骏、商磊	机电学院	刘长青
	二等奖	贾鑫、董震泽、陈帅	机电学院	席魏

（教务处提供）

十四、2015年全国大学生电子设计竞赛

级别	组别	等级	获奖学生	所在学院	指导教师
国家级	本科	二等奖	王磊、熊磊、秦志金	自动化学院	张翠霞、许汇冬
市级	本科	一等奖	王磊、熊磊、秦志金	自动化学院	张翠霞、许汇冬
		二等奖	李强、赵永永、杨育垚	信息学院	杨萍、姜余祥
		三等奖	范瑜、徐翔、李渊森	信息学院	杭和平、邵明刚
			袁汝诚、梁晓云、李英杰	信息学院	邵明刚、杭和平
			焦孟科、章红健、高雅楠	信息学院	杨萍、李晓峰
			李金凤、石婷、欧良丹	信息学院	姜余祥、胡宇滢
		优秀辅导教师	张翠霞	电子信息技术实验实训基地	

（校教务处、实训基地、信息学院提供）

十五、第五届全国大学生电子商务"创新、创意及创业"挑战赛

级别	等级	获奖学生	所在学院	指导教师
国家级	特等奖	张元乾、姜发智、张澍校、韩婷、麻琴琴	管理学院	薛万欣、李丹丹
市级	特等奖	张元乾、姜发智、张澍校、韩婷、麻琴琴	管理学院	薛万欣、李丹丹
	一等奖	赵昀、田昊、范思聪	商务学院	孙洁
		刘睿、李承学、朱彭斌、郭艺博、段羽冲	管理学院	盛晓娟、张建国
		郭晶辉、苏东兴、乔建、林可儿、杜佳宁	师范学院	陈漫红
	二等奖	李娇、荆莹、罗晓敏、郑强丽、程利宇	管理学院	李立威
		李德坤、韩晓东、邓成刚、黄堃、王紫涵	管理学院	董爽、任成梅
	三等奖	初晶晶、刘晓雨、石晶益、李然、付梦妤	管理学院	盛晓娟、常金平
		孙静、孙文、刘文莉	商务学院	陈建斌
		杨煜、简嘉莉、黄岩、刘雨	师范学院	陈漫红
		肖丹妮、陈晓月、吴佳怡、丁洪程、刘锴	师范学院	翟红英、王波
		万艺飞、杨海涵、郭思雨、陈佳乐、臧宏宇	管理学院	薛万欣
		于淼、许依然、张依娜、呼娅萌、郝雨	管理学院	李立威
		李晨、李汐寒、化子怡、王仕禹、孙佳兴	师范学院	王永平、冯艳娜

（校教务处、管理学院、商务学院提供）

十六、2015第七届全国大学生广告艺术大赛

级别	组别	等级	获奖学生	所在学院	指导教师
国家级	影视类	二等奖	冯晨、张艳慧、王敏	广告学院	高璐静
	平面类	二等奖	段苏菲	广告学院	乔鸿雁
	广播类	三等奖	王佶、郭豪豪、冯晨	广告学院	高璐静
市级	平面类	一等奖	董康妮	广告学院	王竹宝
		二等奖	黄依铃	广告学院	乔鸿雁
			黄修桀	广告学院	乔鸿雁
		三等奖	赵蕊	广告学院	乔鸿雁
			张俪檬	广告学院	乔鸿雁
			孙小艳	广告学院	乔鸿雁
			张妍	广告学院	贾冉
			陈炯榕	广告学院	贾冉
			林怡	广告学院	高璐静
			霍英楠	广告学院	王竹宝
			汪祖亦	广告学院	王竹宝
			杨睿欣	广告学院	郭巍
			孔令娟	广告学院	韩澄
			刘家琛、钟涵轩	广告学院	贾冉
			赵祖祎、王小东	广告学院	贾冉
			袁晓玥	师范学院	景怀宇
	影视类	一等奖	冯晨、张艳慧、王敏	广告学院	高璐静
			张宇晨、李豪	应用科技学院	朱峰
	动画类	一等奖	朱智豪、马云飞、王珊	广告学院	苏高峰
		二等奖	张怿菲	广告学院	夏航
			冯晨、石雪鋆、宁一杰	广告学院	高璐静
			许紫徽	广告学院	乔鸿雁
		三等奖	杜楠	广告学院	乔鸿雁
			黄露露、杨代琼、唐静静	特殊教育学院	贾京鹏、鲁彦娟
	广播类	三等奖	张怿菲	广告学院	高璐静
			王佶、郭豪豪、冯晨	广告学院	高璐静

（校教务处、广告学院提供）

十七、2015年全国职业院校技能大赛（高职组）

级别	组别	等级	获奖学生	所在学院	指导教师
国家级	烹饪赛项	中餐热菜项目三等奖	仇鲁阳	旅游学院	郭晓赓
		团体赛三等奖	廖振华、王静宇、张广义、王静	旅游学院	郭晓赓、许荣华
市级	英语口语	二等奖	邢洲	应用科技学院	冯媛媛
	普通话导游赛项	三等奖	胡一帆	应用科技学院	邱晓星
	会计技能赛项	三等奖	夏云云、张新蕊、李馨苑、武兆辉	应用科技学院	吴霞、朱东星

（校教务处、旅游学院、应用科技学院提供）

十八、2015年第二届"大唐杯"全国大学生移动通信技术大赛

级别	组别	等级	获奖学生	所在学院	指导教师
国家级	本科	二等奖	李星明、柳开江	信息学院	李克
市级	本科	一等奖	柳开江、李星明	信息学院	
		三等奖	韩梦辉、唐志博	信息学院	

(信息学院提供)

十九、2015年第六届"外研社杯"全国高职高专英语写作大赛

级别	组别	等级	获奖学生	所在学院	指导教师
市级	公共英语	一等奖	耿远	应用科技学院	董晓霞
	英语专业	三等奖	王文雪	应用科技学院	赵培

(应用科技学院提供)

二十、2015年全国高校商业精英挑战赛

级别	分赛	等级	获奖学生	所在学院	指导教师
国家级	国际经贸与商务专题竞赛*	二等奖	史志明、崔雯、宫政、杨春	商务学院	梁瑞、崔玮
		三等奖	陈成冉、陈斌、王悦、王睿佳、刘悦	商务学院	郑春芳、任靓
	国际贸易竞赛	二等奖	周熙、薛习鑫、郭馨阳、王慧文、程颢、段琢珉、陈明玉、董亚欣	商务学院	赵绍全、梁瑞
	品牌策划竞赛	三等奖	李丹阳	应用科技学院	
市级	品牌策划竞赛	三等奖	李昊明、王森、杨依菲、杨波	商务学院	王瑞丰、韦恒
	会计与商业管理案例竞赛	一等奖	冯杨、费宏岩、路ήλ军、娄亚娜、张帅	商务学院	王彤彤、张艳秋
		二等奖	林宝玲、杨金花、刘榕、胡雪莉、曾楠	商务学院	王彤彤、张艳秋
			李佳丽、陈雪娇、李悦、宋淼、罗文华	商务学院	季皓、索玲玲
		三等奖	许子维、周维信、李梦苏、罗燕、杜佳璐	商务学院	季皓、索玲玲
			吴晨玥、雷聪、李梦瑶、黄鹤元、伍航	商务学院	朱传华、单令彬

注:标*项分赛全称为2015年全国高校商业精英挑战赛国际经贸与商务专题竞赛暨第三届海峡两岸大学生国际经贸与商务专赛竞赛大陆地区选拔赛

(商务学院提供)

二十一、2015年全国大学生英语竞赛

级别	组别	等级	获奖学生	所在学院	指导教师
国家级	D类	二等奖	王诗炜	应用科技学院	
市级	北京赛区C类	一等奖	周熙	商务学院	贾增艳
		二等奖	王慧文	商务学院	贾增艳
			李昱	商务学院	
		三等奖	张阳阳	商务学院	贾增艳
			胡韵	商务学院	
			张书阁	商务学院	
			祁丹华	商务学院	

(商务学院、应用科技学院提供)

二十二、2015年第十届全国大学生"飞思卡尔杯"智能汽车竞赛（华北赛区）

级别	等级	获奖学生	所在学院	指导教师
华北赛区	三等奖	胡文阳、张蒙蒙、刘思源	机电学院	席巍、张东波

（校教务处提供）

二十三、2015年华北五省（市、自治区）大学生机器人大赛及2015年北京市大学生机器人大赛

级别	等级	获奖学生	所在学院	指导教师
华北赛区/市级	一等奖	苏东兴、杜佳宁	师范学院	李育芳
	二等奖	赵文晨、杨城	机电学院	张建成
		牛啸尘、张腾宇、陈天麟、黄波	机电学院	刘伟、郭洪红
		胡文阳、黄桥英、王杰、刘思源	机电学院	张建成、张东波
		杨洁、吴显峰	机电学院	郭洪红
		于游、刘锴	师范学院	刘莹
	三等奖	吴志超、鄂雪梅、袁云凤、李小光	机电学院	赵林惠、张建成
		郑亚杰、鄢宝林	机电学院	雷保珍
		蒋卓一、冯子辰	机电学院	张建成
		张保成、柴晨磊	机电学院	张东波
		刘乐晖、郝鹏飞	机电学院	张建成
		董一杰、苏子沐	师范学院	刘莹
		张博翰、赵俊祥	师范学院	李育芳

（校教务处提供）

二十四、2015年"鑫台华·康邦杯"华北五省（市、自治区）及港澳台大学生计算机应用大赛

级别	组别	等级	获奖学生	所在学院	指导教师
市级	本科组	一等奖	贾继征、刘诚诚、石嘉铭、柴梦娜、龚红宇	信息学院	刘振恒、娄海涛
			骆胤均、李志成、冯智、黄田刚、杨杏	信息学院	黄静华
			岑福燕、裴盛琰	信息学院	刘畅
		二等奖	冯楚昀、刘家华、赵颜、杨爱清	信息学院	王郁昕
			陈思、马国瑞	应用科技学院	陈景霞、王廷梅
		三等奖	郝飞、旋逸飞、刘逸飞、韩潇逸、白维	信息学院	娄海涛
			房博学、吴胜洋、刘金松、郭祉薇	信息学院	商新娜
			喻子恒、何志涛、王晓果、王瀚晨、程雪慧	信息学院	商新娜
			黄松、刘文馨、李佩荣	应用文理学院	聂清林
	高职组	二等奖	张文轩、邰晓舟	应用科技学院	陈景霞、刘琨

（校教务处、信息学院提供）

二十五、2015年第三十二届全国部分地区大学生物理竞赛

级别	组别	等级	获奖学生	所在学院	指导教师
市级	非物理B类	二等奖	李海	信息学院	钱卉仙
		三等奖	张子帅	自动化学院	陆军
		三等奖	张晨	信息学院	卞婷婷
		三等奖	付海军	自动化学院	徐蕾
	团体奖		北京联合大学		

（基础部提供）

二十六、2015年北京市第二十六届大学生数学竞赛

级别	组别	等级	获奖学生	所在学院	指导教师
市级	理工类	一等奖	张耀敏	信息学院	基础部大学生数学竞赛指导教师团队
		三等奖	姚明清	自动化学院	
		三等奖	吴志芳	信息学院	
		三等奖	汪文妹	信息学院	
		三等奖	范德宝	信息学院	
	经管类	三等奖	吴婷婷	商务学院	
		三等奖	张丹迪	旅游学院	

（基础部、商务学院提供）

二十七、北京市第五届高职高专大学生数学竞赛

级别	等级	获奖学生	所在学院	指导教师
市级	三等奖	白栩铮	应用科技学院	

注：比赛时间2014年10月25日，领取获奖证书时间2015年

（应用科技学院提供）

二十八、2014年北京市大学生物理实验竞赛

级别	等级	获奖学生	所在学院	指导教师
市级	一等奖	葛俊、朱苗、倪小苗	特殊教育学院	李晓梅、吴萍
	二等奖	王金成、马杰、李权	自动化学院	高兴茹、宗广志
	三等奖	华明瑶、郑熙峰、于润泽	特殊教育学院	李晓梅、吴萍
	三等奖	王东明、韩壁钧、闫成金	机电学院	钱卉仙
	三等奖	胡美娜、李晓晗、李冰	自动化学院	王云志
	三等奖	梁琼、姚天琪、武瑞强	信息学院	高兴茹

注：比赛时间2014年11月23日，领取获奖证书时间2015年

（校教务处提供）

二十九、第七届(2015)北京市大学生英语演讲比赛

级别	等级	获奖学生	所在学院	指导教师
市级	三等奖	木合塔尔·买买提	商务学院	牛洁珍

（校教务处、商务学院提供）

三十、2015 年"外研社杯"全国英语演讲大赛北京赛区比赛

级别	等级	获奖学生	所在学院	指导教师
市级	三等奖	徐沛文	师范学院	曾玲琴

（校教务处提供）

三十一、2015 年北京市大学生人文知识竞赛

级别	组别	等级	获奖学生	所在学院	指导教师
市级	本科组	三等奖	母圣东、顾斐菲、辛子妍、佟明粲、邓成刚	应用文理学院、管理学院	李彦东、罗茵
	高职组	三等奖	周航、李仁泽、范新娆、吴浩、马鑫蕊	旅游学院	林柏雨

（校教务处、旅游学院提供）

三十二、第四届北京市大学生物流设计大赛

级别	等级	获奖学生	所在学院	指导教师
市级	三等奖	高辰、张思琪、张睿、陆明亮、彭志慧	自动化学院	王秀英、于鑫
		陈晓阳、李浩茹、牛博、昝雨童	自动化学院	程肖冰、赵丽华

（校教务处提供）

三十三、第七届北京市大学生模拟法庭竞赛

级别	等级	获奖学生	所在学院	指导教师
市级	三等奖	赵世豪、周昕宇、刘超豪、邹晨旭、刘玉章、苏琦	应用文理学院	刘建钢、邵彦铭

（校教务处、应用文理学院提供）

三十四、2015 年北京市大学生创业设计竞赛

级别	等级	获奖学生	所在学院	指导教师
市级	三等奖	李瀛宇、张昊、郑浩、张宇涵、李丹阳、胡成	应用科技学院	李胜

（应用科技学院提供）

北京联合大学 2015 年学生获得的表彰奖励

一、2015 年市级研究生优秀毕业生(3 人)

2012 级考古学　　　　　　戴青云
2012 级计算机科学与技术　舒济世
2012 级食品科学　　　　　赵建元

（研究生处提供）

二、2015 年市级本科、高职、专升本优秀毕业生(372 人)

应用文理学院(39 人)

徐　玉　　李懿臣　　马贝贝　　吴喜明　　肖　雯
赵方慧　　孙中溪　　王晓燕　　韩孟缘　　来静仪
张静雨　　王雅欣　　林祥娇　　范哲铭　　刘　畅
陈　振　　刘　瑶　　杨德云　　林　淼　　尚拉妮
吕　赛　　张悦鹏　　陶　金　　穆依兰　　杜　娇
陆　娜　　王加册　　刘锦程　　侯　霜　　李安琪
李　珊　　边　畅　　张逸晖　　东　岳　　纪　冉
马　铭　　潘　婷　　袁晓雪　　王　晨

师范学院(38 人)

廖迈伦　　安　博　　刘　争　　郭倩文　　沈倩楠
周宏娣　　滕　昱　　史秀平　　李　睿　　刘　晔
章雅琦　　李继东　　胡　戈　　席莎莎　　杨　煜
薛　岩　　徐　蕾　　裴梦媛　　于　天　　刘志宏

李　佳	耿胜男	孙慧奇	赵明明	杨　悦
杨永玖	江睿慈	于　莹	陈　旭	周翔宇
尉贺龙	蔡伊梦	张　燕	杨冬冬	卢　艳
胡宇航	任晓晨	刘章一鸣		

商务学院(32人)

董惠弘	姜　然	任思佳	张赫楠	郭晓东
刘佳滢	李依丽	徐嘉君	刘　阳	邱　迪
朱晓蒙	刘若南	李震宇	何　洁	任鹏展
徐雪慧	姜俊阳	赵梦雨	郑依瑶	王涵之
李姝燕	刘　硕	林东雅	程　雷	林小燕
杨璐妹	钟月明	刘莎莉	张　贤	石露畅
刘慧林	魏云云			

生物化学工程学院(35人)

周欣鑫	吕佐丞	杨舒淇	王　妍	王　婷
仇俊楠	张青青	任　丁	柳　杰	周　盈
王　竹	双宝莹	王　蕊	张靖延	周乐天
李新洋	李　雪	刘喜凤	杨冬琦	石　洋
罗煜祥	李　源	李　娟	马司宇	王丽丽
李思凝	郭燕茹	罗永水	吉曙光	李为嘉
籍欣烨	丁莹雪	马　莉	李　伟	娄恒康

旅游学院(32人)

崔　鑫	刘童童	张友鹏	郑伊诺	王晴媛
崔　广	戴志颖	刘双妍	刘承忍	王梓利
樊雪娟	张雪桃	孟令铮	付　爽	王　颖
颜　旭	纪子轩	葛　玮	王　珊	路　月
于红瑶	林　申	肖　萌	于芯薇	冷　玲
田雨虹	赵　敏	苗新越	刘星辰	刘　兰
李　朔	魏　兰			

信息学院(23人)

陈　宽	杨　睿	张晓芬	罗　星	张金娥
杨云超	邬　涛	文海丽	陈晓易	李珏雅
马　忱	张双熙	李洁榆	张宇晨	程　序
马鹏晨	黄晓钊	杨　蔚	曾子虹	周道贤
徐　侃	赵文仙	申大远		

机电学院(13人)

胡　娟	胡晓晶	刘　柯	刘先冬	马煜峰
王玲玲	王艳芳	吴朝阳	杨一楠	杨　毅
郁丽平	赵明宇	周　贺		

自动化学院(19人)

张宏源	张　艳	曹　珊	汤　倩	任赛楠
王亚梅	周瑛子	张　懿	黄仁财	王　群
杨凤满	袁申斌	张淑敏	束佩璟	李　宁
马利英	邱　瑞	汪　杨	赵小毓	

管理学院(39人)

马开元	田凤丽	李美娜	胡　锋	蔡雨彤
刘鑫龙	杨　姗	刘婧雅	杜昊申	张砚迦
王娟娟	熊　任	程晓林	白栋凯	张　璐

冀朋艳	魏　颖	汪嘉倩	翁肩未	王志伟
贾英琪	王　睿	蔡伊静	苏俊海	刘凯鹏
邢穆涵	赵　爽	李　欧	李芳宇	赵雪晴
陈　弘	周　宁	李　雪	赵伟伟	董玉晴
李　菁	邵梦丽	胡　进	刘　乐	

特殊教育学院(13人)

张颖雯	王　菲	朱安然	沈　颖	张　洋
王腾华	杨　子	赵　力	周云芳	吴竹青
丛旭阳	赵　盼	郑丹怡		

广告学院(27人)

卢佳琳	王海利	张晓宇	郑　然	庞　华
云　兰	周子涵	徐　萌	钱成亮	王旭君
彭　华	邢　琳	周　丹	董　琪	王思思
张　晗	林维文	王　宏	王　晨	郭爱晨
王　博	丁李红	宋宥嘉	王　颖	高　博
梁　翔	周兰芳			

应用科技学院(62人)

王　嘉	王　晨	陈铭杨	刘潇依	齐　菲
杨珊珊	刘　伟	杨　雪	何月宁	李馨苑
刘　宇	娄　娜	武兆辉	莫春霞	王晓京
王宇思	康诗婧	曲堃玚	吕　梦	张　玮
陈　露	李嘉颖	张梦梓	李　根	刘欣然
王思雯	井少楠	张　舟	马清秀	汪家豪
韩　晴	杨　潇	赵昕玫	吴意婷	徐明珠
刘彬彬	乔　侨	范雪娟	唐　娜	郭　浩
武可馨	胡乃昊	张　爽	史新页	周　浩
户　宇	姚　茜	杨鑫泽	孙媛媛	么　娆
杨　晶	朱　煜	刘　楠	赵星澄	田兆钧
何　旭	陈毅枫	福　声	刘　琼	张斯玛
李世香	邢继元			

（校学生处提供）

三、2015年校级研究生优秀毕业生(9人)

2012级计算机科学与技术	舒济世	
2012级食品科学	赵建元	赵艳萌
2012级专门史	方圣华	于海霞
2012级考古学	戴青云	
2012级软件工程	王棚飞	
2012级工商管理	赵　悦	庞凯斌

（研究生处提供）

四、2015年校级本科、高职、专升本优秀毕业生(1337人)

应用文理学院(158人)

徐　玉	李懿臣	马贝贝	吴喜明	肖　雯
赵方慧	孙中溪	王晓燕	韩孟缘	来静仪
张静雨	王雅欣	林祥娇	范哲铭	刘　畅

陈 振	刘 瑶	杨德云	林 淼	尚拉妮	刘志宏	李 佳	王 丹	耿胜男	安 迪
吕 赛	张悦鹏	陶 金	穆依兰	杜 娇	张兆琪	韩 冰	耿雅倩	姜雨欣	孙慧奇
陆 娜	王加册	刘锦程	侯 霜	李安琪	冯建英	王宇婷	赵若楠	肖世江	曹云鹤
李 珊	边 畅	张逸晖	东 岳	纪 冉	赵明明	杨 悦	姜 峰	袁 希	屈纬嵘
马 铭	潘 婷	袁晓雪	王 晨	李文蕾	师 嘉	张孟强	杨永玖	江睿慈	于 莹
孟泽楷	薛杰升	赵 赛	张晶晶	王京云	刘美惠	金 玉	靳玉瑢	陈沛瑶	陈 旭
关 欣	刘 洋	贾保平	朋学亮	舒聪妍	王 琳	吴亚丽	赵心甜	刘隽颖	刘新颖
周 杰	段 伟	李 爽	孙鑫俐	王露卉	恒沛月	曹 慧	周翔宇	陈天骄	王雪超
刘小雪	詹祎捷	聂琼蕾	孙改红	李 娜	王 鹤	苑冬宇	王 瑶	马宏丽	刘 琦
洪 静	陈 戈	马 静	李孟飞	黄姗姗	尉贺龙	刘 晔	蔡伊梦	张 燕	郭 银
丁冬想	李旻昊	崔亚凝	赵 蕾	刘文泽	杨冬冬	卢 艳	程 赛	高 铭	王 燕
李 彤	杨飞翔	肖会改	郭帅兵	李军亚	张天毅	王 佳	胡宇航	王 蕊	王 璐
魏晶晶	高学勤	王立民	苏鲁石	杨 茜	任晓晨	王晨曦	徐子萌	陈思祎	刘章一鸣
赵紫寒	翟 晨	郭凯丽	万香雨	赵笑天					

商务学院(125人)

杨 乔	刘 璐	刁敬杰	孟桐宇	张 澍	卞晨昊	杜 宇	师童童	杭京思	张歆熠
杨 蕊	鲍芳芳	普姝敏	郭 磊	孙晓玲	叶丽霞	石 伟	高金申	黄 平	马贺新
马素贞	曹伟行	武玲玉	侯昭君	王帅男	李冬梅	董惠弘	姜 然	任思佳	张赫楠
苗扬丽	杨春杰	刘嘉仪	郑 娜	何文仙	郭晓东	刘佳滢	李依丽	徐嘉君	张 帅
常 顿	乔静霖	王 卉	李 航	郭玲玲	刘秋红	杨 楠	王惠敏	康艳荣	钱 冰
王茗湄	余 越	任和合	商安琪	张一夫	许 颖	孟晓娟	刘 达	程碧珺	肖贝贝
王 嵘	郑 佳	张 迎	金静静	李彦婷	蔡玉彧	杜锋华	黄 京	安丽婷	张宏丽
张 艺	赵 耀	吕子伊	杨慧林	蔡蔚然	杜春艳	邢玉佩	叶 鑫	张 斌	任思儒
张晓岩	赵庆乐	刘 莹	田 媛	樊佳彤	梁 玉	任鹏展	耿 淼	隋星宇	毕 凯
何 柳	双帅亮	刘梦雅	王 岩	李逸鹏	王 荣	王 蓓	杨升亮	刘 阳	邱 迪
杨 怡	何 爽	李雨铮	杜小端	胡甜月	朱晓蒙	何 洁	刘若南	李震宇	姜俊阳
佟 彤	史蓝瑞	薛 楠	孔奕康	冯泽文	王 娜	林 梦	李 响	刘 焱	王 欢
李雨岑	雷梦芸	王 硕	王 存	孔令煜	刘晓宇	田景双	孙宏宝	王秋月	李 杨
亓慎为	许 倩	殷效菡	徐昊宇	钟永丽	刘兆璇	徐雪慧	贺文娅	牛其强	郁 鹏
王 佳	周添良	张梦露			汤向峰	魏云云	高仙颖	赵梦雨	袁 帅

师范学院(150人)

					郑依瑶	许方竹	满 满	张星宇	袁 祎
廖迈伦	安 博	刘 争	郭倩文	沈倩楠	王 逊	王涵之	陈芳菲	刘 硕	王菲菲
周宏娣	滕 昱	史秀平	李 睿	张 宁	刘雨晨	郑琳琳	孙 孟	林东雅	陈亚南
蒋怡然	赵 默	贾 辰	张 晨	李 方	陈跃龙	程 雷	侯 颖	孔子沐	兰凯歌
王小琪	隋羽峤	袁 野	孙 莹	韩翠薇	林小燕	王 磊	杨璐妹	张茜茜	钟月明
陈狄馨	张思媛	金 童	张雅竹	刘 洋	周 洁	周绅威	周 颖	刘莎莉	张 贤
刘田田	郭桐玲	冯思宇	张嘉惠	戈 丹	石露畅	高 杰	刘丽玲	赵亚昕	蓝 熙
李小倩	赵 立	何启志	吴秋霞	赵宇章	吴 珊	张 爽	尹立梅	石 林	张 喆
段 然	赵 琦	孙 艳	李晓涛	刘 晔	董 丽	周 森	金 帆	林佳平	李姝燕
章雅琦	刘鹤红	刘紫漪	王 硕	唐玉婷	李 瑶	冷丛丛	岳志华	刘慧林	
冯媛媛	庄婧雯	胡 戈	袁 冰	荀 玉	古丽巴哈尔·阿尔肯				
隋静慧	陈文婷	李 莉	李继东	李 静					

生物化学工程学院(141人)

王 厚	李 瑞	苏 全	孙 歆	宋欣颖	周欣鑫	吕佐丞	杨舒淇	王 妍	王 婷
杨子郁	王雨皎	席莎莎	杨 煜	黄东杰	仇俊楠	戚新秋	袁华丽	魏 娇	李 响
任晓雅	丁 麒	段晨迪	王 妍	刘 畅	姜文文	石天奇	李 晴	杨悦坤	王冰谊
刘芮邑	韩金亮	薛 岩	苗 骐	徐 蕾	王欣欣	宋 薇	武芳宇	郑双萍	周晓磊
裴梦媛	于 天	赵 鑫	王梦瑶	张若南	牛春花	时 影	朱 烨	张青青	任 丁
周曼妮	薛 冰	李 硕	宋子杰	刘欣悦	柳 杰	周 盈	王 竹	双宝莹	王 蕊

袁　青　　张佳蓉　　陈　果　　范倩文　　谢爱玲　　　　王　琪　　刘　兰　　李　朔　　魏　兰　　王圆梅
张可昕　　郭红霞　　张艳莉　　李江月　　张　童　　　　李　跃　　杜　颖　　刘　畅　　王雪菲　　史珊珊
曾敏华　　李雪丽　　罗忠智　　李　洋　　李　莹　　**信息学院**(89人)
白思辰　　韩　岩　　房亚洲　　李　彤　　张　帆　　　　刘　禹　　胡方晨　　逯彩霞　　邹博书　　陈　宽
朱月美　　张　蕊　　黄　宁　　王　鑫　　张靖延　　　　杨　睿　　何佳坤　　冯尚居　　陈秋香　　宁　朋
周乐天　　黄奥伟　　于小斌　　刘井阳　　李新洋　　　　肖盼盼　　贾新娇　　吴利兵　　安昱宁　　常　杰
李　雪　　曹雪婷　　付嘉琦　　李海曼　　刘喜凤　　　　张晓芬　　王世华　　罗　星　　张金娥　　王心蕾
吕品竹　　马　悦　　王　琳　　徐子媛　　杨冬琦　　　　熊林利　　杨云超　　杨艾红　　西　欧　　张　翌
赵　乐　　赵小童　　张雅楠　　石　洋　　罗煜祥　　　　张振远　　邬　涛　　申大远　　文海丽　　宋　京
刘　艾　　董　琪　　郝　蕊　　赵姗姗　　丁言乔　　　　李　丹　　吴娇娇　　李　娜　　石晓达　　陈晓易
连奕光　　杨　帆　　张玉霞　　秦　萌　　李　源　　　　徐　晖　　李珏雅　　马　忱　　鹿雅斐　　李　俊
王　婷　　舒小燕　　邓顺章　　薛芳芳　　张小丽　　　　刘　璐　　赵佳慧　　黄　坚　　朱子夜　　苏　彤
李　娟　　刘海霞　　栗晨靖　　贾亚静　　相晓娜　　　　许　晶　　张　汇　　李晶晶　　冯雪丹　　徐嘉明
马司宇　　王丽丽　　李思凝　　陈昆鹏　　郭燕茹　　　　张双熙　　侯岩柯　　苏小燕　　王增辉　　魏　萌
李晓华　　罗永水　　刘　欢　　陈雪蒙　　陈　瑶　　　　胡晓婷　　李玉满　　李洁榆　　宋菲娟　　刘盼盼
吉曙光　　李　健　　姚　娟　　张娟娟　　胡　建　　　　许亚男　　张建伟　　叶雯妍　　田雪丰　　汪博谦
滕文普　　李为嘉　　刘翰雯　　王雨桐　　籍欣烨　　　　梁子俊　　施兆奕　　张宇晨　　程　序　　马鹏晨
袁　芳　　许雨生　　王子骄　　黄嘉澍　　樊　星　　　　刘莉莉　　杨　蔚　　钟启学　　黄晓钊　　王　晶
梁　晨　　赵意宁　　张　炜　　张　雪　　丁莹雪　　　　曾子虹　　周道贤　　徐　侃　　关丹妮　　韩　烁
崔　鑫　　刘　迪　　霍佳慧　　仇欣垚　　姜　川　　　　林志飞　　陈俊莹　　陈　蕾　　赵文仙　　罗　锐
刘月新　　宋　成　　马　莉　　蒋林杉　　李　伟　　　　陈志达　　朱承林　　郑朝胜　　张方煜
尚应应　　花辰凯　　李萍萍　　刘备备　　娄恒康　　**机电学院**(32人)
郭　璐　　　　　　　　　　　　　　　　　　　　　　　　陈　琦　　高圆圆　　杨一楠　　刘　洋　　马煜峰
旅游学院(125人)　　　　　　　　　　　　　　　　　　王艳芳　　周阳阳　　孙　晨　　谢词强　　任佳怡
崔　鑫　　刘童童　　宋昕怡　　吴丽华　　周鲁慧　　　　马　超　　张泽鹏　　路　鹏　　周　贺　　张　沛
肖淑君　　齐垂梁　　韩艳丁　　李国节　　张友鹏　　　　赵明宇　　武　越　　郝晓昱　　李茂玉　　谢　倩
郑伊诺　　朱伟汉　　王晴媛　　金　子　　刘　犟　　　　王艳明　　郁丽平　　刘　柯　　陈健楠　　刘先冬
刘　晶　　石丽丽　　王伊宁　　陈　曦　　崔　广　　　　胡　娟　　杨　毅　　胡晓晶　　吴朝阳　　赵一轩
戴志颖　　韩　萌　　李姗姗　　孙婷婷　　朱　光　　　　王梓懿　　王玲玲
李　强　　赵　月　　韦　梦　　刘双妍　　李　斌　　**自动化学院**(59人)
李　浩　　李彦霖　　李昳丽　　戴　琳　　杨松涛　　　　张　艳　　张宏源　　曹　珊　　于梅梅　　袁明峰
翁秀男　　刘承忍　　李振华　　樊雪娟　　张　静　　　　毛成真　　葛宁波　　唐龙城　　陈智敏　　舒兴忠
王梓利　　张雪桃　　缪　琪　　高哲琳　　杨忆平　　　　王　顺　　郭庆浪　　汤　倩　　任赛楠　　刘　鑫
沈　蓄　　佘娟娟　　王　敏　　张启迪　　许　赫　　　　魏易安　　林喧恒　　杨　飞　　王亚梅　　周瑛子
李思颖　　李雯卉　　欧海璇　　杨继晖　　孟令铮　　　　张　懿　　黄仁财　　李　娜　　王　群　　杨凤满
马　悦　　司钰莹　　徐安安　　付　爽　　王　颖　　　　姜贵敏　　袁申斌　　张淑敏　　何育育　　邵　羽
颜　旭　　李佳喜　　张冰一　　宗　原　　程　玉　　　　彭　博　　王甜蕊　　曹然然　　叶婷婷　　张常海
纪子轩　　陈雪思　　胡浩然　　黄杏灵　　张　聪　　　　侯娇娇　　束佩璟　　李　宁　　赵鹏程　　涂茂娇
葛　玮　　郝沐雨　　何睦添　　田红娜　　王　珊　　　　庞　健　　赵佳成　　戴伟伟　　朱灵康　　李玉洲
王玉奇　　于红瑶　　路　月　　赵秋颖　　李明明　　　　马利英　　邱　瑞　　刘　婷　　昝玉婷　　汪　杨
许浩放　　李连晴　　韩　玥　　葛晓冬　　陈　茜　　　　赵小毓　　胡亚军　　范　杰　　张志愚　　朱　芹
林　申　　刘思纯　　肖　萌　　张明月　　王晶晶　　　　李　嵩　　成　龙　　赵　茜　　魏索云
任晓晨　　张雨薇　　李天乐　　于芯薇　　栗　晨　　**管理学院**(122人)
刘丁菱　　舒嘉琪　　田雨虹　　赵　敏　　冷　玲　　　　张甜雨　　曹天虹　　吕　薇　　许一晨　　张浩东
吕静丽　　陈　焕　　郭彩云　　王　君　　徐一萱　　　　陆　璐　　李瑞星　　马开元　　徐志婧　　任一飞
吴丽莹　　邵柳青　　李　涛　　苗新越　　杨绍澜　　　　田凤丽　　管　玫　　李美娜　　寇巧月　　胡　锋
孙健豪　　康嘉悦　　刘星辰　　赵晓青　　尹海莉　　　　蔡雨彤　　刘鑫龙　　杨　姗　　杨　扬　　李　娜

潘 歌	刘婧雅	杜昊申	张砚迦	冯增柯	钟连博	李张玲			
王娟娟	陈梦蝶	赵始君	熊 任	程晓林	**应用科技学院**(214人)				
白栋凯	薛晴予	温佳庆	郭 赛	唐 剑	王 嘉	王 晨	陈铭杨	刘潇依	齐 菲
刘心怡	赵佳丽	杨玉先	范晶晶	韩 笑	张 欣	常胜男	杨珊珊	何月宁	朱梦雅
杜秋聪	陈美杉	张 璐	陈 菲	薄珮文	张境洁	李馨苑	韩沛杉	冯温馨	曹梦霞
贾 岩	冀朋艳	马小琴	张 媛	李 鑫	孙艳婷	刘 伟	杨 雪	刘 宇	娄 娜
侯双双	钮玉青	张静丽	魏 颖	李 莉	牛毓晓	宋立争	王晨曦	武兆辉	冯爱竹
蔡 曲	刘丽俐	石 睿	翁肩未	李丹丹	罗雅丛	莫春霞	冉 悦	王晓京	王宇思
蒋银郡	汪嘉倩	魏善吉	李 欣	张悦函	武偲璐	宗依依	康诗婧	曲堃场	吕 梦
王志伟	王 哲	赵锦婵	王璐璐	贾英琪	陈 露	李嘉颖	张梦梓	李 根	周颖茜
杨 森	梁婷婷	尹冠岚	葛梦倩	郭 航	王靖怡	李 越	孙雅欣	杨 燕	肖 雪
王 睿	秦本银	马俊伟	蔡伊静	郑德全	张 玮	宋雅静	王 丹	黄小希	赵祎璠
苟京津	王晓艺	李 亮	徐 俊	赵雪晴	陈 菲	王 媛	王 鹤	刘欣然	赫佳卉
苏俊海	任国胜	齐成林	于亚巍	刘丽羊	侯美晨	尹珠莎	王思雯	郝 雨	井少楠
朱文娟	陈 弘	张 宇	王 琳	伊璧君	殷 蕊	张 舟	王 梅	曹红玉	路雪婷
董玉晴	黄丹丹	索雅雯	李 菁	王 莹	黄丹妮	马清秀	汪家豪	韩 晴	杨 潇
朱喜苗	王彩香	陈小娟	陈 虎	刘凯鹏	赵昕玫	刘静桐	张 碌	张文婷	刘 阳
邵梦丽	邢穆涵	李芳宇	胡 进	谷思雨	吴意婷	徐明珠	刘彬彬	乔 侨	郭 蕊
李 欧	赵 爽	徐璠理	李 雪	刘 乐	葛 霖	霍 达	金梦圆	姜 楠	刘 羿
许小明	段阳阳	周 宁	张秋月	刘 倩	王海南	尹佳乐	刘宵宵	尚 晨	朱佚美
王东兴	赵伟伟				郑闫慧	范雪娟	唐 娜	崔莹心	胡 彬
特殊教育学院(50人)					张 函	赵夏阳	安 阳	陶雯雯	绳 一
张颖雯	杨 星	赵梦媛	王 娜	任 冲	李菊秋	朱依娜	王紫桐	郭欣蕊	李梦帆
高 航	王 菲	朱安然	张 君	周佳琳	郭 浩	武可馨	屈 明	史金鑫	贾媛媛
武向驰	王 欣	沈 颖	张 洋	焦金凤	武国棠	任雪莹	冯 洲	常 琪	胡乃昊
韩 旭	程 佳	龚 影	王腾华	余 雅	张 爽	史新页	芮 琨	姜 森	马靖宇
莫昌耿	杨 子	李 婧	岳 进	高 帆	于 畅	周 浩	户 宇	藏 梦	邢 欣
王肖飞	赵 力	李友宽	刘树民	马瑞霞	汪蕾蕾	赵 月	孙媛媛	孙婉琪	王颖楠
汤燕莎	吴竹青	卢相生	陈志仁	聂 萍	王 茜	辛 鑫	姚 茜	宋佳	芦 笛
邱淑敏	周云芳	黄 冀	陈王巧	李 亮	曹 铮	黄碧莹	杨鑫泽	顾一晓	薛 颖
丛旭阳	张双君	谢 添	赵 盼	高 放	冯 玥	岳珊珊	么 娆	杨 晶	朱 煜
薛岚显	郑丹怡	李 畅	提 璇	卓玛措姆	刘 楠	赵星澄	田兆钧	何 旭	陈毅枫
广告学院(72人)					福 声	刘 琮	张斯瑀	张 彤	付洁琳
胡雅坤	卢佳琳	张晓宇	曾文军	刘慧莹	范煜彬	李 晨	于一凡	迈 阔	张 璐
黄燕妮	詹云逸	彭 华	王海利	邢 琳	王 勘	张晨博	王立达	高 智	律来先
邓 墨	李博雯	张梦迪	乔 荟	蒋 悦	李 建	钟 敏	崔 凯	程则山	徐 轩
王思涵	邢晨晖	周 丹	李 也	柳金岭	唐晓絮	张宏颖	朱海光	杜婧慧	乞 琦
牛月莹	陈梦瑶	迟昊辰	李 婷	郑 然	王博钧	刘振国	姚美兰	张 雨	田婧楠
周子涵	庞 华	徐 萌	张尼欣	郭 远	张梦婕	纪红霞	孙 浩	张福彬	梁凤霞
云 兰	鄂 佳	李晶晶	林怡茗	钱成亮	房贵花	王晓明	贺子辉	李 珊	王伟丽
王旭君	冯 鸽	薄晶晶	董 琪	王思思	许 娟	薛丹丹	赵本水	郭杨杨	许广强
白 钰	马鑫玲	商 蕊	程 琳	张 晗	侯春萍	张鹏伟	邱 紫	宋阳阳	岳文婷
林维文	李金莲	梁 翔	李丹阳	李 婷	李 琳	张有明	苏炳文	皮厚雷	王成伍
彭兰芳	周兰芳	孙辉芳	王 宏	韩美双	许兴阳	王 豆	周韶庚	沈巧玲	刘 杰
聂媛媛	王 晨	王聪颖	高 博	郭爱晨	王 欣	梁思璐	李世香	邢继元	
易歆韵	李欣遥	王 博	缪雯叶	季家慧					
丁李红	邵楚楚	宋宥嘉	王 颖	何继昌					

五、北京联合大学 2014—2015 学年特等奖学金 (31 人)

应用文理学院(4 人)
秦志娇　祁家慧子　袁姗姗　师健华

师范学院(3 人)
仙博源　张小奇　张丽颖

商务学院(1 人)
周熙

生物化学工程学院(5 人)
肖乐丽　王丹妮　朱晓腾　蒋曙凤　景雅倩

旅游学院(2 人)
冯碧泉　刘楠

信息学院(7 人)
李英杰　宁碧君　雷梅妹　梁晓云　赵屹方
甘银云　杨博

机电学院(2 人)
曹帅　王文强

自动化学院(3 人)
罗军　吕恒星　贺思婷

广告学院(1 人)
王智

应用科技学院(3 人)
赵忻雯　刘彦欣　王冰洁

六、北京联合大学 2015 级新生入学奖学金(22 人)

北京生源新生入学奖(2 人)
师范学院
吕彤
旅游学院
鹿萌

京外生源新生入学奖(20 人)
京外生源理科入学奖
信息学院
云俊　赵岳　丁哲伦　董笑言
管理学院
武广慧　沈新誉　栗庆振　曹正纯　孔令豪
陈子一
京外生源文科入学奖
旅游学院
刘瑶　张晓艺
管理学院
仲超凡　董可　朱闻闻　李婧　李锦坤
徐玥琪　徐艺洲　王敏

七、北京联合大学 2014—2015 学年校长特别奖

商务学院　《民俗旅游促美丽乡村的建设——都安县经验》调研团队

在 2015 年"挑战杯"首都大学生课外学术科技作品竞赛中,代表学校参赛的蓝熙、崔雯、陈成冉荣获北京市特等奖。

生物化学工程学院　大学生公民道德建设调研团队

在 2015 年"挑战杯"首都大学生课外学术科技作品竞赛中,代表学校参赛的齐百双、郭梦蕾、黄智刚、李淑坤、龙泽炎、熊维灿、张岳、刘雪延荣获北京市特等奖。

信息学院　计算机应用大赛参赛队

在 2014 年"鑫台华杯"华北五省(市、自治区)及港澳台大学生计算机应用大赛中,代表学校参赛的赵世旺、黄蕊莹、邰丽婷、梁明亮荣获本科组一等奖。

自动化学院　电子设计竞赛参赛队

在 2015 年全国大学生电子设计竞赛中,代表学校参赛的王磊、熊磊、秦志金荣获本科生组国家级二等奖。

自动化学院　"西门子杯"工业自动化挑战赛参赛队

在 2015 年"西门子杯"全国大学生工业自动化挑战赛全国总决赛中,代表学校参赛的陈文涛、许武、胡鹏洲、沈立冬、陈伟强、刘瑶萍、孙冰涵、刘玉莹、姜丰荣获特等奖和一等奖。

自动化学院　数学建模竞赛参赛队

在 2014 年高教社杯全国大学生数学建模竞赛中,代表学校参赛的孙冰涵、陈燕青、许武荣获北京赛区甲组一等奖。

特殊教育学院　张惠雯

在 2014 年亚洲残疾人运动会盲人门球比赛中,代表学校参赛的张惠雯荣获第一名,并荣获"中国大学生年度人物"入围奖。

师范学院　张小奇

师范学院 2012 级师范音乐 1201B 班学生,平均学分绩点为 4.37,学业基本分为 93.68,学习成绩特别优异。

应用科技学院　王冰洁

应用科技学院 2013 级应科应西 1302Z 班学生,平均学分绩点为 4.43,学业基本分为 94.29,学习成绩特别优异。

八、北京联合大学 2014—2015 学年优秀学生干部(203 人)

应用文理学院(21 人)
张傲然　胡童鹤　宗赫男　翟嘉　黄秋阳
李进　朱敏　谭冬梅　仲米格　白松源
赵壮　周运才　赵润泽　高悦　王琳淇
李文浩　周航　孙榕曼　宋辰光　郭一鸣

黄钰林

师范学院(20人)

杨冠宇	覃彤	耿玉如	陈丹丹	杨雨
李叶宁	崔文静	朱源	王诺	苏孙京
苏东兴	赵标帅	任鹏	窦艳艳	杨柳
李楠昱	张子豪	沈秉	林冰玥	呼若南

商务学院(13人)

李晨华	李佳丽	梁楚晗	王喆	梁宏
张俪濛	王頔	杜欢	王娟	丁力
孙甜	崔雯	陈成冉		

生物化学工程学院(19人)

王亚萌	郑小伟	韩碧君	李响	倪凯松
鲍尹聪	成联敏	周文平	王铖浩	谢威
付佳明	赵晓蕾	赵禹	高艺	陶鑫鑫
翁士钰	李航	喻欢	李森	

旅游学院(18人)

牛天娇	律嘉琪	付晓志	李硕勋	李姝妍
郭梓晗	张莫	魏琬力	陈浩文	冯子烨
宋高原	张恒	景曼诗	苏文星	房琳弦
王文靖	曾卓寒	张云潇		

信息学院(22人)

朱国斌	谭阳	李志成	谢强	于蕊
郝楠清	张智良	赖俊光	张耀敏	徐明相
王晴	张莹莹	刘思莹	王宏彦	张萌
潘蕾	刘含笑	李政达	刘丽萍	王丹
王荣琛	肖翔			

机电学院(7人)

刘乐晖	李田	张家园	郑亚杰	葛琪
高纯	宗一康			

自动化学院(19人)

李英杰	莫清宇	陈燕青	黄丽娟	郝俊婷
李楠	方妍	袁宁	付海军	李浩
何喜枝	崔晨	陈伟伟	贾岩	焦圆梦
梁献鹏	郭强	张睿	宋维军	

管理学院(25人)

谭伊雪	王晓丽	兰芳萱	马骄	周紫婉
杨蕾	张硕	张成龙	乔秀慧	邹雄
唐佳	杜思文	张浩娟	郭宗琛	董雪可
李佳	王星彤	张金芳	赵嘉敏	张子昊
高嘉慧	李洋	潘柯吟	王香梅	钟瑞奇

特殊教育学院(7人)

王鑫童	刘玳含	付玉	曲晓斌	梅正林
刘彦璋	朱霄鹏			

广告学院(12人)

王珊	韩雨桐	于雪	刘琪琳	赵志恒
申宇航	方宏宇	薛爱	张蓉	陈志超
黄修桀	张翔			

应用科技学院(20人)

张刘鋆	马金锐	李梁	李志莲	李东雪
彭鹏	张天宇	周杨	殷德琛	赵晓爱
郝文捷	范子晨	李欣蕊	周航	李盼
刘元格	梁思宇	梅晓菲	李天焕	高琦雪

九、北京联合大学2014—2015学年三好学生(514人)

应用文理学院(59人)

杨宾调	杨蕾	秦志娇	高嘉轩	曹典典
邹晨旭	曹美丹	牛芸璐	朱银莹	陈思羽
胡永赛	卜屿矾	骆迈京	帅玲	何敏
张金然	刘娜	于佩宏	古新霞	楼佳飞
冯润月	郭玉石	栾逸	王彭	浦焱垚
郭藏	李韵	李斌	陆云帆	付娆
王艺蒙	陈雪	田英民	刘倩	刘梛清
周佳颖	岑贝	马文志	李月鲜	陈天奇
马颐涵	廖嘉妍	文英姿	刘梦然	连润
邹璐鲡	王姝	刘天义	刘雨潇	付颢琬
黄婧娴	王玥	黄松	袁姗姗	周炎东
孙乐晨	戴思	郭怡琳	祁家慧子	

师范学院(57人)

王超	徐婕	房天娇	袁阳梦	张德博
刘恩博	张涵	李明	肖怡	于汇涓
耿一方	赵紫薇	杨秋佳	刘莹	陈思烨
汪竹	沈嘉宁	王丽霞	曹霁媛	王斯杪
崔桢	化子怡	黄嘉逸	王天宇	姜明君
陈卓	邱琳	张博学	周玥彤	孔德佳
贾戊庚	刘蒙蒙	郭露	艺赫	王佳
牟雅洁	陈辰	刘峥	王梦月	张小奇
滕子	薛怡	金紫祎	顾佳晖	宗星眸
秦海琦	杨楚翘	马啸尘	曹雨濛	盛荧
张馨月	郭钰婧	赵咏松	李佳欣	高家乐
杨黎	吴陈青云			

商务学院(40人)

杨金花	罗文华	谢冰玉	任芳	江思琪
云映彤	张雪萌	李佳玮	杜佳璐	苏煜
王乐言	王丝雨	姚军威	汪旺	阮瑞瑞
王悦	张宜弛	王虹敏	王慧文	胡馨月
耿怀旭	唐苗苗	刘湘文	张晓晗	杨淳
张阳阳	赵梦雪	葛秀梅	游雅	吕行
雍泽轩	李鸾	孙静	朱颖	卫琼
郝敏	刘乐怡	郭洁	洪琪儿	过小萍

生物化学工程学院(54人)

崔莹	安青梅	郑昊辰	闫静怡	刘雨晴
戴孟冬	隗思奇	易凯	周璇	倪凯松
卞文博	王国屿	韩刚	齐百双	谢婷

谷瑶瑶	谢彩鹏	王啸宇	张琦	李鑫
阮洒洒	陈蕾	熊维灿	鄂敬文	薛嘉慧
杨婕	王昕月	陈进秀	肖乐丽	白迪
赵胜男	刘籴	张晓航	吴瑶	刘洪荣
黎玲华	陈莎	陈贵斌	刘晓艳	苏妍
钱军艳	贾婷瑞	朱文亮	吕小雨	侯晨辉
董继伟	王天凤	于九月	安欣	封小艳
朱晓腾	刘逸文	谢艳萍	毛昊莹	

旅游学院(42人)

陈诗	张丹迪	李炎	李玥	周明星
牛天娇	简小易	秦金月	张晶	张新宇
陈珃	李晶	刘美莹	张广义	邢懿
李泓潇	冯碧泉	郭梓晗	裴文净	魏琬力
王婕	谢文静	魏顿慧	闫佳	宋玥
陈浩文	胡利华	刘梦瑶	石细娥	毕茜
杨思奇	陈楚晗	马海云	范新娆	彭文婷
丁志刚	周航	刘山山	严嘉艺	王长雪
刘楠	战颖超			

信息学院(48人)

韩春燕	刘宇霈	陈优	火雄成	楚敏
梁琼	李克恒	吕庚育	夏旸	于萌萌
王涵	汪文妹	叶苏静	陈宝峰	贾继征
汪超	王男	胡成	周志萍	孙聪
石锐	赵屹方	马恒	钟显健	谢丽伟
何志涛	刘宏宇	刘诚诚	徐楚嫣	王正
黄亚美	余永	刘垒	叶傲霜	王松涛
盛洁	裴燕芳	陈明军	史海森	翟洪娟
陈方欣	陈怡瑾	张宗绪	侯雨竹	张晨
欧阳宁	部丽婷	莫家意		

机电学院(21人)

吴显峰	徐东方	曹帅	陈翰	赵军舰
尹传根	徐浩明	刘静	王文强	韩丽
鲍娜娜	韩璧钧	陈良	王明	陈建吉
白松岩	王希	李彩龙	许明东	刘金阁
曾倞				

自动化学院(32人)

陈晓倩	赵俊	王玲	杨金玲	景荣
高亚煊	欧阳慧	汪秋兰	宋佳	侯森源
王金成	罗军	刘思美	单文娇	李冰
潘培晖	梁献鹏	许晓容	牛博	赵玉林
李威	吕恒星	王琪	桂训雅	罗靖
姚明清	李阔	陶郅杰	吴颖亮	李凤仪
王士荣	聂煜峰			

管理学院(47人)

邓晓燕	孙丽京	李佳倩	王喜	杨丽
孙姗姗	邵凌昀	周梦玲	耿美娟	崔莹
张颖	邢妍	闫梦杰	陈青青	王畅丽

王秋月	孟雪梅	王文君	马小燕	白陆佳
尹继飞	贺冉	郑文静	赵放	王如意
张瀚允	高艺璇	郭伟丽	徐丹宇	喻晓惠
熊泽文	侯棋耀	牛宜冉	唐昭辉	闫婷钰
李宵谦	张一丹	周蕾	杨雪燕	王顶文
张任鹏	赵鑫	郑凯梦	韩晓东	李启明
旮方冉	师洋			

特殊教育学院(22人)

张雨薇	马兰	滕妍	崔相飞	张浩
张琪爽	张晓雪	王倩	王松	于俊涛
路文涛	庄晓昊	朱一文	葛俊	王洁茹
郑金芸	徐明	张诗杨	徐森	张裕焓
李忠泽	刘思玉婷			

广告学院(34人)

张孟盈	刘淑超	黄依铃	程绪雄	侯雪
徐硕	鲁恒优	杨睿欣	王锐	杨安迪
张思静	李梦薇	曾强	袁铃坪	于澍
李晓雨	赵春燕	林怡	王竞锐	杨江秀
董康妮	张居峰	姚檬	王智	冯尚童
杨瑞权	李然	钱程	王梦凡	杨立奇
张欣晔	伊冠坤	张佳婕	徐鹏飞	

应用科技学院(58人)

李伊雯	刘彦欣	赵晓爱	尹帅	赵雨然
武慧文	唐佳琪	薛朝媛	李瀛宇	陈华若
张雪雍	包图雅	胡一帆	李嫱	杨雨慈
荣睿	张煜	李丹阳	曹晴	燕宇明
罗俊欣	李东雪	张建颖	史春玉	白栩铮
廖航	郝嘉风	赵雨情	郝文捷	郝芳旌
马欣蕊	贾寓茹	梅晓菲	罗世鹏	刘晓杰
王冰洁	赵炜杰	郎佳宁	王超	吴昊
杨继源	李豪	邢洲	赵瑞伊	马惟妙
杨进玲	刘琪祯	赵忻雯	李晓婷	段雅婷
周欣	陈思	陈思	张蕊	张明静
董蕊	王诗炜	高佳		

十、北京联合大学2014—2015学年先进班集体(55个)

应用文理学院(6个)

文理档案1302B　文理法学1402B
文理新闻1401B　文理食质1301B
文理历史1301B　文理规划1402B

师范学院(6个)

师范学前1401B　师范数媒1401B
师范汉语1401B　师范汉语1302B
师范音乐1401B　师范产品1301B

商务学院(4个)

商务财务1201B　商务国贸1202B

商务国商 1301B　商务信管 1302B
生物化学工程学院(6个)
生化建能 1301B　生化生物 1302B
生化会计 1202B　生化人力 1203B
生化人力 1401B　生化工管 1303B
旅游学院(5个)
旅游旅管 1301B　旅游烹饪 1302Z
旅游旅管 1401B　旅游英语 1401B
旅游酒管 1402B
信息学院(4个)
信息实验班 1401B　信息计算机 1301B
信息计算机 1201B　信息通信 1401B
机电学院(2个)
机电工业 1301B班　机电机械 1301B班
自动化学院(3个)
自动化电气 1201B　自动化电气 1301B
自动化电气 1403B
管理学院(5个)
管理工商 1304B　管理工商 1204B
管理工商类 1405B
管理工商类 1401B　管理工商类 1407B
特殊教育学院(4个)
特教学前 1201B　特教视传 1302B
特教计科 1401B　特教针推 1201B
广告学院(4个)
广告广告 1401B　广告表演 1203B
广告数媒 1401B　广告数媒 1402B
应用科技学院(6个)
应科电艺 1402Z　应科旅管 1401Z
应科商英 1401Z　应科会计 1301Z
应科软件 1402Z　应科软件 1301Z

十一、北京联合大学 2014—2015 学年"我的班级我的家"实践活动获奖集体(32个)

十佳示范班集体名单(10个)
应用文理学院　　法学 1301B
师范学院　　　　计算机 1402B
商务学院　　　　国商 1302B
生物化学工程学院　建能 1301B
旅游学院　　　　旅游管理博雅 1301B
信息学院　　　　软件实验班 1401B
机电学院　　　　机械 1301B
管理学院　　　　管理 1405B
特殊教育学院　　计科 1301B
广告学院　　　　数媒 1305B

示范班集体名单(12个)
师范学院　　　　视传 1401B　心理 1401B
学前 1401B
商务学院　　　　财务 1402B
生物化学工程学院　工管 1403B　会计 1401B
　　　　　　　　人力 1401B　药剂 1402Z
自动化学院　　　电气 1201B
应用科技学院　　会计 1406Z　旅管 1401Z
　　　　　　　　商英 1402Z

优秀班集体名单(10个)
师范学院　　　　汉语言 1302B
商务学院　　　　国商 1401B
生物化学工程学院　生物 1401B
旅游学院　　　　旅管 1401B　酒管 1402B
信息学院　　　　计算机 1201B
管理学院　　　　管理工商 1304B
特殊教育学院　　学前 1201B
广告学院　　　　广告 1401B
应用科技学院　　广告 1401Z

十二、北京联合大学 2014—2015 学年红色"1+1"示范活动获奖集体(20个)

一等奖(5个)
应用文理学院　　历史文博系党总支学生支部
旅游学院　　　　酒店管理系学生党支部
机电学院　　　　2013 级学生党支部
特殊教育学院　　联合学生党支部
广告学院　　　　美术系学生党支部

二等奖(7个)
应用文理学院　　食品科学系本科生党支部
师范学院　　　　艺术设计系工艺、服装、视传
　　　　　　　　联合党支部
商务学院　　　　学生公寓党支部
生物化学工程学院　经济管理系学生第一党支部
旅游学院　　　　旅游管理系学生第一党支部
信息学院　　　　计算机系党支部
自动化学院　　　2013 级学生党支部

三等奖(8个)
商务学院　　　　金融财务系财务管理党支部
旅游学院　　　　旅游管理系学生第二党支部
信息学院　　　　电子系党支部
机电学院　　　　2014 级学生党支部
机电学院　　　　2012 级学生党支部
自动化学院　　　2012 级交通物流党支部
管理学院　　　　工商管理系学生第三党支部
应用科技学院　　经济管理系党支部

十三、北京联合大学 2014—2015 学年学生"十佳党支部"(10 个)
师范学院(1 个)
艺术设计系环艺学生党支部
生物化学工程学院(1 个)
工程与艺术系学生党支部
旅游学院(1 个)
国际旅游系学生党支部
信息学院(1 个)
计算机系学生党支部
机电学院(1 个)
2013 级学生党支部
自动化学院(1 个)
2013 级学生党支部
特殊教育学院(2 个)
医学与音乐系学生党支部
应用技术系学生党支部
广告学院(2 个)
设计系学生第一党支部
设计系第二学生党支部

十四、北京联合大学 2014—2015 学年学生"十大标兵党员"(10 人)

应用文理学院	赵凯莉
师范学院	张小奇
旅游学院	苏文星
信息学院	刘鹏程
信息学院	朱国斌
机电学院	韩丽　曹帅
管理学院	邹雄
特殊教育学院	赵士明　胡安娜

十五、北京联合大学 2015 年"学生党员先锋工程"优秀策划案(12 个)
一等奖(3 个)
师范学院　信息学院　机电学院
二等奖(4 个)
应用文理学院　商务学院　生物化学工程学院　广告学院
三等奖(5 个)
旅游学院　自动化学院　管理学院　特殊教育学院　应用科技学院

(四～十五由校学生处提供)

北京联合大学 2015 年教职工获得的表彰奖励

一、北京联合大学 2013—2015 年度先进基层党组织(28 个)
应用文理学院(4 个)
应用文理学院党政工会党支部
应用文理学院历史文博系教工党支部
应用文理学院行管处党支部
应用文理学院城乡规划第一党支部
师范学院(3 个)
师范学院机关第一党支部
师范学院艺术教育系党支部
师范学院心理学系党支部
商务学院(2 个)
商务学院国际商务系教工党支部
商务学院学生公寓党支部
生物化学工程学院(2 个)
生物化学工程学院生物医药系生物工程教工党支部
生物化学工程学院公共基础课教学部外语党支部
旅游学院(2 个)
旅游学院酒店管理系教师党支部
旅游学院国际旅游系学生党支部
继续教育学院(1 个)
继续教育学院第一党支部(党政办公室、人事处支部)
信息学院(1 个)
信息学院软件工程系党支部
机电学院(2 个)
机电学院机械工程及自动化系教工党支部
机电学院工业工程与物流系学生党支部
自动化学院(1 个)
自动化学院学生工作办公室党支部
管理学院(1 个)
管理学院工商管理系党支部
特殊教育学院(2 个)
特殊教育学院学生工作办公室党支部
特殊教育学院实践教学中心党支部
广告学院(1 个)
广告学院表演系学生党支部
应用科技学院(2 个)
应用科技学院公共基础部党支部

应用科技学院外语系党支部
机直党委(3个)
机直党委体育教学部直属党支部
机直党委机关党总支档案(校史)馆党支部
机直党委机关党总支人民代表大会制度研究所党支部
离退休党委(1个)
离退休党委校本部离休党总支

自动化学院	张玉涛
管理学院	田小兵
特殊教育学院	华京生
广告学院	卜晨光
应用科技学院	李琳琳
机直党委	勇天奇　欧阳媛　张　勃
	刘伟光　安　宁　尹雪云
离退休党委	刘开敏　戴九凌

二、北京联合大学 2013—2015 年度优秀共产党员(54人)

应用文理学院	朱海勇　赵凯莉　周　华 郑建全　刘守合　佟常生
师范学院	马　涛　李　娜　李红梅 赵　华　刘　争
商务学院	林妍梅　赵绍全　李海文 刘允新　赵梦雪
生物化学工程学院	王建强　陈福祥　李　晨 王彦芳　张　晶
旅游学院	何雅嫡　李　芳　王彩玲 刘　宇　姜　慧
继续教育学院	尚宝琴
信息学院	刘宝妹　许立群
机电学院	刘自萍　孙丽娟
自动化学院	钱琳琳　刘彦彬
管理学院	刘　成　郭凤英
特殊教育学院	赵　磊
广告学院	邓亚楠　杨　沛
应用科技学院	王廷梅　王成霞
国际交流学院	王安琪
机直党委	宗广志　刘宇霞　王晓霞 张翠霞　刘亚玲　管炳文 喜　蕾　王　玮(外语部) 秦冬霞
离退休党委	孙文平　白志平　沈明山 王福贞

三、北京联合大学 2013—2015 年度优秀党务工作者(27人)

应用文理学院	杜剑峰　原　迪　张咏铃
师范学院	王　蓓　屈敬文
商务学院	郭毅靖　赵俊雪
生物化学工程学院	赵欣华　朱香敏
旅游学院	冯丽霞　郭　鹏
继续教育学院	张晚霞
信息学院	王希庆
机电学院	杨奇红

四、北京联合大学 2011—2015 学年度优秀教育工作者(30人)

应用文理学院	杨　煦　朱科蓉　盛　曦 潘小珠
师范学院	汪艳丽　操静涛
商务学院	聂秀平　许　霞
生物化学工程学院	杨志成　冯　琨　荣凤杰
旅游学院	田彩云　王　丽
继续教育学院	张金辉
信息学院	李月琴
机电学院	杨奇红
自动化学院	梁爱琴
管理学院	何　勤
特殊教育学院	陆忠华
广告学院	丁　莎
应用科技学院	李　珊
校机关和直属单位	杨　鹏　张俊玲　王　静 梁爱华　杨　强　高志平 姜小军　张　艺　赵　珏

五、北京联合大学 2014—2015 学年十佳辅导员(6人)

师范学院	窦秀明
生物化学工程学院	蒋丽平
机电学院	程永清
自动化学院	吴巧慧
管理学院	徐　娟
特殊教育学院	赵　磊

六、北京联合大学 2014—2015 学年优秀辅导员(34人)

应用文理学院	徐　云　李　娜　郑　伟 郭　炜
师范学院	马振龙　褚　旭　朱丽华
商务学院	段祥伟　刘立国　丘　莉
生物化学工程学院	周　杰　马丽萍　李　颖
旅游学院	林柏雨　郭　鹏　谢瑞佳
信息学院	沈春玲　李　超　李　茜

机电学院	焦 阳
自动化学院	冯 玮
管理学院	郝卫峰 王 项 许 擎
特殊教育学院	张健萍 王 昕
广告学院	张 奕 钟伯雄 李梓昕
应用科技学院	于丹怡 王艳菊 孟祥影
	刘 洋 梁少梅

七、北京联合大学 2014—2015 学年优秀班主任 (111 人)

应用文理学院（11 人）
魏 涛 戴涟漪 李雪妍 杜姗姗 吴 梅
刘婧娟 周 华 刘文红 都 宁 李彦冰
朱建邦
师范学院（14 人）
吴宏兰 李妍冰 李 娜 冀玲惠 高学军
金 龄 王京菊 于 峰 靳长缨 白玉力
江 山 谢芸洁 曾文琪 吴 南
商务学院（10 人）
赵俊雪 徐 彬 李剑玲 刘晓敏 计 晗
梁玉勇 付丽丽 秦二娟 李秋梅 英燕云
生物化学工程学院（13 人）
陈惠荣 田沛哲 张媛媛 李可意 韩永萍
冀颐之 肖 宁 荣凤杰 郭明曦 汪昕宇
彭莹莹 蔡 红 葛争红
旅游学院（10 人）
郑 晶 庚 为 孙 琼 俞继凤 梁宝恒
李 峥 郭 红 曹庆红 张丽娟 许荣华
信息学院（9 人）
修丽梅 付 鹏 薛 琳 杨 萍 杨继萍
张冰峰 沈 辉 徐光美 许亚玲

机电学院（4 人）
张建成 马永新 孙庆华 卢丹蕾
自动化学院（7 人）
程肖冰 冷 冰 刘景云 刘艳霞 孟秀霞
夏明萍 张世德
管理学院（10 人）
徐 娟 杨泽云 郝卫峰 李 慧 许 擎
边婷婷 杜 辉 高惠芳 梁 磊 祁 梅
特殊教育学院（7 人）
邱兆熊 张 颖 贾京鹏 付 超 王善峰
张 旭 郝传萍
广告学院（8 人）
高璐静 曾 珠 刘 锐 孙 熠 王 芊
吴 璇 钟伯雄 张立梅
应用科技学院（8 人）
常胜军 李 伟 赵瑞龙 杨丽珍 刘 洋
刘 琨 李爱菊 胡斯杰

八、北京联合大学第一届辅导员职业能力大赛

一等奖（1 人）
信息学院　　　　　李 超
二等奖（2 人）
应用文理学院　　　于立锦
师范学院　　　　　王 欢
三等奖（3 人）
应用文理学院　　　徐 云
商务学院　　　　　刘立国
旅游学院　　　　　郭 鹏
优秀奖（2 人）
师范学院　　　　　朱丽华 冯 英

（五至八由校学生处提供）

九、北京联合大学 2015 年教职工获得的其他市级及以上奖励

序号	单位	获奖人	获奖名称	授奖单位
1	党委办公室、校长办公室	王君卓	"中国梦劳动创造幸福"首都职工歌词、歌曲创作征集活动歌曲创作三等奖（作曲）	北京市总工会
2	宣传部	安娣	2015 年北京高校宣传思想工作专项课题	中共北京市委教育工作委员会
3	离休退休人员工作处	李承锋	北京教育系统离退休干部工作先进个人	中共北京市委教育工作委员会
4	离休退休人员工作处	牛桂荣	北京教育系统离退休干部工作先进个人	中共北京市委教育工作委员会
5	保卫处	周琨	2015 年度国家安全人民防线建设工作先进个人	北京市国家安全局
6	人文社会科学教学部	韩强	北京市先进工作者	北京市委 北京市政府
7	北京市政治文明建设研究中心	唐莹莹	北京高校青年教师社会调研优秀项目一等奖	中共北京市委教育工作委员会

续表

序号	单位	获奖人	获奖名称	授奖单位
8	台湾研究院	李振广、陈星、彭丹宇、胡淑慧、刘红、刘文忠、李振广、周小柯	2015年度北京涉台调研重要贡献奖	中共北京市委台湾工作办公室、北京市人民政府台湾事务办公室
9	台湾研究院	陈星、娄娟	2014年度北京市涉台调研课题二等奖	中共北京市委台湾工作办公室、北京市人民政府台湾事务办公室
10	台湾研究院	李跃乾	2014年度北京市涉台调研课题三等奖	
11	台湾研究院	彭丹宇	2014年度北京市涉台调研课题三等奖	
12	电子信息技术实验实训基地	张翠霞	2015年全国大学生电子设计竞赛(北京赛区)优秀辅导教师奖	北京市教育委员会
13	应用文理学院	张景秋	全国五一巾帼标兵	中华全国总工会
14	应用文理学院	王法涛	首都高等学校第八届学生藤球比赛"优秀教练员"	北京市大学生体育协会、北京高校民族体育研究会
15	应用文理学院	肖晶、赵世豪、万佳琦	北京市"青春船长 法治启航"青少年法制宣传教育主题活动优秀"青春船长"	北京市法制宣传教育领导小组办公室
16	应用文理学院	孙琳	2015年北京高校档案工作先进个人	北京市高等教育学会档案研究会
17	师范学院	王艳莉	2015年北京高校档案工作先进个人	北京市高等教育学会档案研究会
18	商务学院	张秀清	凯伦·沃克学者奖(Karen Walker Scholar)	澳大利亚研究基金会
19	商务学院	龚文婷	2015年北京高校档案工作先进个人	北京市高等教育学会档案研究会
20	生物化学工程学院	赵艳霞	"中国梦劳动创造幸福"首都职工歌词、歌曲创作征集活动歌曲创作三等奖(作词)	北京市总工会
21	生物化学工程学院	李敬	2015年北京高校档案工作先进个人	北京市高等教育学会档案研究会
22	旅游学院	张凌云、黎巎、刘敏	国家旅游局优秀旅游学术成果奖	中华人民共和国国家旅游局
23	旅游学院	孙业红	全球重要农业文化遗产保护与发展贡献奖	联合国粮农组织
24	旅游学院	王春才	2015年度中国会展教育杰出贡献奖	教育部高等学校旅游管理类学科教学指导委员会、中国会展经济研究会
25	旅游学院	王春才	第九届全国商科院校技能大赛会展专业竞赛全国总决赛最佳指导教师奖	中国商业联合会,全国商科院校技能大赛组委会
26	旅游学院	庾为	最佳指导教师奖	中国商业联合会,全国商科院校技能大赛组委会
27	机电学院	闵莉艳	北京市优秀工会工作者	北京市总工会、北京市人力资源和社会保障局
28	自动化学院	丛森	第26届北京市"丹柯杯"优秀研究成果三等奖	北京市思想政治工作研究会
29	自动化学院	高蕾	北京高校青年教师社会调研优秀项目二等奖	北京市教育工作委员会
30	特殊教育学院	滕祥东	交通银行特教园丁奖	教育部办公厅、中国残疾人联合会办公厅、交通银行股份有限公司办公室
31	应用科技学院	张耘	北京市第六届高职高专大学生数学竞赛优秀指导教师奖	北京数学会高职高专教育专业委员会
32	应用科技学院	玲玲	北京市第六届高职高专大学生数学竞赛优秀指导教师奖	北京数学会高职高专教育专业委员会

· 人 物 ·

2015 年硕士生导师名录

（共 223 人，按姓氏笔画排序）

于 洪	万鹰昕	马丽仪	马榴强	王 平	张连城	张泽一	张宝秀	张荣齐	张宪玉
王 卓	王 静	王 慧	王利红	王育坚	张艳贞	张艳秋	张凌云	张益农	张景秋
王春才	王崇桃	王淑芳	王维国	韦 恒	张慧姝	陆 军	陈 文	陈 岩	陈 星
支芬和	毛智勇	方建军	孔令学	孔昭林	陈 琳	陈建斌	陈悦新	陈雄鹰	邵彦铭
古红梅	左芙蓉	石金莲	石美玉	卢振洋	武家壁	林 强	尚小雅	季 皓	周小华
叶 晓	田 园	田 娥	田景文	玄祖兴	周玉基	周考文	庞昊勇	郑 晶	郑广永
冯小波	朱永杰	朱传华	朱松岭	乔东亮	郑春芳	郑海霞	房 燕	孟 斌	赵 卓
任金舸	刘 东	刘 宇	刘 红	刘 洁	赵 睿	赵永林	赵亚平	赵连稳	赵林惠
刘 峰	刘 啸	刘 敏	刘元盛	刘文忠	赵晓红	赵晓燕	郝传萍	荣瑞芬	胡艳君
刘东明	刘全礼	刘迎春	刘宏哲	刘建国	钟经华	钮文良	段素菊	姜招峰	秦立栓
刘彦文	刘晓明	刘婧娟	刘瑞祥	齐再前	秦岭南	袁家政	夏齐霄	顾 军	徐 华
米生权	闫文杰	许 峰	许家成	孙业红	徐 娟	徐永利	徐志军	徐英俊	徐凯波
孙兆慧	孙红云	孙连英	孙爱萍	孙雅煊	徐菊凤	高引民	高丽萍	高美娟	郭彦丽
牟 书	牟 静	劳凤学	杜 煜	李 立	郭娅丽	郭素红	唐莹莹	陶秋燕	黄汉昌
李 克	李 享	李 琛	李 媛	李文法	黄先开	黄迎春	龚 平	盛晓娟	常 敏
李世刚	李宇红	李红星	李金平	李剑玲	崔 玮	崔英楠	符亚明	梁 瑞	彭 涛
李祖明	李振广	李哲英	李娟华	李晗静	葛喜珍	董 焱	董恒年	韩 强	韩 澄
李雅宁	杨 宜	杨 鹏	杨金花	杨积堂	韩建业	惠伯棣	程 光	程艳玲	傅巧灵
杨靖筠	肖文东	何 宁	何 芳	何 勤	傅宏宇	曾美英	雷保珍	腾祥东	鲍 泓
汪昕宇	汪艳丽	宋淑玉	张 宁	张 军	裴一蕾	熊黑钢	黎 嶷	薛万欣	霍 清
张 波	张 波（女）	张 威	张 峰		穆红莉	鞠 晔	魏 涛	魏 微	
张 椅	张 蓉	张 楠	张 旗	张士玉					
张万春	张义君	张子义	张宇馨	张远索					

（研究生处提供）

2015 年正高级专业技术职务人员名录

（共 231 人，按姓氏笔画排序）

2015 年度教师岗位教授（研究员）名录
（231 人）

正高级二级（16 人）

卢振洋	冯小波	乔东亮	刘全礼	许家成
杨 鹏	杨 宜	张宝秀	姜招峰	顾 军
徐永利	陶秋燕	韩 强	韩建业	鲍 泓
熊黑钢				

正高级三级（30 人）

王美萍	王维国	石美玉	田景文	刘在云
孙爱萍	杜 煜	李 享	李宇红	李红星
杨积堂	汪艳丽	张 波	张晓晞	张景秋
范同顺	范清惠	林 强	周考文	郑广永
赵晓红	钟经华	钮文良	袁家政	高丽萍
葛喜珍	程 光	曾美英	谢职安	薛万欣

正高级四级(171人)

于 平　于丽娟　于春洋　于增信　马小芳
马晓钧　马榴强　王 平　王 卓　王 梅
王 静　王 毅　王成尧　王利红　王育坚
王信峰　王晓红　王德领　韦 恒　牛洁珍
方忠权　方建军　孔令学　左芙蓉　石金莲
叶 晓　付晨光　邢新峰　朱 莉　朱传华
朱松岭　朱晓妹　刘 丽　刘 莹　刘 啸
刘元盛　刘文忠　刘迎春　刘宏哲　刘彦文
刘晓玲　闫喜霜　许 峰　许晓平　孙连英
孙雅煊　劳风学　杜剑峰　李 艺　李 克
李 胜　李 媛　李世刚　李红梅　李春旺
李柏文　李俊卿　李祖明　李振广　李娟华
李晗静　李慧风　杨洪志　杨靖筠　吴勤学
何 宁　何 芳　何 勤　汪昕宇　宋长来
宋淑玉　张 宁　张 波　张 勃　张 威
张 蓉　张 静　张 旗　张士玉　张义君
张子义　张玉凤　张东昌　张永敬　张宇馨
张丽峰　张连城　张明贤　张泽一　张建成
张俊玲　张艳贞　张艳秋　张恩祥　张益农
张路光　张殿恩　张嘉秋　陆 军　陈 文
陈 琳　陈玉花　陈世红　陈志刚　陈建斌
陈悦新　陈雄鹰　邵 军　武家璧　杭孝平
杭和平　尚小雅　周文华　周玉基　周志成
庞昊勇　郑 丽　郑春芳　郑海霞　孟 斌
赵 卓　赵 睿　赵杰民　郝家林　荣瑞芬
茹秀华　段素菊　姜素兰　秦立栓　贾少英
夏齐霄　徐 华　徐 玲　徐志军　徐菊凤
高引民　高冬梅　高兴茹　高美娟　郭娅丽
郭素红　唐少清　黄迎春　黄金龙　黄宗英
曹建中　龚 平　常 敏　崔 玮　崔武子
崔英楠　符亚明　逯燕玲　葛海燕　董 焱
董南萍　惠东坡　惠伯棣　程德林　傅宏宇
鲁彦娟　雷保珍　鲍新中　窦 群　窦晓霞
蔡 红　蔡 春　霍 清　穆红莉　魏 涛
魏 微

其他专业技术系列岗位人员名录(14人)

正高级三级(3人)

周小华　赵连稳　滕祥东

正高级四级(11人)

王 彤　齐再前　孙俊青　张祖明　张 楠
李九丽　李亚青　周华丽　范 蓓　唐小恒
韩宪洲

(校人事处提供)

2015年新聘特聘教授

（共9人，按姓氏笔画排序）

管理学院　　　　王永贵
商务学院　　　　毛基业
特殊教育学院　　尹宝才
北京学研究所　　李建平
旅游学院　　　　杨晓光
应用文理学院　　周成虎　贾文忠
商务学院　　　　蒋彬
信息学院　　　　程学旗

(校人事处提供)

2015年认定的双师型教师

（第六批，共46人，按姓氏笔画排序）

应用文理学院(14人)

王巧玲　叶盛东　朱建邦　米生权　孙雅煊
孙爱萍　吴晓红　邹柏贤　沈 蕾　张 敏
张艳贞　惠伯棣　谢永宪　潘世萍

师范学院(4人)

代小东　李红梅　张 埼　李祖明

商务学院(1人)

郭彦丽

生物化学工程学院(1人)

李 伟

旅游学院(1人)

秦 明

机电学院(7人)

于增信　张子义　张建成　赵林惠　徐志军
程 光　雷保珍

自动化学院(3人)

佟世文　耿 钰　夏明萍

管理学院(8人)

苏艳芝　李立威　肖文东　房　燕　盛晓娟　　　应用科技学院(5人)
梁　红　程　翔　裴一蕾　　　　　　　　　　　王　秦　王廷梅　刘　军　李　伟　陈道志
广告学院(2人)　　　　　　　　　　　　　　　　　　　　　　　　　　　(校人事处提供)
王彦霞　刘　畅

2015年担任各级人大代表、政协委员人员名录
（按姓氏笔画排序）

北京市第十届人大代表　　　　　　　　　　　　**北京市朝阳区第十二届政协委员**
杨　宜　　　　　　　　　　　　　　　　　　　　何小莉
北京市第十一次党代会代表　　　　　　　　　　**北京市朝阳区第十五届人大代表**
徐永利　　　　　　　　　　　　　　　　　　　　张恩祥　邵　军　徐永利　曾　泓　雷　红
北京市第十二届政协委员　　　　　　　　　　　**北京市丰台区第十五届人大代表**
许家成　徐永利　　　　　　　　　　　　　　　　滕祥东
北京市海淀区第九届政协委员　　　　　　　　　　　　　　　　　　　　　　(组织部提供)
袁家政

2015年"从教三十年"教职工
（共78人，按姓氏笔画排序）

应用文理学院(18人)　　　　　　　　　　　　　**自动化学院**(3人)
王国营　尹怡青　冯贵银　刘元红　孙　静　　　　王育平　周冠玲　董南萍
李佔江　佟秋丽　库雪晶　张东平　张桂荣　　　　**管理学院**(2人)
赵德义　茹秀华　徐　云　郭　卫　黄宗英　　　　房　燕　梁日杰
常　敏　温玉萍　潘世萍　　　　　　　　　　　　**应用科技学院**(1人)
师范学院(8人)　　　　　　　　　　　　　　　　李亚梅
牛桂荣　李娟华　李淑琼　杨　咏　汪艳丽　　　　**国际交流学院**(2人)
赵　华　袁　洁　曾　泓　　　　　　　　　　　　朱伟娟　何丽静
商务学院(4人)　　　　　　　　　　　　　　　　**校机关**(7人)
王瑞丰　朱传华　李瑞兰　董正民　　　　　　　　牛爱芳　付秀成　杜鸿燕　吴中平　张　伟
生物化学工程学院(6人)　　　　　　　　　　　　赵连稳　唐继泉
方全有　孔　岩　闫云霞　孙文敏　罗晓惠　　　　**电子信息技术实验实训基地**(1人)
孟　燕　　　　　　　　　　　　　　　　　　　　梁　军
继续教育学院(3人)　　　　　　　　　　　　　　**人文社会科学教学部**(4人)
白素洁　李秀玲　董　伟　　　　　　　　　　　　刘　娟　任雪琴　喜　蕾　韩　强
信息学院(4人)　　　　　　　　　　　　　　　　**公共外语教学部**(2人)
王露茜　许立群　赵亦松　徐建华　　　　　　　　孙　冰　孙志娟
机电学院(9人)　　　　　　　　　　　　　　　　**后勤服务公司**(4人)
马永新　王公社　刘　欢　刘　建　刘晓彤　　　　孙明进　孙常安　候福利　戴连和
孙庆华　张　来　张智岭　程　光　　　　　　　　　　　　　　　　　　　　　(校工会提供)

媒体报道

媒体重要报道要目

序号	报道时间	报道媒体	报道名称/报道内容
1	2015年1月5日	《新京报》	北京联大获批国内首个视障生源硕士点
2	2015年1月5日	《新京报》	大学教师提议"提高全民媒介素养"
3	2015年1月5日	《环球时报》	社会主义文化和民族文化兼容
4	2015年1月6日	中青在线	当苹果"砸到"大学生
5	2015年1月7日	《现代教育报》	京台两地共话戏剧人才培养
6	2015年1月12日	《北京考试报》	北联大：美术类专业招生微调
7	2015年1月13日	新华网	第七届两岸青年学者论坛在三亚举行
8	2015年1月15日	千龙网	北京39名大学生用原创音乐剧诠释青春梦想
9	2015年1月15日	中国考古网	唐际根研究员应邀到北京联合大学讲座
10	2015年1月16日	千龙网	两岸大学生商务竞赛落幕北京师生喜获第一名
11	2015年1月17日	新华网	两岸相对论：朱立伦主导国民党两岸政策将"向何处去"
12	2015年1月18日	《新华日报》	朱立伦，国民党新的掌门人
13	2015年1月18日	新华网	朱立伦当选中国国民党主席：期待两岸关系互利互赢
14	2015年1月19日	《北京日报》	搭建人民政协理论研究"智库"
15	2015年1月19日	马克思主义研究网	新闻自由的更高境界是什么？
16	2015年1月21日	中工网	北京联合大学"喜洋洋"迎新春暨新婚教职工联欢会
17	2015年1月22日	《国际先驱导报》	朱立伦与马英九 新老党主席如何处？
18	2015年1月25日	《法制晚报》	北京市人大代表呼吁尽快修订预算监督条例
19	2015年1月25日	《北京晨报》	三名委员把脉身边烦心路 建议解决出行难
20	2015年1月26日	海疆在线	如何科学对待中国传统文化
21	2015年1月27日	《光明日报》	大学生原创音乐剧诠释梦想
22	2015年1月28日	民族复兴网	"辽报事件"与高校意识形态安全
23	2015年1月30日	宣教之窗	北京联合大学组织干部教师参观"饮水思源·南水北调中线工程展览"
24	2015年1月31日	新华网	在线教育，几多红火几多忧？
25	2015年2月3日	《北京青年报》	国内首次就儿童戏剧细分年龄段展开研讨
26	2015年2月6日	《南国都市报》	6名北京联合大学学生自掏腰包赴屯昌小山村支教
27	2015年2月7日	民族复兴网	资本主义国家与社会主义国家有啥区别
28	2015年2月9日	《朝阳人大》	朝阳区人大代表雷红建言献策
29	2015年2月9日	求是网	在青年大学生心间播撒下科学信仰的种子
30	2015年2月15日	《中国青年报》	微信拜年 年味变淡 旅行过年新变化折射时代变迁
31	2015年2月16日	《北京晚报》	市长发的红包儿一定收好了
32	2015年2月18日	求是网	回忆邓力群同志在香山对北京市共青团干部讲话
33	2015年2月26日	中国新闻网	云南叫卖"青山绿水" 春节旅游收获上千万游客
34	2015年3月5日	新华网	大陆专家解读近平总书记最新对台讲话
35	2015年3月5日	《科技日报》	让建筑更懂你更宠你

续表

序号	报道时间	报道媒体	报道名称/报道内容
36	2015年3月5日	中国台湾网	习总书记两会对台讲话展现大格局
37	2015年3月5日	新华网	专家解读习近平最新对台讲话：首提"获得感"
38	2015年3月6日	新华网	大陆专家：福建自贸区是台企经略大陆"桥头堡"
39	2015年3月7日	《中国文化报》	丝路旅游：区域协同之路怎么走
40	2015年3月10日	宣教之窗	北京联合大学师生热议全国"两会"
41	2015年3月10日	海疆在线	西方价值观：怎么看、怎么办
42	2015年3月11日	新浪网	文物修复需要科班
43	2015年3月19日	新华网	大陆专家解读政府工作报告涉台内容
44	2015年3月19日	《辽宁日报》	从零起步到50家龙头企业聚集营口安全智能装备产值瞄准千亿
45	2015年3月19日	台海网	国共两党热络互动　两岸关系春意盎然
46	2015年3月20日	丰台区人民政府网站	走进右安门街道"社会主义核心价值观普及讲堂"
47	2015年3月23日	《北京青年报》	女大学生突发呼吸衰竭 师生共筹救命钱
48	2015年3月23日	《天津日报》	中国古代社会的节日休假
49	2015年3月23日	《学习时报》	基层党建工作讲思路重布局
50	2015年3月25日	《现代教育报》	唱响联大梦
51	2015年3月25日	《现代教育报》	王丛歌：在花信年华与病魔抗争
52	2015年3月26日	《北京晨报》	北京联合大学广告学院：弟子规引入大学语言课
53	2015年3月26日	光明网	导游职业大家谈
54	2015年4月2日	和讯网	从寒食到清明，一场生死的并置
55	2015年4月2日	河南大学新闻网	北京联合大学等单位来校考察交流
56	2015年4月3日	新华网	中国公布54家景区"黑名单"剑指旅游开发乱象
57	2015年4月4日	新华网	火热乡土游呼唤中国人心中的根
58	2015年4月6日	《高新技术产业导报》	首届"创业庙会"在北京举行
59	2015年4月7日	党建网	西方文明东进战略的本质就是扩张
60	2015年4月8日	《南方日报》	景区评定打破"终身制"
61	2015年4月9日	《北京晨报》	利用专业特长服务社会
62	2015年4月9日	《北京晨报》	校企合作培养应用型人才
63	2015年4月10日	中国旅游报	村落旅游应坚持保护与发展平衡理念
64	2015年4月11日	《成都商报》	四川盲生高中班唯一考生昨日在北京考试
65	2015年4月14日	中国教育新闻网	北京·台湾戏剧教育教学与创作实践论坛举办
66	2015年4月15日	《文汇报》	互联网巨头为何争当"创业教父"
67	2015年4月16日	《党建》	强化高校思想理论教学的意识形态属性
68	2015年3月16日	中青在线	我校学生武钰婷入选2015上海国际车展注册大学生记者团
69	2015年4月17日	中国考古网	"汉代墓室壁画与绘画史研究"讲座将在北京联合大学举行
70	2015年4月21日	《京华时报》	全国高校专业排名公布 几乎全部211大学参评
71	2015年4月21日	《北京青年报》	"十三五"规划建言会 垃圾分类成讨论热点
72	2015年4月22日	中国教育在线	北京联合大学周志成副书记一行莅临汕大至诚书院调研
73	2015年4月23日	《北京晨报》	北京联合大学　新增两本科专业
74	2015年4月23日	《北京晚报》	"圆明园四十景图咏"——画上"万园之园"
75	2015年4月23日	《红旗文稿》	互联网"呲必中国"现象的由来与应对
76	2015年4月24日	新华网	即将参加国共领导人会面的朱立伦其人其事
77	2015年4月25日	千龙网	支教故事——住土坯房用牛粪烧饭
78	2015年4月27日	人民政协网	保定学院西部支教优秀毕业生北京联大"讲经"
79	2015年4月27日	国际在线网	国家旅游局快速介入　途牛与17家旅行社和解
80	2015年4月28日	中国教育论坛	北京联合大学应用科技学院举办高等职业教育文化育人论坛

续表

序号	报道时间	报道媒体	报道名称/报道内容
81	2015年4月28日	《石狮日报》	丁晨被北京联合大学成功录取
82	2015年4月28日	《京华时报》	联大文理学院成立学知书院
83	2015年4月30日	《北京晨报》	全方位提高学生师德建设
84	2015年4月30日	《北京晨报》	西部支教宣讲团联大开讲
85	2015年4月30日	《东方今报》	国共两党领导人下周会面"习朱会"会谈些什么
86	2015年5月4日	《中国教育报》	北京联合大学：邀企业专家做学生创业导师
87	2015年5月4日	搜狐网	圆桌论坛：旅游创业创新的学术审视
88	2015年5月4日	中国教育新闻网	北京联大迎来保定学院西部支教毕业生事迹宣讲团
89	2015年5月4日	中国日报网	重申共识聚焦热点"习朱会"增互信促发展
90	2015年5月4日	《新京报》	市属高校实验班招生数量增加
91	2015年5月4日	《新京报》	市属高校联袂海外名校"外培"
92	2015年5月4日	《新京报》	毕业生讲西部支教故事
93	2015年5月4日	东城区官方微博	机电学院辅导员拜访孙茂芳同志被北京市东城区官方微博报道
94	2015年5月4日	中青在线网	"习朱会"释放出哪些信号？
95	2015年5月5日	《四川日报》	"习朱会"传递多重积极正面信号
96	2015年5月5日	《湖北日报》	习近平就两岸关系发表5点主张
97	2015年5月5日	《山西晚报》	5点主张有何深意？
98	2015年5月5日	《光明日报》	看《圆明园四十景图咏》的"文化回归"
99	2015年5月5日	人民网	"习朱会"为两岸关系注入新动力
100	2015年5月5日	新华网	习近平总书记会见朱立伦谈了什么？
101	2015年5月6日	《中国社会科学报》	北京联合大学探索现代书院制
102	2015年5月6日	《光明日报》	历史建筑再利用之我见：延续记忆与功能
103	2015年5月7日	《保定日报》	《胡杨·红柳》在北京联合大学上演
104	2015年5月9日	《北京日报》	联大与七所小学开展科普合作
105	2015年5月10日	千龙网	首都大学生"挑战杯"赛首让小学生参与
106	2015年5月11日	《北京日报》	三山五园并非只是游玩场所 是清朝政治中心
107	2015年5月11日	求是网	记苏联远东红旗军第88独立步兵旅教官B.伊万诺夫
108	2015年5月11日	人民网	北联大：教师代表喜蕾教授风采
109	2015年5月11日	人民网	北联大：思想政治理论课现状
110	2015年5月11日	人民网	北联大：思政综合实践课学生表现
111	2015年5月11日	人民网	北联大：加强思政课建设方案
112	2015年5月11日	人民网	北联大：思政课代表性成果
113	2015年5月12日	《北京考试报》	北京联合大学美术类专业招生微调
114	2015年5月12日	中国高校之窗	北京联合大学纪委书记张楠一行来南京邮电大学调研
115	2015年5月12日	千龙网	北京高校毕业生自办时装秀展才艺
116	2015年5月12日	《民生周刊》	北京联合大学商务学院第二课堂建设新探索
117	2015年5月12日	北京市教育委员会官网	《李煌果文选》出版
118	2015年5月12日	《北京青年报》	旅游大佬互相打脸为哪般
119	2015年5月13日	北青网	北京联合大学师范学院2015届服装与服饰设计专业毕业作品发布
120	2015年5月13日	《北京晚报》	北联大增招免费师范生
121	2015年5月13日	太平洋游戏网	北京联合大学战队专访 蜘蛛是本命英雄
122	2015年5月13日	《中国社会科学报》	中国道路的西方影响
123	2015年5月14日	《北京晨报》	大一全员开设商业伦理课
124	2015年5月14日	人民政协网	北京联合大学举行大型法律咨询活动
125	2015年5月14日	《北京晨报》	大手拉小手 共进科普"大餐"

续表

序号	报道时间	报道媒体	报道名称/报道内容
126	2015年5月14日	《北京青年报》	解码纪委的编外"眼睛"
127	2015年5月15日	新浪网	2015年北京市普通高校联合咨询安排
128	2015年5月15日	《光明日报》	"厕所革命":如何让游客更"方便"
129	2015年5月15日	《中国消费者报》	北京加快推进中医养生文化旅游
130	2015年5月15日	《现代物流报》	物流工程专业:应用性人才培养要有层次
131	2015年5月16日	科学网	中科院地理所与北京联合大学共建院士科研工作站
132	2015年5月16日	北京质量知识网	联合大学质监志愿者科技周到门头沟宣传煤炭质量安全
133	2015年5月16日	《北京考试报》	北联大师范学院毕业生秀时装展才艺
134	2015年5月17日	《科技日报》	二〇一五年全国科技活动周北京主场采风
135	2015年5月17日	《法制晚报》	联大"联姻"地理所建院士科研工作站
136	2015年5月17日	千龙网	中科院院士数字模拟北京什刹海古城改造
137	2015年5月17日	千龙网	北京企业家为残疾大学生累计捐资70万元
138	2015年5月17日	中国网	中科院与联合大学共建院士工作站 合科研改革方向
139	2015年5月17日	中国科技网	电动汽车+无人驾驶是什么样的未来?
140	2015年5月17日	新华网	北京已建成80多个院士科研工作站
141	2015年5月18日	《北京青年报》	北京联合大学举行大型法律咨询活动
142	2015年5月18日	《新京报》	小学生玩转大学专业
143	2015年5月18日	中国聋人网	校残疾人大学生艺术团成立五周年庆祝活动举行
144	2015年5月18日	人民网	北京联合大学残疾人大学生艺术团成立五周年
145	2015年5月18日	《人民日报海外版》	科技紧盯生活需求
146	2015年5月18日	千龙网	北京自闭症患者的孤独世界
147	2015年5月19日	《光明日报》	北联大师范学院学生原创"时装秀"迎毕业
148	2015年5月19日	北京市示范应用新能源小客车公共服务平台	电动汽车助力2015年科技周
149	2015年5月19日	中国教育新闻网	无声世界感受律动舞动青春
150	2015年5月19日	《现代物流报》	本科导师制:物流专业人才培养的新探索
151	2015年5月20日	《现代教育报》	"产学合作"为学生谋就业好出路
152	2015年5月21日	《北京晨报》	联大师范学院服装作品展演
153	2015年5月21日	北青网	北京联合大学商务学院商务谈判大赛落幕
154	2015年5月22日	《北京考试报》	首都道德模范故事汇高校巡演走进北联大
155	2015年5月22日	中国电动车网	无人驾驶电动汽车亮相北京科技周
156	2015年5月23日	新华网	从对峙到对话——"张夏会"在金门举行并达成积极共识
157	2015年5月25日	中工网	北京联合大学举行2015年教职工亲子趣味运动会
158	2015年5月25日	中国教育新闻网	北京联合大学举办首都"挑战杯"手拉手科普活动
159	2015年5月25日	《科技日报》	电动汽车助力2015年北京科技周
160	2015年5月25日	《北京日报》	2015年全国科技活动周暨北京科技周主场活动圆满落幕
161	2015年5月26日	千龙网	大学生心理健康?高校重视者寥寥
162	2015年5月26日	新华网	北京联合大学人文地理与城乡规划专业
163	2015年5月26日	新华网	北京联合大学旅游管理专业
164	2015年5月26日	中国高校之窗	青海师范大学领导赴北京联合大学交流考察
165	2015年5月27日	中工网	京联合大学后勤服务公司召开第三届职工健身运动会
166	2015年5月27日	《北京考试报》	5·25大学生心理健康日活动举办 为爱点赞 为青春担当
167	2015年5月27日	《现代教育报》	在这里学英语很好玩
168	2015年5月28日	中国商务新闻网	无人驾驶电动汽车亮相北京科技周

续表

序号	报道时间	报道媒体	报道名称/报道内容
169	2015年5月28日	《北京晨报》	联大残疾人大学生艺术团成立五周年
170	2015年5月28日	《法制晚报》	90后毕业 争拍创意照
171	2015年6月1日	《北京日报》	北京联合大学学生设计手语机器人
172	2015年6月1日	中国教育新闻网	北京联合大学商务学院携手打工子弟学校庆六一
173	2015年6月1日	三亚人大网	北京联合大学人大制度研究所来我市开展人大工作调研
174	2015年6月1日	中国青年网	联大学生发明"手语机器人"角逐"挑战杯"
175	2015年6月1日	中国网	34所高校师生参与"挑战杯"手语机器人引惊叹
176	2015年6月1日	《新京报》	2015年高等职业教育文化育人论坛——与专家学者面对面
177	2015年6月2日	《北京日报》	联大百名师生签名拒绝烟草
178	2015年6月2日	《中国科学报》	"挑战杯"首都大学生科技作品竞赛特等奖出炉
179	2015年6月3日	《现代教育报》	今年增招免费师范生
180	2015年6月3日	中公考研网	2016考研历史学顶尖院校推荐(北京地区)：北京联合大学
181	2015年6月3日	新华教育网	专访北京联合大学招办主任权力：新增"双培计划"
182	2015年6月3日	《现代教育报》	34所高校师生角逐"挑战杯"手语机器人亮相引惊叹
183	2015年6月4日	《北京日报》	联大学生手绘抗战史
184	2015年6月4日	千龙网	北京高校学生买图书送打工子弟
185	2015年6月4日	千龙网	北京聋哑大学生研发我国首款手语机器人
186	2015年6月4日	《北京晨报》	联大研发出全国首个人形手语机器人
187	2015年6月6日	北京考试报	北联大"高参小"项目牵手7所小学 惠及千余名小学生
188	2015年6月7日	千龙网	北京全国首创高参小项目惠及5万小学生
189	2015年6月7日	《光明日报》	中国书院史研究的又一新成果——评《北京书院史》
190	2015年6月8日	《光明日报》	第十七次北京学年会关注"乡愁"
191	2015年6月8日	《现代教育报》	八成大学生掌握道德规范
192	2015年6月9日	中国网	第四届北京联合大学电子设计竞赛圆满结束
193	2015年6月9日	《北京晚报》	首都挑战杯"手拉手"科技普及活动走进北京联合大学信息学院
194	2015年6月9日	《齐鲁晚报》	加强大学生公民道德建设,做首善之都的好公民
195	2015年6月9日	新华网	大陆学者认为蔡英文的两岸思维需补课
196	2015年6月10日	《现代教育报》	"大手拉小手"北联大120门课程进小学
197	2015年6月10日	人民网	第十七次北京学术年会聚焦"乡愁"关注传统文化
198	2015年6月11日	中国教育新闻网	北京联合大学举行"国际档案日"主题活动
199	2015年6月11日	千龙网	档案馆日北京市民可体验当"间谍"
200	2015年6月11日	《参考消息》	北京用"高参小"增进优质教育供给
201	2015年6月12日	《北京晨报》	2015年北京联合大学计划在京招生3911人
202	2015年6月12日	《纺织导报》	北京联合大学2015届服装设计毕业作品发布会完美呈现
203	2015年6月12日	中国考古网	北京联合大学将举办"公众文化遗产共同体"体验活动
204	2015年6月12日	中国电力电子产业网	北京联合大学组织学生代表到北京京仪椿树整流器有限责任公司参观学习
205	2015年6月13日	中国高校之窗	北京联合大学2015年招生计划
206	2015年6月15日	《新京报》	20余高校"结对"140余小学
207	2015年6月15日	《新京报》	"手语机器人"亮相"挑战杯"
208	2015年6月15日	《新京报》	北联大举办"档案馆日"活动
209	2015年6月15日	《北京日报》	古人的乡愁寻寄
210	2015年6月15日	《北京日报》	吊忠魂
211	2015年6月15日	千龙网	北京小学生文化遗产日当天学做紫砂壶
212	2015年6月15日	中国文物网	数字博物馆推动公共文化服务建设

续表

序号	报道时间	报道媒体	报道名称/报道内容
213	2015年6月15日	《北京晚报》	2016年高校将增"国学"本科专业 教师缺口达百万
214	2015年6月15日	《光明日报》	国产三维建模技术让文物"复活"
215	2015年6月16日	台海网	台胞免签注缩短两岸心理距离
216	2015年6月16日	中国考古网	北京联合大学"保护成果 全民共享"文化遗产日活动精彩落幕
217	2015年6月16日	新浪网	3D虚拟展览平台促进展览数字化发展
218	2015年6月17日	《中国文化报》	"记住乡愁"学术研讨会在京举行
219	2015年6月18日	《现代教育报》	因材施教 学生快乐成长
220	2015年6月18日	《北京商报》	澳大利亚向中国公民开放十年多次往返签
221	2015年6月18日	《中国文化报》	2015年北京数字博物馆研讨会举办
222	2015年6月18日	北京市科学技术协会官网	2015年北京数字博物馆研讨会在京隆重召开
223	2015年6月18日	北京数字博物网	2015年北京数字博物馆研讨会在京隆重召开
224	2015年6月19日	人民网	北京联合大学2015年招生章程
225	2015年6月19日	共产党员网	深学 细照 笃行——北京联合大学扎实开展"三严三实"专题教育
226	2015年6月19日	新华社官网	政务大数据起步 助力智慧政府转型
227	2015年6月22日	中国教育新闻网	北京联合大学举行"高参小"项目展演
228	2015年6月22日	新华网	多地景区违规涨价 部分"超标"幅度达40%
229	2015年6月23日	《北京晚报》	北京联合大学信息学院开展"带本书,给家乡的孩子"信使
230	2015年6月23日	《法制日报》	洪秀柱出线后台湾选战三大关注点
231	2015年6月23日	《新华每日电讯》	连防洪水利建设费也从门票中"抽成"
232	2015年6月23日	《北京晚报》	首都高校沙排联赛落幕
233	2015年6月23日	《半岛都市报》	算门票小账,更要算旅游大账
234	2015年6月23日	新华网	多景区违规涨价收入流向不明网民:景区违规涨价不能没有下文
235	2015年6月24日	《现代教育报》	老牌专业出新招 学生就业拓新路
236	2015年6月24日	《中国教师报》	北京联合大学参与小学体育美育发展工作的启示
237	2015年6月24日	《北京考试报》	北京联合大学新增两专业
238	2015年6月25日	《光明日报》	门票为啥涨就涨
239	2015年6月26日	中国网	首都大学生创客领袖训练营开营仪式在陕西举行
240	2015年6月26日	《京华时报》	六所高校公布"双培""外培"计划
241	2015年6月26日	人民网	泰国7日游团费成本价曝光 2999元是零负团费
242	2015年6月26日	《京华时报》	市属高校学生有望跨校上课或境外留学
243	2015年6月26日	中国日报网	"挑战杯"首都大学生创客领袖训练营走进西咸新区
244	2015年6月26日	新华网	"挑战杯"首都大学生创客领袖训练营开营
245	2015年6月29日	中国网	北京联合大学商务学院作品获市级特等奖
246	2015年6月29日	中国网	北京联合大学3作品参加"挑战杯"取得优异成绩
247	2015年6月29日	《北京考试报》	北京联合大学:与对口校共建虚拟教研室
248	2015年6月29日	中国网	首都大学生创客领袖训练营结营 签订创业意向书
249	2015年6月29日	华商网	创客训练营西咸新区开营 北京10余所大学近40人参加
250	2015年6月30日	中国教育在线	北京联合大学硕士研究生学费标准及奖助学金政策
251	2015年6月30日	人民网	不能轻视文艺的观赏性:只有先"养眼"而后才能"养心"
252	2015年7月1日	《人民政协报》	北京联大师范学院深入参与小学体育、美育课程建设
253	2015年7月1日	中国科技网	创优翼教育带您走进UI设计师实训基地
254	2015年7月1日	《人民日报》	地域书院史研究的重要成果——《北京书院史》简评
255	2015年7月3日	《北京晚报》	儿子疑问难住专家爸爸 青年教师建议——让分类垃圾箱变身胖瘦"哥儿俩"

续表

序号	报道时间	报道媒体	报道名称/报道内容
256	2015年7月5日	《北京晨报》	大学生环保辩论赛开赛
257	2015年7月6日	《新京报》	科技成果吸引考生驻足
258	2015年7月7日	新华网	台湾抗日英烈罗福星传记将首次在大陆出版
259	2015年7月8日	新华网	中国军民融合技术装备博览会在京开幕
260	2015年7月9日	中国社会科学网	北京联合大学海外中国学研究中心举办"海外中国共产党研究"学术研讨会
261	2015年7月9日	《北京青年报》	政法大学首招信访专业博士生
262	2015年7月9日	《光明日报》	少儿文化消费:"暑热"能够热多久
263	2015年7月13日	中国社会科学网	北京联合大学2015届毕业典礼暨学位授予仪式举行
264	2015年7月13日	《北京日报》	古代书院史研究的新成果
265	2015年7月14日	人民政协网	北京联大2015届毕业典礼暨学位授予仪式举行
266	2015年7月14日	中国教育在线	北京联合大学研究生学费标准及奖励政策情况
267	2015年7月14日	央广网	为申冬奥加油添彩 北京联合大学旅游学院分院将落户崇礼
268	2015年7月14日	《新京报》	"长腿欧巴"代言的爱尚土豆已停产近半年
269	2015年7月14日	人民网	83岁海淀区"地情通"张宝章推出新作《三山五园新探》
270	2015年7月14日	国家体育总局官网	发展冰雪产业崇礼与北京联大签署合作协议
271	2015年7月15日	《京华时报》	教师建言"十三五"希望设智能垃圾桶
272	2015年7月15日	《新京报》	市民建议垃圾桶盖智能报警"我满了"
273	2015年7月15日	《北京日报》	两委组织座谈会回应垃圾分类建议
274	2015年7月15日	千龙网	"十三五"规划公众参与活动进入回访阶段"垃圾分类建议"收到回复
275	2015年7月15日	北青网	北京联合大学旅游学院分院将落户崇礼四季小镇度假区
276	2015年7月15日	河北新闻网	崇礼县与北京联合大学旅游学院签署合作协议
277	2015年7月17日	中国网	"低碳经济与管理研究所"揭牌 将研究应对全球环境变化
278	2015年7月20日	新北青网	北京联合大学商务学院组织"团员集体宣誓活动"
279	2015年7月20日	《新京报》	校企合作解决交通拥堵
280	2015年7月21日	千龙网	[都事]北京"低碳经济与管理研究所"正式运行
281	2015年7月23日	《北京晨报》	首届"北京科技交通论坛"召开
282	2015年7月25日	《红旗文稿》	如何看待当前网络意识形态安全的形势
283	2015年7月25日	《马克思主义研究》	公有主体型自主劳动与社会主义文明创新路径
284	2015年7月25日	《思想教育研究》	话语比较视野下中国特色社会主义的文明进步性
285	2015年8月1日	中国网	北京联合大学实践团队关注京津冀水质安全
286	2015年8月2日	《黔东南日报》	北京联合大学到三穗县良上乡支教帮扶
287	2015年8月3日	中国网	北京联合大学老教协晚霞艺术团:爱心传播快乐
288	2015年8月3日	千龙网	[都事]北京高校教师捐退休金资助太阳村儿童
289	2015年8月4日	新华网	北京联合大学就社科基金重大项目来承德市进行课题研究
290	2015年8月8日	新浪网	北京联合大学举办创新创业·问道马云分享会
291	2015年8月8日	澎湃新闻网	马云对话两千香港青年:年轻时也认为有钱人把机会都拿走了
292	2015年8月16日	中国青年网	北京联合大学赴贵州三穗县开展社会实践
293	2015年8月16日	贵州共青团网	北京联合大学到三穗县开展社会实践
294	2015年8月21日	人民网	都江堰康体养生之旅:九大运动玩儿法
295	2015年8月25日	《中国青年报》	第九届全国大学生"西门子杯"工业自动化挑战赛落幕
296	2015年8月27日	《北京晚报》	顾理昌:为32位英雄正名
297	2015年8月27日	中国教育新闻网	"全球治理视野下的邪教"研讨会在京举办
298	2015年8月31日	人民政协网	"全球治理视野下的邪教"研讨会在京举办

续表

序号	报道时间	报道媒体	报道名称/报道内容
299	2015年8月31日	北京市科学技术协会官网	"全球治理视野下的邪教"研讨会在京举办中外学者共话邪教的全球治理
300	2015年9月1日	《新京报》	拉贝嫡孙获聘北联大客座教授
301	2015年9月1日	新华网	记忆的力量——共同纪念抗战胜利催生两岸关系发展正能量
302	2015年9月7日	《北京青年报》	顾理昌：纪念章"留"住了我的战斗岁月
303	2015年9月7日	《北京青年报》	拉贝之孙被聘联大客座教授
304	2015年9月8日	中国教育新闻网	全国大学生物联网创新应用设计大赛在北京举行
305	2015年9月8日	中国证券网	中青旅：遨游网牵手北京联合大学旅游学院进行战略合作
306	2015年9月8日	凤凰网	马云又和香港青年说了啥？超过我，只需十到十五年
307	2015年9月8日	人民网	北京近8成大学生对创新创业感兴趣 青睐信息产业
308	2015年9月8日	东方网	保险入资养老社区：跨领域的新突破
309	2015年9月8日	金羊网	对话2000香港青年 马云：超越我只需15到20年
310	2015年9月9日	新华网	全国各地199名特教教师获2015年度特教园丁奖
311	2015年9月10日	《中国科学报》	最难忘的岁月 最光荣的记忆（之一）："找回"牺牲的战友
312	2015年9月11日	《方圆杂志》	顾理昌：我定要为战友讨个说法
313	2015年9月16日	《贵州民族报》	"智力西部行"团队到三穗开展支教帮扶
314	2015年9月16日	西部开发网	"智力西部行"团队到三穗开展支教帮扶
315	2015年9月21日	《中国社会科学报》	苏军老战士和第88旅情怀
316	2015年9月24日	中国社会科学网	重视海外当代中国史研究的话语权
317	2015年9月28日	《环球时报》	港媒：东京国际旅游博览会中国展台备受日访客冷落
318	2015年9月29日	人民网	北京联合大学教师建言：分类后的垃圾是真正的财富
319	2015年9月29日	中国青年网	北京现女盲门球队：哀而不伤 青春无怨
320	2015年9月29日	《人民政协报》	宋代经学哲学研究的新视点
321	2015年9月29日	《北京晚报》	建言人带剪报细说城市建设
322	2015年9月29日	中国台湾网	李振广：台湾政治生态走向偏执 非理性严重
323	2015年9月29日	北京日报	念英烈
324	2015年9月29日	中国网	北京联合大学"德毅"机器人实验班举行开班仪式
325	2015年10月1日	《求是》	抓住机遇，趁势而上，建设具有首都特色的思政课教育教学机构
326	2015年10月11日	中国网	2015年数字动漫艺术与文化传播国际论坛在京召开
327	2015年10月11日	中国动漫产业网	数字动漫艺术将通过微媒体更好地传播
328	2015年10月11日	《中国科学报》	数字动漫艺术与文化传播国际论坛召开
329	2015年10月12日	千龙网	北京数字动漫创新团队作品包揽影视大奖
330	2015年10月12日	搜狐网	2015年数字动漫艺术与文化传播国际论坛在京召开
331	2015年10月12日	国家旅游局官网	【聚焦"十一"出行天气及安全】秋游正当时知天懂旅游
332	2015年10月12日	《中国日报》	景区门票收入成地方政府"印钞机"
333	2015年10月13日	中国网	乔东亮：数字动漫艺术创意走向市场 科研成果服务大众
334	2015年10月16日	《前线》	用法治引领社会主义协商民主
335	2015年10月16日	千龙网	"北京史与北京学"学术前沿论坛在京开幕
336	2015年10月16日	中国社会科学网	多学科携手为首都城市建设出谋划策
337	2015年10月19日	《人民政协报》	借自贸区助推两岸跨境电商发展
338	2015年10月20日	《中国教育报》	校企合作培养工艺美术人才
339	2015年10月23日	北方网	中国职业技术教育学会余祖光副会长做客应用科技学院
340	2015年10月24日	《中国科学报》	《旅游学刊》中国旅游研究年会召开
341	2015年10月24日	中国网	北京联合大学召开2015年新生运动会 近5000名学生参加
342	2015年10月25日	新华网	专家学者聚焦旅游统计新体系

续表

序号	报道时间	报道媒体	报道名称/报道内容
343	2015年10月25日	《京郊日报》	第五届首都旅游发展论坛倡导"互联网＋"
344	2015年10月25日	《中国教育报》	第五届首都旅游发展论坛举办
345	2015年10月25日	新华网	2015全国大学生"移动互联＋旅游创意"大赛落幕
346	2015年10月25日	《京华时报》	大学生比拼"移动互联＋旅游创意"
347	2015年10月25日	《北京考试报》	北联大举办第五届首都旅游发展论坛
348	2015年10月26日	中国教育网	2015年数字动漫艺术与文化传播国际论坛在京举行
349	2015年10月26日	中国网	第五届首都旅游发展论坛在北京联合大学举行
350	2015年10月26日	人民网	"移动互联＋旅游创意"2015全国大学生大赛北京落幕
351	2015年10月27日	《现代教育报》	北联大聚焦"微艺术"
352	2015年10月27日	腾讯网	中关村创业大街2015年秋季宣讲会北京联合大学站完满落幕
353	2015年10月28日	中国会议产业网	第五届首都旅游发展论坛圆满落幕
354	2015年10月28日	千龙网	[北京ING]专家建议北京金工产业研发中心外迁
355	2015年10月28日	《现代教育报》	北联大率先关注互联网＋旅游
356	2015年10月29日	《北京晨报》	第五届首都旅游发展论坛在联大举行
357	2015年10月29日	东北新闻网	北京联合大学举办电子商务行业与教育研究所挂牌仪式
358	2015年10月29日	中国网	2015京台工艺美术人才培养与创作实践研讨会召开
359	2015年10月30日	《北京考试报》	学生赛创意 专家现场评
360	2015年10月30日	中国社会科学网	聚焦中国旅游统计新体系
361	2015年11月1日	海淀网	"三山五园文化遗产传承和保护"学术研讨会举行
362	2015年11月2日	千龙网	[北京ING]圆明园碧澜桥遗址历经13年完成复建
363	2015年11月2日	中国网	"三山五园文化遗产传承和保护"学术研讨会召开
364	2015年11月2日	《现代教育报》	校企联手搭平台学生学习很幸福
365	2015年11月2日	《新京报》	北联大夺魁旅游创意大赛
366	2015年11月4日	《现代教育报》	校企联手搭平台学生学习很幸福
367	2015年11月4日	《北京考试报》	展示教学技能成就明日之师
368	2015年11月4日	《现代教育报》	京台高校共同培养工美人才
369	2015年11月6日	《中国旅游报》	学术活动服务产业发展
370	2015年11月7日	《中国教育报》	北京联合大学以赛提升师范生教学技能
371	2015年11月8日	中国社会科学网	第二届全国文化遗产保护研究生论坛在北京联合大学召开
372	2015年11月9日	《中国青年报》	"习马会"将为两岸青年带来更多红利
373	2015年11月9日	《光明日报》	互释善意相向而行——各界高度评价两岸领导人会面
374	2015年11月9日	《新京报》	股票若熊市干脆去旅游
375	2015年11月12日	光明网	专家倡议在全球视域下关注三山五园传承保护
376	2015年11月12日	中国网	北京联合大学举办首届"竞业达杯"校园安全知识与技能大赛
377	2015年11月12日	《北京晨报》	联大举办校园安全知识与技能大赛
378	2015年11月13日	《北京日报》	多国放宽对华签证"开抢"中国游客
379	2015年11月15日	《科学中国人》	聚焦行业发展热点抢占科研创新高地
380	2015年11月16日	中国网	"鑫台华康邦杯"大学生计算机应用大赛总决赛举行
381	2015年11月16日	《北京日报》	华北五省大学生赛科技创意
382	2015年11月16日	《京华时报》	架摄像头"监控"蔬菜生长
383	2015年11月16日	新华网	"互联网＋"时代下的旅游业融合创新发展论坛在京举办
384	2015年11月16日	《北京青年报》	张凌云：做好智慧旅游要有智慧思想
385	2015年11月17日	中国机器人网	北京联合大学开发出两款智能助行机器人
386	2015年11月18日	广东高校传媒联盟微信公众号	跨越一万五千公里的牵连｜第14届挑战杯

续表

序号	报道时间	报道媒体	报道名称/报道内容
387	2015年11月21日	人民网	张凌云：中国旅游企业应"走出去"参与国际竞争
388	2015年11月23日	《北京日报》	发挥"以诗证史"在"三山五园"研究中的作用
389	2015年11月25日	千龙网	北京9个大学生创业团队创新手机软件斩获一等奖
390	2015年11月25日	《现代教育报》	师生唱响红色经典
391	2015年11月25日	网易网	践行社会责任，服务区域发展
392	2015年11月26日	《中国科技报》	谁将和中国梦同行
393	2015年11月27日	千龙网	北京市属高校首个大学生创业"蜂巢"亮相
394	2015年11月27日	中国网	北京联合大学促进美丽乡村建设纪事
395	2015年11月29日	齐鲁网	大学生创业生存赛济南开战靠100元生存体验48小时
396	2015年11月30日	《北京日报》	基层协商民主建设的三重意义
397	2015年12月1日	中国教育新闻网	人文社会科学学术创新高峰论坛在北联大举行
398	2015年12月2日	《现代教育报》	北联大与一流学者聚焦人文社科
399	2015年12月4日	《中国旅游报》	酒店管理应用型本科人才培养探索
400	2015年12月7日	中国网	北京联合大学举行2015年科技工作会
401	2015年12月8日	人民政协网	北京联合大学2015年科技工作会在京举行
402	2015年12月8日	文通网	中国大学生再次亮相克市圣诞巡游
403	2015年12月9日	《中国教育报》	北京联合大学：企业高管现场"把脉"大学生求职
404	2015年12月16日	《中国教育报》	着眼旅游创新创业教育——北京联合大学旅游学院蓄势再出发
405	2015年12月17日	北京商网	京津冀主题公园基数可观缺乏品牌
406	2015年12月18日	河北省人民政府网站	京津冀主题公园产业：基数可观缺乏品牌
407	2015年12月18日	北京市旅游委官网	中国会奖旅游城市联盟举办2015冬季推广活动
408	2015年12月18日	北京市旅游委官网	北京市旅游委举办旅游志愿服务培训班
409	2015年12月18日	人民网	主题公园 主要看创意（走转改·一线调查）
410	2015年12月18日	人民网	桂林理工大学旅游学院举行成立30周年学术研讨会
411	2015年12月18日	中国经济网	首届"共享经济与休闲未来"高峰论坛在京举行
412	2015年12月21日	《前线》	进一步做好新形势下高校纪检监察工作
413	2015年12月23日	国际在线	"三清山生态文明实践与创新"研讨会在京召开
414	2015年12月23日	《山西青年报》	14岁盲眼少年登上北京高校讲坛
415	2015年12月24日	中华环保联合会网	中华环保联合会在西城区前门西河沿社区 开展垃圾分类科普知识宣传进社区活动
416	2015年12月24日	《中国科学报》	李德毅院士：以科研任务带动高校学科建设
417	2015年12月29日	江南网	南昌海昏侯墓出土屏风或改写孔子生年

媒体报道选登（摘选）

北京联大获批国内首个视障生源硕士点

（《新京报》，2015年1月5日）

2014年12月27日至28日，首次全国硕士研究生招生考试视力残疾考生单考单招在北京联合大学特教学院举行，来自北京、山东、新疆和辽宁的18名拥有本科学历的视障考生参加了考试。

据介绍，此前，我国单独面向残疾人的高等教育仅有本科、专科两个层次，不能满足残疾人接受更高层次高等教育的需求。2014年，在国务院学位委员会、教育部及北京市教育考试院的支持和指导下，北京联合大学获批国内首个专门面向视障生源的临床医学(中医)硕士专业学位授权点,并按照全国硕士研究生招生考试要求实行此次单考单招。

据悉,此次考试将按成绩从高往低划定录取分数线,预计首次将招生5人。目前联大已经制订好了培养方案和师资队伍。

大学教师提议"提高全民媒介素养"

(《新京报》,2015年1月5日)

"主题选择局限于校园,缺乏影视观念,作品格调不高。"2014年12月27日,在北京·台湾首届戏剧教育教学与创作实践论坛上,西北师范大学传媒学院教师冯晓临直指当前我国大学生视频作品存在三方面的缺陷。

北京·台湾首届戏剧教育教学与创作实践论坛由北京戏剧家协会、北京联合大学主办,台湾大学、台北艺术大学等高校协办。

搭建人民政协理论研究"智库"

(《北京日报》,2015年1月19日)

研究中心是一个开放平台,并不局限于研究中心的几位固定组成人员。在遇到具体的实践课题时,可以以研究中心为载体聚拢政协机关工作人员、政协委员、各界专家学者等各领域研究力量,对理论与实践问题的研究实现多角度、多层次的理解和把握。

"除研究政协基本理论,中心在课题选择上更加注重针对京津冀一体化背景下首都社会经济发展的实际问题,做一些能够进行实际应用的对策研究。"北京联合大学党委书记、人民政协理论与实践研究中心主任徐永利介绍。研究中心成立后,不仅对政协理论和协商民主理论进行深入研究,还积极服务协商民主工作实践、解决实际难题。

大学生原创音乐剧诠释梦想

(《光明日报》,2015年1月27日)

北京联合大学师范学院2015届音乐学班39名学生自编自导自演的原创音乐剧《沿着青春一路梦想》近日成功在校内上演,该剧通过描写毕业班里衣食无忧的"富二代"、一心去农村支教的大山女孩、梦想出国留学的"乖乖女"、两情相悦的学习型情侣等形形色色的大学生在面对爱情、友谊、求职、理想的态度和行动,诠释了大四学生们在面对大学毕业时的价值选择和他们色彩斑斓的青春梦想。据了解,该校音乐学班学生毕业工作去向大部分都是在北京市中小学任职,近几年就业率一直保持在100%。

北京联合大学:邀企业专家做学生创业导师

(《中国教育报》,2015年5月4日)

近日,椅子网首席执行官孙兆华走进北京联合大学应用科技学院,为大学生介绍行业发展前沿,开展就业创业指导讲座。

以强化过程的校企深度融合为抓手,构建创业教育体系,是应用科技学院强化创业教育的着力点。去年,学院与北京宝瑞通典当行有限责任公司共同成立宝瑞通创业基金会，用于支持学生创业项目。学院构建了以创业课程、创业培训、创业孵化等为内容的创业教育体系，并邀请行业企业专家与专业教师和辅导员共同组成学生创业"双导师"队伍，为创业教育提供师资保障。

"学院成立了创业中心，在创业项目立项与推进、中期检查、项目结题和验收等环节强化过程管理，确保创业教育质量。"应用科技学院党委书记潘宏波说，截至目前，学院创业大赛入围的7个项目中，已有3个重点项目成立实体公司，并进入正式运营状态。

看《圆明园四十景图咏》的"文化回归"

（《光明日报》，2015年5月5日）

北京联合大学教授赵连稳认为，北京三山五园是中国皇家园林文化的集大成之作，代表北京古都文化最辉煌璀璨的历史，在世界园林文化艺术中具有极高的价值，占据重要地位。

联大与七所小学开展科普合作

（《北京日报》，2015年5月9日）

昨天，第八届"挑战杯"首都大学生课外学术科技作品竞赛拉开序幕。本届活动首次增加了科技普及环节，本市七所小学的学生将分别走进北京联合大学的七所学院，通过亲自观察、实验探究科学的奥秘。

本届"挑战杯"活动由共青团北京市委员会主办。为了激发小学生的科技兴趣，培养他们的创新能力，本届活动首次增加了科技普及环节。安华里一小、裕中小学、黄胄艺术实验小学、青年湖小学、厂桥小学、北礼士路小学和海淀第三实验小学将与北京联合大学机电学院、生化学院、信息学院、应用文理学院等七个学院分别对接，开展"手拉手"科普合作。

在接下来的一个月中，北京联合大学将结合学科和专业特色，组织小学生们参加一系列科普体验活动。亲手制作动植物标本、学习使用显微镜、组装飞机模型、制作智能车和机器狗……七所小学的学生们将走进实验室，通过丰富的活动，体验生物、化学、医学等多个学科的奥秘。

据北京联合大学相关负责人介绍，该校与七所小学的科普合作将长期进行。未来，学校将为小学生们组织更多科普活动。

"厕所革命"：如何让游客更"方便"

（《光明日报》，2015年5月15日）

国家旅游局日前启动了全国旅游厕所建设与管理三年行动计划，三年将新建、改扩建旅游厕所5.7万座，将旅游厕所是否达标列为A级景区、星级酒店等多项评定体系的硬指标之一，并实行"一票否决"。

"造成旅游厕所'脏、乱、差、少、偏'的原因是多方面的。"北京联合大学旅游学院副院长张凌云分析说，近年来政府在旅游厕所建设方面的投入难以满足我国旅游行业的快速发展需求，旅游厕所建设远远滞后。此外，游客素质还有待提高，很多不文明如厕现象增加了厕所管理难度。

"景区厕所建设要考虑最小化破坏原有景观，同时，还要尽可能让厕所的外观、内饰、设施与周围的景区环境融为一体、相得益彰。"张凌云说。因此，旅游厕所的新建和改造，要结合旅游厕所标准和景区实际，宜改则改，宜建则建。

"厕所管理机制的创新重在常态化、制度化、长效化。"张凌云说，应充分发挥市场在资源配置中的决定性作用，吸引社会各界的广泛参与。其中"以商养厕"模式是未来旅游厕所管理模式发展的一个趋势。

科技紧盯生活需求

(《人民日报海外版》,2015年5月18日)

一走进北京科技周主场举办地民族文化宫,映入眼帘的便是门口展位上一辆白色的北汽新能源无人驾驶汽车,在这辆名为"京龙2号"的汽车旁挤满了好奇的人群。

负责这辆北汽无人驾驶汽车技术层面的北京联合大学工程师杨青说:"它能够在您行驶偏离轨道时,给您发出视觉和听觉的警告,而且您还能感受到方向盘和座椅的振动。"原来,这个是保证其安全的功能之一——车道偏离检测系统。它可以通过摄像头捕捉前方道路的图像,再由系统从这个图像中发现道路中实线和虚线的车道标记,司机若不在这两线之间行驶,系统便会发出各种警报。

北联大师范学院学生原创"时装秀"迎毕业

(《光明日报》,2015年5月19日)

北京联合大学师范学院服装与服饰设计专业2015届毕业设计作品发布会近日举行。本届毕业设计的主题是"跨界",优选了服装与服饰设计专业2011级本科毕业生、2013级专升本毕业生59位同学170套服装作品进行演出。参演同学的设计作品紧扣设计主题,通过多种材质的运用,大胆的廓型设计,色彩的灵活搭配以及创新的设计理念,达到风格多样的"跨界"效果,表达出他们对当下时尚潮流和社会需求的认知,对国际时尚文化的解读和诠释,以及对市场需求的把握能力,也展示出该校注重学生技能培养、创新人才培养模式的教学成果。本次发布会还邀请了十余家行业和企业代表参与,为学生搭建创业就业的平台,同时推进行业、企业、专业之间的产学研协同创新。

2015年全国科技活动周暨北京科技周主场活动圆满落幕

(《北京日报》,2015年5月25日)

观众认真倾听无人驾驶电动汽车相关讲解

北京联合大学学生设计手语机器人

(《北京日报》,2015年6月1日)

(李焱摄)

"我是'联合一号',今天的天气真好!"北京联合大学交通工程专业的学生秦乾话音刚落,一个黑白相间的机器人双手舞动,打出手语。这个会手语的机器人在第八届"挑战杯"首都大学生课外学术科技作品竞赛特等奖作品答辩会上一亮相,就成为焦点。

手语机器人"联合一号"是联大学生团队设计的,机器人身高135厘米,内置有语音输入功能的控制程序。当人们对机器人讲话时,控制程序会将语音转化为文本,并按照文本发出指令,机器人的手臂根据指令打出相应手语。

手语机器人的设计团队由八位本科生组成,他们分别来自联大生化学院、自动化学院、特殊教育学院等不同院系。作品的设计灵感来自特殊教育学院的于俊涛——一位听障人士。"我国现有两千多万听障人士,由于手语的普及程度不高,他们在生活中会遇到很多困难。"于俊涛用手语表达着设计机器人的初衷,他期待通过手语机器人,即使不懂手语的健全人也能与听障人士顺畅交流。

今年4月,于俊涛和同伴们开始设计制作手语机器人,他们反复调试和修改,力求机器人手语准确。手语"小",需要大拇指触碰小指。但按照人手比例制作的机械手,大拇指总碰不到小指。于俊涛和伙伴儿们重新制作、安装,将机械手的十指变成一样长度,并且比人的手指长两到三厘米。改装后的机器人,克服了动作障碍,清晰流畅地做出手语动作。

于俊涛和伙伴儿们希望,手语机器人能在医院、火车站、银行等地得到应用,帮助听障人士享受无障碍的社会生活。"目前这台机器人的造价在一万元左右,我们将继续研究如何降低制造成本,为手语机器人的推广创造机会。"团队成员秦乾表示。

据悉,本届"挑战杯"首都大学生课外学术科技作品竞赛中,共有121件作品入围特等奖答辩,比赛结果将在近日公布。

(记者石滢琪)

联大百名师生签名拒绝烟草

(《北京日报》,2015年6月2日)

北京联合大学昨天举行"携手控烟,构建和谐校园"的控烟宣传活动,全面开展校园控烟。

宣传活动现场,数十位师生在校园内发放控烟宣传材料,并将"建设无烟校园""无烟世界,清新一片"等

北京联合大学昨天举行控烟宣传活动

控烟宣传标语和禁烟标志张贴在教室、实验室、体育馆等场所的醒目位置。在控烟知识图片展专区,40多幅照片详细展示了吸烟对生命财产、身体健康带来的危害。学校还专门设立了戒烟咨询台,3位校医现场回答师生关于戒烟方法、烟草危害等方面的问题。

活动中,近百名师生在印有"珍爱生命,拒绝烟草"标语的横幅上签下了自己的名字。"据统计,北京约有1000万人每天被动吸烟。为了尽可能减少烟草对人的危害,我们不仅自己不应该吸烟,而且要帮助周围吸烟的人戒烟。"计算机专业大四学生杨涛说。

联大学生手绘抗战史

(《北京日报》,2015年6月14日)

联大学生作品

中央红军长征胜利抵达延安,百姓夹道欢迎;炮火连天,白求恩率医疗队在前线救治伤员……一个个画面勾勒出抗战初期的艰苦岁月。这不是博物馆里的老照片,而是北京联合大学广告学院学生的手绘连环画。年轻的大学生们,计划探访革命圣地延安,重走抗日战争战场,手绘抗战史,以此纪念中国人民抗日战争暨世界反法西斯战争胜利70周年。

联大学生手绘抗战史的计划自2014年8月就已开始实施。当时正值暑假,联大广告学院团委书记何侃侃和8名学生组成"我心中的宝塔山"实践团,到延安收集创作素材,手绘抗战历史,目前,8名学生已创作出150幅连环画,描绘了中国共产党在延安的光辉岁月。

据何侃侃介绍,待今年暑假完成对抗日战场的描绘,连环画将结集出版,送给中小学生,帮助孩子们铭记历史,珍爱和平。

北京用"高参小"增进优质教育供给

(《参考消息》,2015年06月11日)

上周末,来自7所小学的200余名一年级小学生在中国木偶剧院登台表演了舞蹈、健美操、街舞、啦啦操、童声和心理剧等节目,这是北京联合大学"高参小"项目阶段性成果展演活动的一部分。

"马兰花,马兰花,风吹雨打都不怕,勤劳的人在说话,请你马上就开花。"灯市口小学优质资源带大型少儿版《马兰花》话剧日前在中国儿童艺术剧院上演,资源带各校区75人参与演出。而这次演出获得成功,也得益于中国儿童艺术剧院专家的参与。

近期,北京多所学校展示"高参小"项目成果。

"2014年4月,作为首都地方大学的北京联合大学有幸成为20余所高校中的一员,并与东城区171中学青年湖小学部、西城区厂桥小学、朝阳区黄胄艺术实验小学等7所小学对接。"北联大师范学院副院长汪艳丽告诉记者,一年来,该校"高参小"项目为7所小学的1116名一年级学生提供了包括舞蹈、健美操、童声、国画、书法、软陶、心理健康、科学探索等一系列课程。该校每周组织各专业优秀师生300余人次赴小学开展支持活动,为7所小学开设约120门(项)课程及活动,为小学生们提供特色课程达5000余课时。

国产三维建模技术让文物"复活"

(《中国教育报》,2015年03月12日)

20分钟即可为一尊兵马俑建立计算机三维模型,可实现3D打印,还可以开发出能走路、会微笑的动态立体兵马俑,让其"复活"。在14日由北京市科学技术协会指导、北京数字科普中心等单位主办的"2015年北京数字博物馆研讨会"上,一项拥有自主知识产权、可快速为文物建立三维模型的新技术吸引了众多目光。

据了解,这项由北京无限界科技有限公司研制的三维建模技术,不仅可将建模价格从激光扫描的万元压缩至千元,还可实现对文物的立体动态再开发。北京联合大学副校长鲍泓认为,为文物建立三维模型,既有利于文物的保存,同时也能促进其文化价值向公众的传播,三维数字模型本身还可视作数据时代的文化遗产来留存。

"记住乡愁"学术研讨会在京举行

(《中国文化报》,2015 年 6 月 17 日)

近日,"记住乡愁,传承文化——第十七次北京学学术年会"在京召开。来自全国各高校及相关研究机构的 30 余位专家学者,结合历史与当下城镇化发展的现实,分别从各自的学科角度,围绕"什么是乡愁""如何让人们记得住乡愁"等问题进行了理论探讨。

专家们认为,"乡愁"在中国当下是一个敏感动人的新闻关键词。乡愁不仅是中国近 30 年快速城市化、工业化、商品化让城乡大地产生翻天覆地变化的结果,也是民众面对山河巨变的复杂情感和心理状态。专家们呼吁,应在保护传统村落和古都风貌的同时,加强对优秀传统文化的重视和保护,把现存的传统建筑和优秀的非物质文化遗产保护好、管理好、传承好。辽宁大学教授乌丙安建议,当务之急是应该对即将被废弃的传统村落进行村史、村志的追踪调查,"那里曾经居住过什么人、发生过什么故事,我们要借鉴日本、德国等国家的经验,尽可能地把全国各村落的村史村志记录、保存下来。"

本次会议由北京联合大学北京学研究所与北京史研究会等单位共同主办。

2015 年北京数字博物馆研讨会举办

(《中国文化报》,2015 年 06 月 17 日)

6 月 14 日至 15 日,2015 年(第六届)北京数字博物馆研讨会在北京联合大学举办。

本届研讨会由北京数字科普协会、首都博物馆联盟、北京博物馆学会等单位联合主办,来自北京、上海、山东等省区市的 300 多位专家学者围绕"让文物活起来——博物馆的数字化创意""记得住乡愁——文化遗产数字化及保护""走进博物馆——博物馆的文化旅游价值挖掘与利用"等议题进行了深入的探讨。

在研讨会上,北京联合大学副校长鲍泓回顾了博物馆数字化历程,阐述了数字博物馆发展的根本驱动力,展望了未来智慧博物馆的前景。北京大学教授李国新从博物馆信息化推进公共文化建设出发,指出公共文化服务体系中,应该将乡村、社区"草根博物馆"的数字化、信息化,博物馆实体空间数字化、展示方式现代化等作为重点任务。中国博物馆协会博物馆数字化专业委员会主任胡锤提醒,数字博物馆建设在海量的资源数据之上,而内容与技术的协同策划是关键,要摒弃追求缺少深刻内容的技术秀。北京无限界科技有限公司负责人作了《博物馆三维数字化技术研究与应用思考》的报告,他提出无限界实物三维建模软件和实景三维建模软件能有效地进行文物及遗产保护,为文物修缮和恢复提供重要的数据和模型支持。

据了解,从 2005 年开始,北京数字博物馆研讨会每两年举办一次,已成功举办了五届,出版了四本研讨会论文集。

地域书院史研究的重要成果——《北京书院史》简评

(《人民日报》,2015 年 7 月 1 日)

赵连稳撰著的《北京书院史》一书,近日由研究出版社出版。该书是在北京市哲学社会科学规划办重点项目"明清时期北京书院研究"成果基础上,经过修改补充而成的。

全书分为四个部分:第一部分密切联系相关朝代文教政策、书院政策等实际,对北京书院的产生、发展、鼎盛和改制进行了论述;第二部分着重从中国古代书院的三大功能——教学、藏书及祭祀等方面来研究北京书院的办学活动;第三部分论述北京书院在师资、生徒、藏书和经费等方面的管理制度;第四部分从培养人才、促进教育发展和传播理学等方面评估北京古代书院的地位与作用。该书还探讨了北京古代书院的管理、教学等对当今学校教育改革的启示意义。

　　该书资料丰富，论述深入，说服力强，特别是对北京书院有关史料的挖掘和整理相当宝贵，展现了北京书院在我国传统书院发展过程中形成的特征及其对人才培养、社会教化做出的独特贡献，填补了北京文化史研究领域的一项空白。

少儿文化消费："暑热"能够热多久

（《光明日报》，2015年7月9日）

　　北京联合大学教授、旅游学院副院长张凌云在接受记者采访时说，旅游、参观博物馆等文化消费对少年儿童的成长非常重要，有时甚至会产生改变人一生的重大影响。

　　张凌云举例说，他认识的一个小女孩儿去大英博物馆参观时，被现场那些来自古代中东的精美文物迷住了，大英博物馆生动的解说让她对古代中东历史产生了如醉如痴的兴趣。后来，在报考大学时，她坚持报考中东古代史。在别人看来枯燥得难以学习下去的课程面前，她却有着发自内心的强大驱动力去学习研究。

　　"这就是博物馆的巨大魅力所在。"张凌云说，"近年来，越来越多的家长开始注重从小培养孩子的人文素养，很舍得在相关的文化消费方面投资。虽然从功利的角度看不出来，科技馆、博物馆、旅游等文化消费对职场赚钱有什么直接的作用，但人文素养是任何人都不能缺少的。"

　　张凌云认为，尽管我国的文化消费场所近年来得到了较快发展，但硬件数量快速提升的同时，观念的转变和解说互动能力还需要大大改进和提升。

　　张凌云指出，世界上著名的博物馆除了馆藏丰厚外，都具有一个共同点，就是用独特的氛围、富有想象力的介绍和展示、创造性的方法等吸引观众。

两委组织座谈会回应垃圾分类建议

（《北京日报》，2015年07月15日）

　　建言人王超是北京联合大学机电学院的一名教师，今年6月底，他写了一封关于北京垃圾分类处理的建言信。"本来只是把自己的想法写出来，没想到第二天就有发改委负责人电话联系了我。"王超说。更令他想不到的是，发改委负责人又联系了主管单位市政市容委，并邀请他参加回访座谈会，地点就设在他就职的机电学院教学楼。

　　座谈会现场，王超进一步提出了自己关于北京垃圾分类处理的看法。他建议，分类垃圾箱要有明显的文字、图案、颜色上的区别，考虑到色彩识别有困难的部分人群，垃圾桶最好选用黄、蓝两色；垃圾桶的盖子最好能在桶内容量装满时自动闭合；垃圾转运车也要具有分类功能，并在外观上与垃圾桶保持一致。

　　得知本学院教师的建言有了回音，北京联合大学机电学院院长程光也特意赶来座谈会"补上"自己的建议。他提议，还要从设计上提升分类垃圾桶的使用体验，可以把它们设计成具有机电控制功能的"智能垃圾桶"，在内部功能上赋予其智能、大数据等方面的改变。程光说，"我们要在垃圾箱本身的设计上体现时代感，实现分类垃圾箱和使用者的交互。"

校企合作培养工艺美术人才

（《中国教育报》，2015年10月20日）

　　北京联合大学师范学院近日主办2015第三届北京工艺美术论坛，与两家公司签署非遗技艺传承人才联合培养协议，就雕漆和宫毯两项国家级非遗技艺传承进行深入合作，并聘请金漆镶嵌、花丝镶嵌工艺美术大师万紫、熊松涛作为设计实践教学行业导师，共同培养工艺美术人才。

　　本次活动以"守·艺"为主题，与会行业专家呼吁，将教育和设计实践作为传统设计文化教育的双重途径。

近年来,该学院依托学科和专业优势,致力于北京传统手工艺的传承与创新,与行业协会、专家学者、工艺美术大师交流合作,并提出"三师协同、三业共建"的教育理念,为首都文化创意产业、设计产业等培养适用人才。

《旅游学刊》中国旅游研究年会召开

(《中国科学报》,2015年10月24日)

10月24日至25日,由北京联合大学主办,北京联合大学旅游学院、《旅游学刊》编辑部承办的"2015《旅游学刊》中国旅游研究年会"举行。教育部、国家旅游局、北京市教委及北京联合大学等单位的相关领导出席了开幕式。北京联合大学校长卢振洋,中国旅游协会旅游教育分会会长、中山大学旅游学院院长保继刚分别在开幕式上致辞。此次年会针对当前国内的旅游基础研究薄弱、旅游统计严重滞后等问题,聚焦中国旅游统计新体系主题,对未来5年旅游学术研究和旅游业发展进行了展望。(倪思洁)

"习马会"将为两岸青年带来更多红利

(《中国青年报》,2015年11月9日)

北京联合大学台湾研究院两岸关系研究所所长朱松岭也认为,随着教育求学等多样化交流的增多,交流的时间也会越来越长,未来会有一批人形成共同的记忆,"会自然而然拉近两岸的距离"。

多国放宽对华签证"开抢"中国游客

(《北京日报》,2015年11月9日)

"出境游的火热,其实是在倒逼我们国内的旅游业提质增速。"北京联合大学旅游研究院院长张凌云认为,国内旅游行业应从出境游中反思自己的服务和管理。"中国有那么多游客,按理说需求就在身边,为什么留不住游客?"

尽管与国内游相比,出境游有颇具吸引力的异国风情,但张凌云认为,二者之间的更大差距在于服务和管理。"现在已经不是景区拉条绳子就能招来游客的时代了,我们要在路线开发、服务便利上多下功夫。各国都已经意识到外国游客对于拉动本国经济的巨大作用,我们也要进一步提高中国对本国游客和外国游客的吸引力。"

华北五省大学生赛科技创意

(《北京日报》,2015年11月9日)

华北五省及港澳台大学生计算机应用大赛也于上周末举行。大赛主题为"移动终端应用创意与程序设计"。在线"承包"一块菜地,就可以自由挑选果蔬品种、土壤和肥料,请农民种植无公害蔬菜、水果,还能用手机实时查看蔬果的长势……由北京联合大学信息学院的两名大二学生设计的APP"微地"在比赛中获得了一等奖。"就像现实版的'开心农场'。"设计者贾继说。最近,他和同伴在昌平、怀柔和大兴进行走访,已与数十家农户达成了合作意向。

发挥"以诗证史"在"三山五园"研究中的作用

(《北京日报》,2015年11月23日)

最近,由北京联合大学、天津大学和中共海淀区委宣传部联合主办的"全球视域下'三山五园'文化遗产传承和保护"学术研讨会在京举行。与会专家学者围绕中西园林文化遗产和保护、数字化在园林文化遗产传承和保护中的作用、中外皇家园林历史文化谱系比较研究等议题展开了深入讨论。

与会学者指出,"三山五园"作为清代皇家园林的典型代表,在清代和故宫一起共同构成了全国政治和文化中心,成为北京历史文化名城的主要组成部分和中国文化走向世界的一个重要窗口,其文化遗存对于研究近代中国政治和外交活动乃至文化发展有着重要的历史价值;推动"三山五园"历史文化遗产的传承和保护应着眼于"元素""谱系""路径"等层面,深入发掘、传承和保护"三山五园"蕴藏的历史文化遗产;特别在深化"三山五园"研究中,陈寅恪先生在《元白诗笺证稿》中采用的"以诗证史"方法值得借鉴,因为乾隆皇帝有几千首相关御制诗,其中不少具有一定的史料价值,值得发掘和重视。

协商民主既追求结果的合法性,更注重过程的合法性——基层协商民主建设的三重意义

(《北京日报》,2015年11月30日)

徐永利

民主作为现代社会中国家对公共收入分配、公共资源配置和公共事务决策管理的新型方式,受到全人类的青睐。然而,民主的具体实现方式并非是唯一的,其中协商民主不仅追求结果的合法性,尤其注重过程的合理合法和结果的广泛认同,因而是更加文明的一种民主形式。正因为是一种更加文明的民主形式,因而其发挥的作用更接地气,更符合人民民主的要求,更有利于提高民众的理性思考和政府的科学决策能力。

互释善意 相向而行——各界高度评价两岸领导人会面

(《光明日报》,2015年12月9日)

北京联合大学台湾研究院教授朱松岭表示,习近平的讲话秉持"两岸一家亲"的理念,充分展现了大陆方面增进两岸同胞共同福祉的善意,也再次表明了让台湾同胞分享大陆发展机遇的诚意。

北京联合大学:企业高管现场"把脉"大学生求职

(《中国教育报》,2015年12月9日)

北京联合大学第二届模拟招聘大赛"职为你来"近日由该校管理学院组织、主办。决赛环节中,众多知名企业高管现场"把脉"12名大学生求职过程,帮助他们提升求职技巧。

"模拟招聘大赛历经笔试、面试、预赛和决赛环节,通过这样的活动,大学生可以学会制作简历、丰富面试经验,从而提高就业竞争力。"北京联合大学管理学院党委副书记谢飞雁说。

着眼旅游创新创业教育——北京联合大学旅游学院蓄势再出发

(《中国教育报》,2015年12月16日)

由北京联合大学旅游学院主办的以"移动互联＋旅游创意"为主题的2015年全国大学生旅游创意大赛于日前落下帷幕。大赛旨在搭建"旅游创客"交流的平台,培养大学生的创新意识和创业精神,促进大学生应用新技术和新方法,将移动互联与旅游创意相结合,形成具有实际应用意义的智能手机旅游应用程序,进一步提升整个旅游产业的产品设计层次和水平。

大赛专家评审组组长,国家教育部门旅游管理类专业教学指导委员会主任委员田里教授在点评时说:"北联大旅游学院紧跟时代的步伐,从'互联网＋'的角度掀开了旅游创新创业教育的新篇章,这在旅游管理教育领域实属开篇之作……"

近年来,北京联合大学旅游学院紧抓国家大力发展旅游业的有利时机,按照《国家中长期教育改革和发展规划纲要(2010—2020年)》和国家关于深化高等学校创新创业教育改革实施意见的要求,在旅游高等教育领域开拓创新,在创新旅游人才培养模式、强化旅游创新创业实践、创新旅游课程体系等方面进行了大胆的尝试,并取得了一系列成果。

进一步做好新形势下高校纪检监察工作

(《前线》,2015年12月21日)

党的十八大以来,以习近平同志为总书记的党中央聚精会神抓党建,在经济、社会和高等教育发展以及全面从严治党、高压反腐进入新阶段的同时,高校纪检监察工作也呈现新特征。高校纪检监察工作要严格按照中央的部署要求主动作为,必须立足高等教育深化体制机制综合改革的大背景,围绕大学治理结构的新创建和大学章程对决策权执行权学术权监督权的新规定、高校内涵发展特色发展创新发展中资源配置的新举措、高校深化改革中利益的大调整,等等,认真履行职责,创新工作方式,提升自身能力,进而全面服务保障学校改革发展大局。

(以上由宣传部提供)

北京联合大学 2015 年各项统计资料

北京联合大学 2015 年基本情况

统计项	统计数据
学校占地面积	66.56 万平方米
其中：产权占地面积	40.32 万平方米
校舍建筑面积	64 万平方米
其中：产权校舍建筑面积	49.6 万平方米
图书馆藏书　纸质图书	249.6 万册
电子图书	10000GB
固定资产总值	18.61 亿元
其中：教学、科研仪器设备资产值	8.98 亿元
拥有计算机	17575 台

注：数据统计时间截至 2015 年 8 月 31 日

（党委办公室、校长办公室提供）

北京联合大学 2015 年校区分布及学院设置

校区	地址	学院
北四环校区	朝阳区北四环东路 97 号(100101)	旅游学院 信息学院 自动化学院 管理学院 国际交流学院
学院路校区	海淀区北土城西路 197 号(100191)	应用文理学院
双清路校区	海淀区于庄子路 32 号院(100085)	
外馆斜街校区	朝阳区安定门外外馆斜街 5 号(100011)	师范学院
红领巾桥校区	朝阳区延静东里甲 3 号(100025)	商务学院
垡头校区	朝阳区垡头西里三区 18 号(100023)	生物化学工程学院
白家庄校区	朝阳区白家庄西里 12 号(100020)	机电学院
蒲黄榆校区	丰台区永外蒲黄榆二巷甲 1 号(100075)	继续教育学院 特殊教育学院
昌平校区	昌平区石牌坊南(102200)	广告学院 应用科技学院
北苑校区	朝阳区北苑路 6 号院甲 1 号(100012)	
什刹海校区	西城区前海东沿 50 号	
次渠校区	通州区台湖镇兴光三街 5 号	

北京联合大学 2015 年教职工情况

单位：人

统计项		统计数据
在职教职工总数		2967
人员结构	教师岗位人员数	1555
	其他专技岗位人员数	513
	管理岗位人员数	734
	工勤岗位人员数	165
外籍教师数		1
离退休人员数		2635

（校人事处提供）

北京联合大学 2015 年教职工及专任教师职称、学历结构

统计项		教职工		专任教师	
		人数/人	比例/%	人数/人	比例/%
职称结构	正高级	231	7.8	215	13.8
	副高级	720	24.3	558	35.9
	中级	1465	49.4	751	48.3
	初级	203	6.8	18	1.2
	无职称	348	11.7	13	0.8
学历结构	博士研究生	590	19.9	537	34.5
	硕士研究生	1624	54.7	534	34.3
	本科	588	19.8	479	30.8
	专科及以下	165	3.6	5	0.3

（校人事处提供）

北京联合大学 2015 年学生情况

未注单位：人

统计项		招生数	在校生数	毕业生数	取得学位人数
研究生	学术型	101	268	48	48
	专业型	35	35	—	—
本科生		4355	17340	3799	3391
专升本学生		1707	3310	1696	1672
专科生		842	3872	1704	—
成人教育	本科生	794	1978	657	109
	专科生	1606	2998	1479	—
留学生		937 人次	1173 人次	117	112

（研究生处、校教务处、培训中心、国际交流学院提供）

北京联合大学 2015 年科研机构设置

一、市级科研机构

序号	科研机构名称	依托单位	负责人	联系人	批准时间	批准部门
1	生物活性物质与功能食品北京市重点实验室	应用文理学院	姜招峰	劳凤学	2001年11月	北京市教育委员会 北京市科学技术委员会
2	北京市信息服务工程重点实验室	信息学院	鲍泓	鲍泓	2010年7月	北京市教育委员会 北京市科学技术委员会
3	生物质废弃物资源化利用北京市重点实验室	生物化学工程学院	张恩祥	张恩祥	2014年6月	北京市科学技术委员会
4	北京市智能机械创新设计服务工程技术研究中心	机电学院	程光	程光	2015年5月	北京市科学技术委员会
5	北京学研究基地	学校直属	张宝秀	张宝秀	2004年9月	北京市教委 北京市哲学社会科学规划办公室
6	北京市政治文明建设研究中心	学校直属	徐永利	杨积堂	2006年4月	北京市哲学社会科学规划办公室
7	京台文化交流研究中心	学校直属	乔东亮	谭文丛	2013年1月	北京市哲学社会科学规划办公室
8	国家智慧旅游重点实验室	旅游学院	黄先开（调离）	严旭阳	2014年9月	国家旅游局
9	旅游信息化协同创新中心（项目）	旅游学院	卢振洋	张驰	2015年6月	北京市教育委员会

（校科研处提供）

二、校级科研机构

序号	科研机构名称	级别	依托单位	负责人	成立文号
1	北京联合大学人民代表大会制度研究所	校级校管	学校直属	徐永利	京联发〔2004〕11号
2	北京联合大学台湾研究院	校级校管	学校直属	谭文丛	京联党〔2005〕19号
3	北京联合大学应用型高等教育发展研究中心	校级校管	学校直属	耿晓冬	京联党〔2004〕59号
4	北京联合大学北京学研究所	校级校管	学校直属	张宝秀	京编办事〔1998〕5号
5	北京三山五园研究院（下设文化传承协同创新中心，无级别）	校级校管	学校直属	徐永利	京联发〔2013〕27号
6	北京联合大学创新企业财务管理研究中心	校级院管	管理学院	鲍新中	京联发〔2014〕15号
7	北京联合大学首都经济与企业发展研究所	校级院管	管理学院	郑海霞	京联科〔2010〕7号
8	北京联合大学中小企业研究中心	校级院管	管理学院	陶秋燕	京联科〔2010〕7号
9	北京联合大学文化创意创新研究中心	校级院管	广告学院	张旗	京联科〔2011〕2号
10	北京联合大学广告研究所	校级院管	广告学院	楚天	京联科〔2010〕7号
11	北京联合大学传动研究所	校级院管	机电学院	雷红	京联科〔2010〕7号
12	北京联合大学旅游发展研究院	校级院管	旅游学院	张凌云	京联发〔2014〕15号
13	北京联合大学会展经济研究中心	校级院管	旅游学院	王春才	京联科〔2010〕7号
14	北京联合大学餐饮科学研究所	校级院管	旅游学院	闫喜霜	京联科〔2010〕7号
15	北京联合大学现代休闲方式与旅游发展研究所	校级院管	旅游学院	宁泽群	京联科〔2010〕7号
16	北京联合大学海外中国学研究中心	校级院管	人文社科部	韩强	京联科〔2012〕3号
17	北京联合大学首都金融研究中心	校级院管	商务学院	杨宜	京联科〔2010〕7号
18	北京联合大学服务经济与贸易研究所	校级院管	商务学院	崔玮	京联科〔2010〕7号
19	北京联合大学管理科学与应用研究所	校级院管	商务学院	陈建斌	京联科〔2010〕7号
20	北京联合大学人力资源管理研究所	校级院管	生物化学工程学院	汪新宇	京联发〔2014〕15号

续表

序号	科研机构名称	级别	依托单位	负责人	成立文号
21	北京联合大学生物工程研究所	校级院管	生物化学工程学院	龚 平	京联发〔2014〕15号
22	北京联合大学艺术设计研究所	校级院管	师范学院	李红梅	京联发〔2010〕7号
23	北京联合大学教师教育研究所	校级院管	师范学院	徐英俊	京联发〔2014〕15号
24	北京联合大学计算机技术研究所	校级院管	实训基地	袁家政	京联科〔2010〕7号
25	北京联合大学特殊教育研究所	校级院管	特殊教育学院	许家成	京联科〔2010〕7号
26	北京联合大学考古学研究中心	校级院管	应用文理学院	韩建业	京联发〔2014〕15号
27	北京联合大学人居研究中心	校级院管	应用文理学院	张景秋	京联科〔2010〕7号
28	北京联合大学民族与宗教研究所	校级院管	应用文理学院	杨靖筠	京联科〔2010〕7号
29	北京联合大学城市与区域发展研究所	校级院管	应用文理学院	熊黑钢	京联科〔2010〕7号
30	北京联合大学文化遗产研究所	校级院管	应用文理学院	顾 军	京联科〔2010〕7号
31	北京联合大学奥林匹克文化研究中心	校级院管	应用文理学院	冯 霞	京联科〔2010〕7号
32	北京联合大学首都法治研究中心	校级院管	应用文理学院	杨积堂	京联科〔2010〕7号
33	北京联合大学档案事务研究所	校级院管	应用文理学院	孙爱萍	京联科〔2010〕7号
34	北京联合大学功能食品科学技术研究院	校级院管	文理学院	姜招峰	京联党〔2010〕76号
35	北京联合大学微电子应用技术研究所	校级院管	信息学院	杭和平	京联科〔2010〕7号
36	北京联合大学信息技术研究所	校级院管	信息学院	鲍 泓	京联科〔2010〕7号
37	北京联合大学可靠性检测与传感网技术研究所	校级院管	信息学院	田景文	京联科〔2010〕7号
38	北京联合大学智能机器人研究所	校级院管	自动化学院	方建军	京联发〔2014〕15号
39	北京联合大学现代物流研究所	校级院管	自动化学院	李 平	京联科〔2010〕7号
40	北京联合大学自动化工程研究所	校级院管	自动化学院	李红星	京联科〔2010〕7号
41	北京联合大学电子商务行业与教育研究所	校级院管	应用科技学院	齐再前	京联发〔2015〕19号

（校科研处提供）

北京联合大学2015年硕士学科点

序号	学科名称	学科代码	类别	获批时间	自主设置二级学科点	代码	获批时间	学科门类
1	专门史	0602L3	学术型二级学科点	2006				历史学
2	考古学	0601	学术型一级学科点	2011	文化遗产区域保护规划	0601Z1	2013	
3	计算机科学与技术	0812	学术型一级学科点（2006—2011年为计算机应用技术二级学科）	2011	教育智能化技术	0812Z1	2013	工学
					制造业信息化	0812Z2	2013	
4	食品科学与工程	0832	学术型一级学科点（2006—2011年为食品科学二级学科）	2011	食品科学	083201	2012	
					食品生物分离技术	0832Z1	2012	
5	软件工程	0835	学术型一级学科点	2011	信息无障碍辅助技术	0835Z1	2012	
					数字艺术	0835Z2	2013	
					智能交通工程	99J3	2014	
6	工商管理	1202	学术型一级学科点	2011	投融资管理	1202Z1	2013	管理学
					商务法律	1202Z2	2013	
					移动商务	99J1	2013	
					信息资源管理	99J2	2014	
7	金融	025100	专业硕士学科点	2014				经济学
8	法律	035100	专业硕士学科点	2014				法学
9	教育	045100	专业硕士学科点	2014				教育学
10	临床医学	105100	专业硕士学科点	2014				医学

（研究生处提供）

北京联合大学 2015 年本科专业设置

序号	专业名称	专业代码	学科门类	二级学科	学制/年	所在学院	备注
1	经济学	020101	经济学	经济学类	4	应用文理学院	停招
2	金融学	020301K	经济学	金融学类	4	管理学院、商务学院	
3	国际经济与贸易	020401	经济学	经济与贸易类	4	商务学院	
4	法学	030101K	法学	法学类	4	应用文理学院	
5	学前教育	040106	教育学	教育学类	4	特殊教育学院、师范学院(2014)	
6	特殊教育	040108	教育学	教育学类	4	特殊教育学院	
7	教育康复学	040110TK	教育学	教育学类	4	特殊教育学院	
8	小学教育	040107	教育学	教育学类	4	师范学院	
9	汉语言文学	050101	文学	中国语言文学类	4	应用文理学院、师范学院	
10	英语	050201	文学	外国语言文学类	4	旅游学院、师范学院	
11	日语	050207	文学	外国语言文学类	4	旅游学院	
12	新闻学	050301	文学	新闻传播学类	4	应用文理学院	
13	广告学	050303	文学	新闻传播学类	4	广告学院	
14	网络与新媒体	050306T	文学	新闻传播学类	4	广告学院	
15	历史学	060101	历史学	历史学类	4	应用文理学院	
16	文物与博物馆学	060104	历史学	历史学类	4	应用文理学院	
17	信息与计算科学	070102	理学	数学类	4	应用文理学院	停招
18	人文地理与城乡规划	070503	理学	地理科学类	4	应用文理学院	
19	地理信息科学	070504	理学	地理科学类	4	应用文理学院	
20	生物技术	071002	理学	生物科学类	4	应用文理学院	停招
21	应用心理学	071102	理学	心理学类	4	师范学院	
22	机械工程	080201	工学	机械类	4	机电学院	
23	工业设计	080205	工学	机械类	4	生物化学工程学院	
24	汽车服务工程	080208	工学	机械类	4	机电学院	
25	材料科学与工程	080401	工学	材料类	4	机电学院	
26	电气工程及其自动化	080601	工学	电气类	4	自动化学院	
27	电子信息工程	080701	工学	电子信息类	4	信息学院	
28	通信工程	080703	工学	电子信息类	4	信息学院	
29	电子信息科学与技术	080714T	工学	电子信息类	4	信息学院	
30	自动化	080801	工学	自动化类	4	自动化学院	
31	轨道交通信号与控制	080802T	工学	自动化类	4	自动化学院	未招生
32	计算机科学与技术	080901	工学	计算机类	4	信息学院、师范学院、特殊教育学院	
33	软件工程	080902	工学	计算机类	4	信息学院	
34	数字媒体技术	080906	工学	计算机类	4	师范学院	
35	建筑环境与能源应用工程	081002	工学	土木类	4	生物化学工程学院	
36	建筑电气与智能化	081004	工学	土木类	4	生物化学工程学院	停招
37	制药工程	081302	工学	化工与制药类	4	生物化学工程学院	
38	包装工程	081702	工学	轻工类	4	生物化学工程学院	停招
39	交通工程	081802	工学	交通运输类	4	自动化学院	

续表

序号	专业名称	专业代码	学科门类	二级学科	学制/年	所在学院	备注
40	环境科学	082503	理学	环境科学与工程类	4	应用文理学院	停招（授予理学）
41	生物医学工程	082601	工学	生物医学工程类	4	生物化学工程学院	
42	食品科学与工程	082701	工学	食品科学与工程类	4	应用文理学院	
43	食品质量与安全	082702	工学	食品科学与工程类	4	应用文理学院	
44	生物工程	083001	工学	生物工程类	4	生物化学工程学院	
45	针灸推拿学	100502K	医学	中医学类	5	特殊教育学院	
46	信息管理与信息系统	120102	管理学	管理科学与工程类	4	商务学院	
47	工程管理	120103	管理学	管理科学与工程类	4	生物化学工程学院	
48	工商管理	120201K	管理学	工商管理类	4	管理学院	
49	市场营销	120202	管理学	工商管理类	4	商务学院	
50	会计学	120203K	管理学	工商管理类	4	管理学院	
51	财务管理	120204	管理学	工商管理类	4	管理学院	
52	国际商务	120205	管理学	工商管理类	4	商务学院	
53	人力资源管理	120206	管理学	工商管理类	4	生物化学工程学院	
54	公共事业管理	120401	管理学	公共管理类	4	应用文理学院	停招
55	档案学	120502	管理学	图书情报与档案管理类	4	应用文理学院	
56	物流工程	120602	工学	物流管理与工程类	4	自动化学院	授予工学学位
57	工业工程	120701	工学	工业工程类	4	机电学院	授予工学学位
58	电子商务	120801	管理学	电子商务类	4	管理学院	
59	旅游管理	120901K	管理学	旅游管理类	4	旅游学院	
60	酒店管理	120902	管理学	旅游管理类	4	旅游学院	
61	会展经济与管理	120903	管理学	旅游管理类	4	旅游学院	
62	音乐学	130202	艺术学	音乐与舞蹈学类	4	师范学院,特殊教育学院(2013)	
63	表演	130301	艺术学	戏剧与影视学类	4	广告学院	
64	绘画	130402	艺术学	美术学类	4	广告学院	
65	视觉传达设计	130502	艺术学	设计学类	4	师范学院,特殊教育学院	
66	环境设计	130503	艺术学	设计学类	4	师范学院	
67	产品设计	130504	艺术学	设计学类	4	师范学院	
68	服装与服饰设计	130505	艺术学	设计学类	4	师范学院	
69	数字媒体艺术	130508	艺术学	设计学类	4	广告学院	

（校教务处提供）

北京联合大学2015年专升本专业设置

序号	专业名称	专业代码	学科门类	二级学科	学制	所在学院
1	金融学	020301K	经济学	金融学类	2	商务学院
2	国际经济与贸易	020401	经济学	经济与贸易类	2	商务学院
3	法学	030101K	法学	法学类	2	应用文理学院
4	学前教育	040106	教育学	教育学类	2	师范学院、特殊教育学院
5	英语	050201	文学	外国语言文学类	2	旅游学院
6	日语	050207	文学	外国语言文学类	2	旅游学院
7	新闻学	050301	文学	新闻传播学类	2	应用文理学院

续表

序号	专业名称	专业代码	学科门类	二级学科	学制	所在学院
8	广告学	050303	文学	新闻传播学类	2	广告学院
9	生物技术	071002	理学	生物科学类	2	应用文理学院
10	机械工程	080201	工学	机械类	2	机电学院
11	电气工程及其自动化	080601	工学	电气类	2	自动化学院
12	电子信息工程	080701	工学	电子信息类	2	应用科技学院
13	计算机科学与技术	080901	工学	计算机类	2	应用科技学院、特殊教育学院
14	信息管理与信息系统	120102	管理学	管理科学与工程类	2	管理学院
15	工商管理	120201K	管理学	工商管理类	2	管理学院
16	市场营销	120202	管理学	工商管理类	2	商务学院
17	会计学	120203K	管理学	工商管理类	2	生物化学工程学院
18	人力资源管理	120206	管理学	工商管理类	2	生物化学工程学院
19	档案学	120502	管理学	图书情报与档案管理类	2	应用文理学院
20	工业工程	120701	管理学	工业工程类	2	机电学院
21	电子商务	120801	管理学	电子商务类	2	管理学院
22	旅游管理	120901K	管理学	旅游管理类	2	旅游学院
23	酒店管理	120902	管理学	旅游管理类	2	旅游学院
24	音乐学	130202	艺术学	音乐与舞蹈学类	2	师范学院
25	表演	130301	艺术学	戏剧与影视学类	2	广告学院
26	视觉传达设计	130502	艺术学	设计学类	2	师范学院、特殊教育学院
27	环境设计	130503	艺术学	设计学类	2	师范学院
28	服装与服饰设计	130505	艺术学	设计学类	2	师范学院
29	数字媒体艺术	130508	艺术学	设计学类	2	广告学院

（校教务处提供）

北京联合大学 2015 年高职专业设置

序号	专业名称	专业代码	专业大类	专业类	学制	所在学院
1	电脑艺术设计	670104	艺术设计传媒大类	艺术设计类	3	应用科技学院
2	广告设计与制作	670112	艺术设计传媒大类	艺术设计类	3	应用科技学院
3	电子商务	620405	财经大类	市场营销类	3	应用科技学院
4	市场营销	620401	财经大类	市场营销类	3	应用科技学院
5	会计	620203	财经大类	财务会计类	3	应用科技学院
6	旅游管理	640101	旅游大类	旅游管理类	3	应用科技学院
7	软件技术	590108	电子信息大类	计算机类	3	应用科技学院
8	电子信息工程技术	590201	电子信息大类	电子信息类	3	应用科技学院
9	商务日语	660110	文化教育大类	语言文化类	3	应用科技学院
10	商务英语	660108	文化教育大类	语言文化类	3	应用科技学院
11	应用西班牙语	660119京	文化教育大类	语言文化类	3	应用科技学院
12	应用法语	660106	文化教育大类	语言文化类	3	应用科技学院
13	计算机多媒体技术	590103	电子信息大类	计算机类	3	应用科技学院
14	金融保险	620106	财政金融类	财经大类	3	应用科技学院
15	视觉传达艺术设计	670103	艺术设计传媒大类	艺术设计类	3	应用科技学院、特殊教育学院
16	计算机应用技术	590101	电子信息大类	计算机类	3	特殊教育学院
17	园林技术	510202	农林牧渔大类	林业技术类	3	特殊教育学院
18	酒店管理	640106	旅游大类	旅游管理类	3	旅游学院
19	烹饪工艺与营养	640202	旅游大类	餐饮管理与服务类	3	旅游学院

（校教务处提供）

北京联合大学 2015 年成人高等教育专业设置

序号	专业名称	层次	培养方式	学制	所在学院
1	艺术设计	专升本	业余	2.5	应用文理学院、师范学院、生物化学工程学院、继续教育学院、北四环校区、蒲黄榆校区
2	信息管理与信息系统	专升本	业余	2.5	应用文理学院
3	会计学	专升本	业余	2.5	应用文理学院、商务学院、继续教育学院、北四环校区
4	资源环境与城乡规划管理	专升本	业余	2.5	应用文理学院
5	音乐学	专升本	业余	2.5	师范学院
6	学前教育	专升本	业余	2.5	师范学院
7	汉语言文学	专升本	业余	2.5	师范学院
8	工商管理	专升本	业余	2.5	商务学院、北四环校区、白家庄校区
9	计算机科学与技术	专升本	业余	2.5	北四环校区
10	公共事业管理	专升本	业余	2.5	应用文理学院、商务学院、继续教育学院、北四环校区
11	工程管理	专升本	业余	2.5	生物化学工程学院、白家庄校区
12	制药工程	专升本	业余	2.5	生物化学工程学院
13	机械设计制造及其自动化	专升本	业余	2.5	白家庄校区
14	旅游管理	专升本	业余	2.5	旅游学院
15	教育学	专升本	业余	2.5	蒲黄榆校区
16	英语	专升本	业余	2.5	继续教育
17	针灸推拿学	专升本	业余	2.5	蒲黄榆校区
18	艺术设计	高起本	业余	5	师范学院、商务学院、继续教育学院
19	旅游管理	高起本	业余	5	旅游学院
20	工商管理	高起本	业余	5	北四环校区、白家庄校区
21	广告设计与制作	高起专	业余	2.5	应用文理学院、继续教育学院、北四环校区
22	会计	高起专	业余	2.5	应用文理学院、商务学院、继续教育学院、北四环校区
23	计算机信息管理	高起专	业余	2.5	应用文理学院、继续教育学院、白家庄校区
24	文化事业管理	高起专	业余	2.5	应用文理学院
25	幼儿艺术教育	高起专	业余	2.5	师范学院、继续教育学院、北四环校区
26	商务管理	高起专	业余	2.5	商务学院、生物化学工程学院、继续教育学院
27	艺术设计	高起专	业余	2.5	商务学院、继续教育学院、蒲黄榆校区
28	影视动画	高起专	业余	2.5	生物化学工程学院、北四环校区
29	旅游管理	高起专	业余	2.5	旅游学院、继续教育学院
30	导游	高起专	业余	2.5	旅游学院
31	旅游英语	高起专	业余	2.5	旅游学院
32	计算机网络技术	高起专	业余	2.5	继续教育学院、蒲黄榆校区
33	多媒体设计与制作	高起专	业余	2.5	继续教育学院
34	机械制造与自动化	高起专	业余	2.5	白家庄校区
35	针灸推拿	高起专	业余	2.5	蒲黄榆校区

（培训中心提供）

北京联合大学 2015 年高等教育自学考试专业设置

序号	专业名称	层次	培养方式	所在学院
1	酒店管理	本科	自考	旅游学院
2	中文导游	专科	自考	旅游学院
3	广告学	本科	自考	继续教育学院
4	广告	专科	自考	继续教育学院
5	物业管理	本科	自考	生物化学工程学院

（培训中心提供）

北京联合大学2015年获批的校级校外人才培养基地

序号	基地名称	依托单位	所属学院	负责人
1	北京联合大学故宫博物院校外人才培养基地	故宫博物院	应用文理学院	顾军
2	北京联合大学北京市测绘设计研究院校外人才培养基地	北京市测绘设计研究院/北京市国土资源勘测规划中心	应用文理学院	孟斌
3	北京联合大学万豪酒店集团校外人才培养教学基地	万豪酒店集团	旅游学院	田彩云
4	北京联合大学-INTERCRUISES,天津港国际邮轮换乘校外人才培养基地	INTERCRUISES SHORESIDE & PORT SERVICES	旅游学院	刘志红
5	北京联合大学赛佰特校外人才培养基地	北京赛佰特科技有限公司	信息学院	田景文
6	北京联合大学大唐移动校外人才培养基地	大唐移动通信有限公司	信息学院	薛永毅
7	北京联合大学慈文传媒校外人才培养基地	慈文传媒集团	管理学院	温强 袁磊(校外)
8	北京联合大学光大证券校外人才培养基地	光大证券北京小营路证券营业部	管理学院	张峰
9	北京联合大学歌华集团文创人才发展中心校外人才培养基地	歌华集团北京两岸文创人才发展中心	广告学院	韩澄
10	北京联合大学神州数码"智慧城市 创新中心"校外人才培养基地	神州数码控股有限公司	广告学院	钟静

(教务处提供)

北京联合大学2005—2015年认定的双师型教师

认定批次	单位*	姓名	认定时间
1	应用文理学院	周红焰、张瀛、魏琦、戴红、惠东坡	2005年7月
	师范学院	李育芳、张璐、靳长缨、王健、朱丽、赖亚楠、张璐、周玉基、袁晓梅、刘杰、李小苓、荣瑞芬、王成尧	2005年7月
	商务学院	徐凯波、张艳秋、谷雨	2005年7月
	生物化学工程	李可意、霍罡、程红霞、耿瑞芳、李晨、刘慧勇	2005年7月
	旅游学院	高山、刘捷、李享	2005年1月
	机电学院	田宏宇、雷红	2005年7月
	自动化学院	钱琳琳、范同顺、李平	2005年7月
	管理学院	苏艳芳、曲喜和	2005年7月
	特殊教育学院	黄晓红	2005年7月
2	应用文理学院	程德林、郝家林、李静文、刘元红	2008年1月
	师范学院	景怀宇、张威、张旗	2008年2月
	商务学院	石彤、陈建斌、郑春芳	2008年1月
	生物化学工程学院	李俊林、周凤、龚平、范京岩	2008年2月
	信息学院	刘宏哲	2008年2月
	机电学院	皮伟	2008年2月
	管理学院	陈琳	2008年2月
3	应用文理学院	孟秀转、张波、栾娜、秦菲、李雪妍、李琛、魏涛、安继芳	2009年10月
	师范学院	鲍晖	2009年10月
	商务学院	赵红	2009年10月
	生物化学工程学院	刘凤霞、许明月、彭莹莹	2009年10月
	旅游学院	于平	2009年1月
	信息学院	钮文良	2009年10月
	自动化学院	张世德、任俊杰、田文杰、于丽杰、周进、于鑫、郭文荣、陈旭升、赵丽鲜、曹丽婷、张兆莉、李媛	2009年10月
	管理学院	李英侠、董爽、边婷婷、杨宜	2009年10月
	特殊教育学院	曲欣	2009年10月
	应用科技学院	王辉、李宇红、修海燕	2009年10月

续表

认定批次	单位*	姓名	认定时间
4	师范学院	车卫东、王宇(艺术)	2011年4月
	商务学院	赵五一	2011年4月
	旅游学院	王美萍、王静	2011年4月
	自动化学院	李永霞	2011年4月
	应用科技学院	殷智红	2011年4月
5	应用文理学院	王丹谊、徐华、陈媛媛	2013年4月
	师范学院	朱淑琴、李妍冰	2013年4月
	商务学院	李玉霞、季皓、徐枫、田园、秦立栓、符亚明、王瑞丰	2013年4月
	生物化学工程学院	权奇哲、霍清、刘瑛	2013年4月
	旅游学院	田彩云	2013年4月
	信息学院	田景文、张玉祥	2013年4月
	机电学院	郭洪红、徐平国、郭洪红	2013年4月
	自动化学院	高美娟、张益农	2013年4月
	管理学院	钟礼松	2013年4月
	广告学院	王丹谊	2013年4月
6	应用文理学院	朱建邦、米生权、邹柏贤、王巧玲、吴晓红、谢永宪、张敏、叶盛东、潘世萍、沈蕾、惠伯棣、孙雅煊、孙爱萍、张艳贞	2015年1月
	师范学院	张崎、李红梅、李祖明、代小东	2015年1月
	商务学院	郭彦丽	2015年1月
	生物化学工程学院	李伟	2015年1月
	旅游学院	秦明	2015年1月
	机电学院	赵林惠、雷保珍、程光、徐志军、张子义、于增信、张建成	2015年1月
	自动化学院	夏明萍、佟世文、耿钰	2015年1月
	管理学院	梁红、房燕、李立威、裴一蕾、盛晓娟、肖文东、苏艳芝、程翔	2015年1月
	广告学院	刘畅、王彦霞	2015年1月
	应用科技学院	陈道志、王秦、王廷梅、刘军、李伟	2015年1月

注：表中单位为申请时所在单位

(校人事处提供)

北京联合大学2012—2014年聘请的客座教授

序号	姓名	聘任单位	聘任年份
1	蔡奇男	自动化学院	2012年3月
2	徐洪泽	自动化学院	2012年3月
3	李德毅	李德毅院士办公室	2012年11月
4	张新民	高职处	2012年12月
5	李 捷	社科部	2012年12月
6	李 涛	信息学院	2013年3月
7	徐 捷	人大所	2013年3月
8	钟健尧	学术委员会	2013年3月
9	周小波	特教学院	2013年3月
10	金 涛	特教学院	2013年3月
11	邓 宁	特教学院	2013年3月
12	张志伟	特教学院	2013年3月
13	齐 鸿	特教学院	2013年3月
14	王 玥	特教学院	2013年3月
15	王金涛	特教学院	2013年3月
16	李 宁	校办	2013年5月

续表

序号	姓名	聘任单位	聘任年份
17	王　巍	校办	2013 年 5 月
18	沈丹阳	校办	2013 年 5 月
19	陈　力	校宣传部	2013 年 8 月
20	祖凌宇	管理学院	2013 年 9 月
21	盖龙佳	管理学院	2013 年 9 月
22	罗其韬	人文社科部	2013 年 11 月
23	李宗伦	人文社科部	2013 年 11 月
24	托马斯·拉贝	人文社科部	2013 年 11 月
25	张注洪	人文社科部	2013 年 11 月
26	张静如	人文社科部	2013 年 11 月
27	仲呈祥	广告学院	2013 年 12 月
28	饶曙光	广告学院	2013 年 12 月
29	黄心渊	广告学院	2013 年 12 月
30	马中骏	管理学院	2014 年 1 月
31	刘建军	商务学院	2014 年 1 月
32	程学旗	信息学院	2014 年 9 月
33	李　方	师范学院	2014 年 12 月

（校人事处提供）

索 引

说 明

本索引采用主题分析索引法编制。主题词（标目）以正文中出现的专业名词、名词词组为主。

特载、媒体报道2个栏目内容不在标引范围内。

本索引基本按汉语拼音音序排列。具体排列方法为：以阿拉伯数字开头的标目，排在最前面；以英文字母开头的标目，列于其后；以汉字开头的标目，按首字的音序、音调依次排列，首字相同时，以第二字的音序、音调排列，依次类推。

索引标目后的阿拉伯数字，表示该标目所在的正文页码；其后英文字母a、b，表示该标目所在的正文栏别（从左至右）。

年鉴中以表格方式记载的内容，在索引标目后用括号注明"表"字样，以区别于文字标目。

为反映索引款目间的逻辑关系，对于二级标目，采用在一级编目下缩两格的形式编排，再按数字、汉字音序排列。

0～9

2005—2015年认定的双师型教师（表）　307

2011—2015学年度优秀教育工作者　272b

2012—2014年聘请的客座教授（表）　308

2013—2015年度先进基层党组织　271a

2013—2015年度优秀党务工作者　272a

2013—2015年度优秀共产党员　272a

2014—2015学年红色"1+1"示范活动获奖集体　270b

2014—2015学年三好学生　268b

2014—2015学年十佳辅导员　272b

2014—2015学年特等奖学金　267a

2014—2015学年"我的班级我的家"实践活动获奖集体　270a

2014—2015学年先进班集体　269b

2014—2015学年校长特别奖　267a

2014—2015学年学生"十大标兵党员"　271b

2014—2015学年学生"十佳党支部"　271a

2014—2015学年优秀班主任　273a

2014—2015学年优秀辅导员　272b

2014—2015学年优秀学生干部　267b

2014年北京市大学生物理实验竞赛（表）　261

2014全国高职高专外语多媒体课件大赛（表）　243

2015—2016学年教学日历　4

2015版普通本科培养方案制（修）订　60a

2015第七届全国大学生广告艺术大赛（表）　258

2015级新生入学奖学金　267a

2015届毕业生出国（境）留学地区分布情况统计表（表）　77

2015届毕业生各学院就业情况分项统计表（表）　77

2015届毕业生就业签约单位行业统计表（表）　76

2015届毕业生就业签约单位性质统计表（表）　76

2015届毕业生就业情况统计表（表）　76

2015届毕业生情况　74a

2015年北京市大学生创业设计竞赛（表）　262

2015年北京市大学生机器人大赛（表）　260

2015年北京市大学生人文知识竞赛（表）　262

2015年北京市第二十六届大学生数学竞赛（表）　261

2015年本科专业设置（表）　303

2015年本科专业调整情况一览表（表）　65

2015年参加各级教学类比赛获奖教师名单（表）　242

2015年成人高等教育专业设置（表）　306

2015年"从教三十年"教职工　277

2015年大事记　46

2015年担任各级人大代表、政协委员名录　277

2015年党外代表人士座谈会　133b

2015年党政会议　38

　　主要议题（表）　38

索　引

2015年第二届"大唐杯"全国大学生移动通信技术大赛(表)　259
2015年第九届全国商科院校技能大赛(表)　254
2015年第六届"外研社杯"全国高职高专英语写作大赛(表)　259
2015年第三十二届全国部分地区大学生物理竞赛(表)　261
2015年第十届全国大学生"飞思卡尔杯"智能汽车竞赛(华北赛区)(表)　260
2015年第十一届全国职业院校"新道杯"沙盘模拟经营大赛全国总决赛(表)　254
2015年第五届全国大学生市场调查与分析大赛总决赛暨第四届海峡两岸大学生市场调查与分析大赛大陆地区选拔赛(表)　255
2015年第五届"赛佰特杯"全国大学生物联网创新应用设计大赛(表)　253
2015年度教师岗位教授(研究员)名录　275a
2015年概况　1
2015年港台合作院校一览表(表)　97
2015年高等教育自学考试专业设置(表)　306
2015年"高教社杯"全国大学生数学建模竞赛(表)　253
2015年高水平运动队比赛成绩一览表(表)　152
2015年高校群体竞赛成绩一览表(表)　150
2015年高职专业设置(表)　305
2015年各层次招生录取情况统计表(表)　78
2015年各单位学科建设经费拨付与绩效情况统计表(表)　69
2015年各级各类教育教学成果奖　239
2015年各级学科竞赛获奖学生人数一览表(表)　67
2015年各项统计资料　299
2015年各招生省份二本录取分数线一览表(表)　78
2015年各招生省份一本录取分数线一览表(表)　78
2015年"工美杯"北京工艺美术创新设计大赛(表)　243
2015年"国际档案日"活动　159b
2015年国际交流学院本科毕业生名单(表)　204
2015年华北五省(市、自治区)大学生机器人大赛及2015年北京市大学生机器人大赛(表)　260
2015年华北五省(市、自治区)及港澳台计算机应用大赛　64a
2015年获得的表彰奖励(表)　237
2015年获得各类教学相关荣誉称号教师名单(表)　244
2015年获得授权的专利和知识产权(表)　85
2015年获经费资助的"十二五"校级本科规划教材一览表(表)　66

2015年获批市级及以上教育科学规划课题一览表(表)　80
2015年获批校级校外人才培养基地(表)　307
2015年获评校级精品视频公开课一览表(表)　66
2015年基本情况(表)　299
2015年交换生情况统计表(表)　96
2015年教职工获得的表彰奖励　271
2015年教职工获得的其他市级及以上奖励　273
2015年教职工及专任教师职称、学历结构(表)　300
2015年教职工情况(表)　300
2015年开展的科技合作项目(表)　84
2015年科技成果转化项目一览表(表)　88
2015年科技工作会　81a、82b
2015年科研机构设置　301
2015年立项省部级以上科研项目　81b、82
　　社会科学部分(表)　82
　　自然科学部分(表)　83
2015年美国大学生数学建模竞赛(MCM/ICM)(表)　253
2015年聘请外国专家一览表(表)　96
2015年签署的合作协议情况统计表(表)　95
2015年全国大学生"西门子杯"工业自动化挑战赛(表)　256
2015年全国大学生电子设计竞赛(表)　257
2015年全国大学生英语竞赛(表)　259
2015年全国高校商业精英挑战赛(表)　259
2015年全国职业院校技能大赛(高职组)(表)　258
2015年认定的双师型教师　276
2015年"尚和杯"中国机器人大赛暨RoboCup公开赛(表)　254
2015年市级本科、高职、专升本优秀毕业生　262a
2015年市级研究生优秀毕业生　262a
2015年数字博物馆研讨会　81b
2015年硕士生导师名录　275
2015年硕士学科点(表)　302
2015年特色亮点项目验收结果一览表(表)　67
2015年体育馆承担校内大型活动一览表(表)　153
2015年体质测试各单项测试成绩统计表(表)　149
2015年体质测试总成绩统计表(表)　149
2015年通识教育必修课程评估结果(第二批)(表)　65
2015年统战培训会　133b
2015年外事接待情况统计表(表)　94
2015年外研社"教学之星"大赛(表)　243
2015年校发文件　41
　　目录(表)　41
2015年校级本科、高职、专升本优秀毕业生　263b

2015年校级本科优秀毕业设计(论文)(表) 245
2015年校级高职优秀毕业综合实践报告(表) 252
2015年校级教育教学成果奖(表) 239
2015年校级教育科研课题一览表(表) 80
2015年校级学术著作出版基金资助项目(表) 84
2015年校级研究生优秀毕业生 263b
2015年校级因公出国(境)、因公赴台情况统计表(表) 94
2015年校级优秀硕士学位论文(表) 244
2015年校级专升本优秀毕业实务专题(表) 251
2015年校内群体竞赛及成绩一览表(表) 154
2015年校区分布及学院设置(表) 299
2015年新聘特聘教授 276
2015年新增本科专业申报 61a

2015年"鑫台华·康邦杯"华北五省(市、自治区)及港澳台大学生计算机应用大赛(表) 260
2015年学科建设经费绩效考评情况统计表(表) 69
2015年学生党员先锋工程"优秀策划案 271b
2015年学生获得的表彰奖励 262
2015年学生情况(表) 300
2015年学生学科竞赛市级及以上获奖名单 253
2015年学术型硕士学位授权学科点评估结果一览表(表) 69
2015年正高级专业技术职务人员名录 275
2015年中国智能车未来挑战赛 89a
2015年专升本专业设置(表) 304
2015"外研社杯"全国英语演讲大赛北京赛区比赛(表) 262

A～Z

AACSB国际认证 170b
"BUU校园百事通"微信公众平台 131b

VBSE职业院校骨干教师说课大赛(表) 242

A

爱心互助基金工程 136b
安防基础设施建设 135a
安全工作 135a

安全稳定工作 113a
安全稳定工作领导小组 55
    办公室 55

B

保密工作 135a
保卫处 133a
保卫工作 133
    工作研究 135b
    内部管理 133a
    信息工作 133b
    宣传教育培训 134b
北京高等学校物理基础课程青年教师讲课比赛(表) 243
北京高校第九届青年教师教学基本功比赛(表) 243
北京高校秋季军事定向竞赛 132b
北京高校研究生考古论坛(第五届) 159b
北京工艺美术创新设计大赛(表) 243
北京联合大学 1
    德育工作 2b
    概况 1
    国际化办学 2b
    基本情况数据 1a

    教学日历 4
    教育教学改革 1b
    教职工 1a
    科研工作 2a
    人事管理 2a
    校徽 3
    校名 2
    校训 3
    学科专业建设 2a
    学生 1a
北京联合大学报 126a
《北京联合大学学报(人文社会科学版)》编辑委员会 55
《北京联合大学学报》编辑委员会 55
北京市大学生创业设计竞赛(表) 262
北京市大学生机器人大赛(表) 260
北京市大学生模拟法庭竞赛(表) 262
北京市大学生人文知识竞赛(表) 262

北京市大学生物理实验竞赛(表) 261
北京市大学生物流设计大赛(表) 262
北京市大学生英语演讲比赛(表) 261
北京市第二十六届大学生数学竞赛(表) 261
北京市第七届"档案馆日"主题宣传活动 159b
北京市第五届高职高专大学生数学竞赛(表) 261
北京市法学会金融与财税法学研究会2015年年会 159b
北京市老教育工作者协会北京联合大学分会 113a
北京市旅游信息化协同创新中心 174a
北京市信息服务工程重点实验室 89a
 2015年"中国智能车未来挑战赛" 89a
 科研概况 89a
 内设机构 89a
 学术委员会 89a
 研究方向 89a
北京市政治文明建设研究中心 90b
 教职工 90b
 科研情况 90b
 内设机构 90b
 学术交流 90b
 研究领域 90b
 主要学术交流活动情况一览表(2015)(表) 92
北京市政治文明建设研究中心2015年主要学术交流活动情况一览表 92
北京市智能机械创新设计服务工程技术研究中心 184a
北京学研究基地 89b
 北京学讲堂 90a
 负责人 90a
 教学 90a
 科研成果 90a
 科研立项 90a
 文化遗产区域保护规划学科点 90a
 学术交流 90a
北四环校区教学用房项目 106b
北四环校区文化艺术广场项目 107a

北苑校区管理 112
 安全稳定工作 113b
 沟通协调工作 113b
 科研服务 113b
 书院制建设 113a
 校园文化建设 113a
 学生社团建设 113a
 中专遗留问题处理工作 113b
北苑校区管委会 112a
本科毕业生、结业生名录 206
 管理学院 219b
 广告学院 222b
 机电学院 217b
 旅游学院 215a
 商务学院 211a
 生物化学工程学院 213a
 师范学院 209a
 特殊教育学院 221b
 信息学院 216a
 应用科技学院 224a
 应用文理学院 206a
 自动化学院 218b
本科教学运行 64a
本科教育 60
本科专业评估系统 60a
本科专业设置(表) 303
本科专业调整情况一览表(表) 65
毕业设计(论文) 63b
毕业生出国(境)留学地区分布情况统计表(表) 77
毕业生各学院就业情况分项统计表(表) 77
毕业生就业签约单位行业统计表(表) 76
毕业生就业签约单位性质统计表(表) 76
毕业生就业情况统计表(表) 76
毕业生就业统计 73a
毕业生名录 206
表彰 237

C

财经工作领导小组 55
财务处 103a
财务工作获奖 104b
财务管理 103
 队伍建设 104a
 制度建设 104a

财务管理体制改革 103b
财务收支审计 105a
财务信息化建设 103b
财务状况 103a
采购招标 104a
参加各级教学类比赛获奖教师名单(表) 242

残疾人大学生艺术团　195a
产学合作教材　62a
产业管理　111
产业管理委员会　111a
常设专门委员会　53
成人高等教育专业设置(表)　306
成人学历教育(夜大学)毕业生名录　230
　　本科层次　230a
　　专科层次　232b
　　专升本层次　230b
成人学历招生与学籍管理　72a
成人学位英语考试　72b
成寿寺校区租赁户清退　112a
酬金　102a
创新活动　63b
"从教三十年"教职工　277

D

"大使带你看世界"专题讲座　131a
大事记　46
　　1月　46a
　　2月　46b
　　3月　46b
　　4月　47a
　　5月　47b
　　6月　48a
　　7月　48b
　　8月　49a
　　9月　49a
　　10月　49b
　　11月　50a
　　12月　50b
"大唐杯"全国大学生移动通信技术大赛(表)　259
大学科技园　82a
担任各级人大代表、政协委员名录　277
档案(史志)工作　118
档案(校史)馆　118a
档案管理　117b
档案信息化建设　118a
档案综合实验室建设　118a
党风廉政建设　117a
党建工作　121b
党建工作调查研究　125b
党内民主建设　125a
党群工作　165b
党群团组织(机构)设置及负责人　58
　　一览表(表)　58
党外代表人士座谈会　133b
党委办公室　99a
党委宣传部　125a
党务公开工作领导小组　53
党校工作　125b
党员队伍建设　124b
党政管理机构设置及负责人　57
　　一览表(表)　57
党政会议　38
　　主要议题(表)　38
德育工作领导小组　54
第二届北京高等学校物理基础课程青年教师讲课比赛(表)　243
第二届"大唐杯"全国大学生移动通信技术大赛(表)　259
第二届"大智慧杯"全国大学生金融精英挑战赛(表)　254
第二届全国高校微课教学比赛(北京市)(表)　242
第九届全国商科院校技能大赛(表)　254
第六届"蓝桥杯"全国软件和信息技术专业人才大赛(表)　255
第六届"外教社杯"全国高校外语教学大赛(英语类专业组)北京赛(表)　243
第六届"外研社杯"全国高职高专英语写作大赛(表)　259
第六届中国大学生服务外包创新创业大赛(表)　253
第七届(2015)北京市大学生英语演讲比赛(表)　261
第七届北京市大学生模拟法庭竞赛(表)　262
第七届青年教师教学基本功比赛(校级)(表)　244
第七届全国大学生广告艺术大赛(表)　258
第七批国家级"精品视频公开课"　61b
第三届工会委员会　56
　　经费审查委员会　56
第三届教代会常设主席团　56
第三十二届全国部分地区大学生物理竞赛(表)　261
第十届全国大学生"飞思卡尔杯"智能汽车竞赛(华北赛区)(表)　260
第十四届"挑战杯"中航工业全国大学生课外学术科技作品竞赛(表)　255
第十五届全国多媒体课件大赛(表)　242
第十一届全国职业院校"新道杯"沙盘模拟经营大赛全国总决赛(表)　254
第四届北京市大学生物流设计大赛(表)　262

第四届海峡两岸大学生市场调查与分析大赛大陆地区
　　选拔赛(表)　255
第四届纪律检查委员会　52
第四届中青年教师执教能力比赛　64b
　　获奖名单(表)　67、244
第五届全国大学生电子商务"创新、创意及创业"挑战
　　赛(表)　257
第五届全国大学生市场调查与分析大赛总决赛　255
第五届"赛佰特杯"全国大学生物联网创新应用设计大
　　赛(表)　182a
第五届"远华杯"全国大学生会展创意大赛(表)　254
第五届中国服务外包产业与人才培养峰会　182b
第一届辅导员职业能力大赛　273b
第一届"新道杯"VBSE职业院校骨干教师说课大赛
　　(表)　242
第一届中国外语微课大赛(表)　243
电梯维护保养　108b
电子监察体系　111b
电子信息技术实验实训基地　144
　　党建工作　144b

概况　144a
工会换届　144b
教学改革　145a
教职工　144a
科研工作　145b
课程建设　145a
实验室建设　145b
学科竞赛　145a
动力维修　109a
读者服务　119b
读者信息素养教育　120b
读者宣传服务月　120b
　　"读书之星"表彰　120b
　　"好书我先看"新书展　121a
　　图书馆服务宣传　121a
　　图书交换大集　121a
　　阅读推荐与交流　121a
　　知识竞猜　121a
队伍　52
队伍建设　103b

F

法务公开　100a
反腐败工作　127a
防汛工作　108b
房产管理　104a

非学历继续教育　72b
福利费管理　136b
辅导员职业能力大赛(第一届)　131b、273b

G

干部工作领导小组　54
港澳台事务　93b
　　港台合作院校一览表(表)　97
　　合作协议　93b
　　交换生人数　93b
港台合作院校一览表(表)　97
高参小十大折子工程　163b
高等教育自学考试专业设置(表)　306
高教研究　79
　　会议情况　79b
　　课题申报　79b
　　研究成果　79b
高水平运动队　149a
　　比赛成绩一览表(表)　152
高校群体竞赛　149a

　　成绩一览表　150
高职(专升本)教学研究与改革　71a
高职(专升本)教育综合改革　70b
　　"3+2"专本连读试点　70b
　　专本衔接一体化　70b
　　一体化贯通培养体系　70b
高职(专升本)课程(教材)建设　71a
　　北京市高职英语试点改革　71a
　　实践类课程的结题验收　71a
高职(专升本)课程大纲制修订　70a
高职(专升本)课程大纲制修订　71a
高职(专升本)培养模式改革　70a
高职(专升本)人才培养方案制修订　71a
高职(专升本)实践教学　71b
高职(专升本)校内课程教材建设　70a

高职(专升本)学生实践能力提升训练计划　70a
高职(专升本)学生实践能力提升训练计划项目　71b
高职(专升本)专业设置　70a
高职教学运行　71b
高职教育　70
高职专业设置(表)　305
各层次招生录取情况统计表(表)　78
各单位学科建设经费绩效考评情况统计表(表)　69
各级各类教育教学成果奖　239
各级学科竞赛获奖学生人数一览表(表)　67
各项统计资料　299
各招生省份二本录取分数线一览表(表)　78
各招生省份一本录取分数线一览表(表)　78
工会(含文体协会)2015年组织的文体活动一览表　138
工会工作　136
　　干部培训　137b
　　青年工作　137a
　　重要获奖　138b
工会委员会　56
　　第三届女教职工委员会　56
　　福利委员会　57
　　经费审查委员会　56
工勤人员　102b
公费医疗　123a
公共外语教学部　155
　　分级教学　155a
　　概况　155a
　　过程管理　155a
　　教学改革　155a
　　教学工作　155a
　　教研室建设　155b
　　教职工　155a
　　科研　155b
　　师资培养　156a
　　学科建设　155b
共青团北京联合大学委员会　139a
共青团工作　139
固定资产管理　104b
　　准予产权登记单位一览表(表)　105
关工委工作　114a
关心下一代工作委员会　56、114a
馆藏资源建设　119a
馆际互借　119b
馆际交流合作　121b
管理学院　188
　　党建工作　191b
　　队伍建设　189a

　　对外交流　190b
　　概况　188a
　　管理工作　192a
　　机构设置　188a
　　教职工　188b
　　科研工作　190a
　　人才培养　189b
　　实验室建设　190b
　　校企合作　190b
　　学科建设　189a
　　学生工作　191a
　　研究生工作　189a
　　招生就业　190a
管理与服务　99,170b
广告学院　198
　　2015年立项项目一览表(表)　200
　　党群工作　199b
　　对外交流　199a
　　概况　198a
　　机构设置　198a
　　教学工作　198b
　　教育硕士(职业技术教育)专业学位研究生试点单位　198b
　　科研工作　199a
　　人才队伍　198b
　　书院制育人模式　199b
　　学科建设　198b
　　学生工作　199a
国防教育　132b
"国际档案日"活动　159b
国际合作　93a
　　合作协议统计表(表)　95
国际及港澳台地区交流与合作　93
国际交流学院　203
　　北京市外国留学生奖学金发放　204a
　　本科毕业生名单(表)　204
　　第五届国际文化展　204a
　　概况　203a
　　机构设置　203a
　　教学工作　203b
　　科研工作　203b
　　领导分工　203a
　　学生活动　204a
国际交流学院本科毕业生名单(表)　204
国际文化展(第五届)　204a
国家级"精品视频公开课"(第七批)　62a
国有资产管理处　104b

H

海淀区中法人文交流基地(贝家花园)研讨会 159b
海峡两岸大学生市场调查与分析大赛大陆地区选拔赛(表) 255
红色"1+1"示范活动获奖集体 270b
后勤服务公司 107a
后勤管理与服务 107
户籍管理 135a
华北五省(市、自治区)大学生机器人大赛及2015年北京市大学生机器人大赛(表) 260
华北五省(市、自治区)及港澳台大学生计算机应用大赛(表) 64a、260
会籍管理 138b
火车票优惠卡服务 108b
伙食补助管理办法 108a
伙食补助管理推进工作 138a
获得各类教学相关荣誉称号教师名单(表) 244
获得授权的专利和知识产权(表) 85
获批科研项目情况 81a
获批市级及以上教育科学规划课题一览表(表) 80
获批校级校外人才培养基地(表) 307

J

机电学院 182
 北京市智能机械创新设计服务工程技术研究中心 184a
 党群工作 184b
 对外交流 184a
 概况 182a
 教学工作 183b
 教职工 183a
 科研工作 184a
 人才队伍 183a
 实验室建设 184a
 首届教学研讨周 183b
 学科建设 183a
 校友会机电学院分会 185b
 学生 183a
 学生工作 184b
机构 52
机构设置 100a,168a
机关和直属单位党委 116a
机直党务工作 116
 党风廉政建设 117b
 机关工会工作 117b
 科学研究 117b
 评选和推优 117b
 思想建设 116b
 专题教育 117a
 组织建设 117b
 作风建设 117a
基本建设 107
基本情况(表) 299
基层党组织示范引领作用 124b
基层团组织建设 140b
基础课教学部 142
 概况 142a
 工会换届 142b
 基层党组织建设 142a
 基础课程模块化教学改革 143a
 教科研工作 144a
 教师培训 143b
 教学改革 143a
 教学工作 142b
 教研室建设 143b
 教职工 142a
 课程导师制 143a
 全校统考工作 142b
 实验室建设 143b
 数苑网教学平台 143a
 学科竞赛 144a
基建处 106a
基建修缮工程审计 106a
集体奖励(表) 237
计划生育 107b
纪检监察工作 127
 队伍建设 130a
纪检监察信访工作小组 53
纪律检查委员会 52
纪律审查 129b
继续教育 72
 继续教育合作办学 72b
 继续教育奖励及表彰项目 72a

继续教育学院　176
　　党群工作　177b
　　概况　176a
　　管理服务　178b
　　机构设置　177a
　　交流合作　177b
　　教学培训　177a
　　教职工　176b
　　科研成果　177b
　　统计督导服务　178b
　　校区搬迁　178b
兼职教师教学质量学生评价　65a
建家工作　137b
健康幸福工程　122a、136b
奖励　237
交换生情况统计表(表)　96
交通管理　134b
教材建设　62a
教代会常设主席团　56
教代会工作　136、136a
教改立项　62b
教师发展与服务　101b
教师发展中心　102a
教师岗位教授(研究员)名录　275a
教师资格认定工作领导小组　53
教学比赛及评选　62a
　　2014年信息技术与教学深度融合案例征集活动　62b
　　第二届全国高校微课教学比赛　62a
　　第四届教学优秀奖评选　62a
　　首届(2015)北京高校数学微课程教学设计竞赛　62a
　　首届北京高校思想政治理论课微课教学比赛　62a
　　校级教育教学成果奖评审　62b
教学过程管理　60b
教学科研服务　120b
教学类比赛获奖教师名单(表)　242
教学日历　4
教学相关荣誉称号教师名单(表)　244
教学运行检查　64b
教学质量监控　64b
教学综合改革　63a
教育基金会工作　100b
教育教学　60

教育教学改革项目管理　60a
教育教学奖励　63a
教育实践活动专项检查　124b
教育硕士(职业技术教育)专业学位研究生教育试点单位　201b
教职工爱心互助基金管理委员会　57
教职工获得的表彰奖励　271
教职工获得的其他市级及以上奖励　273
教职工及专任教师职称、学历结构(表)　300
教职工情况(表)　300
节能管理　108a
金融财税法论坛(第五届)　159b
京联办系列文件　44
京联党办系列文件　44
京联党系列文件　41、42、43
京联发系列文件　43、44
京联函系列文件　45
京联文系列文件　45
京台文化交流研究中心　91a
　　科研情况　91b
　　项目一览表(表)　92
　　学术方向负责人　91a
　　学术活动　91b
　　学术委员会　91a
　　研究方向　91a
京台文化交流研究中心2015年项目一览表　92
纠正"四风"　129a
就业　73
就业服务　74b
　　市场开拓　75a
　　信息网功能完善　74b
　　政策宣传　75a
　　重点群体　75a
就业情况统计　75b
　　2015届毕业生出国(境)留学地区分布情况统计表(表)　77
　　2015届毕业生各学院就业情况分项统计表(表)　77
　　签约单位行业统计表(表)　76
　　签约单位性质统计表(表)　76
　　统计表(表)　76
就业制度保障　74b
　　保障体系　74b
　　资源统筹　74b

K

卡务管理　104a
科级干部档案审核　102b
科级干部提任　102b
科技成果推广与转化　82a
　　2015年科技成果转化项目　82a
　　一览表　88
科技成果转化项目一览表(表)　88
科技工作会　81a、82b
科技合作　82a
　　2015年开展的科技合作项目　82a
　　一览表　84
科技合作项目(表)　84
科技活动　140a
科兴企业管理中心法人变更　111a
科学研究　81

科研、收费专项审计　106a
科研处　81a
科研服务　113a
科研工作　81
科研机构设置　301
科研平台　88
科研项目　81b
　　2015年立项省部级以上科研项目　81b
　　社会科学部分一览表(表)　82
　　自然科学部分一览表(表)　83
课程建设　61a
空调维保　108b
孔子学院　94a
控烟工作　108a
会计核算工作　103a

L

来华留学生教育　93b
劳模优抚　136b
劳务派遣　102b
老教协工作　114a
老同志参与纪念抗战胜利70周年活动　114b
离退休党委　113a
离退休党委、离休退休人员工作处2015年组织活动一
　　览表　113a
离退休人员服务管理　113
离休退休人员工作处　114a
离休退休人员工作处2015年慰问和服务工作一览表
　　116
理论学习　125a
立项省部级以上科研项目　81b　82
　　社会科学部分(表)　82
　　自然科学部分(表)　83
领导干部经济责任审计　106a

领导小组　53
留学资助　102a
旅游学院　174
　　北京市旅游信息化协同创新中心　174a
　　党群工作　176a
　　概况　174a
　　机构设置　174b
　　交流合作　175b
　　教学工作　175a
　　教职工　174a
　　科研工作　175a
　　全国大学生旅游创意大赛(首届)　174a
　　人才队伍　174b
　　学生　174a
　　学生工作　175b
绿化保洁　109b

M

美国大学生数学建模竞赛(MCM/ICM)(表)　253
门诊部　122a
民主党派成员　132a
　　人数统计表(表)　133a

　　组织　132a
民主党派人数统计表(表)　133a
摩纳哥公国兰尼埃三世亲王奖　162b
慕课课程(首门)　62a

N

年鉴编纂　118b
女教职工工作　138b

女教职工委员会　138b

P

培训中心　72a
聘请的客座教授（表）　308
聘请外国专家一览表（表）　96
聘用合同管理　101b

平安校园建设　135b
平抑资金管理　108a
蒲黄榆校区后勤运行中心　109b
普通本科培养方案制（修）订　60a

Q

其他专业技术系列岗位人员名录　276b
企业产权登记　111b
企业国有资产自查自纠　112a
签署的合作协议情况统计表（表）　95
青年教师教学基本功比赛　137b
　　比赛结果（表）　244
庆祝教师节系列活动　137b
权力制约监督　129b
全国部分地区大学生物理竞赛（表）　261
全国大学生"飞思卡尔"杯智能汽车竞赛（华北赛区）
　　（表）　260
全国大学生"西门子杯"工业自动化挑战赛（表）　256
全国大学生电子商务"创新、创意及创业"挑战赛（表）
　　257
全国大学生电子设计竞赛（表）　257
全国大学生广告艺术大赛（表）　258
全国大学生滑雪挑战赛总决赛（首届）　162a
全国大学生会展创意大赛（表）　254
全国大学生金融精英挑战赛（表）　254
全国大学生旅游创意大赛　174a

全国大学生市场调查与分析大赛总决赛　255
全国大学生数学建模竞赛（表）　253
全国大学生物联网创新应用设计大赛　182a
　　比赛结果（表）　253
全国大学生英语竞赛（表）　259
全国多媒体课件大赛（表）　242
全国高校商业精英挑战赛（表）　259
全国高校数学微课程教学设计竞赛（华北赛）（表）
　　242
全国高校外语教学大赛（英语类专业组）北京赛（表）
　　243
全国高校微课教学比赛（北京市）（表）　242
全国高职高专外语多媒体课件大赛（表）　243
全国软件和信息技术专业人才大赛（表）　255
全国商科院校技能大赛（表）　254
全国职业院校技能大赛（高职组）（表）　258
全国职业院校"新道杯"沙盘模拟经营大赛全国总决赛
　　（表）　254
全国助残日暨残疾人大学生艺术团成立五周年演出
　　195a

R

人才培养模式改革　61a
人才强教项目　102a
人才需求计划　101a
人才引进　101a
　　高层次人才办公室　101b
　　人事代理试点　101b
　　特聘教授　101b
　　职称聘任特殊评议组　101b

人力资源资源共享　110a
人事档案管理　102b
人事管理　100
人文社会科学教学部　146
　　概况　146a
　　基层党组织建设　146a
　　教学改革　147a
　　教学工作　146a

教研室建设　146b
教职工　146a
思政课教学名师培养　146b
思政课网络学堂　146b
思政课微课　146a
问题导入式教学改革　147a

学科建设　147b
人物　275
人员编制　101a
人员公开招聘工作领导小组　54
认定的双师型教师（表）　307
日常医疗服务　122a

S

三个体系建设　106b
三好学生　268b
山区绿化　108b
商务学院　167
　　AACSB 国际认证　170b
　　党群工作　169b
　　对外交流　169a
　　概况　167a
　　管理与服务　170a
　　机构设置　167b
　　教学工作　168a
　　教职工　167b
　　科研工作　168b
　　师资队伍建设　168a
　　实验室建设　169a
　　学科建设　168b
　　学生　167b
　　学生工作　169a
　　院课程委员会　168a
设施检测维护维修　135b
社会保险工作　102b
社会实践　140b
审计处　105a
审计工作　106
　　队伍建设　106b
审计意见落实　106b
生物化学工程学院　170
　　成人教育　171b
　　党群工作　173a
　　概况　170a
　　共青团工作　172b
　　管理服务　173b
　　机构设置　171a
　　教学工作　171b
　　教职工　171a
　　科研工作　172a
　　实践教学　171b
　　实验室建设　172b

　　学科建设　171a
　　学生　170a
　　学生工作　172a
生物活性物质与功能食品北京市重点实验室　88b
　　保健食品功能检测中心　88b
　　科研项目　88b
　　研究方向　88b
　　与北京农产品中央批发市场有限责任公司挂牌战
　　　略合作　88b
生物质废弃物资源化利用北京市重点实验室　89b
　　负责人　89b
　　科研立项　89b
　　内设机构　89b
　　学术交流　89b
　　研究定位　89b
　　研究方向　89b
　　仪器设备　89b
生源质量　74a
师范学院　162
　　党群工作　165a
　　党员大会　166a
　　概况　162a
　　高参小十大折子工程　163b
　　工会工作　166b
　　共青团工作　165a
　　机构设置　163a
　　交流合作　164a
　　教学工作　163b
　　科研工作　164b
　　人才队伍　163a
　　实践教学基地　162b
　　实验室建设　164a
　　首期"赴美带薪实习活动"　165a
　　图书馆服务　167a
　　团校　165a
　　校外人才培养基地　163a
　　宣传工作　166a
　　学科建设　163a

学生工作　164a
　　院党委换届选举　166a
师生防腐拒变思想防线　128a
师资队伍建设领导小组　53
师资培训　101b
"十二五"校级本科规划教材　62a
"十二五"校级本科规划教材一览表(表)　66
十佳辅导员　272b
"十三五"人才培养专项规划　60a
"十三五"时期党建规划　124b
"十送"温暖特色服务　136b
实践教学基地　163a
实践教学专项检查　64b
实习　63b
实训基地和检测中心基地(北京农产品中央批发市场)　162b
实验室建设　63a
市级本科、高职、专升本优秀毕业生　262a
市级科研机构(表)　301
市级研究生优秀毕业生　262a
市属高校三年基建规划项目竣工结算　107b
收费管理工作　103b
首都高校"最强大脑—心理技能比赛"　132a
首届(2015)全国高校数学微课程教学设计竞赛(华北赛)(表)　242
(首届)全国大学生旅游创意大赛　174b
首批职业技术教育专业学位硕士点　201b
书院制建设　112b
数据资源池　110b
数苑网教学平台　143a
数字博物馆研讨会　81b
双培计划　61a
　　实施情况一览表(表)　65
双师型教师　276
硕士毕业生名录　206
　　毕业研究生名单　206a
　　获得硕士学位研究生名单　206b
硕士生导师名录　275
硕士学科点(表)　302
思想建设　116a
思想教育　139a
思想政治建设　126a
　　青年教师政治理论研习营　126a
　　主题征文活动　126a
思想政治教育　130a
　　红色"1+1"支部共建(2015年)　130b
　　学生党员先锋工程　130a
　　学生思想动态调研　130b

T

特等奖学金　267a
特教学院康复资源楼立项　107a
特色亮点项目验收结果一览表(表)　67
特殊教育学院　192
　　2015年学生参加文体活动获奖名单(表)　197
　　北京市特殊教育中心　196b
　　残疾人大学生艺术团　195a
　　残联调研　197b
　　成人教育　193b
　　党建工作　195a
　　概况　192a
　　工会工作　195b
　　共青团工作　194b
　　管理服务　196a
　　机构设置　192b
　　交流合作　194a
　　教学工作　193a
　　科研工作　193b
　　全国助残日暨残疾人大学生艺术团成立五周年演出　195a
　　人才队伍　193a
　　实训基地建设　194a
　　实验室建设　194a
　　文献室工作　196b
　　宣传工作　195b
　　学科建设　193a
　　学生　192a
　　学生工作　194a
　　学生文体竞赛获奖　197a
　　中国高等教育学会特殊教育研究分会　196b
　　资源中心工作　196b
特殊教育学院2015年学生参加文体活动获奖名单(表)　197
特殊类型招生　74a
体育教学部　148
体育中心工作　149b
　　体育馆承担校内大型活动一览表(表)　153
体质测试
　　各单项测　149a试成绩统计表(表)　149
　　总成绩统计表(表)　149

索　引

"挑战杯"首都大学生课外学术科技作品竞赛(第八届)
　　　140a
通识教育必修课程评估(第二批)　61a
　　　结果(第二批)(表)　65
通识教育选修课程　61b
　　　精品视频公开课建设申报(2015)　61b
　　　校级精品视频公开课建设项目评审(2014)　61b
统一门户平台建设　110b

统战工作　132
统战培训会　133b
图书馆　119a
图书馆服务　119
　　　党建工作　122a
　　　工会工作　122a
　　　教职工健康幸福工程落实　122b
　　　信息化建设　121a

W

外研社"教学之星"大赛(表)　243
"外研社杯"全国高职高专英语写作大赛(表)　259
"外研社杯"全国英语演讲大赛北京赛区比赛(表)　262
网络基础设施建设　111a
网络学堂建设　110b
网络与信息安全工作领导小组　56
网站群建设　111a
微信图书馆　121a
文化建设　127a
　　　校史知识竞赛　127a
　　　校园文化氛围营造　127a
　　　作品创作　127a

文化遗产传承应用虚拟仿真实验教学中心　159a
　　　展示体验中心　159b
文集文选工作　119a
文书机要工作　99a
文体活动　137a
文体协会　137a
"我的班级我的家"实践活动　131a
　　　获奖集体　270a
无人驾驶电动汽车　81a
先进班集体　269b
先进基层党组织　271a

X

现代远程教育　73a
消防管理　134b
校发文件　41
　　　目录(表)　41
校工会文体委员会　137a
校徽　3
校级(校管)科研机构设置及负责人　59
　　　一览表(表)　59
校级"优秀心理委员及社团干部"评优评奖机制　132b
校级本科、高职、专升本优秀毕业生　263b
校级本科优秀毕业设计(论文)(表)　245
校级高职优秀毕业综合实践报告(表)　252
校级教育教学成果奖(表)　239
校级教育科研课题一览表(表)　80
校级精品视频公开课一览表(表)　66
校级科研机构(表)　301
校级领导　52
校级实验班　61a
校级学术著作出版基金资助项目(表)　84
校级研究生优秀毕业生　263b

校级优秀硕士学位论文(表)　244
校级专升本优秀毕业实务专题(表)　251
校名　2
校内、外实践教学基地建设　63a
校内绩效评价　106a
校内群体竞赛　149a
　　　竞赛及成绩一览表(表)　154
校区分布及学院设置(表)　299
校区医务室工作　123a
校史馆服务　118b
校史研究　119b
校体委、体育教学部　148
　　　概况　148a
　　　科研工作　149a
　　　教学工作　148b
校团委　139a
校外访学项目　60a
校务公开领导小组　53
校务管理　99
校训　3

· 323 ·

校医院　122a
校友会　56
校友会工作　100a
校园文化活动　140a
校园文化建设　112b
校园稳定维护　133b
校院两级教学管理体制　60b
校长办公室　99a
校长特别奖　267a
校志续编　119a
心理社团论坛交流活动(首届)　132b
心理素质教育　132a
心理危机干预系统　132b
新馆配套项目建设　120a
新聘特聘教授　276
新生报到统计　73a
新生接站　108b
新生入学奖学金　267a
新生研讨课建设　61b
新闻报道　126b
新闻网　126a
新闻宣传　126a
新增本科专业申报　61a
新增科研机构　81a
"鑫台华·康邦杯"2015年华北五省(市、自治区)及港澳台计算机应用大赛　64a
信访工作　99b
信息化防控体系　111b
信息化建设"十三五"规划　111b
信息化统筹管理　110a
信息调研工作　99a
信息网络安全　111a
信息网络管理　110
信息网络中心　110a
信息学院　179
　　党群工作　181b
　　概况　179a
　　机构设置　179a
　　教学工作　179b
　　教职工　179a
　　科研成果　180b
　　全国大学生物联网创新应用设计大赛(第五届)　182a
　　人才队伍　179b
　　十佳党支部创建　181b
　　实验室建设　180b
　　宣传工作　182a

　　学科建设　179b
　　学生工作　180b
　　学生学科竞赛　180a
　　中国服务外包产业与人才培养峰会(第五届)　182b
行政管理处　107a
修缮改造　107a
虚拟现实心理训练系统　132b
续编校志　118b
宣传工作　125,166b
　　讲座报告　127b
学报编辑部　88a
　　教职工　88a
　　内设机构　88a
　　影响因子　88a
　　转载情况　88a
学风建设　131a
学科建设　163b
　　经费使用情况绩效考评　68b
　　学位点自我评估汇报会(2015)　68b
学科建设经费拨付与绩效情况统计表(表)　69
学科竞赛　63b
"学生党员先锋工程"优秀策划案　271b
学生工作　164b
学生工作基础建设　131a
　　德育研究会工作会　131a
　　辅导员培训　131b
　　学工系统建设　131b
学生交流　93a
　　长短期交换生项目　93a
　　交换生统计表(表)　96
学生情况(表)　300
学生社团联合会　141a
学生申诉处理委员会　54
学生"十大标兵党员"　271b
学生"十佳党支部"　271a
学生通勤快车　108a
学生献血　108b
学生宿舍管理　109a
学生学科竞赛市级及以上获奖名单　253
学生职业发展　75b
　　课程建设　75b
　　麦可思2014年《北京联合大学在校生职业发展成熟度调查报告》　75b
学生资助工作领导小组　54
学术论文　81b
学术型硕士点合格评估　67a
学术型硕士学位授权学科点评估结果一览表(表)　69

学术著作 81b
 2015年校级学术著作出版基金资助项目 82a
  一览表 84
学位评定委员会 53
 办公室 53
 监督工作小组 53
学校总体规划 106a

学院 157
学院教学综合改革 60a
学院路教学共同体校际选修课申报 61b
学院设置及负责人 59
  一览表(表) 59
《学知学术文库》第一辑发布座谈会 162b

Y

研究生教育 67
研究生培养 68a
 2015版专业硕士研究生培养方案管理信息系统 68b
 管理信息系统 68b
 人才培养质量提升项目申报 68b
 新增硕士生导师 68b
研究生思想政治教育 68a
研究生新生引航工程 68a
研究生学位 68b
 学位授予 68b
 优秀硕士论文 68b
研究生招生 68a
一卡通升级改造 111a
医疗保险 122b
医疗服务 122
艺术教育 141b
 艺术团 141b
因公出国(境) 93a
 统计表(表) 94
因公出国(境)、因公赴台情况统计表(表) 94
因公赴台 93a
 统计表(表) 94
引智工作 93b
 外国专家一览表(表) 96
饮食服务 108b
印信使用管理 99b
应用科技学院 201
 党群工作 203b
 概况 201a
 机构设置 201a
 交流合作 202b
 教学工作 202a
 教育硕士(职业技术教育)专业学位研究生教育试点 201b
 教职工 201a
 科研工作 202a

 人才队伍 201a
 实训基地建设 202a
 首批职业技术教育专业学位硕士点 201b
 学科建设 201a
 学生 201a
 学生工作 202b
 研究生工作 201b
应用文科综合实验教学中心 159a
应用文理学院 157
 2015年"国际档案日"活动 159b
 北京高校研究生考古论坛(第五届) 159b
 北京市第七届"档案馆日"主题宣传活动 159b
 北京市法学会金融与财税法学研究会2015年年会 159b
 党群工作 160b
 第五届金融财税法论坛 159b
 对外交流 159b
 概况 157a
 共青团工作 160a
 管理服务 161b
 海淀区中法人文交流基地(贝家花园)研讨会 159b
 机构设置 157b
 教学工作 158a
 教职工 157a
 科研工作 158b
 摩纳哥公国兰尼埃三世亲王奖 162b
 人才队伍 157b
 实训基地和检测中心基地(北京农产品中央批发市场) 162b
 实验室建设 159a
 首届全国大学生滑雪挑战赛总决赛 162a
 文化遗产传承应用虚拟仿真实验教学中心 159a
 宣传工作 161a
 学科建设 158a
 学生 157a
 学生工作 160a

学术交流及活动 159b
学知书院揭牌 161b
《学知学术文库》第一辑发布座谈会 162a
研究生工作 158a
应用文科综合实验教学中心 159a
中华人民共和国考古发掘资质 162a
应用型高等教育发展研究中心 79a
优秀班主任 273a
优秀党务工作者 272a
优秀辅导员 272b
优秀共产党员 272a
优秀教育工作者 272b
优秀学生干部 267b
舆情分析 126b
育慧苑商贸中心 109b
预防保健 122a
预算执行 105a
遇困职工走访慰问 136b
院校研究 79a
运输服务 109a

Z

在京台生情况调研 133a
责任追究 129b
招标领导小组 55
 基建工程招标管理办公室 55
 招标监督办公室 55
 综合招标管理办公室 55
招生 73
招生工作领导小组 54
招生计划 73a
招生就业处 73a
 内设机构 73a
招生宣传 73a
 报考指南改版 73a
 巨型招生计划横幅 73b
 数字手段宣传 73b
 宣传片更新 73b
正高级专业技术职务人员名录 275
政务服务 99a
知识产权 82a
 2015年获得授权的专利和知识产权 82a
 一览表 85
直属非教学单位设置及负责人 58
 一览表(表) 58
直属教学部 142
直属教学单位设置及负责人 58
 一览表(表) 58
职工保险工作 138a
职教师资培训 72b
制度建设 103b
志愿服务活动 141a
治安防范 134a
中共北京联合大学第四届纪律检查委员会 52
中共北京联合大学第四届委员会 52
中国大学生服务外包创新创业大赛(表) 253
中国服务外包产业与人才培养峰会 182b
中国机器人大赛暨RoboCup公开赛(表) 254
中国外语微课大赛(表) 243
中国智能车未来挑战赛 89a
中航工业全国大学生课外学术科技作品竞赛(表) 255
中华人民共和国考古发掘资质 162a
中介机构管理 106b
中青年教师执教能力比赛 60b
 获奖名单(表) 67、244
中专遗留问题处理工作 113a
重大决策部署的监督检查 128b
重要会议与文件 38
专科(高职)毕业生、结业生名录 224
 广告学院 227a
 旅游学院 225b
 生物化学工程学院 225a
 师范学院 224a
 特殊教育学院 226b
 应用科技学院 227a
专升本遴选推荐 71b
专升本专业设置(表) 304
专题教育 116b
专业技术人员继续教育 122b
专业技术职务晋升 102a
专业技术职务聘任工作领导小组 54
专业技术职务聘任委员会 54
 办公室 54
 检查委员会 54
专业设置 60b
专业调整 60b
准予产权登记单位一览表 105
资产管理 104
资金管理平抑 108b

资源调配　108a
资源整合　110b
　　人力数据资源共享　110b
　　数据资源池　111a
资助工作　131b
自动化学院　185
　　党群工作　188a
　　概况　185a
　　机构设置　186a
　　交流合作　187b
　　教学工作　186b
　　科研工作　187a
　　人才队伍　186a
　　实验室建设　187b

学科建设　186b
学生　185a
学生工作　187b
自学考试管理　72b
综合事务　99b
综合信息服务　110b
组织工作　124
　　处级以上干部　124a
　　党员　124a
　　二级党组织　124a
　　培训　125b
组织建设　116b
组织学生献血　108a